주요 website

■ 국내 주요 기관

국제금융센터 : www.kcif.or.kr
금융감독원 : www.fss.or.kr
금융위원회 : www.fsc.go.kr
기획재정부 : www.mosf.go.kr
삼성경제연구소 : www.seri.org
예금보험공사 : www.kdic.or.kr
전국은행연합회 : www.kfb.or.kr
한국개발연구원 : www.kdi.re.kr
한국거래소 : www.krx.co.kr
한국금융연구원 : www.kif.re.kr
한국산업은행 : www.kdb.co.kr
한국수출입은행 : www.koreaexim.go.kr
한국은행 : www.bok.or.kr

■ 국제 주요 기관

BIS : www.bis.org
European Central Bank : www.ecb.org
European Union : http://europa.eu.int/comm
IMF : www.imf.org
International Finance Corporation : www.ifc.org
International Swaps and Derivatives Association : www.isda.org
OECD : www.oecd.org
World Bank : www.worldbank.org

■ 각국 주요 기관

미국금융감독기구 : www.sec.gov
미국나스닥거래소 : www.nasdaq.com
미국뉴욕증권거래소 : www.nyse.com
싱가포르국제통화거래소 : www.simex.com.sp
영국금융감독기구 : www.fsa.gov.uk
영국런던국제금융선물거래소 : www.liffe.com
영국런던증권거래소 : www.londonstockexchange.com
일본도쿄금융선물거래소 : www.tiffe.or.jp
일본무역진흥기구 : www.jetro.go.jp
일본재무성 : www.mof.go.jp
중국상하이증권거래소 : www.sse.com.cn
홍콩증권거래소 : www.sehk.com.hk

■ 주요 금융기관

Dow Jones : www.dowjones.com
Etrade Financial : www.etrade.com
Euroclear : www.euroclear.com
Fitch : www.fitchratings.com
Goldman Sachs : www.goldmansachs.com
JP Morgan : www.jpmorgan.com
Moody's Investors Service : www.moodys.com
Standard & Poor's : www.standardpoor.com
Van Hedge Fund Advisors International Inc. : www.vanhedge.com

■ 주요 정보 및 자료 소스

미국중앙정보국 : www.cia.gov/cia/publications/factbook
일본경제신문 : www.nikkeibp.co.jp
Bloomberg L.P. : www.bloomberg.com
Datastream (Thomson Financial) : www.datastream.com
Financial Times : www.ft.com
International Financing Review : www.ifrmagazine.com
Moneyline Telerate Inc. : www.telerate.com
Reuters : www.reuters.com
The Banker : www.thebanker.com
The Economist : www.economist.com
Wall Street Journal : www.wsj.com

제4판 국제금융론

국제금융론

International Finance

04 fourth edition

김인준 · 이영섭 지음

율곡출판사

제4판

들어가는 글

International **Finance**
fourth edition Preface

국제금융시장에서는 다른 어느 분야보다도 변화가 빠르게 나타나고 있어 이를 바로바로 교과서에 반영하기란 여간 어렵지 않다. 글로벌 금융위기 이후 전반적으로 금융규제가 강화되는 듯하더니 어느새 분위기가 바뀌고 있는 것 같다. 또한 국제금융위기의 위험에 늘 불안해 하던 신흥시장국 및 개발도상국들의 상황이 나아지는가 했더니 강대국들 간의 갈등으로 국제금융시장이 흔들리면서 또다시 불안해지고 있다. 주요 지역별로 살펴보아도 경제 및 시장 상황이 수시로 급변하고 있어 거의 모든 지역에서 불확실성이 확대되고 향후 추세를 가늠하기가 점점 어려워지고 있다.

이러한 현상은 우리나라에서도 마찬가지로 나타나고 있다. 전체적으로 경제가 성장동력을 잃어가고 여러 부작용이 증폭되고 있는 가운데, 금융의 역할이 모호해지고 있다. 실물경제를 확실히 뒷받침하는 것도 아니고 그렇다고 새로운 성장동력으로 경제를 리드하는 것도 아닌 혼란의 상태이다. 더욱이 부작용을 해소하기보다는 오히려 악화시키고 있으며, 국제금융시장에서의 우리의 생존능력은 이전보다 오히려 약화되었다고 평가하는 것이 일반적이다.

수시로 교과서를 개정해 이와 같은 국제금융 분야에서의 급변하는 상황을 충실히 반영해야 하는데, 이번에는 생각보다 늦어져 6년 만에 개정이 이루어지게 되었다. 뒤늦게 개정을 하는 만큼 몇 가지 측면에 보다 초점을 맞추고 내용을 보완 및 새롭게 하고자 하였다. 우선 모든 정보를 가능한 최신의 것으로 갱신하였다. 단순히 표 및 그림만 바꾼 것이 아니라 일반적인 상황을 설명하는 부분도 최신 정보를 반영할 수 있도록 조정하였다. 국제금융시장에서의 변화를 미국 혹은 유럽이 주도하는 경우도 있고, 또는 중국 등 아시아가 주도하는 경우도 있는데, 상황에 따라 적절한 해석을 부가하였다. 또한 민간부문과 정부 간의 상대적인 역할도 상황에 따라 다르게 나타나는데, 이러한 측면도 최대한 고려해 설명하고자 하였다.

이와 더불어 이번 개정판에서는 몇 가지 체제 개편을 시도하였다. 가장 큰 변화는 개방거시경제 부분에서 전통적인 먼델-플레밍 모형을 먼저 소개하고 이후 응용 사례를 설명할 때 자본이동의 정도에 따른 거시정책 효과를 다룬 것이다. 환율제도에 대한 설명도 앞부분과 뒷부분에 중복되어 있어 제3장에 한꺼번에 통합해 설명하였다. 이렇게 조정하는 과정에서 국제통화제도의 변천에 대한 내용을 최적통화지역 내용과 같은 장에 배치함으로써 전체적으로 책의 구성이 23개 장에서 22개 장으로 축소되었다. 국제금융시장을 소개하는 부분도 일부 미흡한 설명을 추가하는 등 변화를 주어 목차에서는 유사해 보이지만 포함되는 내용은 상당히 달라졌다. 한편 연습문제도 여러 개 새로 추가함으로써 책의 내용을 이해하는 데 좀더 도움이 되도록 하였으며, 국제금융 분야의 새로운 변화를 이해하는 데 중요한 최신의 참고문헌들도 추가하였다.

매번 교과서를 개정할 때마다 많은 분들로부터 도움을 받는데 이번에도 예외는 아니었다. 무엇보다도 각 자료들의 출처가 바뀌어 동일한 데이터를 얻는 데 어려움이 많았음에도 불구하고, 표와 그림들을 새로 작성하는 데 큰 도움을 준 서울대학교 윤태윤 및 진용백 군에게 감사를 드린다. 이 책을 교재로 사용하면서 오류 및 모호한 점을 지적해 준 수많은 독자들에게도 깊은 감사를 드린다. 매번 우리나라의 금융시장 현황을 소개할 때 한국은행 자료들을 참조하는데, 이번에도 새로이 갱신된 자료들을 많이 참조할 수 있어 자료를 발간해 준 한국은행 관계자들께 고마움을 크게 느끼고 있다. 그리고 지난 몇 년간 율곡출판사 박기남 사장님께서 새로운 개정작업을 문의하실 적마다 이런저런 핑계로 계속 미루어왔는데, 이 자리를 빌어 인내심을 가지고 기다려주신 데 대해 심심한 사의를 표한다. 아울러 매번 새로운 디자인으로 책을 가꾸어주고 출판작업을 깔끔하게 마무리해 주시는 편집부 관계자들께도 감사를 드린다.

책을 집필 및 개정하는 것은 많은 시간을 요하고 가족들에게 소홀하게 만드는 경향이 있다. 그럼에도 불구하고 짜증보다는 격려를 하며 이해해 준 가족에게 고마움을 전한다. 마지막으로 괜히 바쁘다는 핑계로 잘 찾아뵙지도 못하는데 항상 이해해 주시면서 염려해 주시는 어머님, 그리고 돌아가신 아버님께 뭉클한 가슴으로 죄송함을 느끼며 크신 은혜에 다시 한 번 깊이 감사를 드린다.

2019년 6월

김인준 · 이영섭

초판
들어가는 글

International **Finance**
first edition Preface

지난 수십년간 승승장구해 오던 우리 경제는 1997년 혹독한 시련을 겪었다. IMF 위기라고도 불리는 이 위기는, 수십년간의 피나는 노력으로 이룩한 경제발전이 국제금융에 대한 무지로 인해 한순간에 날아가 버릴 수도 있다는 중요한 교훈을 일깨워 주었다. 이를 계기로 많은 사람들이 국제금융의 중요성을 인식하고 다른 어느 분야보다도 커다란 관심을 기울이고 있다.

국제금융분야에서 강의와 연구를 진행해 오던 필자들도 이 사건을 계기로 개별 기업이든 혹은 국가경제든 국제금융분야에 대한 충분한 이해 없이는 글로벌화된 세계에서 실질적인 경쟁력을 확보할 수 없다는 것을 깨닫게 되었다. 따라서 우리에게 무엇보다도 필요한 것이 국제금융분야의 전문가를 양성하는 것임을 절실하게 느끼고, 그동안 축적된 지식과 경험을 바탕으로 국제금융 전문가를 배양하는 데 미력이나마 도움을 주고자 이 책을 집필하게 되었다.

이 책이 일반 국제금융론 혹은 국제재무관리 책들과 다른 점은 크게 두 가지이다. 하나는 개별 기업 관점뿐만 아니라 국가경제 관점도 고려해 국제금융 문제를 다루고 있다는 것이다. 대부분의 책들은 개별 기업의 재무관리 차원에서 국제금융의 문제를 다루고 있는데, 동아시아 위기를 비롯한 일련의 국제금융위기에서 명확하게 드러나듯이 국제금융 문제는 개별 기업의 차원에서만 다루어질 문제가 아니다. 따라서 이 책은 국제금융시장에서의 여러 변화가 국내시장에 미칠 수 있는 영향을 항상 개별 기업 차원 및 국가경제 차원에서 동시에 다루고 있다.

다른 하나는 이론과 현실은 불가분의 관계에 있다는 점을 강조하고 있다는 것이다. 다른 책들은 기본적으로 시장이 제대로 작동하고 있음을 전제로 하고 시장의 운영원리, 가격결정 등에 주로 관심을 기울이고 있다. 물론 이 책도 그와 같은 내용들을 상세히 소개하고 있다. 그러나 현실에서의 시장은 이론적으로 주장하는 것처럼 작동하지 않는 경우도 나타나며, 제도, 각국의 정책 등과 상당히 맞물려 돌아가고 있다. 따라서 이 책은 시장 자체에 대한 내용과 더불어 제도, 정책 등의 역할을 함께 고려하고 현실에서의 변화에 대해 국제금융시장이 어떻게 반응해 가는지를 설명하고 있다.

필자들이 이 책을 집필할 때 기본적으로 염두에 둔 것은 대학과정에서 전문가로서의 여정을 준비하고 있는 학생들을 대상으로 국제금융에 대한 관심을 배양하고 기초지식을 제공하고자 하는 것이었다. 그러나 현장에서 국제금융업무를 담당하고 있는 실무자들이 업무 중에 습득한 여러 단편적인 지식들을 체계적으로 정리해 전문성을 심화시키고, 또한 정책담당자들이 국제금융 현실을 정확히 이해하고 올바른 정책결정을 내리는 데에도 활용할 수 있도록 책의 내용을 구성했다.

이 책을 집필하는 데 있어서 많은 분들의 도움을 받았다. 서울대학교의 정운찬 총장, 경상대학교의 김홍범 교수께서는 자신들의 자료 일부가 이 책에 직접 사용될 수 있도록 기꺼이 제공해 주었다. 서울대학교의 문우식 교수, KIEP의 윤덕룡 박사께서도 집필과정 중 유익한 조언과 필요한 자료를 제공해 주었다. 국제금융연구회의 여러 회원들께서는 필자들이 평소 연구를 진행하는 데 격려와 논평을 해줌으로써 이 책의 주요 부분의 근간을 완성하는 데 커다란 도움을 주었다. 이 책의 내용 중 우리나라의 현황과 관련된 부분은 한국은행의 자료들을 참조했는데, 이 자리를 빌어 한국은행 관계자들께 사의를 표한다. 또한 서울대학교 경제학부의 이호준 군, 박선영 양, 숙명여자대학교 경제학부의 김보례 양은 자료수집, 원고집필 및 교정 단계에서 미흡한 부분을 수정 · 보완해 주었다. 궂은일을 마다하지 않고 훌륭히 잘 처리해 준 이 학생들의 도움에 감사를 드린다. 아울러 일일이 언급할 수는 없지만, 수업 중에 많은 질문을 던지고 책의 오류를 지적해 준 학생들 또한 이 책의 내용을 개선하는 데 많은 기여를 했다. 이 모든 학생들에게도 고마움을 전한다. 그리고 이 책을 출간하는 동안 지긋한 인내심을 가지고 세심한 신경을 기울여 주신 율곡출판사 박기남 사장, 매일 출근하다시피 필자들의 연구실을 왕래하신 윤인용 상무, 방조일 차장, 신속하고 완벽하게 출판작업을 마무리해 주신 편집부 직원들께도 심심한 사의를 표한다.

마지막으로 필자들이 평소 연구하고 책을 집필하느라 많은 시간을 함께해 주지 못함에도 불구하고, 늘 이해하고 세심한 배려를 해주면서 아늑함을 가져다주는 가족들에게 무한한 고마움을 전한다.

2004년 8월

김인준 · 이영섭

차례

International **Finance**
fourth edition Contents

I편 국제금융의 기초

International **Finance** part one

제1장 국제금융이란 무엇인가?

제2장 국제수지의 이해

II편 국제금융시장

International Finance part two

제5장 국제금융시장의 개요

제6장 국제은행업무와 국제은행시장

제7장 국제단기금융시장

제8장 국제자본시장

제9장 파생금융상품시장 I : 선물시장

제10장 파생금융상품시장 II : 옵션시장 및 스왑시장

제11장 국제금융시장에서의 자금 조달 및 운용

III편 환율결정과 환위험 관리

International **Finance** part three

제12장 환율결정이론

제13장 외환시장의 효율성과 환율예측

제14장 환위험 측정

제15장 환위험 관리

IV편 개방거시경제

International **Finance** part four

제16장 개방경제이론

제17장 개방경제이론의 응용

제18장 외환시장개입과 경제정책 운용

V편 국제금융제도와 국제금융위기

International Finance part five

제19장 국제통화제도의 변천과 통화 · 금융협력

제20장 자본자유화와 국제금융위기

제21장 우리나라의 국제금융위기

제22장 국제금융규제

국제금융의 기초

I

International **Finance**
part one

국제금융이란 무엇인가?

International **Finance**
ch. one

1

국제금융론을 시작하기에 앞서 오늘날 세계경제에 어떤 새로운 변화가 발생하고 있는지, 그리고 그러한 변화와 더불어 국제금융이 왜 중요해지고 있는지를 인식할 필요가 있다.

서론에 해당하는 이 장에서는 금융글로벌화라는 시대의 흐름 속에 새로 나타나고 있는 현상들을 소개하고, 이에 대처하기 위해서는 국제금융에 대한 이해가 필수적임을 강조하고자 한다. 아울러 국제금융론에서 다루고 있는 다양한 주제들을 크게 세 그룹으로 나누어 설명하고, 이 책의 구성에 대한 개요도 제시한다.

1. 국제금융의 중요성

International Finance, ch. one

1.1 국제환경의 변화 및 국제금융의 필요성

최근 세계경제는 정신을 차릴 수 없을 정도로 급속도로 변하고 있다. 1990년대 이후 세계경제의 지평이 바뀔 정도의 대변혁만 하더라도, 사회주의 경제의 체제전환, WTO 체제의 출범, 유럽 경제 및 화폐 통합, 아시아 위기, 국제금융위기, 유럽 위기 등 일련의 국제금융위기, 지역주의 확산, 미 · 중 패권 갈등, 핀테크 확산 등 수를 헤아릴 수 없을 정도로 많다.

이처럼 세계경제의 지평에 빠르고 혁신적인 변화가 지속적으로 발생하고 있는 기저에는 '글로벌화(globalization)'라는 도도한 흐름이 자리잡고 있다. 글로벌화란 국제거래에 있어 국경의 의미가 약화되고 각국 경제가 하나로 통합되어 가는 과정이라고 이해할 수 있다. 이러한 글로벌화 현상은 어떤 특정 분야에 국한된 것이 아니라 실물거래 및 금융거래 등 모든 분야에서 광범위하게 나타나고 있다.

글로벌화 현상은 무엇보다도 국제거래의 규모가 대규모로 확산되고 있는 추세에서 잘 나타나고 있다. 실물거래와 금융거래를 합친 총 국제거래의 규모는 전 세계 총생산의 16.7배에 이르고 있어 전 세계 경제는 사실상 국제거래를 통해서 긴밀하게 연결되어 있다. 국제거래 중에서도 특히 주식거래, 채권거래, 은행차입거래와 같은 국제금융거래가 전체의 98% 이상을 차지하고 있는데, 이는 실물부문에서 보호무역주의가 강화되는 추세를 보인다고 해도 전 세계 경제는 금융거래를 통해 더욱 통합되어가고 있음을 나타낸다. 국제금융거래 규모의 확대와 더불어 기술혁신도 국제금융의 변화를 더욱 촉진시키고 있다. 정보통신기술과 정보처리기법의 발전으로 국제금융시장의 정보를 신속하고 저렴하게 처리하고 활용함으로써, 국경을 넘어선 거래가 훨씬 용이해졌다. 뿐만 아니라 최근 핀테크가 금융혁신의 새로운 조류로 자리매김해 가면서 시장의 개념, 업무영역의 개념 등이 모호해지고 세계 각 지역에서 기존 금융거래의 모습이 급격하게 바뀌어가고 있다.

글로벌화 및 기술혁신에 따른 충격은 특히 국제금융분야에 다음과 같은 측면에서 중요한 변화를 야기하고 있다.

첫째, 글로벌화는 금융산업을 정부당국에 의해 엄격히 통제되고 보호되는 체제로부터 금융기관의 활동이 보다 자율화되고 경쟁에 노출되는 상태로 변화시키고 있다. 글로벌화 이전 대부분의 국가들은 국내시장에 대한 외국자본의 진입을 엄격히 제한하고 있었고, 국내에서도 금융기관 신설이나 금융업무영역 등을 통제하고 있었다. 그러나 금융글로벌화에 따라 국경의 개념이 사라지게 되면서 국내금융기관들은 국제금융기관들과 직접적인 경쟁에 직면하게 되었다. 특히 유로금융시장의 발전은 정부당국의 금융기관에 대한 통제를 어렵게 만들었고 이러한 경쟁에 대처하기 위해 각국은 규제완화 및 금융자율화를 촉진하게 되었다.

둘째, 국제금융거래가 확대되고 금융기관 간 경쟁이 심화됨에 따라 국제금융시장에서는 금융상품의 가격이 불안해지고 과거 어느 때보다도 불확실성이 증대되고 있다. 환율, 이자율, 주가 등 모든 금융상품의 가격은 급격하게 변동하고 있으며 또한 변동폭 및 속도도 더욱 커져가고 있다. 이러한 불확실성의 증대는 금융거래에 따른 위험을 크게 만들고 있다. 따라서 위험에 대비하기 위해 파생금융상품 등 다양한 신상품이 개발되었다. 그러나 파생금융거래의 확산은 한편으로 위험을 방어할 수 있는 수단을 제공하기도 하지만 동시에 다른 한편에서는 그 자체로 인해 새로운 위험을 발생시키고 있다. 따라서 국제금융시장에서는 전통적인 위험뿐만 아니라 새로운 위험에 대비하기 위한 노력을 기울이게 되었다.

셋째, 금융글로벌화에 따른 국제금융거래의 확대는 대부분의 국가로 하여금 국제정세 변화에 민감하게 만들고 있다. 특히 최근 들어 국제자본거래 규모가 워낙 커져 국제자본이동에 따라 일국 경제의 흥망이 좌우될 정도로 국제금융시장의 영향력이 증대되고 있다. 예를 들어 어떤 국가의 경제상황에 대한 전망이 긍정적으로 바뀌면 국제자본이 유입되고 그 국가의 경제는 더욱 빠르게 성장할 수 있다. 그러나 경제전망에 대한 신뢰가 상실되면 즉시 자본이 빠져나가게 되고 해당 국가는 외환 · 금융위기에 직면할 우려가 있다. 또한 금융글로벌화에 따라 금융시장이 통합됨으로써 한 국가의 위기가 즉시 다른 국가로 파급되는 위기의 전염효과(crisis contagion)가 새로운 현상으로 나타나게 되었다. 이처럼 금융글로벌화에 따른 빈번한 위기 발생 및 위기의 전염 현상은 국제금융에 대한 새로운 이해를 필요로 하고 있다.

이러한 변화들에 대처하기 위해서는 과거와는 달리 개별 기업의 차원에서뿐만 아니라 각국 경제정책도 함께 고려한 새로운 방안들을 모색해야 한다. 특히 국제금융거래가 단순히 무역거래를 보조하기 위한 거래에서 금융이익을 추구하기 위한 거래 위주로 바뀌고 수많은 다양한 상품들이 국제금융시장에 나타나게 되면서 새로운 변화에 대응하기 위한 방법도 훨씬 복잡하고 난해해졌다. 따라서 국제금융에 대한 이해를 통해 한편으로는 새로운 변화로 인해 발생할 수 있는 위험을 방지하고, 다른 한편으로는 새로운 변화에 따른 기회를 포착할 수 있는 방안을 마련하는 것이 필요할 것이다.

오늘날 전 세계 금융시장이 급격히 변화되고 통합되어 가면서 과거 실물부문에서의 경쟁보다도 금융부문에서의 경쟁이 훨씬 치열하게 전개되고 있다. 이러한 상황에 제대로 대응하지 못하고 금융부문의 강자가 되지 못한다면 기업이든 국가든 생존하기 어려울 것이다. 특히, IMF 위기의 경험은 이를 절실히 말해 주고 있다. 따라서 보다 글로벌화된 시각에서 국제금융분야의 변화를 이해하고 이에 대응해 국가 및 기업을 운영해 나가는 방안을 마련하기 위해 국제금융에 대한 연구가 필요하다는 점은 아무리 강조해도 지나치지 않다.

1.2 국제금융의 개념 및 특징

국제금융이란 자금이 부족한 경제주체(자금수요자)와 자금의 여유가 있는 경제주체(자금공급자) 간의 자금거래가 국경을 넘어서 또는 내국인과 외국인 사이에 이루어지는 것을 의미한다. 즉, 상품이동에 따른 대금결제, 해외차입에 따른 자본이동, 수익을 목적으로 이루어지는 해외투자 등으로 인해 금융자산의 이동이 국제적으로 이루어지는 현상을 말한다.

국제무역이 비교우위에 따른 이득의 기회를 각국에게 가져다주듯이, 국제금융은 다음과 같은 여러 가지 기능을 통해 한편으로는 국제거래에 따른 위험을 방지할 수 있는 기회를 제공해 주고 다른 한편으로는 새로운 이득을 취할 수 있는 기회를 가져다 준다. 우선 국제금융은 국제 간 재화 및 서비스거래와 자본거래에 따른 채권 · 채무를 원활하게 결제해 줌으로써, 즉 국제대차결제 기능을 통해 국제거래가 활발하게 이루어지도록 한다. 또한 국제금융은 국제무역거래 및 국제금융거래에 필요한 자금 조달 및 그에 따른 보다 유리한 자금운용 기회를 제공함으로써 이들 거래를 더욱 촉진시킨다. 이와 동시에 국제금융은 국제자금관리에 수반되는 위험을 방지하기 위한 각종 금융수단과 기법을 제공하고 있다. 그 외에도 국제금융은 국가 간의 유동성 과부족의 조정기능도 수행하고 있다. 중 · 장기 국제투자 및 시설금융 등을 통해 만성적인 국제수지 적자 및 국제유동성 부족상태에 있는 개발도상국의 국제수지를 보완하고 경제개발에 소요되는 자금을 지원하여 경제개발계획 수행을 촉진시키고 있다.

국제금융거래는 일반적인 국내금융거래와는 다른 몇 가지 특징을 가지고 있다. 첫째, 국내금융거래에서는 발생하지 않는 환위험 및 정치적 위험에 노출될 수 있다는 점이다. 즉, 각국 통화 간의 환율변동에 따라 보유자산과 부채의 가치가 변화되거나 외국정부에 의한 해외보유 금융자산의 동결(frozen assets), 몰수(confiscation), 원리금의 송금제한 등이 발생할 수 있다는 것이다. 둘째, 유로금융 등과 같이 특정 통화로 표시된 금융거래가 해당 통화를 발행하는 국가의 규제나 통제를 받지 않는 경우가 많다는 점이다. 따라서 금융거래가 특정 정부의 규제와는 무관하게 이루어지는 비국가주의적(non-national) 혹은 세계주의적(cosmopolitan)인 특징을 보이는 경우가 많다. 셋째, 국제금융은 다른 어느 분야보다도 끊임없이 혁신을 추구하는 성향을 보이고 있다. 앞에서 이미 설명한 것처럼 국제금융환경이 급변하고 이에 따라 새로운 금융상품 및 기법을 추구하는 가운데 혁신의 창출과 소멸과정이 반복되는 진화적 특성을 나타내고 있다.

2. 국제금융론의 구성

International Finance, ch. one

2.1 국제금융론에서 다루는 주제들

앞에서 국제금융이란 자금수요자와 자금공급자 간의 자금거래가 국경을 넘어서 이루어지는 것을 말한다고 설명한 바 있다. 따라서 국제금융론에서는 국제자본이동과 관련된 모든 주제를 다룬다고 할 수 있다.

국제금융론 분야에서 다루는 다양한 이슈들은 크게 다음과 같이 세 그룹의 대주제로 분류할 수 있다.

첫째, 국제금융론은 시장이 어떻게 작동하는가와 관련된 주제를 다루고 있다. 시장의 작동원리는 근본적으로 가격의 변화를 통해 나타나게 되므로, 이 주제에 대한 이해는 시장에서의 가격결정에 대한 이해를 통해 이루어질 수 있다. 따라서 이 관점에서는 이자율, 환율 등 금융시장에서의 가격이 어떻게 결정되는가, 가격을 어떻게 예측할 수 있는가, 가격변화에 따라 금융상품의 특성이 어떻게 달라지는가, 각 시장가격들 간의 관계는 어떻게 나타나는가 등에 초점을 맞춘다.

둘째, 국제금융론에서는 위와 같은 시장에서의 가격변화에 대해 개별 기업 및 금융기관들이 어떻게 대응하는가와 관련된 주제를 다루고 있다. 기업들은 궁극적인 목표인 기업가치의 극대화를 이루기 위해 어떻게 국제금융시장을 이용할 것인가를 늘 고민하고 있다. 따라서 이 주제의 관점에서는 기업의 의사결정과 관련해 위험관리, 국제금융시장에서의 자금조달, 국제투자를 통한 자금운용, 다국적기업의 운전자본관리, 해외사업의 통제와 해외사업에 대한 평가 등을 효율적으로 이루어 나가기 위한 방안을 연구한다.

셋째, 국제금융론은 개별 기업 및 금융기관 차원에서뿐만 아니라 각국 정부의 입장에서 이루어지고 있는 시장변화에 대한 정책적인 대응과 관련된 주제를 다루고 있다. 만일 시장이 완전하다면 각국 정부는 국제금융시장의 변화에 대해 특별한 대응을 할 필요가 없을 것이다. 그러나 최근 빈번히 발생하고 있는 외환 · 금융위기 사례에서 볼 수 있듯이 국제금융시장이 비효율적으로 작동하거나 바람직하지 못한 상황을 야기하는 경우가 자주 있다. 이처럼 시장이 실패하는 경우 충격을 완화하고 문제를 시정하기 위해 각국 정부의 정책적인 대응이 요구된다. 따라서 국제금융론에서는 제도와 관련된 이슈, 경제정책과 국제금융시장의 관계, 위기대응책 및 금융규제 등도 함께 다루고 있다.

2.2 이 책의 구성

이 책은 위에서 설명한 국제금융론이 다루어야 할 이슈들을 대부분 포함하고 있다. 다만 개별 기업의 재무전략 중 다소 세부적인 내용들, 예를 들어 해외직접투자론, 운전자본 관리 등은 제외했다.

이 책은 총 V편 22장으로 구성되어 있다. 제I편에서는 국제금융론을 이해하기 위한 기초적인 내용들을 소개하고 있다. 우선 제1장은 서론에 해당하는 내용이고, 제2장은 국제금융거래를 포함한 국제거래 관계를 보여주는 기록인 국제수지에 대해 설명하고 있다. 제 3 장은 모든 국제거래가 반드시 경유하는 외환시장의 구조, 외환거래 및 환율제도 등에 대해 소개하고 있다. 제4장은 국제금융시장에서의 가장 중요한 가격인 환율, 이자율,[1] 물가 세 변수 간의 관계에 대해 설명한다.

제II편에서는 국제금융시장의 전체적인 구조 및 개별 금융시장에 대해 설명하고 있다. 제5장에서는 국제금융시장의 세부적인 내용을 이해하기 위한 기본적인 개념들을 소개한다. 이어 제6장부터 제10장까지는 국제금융시장을 세부적으로 분류해 국제단기금융시장, 국제자본시장 및 파생금융상품시장에 대해 보다 상세히 설명하고 있다. 한편 제11장에서는 국제금융시장을 이용해 자금을 조달하고 운용하는 방법을 설명하고 있다.

제III편은 환율과 관련된 이슈들을 다루고 있다. 제12장은 우선 환율이 어떻게 결정되는지를 다양한 각도에서 설명하고, 이어 제13장에서는 외환시장의 효율성과 관련된 논의 및 환율예측방법을 설명하고 있다. 제14장 및 제15장은 이러한 환율에 대한 지식을 기반으로 환위험 측정 및 환위험 관리방법을 환산환위험, 거래환위험, 경제적 환위험으로 나누어 설명하고 있다.

제IV편은 국제자본이동을 고려하는 경우 경제정책의 운용방식이 어떻게 변화되는지를 설명하고 있다. 제16장은 우선 개방경제이론의 기본적인 원리를 설명하기 위해 먼델-플레밍 모형을 소개하고 있다. 이어 제17장에서는 이 모형을 여러 상황에 대해 응용한 내용들을 설명하고 있으며, 제18장에서는 여러 경제정책 중 정부의 외환시장개입정책에 대해 보다 구체적으로 다루고 있다.

마지막으로 제V편은 제도적인 문제와 더불어 최근 국제금융분야에서 중요하게 부각되고 있는 이슈들을 다루고 있다. 제19장은 국제통화제도의 변천과정을 소개하고, 아울러 유럽의 통화통합을 필두로 한 지역통화 · 금융협력 움직임을 살펴보고 있다. 제20장은 국제금융분야에 급격한 변화를 야기한 자본자유화의 문제 및 그와 더불어 발생하고 있는 국제금융위기에 대해 설명한다. 제21장은 우리나라가 경험한 두 번의 국제금융위기인 외환 · 금융위기와 글로벌 금융위기의 원인과 그 영향에 대해 분석한다. 마지막으로 제22장은 점증하고 있는 국제금융위기 및 국제금융시장의 불안을 해소하기 위해 국제사회가 노력하고 있는 국제금융규제의 핵심적인 내용과 지금까지의 변화과정을 설명한다.

1. 이 책에서는 '이자율'과 '금리'라는 용어를 혼용하고 있다.

국제수지의 이해

International **Finance**
ch. two

2

현대사회의 두드러진 특징 중의 하나는 사람들의 일상생활이 점점 국제화되고 각국 간의 경제관계가 점점 밀접해지고 있다는 점이다. 따라서 개별 기업의 경제활동 및 국가경제 운영과 관련된 문제를 분석하는데 있어 대내경제뿐만 아니라 대외경제 문제도 함께 고려하면서 접근할 필요가 있다.

그런데 대내경제와 대외경제 간의 연결고리가 '국제수지'와 '환율'이다. 국제수지는 양국 간의 거래관계를 보여주며, 환율은 양국 간 통화의 교환비율을 나타낸다. 이 장에서는 우선 국제수지의 기본적인 개념을 다루려 한다.

먼저 제1절에서는 국가 간의 다양한 거래들을 어떻게 체계적으로 분류하여 일목요연하게 정리할 수 있는가를 알기 위해서 국제수지의 구성을 살펴본다. 제2절에서는 국제수지 균형의 개념을 경상수지와 종합수지를 중심으로 생각해 본다. 제3절에서는 국제수지와 다른 부문 간의 관계, 즉 국제수지와 국민소득계정과의 관계, 국제수지와 통화부문과의 관계, 그리고 국제수지와 국제투자대조표와의 관계를 다룬다.

1. 국제수지의 구성

International Finance, ch. two

1.1 국제수지의 정의

국제수지(balance of international payments ; BOP)란 어떤 일정한 기간 동안에 일국의 거주자와 여타 세계의 거주자들 사이에 발생한 모든 경제거래를 체계적으로 분류한 표이다.

이를 좀더 자세히 살펴보면 '일정한 기간 동안에' 라는 말은 국민소득의 경우에 있어서와 마찬가지로 국제수지는 '스톡'(stock) 개념이 아니고 '플로우'(flow) 개념이라는 것을 의미한다. 그러므로 일정 시점에서 일국의 대외자산 및 부채를 기록한 스톡 개념의 '국제투자대조표' (international investment position ; IIP)와는 구별된다. 이때 '일정 기간' 은 통상적으로 1년을 지칭하는 것이 보통이나, 분기별 집계에서와 같이 1년 미만일 수도 있고 혹은 1년 이상을 단위기간으로 설정하는 경우도 생각할 수 있다.

'일국의 거주자와 여타 세계의 거주자' 에서는 단순히 어디에 살고 있는가 하는 거주의 문제가 중요한 것이 아니라, 경제활동의 본거지가 어디에 있는가 하는 점이 분류의 기준이 된다. 또한 여기서의 '거주자' 라는 개념 속에는 자연인뿐만 아니라 법인도 포함된다. 그리고 '모든 경제적 거래' 라는 말은 문자 그대로 모든 형태의 거래를 포함하는 것으로 재화 및 용역의 거래, 국가 간의 이전거래, 자본거래 등 일체의 거래를 망라한다. '체계적으로 분류한' 것이란 모든 거래를 무질서하게 수록한 것이 아니라 복식부기의 원리에 따라 조직적으로 기록한 것을 의미한다.

1.2 국제수지의 구성 항목[1]

국제수지의 체계는 모든 국제거래를 세 가지로 대별하여 분류하는 것이 보통이다. 즉, 국제거래는 각각의 거래가 일어나는 원인과 경제에 미치는 효과에 따라 '경상계정'(current account), '금융계정'(financial account), 그리고 '자본계정'(capital account) 중의 한 거래로 분류한다.[2]

◉ 경상계정

경상계정은 상품수지, 서비스수지, 본원소득수지, 이전소득수지로 구성된다. 상품수지는 거주자와 비거주자 간의 상품거래인 재화의 수출과 수입을 소유권 이전 기준에 따라 기록하는데, 재화의 특성상 일반 재화, 가공용 재화, 운송조달재화, 비화폐용 금에 대한 거래로 구분한다. 예전에는 상품수지에서 수출이 수입보다 많은 경우를 '무역수지의 순조'(favorable balance of trade), 수입이 수출보다 많은 경우를 '무역수지의 역조'(unfavorable balance of trade)라고 불렀다. 서비스수지는 용역의 수출 및 수입을 포함하며 운수, 여행, 통신서비스, 보험서비스, 지적재산권 등 사용료, 사업서비스, 정부서비스 및 기타서비스로 구분한다. 본원소득수지는 외국인 노동자에게 지급되거나 내국인 해외근로자가 수취하는 급료 및 임금과 대외금융자산 또는 부채와 관련된 배당, 이자 등 투자소득의 수입 및 지급을 계상한다. 이전소득수지는 아무런 대가 없이 제공되며, 수혜자의 소득 및 소비 수준에 직접적으로 영향을 주는 송금, 구호를 위한 식량, 의약품 등의 무상원조, 국제기구출연금 등을 포함한다.

◉ 금융계정

금융계정은 민간기업, 금융기관, 정부, 통화당국의 대외금융자산 또는 부채의 소유권 변동과 관련된 거래를 기록하며 직접투자, 증권투자, 파생금융상품, 기타투자, 준비자산으로 세분한다. 직접투자는 기업의 경영활동 참여 목적으로 이루어지는 투

---

1. 아래의 설명은 IMF가 2010년 1월 확정 공표한 새로운 국제수지통계 매뉴얼(BPM6)에 기초한 것이다. 자세한 설명은 IMF, *Balance of Payments and International Investment Position Manual*, 6th edition을 참조할 것.
2. 이전에는 자본계정이 BMP6에서의 금융계정과 자본계정을 포괄하는 개념으로 사용되었다.

자이며, 주체별로는 해외직접투자(자산)와 외국인직접투자(부채)로 구분하고 형태별로는 지분투자, 수익재투자 및 기타자본(대부투자)으로 구분한다. 증권투자는 투자자본의 가치 증가, 매매차익 등을 목적으로 한 대외투자로, 주체별로는 해외증권투자(자산)와 외국인국내증권투자(부채)로 구분하고 형태별로는 주식과 채권으로 구분한다. 파생금융상품 항목에는 거주자와 비거주자 간의 파생금융상품거래를 기록하는데, 다른 국제금융거래와 마찬가지로 내국인이 외국에서 발행된 파생금융상품 매입은 자산으로, 외국인이 내국에서 발행된 파생금융상품의 매입은 부채로 기록한다. 기타수지는 대출 · 차입, 무역신용, 현금 및 예금 등의 금융거래를 기록한다.

준비자산은 국제준비자산(international reserve assets)의 증감을 기록한다. 국제준비자산에는 화폐용 금, SDR(Special Drawing Rights, 특별인출권), IMF 리저브포지션, 외화자산(현금, 예금, 증권) 등이 포함된다. 이러한 준비자산은 통화당국이 국제수지의 불균형을 직접 보전하거나 또는 외환시장개입을 통해 국제수지 불균형을 간접적으로 조정하기 위해 사용할 수 있다. 과거에는 준비자산을 경상수지 및 자본 · 금융수지의 합을 종합적으로 고려한 뒤 그 격차를 보전하기 위한 별도의 계정으로 분리했었으나 새로운 매뉴얼에서는 금융계정의 한 항목으로 포함시켰다.

◉ 자본계정

자본계정에는 국가 간의 부의 이전을 초래하는 그 외의 다른 거래들이 기록된다. 여기에 포함되는 항목들은 앞에서 설명한 금융계정의 거래들과는 달리 시장거래와 상관없는 자본이전으로 인해 발생하거나, 비생산자산, 비금융자산 또는 무형자산의 취득 및 처분을 나타내는 경우가 대부분이다. 자본이전에는 이민, 투자보조금, 채무면제 등이 포함되고, 비생산자산 또는 비금융자산의 거래에는 토지(외국대사관), 지하자원 등의 거래가 포함된다.

Box 2-1 자본계정 항목 사례 : 일본 정부, 미얀마 수천억 엔 부채 탕감해 준다

일본이 미얀마의 개혁의지를 지지하기 위해 누적된 부채를 탕감해 주기로 결정했다. BBC에 따르면 노다 요시히코 일본 총리는 테인 세인 미얀마 대통령과 도쿄에서 가진 정상회담에서 부채 탕감과 금융지원에 대해 합의했다고 보도했다.

두 나라 정상은 공동성명에서 "미얀마 국민이 정치개혁의 결실을 누릴 수 있도록 광범위한 지원을 재개할 것"이라고 선언했다. 이로써 미얀마에 대해 약 3,000억 엔(한화 4조 2,000억원)에 달하는 부채를 탕감해 줄 것으로 보인다.

일본 정부는 또 "미얀마에 대한 지원을 재개할 것"이라며, "이를 통해 미얀마 국민들이 개혁의 결과를 얻을 수 있기 바란다"고 밝혔다. 월스트리트저널(WSJ)도 "일본은 미얀마 지원을 통해 강한 경제적인 입지를 구축하고자 한다"며 "일본의 부채 탕감은 빠르게 성장하는 중국을 견제하려는 의도도 있을 것"이라고 분석했다.

자료 : 아세안 투데이, 2012년 4월 23일.

〈표 2-1〉은 2017년 현재 우리나라의 국제수지를 보여주고 있다.[3] 2017년 상품수지는 1,199억 달러의 흑자를 보이고 있으며, 서비스수지는 345억 달러의 적자를 보이고 있다. 여기에 본원소득수지 및 이전소득수지를 합한 경상수지는 785억 달러의 흑자를 보이고 있다. 한편, 금융계정에서는 파생금융상품이 순유입되고는 있지만, 국내기업의 해외투자 증가 및 대외부채의 상환 등이 그 이상으로 이루어지고 있다. 그러나 경상수지에서의 흑자가 준비자산을 제외한 금융계정에서의 순자산 증가보다 더 커 오차 및 누락을 고려한 후 준비자산은 44억 달러의 증가를 보이고 있다.

표 2-1 우리나라의 국제수지표(2017년) (단위 : 백만 달러)

항목	금액
경상수지	78,460
1. 상품수지	119,889
2. 서비스수지	−34,472
3. 본원소득수지	122
4. 이전소득수지	−7,078
자본수지	−31
금융계정	87,100
1. 직접투자	14,628
2. 증권투자	57,847
3. 파생금융상품	−8,253
4. 기타투자	18,523
5. 준비자산	4,360
오차 및 누락	8,672

자료 : 한국은행 (www.bok.or.kr).

3. BPM6에서는 금융계정의 표기방식을 종전의 '순유출입액기준'에서 '자산 · 부채의 증감기준'으로 변경하였다. 이에 따라 부채항목의 부호는 종전과 동일하나 자산항목의 부호는 종전과 반대방향으로 바뀌게 되었고, 금융계정 숫자들의 부호가 이전과는 반대로 표시된다.

1.3 국제수지의 기재방법

국제수지는 복식부기의 원리에 의해서 작성된다. 따라서 부기에 있어서와 마찬가지로 국제수지에는 두 개의 변, 즉 대변(credit)과 차변(debit)이 있다. 우리는 외국으로부터 수취(receipt)를 가져오는 거래를 대변에, 외국에 대한 지급(payment)을 가져오는 거래를 차변에 기재하는 반면에, 이들 거래에 수반하여 일어나는 반대급부의 이동은 반대편에 기록한다. 이처럼 국가 간의 거래는 복식부기의 원리에 따라 어떤 것이든지 간에 대변의 어느 항목에 한 번, 그리고 차변의 어느 항목에 한 번 기재되어야 하므로 국제수지의 양변의 합계는 항상 일치하게 된다. 이제 국가 간의 여러 경제적 거래가 과연 어떻게 국제수지표에 기입되는지를 구체적인 예를 통해서 살펴보기로 하자.

◉ 경상거래의 예

재화 및 용역의 수출은 수출대금 수수에 따라 외국으로부터 수취가 발생하므로 경상계정의 대변에 기입되고, 이에 따른 반대급부로서의 통화의 이동은 차변에 기입된다. 반면 재화 및 용역의 수입(輸入)은 외국에 대한 지급을 발생시키므로 경상계정의 차변에 기입되며, 그에 따른 통화의 유출은 대변에 기입된다.

예를 들어 9억 달러의 재화와 1억 달러의 용역 수출이 90일 이내의 연불수출로 이루어졌다고 하자. 그러면 이 경우 총수출액인 10억 달러는 경상계정의 대변에 기입되며, 연불수출은 회계상으로는 단기자본유출과 동일하므로 수출에 따른 반대급부의 이동인 단기자본유출은 금융계정의 차변에 기록된다. 이를 간략히 도표화해 보면 〈표 2-2〉와 같다.

표 2-2 연불수출의 기입 예

거래항목	차변(지급)	대변(수취)
경상계정		
상품수지		9억 달러
서비스수지		1억 달러
금융계정		
무역 관련 신용	10억 달러	

다른 예로, 15억 달러의 재화수입 중에서 10억 달러는 상환기간이 1년 이상인 연불수입, 그리고 나머지 5억 달러는 달러화로 현금결제되었다고 하자. 이 경우 재화의 수입은 외국에 대하여 지급을 발생시키는 거래이므로 경상계정의 차변에 15억 달러가 기입되고, 반대급부의 이동인 연불수입은 장기자본유입과 동일하므로 금융계정의 대변에 10억 달러가 기록되며, 나머지 현금결제는 금융기관의 외환보유액의 감소이므로 금융계정의 대변에 5억 달러가 기재된다. 이를 도표로 나타내면 〈표 2-3〉과 같다.

표 2-3 **재화수입의 기입 예**

거래항목	차변(지급)	대변(수취)
경상계정		
상품수지	15억 달러	
금융계정		
무역 관련 신용		10억 달러
현금 및 예금		5억 달러

이전소득거래도 다른 경상거래와 마찬가지로, 외국으로부터의 수취를 발생시키는 이전소득은 경상계정의 대변에 기입하고 반대로 지급을 발생시키는 이전지출은 경상계정의 차변에 기록한다. 그런데 이전소득거래는 재화나 용역의 거래와는 다르게 실물의 이동에 대한 반대급부가 없는 것이 특징이다. 그러나 복식부기의 체제에 맞추기 위해서는 실물의 이동에 대응하는 항목이 있어야 하므로, 국제수지를 작성할 때는 이전소득수지라는 항목을 따로 만들어 균형을 맞추고 있다. 이때 이전되는 실물의 흐름이 재화나 용역의 형태로 이루어질 경우에는 재화와 용역의 수출입으로 표시되어 경상계정에 기입되며, 현금일 경우에는 금융계정에 기입된다.

예컨대 우리 정부가 100만 달러에 해당하는 재화를 외국에 증여하면, 이는 경상계정의 이전소득수지 항목의 차변에 100만 달러, 경상계정의 상품수지 항목의 대변에 100만 달러가 기록된다. 반대로 해외의 우리 교포가 국내의 친척에게 50만 달러를 송금하면, 이는 경상계정의 이전소득수지 항목의 대변에 50만 달러, 금융계정의 현금 및 예금 항목의 차변에 50만 달러가 각각 기입된다. 이를 기재하면 〈표 2-4〉와 같다.

표 2-4 이전거래의 기입 예

거래항목	차변(지급)	대변(수취)
경상계정		
상품수지		100만 달러
이전소득수지	100만 달러	50만 달러
금융계정		
현금 및 예금	50만 달러	

◉ 금융거래의 예

국가 간의 거래에는 경상거래 이외에도 직접투자, 차관에 의한 자본의 유출입, 외국 주식 및 채권의 매매 등과 같은 금융거래가 있다. 금융거래의 경우에도 경상거래와 마찬가지로, 외국으로부터 수취를 발생시키는 거래는 자본계정의 대변에 기입하고, 이에 따른 반대급부의 이동은 차변에 기재한다.

다시 말하면 차관 등에 의한 자본수입의 경우에는 대변에 기입하며, 반대로 자본수출의 경우에는 차변에 기입한다. 자본이 '수출' 되는 경우가 재화의 '수입(輸入)' 과 같이 차변에 기재된다는 사실이 이상히 여겨질지 모르나, 우리가 해외투자를 하면 '외화가 국외로 유출' 되므로 이 점에 있어서는 재화의 수입(輸入)과 같고, 따라서 차변에 기재되어야 한다. 반면에 외국인이 우리나라에 투자를 하면 이것은 '외화가 국내로 유입' 되는 거래이므로 재화의 수출과 같고, 따라서 대변에 기재되어야 한다.

이제 예를 들어 국내기업이 만기 1년 이하인 외국의 유가증권 50만 달러어치를 달러화로 사들였다면, 금융계정의 증권투자 항목의 차변과 금융계정의 현금 및 예금 항목의 대변에 각각 50만 달러가 기입된다.

한편 외국 기업이 100만 달러 상당의 시설재를 투입하여 국내에 투자하였다면, 금융계정의 직접투자 항목의 대변과 경상계정의 상품수지 항목의 차변에 각각 100만

표 2-5 증권거래의 기입 예

거래항목	차변(지급)	대변(수취)
경상계정		
상품수지	100만 달러	
금융계정		
직접투자		100만 달러
포트폴리오 투자	50만 달러	
현금 및 예금		50만 달러

달러가 기록된다. 이를 표로 나타내면 〈표 2-5〉와 같다.

통화당국의 국제준비자산 거래는 공적 외환보유액의 변화를 나타내는 거래로 준비자산증감에 기입된다. 거래의 발생동기는 주로 국제거래에 따르는 채권·채무상의 불일치를 조정하는 데 있다. 예를 들어 통화당국이 외환보유액의 감소를 막기 위하여 1억 달러의 현금차관을 도입하였다면, 금융계정의 준비자산 항목의 차변과 금융계정의 대출 및 차입 대변에 각각 1억 달러가 기입될 것이다. 이를 정리하면 〈표 2-6〉과 같다.

표 2-6 국제준비자산 거래의 기입 예

거래항목	차변(지급)	대변(수취)
금융계정		
대출 및 차입		1억 달러
준비자산증감	1억 달러	

◉ 자본계정 거래의 예

자본계정에 포함되는 거래가 어떻게 기입되는지를 살펴보기 위해, 우리 정부가 수년 전 개발도상국에 빌려주었던 차관 100만 달러를 면제해 주었다고 하자. 이와 같은 채무면제는 우리나라에서 개발도상국으로 100만 달러의 자본이 이전된 것이므로 자본계정에 차변 항목에 100만 달러가 기입된다. 한편 외국에 대한 채무면제는 해외에 보유하고 있던 자산이 감소하는 것으로 나타나므로 해외자산 처분과 마찬가지로 금융계정의 대변에 해외자산 매각으로 100만 달러가 기입될 것이다.

표 2-7 채무면제의 기입 예

거래항목	차변(지급)	대변(수취)
자본계정		
자본이전	100만 달러	
금융계정		
해외재산 매각		100만 달러

지금까지 우리는 여러 종류의 국제거래가 복식부기의 원리에 따라 국제수지에 기재되는 방법을 세 가지 거래항목으로 나누어 살펴보았다. 이를 정리하면 〈표 2-8〉과 같다.

표 2-8 국제수지 기재방법

거래항목	차변(지급)	대변(수취)
경상계정	▪ 재화 및 용역의 수입 ▪ 급료 및 임금과 해외부채에 대한 이자 및 배당금 지급 ▪ 해외에 대한 이전지출	▪ 재화 및 용역의 수출 ▪ 급료 및 임금과 해외자산에 대한 이자 및 배당금 수취 ▪ 해외에 대한 이전소득
자본계정	▪ 해외이주비 및 특허권에 대한 지급	▪ 국내이주비 및 특허권에 대한 수입
금융계정	▪ 금융자산 증가 ▪ 금융부채 감소	▪ 금융자산 감소 ▪ 금융부채 증가

2. 국제수지의 종류

International Finance, ch. two

2.1 국제수지 균형의 의미

한 나라의 외화 수취(receipt)와 지급(payment)은 균형을 이루는 것이 바람직하다. 왜냐하면 지급이 수취보다 많은 상태가 계속된다면 결국 그 나라의 보유외화가 고갈되고 급기야는 긴요한 재화마저 수입할 수 없게 됨으로써 경제가 파탄에 이르게 될 가능성이 있기 때문이다. 한편 수취가 지급을 항상 초과하는 상태도 국민경제를 위해서 반드시 바람직하다고 볼 수는 없다. 이것은 한편으로는 수출재화가 그만큼 제값을 받지 못하고 싸게 수출되었기 때문에 수출이 수입을 초과했다고도 해석될 수 있으며, 다른 한편으로는 획득한 외화는 단순히 축적하는 데 의의가 있는 것이 아니라 그것을 사용하여 외국의 소비재, 자본재 또는 원자재를 수입함으로써 국민의 생활수준을 향상시키고 경제발전에 도움이 되도록 이용하는 것이 바람직하기 때문이다.

따라서 국제수지의 균형을 이룬다는 것은 완전고용, 물가안정 등과 함께 정부의 경제정책의 3대 목표 중 하나가 된다. 엄밀한 의미에서의 국제수지 균형은 다른 경제목표인 완전고용과 물가안정이 달성되고 국제거래에 대하여 정부의 직접규제가 없는 상황 하에서의 균형을 의미한다. 예를 들어 정부가 긴축정책을 사용하여 실업을 유발시키고 이에 따른 소득의 감소가 수입수요를 감소시켜 국제수지 균형이 유지되고 있다면, 이는 표면상으로는 국제수지가 균형을 이루는 것처럼 보이지만 우리가 다른 중요 경제목표인 완전고용을 달성하였을 때는 국제수지 적자를 가져오게 될 것이다. 또한 수입을 직접적으로 규제하기 위해 '외환통제'(foreign exchange control), '수입할당제'(import quota system) 등 무역장벽을 강화한 상태에서의 국제수지 균형은 엄밀한 의미에서의 대외균형이라고는 볼 수 없을 것이다.

앞에서 설명한 것처럼 국제수지에 기록되는 모든 거래는 대변과 차변에 모두 한 번씩 기록되므로 국제수지상의 대변과 차변의 총합계는 사후적으로 항상 일치하게 된다. 이를 국제수지의 '사후적 항등성'이라 한다.

$$\text{경상수지} + \text{자본수지} - \text{금융수지}^{4} = 0 \qquad (2-1)$$

그러나 이는 모든 계정이 아닌 몇몇 계정만을 볼 때도 양변의 합계가 항등적으로 일치한다는 것을 의미하지는 않는다. 예를 들어 경상계정의 대변과 차변이 일치하지 않아 경상수지가 불균형을 이루는 경우를 우리는 종종 경험하곤 하는 것이다. 흔히 이러한 개별 계정의 양변의 합계가 일치하였을 때를 '국제수지의 균형'(equilibrium of the balance of payments)이라 하고, 일치하지 않을 때를 '국제수지의 불균형'(disequilibrium of the balance of payments)이라고 한다.

국제수지 균형 개념을 좀더 자세히 알아보기 위해서 국제수지상의 모든 거래를 이제까지와는 조금 다른 관점에서 다시 한 번 살펴보자. 국제수지상의 모든 거래는 그 성격에 따라 자율적 거래(autonomous transactions)와 보정적 거래(accommodating transactions)로 대별해 볼 수 있다. 자율적 거래라 함은 국가 간의 가격, 소득, 그리고 이자율 등 경제적 요인의 차이에 따라 발생하는 거래이며, 보정적 거래는 자율적 거래를 뒷받침하기 위한 보조적 거래라고 할 수 있다. 따라서 국제수지 균형 개념을 얘기할 때는 자율적 거래를 고려해야 하며, 자율적 거래의 대변 및 차변의 합계가 일치할 때 국제수지가 균형이 되었다고 본다. 또한 대변(수취)이 차변(지급)보다 클 경우를 국제수지의 흑자, 반대의 경우를 국제수지의 적자라고 부른다.

여기서 어떠한 거래를 자율적 거래로 볼 것인가 하는 점은 국제수지의 균형을 정의하는 데 있어서 매우 중요한 문제라고 하겠다. '경상수지'(balance of current account), '종합수지'(overall balance) 등 여러 가지 국제수지 개념은 어떤 항목을 자

---

4. 한국은행은 '금융수지' 대신에 금융계정'이란 용어를 공식적으로 사용한다.

율적 거래에 포함시킬 것인가에 따라 등장하게 된 개념들이다. 따라서 국제수지 균형을 측정하는 유일한 방법은 존재하지 않는다. 다만 연구목적과 경제상황의 분석방향에 따라 그때그때 거기에 알맞는 국제수지 균형 개념을 이용하면 되고, 때에 따라서는 다른 측정방법을 상호 병행시켜 보완적으로 사용할 수도 있을 것이다.

2.2 경상수지 개념

이는 경상계정에 포함되어 있는 항목만을 자율적 거래로 보고 '경상수지'가 균형을 이룰 때 국제수지도 균형을 이루고 경상수지가 흑자(적자)를 이룰 때 국제수지도 흑자(적자)를 이룬다고 보는 견해이다. 경상수지가 균형이라는 것은 경제적으로 한 국가가 자국의 생산능력만큼 지출하고 있다는 것을 의미하고, 경상수지 적자는 자국의 생산능력 이상으로 과잉지출하는 상태를, 그리고 경상수지 흑자는 지출이 생산능력을 초과하지 않은 상태를 의미한다.

실제로 국제수지 불균형을 말할 때 경상수지 불균형을 의미하는 경우가 보통이며, 장기적인 대외불균형의 해소는 경상수지의 균형 회복에 달려 있는 것이 사실이다. 따라서 국제수지 불균형 해소정책의 초점도 경상수지 균형의 회복에 맞추어지는 것이 보통이다. 또한 경상수지는 국민소득계정과 통화부문에 직결되어 있으며, 국민경제의 대외균형을 분석하는 데 있어서 중요한 개념이다. 국제수지 균형을 경상수지 위주로 볼 때 금융거래는 국제수지의 불균형을 해소하기 위한 보정적 거래로 간주하게 된다.

그러나 경상수지의 불균형이 곧 국제수지의 불균형이라고 보는 견해가 타당치 않은 경우가 있다. 각국의 금융시장이 자유화 및 개방화되면서 단순히 경상수지를 보조하기 위한 금융거래보다 금융이익을 취득하기 위한 금융거래가 훨씬 더 큰 규모로 이루어지고 있다. 이처럼 금융동기에 따른 자본이동의 확대로 인해 직접투자와 증권투자 등을 포함한 금융계정의 대부분 항목이 자율적 거래 항목이 되었고 최근에는 경제에 대한 영향도 크게 나타나고 있어, 금융거래로 인한 국제수지의 불균형도 중요하게 고려되고 있다.

2.3 금융수지 개념

새로운 국제수지 편제기준에 따르면 금융계정에는 민간기업, 금융기관 및 정부뿐만 아니라 통화당국의 금융거래인 준비자산까지 포함되므로, 식 (2-1)에 나타난 것처럼 금융수지는 자동적으로 경상수지와 자본수지의 합과 같아진다. 경상수지와 자본수지의 합은 자국의 해외에 대한 순대출(합이 흑자인 경우) 또는 순차입(합이 적자인 경우)을 의미하므로, 금융수지란 어떻게 해외부문과 순대출 또는 순차입이 이루어지는지를 나타내준다.

그런데 금융계정 중의 준비자산은 흔히 다른 국제거래에서 발생하는 격차를 조정하기 위한 통화당국의 개입으로 나타나는 경우가 많다. 따라서 금융수지의 불균형이 경제에 미치는 영향을 분석하기 위해서는 이를 제외한 다른 금융거래에 초점을 맞출 필요가 있다. 금융수지(준비자산 제외)가 흑자라는 것은 우리나라의 대외순자산이 증가했음을 의미하고, 반대로 적자가 되면 순차입이 더 많이 이루어졌음을 의미한다. 따라서 금융수지(준비자산 제외)를 흑자로 만들기 위해서는 우리나라의 기초적인 경제환경을 안정시키고 경쟁력도 강화시킴으로써 기업들이 돈을 많이 벌게 해야 할 것이다. 그러나 지나친 경상수지 흑자 또는 적자가 꼭 바람직하지는 않은 것처럼 지나친 금융수지(준비자산 제외) 흑자 또는 적자도 바람직한 것만은 아니다. 왜냐하면 지나친 적자인 경우 과도한 부채유입으로 국내자산시장에 거품이 생겨나고 경기가 과열되면 이후 물가상승, 경상수지 악화, 경기조정 시 경착륙 등의 문제가 유발될 수 있기 때문이다. 또한 지나친 흑자인 경우 자본이탈로 비추어져 경제에 대한 불안감을 증폭시키고 자국통화에 대한 신뢰를 하락시켜 위기를 초래할 수도 있기 때문이다.

오늘날 금융거래가 국제거래의 압도적인 비중을 차지하므로 금융수지(준비자산 제외)를 국제수지의 가장 핵심적인 개념으로 고려할 수도 있으나, 아무리 자본이동이 활발하게 이루어진다 해도 금융수지(준비자산 제외) 관점에서 국제수지를 고려하는 것은 타당하지 않다는 견해도 있다. 왜냐하면 경상거래와는 달리 금융거래는 훨씬 가변적이므로 장기적인 관점에서 균형을 논하는 것이 무의미할 수도 있기 때문이다. 예를 들어 그동안 우리나라 경제에 대한 신뢰도가 높아 지속적으로 자본이 국내에 유입되어 왔을지라도, 어떤 계기로 신뢰도가 무너지면 단기자본의 급격한 유출에 따라 순식간에 외환 · 금융위기가 초래되는 상황이 발생할 수도 있다.

2.4 종합수지 개념

경제적으로 중요한 의미를 갖는 또 하나의 국제수지 개념은 경상거래뿐만 아니라 금융거래(준비자산 제외)를 자율적 거래에 추가시켜 경상수지와 금융수지를 함께 고려한 것이다. 새로운 편제 이전에는 이를 '종합수지'라고 했으며, 새로운 편제에서는 '공적결제수지'(official settlement balance)라고 부른다.[5] 이 수지를 중요하게 간주하는 이유는 외환의 수요와 공급은 경상거래뿐만 아니라 모든 금융거래에 의해서도 이루어지며, 외환의 수요와 공급이 일치되는 점에서 국제수지가 균형이 된다고 보기 때문이다.

식 (2-1)을 약간 변형해 보면

$$\text{종합수지} - \text{준비자산증감} = 0 \qquad (2-2)$$

이 됨을 알 수 있다. 따라서 종합수지가 불균형이 된다는 것은 그만큼 국제거래에서 수취와 지불 간에 격차가 발생했으므로 통화당국은 외환보유액을 이용해 이러한 국제거래에서의 격차를 조정해야 한다는 것을 의미한다. 즉, 종합수지 흑자는 외환보유액의 증가를, 그리고 종합수지 적자는 외환보유액의 감소를 가져오게 된다.

변동환율제도 하에서 자본이동이 자유로운 경우 환율은 종합수지가 균형을 이루는 점에서 결정되고, 이와 같이 결정된 환율은 다시 소득과 국제수지 등 실질변수에 영향을 끼치므로 개방경제 분석에서 종합수지 개념이 점점 중요시된다. 그렇지만 개발도상국에서 흔히 볼 수 있는 바와 같이 단기차관으로 수입초과를 지탱하고 있는 경우에는 외채상환의 문제가 야기되고 그 나라의 결제능력이 압박받기 때문에 종합수지 균형보다는 경상수지 균형 개념이 보다 유용할 것이다.

2.5 우리나라의 국제수지 추이

다음의 [그림 2-1]은 우리나라의 경상수지 및 금융수지(준비자산 제외) 추이를 보여주고 있다. 그림에서 보듯이 경상수지 적자 추세는 1985년까지 이어졌다. 특히 1979년 2차 오일파동을 전후해 고유가, 고이자, 고달러 등 3고 현상으로 경상수지는

5. Krugman, Obstfeld and Melitz(2012)에서는 국제수지란 용어 자체를 이 개념으로 사용하기도 한다.

우리나라의 국제수지 그림 2-1

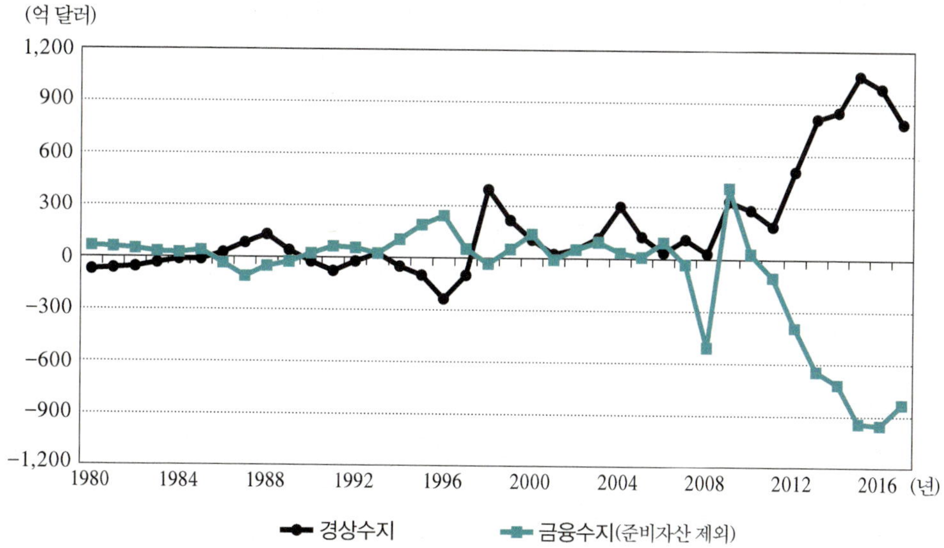

주 : 대칭성을 보여주기 위해 금융수지 부호를 반대로 그렸음.
자료 : 한국은행 (www.bok.or.kr).

급격히 악화되었다가 점차로 개선되는 양상을 보였다. 반면 1985년을 기점으로 한 저유가, 저이자, 저달러 등 3저 현상은 경상수지를 개선시키는 데 큰 공헌을 했다. 1986년 처음으로 46억 달러에 이르는 경상수지 흑자를 기록하였으며, 1988년 경상수지 흑자는 141억 달러로 최고점에 달했다. 그러나 1989년을 전후하여 경상수지 흑자에 결정적인 공헌을 했던 3저 현상이 사라지고 경상수지 흑자 관리 실패로 인플레이션이 만연함에 따라 우리 재화의 가격경쟁력은 급격히 약화되었으며, 결국 1990년부터 적자로 반전되기에 이르렀다.

1993년 반도체 수출에 힘입어 소액이긴 하지만 일시적으로 경상수지가 흑자로 되었으나, 1994년을 전후해 반도체의 과잉공급으로 인한 가격폭락과 한국 경제의 고비용 · 저효율 구조로 인해 경상수지는 다시 적자로 돌아섰다. 특히 1996년에는 237억 달러라는 사상 최대 규모의 경상수지 적자를 기록하였다. 1997년 IMF 위기로 수입이 급감하면서 경상수지가 급격히 흑자로 반전되었고, 1998년에는 사상 최대의 흑자를 기록하기도 하였다. 이후 흑자폭이 등락하고 있으나 아직까지는 경상수지 흑자 기조를 유지하고 있다.

한편 금융수지(준비자산 제외)는 경상수지와는 반대로 1980년대 중반까지는 순대출, 1980년대 후반에는 순차입, 그리고 이후 1990년대 초반에는 다시 순대출을 기록하였다. 이처럼 전체적인 추이를 보면 1990년대 초반까지는 경상수지와 금융수지가 대칭적인 모습을 보이고 있다. 그러나 1990년대 중반 이후에는 대칭적인 관계가 명확하게 유지되지 않고 있는데, 이러한 변화는 금융시장 개방과 상당한 관련이 있다. 금융시장이 개방되기 이전에는 주로 경상거래만이 자율적인 거래의 특성이 강했고 금융거래는 경상거래에서의 불균형을 보정하기 위한 성격이 강했다. 따라서 예를 들어 경상수지가 적자로 되면 이를 해외차입 등을 통해 지불해야 했기 때문에 금융수지도 동일한 변동을 나타내곤 하였다. 그러나 금융시장이 개방되면서 경상거래와는 무관하게 증권투자 등 투자수익을 목적으로 한 자본이동이 증가함에 따라 대부분의 금융거래도 자율적 거래의 특성을 나타내게 되었다. 따라서 자본이동이 본격적으로 개방되기 시작한 1990년대 중반 이후에는 경상수지와 금융수지 간의 대칭적인 관계가 뚜렷하지 않게 되었다.

3. 국제수지와 타 사회계정과의 관계

International Finance, ch. two

3.1 국제수지와 국민소득계정

외국과의 거래가 없는 폐쇄경제(closed economy) 하에서 국민소득계정은 아래의 식 (2-3)과 같이 표시할 수 있다.

$$Y = C + I + G \tag{2-3}$$

여기서 Y는 국민소득, C는 소비, I는 투자, 그리고 G는 정부지출을 의미한다. 다시 말하면 경제 내의 총생산은 민간에 의해서 소비되거나, 미래의 생산을 위하여 기업에 의해서 투자되거나, 혹은 정부지출에 사용된다는 것을 의미하며, 위의 식은 언제나 성립하는 항등식이 된다.

그러면 여기서 한 걸음 더 나아가 외국과 교역을 하는 개방경제 하에서 국민소득계정은 어떻게 표시될 것인가를 생각해 보자. 이 경우 민간이 소비하고 투자하며 정부가 사용하는 재화와 용역 중에는 외국에서 생산된 재화와 용역이 포함되어 있으므로, 일국의 경제주체에 의해서 생산된 국민소득을 계산하기 위해서는 C, I, G의 각 항목으로부터 총수입액을 공제하여야 할 것이다.

한편, 그 나라 경제주체가 생산한 재화와 용역 중에는 외국인에 의해서 소비되는 부분, 즉 수출이 있게 되는데, 국민소득 계산에는 국내지출액뿐만 아니라 이 수출액도 포함시켜야 한다. 따라서 위의 사실을 고려하면 개방경제 하에서의 국민소득계정은 다음의 식 (2-4)와 같게 된다.

$$Y = C + I + G + (X - IM) \tag{2-4}$$

여기서 X는 수출, IM은 수입, 그리고 $X - IM$은 순수출을 의미하며, $C + I + G$는 국내경제주체의 자국 생산재 및 수입재에 대한 총지출을 나타낸다. 한편, Y는 국민소득 또는 국민총생산(GNP)을 나타내는데, 개방경제 하에서의 GNP 개념은 국내총생산(GDP)과 구별된다는 점에 주의하기 바란다.[6]

폐쇄경제 하에서는 국민소득과 총지출이 식 (2-3)에서 보여준 바와 같이 항상 일치하나 개방경제 하에서는 일반적으로 총지출은 국민소득과 일치하지 않게 된다. 따라서 우리는 국민소득과 달리 일정 기간 동안 국내에서의 총지출, 다시 말하면 $C + I + G$를 지칭할 새로운 개념이 필요하게 된다. 우리는 이를 국내총지출 또는 압접션(absorption)이라고 부르기로 한다. 국내총지출은 식 (2-5)와 같이 정의된다.

$$A \equiv C + I + G \tag{2-5}$$

이제 식 (2-5)를 식 (2-4)에 대입하면

---

6. GNP는 한 나라의 경제주체에 의해서 생산된 총재화의 가치를 의미하는 국민총생산(gross national product)이며, GDP는 국내에서 생산된 재화의 총가치를 지칭하는 국내총생산(gross domestic product)을 의미한다. 따라서 국내 생산에 공헌한 외국의 생산요소에 대한 지급은 GNP에는 포함되지 않으나 GDP에는 포함되는 반면, 외국에서 그 나라의 생산에 공헌한 우리의 생산요소에 대한 보수는 우리의 GNP 산출에는 포함되나 GDP 산출에는 포함되지 않는다. 예를 들어, 우리 산업역군들이 중동에서 벌어들인 외화는 GNP에는 포함되나 GDP에는 포함되지 않는다.

$$Y \equiv A + (X - IM) \quad (2-6)$$

의 식이 얻어진다. 즉, 국민소득은 국내에서의 총지출액(압접션)과 순수출액을 더한 값과 같게 된다. 식 (2-6)에서 A를 등호의 좌측으로 옮기면

$$Y - A \equiv X - IM \quad (2-7)$$

의 식을 얻는다. 식 (2-7)은 국민소득 중에서 총지출을 초과하는 부분은 항등적으로 순수출액과 같아진다는 점을 보여주고 있다. 이것은 국민소득이 총지출을 초과하는 경우에는 수출이 수입을 초과하고, 반대로 총지출이 국민소득을 초과할 경우에는 수입이 수출을 초과함을 의미한다.

따라서 경상수지 흑자를 달성하기 위해서는 국민소득이 총지출을 초과하여 저축이 이루어져야 할 것이다. 즉, 지출이 소득에 못 미치게 함으로써 외국재화에 대한 구입능력을 저축한 셈이 되는 것이다. 반대로 지출이 소득보다 클 경우, 즉 국내에서 생산한 재화와 용역의 총량보다 더 많이 지출하게 될 경우 그 초과분은 필연적으로 외국에서 생산된 재화를 구입함으로써 충당되지 않으면 안 된다. 따라서 수입이 수출을 초과하게 되고 식 (2-7)의 우변은 음수가 되는 것이다. 또한 식 (2-7)은 거시경제정책면에서도 중요한 의미를 지닌다. 국제수지(이 경우 경상수지)의 균형은 국내의 총생산량과 총지출이 균형을 이루지 않고서는 달성될 수 없음을 식 (2-7)은 보여준다.

이제 또 다른 측면에서 부문별 균형을 살펴보자. 식 (2-4)의 양변에서 조세수입(T)을 빼고, 해외로부터의 순이전수입(TR)을 더해 보면

$$Y + TR - T \equiv C + I + (G - T) + (X + TR - IM) \quad (2-8)$$

과 같은 관계가 얻어진다. 식 (2-8)의 좌변, 즉 ($Y + TR - T$)는 가처분소득을 의미하며, 가처분소득에서 소비(C)를 빼면 저축(S)이 되므로 위의 식은 다음과 같이 변형된다.

$$Y + TR - T - C \equiv S \equiv I + (G - T) + (X + TR - IM)$$

$$\text{즉, } (X + TR - IM) \equiv (S - I) + (T - G) \quad (2-9)$$

와 같이 된다. 즉, 경상수지의 흑자는 민간저축의 투자에 대한 초과분과 정부의 재정흑자의 합과 항등적으로 같게 된다.

이제 식 (2-7)과 식 (2-9)를 비교해 보자. 식 (2-7)에서는 경상수지 흑자가 국민소득이 지출을 초과할 경우에 일어난다는 점을 알 수 있으며, 식 (2-9)는 이를 좀더 세분하여 경상수지 흑자가 민간의 순저축과 정부의 재정흑자로 표시됨을 보여주고 있다. 반면, 경상수지에 적자가 발생했다는 사실은 민간부문이나 정부부문에서 저축을 초과하는 지출이 이루어지고 있음을 의미한다.

Box 2-2 1980년대 미 · 일 간의 무역분쟁

1980년대 초까지만 해도 균형 수준에서 크게 이탈하지 않았던 미국의 경상수지가 이후 급격히 악화되면서 1984년에는 1,000억 달러를 넘어서게 되었고 1987년까지 매년 적자기록을 갱신하였다. 이와 같은 급격한 경상수지 악화로 인해 미국은 순채권국에서 1986년 이후 순채무국으로 전락하게 되었다. 세계 제1의 경제대국이 채무국으로 전락하자 미국 내에서 여론이 비등하기 시작하였고, 이를 시정하기 위한 강력한 대외통상정책이 추구되었다. 당연히 당시 최대의 경상수지 흑자국인 일본에 대해서 「대미교역 불균형을 시정하도록 강력히 요구하였으며, 이 과정에서 미국과 일본 간에 심각한 무역분쟁이 발생하였다.

미국은 자국의 심각한 무역역조가 일본의 시장폐쇄적인 정책 때문이라고 강력히 비난하고 미국의 수출품에 대해 일본 대내시장을 개방하라고 요구하였다. 이러한 요구에 대해 당시 나카소네 수상 등은 TV에 나와 미국 상품을 구매하는 제스처를 취하기도 하였으나 기본적으로 일본측은 당시 미국의 심각한 경상수지 적자는 미국 자체 내의 문제 때문이라고 반박하였다. 식 (2-9)에 따르면 경상수지 적자는 과잉투자 또는 재정적자 때문에 발생할 수 있다. 1980년대 당시 미국의 국내투자와 국내저축은 크게 괴리되지 않은 상황이었는데, 레이건 정부의 감세정책 및 과도한 군사비 지출에 따른 재정적자는 당연히 경상수지 적자를 야기할 수밖에 없었다는 것이다. 따라서 미국의 재정수지 적자와 경상수지 적자는 비슷한 추세를 보이면서 변하게 되었고 소위 말하는 '쌍둥이 적자' 현상이 나타나게 되었다는 것이다.

양측의 주장은 나름대로 일리가 있다. 일본은 세계 주요 경제대국 중 개방도(수입의 GDP에 대한 비율)가 가장 낮은 국가이고, 또한 당시 내부적인 판매망이 일본의 전통적인 상호 밀착관계로 이루어져 외국 기업들이 좀처럼 들어가기가 어려웠다는 점에서 미국의 일본에 대한 비난은 설득력이 있다. 그러나 일본의 미국에 대한 비난도 일리가 있다. 1980년대 미국은 과잉투자 상태였다기보다는 균형 또는 저축초과 상태였음에도 불구하고 경상수지가 급격히 악화된 데에는 급격한 재정적자 확대가 상당한 기여를 했음은 부정할 수 없다.

3.2 국제수지와 통화부문과의 관계

◉ 경상수지와 외화자산

여기서는 국제수지의 변동이 외화량의 증감과 어떠한 관계를 가지고 있는지를 살펴보도록 하자.

우리가 경상수지 흑자를 경험했다는 사실은 생산보다 지출이 적어서 우리가 생산한 재화를 우리가 소비하는 대신에 외국에 팔았다는 것을 의미한다. 이와 같은 소비억제의 대가는 외화자산의 취득으로 나타나는데, 이 관계는 다음과 같은 식으로 요약할 수 있다.

$$X + TR - IM \equiv CA \equiv \Delta NFA \qquad (2-10)$$

여기서 CA는 경상계정(current account)의 흑자폭을 나타내고 ΔNFA는 순외화자산(net foreign assets)의 증가폭을 의미한다. 우리가 수출을 많이 해서 외화를 벌어들이면 그만큼 외화자산이 증가하게 되는 것은 당연한 일이다.

이제 식 (2-9)와 식 (2-10)에서 우리는 아래와 같은 결과를 얻어낸다.

$$(S - I) + (T - G) \equiv \Delta NFA \qquad (2-11)$$

여기서 민간 및 정부의 초과저축이 해외투자, 즉 외화자산의 축적이라는 형태를 띠게 된다는 점을 알 수 있을 것이다.

이상에서 우리는 경상수지의 불균형이 일국의 외화자산보유액을 변화시킨다는 점을 여러 각도에서 살펴보았다. 이러한 외화자산의 변화는 이를 보유하고 있는 경제주체의 행위에 영향을 미침으로써 경제 전체에 영향을 줄 것이다. 여기서는 외화자산을 주로 보유하고 있는 금융기관, 그 중에서도 특히 중앙은행의 대차대조표를 살펴봄으로써 대차대조표상에서 순외화자산(NFA)의 변화가 어떻게 국내통화량을 변화시키는가를 살펴보고 이의 경제적 의미를 알아보기로 하자.

◉ 국제수지와 통화공급

중앙은행의 대차대조표를 간단히 압축하여 나타내면 〈표 2-9〉와 같다. 이 표에 의하면 중앙은행의 본원통화(monetary base or high-powered money)는 국내여신(domestic credit)과 순외화자산의 합과 일치한다. 여기서 국내여신은 대정부여신과 대민간여신의 합을 의미하며, 순외화자산은 중앙은행의 대외자산과 대외부채의 차액을 의미한다.

이러한 계정과목들은 복식부기의 원리에 의해 언제나 균형을 이루게 되는데, 이를 식으로 표현하면 다음과 같다.

$$NFA + DC \equiv H \qquad (2-12)$$

표 2-9 중앙은행의 대차대조표

자산	부채
순외화자산(NFA) 국내여신(DC)	본원통화(H)
총자산 ≡ 총부채	

이제 경상수지에 변화가 있게 되면 그만큼 순외화자산에 변화가 생기며, 여기서 식 (2-12)는

$$\Delta NFA + \Delta DC \equiv \Delta H \qquad (2-13)$$

으로 고쳐 쓸 수 있다. 식 (2-13)에 의하면 국내여신에 변화가 없어 $\Delta DC = 0$일 경우, 경상수지의 변화 등으로 인한 순외화자산의 변화(ΔNFA)는 곧 동일한 크기의 본원통화의 변화(ΔH)를 가져옴을 알 수 있다.

일반적으로 통화의 공급과정은 크게 두 단계로 나눌 수 있다. 그 첫 단계는 중앙은행이 공급하는 본원통화의 증감이며, 둘째 단계는 본원통화를 기초로 하여 이루어지는 시중은행의 신용창조에 의한 통화량의 증감이다.

외환집중제도를 택할 경우 획득한 외환을 중앙은행에 집중시키므로 중앙은행의 외환매입액이 외환매출액을 초과하게 되면 중앙은행은 그 대가로 민간부문에 본원통

화를 지급한다. 그 결과 통화량은 시중은행의 신용창조를 거쳐 본원통화의 증가에 통화승수를 곱한 만큼 늘어난다. 그러나 일반 시중은행의 외화자산 운용 및 외화조달이 자유화될 경우 중앙은행이 외환을 매입하지 않는다면 국제수지의 변동은 일반 은행의 순해외자산의 변동으로 나타나기도 하며, 이 경우에는 동일한 금액만큼의 예금통화가 창출되는 것으로 끝난다.

앞서 언급한 바와 같이 외화는 수출과 수입 등의 교역에 의해서 뿐만 아니라 국제금융거래에 의해서도 조달된다. 자본자유화에 따라 자본유입이 발생하면 국제수지 흑자의 경우와 마찬가지로 국내통화의 공급이 늘어난다. 다시 말하면, 외국자본의 유입은 통화당국이나 은행을 통하여 국내통화로 전환되어 통화의 공급을 늘리고, 반대로 자본의 유출은 통화의 공급을 줄인다.

이처럼 국제수지의 불균형이 통화량 공급에 직접적인 영향을 끼치므로, 경제목표에 부합하는 통화공급량을 결정할 경우 국제수지 불균형의 규모를 항상 염두에 두어야 한다. 먼저 통화수요의 증가를 예상하여 바람직한 본원통화의 증가분(ΔH)을 결정하고, 다음으로 당해연도의 국제수지 불균형의 폭을 예상하여 순해외자산의 변화(ΔNFA)를 추정한 다음, 최종적으로 국내여신의 변화(ΔDC) 크기를 결정하도록 하여야 할 것이다.[7]

3.3 국제수지와 국제투자대조표의 관계[8]

앞에서 정의했듯이 국제수지는 일정한 기간 동안에 국내의 거주자와 외국의 비거주자 사이에 일어난 모든 경제적 거래내용을 종합적으로 정리한 통계이다. 그런데 일정 기간 외국과 거래를 하고 나면 국내 경제주체들의 대외금융자산과 대외금융부채에 변동이 있기 마련이며, 이 변동은 곧 국가 전체로 보면 대외지급능력의 변동을 가져온다. 1990년대 이후 국제자본이동이 빈번해지면서 이와 같은 대외 금융자산 및 부채의 변동 상황을 체계적으로 신속 · 정확하게 파악할 필요성이 크게 높아졌고, 이러한 필요에 따라 IMF가 개발하여 회원국들에게 작성토록 한 통계가 바로 국제투자대조표

7. 국제수지가 불균형인 상황에서 통화량을 일정하게 유지하게끔 국내여신을 조절하는 정책을 사용할 수 있는데, 이를 '불태화정책'(sterilization policy) 또는 '중화정책'이라고 한다. 불태화정책에 대해서는 제18장 제2절을 참조하라.

8. 이 부분은 한국은행 홈페이지, 『알기 쉬운 경제지표 해설』을 참조함.

(international investment position ; IIP)이다. 즉, 국제투자대조표는 특정 시점에서 한 국가의 대외투자 잔액과 외국인의 국내투자 잔액 및 그 변동내역을 일목요연하게 나타내주는 표이다.

국제투자대조표의 구성체계를 보면, 행(row)에는 직접투자, 증권투자, 파생금융상품, 기타투자 등 대외투자 및 외국인투자를 항목별로 표시하고 열(column)에는 각 구성 항목의 기초잔액, 기말잔액 및 그 증감내역을 나타내는 행렬(matrix) 형태로 되어 있다. 행에 기록되는 대외투자 및 외국인투자 항목 중 주식, 채권 등 증권투자는 만기별로, 대출금 · 차입금이나 예치금 · 예수금 등의 기타투자는 경제주체별로도 각각 분류해 작성하고 있다. 열에 나타나는 잔액의 증감내역은 크게 거래요인과 비거래요인으로 구분하여 표시함으로써 기초잔액과 기말잔액 간의 차이가 어떠한 요인에 의해 발생하였는가를 구체적으로 보여주고 있다. 거래요인은 매매, 차입 등 실제 경제적 거래를 통하여 자산 · 부채의 변동이 발생하는 경우로서 대부분 자금의 이동이 수반된다. 반면 비거래요인은 경제적 거래 없이 자산 · 부채의 변동이 발생하는 경우로서 가격변동, 환율변동 및 기타조정으로 구성된다.

국제투자대조표의 잔액증감내역 중 거래에 의한 변동액은 국제수지의 투자수지(직접투자수지 + 증권투자수지 + 파생금융상품수지 + 기타투자수지) 및 준비자산증감의 합계와 개념상 일치하도록 되어 있다. 만일 가격변동, 환율변동 등의 비거래요인이 존재하지 않는다면, 순국제투자(net IIP)의 증감액은 국제수지에서의 투자수지와 준비자산증감의 합계와 일치한다. 즉, 국제투자대조표의 직접투자, 증권투자, 파생금융상품 및 기타투자의 잔액증감내역 중에서 '거래요인' 란에 표시된 금액이 국제수지의 금융계정 항목에 해당되며, 동 항목들의 자산 · 부채 거래요인 차액이 바로 투자수지가 된다. 또한 국제투자대조표상의 준비자산 항목의 잔액증감내역 중 '거래요인' 란에 나타난 금액은 국제수지의 준비자산증감과 그대로 일치한다. 이러한 점에서 국제투자대조표와 국제수지는 전혀 다른 통계라기보다는 광의의 국제거래통계를 구성하는 두 요소, 즉 국제수지는 일정한 기간 동안의 국가 간 경제적 거래를 기록한 플로우(flow) 통계인 반면, 국제투자대조표는 이들 거래의 결과를 일정 시점에서 나타낸 스톡(stock) 통계에 해당한다고 볼 수 있다. 한편, 국제투자대조표를 구성하는 모든 금융상품에서 지분성 투자와 파생금융상품을 제외하면 대외채권 · 채무 통계와 개념적으로 일치하는데, 이러한 점에서 국제투자대조표는 대외채권 · 채무 통계보다 광의의 통계라고 할 수 있다.

그림 2-2 국제수지와 국제투자대조표의 관계

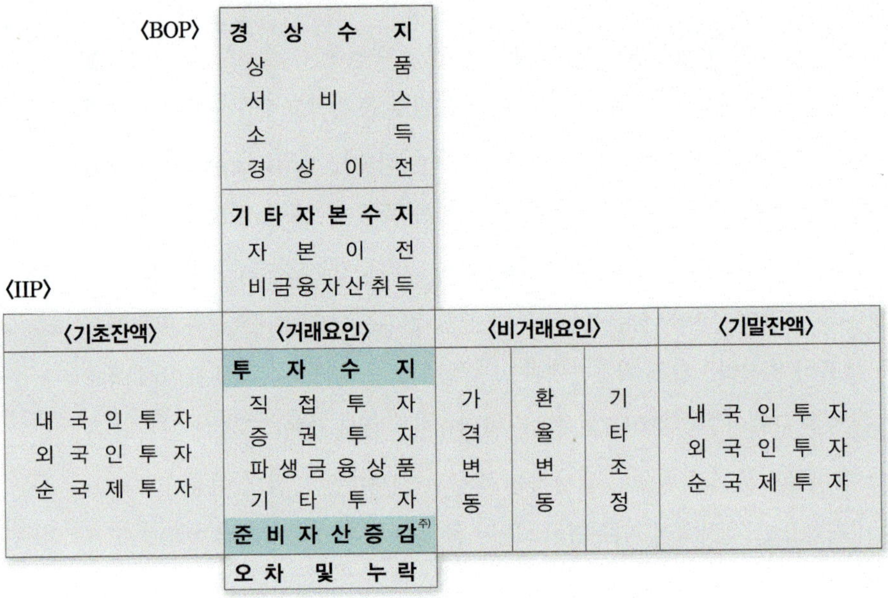

주 : 준비자산이 증가할 경우 국제수지표에서는 음(−)으로 표시하며, 국제투자대조표에서는 양(+)으로 표시.

자료 : 한국은행.

[그림 2-2]는 국제수지와 국제투자대조표 간의 관계를 일목요연하게 보여주고 있다.

요약

1. '국제수지'란 일정 기간 동안에 일국의 거주자와 여타 세계의 거주자들 사이에 발생한 모든 경제적 거래를 체계적으로 분류한 통계를 가리킨다. 국제수지는 모든 국제거래를 '경상계정', '자본계정'과 '금융계정'으로 나누고 복식부기 원리에 따라 기록한다.

2. 국제수지 균형의 달성은 완전고용, 물가안정과 함께 중요한 경제정책의 목표가 된다. 국제수지상에서 볼 때 '국제수지 균형'이란 경제적 요인에 따라 발생하는 '자율적 거래'의 차변과 대변의 합이 일치할 때를 말하며, 자율적 거래의 구분기준에 따라 경상수지, 종합수지의 균형 등으로 나누어진다.

3. 개방경제 하에서 국민소득은 국내총지출(absorption)과 순수출의 합과 같다. 경상수지의 불균형은 국민소득과 국내총지출이 일치하지 않을 때 발생한다. 즉, 국민소득이 총지출보다 클 때는 수출이 수입을 초과하여 경상수지 흑자가 발생하며, 반대로 국민소득보다 총지출이 클 경우에는 수입이 수출을 초과하여 경상수지 적자가 발생하게 된다.

4. 경상수지의 불균형은 중앙은행의 해외자산보유액을 변화시키게 되고, 이러한 해외자산의 변화는 다시 본원통화의 창출을 통해 국내통화량의 변화를 가져온다. 국제수지의 불균형에 따른 통화량 변동을 상쇄시키고자 중앙은행이 국내여신을 조절하는 정책을 '불태화정책'이라 한다.

5. 국제투자대조표와 국제수지는 전혀 다른 통계라기보다 광의의 국제거래통계를 구성하는 두 요소이다. 즉, 국제수지는 일정한 기간 동안의 국가 간 경제적 거래를 기록한 플로우(flow) 통계인 반면, 국제투자대조표는 이들 거래의 결과를 일정 시점에서 나타낸 스톡(stock) 통계에 해당한다.

연습문제

01. 다음의 각 거래는 국제수지에 어떤 영향을 미치는지 설명하시오.

a. 현대자동차가 미국에 자동차 100대를 수출하고 수출대금 100만 달러를 받는다.

b. 삼성전자가 100만 달러어치의 칼라TV를 태국에 제공하고 그에 상당하는 만큼의 태국 휴양지 호텔서비스를 제공받는다.

c. LG가 폴란드의 시중은행을 현금 1억 달러에 매입하였다.

d. 우리 정부가 북한에 대해 4천만 달러의 무상원조를 제공하였다.

e. 외국의 투자자들이 국내증권시장에서 1억 달러어치의 KT 주식을 매입하였다.

f. 국내 시중은행이 은행 합병에 필요한 자금을 조달하기 위하여 2억 달러의 양키본드를 발행하였다.

g. 한국은행이 IMF로부터 10억 달러를 차입하였다.

02. 정부의 재정적자가 GDP의 3.5%, 민간저축이 GDP의 22.3%이고 국내투자가 GDP의 19.8%라고 할 때 경상수지 흑자 또는 적자는 GDP의 몇 %가 되겠는가?

03. 국민저축은 대내적으로 또는 대외적으로 사용될 수 있는데, 각각의 경우 국내경제에 어떤 이득을 가져다줄 수 있는지 설명하시오.

04. 일본의 장기침체에 따라 엔화의 가치가 폭락할 것에 대비해 일본 중앙은행이 미국은행에 보유하고 있던 달러화를 민간에게 처분하기로 했다고 하자. 이러한 일본 중앙은행의 외환시장개입 거래는 미국의 금융계정 및 국제수지에 어떠한 영향을 미치겠는가?

05. "미국의 달러화는 국제거래의 중심통화 역할을 하고 있다. 따라서 미국의 국제수지는 외환시장에서 거래되는 달러화에 대한 정확한 통계를 제시해 준다." 이러한 주장이 옳은지 아니면 그른지 설명하시오.

06. 이론적으로 경상계정, 자본계정, 금융계정을 모두 합치면 0이 되어야 한다. 그런데 실제적으로 이들 항목들을 모두 합쳐 보면 대변 혹은 차변에 잔액이 나타나 이를 오차 및 누락으로 처리한다. 오차 및 누락이 발생할 수 있는 이유는 무엇인가?

07. 어떤 나라가 경상수지 악화를 우려해 관세를 부과하려고 한다. 이러한 정책이 경상수지를 개선하는 효과가 반드시 나타나지 않을 수도 있는데 왜 그런지 설명하라.

08. 1930년대 대공황 또는 2008년 글로벌 금융위기와 같이 전 세계 경제가 침체되어 있을 때 무역규제와 같은 보호주의 정책은 공멸을 가져올 수 있음에도 불구하고 각국의 정부가 이와 같은 정책을 사용하려는 이유는 무엇인가?

외환시장과 환율

International **Finance**
ch.three

3

모든 국제거래는 반드시 외환시장을 경유한다. 수출업자들은 수출대금을 국내통화로 환전하기 위해 외환시장에 참여하고, 수입업자들은 반대로 수입대금을 지불하기 위해 외환시장을 이용한다. 또한 외국인들이 국내주식을 매입하려 하는 경우에도 우선은 외환시장에서 국내통화로 환전해야 하며, 반대로 우리들이 외국주식을 매입하려 하는 경우에도 외환시장을 필요로 한다.

이처럼 외환시장에는 다양한 목적을 가진 다양한 참가자들이 있으며, 이들이 외환에 대한 수요와 공급을 나타내게 된다. 따라서 외환시장에서 어떻게 외환에 대한 수요와 공급이 나타나고 그에 따라 어떻게 환율이 결정되는지 이해해야만, 점증하고 있는 국제거래에 대해 보다 정확히 이해할 수 있다. 따라서 이 장에서는 외환시장의 구조, 외환시장에서의 가격결정, 그리고 외환시장의 주요 상품, 외환시장의 제도 등에 대해 설명한다.

제1절에서 외환시장의 개념, 구조, 참가자 및 특징 등을 설명한 후 제2절에서는 환율의 개념 및 표시법, 그리고 외환포지션에 대해 설명한다. 이어 제3절에서는 현물환거래, 선물환거래, 스왑거래 등 다양한 외환거래의 종류를 소개하고, 제4절에서는 환율제도에 대해 설명한다.

1. 외환시장의 개념과 구조

International Finance, ch. three

1.1 외환시장의 개념과 특징

◉ 외환시장의 개념

외환이란 대외결제수단으로 사용할 수 있는 일체의 외국통화표시 청구권을 말한다. 따라서 외환은 달러, 유로 등 외국통화뿐만 아니라 외국통화로 표시된 채권, 주식 등 금융자산을 포괄한다. 국제거래에 참여하는 사람이나 기업들은 대금의 결제과정에서 자국통화를 외환으로 바꾸거나 해외로부터 수취한 외환을 자국통화로 바꿔야 하므로 자국통화와 외환이 서로 교환되는 시장을 필요로 하게 된다.

외환시장이란 이와 같이 자국통화와 외환의 거래가 이루어지는 시장을 말한다. 그러나 외환시장은 외환의 거래가 이루어지는 특정의 장소나 공간을 지칭하기보다는 총괄적인 거래메커니즘 및 거래양태를 의미한다. 따라서 외환시장은 특정 장소나 건물과 같은 지역적 공간에서뿐만 아니라 전파 또는 기타 통신수단을 통해 이루어지는 외환거래 행위까지 포함하는 개념이다. 외환시장은 광의의 금융시장의 일부지만, 일반적으로 금융시장에서 신용이 거래되는 것과는 달리 기본적으로 다른 국가 통화로 표시된 지불수단이 매매되는 시장이다.

외환시장에서는 지불수단이 거래되므로 흔히 외환거래는 국제무역과 국제금융거래를 바탕으로 발생한다고 믿고 있다. 그러나 1970년대 초반 이후 변동환율제도로 이행하면서 결제의 수단이라는 고전적 의미의 외환의 개념은 퇴색되고 외환도 주식이나 채권과 같이 하나의 투자의 대상으로 그 성격이 변화하게 되었다. 오늘날의 외환시장에서는 무역이나 실물거래를 위한 외환거래는 지극히 미미한 실정이다. 전 세계의 하루 외환거래 규모는 2016년 4월 현재 5조 660억 달러(연간 약 1,267조 달러)로 추정되고 있다. 그러나 2016년 말 기준 WTO가 발표한 전 세계의 연간 교역량은 23조 9천억 달러 정도로 추정되고 있으므로 실수요 목적의 외환거래는 1.6%밖에 안 된다. 그러므로 전체 외환거래의 98% 이상은 금융거래와 관련된 것이다.

◉ 외환시장의 특징

외환시장의 첫번째 특징은 먼저 '범세계적 시장'이라는 점이다. 외환규제의 완화, 시장정보의 확산, 그리고 거래범위의 광역화가 이루어지면서 외환시장은 범세계적 시장으로서의 기능을 수행하고 있다. 특히 1980년대에 들어 각국의 자본 및 외환거래에 대한 규제가 크게 완화되면서 하나의 세계시장으로서의 성격을 갖게 되었다.

둘째 특징은 외환시장은 '24시간 시장'이라는 점이다. 도쿄, 런던, 뉴욕 외환시장의 거래시간이 부분적으로 중복 연결되면서 24시간 연속적으로 외환거래가 가능하다.

셋째 특징은 외환시장거래의 대부분이 '장외거래'(over the counter market)의 형태를 갖는다는 점이다. 장외거래란 특정 장소에서 이루어지는 거래소거래와는 달리 전화나 컴퓨터를 통해 매수자와 매도자 간에 거래가 이루어지는 형태이다. 은행 및 딜러들의 딜링룸(dealing room)에서 전화나 컴퓨터 등을 이용해 은행 간, 대고객 간 외환거래가 수행된다.

넷째 특징은 제로섬(zero sum) 시장이라는 점이다. 예를 들어 주식시장 같은 경우 주가가 지속적으로 상승하면 매입자나 매출자 모두 이익을 얻을 수도 있지만, 외환시장의 경우 외환시장에 참여하는 한 거래자가 이익을 실현했다면 그 상대방 거래자는 반드시 이에 상응하는 거래손실을 입게 된다.

마지막으로 외환시장은 소매거래보다는 도매거래 위주로 이루어지는 시장이라는 특징을 갖는다. 외환거래는 은행과 고객 간에 소액단위로 거래가 이루어지는 '對고객거래'와 은행 간 포지션 조정에 의해 거래가 이루어지는 '은행간거래'로 나뉘어지는데, 거래의 대부분은 은행간거래이다. 뉴욕 등 주요 외환시장에서의 은행 및 딜러 간의 거래규모는 전체 외환시장 거래규모의 90% 이상을 점하고 있다. 따라서 외환거래의 대부분은 무역거래자와 그 밖의 고객을 위한 서비스보다는 은행 간의 거래라고 할 수 있다.

◉ 외환시장의 규모

각국의 중앙은행과 국제결제은행(Bank for International Settlements ; BIS)은 매 3년마다 각국 외환시장에 대해 서베이를 실시한다. 이에 의하면 2016년 4월 기준으로 현물환거래(spot transactions), 선물환거래(outright forward transactions), 그리고 외환스왑거래(foreign exchange swap contracts) 등 전통적인 외환거래에 대한 전 세계의 일일 평균 총 거래규모는 약 5조 670억 달러에 이른다. 이는 〈표 3-1〉에 나타난 바와 같이 이전에 비해 엄청난 규모로 증가한 것이다. 외환거래의 종류별로 살펴보면, 현물환거래는 1조 6,523억 달러, 선물환거래는 6,993억 달러, 그리고 외환스왑거래는 2조 7,150억 달러에 이르고 있다.

표 3-1 **외환거래별 전 세계 외환거래 규모** (단위 : 10억 달러)

거래종류	1998년	2004년	2010년	2016년
현물환	568	631	1,490	1,652
선물환	128	209	475	699
외환스왑 등	831	1,094	2,016	2,715
총합	1,527	1,934	3,981	5,067

주 : 이중계산을 조정한 수치임. 각 연도 4월 기준.
자료 : BIS, *Triennial Central Bank Survey of Foreign Exchange and Derivatives Market Activity.*

그리고 각 통화가 외환거래에서 차지하는 비중은 다음의 〈표 3-2〉에 나타나 있다. 총합이 200%인 것은 모든 외환거래가 이종통화 간의 거래이기 때문이다. 짐작할

표 3-2 **외환거래에서 각 통화가 차지하는 비율**(각 연도 4월) (단위 : %)

통화	1998년	2004년	2010년	2016년
미국 달러화	86.8	88.0	84.9	87.6
유로화	–	37.4	39.1	31.4
일본 엔화	21.7	20.8	19.0	21.6
영국 파운드화	11.0	16.5	12.9	12.8
호주 달러화	3.0	6.0	7.6	6.9
스위스 프랑화	7.1	6.0	6.4	5.1
캐나다 달러화	3.5	4.2	5.3	4.8
한국 원화	0.2	1.1	1.5	1.7
그 외 통화	66.7	20.0	23.3	28.1
총합	200	200	200	200

자료 : BIS, *Triennial Central Bank Survey of Foreign Exchange and Derivatives Market Activity.*

수 있는 바와 같이 달러화가 가장 큰 비중을 차지하고 있고, 유로화, 엔화, 파운드화 순서대로 높은 비중을 차지하고 있다.

〈표 3-3〉은 이러한 외환거래 규모를 세계 각국 중앙은행의 공적 외환보유액의 총합, 전 세계 수출액과 비교하고 있다. 이에 따른다면, 총외환거래액 중에서 수출 등과 같은 실물적인 배경이 없는 외환거래가 대부분임을 알 수 있다.

표 3-3 공적 외환보유액, 세계수출액과 외환거래액의 비교

연도	공적 외환보유액 총합(1억 달러) (1)	연간 세계수출액 (1조 달러) (2)	일평균 외환거래액 (1억 달러) (3)	연간 외환거래액* (1조 달러) (4)	외환보유액/일평균 외환거래액 (1)/(3)	연간 수출액/연간 외환거래액 (2)/(4)
1998	14,452	6.97	15,270	381.8	94.6%	1.8%
2004	27,442	11.45	19,340	483.5	141.9%	2.4%
2010	70,707	18.97	39,810	995.3	177.6%	1.9%
2016	107,157	20.58	50,670	1,266.8	211.5%	1.6%

주 : * 일평균 외환거래액에 연간 250영업일을 곱한 수치임.
자료 : BIS, *Triennial Central Bank Survey of Foreign Exchange and Derivatives Market Activity* ; IMF, International Financial Statistics, 각 연도.

1.2 외환시장의 구조

◉ 외환시장의 참가자

외환시장은 고객, 외환을 취급하는 외국환은행, 외환브로커, 그리고 중앙은행으로 구성된다. 외환시장의 고객에는 수출이나 수입을 하기 위하여 외환을 팔거나 사는 수출입업자, 국제투자자(이자차익거래자), 그리고 환위험을 부담하는 환투기자 등이 있다. 최근 들어 일반 무역업자보다도 외환시장 참가자로서 주목받고 있는 고객은 증권회사, 보험회사, 그리고 투자신탁회사와 같은 비은행금융기관이다. 이들의 거래는 거래규모가 클 뿐만 아니라 투자자산의 수익극대화를 노려 선물거래, 옵션거래, 그리고 스왑거래 등을 결합한 '포괄거래'(deal)의 형태를 띠고 있다. 한편 다국적기업과 같은 비금융기관 등도 '환율의 급변성'(volatility)이 증대되면서 외화자산의 포지션관리를 위해 외환시장에 적극 참여하고 있다.

외환시장에서 가장 중요한 역할을 하는 참가자는 외국환은행들이다. 보통 일반 고객이 외환을 매출하거나 매입하려고 하면, 외국환은행은 그에 대응하여 외환을 매입하거나 매출함으로써 국제적인 자금의 결제나 이동의 중개자가 된다. 이때 여러 고객과의 거래에서 매출과 매입 각각의 합계가 동일하지 않다면, 외국환은행은 그 차이만큼에 대해서 환율의 변동이 있을 때 환위험을 부담하게 된다. 그러나 보통의 경우 외국환은행은 환위험을 회피하고자 매출과 매입이 같아지도록 한다.

한편 대고객거래보다 훨씬 더 큰 비중을 차지하는 은행 간 외환거래는 '은행 간 직접거래'와 '중개인거래'로 나뉘어지며, 두 거래는 상호 보완적인 기능을 수행한다. 은행 간 직접거래는 거래은행 간의 호혜주의원칙에 따라 외환거래가 은행 간에 직접 이루어진다. 직접거래의 이점은 은행 간의 기존 거래관계를 상호 활용하기 때문에 거래성사가 중개인거래에 비하여 확실하다는 것이다.

그러나 오늘날과 같이 국제금융거래가 활발한 경우에는 은행들이 직접 외환시장에서 얻을 수 있는 정보가 한정되어 있어 최상의 가격조건으로 거래하기가 쉽지 않다. 따라서 대부분의 경우 보다 뛰어난 정보 및 서비스를 제공하는 브로커를 경유해 거래한다. 은행이 중개인거래를 활용하는 경우를 보면, 은행은 중개인에게 그들의 매입 또는 매도 가격을 제시하고 중개인은 이들 가격과 거래규모를 은행 상호 간에 연결시킴으로써 거래가 이루어진다. 오늘날 외환시장의 브로커는 국제외환시장을 커버할 수 있는 통신시설을 갖추고 수백 개 은행들에게 국제적인 거래를 동시에 중개한다. 이러한 중개임무의 국제화로 브로커들은 보다 효율적인 금융서비스를 제공할 수 있다. 브로커는 은행들을 위해서 여러 가지 서비스만 제공하고 중개료를 매입자와 매도자 쌍방으로부터 받는다. 그러나 브로커가 시장을 형성하려고 여러 가지 노력을 할지라도 시장이 불안한 경우 큰 은행이나 거액 거래자는 거액의 물량을 브로커에게 줌으로써 발생되는 여러 가지 위험을 지려고 하지 않기 때문에 직거래를 선호하게 된다. 따라서 브로커가 소외되는 경우도 발생한다. 한편 외환거래 브로커는 자기 이름으로 거래포지션을 갖지 않기 때문에 환위험에 노출되지 않는 반면, 은행이나 외환딜러들은 외환포지션을 유지하므로 환위험에 노출된다.

또한 외환당국인 중앙은행도 외환시장에 참여한다. 중앙은행은 환율을 일정하게 유지하거나 환율의 변동을 일정한 범위 내로 한정시키기 위해 외환시장에 개입하곤 한다. 국제적 자본이동이 활발해진 오늘날, 외환시장의 안정화 측면에서 중앙은행의 외환시장개입정책에 대한 필요성이 증대되었으며, 이에 대한 찬반논쟁이 활발히 벌어지고 있다.

◉ 외환거래의 방법

외환시장은 크게 은행간시장과 대고객시장으로 나누어진다. 어느 시장이든 과거에는 전화를 통한 거래가 전통적인 외환거래 방식이었다. 그러나 1980년대 후반 이후 컴퓨터를 통한 거래가 도입되면서 외환시장의 구조가 획기적으로 변하기 시작하였다.

1990년대 이전 은행간거래는 외환딜러들이 상대방에게 직접 전화를 걸어 거래하는 직접거래 형태로 이루어지거나 아니면 외환브로커를 통해 거래하는 브로커 경유거래 형태로 이루어졌다. 후자의 경우 브로커는 각 은행에다 직통전화와 보이스박스(squawk box)를 설치해 놓고 거래조건을 각 통화별 보이스박스를 통해 계속 방송을 했다. 이처럼 브로커 경유 거래가 전화를 통해 육성으로 이루어져 전통적 외환브로커를 보이스브로커(voice broker)라 불렀다. 은행간거래와 마찬가지로 대고객거래에서도 전통적 외환거래는 전화를 통해 이루어졌다. 즉, 고객이 외환딜러에게 전화를 걸어 원하는 통화의 매입 · 매도 가격을 문의하고 조건에 맞으면 거래를 체결하였다. 전화를 통해 거래가 체결되면 백오피스(back office)는 거래확인, 결제지시 등 관련 업무를 처리해야 하는데, 이러한 과정은 모두 수작업으로 이루어져 시간이 많이 걸리고 사고가 발생할 우려도 많았다.

전자거래 방식은 1980년대 후반 은행간거래에서 처음 도입되었고 대고객거래에서는 1990년대 후반에 도입되었다. 로이터에서 1987년 개발한 톰슨-로이터 딜링(Thomson Reuter Dealing) 시스템이 은행 간 직접거래에 도입된 전자거래 방식의 효시로, 전 세계 딜링룸을 컴퓨터로 1 : 1로 연결해 외환거래를 하는 시스템이다. 이 시스템은 한꺼번에 여러 명의 상대방을 불러서 화면에 띄워 놓고 동시에 거래를 할 수 있고, 거래를 하는 데 절대적으로 필요한 속도(speed), 신뢰성(reliability) 및 안정성(safety)에서 뛰어나다. 사용자들이 거래를 하는 동안 시스템의 인공지능이 통화, 거래량, 거래 종류, 환율, 거래일, 거래처 정보 등을 상세히 정리하여 자동적으로 프린트하고 데이터베이스에 그대로 기억하므로, 언제든지 필요하면 다시 거래내용을 불러내서 검토할 수 있다는 장점이 있다.

은행간거래에서의 전자브로커 경유 거래 또한 로이터가 1992년 톰슨-로이터 매칭(Thomson Reuter Matching) 시스템을 도입한 것이 그 효시이다. 이에 다른 은행들은 로이터가 은행간거래 시장을 독점할 것을 우려하여 컨소시엄을 형성하고 1993년 EBS(Electronic Broker System)를 도입하였다. 처음에는 소액의 현물환 거래만 전자브로커를 통해 이루어졌으나 시스템의 효율성으로 인해 거래량이 엄청나게 늘어나,

최근에는 주요 통화 간 외환거래는 대부분 전자브로커에 의해 이루어진다. 전자브로커의 등장으로 은행 간 경쟁이 심화되면서 거래투명성이 크게 증진되고 거래비용이 상당히 낮아졌다. 또한 전자브로커 경유 거래는 특히 신용등급이 약간 낮은 소규모 은행에게 유리해 이들의 거래를 촉진시키는 효과도 있다. 은행 간 직접거래는 상대방이 서로 어느 은행인지 알고 거래를 하기 때문에 톰슨-로이터 딜링 시스템으로 상대방을 호출할 때 소규모 은행들을 기피할 수 있어 거래상대방을 빨리 찾아낼 수 없다. 그렇지만 전자브로커 경유 거래는 익명성이 보장되기 때문에 소규모 은행들에 대한 차별이 어려워지기 때문에 이들의 거래가 촉진될 수 있다.

전자거래가 은행간거래에서 급속히 확대된 것과 달리 대고객거래에서는 1990년대 중반까지도 도입되지 않았다. 일반 고객들이 활용할 수 있는 전자거래 시스템이 도입된 것은 1996년 스테이트-스트릿(State Street)사가 자체 전자거래 플랫폼인 FX Connect를 도입하면서부터이다. 이후 많은 금융기관들이 자체 개발한 시스템을 경쟁적으로 도입하면서 전자거래 플랫폼이 확산되고 있는 추세이다. 이와 같은 대고객시장에서의 전자거래 확산으로 외환시장에서 거래비용이 감소하는 등 효율성이 증진되고 있지만, 이와 더불어 외환거래의 구분이 모호해지는 등 외환시장의 구조가 더욱 복잡하게 변화되고 있다.

◉ 외환결제 시스템

외환결제[1]란 외환시장에서 거래당사자들이 매입 · 매도 통화를 서로 수취 · 지급하여 외환거래에서 발생한 채권 · 채무관계를 종결시키는 행위를 말한다. 외환거래 등에 따른 외화자금의 결제는 환거래은행을 통한 결제방식과 외환동시결제방식(payment versus payment ; PvP)이 있다.

외환거래에 있어 전통적인 결제방식은 은행 간 환거래네트워크(correspondent banking network)를 이용해 결제하는 방식으로, 거래된 외환이 해당국 금융시장에서 건별로 환거래은행을 통하여 최종 결제가 이루어진다. 은행 간 환거래네트워크는 외국환은행들이 세계 주요국의 국제은행들과 환거래계약에 따라 당좌예치금계정(nostro account)을 설정하고 상호 간 지급지시 등에 관한 전문 교환을 위해 국제통신기관인 SWIFT[2] 등에 가입함으로써 형성된다. 이 방식은 거래 통화별로 지정된 환거

1. 외환결제에 대한 내용은 한국은행 홈페이지 자료(한국의 지급결제제도)를 참조해 정리함.

래은행에 거래 건별로 매도통화의 지급을 지시하고, 해당 환거래은행은 해당 통화의 지급시스템을 통하여 거래상대방의 환거래은행에 자금을 이체하는 방식으로, CLS (continuous linked settlement) 시스템이 외환결제의 표준으로 정착하기 이전에 전 세계 은행들이 가장 일반적으로 사용하던 외환결제방식이다.

그러나 환거래은행을 통한 결제방식을 이용하는 경우 지역 간 시차로 인해 매도통화와 매입통화의 결제시점이 서로 달라져 외환결제위험에 노출될 가능성이 있다. 예를 들어 우리나라 은행 A가 홍콩 소재 외국은행 B와 일본 엔화 매도 및 미국 달러화 매입 거래를 했다고 하자. 이 경우 일본의 환거래은행을 통해 엔화를 지급하는 시간과 미국의 환거래은행을 통해 달러화를 수취하는 시간 간에는 최소한 14시간의 차이가 발생하게 되며, 은행 A는 동 시간 동안 외국은행 B가 파산할 경우 거래원금을 모두 잃게 될 위험에 노출된다. 특히 Herstatt 은행의 외환결제 실패 등을 계기로 외환결제위험에 대한 관심이 높아진 중앙은행들은 BIS의 CPSS(Committee on Payment and Settlement Systems) 등을 통해 공공부문과 민간부문이 함께 외환결제위험을 감축할 수 있는 다양한 방안을 연구해왔다. 그 결과 민간부문의 대응방안 중 하나로 복수통화결제서비스(multi-currency services)를 제공하는 민간결제기구를 설립하여 외환동시결제방식을 구현할 것을 권고하였다. 대표적인 외환동시결제방식으로 CLS 은행의 외환동시결제 시스템을 들 수 있으며, 일부 국가에서는 자국통화 실시간 총액결제(real-time gross settlement ; RTGS) 시스템과 외국통화 RTGS 시스템을 연계하는 방식으로 외환동시결제를 구현하고 있다.

CLS 시스템은 CLS 그룹지주회사 산하의 CLS 은행 및 CLS 서비스(CLS Services Ltd.) 등 운영기관과 결제회원(settlement member) 및 제3자 고객(third-party) 등 참가기관, 그리고 각 결제통화국 중앙은행의 거액결제 시스템 등으로 구성된다. CLS 그룹지주회사는 CLS 그룹 전반의 경영전략을 수립하는 최상위 지배기관으로 산하에 CLS 은행 및 CLS 서비스 등을 두고 있으며, 전 세계의 주요 민간은행들이 주주로 참여하고 있다. CLS 은행은 특수목적은행으로 CLS 시스템의 전반적인 운영 및 리스크 관리 업무를 총괄하며 감시 · 감독당국에 대한 협조, 참가기관과의 협력업무 등을 담당한다. 한편 1997년 영국 런던에 설립된 CLS 서비스는 CLS 시스템의 초기 개발을

---

2. SWIFT(Society for Worldwide Interbank Financial Telecommunication)는 1973년 은행 간 국제금융거래 관련 전문 송 · 수신 서비스 제공을 목적으로 유럽지역 은행들이 벨기에에 공동으로 설립한 금융통신망협회로 통신 플랫폼(SWIFTNet)과 정형화된 전문 양식(FIN)을 제공하고 있다.

담당하였으며 현재는 CLS 시스템의 전산설비 운영과 기술지원을 담당하고 있다.

CLS 은행은 2002년 9월 미 달러화 등 7개 통화를 대상으로 외환동시결제서비스를 개시한 이후 점차 대상 통화를 확대해 오고 있다. 서비스 개시 당시 CLS 시스템을 통해 결제 가능한 금융거래의 범위는 전통적 외환거래(현물환, 선물환, 스왑 등)에 국한되었으나 2006년 CLS 은행이 미국 증권거래 청산 · 결제기구인 DTCC(Depository Trust & Clearing Corporation)의 장외파생상품 청산시스템 결제서비스 제공업자로 선정됨에 따라 2007년 11월부터 신용파생상품(CDS) 거래에 대한 결제서비스를 개시하였으며, 이와 별도로 2007년 12월에는 역외선물환(NDF) 거래 결제서비스도 개시하였다.

CLS 은행의 참가기관은 결제회원 은행과 제3자 고객으로 구성되어 있다. 결제회원 은행은 CLS 그룹지주회사의 주주로서 CLS 은행에 결제계좌를 보유하고 자기 거래를 직접 결제할 수 있을 뿐 아니라 제3자 고객의 거래도 수탁 · 결제한다. 제3자 고객은 CLS 시스템에 직접 접속하지 못하고 결제회원 은행을 통해 외환결제를 위탁해 처리한다. 우리나라는 2018년 말 현재 총 44개의 금융기관이 CLS 시스템에 참가하고 있다.

Box 3-1 Bankhaus Herstatt의 몰락과 외환결제위험

1974년 6월 26일 독일연방은행감독청은 총자산 8억 달러의 독일 민영은행 Bankhaus Herstatt의 폐쇄를 명령했다. 서류상의 조작에 의해 Bankhaus Herstatt의 손실규모가 즉시 드러나지는 않았으나 외환부문과 기타부문의 손실이 4억 5천만 달러로 은행자본의 5배 정도에 달한 것으로 밝혀졌다. 동 은행의 파산은 전후 독일의 은행 파산 중 가장 큰 규모였다.

Bankhaus Herstatt의 몰락은 독일 국내외적으로 큰 반향을 일으켰다. 국내에서는 소규모 은행의 거액 예금자들이 자금을 인출하는 사태가 발생하면서 소규모 은행이 큰 타격을 입었다. 국제적으로는 현물외환시장에서의 결제위험의 심각성이 뚜렷이 드러나게 되었다. 현물외환시장에서는 계약이 체결된 2일 후에 결제하는 것이 관행이므로 Bankhaus Herstatt는 1974년 6월 24일에 뉴욕에 주재한 은행들로부터 구매한 독일 마르크화의 청산대금을 6월 26일 뉴욕의 업무종료시점에 달러로 지급하기로 했었다. 그런데 파산이 선고된 시간은 독일시간으로 6월 26일 오후 4시로 독일에서는 영업종료시점이지만 뉴욕에서는 오전 10시로 한참 외환이 거래되고 있는 시간이었다. 이에 따라 Bankhaus Herstatt와 거래하던 은행들은 Bankhaus Herstatt의 뉴욕 코레스은행으로부터 달러화를 지급받지 못하게 되면서 뉴욕의 단기금융시장이 일대 혼란에 휩싸이게 되었다. 특히 소형은행들이 자금조달에 큰 어려움을 겪었는데, 이는 어떤 은행이 Bankhaus Herstatt에 돈을 빌려준 것인지 불확실한 상황에서 은행의 규모가 작을수록 재무적 안전성이 위협을 받을 위험이 클 것이라는 생각이 시장을 지배했기 때문이다. 또한 당시 자국의 중앙은행으로부터 긴급 달러지원이 빈약한 것으로 알려졌던 일본과 이탈리아 은행들이 자금조달에 심한 애로를 경험하게 되었다. 그리하여 실제로 일본은행은 1974년 하반기 동안 유럽은행에서 자금조달의 길이 막힌 소규모 일본 은행들에 대해 자금을 공급해야 했으며, 장기적으로 Bankhaus Herstatt의 파산은 현물외환거래의 위험에 대한 재평가를 초래했다. Bankhaus Herstatt의 파산을 계기로 국제적으로도 1975년에 바젤위원회가 결성되는 등 국제금융시장의 안정성을 높이고자 하는 노력이 활발해지게 되었다.

자료 : Dale(1984) pp.73~75, 156~157 ; von Hagen(1992) pp.303~304.

◉ 외환시장과 단기금융시장

외환시장과 국제단기금융시장(international money market)은 국제금융시장의 주춧돌을 이루고 있고 상호 밀접하게 연결되어 있다. 특히 표시통화국 이외의 지역에서 통화가 거래되는 유로커런시시장(Eurocurrency market)은 외환시장의 기능과 불가분의 관계를 갖게 된다.[3] 유로커런시시장이 유로예금과 대출 등이 이루어지는 신용시장(credit market)인 데 반해 외환시장은 이종통화가 교환되는 지급수단의 매매중개시장이므로, 유로커런시시장의 신용거래에 필요한 유로커런시들은 외환시장에서의 거래를 통해 조성되게 된다. 즉, 유로커런시시장의 신용거래는 외환시장의 이종통화의 거래와 연계되어 이루어지게 된다.

이처럼 외환시장에서의 거래는 유로커런시시장의 신용거래와 직결되어 있으므로 외환시장의 참여는 단순히 환율뿐만 아니라 교환되는 통화의 이자율을 함께 고려한 후에 이루어지게 된다. 외환시장에서 환율결정이 반드시 해당 통화의 이자율 결정과 관련되는 것은 바로 외환시장과 유로커런시시장이 하나의 통합된 시장을 이루고 있고 또한 유로커런시시장과 각국 국내단기금융시장이 연결되어 있기 때문이다.

2. 환율, 외환포지션

International Finance, ch. three

2.1 환율의 개념

한 국가 내에서는 재화나 서비스의 가격이 자국의 통화단위로 표시되기 때문에 여러 다른 재화나 서비스의 가격을 쉽게 비교할 수 있다. 예를 들어 우리나라에서 점

3. 실제로 많은 주요 국제금융시장의 딜링룸에서 스왑데스크(swap desk)는 단기자금데스크(money market desk)에 소속되어 있다.

심을 먹고자 할 때 설렁탕 한 그릇의 가격과 자장면 한 그릇의 가격은 동일한 통화인 원화로 표시되기 때문에 누구라도 금방 비교가 가능하다. 그렇다면 서로 다른 국가의 재화나 서비스에 대한 가격을 비교하려면 어떻게 해야 할까? 예를 들어 우리나라의 자동차 가격과 미국의 자동차 가격을 비교하려면 각각 표시되는 통화단위가 달라 쉽게 비교하기가 곤란하다. 이처럼 서로 표시되는 통화단위가 다를 때 두 국가 간의 가격을 비교하려면 우리나라 통화와 미국 통화 간의 교환비율을 알아야 하며, 환율이란 바로 이때 이용되는 양국 통화 간의 교환비율을 말한다. 즉, 환율은 한 나라의 통화가치를 다른 나라의 통화로 표시한 것이다. 오늘날 거의 모든 경제행위에 국제거래가 결부되어 있기 때문에 사람들은 환율을 모르고서는 살아갈 수 없는 실정이다. 따라서 각종 신문이나 방송에서는 예외없이 환율을 고시하고 있다.

2.2 환율표시법

◉ 직접표시법과 간접표시법

환율은 자국통화와 외국통화 간의 교환비율이므로 어느 통화를 기준으로 보느냐에 따라 환율표시방법이 달라질 수 있다. 환율을 외국통화 한 단위와 교환될 수 있는 국내통화 단위수로 표시하는 경우 이를 직접표시법(direct quotation)이라 하고, 반대로 국내통화 한 단위와 교환될 수 있는 외국통화 단위수로 환율을 표시하는 경우는 간접표시법(indirect quotation)이라 한다. 예를 들어 서울외환시장에서 원화와 달러화 간의 환율을 \$1 = 1,200원으로 표시하는 것은 직접표시법을 따른 것이고, 1원 = \$0.000825로 표시하는 것은 간접표시법을 따른 것이다. 대부분의 국가에서는 자국내 대고객거래에서 직접표시법을 이용하고 있으나, 영국, 호주, 남아프리카공화국 등 일부 영연방 지역에서는 아직도 간접표시법을 이용하고 있다. 이 책에서 환율은 직접표시법을 사용한다. 〈표 3-4〉는 월스트리트 저널(Wall Street Journal)에 게시된 뉴욕외환시장의 환율표이다.

그런데 전문적 외환딜러에 의해 대규모의 신속한 거래가 이루어지는 은행간거래에서는 국경과 무관하게 환율표시법을 통일시킬 필요가 있다. 예를 들어 우리나라와 미국이 모두 직접표시법을 이용하는 경우 동일한 원/달러 환율이 우리나라에서는 \$1 = 1,200원이 되고 미국에서는 1원 = \$0.000833이 되기 때문에 환율표시가 다르게 나타난다. 이를 해결하고자 지역에 상관없이 국제은행간시장에서 달러와 거래되는

표 3-4 **뉴욕 외환시장의 환율**(Tuesday, July 20, 2004 : 1 pm)

	U.S. $ Equivalent		Currency per U.S. $	
Country	TUE	MON	TUE	MON
Argentina(Peso)	.3394	.3394	2.9463	2.9463
Australia(Dollar)	.7319	.7327	1.3664	1.3649
Bahrain(Dinar)	2.6526	2.6526	.3770	.3770
Brazil(Real)	.3336	.3341	2.9980	2.9930
Canada(Dinar)	.7639	.7646	1.3092	1.3078
1-month forward	.7634	.7642	1.3099	1.3086
3-month forward	.7628	.7636	1.3110	1.3097
6-month forward	.7620	.7626	1.3124	1.3113
Chile(Peso)	.001604	.001608	623.55	621.75
China(Yuan)	.1208	.1208	8.2767	8.2766
⋮	⋮	⋮	⋮	⋮
South Korea(Won)	.0008617	.0008640	1,160.45	1,157.45
Sweden(Krona)	.1345	.1351	7.4368	7.3996
⋮	⋮	⋮	⋮	⋮
Venezuela(Bolivar)	.000521	.000521	1,917.60	1,917.60
SDR	1.4820	1.4830	0.6748	.6743
Euro	1.2378	1.2426	0.8079	.8048

자료 : *Asian Wall Street Journal*, 2004년 7월 21일 (www.wsj.com).

거의 모든 통화에 대한 환율을 달러화를 기준으로 표시하고 있는데, 이를 유럽식 표시법(European terms)이라고 한다. 따라서 원-달러 거래에 있어서 우리나라 및 미국에서 환율이 동일하게 $1 = 1,200원으로 표시되는데, 우리의 입장에서 보면 직접표시법을 이용한 것이 되고 미국의 입장에서 보면 간접표시법을 이용한 셈이 된다. 다만 영국 파운드화, 호주 달러화 등 일부 영연방 국가 통화 및 유로화의 경우에는 달러와 거래할 때도 이와는 반대의 방법, 즉, 미국식 표시법(American terms)을 이용하고 있다.

◉ 매입률과 매도율

외환시장에서 환율은 매입률(bid price)과 매도율(offer price *or* ask price)의 두 가지(two way) 환율로 고시된다. 외환시장에서의 매입률과 매도율은 은행딜러 입장에서 고시되므로, 매입률은 은행딜러가 외환을 매입하는 경우에 적용되는 환율을, 그리고 매도율은 은행딜러가 외환을 매도하는 경우에 적용되는 환율을 의미한다. 매입률과 매도율의 차이를 스프레드(spread)라고 부른다. 거래비용이나 은행이 인식하는 위험의 크기에 따라 거래유형별, 고객별로 스프레드의 크기가 달라지는데, 일반적으로 도매거래에서보다 소매거래에서 스프레드가 더 크다.

◉ 은행간환율과 대고객환율

은행이 실제적으로 고시하는 환율은 구체적인 거래방법에 따라 달라진다. 은행간 거래에 적용되는 은행간환율(interbank rate)은 기본적으로 전신환율 하나밖에 없다고 볼 수 있으나, 대고객거래에 적용되는 대고객환율(customer rate)은 현찰환율, 전신환율, 여행자수표환율, 일람출급환율 등 여러 가지가 있다. 〈표 3-5〉는 국내 일간신문에 게재되는 외국환율고시표를 보여주고 있다.[4]

표 3-5 **외국환율고시표**(2008. 5. 9) (단위 : 원)

국가명	통화	전신환		현금		매매 기준율	대미 환산율	달러당 환산율
		송금할 때	송금받을 때	현금 살 때	현금 팔 때			
미국	달러	1,054.80	1,034.60	1,062.98	1,026.42	1,044.70	1.0000	1.0000
일본	엔	1,018.71	999.15	1,026.58	991.28	1,008.93	0.9658	1.0355
유럽	유로	1,628.10	1,595.88	1,644.22	1,579.76	1,611.99	1.5430	0.6481
영국	파운드	2,065.03	2,024.15	2,085.48	2,003.70	2,044.59	1.9571	0.5110
캐나다	달러	1,040.59	1,019.99	1,050.89	1,009.69	1,030.29	0.9862	1.0140
스위스	프랑	1,005.83	985.93	1,015.79	975.97	995.88	0.9533	1.0490
홍콩	달러	135.36	132.68	136.70	131.34	134.02	0.1283	7.7951
중국	위안	–	–	159.56	138.70	149.13	0.1427	7.0053
태국	바트	33.05	32.41	33.38	32.08	32.73	0.0313	31.9187
인도네시아	루피아	11.39	11.17	11.50	11.06	11.28	0.0108	92.6152
스웨덴	크로나	174.84	171.38	176.57	169.65	173.11	0.1657	6.0349
호주	달러	993.42	973.76	1,003.26	963.92	983.59	0.9415	1.0621
덴마크	크로네	217.73	213.43	219.89	211.27	215.58	0.2064	4.8460
노르웨이	크로네	206.13	202.05	208.17	200.01	204.09	0.1954	5.1188
사우디아라비아	리얄	281.33	275.77	284.12	272.98	278.55	0.2666	3.7505
쿠웨이트	디나르	3,945.65	3,867.53	3,984.72	3,828.46	3,906.59	3.7394	0.2674
바레인	디나르	2,799.35	2,743.93	2,827.07	2,716.21	2,771.64	2.6530	0.3769
아랍에미리트	다르함	287.28	281.60	290.12	278.76	284.44	0.2723	3.6728
싱가포르	달러	769.62	754.38	777.24	746.76	762.00	0.7294	1.3710
말레이시아	링깃	–	–	–	–	324.60	–	–
뉴질랜드	달러	814.99	798.87	823.06	790.80	806.93	0.7724	1.2947
대만	달러	–	–	35.90	31.84	33.87	0.0324	30.8444
필리핀	페소	–	–	26.02	23.08	24.55	0.0235	42.5540

주 : 일본 JPY, 인도네시아 IRD는 100단위로 고시.

자료 : 매일경제신문, 2008년 5월 12일 (www.mk.co.kr).

4. 또한 외환시장의 개시거래로 성립된 환율은 시가율(opening rate), 당일의 최종거래에서 성립된 환율은 종가율(closing rate)이라고 부른다.

2.3 교차환율, 실질환율, 실효환율

◉ 교차환율

한편 대부분의 외환거래가 달러화 중심으로 이루어져 있기 때문에 달러화 이외의 다른 통화들 간의 거래를 원할 때에는 달러화를 거쳐서 이루어지고 있다. 따라서 이때 적용되는 환율도 달러화에 대한 환율을 통해 간접적으로 계산되는데 이를 교차환율(cross rate)이라고 한다. 만일 원/$ 환율이 $1 = 1,200원, 엔/$ 환율이 $1 = 120엔이라고 하면 원/엔 환율은

$$\frac{원}{엔} = \frac{원/\$}{엔/\$} = \frac{1,200}{120} = 10 \qquad (3-1)$$

즉, 1엔 = 10원(100엔 = 1,000원)이 된다. 만일 원/엔 환율이 두 통화의 달러환율을 이용해 계산한 교차환율과 다르다면 세 통화 간의 삼각차익거래(triangular arbitrage transaction)가 발생하게 되고, 이러한 차익거래는 세 통화 간의 환율이 다시 균형관계로 일치하도록 만들어준다.

◉ 실질환율

환율문제와 관련된 연구에서는 우리가 보통 환율이라고 하는 명목환율뿐만 아니라 실질환율(real exchange rate), 실효환율(effective exchange rate), 실질실효환율(real effective exchange rate) 등의 용어가 종종 사용된다.

실질환율은 명목환율(S)에 양국의 물가수준(국내 P 및 외국 P^*)을 반영해 물가지수로 나눈 것으로 $\frac{SP^*}{P}$로 표시된다. 일정 기간 동안 실질환율이 일정하다면 그 기간 동안 국제재화시장에서 가격경쟁력에 변화가 없음을 의미하며, 실질환율이 상승하면 자국 재화의 가격이 상대적으로 싸져서 그만큼 가격경쟁력이 높아진 것을, 반면에 인하되면 가격이 올라서 그만큼 가격경쟁력이 떨어졌음을 의미한다.

◉ 실효환율

지금까지 환율에 대한 논의는 교역상대국이 한 나라인 경우를 가정하고 있다. 그런데 현실세계에서는 여러 국가들과 교역을 한다. 특히 선진국가들이 변동환율제도

로 이행한 후 이들 국가 간에 환율이 급변함에 따라 특정 기축통화를 기준으로 한 환율로 재화의 가격경쟁력을 평가하는 데는 한계가 있다. 일례로 우리의 대미 환율에는 변화가 없지만 일본 엔화의 가치가 달러에 대해서 상승한다면 일본 엔화는 우리의 원화에 대해서도 가치가 상승하게 되고 그 결과 우리 재화의 가격경쟁력은 높아진다.

(명목)실효환율은 자국통화와 교역상대국 통화 간의 개별적인 환율을 교역량을 가중치로 기하평균하여 산출한 지수형태의 지표이다. 이는 교역대상국이 여러 나라일 때 자국통화의 실효가치를 보여주는 것으로 그 공식은 다음과 같다.

$$I = \prod_{i=1}^{n} (S_i)^{w_i} \qquad (3-2)$$

단, I : (명목)실효환율지수
S_i : i국 통화와의 환율
w_i : i국과의 교역가중치
$\prod_{i=1}^{n} x_i \equiv x_1 x_2 \cdots x_n$

실질실효환율은 각국과의 실질환율을 기하평균함으로써 얻어지는 지수형태의 지표인데, 그 공식은 다음과 같다.

$$J = \prod_{i=1}^{n} \left(\frac{S_i P_i}{P_0} \right)^{w_i} \qquad (3-3)$$

단, J : 실질실효환율지수
P_i : i국의 물가수준
P_0 : 본국의 물가수준
S_i : i국 통화와의 환율
w_i : i국과의 교역가중치
$\prod_{i=1}^{n} x_i \equiv x_1 x_2 \cdots x_n$

실질실효환율은 자국통화의 실질실효가치가 어떻게 변화하는가를 보여준다. 어느 기간 실질실효환율이 일정하다 함은 여러 국가와 교역을 하는 가운데에도 자국 재화의 가격경쟁력이 그 기간 동안 변화가 없음을 의미한다.

2.4 외환포지션

외환포지션(foreign exchange position)이란 각 통화별 외환의 차감 잔액으로 정의할 수 있다. 즉, 외화를 자국화에 대한 하나의 상품이라고 보고 환율을 이 상품의 매매에 적용되는 가격이라고 할 때 포지션은 외환상품 또는 외환채권 · 채무의 재고량, 즉, 한 통화의 자산과 부채의 차이를 말한다. 포지션은 각 통화별로 환위험 관리를 위한 기초자료가 되고, 외환매매 손익을 정확히 산출하거나 또는 통화별 외화자금의 과부족의 조정을 위한 자료로 사용된다.

현재 각 은행들의 딜링룸은 컴퓨터의 발달로 모든 거래가 발생할 때마다 포지션의 변화가 실시간(real time)으로 시스템에 반영되어 각종 포지션을 위험관리 측면에서 즉각 알도록 되어 있다. 예를 들면 거래시간 중에 딜러가 자기가 가지고 있는 포지션의 평균가격과 포지션의 크기, 그리고 현재시간의 환율로 평가했을 경우의 손익상황 등을 알고 싶을 때는 언제든지 모든 정보가 시스템에서 제공되도록 되어 있다.

포지션은 각 통화별로 현물환과 선물환을 종합하여 외환의 매입과 매도의 결과로서 발생하며, 이 포지션의 크기에 따라 해당 통화 가격이 변동할 때, 즉 환율의 변화에 따라 외환차익과 차손이 발생하게 된다. 이 포지션은 자산과 부채의 상태와 산출기준, 그리고 기타 관리목적에 따라 여러 가지로 세분화되어 있는데, 그중 자산과 부채의 상태에 따라 크게 균형포지션(스퀘어포지션)과 불균형포지션(오픈포지션)으로 구분한다.

균형포지션(square position)은 플랫포지션(flat position)이라고도 하며, 현물환 및 선물환을 종합한 외화표시자산과 외화표시부채가 동일하여 환율의 움직임에 따라 어떤 손익도 발생하지 않는다.

오픈포지션(open position)은 또한 자산 및 부채의 상대적인 크기에 따라 매입초과포지션(overbought position)과 매도초과포지션(oversold position)으로 나눈다. 매입초과포지션은 주로 롱포지션(long position)이라고도 하는데, 현물환 및 선물환 포지션과 미래에 발생될 모든 현금흐름(cash flow), 즉 파생상품에서 발생되는 이자 및 손익포지션을 종합했을 때 외환매입액이 외환매도액을 초과함으로써 외화표시자산이 외화표시부채보다 많은 경우를 말한다. 이 경우는 환율이 상승하면 이익을 발생시키고 환율이 하락하면 손실이 발생한다. 매도초과포지션은 숏포지션(short position)이라고도 하는데, 현물환 및 선물환을 종합했을 때 외환매도액이 외환매입액을 초과함으로써 외화표시부채가 외화표시자산보다 많은 경우를 말한다. 이 경우는 환율이 상승하면 손실이 발생되고 환율이 하락하면 이익이 생긴다.

3. 외환거래의 형태

International Finance, ch. three

외환시장에서 이루어지는 거래형태는 여러 기준에 따라 분류할 수 있는데, 일반적으로 결제일 및 거래목적에 따른 분류를 많이 이용하고 있다. 외환거래는 결제일에 따라 현물환거래, 선물환거래 및 스왑거래로 분류하고 거래목적에 따라 차익거래, 헤징거래, 투기거래로 분류할 수 있다.

3.1 현물환거래, 선물환거래, 스왑거래

외환거래에는 거래계약이 이루어지는 거래일(contract date *or* deal date)과 거래계약 후 거래당사자 간에 실제로 외환의 결제가 이루어지는 결제일(value date *or* settlement date)이 다를 수 있다.

◉ 현물환거래

현물환거래(spot exchange transaction)는 모든 외환거래의 가장 기본이 되는 거래로, 외환의 거래가 이루어진 후 즉각적으로 대금결제가 이루어지는 거래, 즉 거래일과 결제일이 일치하는 거래를 말한다. 그러나 현실적으로는 지역 간의 시차가 있어 계약을 이행하고 최종 사무처리하기 위한 시간이 필요하기 때문에 보통 대금결제가 2영업일 이내에 이루어지는 경우를 현물환거래로 분류한다. 현재는 정보처리기술이 발전해 2일까지 걸리지 않지만 여러 가지 실수를 막고 정확성을 기하기 위해 아직도 2영업일을 고수하고 있다.

따라서 현물환거래는 약정일로부터 몇 번째 영업일에 외환의 수도와 대금결제가 이루어지는가에 따라 당일물, 익일물, 익익일물로 구분한다. 거래당일에 결제되는 현물환거래는 당일물(value today), 거래 다음 영업일에 결제되는 것은 익일물(value tomorrow), 거래 후 둘째 영업일에 결제되는 것은 익익일물(value spot)이라

고 부른다.[5]

전 세계적으로 현물환거래는 전체 외환시장의 37%가 참여하는 가장 인기 있는 거래이다. 현물환거래의 가장 큰 매력은 손실과 이익을 짧은 시간(2 영업일 이내)에 실현시킬 수 있어 신용위험에 노출되는 시간이 아주 제한적이라는 사실이다. 따라서 높은 수익성과 낮은 신용위험 때문에 시장의 거래량은 급증해 왔고, 이에 따라 현물환시장은 높은 변동성(high volatility)과 높은 유동성(high liquidity)으로 대표되어진다.

현물환거래에 적용되는 환율을 현물환율(spot rate)이라 한다. 일반적으로 환율이라고 하면 현물환율을 의미하며, 이에 대한 구체적인 표시는 앞에서 설명한 바와 같다.

◉ 선물환거래[6]

선물환거래(forward exchange transaction)는 외환매매계약 체결일로부터 일정 기간 경과 후 특정일에 외환을 결제, 인도하기로 약정한 거래로 약정된 결제일까지 매매 쌍방의 현금결제가 유보된다는 점에서 현물거래와 다르다. 선물환거래는 결제일에 적용할 환율, 즉 선물환율(forward rate)을 거래시점에서 미리 정한다. 선물환거래의 만기일 결정에는 확정일 방식(outright forward)과 선택일 방식(option forward)의 두 가지가 있다. 전자는 계약체결 시 만기일을 특정일로 정해 두는 방법이고, 후자는 계약체결 시 우선 일정 기간을 정하고 그 기간 중에 고객이 만기일을 사후적으로 지정하는 방식이다. 선물환계약의 만기는 몇 일, 몇 개월, 또는 몇 년 등 어느 기간이라도 될 수 있지만, 7일, 30일, 90일, 180일, 360일 등이 일반적으로 널리 통용된다. 이처럼 표준적인 날을 결제일로 정하는 거래를 표준결제일(even date) 선물환거래라고 하고, 그렇지 않은 경우를 비표준결제일(odd date) 선물환거래라고 한다.

선물환율을 표시하는 방법은 완전호가, 스왑률(또는 포인트) 호가 등이 있다. 첫째, 완전호가(outright rate quotation)란 아래의 예에서처럼 선물환율을 현물환율과 마찬가지로 그대로 표시하는 방법이다. 예를 들어 원/$ 환율에 있어서 30일 선물환 매입률은 $1 = 1,195.49원, 매도율은 $1 = 1,198.09원이다.

---

5. 우리나라의 경우 과거에는 당일물(value today)만을 현물환거래로 분류하고 익일물(value tomorrow) 및 익익일물(value spot)은 선물환거래로 분류했었다. 그러나 1996년 2월부터는 이를 시정하고 통상적인 분류를 따르고 있다. value tomorrow는 간단히 value tom이라고도 부른다.

6. 요즘은 선물환이라는 용어 대신에 선도환이라는 용어도 많이 사용한다.

	원/$	엔/$
현물	1,195.00 ~ 1,197.50	118.81 ~ 119.40
30일 선물환	1,195.49 ~ 1,198.09	118.45 ~ 119.14
60일 선물환	1,196.32 ~ 1,199.10	117.88 ~ 118.62
90일 선물환	1,198.30 ~ 1,201.16	116.97 ~ 117.80

이 방법은 외환시장에 익숙하지 않은 일반 고객들도 이해하기 쉽다는 장점이 있어 대고객거래에서 주로 사용된다.

둘째, 스왑률호가(swap rate quotation) 혹은 포인트호가(point quotation)는 선물환율을 현물환율에 대한 격차인 스왑률로 고시하는 방법으로 위에서 든 예는 아래와 같이 표시된다.

	원/$	엔/$
현물	1,195.00 ~ 1,197.50	118.81 ~ 119.40
30일 선물환	49 ~ 59	36 ~ 26
60일 선물환	132 ~ 160	93 ~ 78
90일 선물환	330 ~ 366	184 ~ 160

예를 들어 원/$ 환율에 있어서 30일 선물환 매입률의 스왑률이 49로 나타나고 있는데, 이는 현물환 매입률과 30일 선물환 매입률이 각각 $1 = 1,195.00원 및 $1 = 1,195.49원이므로 달러가 49포인트(= 1,195.49 - 1,195.00)[7] 할증되어 매입되고 있다는 것을 의미한다. 스왑률로 표시할 때 (+) 또는 (-) 부호를 붙이지 않더라도 외환시장에서는 매입스왑률과 매도스왑률의 크기를 보고 선물환이 할증되어 있는지 아니면 할인되어 있는지 쉽게 파악하고 있다. 즉, 원/$ 환율의 경우처럼 매입스왑률보다 매도스왑률이 크게 나타난 경우 선물환은 할증되어 있으므로 선물환율을 구하기 위해서는 현물환율에 스왑률을 더하면 된다. 반대로 엔/$ 환율의 경우처럼 매입스왑률보다 매도스왑률이 작게 나타난 경우는 선물환이 할인되어 있는 경우이므로 선물환율을 구하기 위해서는 현물환율에서 스왑률을 빼면 된다. 이와 같은 방법은 주로 은행간시장에서 시장의 구조에 익숙하고 환율의 흐름을 신속하게 파악하고자 하는 전문딜러들과 브로커들 간에 이용된다.

선물환율과 현물환율의 차이를 백분율로 나타내는 경우 선물환할증률(forward

7. 포인트를 핍(pip)이라고도 부른다.

premium) 또는 선물환할인율(forward discount)이라고 부르기도 한다.

$$\text{선물환할증률(또는 할인율)} = \frac{F_t - S_t}{S_t} \times \frac{12}{\text{선물환 만기 월수}} \times 100 \qquad (3-4)$$

단, F_t : 선물환율, S_t : 현물환율

앞에서의 예를 이용하면, 원/$ 30일 선물환의 매입률과 매도율은 각각 0.492% 및 0.591% 할증상태에 있고, 엔/$ 30일 선물환의 매입률과 매도율은 각각 3.64% 및 2.61% 할인상태에 있다.[8]

◉ 스왑거래

스왑거래(swap transaction)란 현물환거래 대 현물환거래, 현물환거래 대 선물환거래, 또는 선물환거래 대 선물환거래와 같이 결제일과 거래방향을 달리하는 두 개의 외환거래가 동시에 행해지는 거래를 말한다. 이 중 현물환거래와 선물환거래가 결합된 형태로 이루어지는 스왑거래가 일반적이다.[9]

스왑은 매입과 동시에 매도하거나 매도와 동시에 매입하기 때문에 두 개의 결제일을 갖는데, 먼저 도래하는 결제일을 근일(near end *or* near date), 나중에 도래하는 결제일을 원일(far end *or* far date)이라고 한다. 스왑거래에서 근일에 외환을 매입하고 원일에 매도하는 거래를 스왑인(swap in)이라고 하고, 이와는 반대로 근일에 외환을 매도하고 원일에 매입하는 거래를 스왑아웃(swap out)이라고 한다. 대부분의 스왑거래는 동일 당사자 간에 매입 · 매도가 이루어지는데 이를 순수스왑(pure swap)이라고 하고, 이와는 달리 매입거래자와 매도거래자가 다른 경우 이를 엔지니어스왑(engineer swap)이라고 한다.

스왑거래 시 적용되는 가격은 앞에서 설명한 현물환율과 선물환율의 격차(forward differential)인 스왑률(또는 스왑마진)을 이용해 고시된다. 그런데 스왑은 한

8. 예를 들어 원/$ 30일 선물환 매입의 경우 할증률은 아래와 같이 식 (3-4)를 이용해 계산할 수 있다.

$$\text{선물환할증률} = \frac{1{,}195.49 - 1{,}195.00}{1{,}195.00} \times \frac{12}{\text{1개월}} \times 100 = 0.492\%$$

9. 앞에서 설명한 선물환거래는 미래의 일정 시점에 일방적인 매도(또는 매입)가 발생하는 반면, 스왑거래에서의 선물환거래는 미래의 매도(또는 매입)에 상응하는 또 다른 매입(또는 매도)이 동시에 발생한다. 이를 구분하기 위해 전자를 forward outright라고 부르고, 후자를 forward swap이라고 부른다.

시점의 매입(또는 매도)거래와 다른 시점의 매도(또는 매입)거래가 교환되는 것이므로, 매입률과 매도율 중 어느 쪽의 스왑률을 적용할 것인가 하는 문제가 생긴다. 이를 구체적인 예를 들어 설명해 보자.

	원/$	엔/$
현물	1,210.00 ~ 1,220.00	118.81 ~ 119.40
3개월 스왑률	20 ~ 40	180 ~ 160

이 예에서 시장조성자(혹은 딜러)가 원화에 대해 달러현물환을 사고 3개월 달러선물환을 파는 스왑을 행한다고, 즉 달러를 스왑인한다고 가정하자. 스왑은 매입쪽 거래와 매도쪽 거래를 결합한 것이므로 처음 거래에 적용되는 환율은 서로 간의 합의에 의해 결정된다. 일반적으로 근일에 적용될 환율(reference price)은 매입률과 매도율의 중간값을 택하고 있다. 따라서 이 예에서 근일의 적용환율은 1,215원($= \frac{1,210+1,220}{2}$)이 된다. 원일의 적용환율을 구하기 위해서는 시장조성자가 스왑기간 동안 보유하고 있는 통화(이 예에서는 달러)와 상대통화(이 예에서는 원) 간의 금리차를 고려해야 한다. 이 예의 스왑률 고시에서는 선물환할증되어 있으므로 달러가 저금리통화임을 알 수 있다.[10] 따라서 저금리통화인 달러를 운용하는 시장조성자는 두 통화 간의 금리차를 보상받아야 하므로 가능한 한 많이 보상받고자 상대적으로 큰 40포인트의 프리미엄을 적용할 것이다. 따라서 이 예에서 원일의 적용환율은 1,215.40원(= 근일환율 1,215.00 + 0.40)이 된다.

다음으로 시장조성자가 엔화에 대해 달러를 스왑인한다고 한다고 하면, 근일에 적용되는 환율은 마찬가지로 매입률과 매도율의 중간인 119.10엔이 된다. 그러나 이 경우 앞의 예에서와는 달리 엔화보다 고금리통화인 달러를 운용하므로 금리차를 보상해야 한다. 따라서 시장조성자는 가능한 한 적게 보상하고자 할 것이므로 상대적으로 작은 160포인트(= 1.60)의 디스카운트를 적용할 것이다. 따라서 원일의 적용환율은 117.50엔(= 근일환율 119.10 − 1.60)이 된다.

10. 이는 제 4 장에서 설명하는 이자율평가를 통해 쉽게 이해될 수 있다.

3.2 차익거래, 헤징거래, 투기거래

외환거래는 또한 외환시장 참가자들이 어떤 동기를 가지고 거래하는가에 따라 실수요거래, 차익거래, 헤징거래 및 투기거래로 구분할 수 있다. 실수요거래는 수출입이나 외화표시 금융자산의 매매에 따라 외환을 수취하거나 대금을 결제하기 위해 외환시장에서 이루어지는 거래를 의미한다.

◉ 차익거래

차익거래(arbitrage transaction)는 재정거래라고도 하는데 아무런 위험이 없는 이윤, 즉 차익을 취하기 위한 거래를 말한다. 외환시장에서 발생하는 차익거래는 크게 환차익(또는 통화차익 : exchange arbitrage *or* currency arbitrage)거래와 이자차익(interest arbitrage)거래가 있다.

환차익이란 환율의 차이로 인해 발생하는 무위험이윤을 말하는데, 환차익은 크게 두 가지 이유 때문에 발생할 수 있다. 하나는 공간적 차익(space arbitrage)이라 불리는 직접차익(direct arbitrage)으로 각 지역의 외환시장에서 동일한 두 통화에 대한 환율차이가 발생할 때 얻을 수 있는 차익이다. 예를 들어 도쿄외환시장에서 $1 = 120엔인데 뉴욕외환시장에서 $1 = 115엔이라고 하자. 이 경우 먼저 뉴욕외환시장에서 115엔을 가지고 1달러를 바꾼 후 도쿄외환시장에서 1달러를 120엔과 바꾸면 순식간에 아무런 위험 없이 1달러당 5엔의 차익을 얻게 된다.

또 다른 환차익은 삼각차익(triangular arbitrage)이라 불리는 간접차익(indirect arbitrage)으로 세 나라 통화 간에 형성되는 환율 간에 차이가 발생할 때 얻을 수 있는 차익이다. 예를 들어 외환시장에서 $1 = 1,000원, $1 = 100엔, 100엔 = 950원으로 환율이 형성되었다고 하자. 이 경우 원/$ 환율과 엔/$ 환율을 이용해 계산한 교차환율인 원/엔 환율은 100엔 = 1,000원인 데 반해 외환시장에서 원-엔거래를 통해 형성된 환율은 100엔 = 950원이다. 따라서 950원을 가지고 100엔을 바꾼 다음 이 100엔을 1달러로 바꾼 후 다시 1달러를 1,000원으로 바꾸면 순식간에 1달러당 50원의 차익을 얻을 수 있다.

한편 이자차익이란 이자율의 차이로 인해 발생하는 차익으로, 이자차익거래에는 시간차익(time arbitrage)거래와 무위험이자차익(covered interest arbitrage)거래가 있다. 시간차익거래란 외환의 만기일에 따라 환율차이가 있는 경우 발생하는 차익을 얻기 위한 외환거래를 말한다. 예를 들어 선물환시세가 만기의 기간에 비례하여 호가되지 않고 다음과 같이 형성되었다고 하자.

	1개월물	2개월물	3개월물
백분율 매입호가	+0.3%	+0.45%	+0.7%

선물환할증률(혹은 할인율)은 이자율을 고려해 기간별로 비례해야 하나 2개월물 및 3개월물의 프리미엄이 상대적으로 낮게 제시되어 있다. 따라서 예를 들어 3개월물을 매입하고 1개월물을 매도함으로써 차익을 확보할 수 있다.

무위험이자차익거래는 환위험부담 없이 국내통화표시 금융자산과 외국통화표시 금융자산 간 수익률이 다를 때 차익을 얻기 위해 이루어지는 거래를 말한다. 흔히 이자차익거래라고 하면 무위험이자차익거래를 의미하는데, 이와 같은 차익거래는 무위험이자율평가(covered interest rate parity)가 성립하지 않는 경우 발생하며, 이를 통해 현물 및 선물환율과 국내금리 및 외국금리 간 균형체계가 유지된다.[11]

◉ 헤징거래

헤징거래(hedging transaction)는 환율변화에 수반하여 발생하는 환위험을 회피하기 위한 거래를 말한다. 즉, 외환거래자가 오픈포지션을 취하는 경우 환위험이 발생할 수가 있는데, 이런 경우 반대거래를 통하여 스퀘어포지션을 취함으로써 환위험이 발생하지 않도록 하는 거래를 말한다. 헤징거래는 환위험을 감소시킴으로써 국가 간 상품 및 서비스 거래는 물론 자본거래를 원활하게 만들어준다.

헤징거래는 여러 가지 수단을 이용해 이루어질 수 있다.[12] 우선 경상거래와 관련해 선물환시장을 이용해 헤징하는 경우를 예로 들어 보자. 이를 위해 수입업자가 미국에서 100만 달러어치의 제품을 구입하고 수입대금을 3개월 후에 지불하기로 했다고 하자. 만일 그동안 여러 가지 상황변화로 원화의 가치가 불안해져 현재 $1 = 1,200원이었던 환율이 3개월 후에 $1 = 1,300원으로 상승한다면 수입업자는 예상하지 못한

11. 이자율평가 및 이에 따른 차익거래와 관련된 자세한 설명은 제4장을 참조할 것.
12. 이에 대한 자세한 설명은 제14장 및 제15장의 환위험 관리를 참조할 것.

환율변화로 인해 1억원만큼(12억원 → 13억원)의 추가부담이 발생하게 된다. 따라서 수입업자는 예상하지 못한 환율변화로 인한 위험을 회피하기 위해 선물환거래를 통해 미래에 부담해야 할 액수를 미리 정하고자 할 것이다. 수입업자는 수입계약으로 숏포지션이 발생했으므로 선물환 매입을 통해 롱포지션을 취함으로써 종합포지션을 스퀘어포지션으로 만들면 환위험을 회피할 수 있다.

다음으로 자본거래와 관련해 스왑시장을 이용해 환위험을 회피하는 경우를 살펴보기 위해, 우리나라 은행이 국제금융시장에서 만기 3개월의 달러자금을 차입했다고 하자. 만일 외환시장이 불안한 조짐을 보이는 상황이라면 3개월 동안 환율이 급변해 상당한 위험이 수반될 수도 있다. 이러한 위험에 대처하기 위해서 이 은행은 차입한 달러를 현물환시장에서 매각해 원화로 전환한 후 이를 운용하고 동시에 차입한 달러의 원리금에 상당하는 달러화 3개월 선물환을 매입하는 스왑거래를 행하면 된다. 이와 같은 스왑거래는 현물환의 매도거래와 선물환의 매입거래가 동시에 발생함으로써 자금의 운용기간이나 차입기간 동안 발생할 수 있는 환위험을 회피할 수 있다.

◉ 투기거래

투기거래(speculative transaction)란 차익거래와는 달리 투자자가 위험을 감수하고 예상되는 이윤을 취하기 위한 거래이다. 외환시장에서도 미래의 환율변화에 대해 다른 참여자들보다 뛰어난 예상을 하고 이익을 추구하고자 외환투기거래가 발생한다. 예상이 맞아떨어지는 경우에는 이익을 확보할 수 있지만 예상이 틀리는 경우에는 손해를 볼 수도 있으므로 이와 같은 거래를 하는 경우 거래당사자는 위험을 감수해야만 된다. 투기거래가 없는 경우 헤징거래에 대응하는 거래가 발생할 수 없다. 따라서 투기거래는 외환시장에서의 다양한 거래가 활발하게 이루어지고 거래의 연속성이 유지되도록 하고 있다. 과거에는 외국환은행의 외환부서, 기타 금융기관의 포트폴리오 운용자 및 투기적 다국적기업 등이 주요 외환투기거래자들이었으나 최근에는 일부 개인 및 소규모기업들도 가세하고 있다.

이제 현물환시장 및 선물환시장을 통해서 이루어지는 외환투기의 예를 들어 보자. 현물환시장에서 외환거래자들은 현재의 현물환시장과 미래의 현물환시장을 이용해 투기거래를 행한다. 만일 외환시세가 계속 상승해 강세를 유지할 것으로, 즉 강세시장(bull market)을 예상한다면 현재의 현물환시장에서 외환을 매입한 후 추후 강세시장 후반에 재매도하는 강세투기(bull speculation)를 하게 된다. 이와는 반대로 외환시세가 계속 하락해 약세를 유지할 것으로, 즉 약세시장(bear market)을 예상할 때는 현재의 현물환시장에서 외환을 매도한 후 추후 약세시장 후반에 재매입하는 약세투기(bear speculation)를 하게 된다.

선물환시장에서의 투기거래는 선물환율이 미래의 현물환율을 정확히 반영하지 못한다고 믿는 경우 이익을 취하기 위해 발생하게 된다. 예를 들어 외환시장에서 1년 선물환율이 $1 = 1,236원으로 고시되어 있다고 하자. 이런 상황에서 어떤 투자자가 1년 후에 원화의 환율이 $1 = 1,224원이 될 것으로 예상한다고 하면, 선물환 달러의 매도, 즉, 원화를 대가로 달러화를 1,236원에 1년 선물환으로 매도하고자 할 것이다. 만일 1년 후 예상대로 환율이 $1 = 1,224원이 되었다면 이 투자자는 현물시장에서 1,224원을 가지고 $1를 매입한 후 이를 미리 정해진 선물환율에 따라 1,236원에 매도함으로써 1달러당 12원씩(= 1,236원 − 1,224원) 이익을 얻을 수 있게 된다. 그러나 예상이 맞지 않아 1년 후 현물환율이 1,236원 이상으로 상승하게 되면 투자자는 손해를 입게 된다. 이처럼 투기거래는 차익거래와는 달리 예상의 정확성에 따라 투자자가 이익을 볼 수도 있고 손해를 볼 수도 있는 위험을 내포하고 있다.[13]

외환투기는 안정적일 수도 있고 불안정적일 수도 있다. 외환투기자가 환율이 낮을 때 사서 높을 때 팔거나 혹은 높을 때 팔고 낮을 때 사서 이익을 얻고자 투자를 한다면 이러한 외환투기는 외환시장을 안정적으로 움직이게 한다. 그러나 이와는 달리 환율이 상승할 때 지속적인 상승을 예상하고 외환을 매입하거나 환율이 하락할 때 지속적인 하락을 예상하고 외환을 매도한다면 환율의 변동은 더 커지게 되고 외환시장은 불안정적으로 움직이게 된다.

13. 이와 같은 투기거래는 유위험이자율평가(uncovered interest rate parity)가 성립하지 않을 때 발생하는 거래로 해석할 수도 있다. 이와 관련해서는 제4장을 참조할 것.

Box 3-2 투자, 투기, 도박의 차이

투자(investment), 투기(speculation) 및 도박(gambling)은 모두 위험을 수반하는 거래라는 면에서 볼 때 앞에서 분류한 투기거래에 속한다고 할 수 있다. 그러나 이들은 위험과 수익이라는 특성을 가지고 보다 세부적으로 그 차이를 설명할 수 있다. 첫째, 기대수익을 기준으로 볼 때 투자활동은 보다 장기적으로 양(+)의 수익을 기대하면서 자금을 자산에 투하하는 경제활동을 의미한다. 그러나 투기는 투자의 경우보다는 비교적 짧은 기간 동안에 걸쳐 이루어지는 것이 보통이기 때문에 정상적인 배당 또는 이자소득보다는 가격의 등락에 따른 자본이득에 주된 관심을 갖게 된다. 이에 따라 수익은 0을 중심으로 양(+) 또는 음(-)의 값을 갖게 되는 경향이 크기 때문에 기대수익은 0과 유사한 수준에 머물 것이다. 한편 복권, 카지노 등과 같은 도박은 기본적으로 기대수익이 음의 값을 갖게 되지만 단 한 번의 요행을 기대해 보는 것이다. 둘째, 위험수준을 기준으로 볼 때 투자활동은 투기 및 도박에 비해 상대적으로 위험이 작은 것이 보통이며, 투자와 관련한 위험수준이 높을수록 그에 따른 기대수익도 높아지는 경향이 있다. 그러나 투기의 경우에는 기대수익이 0 근처에 머물러도 위험은 상당히 높은 수준을 보이게 되며, 도박은 투기보다도 더욱 위험이 클 뿐만 아니라 때로는 위험수준과 기대수익 수준이 음(-)의 관계를 갖기도 한다. 투기 및 도박은 모두 큰 위험을 수반하지만, 투기활동은 금융시장이 활발하게 움직이도록 하는 매우 유용한 경제적 기능을 수행하는 반면 도박은 아무런 유익을 주지 못하는 것으로 평가되고 있다.

4. 환율제도

International Finance, ch. three

환율제도는 외환시장운영 메커니즘 및 환율결정 과정에 따라 크게 변동환율제도(floating exchange rate system)와 고정환율제도(pegged exchange rate system)로 구분된다. 변동환율제도는 통화당국이 외환시장에서 아무런 개입을 하지 않음으로써 환율이 외환의 수요와 공급에 의해서 자유롭게 결정되는 제도이다. 반면 고정환율제도는 통화당국이 외환시장에 개입하여 환율을 일정 수준으로 유지하려는 제도이다. 각국 통화와 금과의 교환비율을 기준으로 환율을 유지하려고 하는 경우 이를 금본위제도라고 부르며, 일정한 외환(예를 들어 달러 또는 유로)에 대하여 환율을 유지하려고 하는 경우를 금환본위제도라고 부른다.

이론적으로 얘기할 때 변동환율제도에서는 외환시장에서 수요와 공급 간에 불일치가 발생하면 환율이 즉각적으로 조정되어 균형을 회복하므로 국제수지가 항상 균형을 이루게 된다. 따라서 변동환율제도에서는 국제수지 불균형에 따른 통화량 변화가 발생하지 않는다. 반면 고정환율제도에서는 외환시장의 수요 · 공급 변화에 따라 환율이 변할 수 없으므로 국제수지 불균형이 발생할 수 있으며 이에 따라 국내통화량이 영향을 받을 수도 있다. 예를 들어 국제수지가 흑자로 되는 경우 국내통화량이 증가하게 되며 적자인 경우에는 국내통화량이 감소하게 된다. 그러나 현실적으로 각국의 환율제도를 보면 이러한 제도 외에도 자국의 제반 경제여건을 고려해 다양한 환율제도를 도입하고 있다.

4.1 IMF의 환율제도 분류

IMF는 각국이 실질적으로 환율제도를 어떻게 운용하고 있는가에 기초해 환율제도 체계를 크게 경직적 고정환율제도(hard pegs), 유연한 고정환율제도(soft pegs), 변동환율제도(floating regimes), 그리고 기타 관리환율제도(other managed arrangements)의 네 개 범주로 나누고, 세부적으로는 10개의 환율제도로 분류하고 있다.[14]

큰 범주의 경직적 고정환율제도에는 개별국 법적통화가 없는 제도(no separate legal tender) 및 통화위원회제도(currency board)가 포함된다. 개별국 법적통화가 없는 제도란 한 국가 내에 통용되는 법적통화가 자국통화가 아니라는 것을 의미하는데, 이러한 제도는 유로지역(Euro area) 혹은 달러와 같은 외국통화를 법적통화로 도입하는 달러화(dollarization) 형태로 나타난다. 통화위원회제도는 자국통화와 외국통화의 비율을 고정시켜 놓고 외국통화의 유출입에 맞추어 자동적으로 자국통화가 비례적으로 변하도록 하는 제도이다.

유연한 고정환율제도에는 전통적 고정환율제도(conventional peg), 목표환율대제도(pegged within horizontal band),[15] 크롤링고정환율제도(crawling peg), 안정화된 제도(stabilized arrangement), 크롤링환율대제도(crawl-like arrangement) 등 5가지가 포함된다. 전통적 고정환율제도는 자국통화의 환율을 특정 단일통화에 대해 고

14. 2000년대 중반까지는 고정환율제도(pegged exchange rate system), 중간형태환율제도(intermediate exchange rate system), 변동환율제도(floating exchange rate system) 등 세 개의 큰 범주로 나누고 세부적으로 8개의 환율제도로 분류했었으나 최근에 분류체계를 바꾸었다. 환율제도의 개념 차이를 이해하기 위해서는 과거 분류가 더 유용하게 보인다.

15. 목표환율대제도는 target zone system이라고 부르기도 한다.

정시키거나(single currency peg) 혹은 통화바스켓에 대해 고정시키는(composite currency peg) 제도를 말한다. 목표환율대제도는 기준환율을 정해 놓고 그 주변 일정한 한도 내에서만 환율이 변동하도록 하며 한도를 벗어날 때는 개입을 하는 제도를 말한다. 크롤링고정환율제도란 고정된 기준환율이 인플레이션 격차 등을 고려해 간헐적으로 조금씩 조정되도록 하는 제도이다. 안정화된 제도는 여러 정책을 통해 6개월 이상 환율이 2% 범위 내에 머물러 있는 제도인데, 목표환율대제도와는 달리 정부가 굳이 환율을 목표로 하지 않는다는 차이가 있다. 크롤링환율대제도는 목표환율대제도와 크롤링고정환율제도의 혼합형태인데, 목표환율대가 간헐적으로 조금씩 조정될 수 있는 제도이다.

변동환율제도는 운영방식에 따라 구체적으로 단순변동환율제도(floating)와 자유변동환율제도(free floating)로 분류된다. 단순변동환율제도는 환율이 기본적으로 외환시장에서 자유롭게 변동하되 필요 시 중앙은행이 시장에 개입하여 환율의 안정을 꾀하면서 점진적인 변동을 유도하는 제도이다. 자유변동환율제도란 거의 중앙은행의 개입 없이 외환시장에서의 수요와 공급이 일치되는 점에서 환율이 자유롭게 결정되는 제도를 의미한다. 단순변동환율제도와는 달리 중앙은행의 개입이 아주 예외적으로만 이루어진다.

마지막으로 기타 관리환율제도는 위의 기준에 따라 분류하기 어려운 제도를 포괄한다. 특히 수시로 정책이 바뀌는 경우 일정한 기준에 맞추어 환율제도를 분류하기 어려우므로 이 범주에 포함시킨다.

4.2 각국의 환율제도 현황

〈표 3-6〉은 현재 각국이 채택하고 있는 환율제도를 IMF의 분류체계에 따라 보여주고 있다. 흥미로운 특징은 선진국의 경우 유로지역을 제외하고는 대부분 변동환율제도를 택하고 있는 반면 개발도상국의 경우에는 다양하게 나타나고 있다는 것이다. 이는 국제금융시장의 발전 추이를 고려해 환율의 신축성이 필요하다는 것을 인식하면서도 많은 개발도상국의 경우 아직도 경제발전, 거시경제 안정 등 대내적인 정책목표를 달성하기 위해 환율정책이 중요한 정책수단이라는 것을 나타내준다.

표 3-6 각국의 환율제도(2017년 4월 현재)

	환율제도	채택국가
경직적 고정 (hard peg)	개별국 법적통화가 없는 제도 (no separate legal tender)	에콰도르, 엘살바도르, 파나마, 코소보 등 13개국
	통화위원회제도 (currency board)	ECCU, 보스니아, 불가리아, 홍콩, 브루나이 등 11개국
유연한 고정 (soft peg)	전통적 고정환율제도 (conventional peg)	바레인, 요르단, 덴마크, 모로코, 사우디아라비아 등 43개국
	안정화된 제도 (stabilized arrangement)	앙골라, 크로아티아, 싱가포르, 베트남, 중국, 체코 등 24개국
	크롤링고정환율제도 (crawling peg)	온두라스, 보츠와나, 니카라과 3개국
	크롤링환율대제도 (crawl-like arrangement)	이란, 에티오피아, 스리랑카, 우즈베키스탄 등 10개국
	목표환율대제도 (pegged within horizontal band)	통가 1개국
변동 (floating)	단순변동환율제도 (floating)	대한민국, 브라질, 태국, 인도네시아, 남아공화국, 인도, 몽골, 헝가리 등 38개국
	자유변동환율제도 (free floating)	미국, 일본, 영국, 호주, 캐나다, 폴란드, 멕시코, 칠레, EMU 등 31개국
기타 (residual)	기타 관리환율제도 (other managed arrangement)	알제리아, 이란, 싱가포르, 스위스, 말레이시아, 러시아, 미얀마, 예멘 등 24개국
	합계	총 192개국

자료 : IMF, *Classification of Exchange Rate Arrangements and Monetary Policy Frameworks.*

지난 수십년 간 각국이 채택해 오고 있는 환율제도 추이를 보면 고정환율제도에서 변동환율제도 등 점차적으로 신축성이 있는 환율제도로 이행하는 경향을 보이고 있다. 1982년 139개국 중에서 107개의 국가에서 단일통화 또는 복수통화에 대해 환율을 고정시키는 등 고정환율제도[16]를 택했었는데, 최근에는 192개국 중에서 67개 국가만이 경직적 고정환율제도를 채택하고 있다. 이러한 현상은 특히 개발도상국들에서 뚜렷이 나타나고 있다. 이와 같이 전반적으로 각국이 환율의 신축성을 선호해 온 이유는 1980년대 이후 국제금융시장이 급격히 확대되면서 자본이동이 활발해지자 개별국의 입장에서 인위적으로 환율을 통제하기가 점점 더 어려워졌기 때문이다.

16. 경직적, 유연한, 전통적 고정환율제도를 포함.

4.3 우리나라의 환율제도 변화

◉ 단일변동환율제도

우리나라는 1964년 5월에 미화 1달러당 130원의 '고정환율제도'를 폐지하고 달러당 255원을 하한으로 하는 '단일변동환율제도'를 채택하였다. 이 제도의 당초 목적은 공정환율을 외환시장의 수급에 따라 유동적으로 조정함으로써 공정환율의 실세화를 도모하고자 한 것이었다. 그러나 새로 채택된 단일변동환율제도에 있어서도 원화환율의 실세 반영이 제대로 이루어지지 않았는데, 그 이유는 이 기간 동안 한국은행의 외환시장개입으로 환율이 사실상 미달러화에 계속 고정되어 있었기 때문이다.

물론 그 이후에도 1969년 11월의 4.5% 평가절하, 1971년 6월의 13% 평가절하, 그리고 1974년 12월 오일파동에 대처하기 위한 21.3%의 평가절하 등 몇 차례에 걸쳐 환율의 평가절하가 있었으나 환율은 1979년 말까지 장기적으로 고정되어 온 셈이다.

그러나 이와 같이 미달러화에 연동(pegging)된 실질적인 고정환율제도를 계속 유지하는 데는 여러 가지 문제가 발생하게 되었다.

우리나라 환율의 변화 추이 그림 3-1

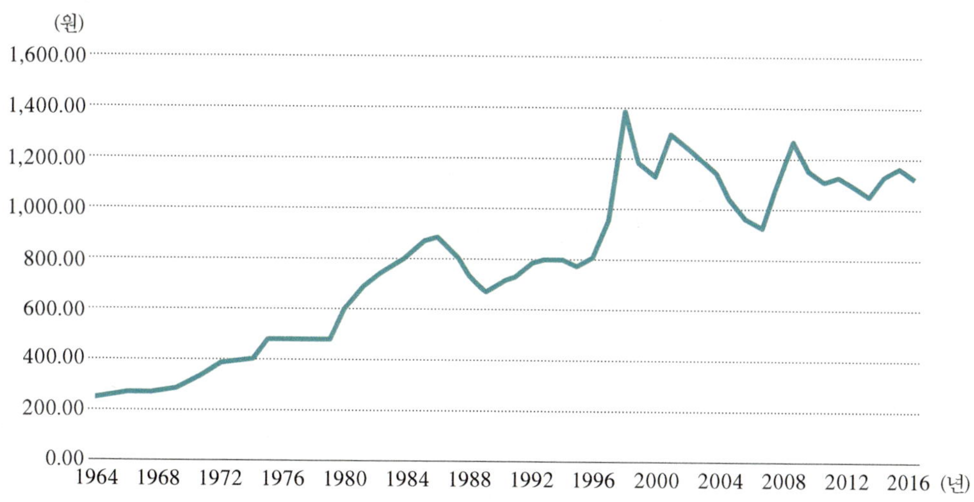

자료: 한국은행 홈페이지(www.bok.or.kr).

첫째로 국내의 인플레이션이 외국에 비해 훨씬 높은 상황에서 환율이 고정되어 있었으므로 우리나라의 수출재는 국제시장에서 가격경쟁력을 잃게 되었다. 그리고 이를 보완하기 위해 실시된 수출재에 대한 각종 보조금정책은 자원의 효율적인 배분을 저해하는 요인이 되었다. 결국 국제수지 조정수단으로서의 환율의 기능이 배제된 상태에서 국제수지는 악화되었고, 두 차례에 걸친 오일파동은 국제수지 적자를 더욱 확대시켜 외채의 누적을 가져오게 되었다.

둘째로 원화를 단일통화에 연동시킨 데서 발생한 문제이다. 1970년대 주요 선진국들이 변동환율제도로 이행함에 따라, 달러에 연동된 고정환율 체제에서는 원화가치의 변동 없이도 달러가치의 변동에 의해 원화의 대외가치가 자동적으로 변동하게 되었다. 특히 오일파동 이후 달러가 주요 선진국 통화에 대하여 강세를 보임에 따라 원화의 과대평가 현상이 더욱 두드러지게 되었다.

셋째로 적시에 실세를 반영하여 환율의 조정이 이루어지지 못하고 불가피한 상황에서 대폭적인 평가절하가 이루어졌기 때문에 경제 전반에 미치는 충격과 부작용이 지대하였다.

이와 같은 문제점을 해결하기 위해 다음과 같은 방향으로 제도의 개편이 추진되었다. 첫째, 미달러화에 연동된 종전의 환율결정방식을 복수통화군제도로 전환함으로써 미달러화 이외의 기타 통화에 대해서도 상대적으로 안정적인 환율변동을 유지하려고 하였다. 둘째, 과거와 같이 일거에 대폭적으로 환율을 인상하는 환율조정방식을 피하기 위하여 환율이 점진적으로 실세를 반영하도록 함으로써 환율의 국제수지조정 기능을 회복시키려고 하였다.

표 3-7 우리나라 환율제도의 변천

시행기간	환율제도 형태
1. 1945년 10월～1964년 5월	고정환율제도
2. 1964년 5월～1980년 2월	단일변동환율제도
3. 1980년 2월～1990년 2월	복수통화군제도
4. 1990년 3월～1997년 12월	시장평균환율제도
5. 1997년 12월 16일～현재	변동환율제도

◉ 복수통화군제도

제2차 오일파동의 여파로 1980년 1월에 들어와서 환율은 1달러당 484원에서 580원으로 19% 평가절하되었고, 동년 2월에는 복수통화군제도가 채택되었다.

복수통화군제도란 앞서 언급한 원화의 대미 달러화 고정에서 야기된 문제점들을 해결하기 위해서 원화가치를 SDR통화군(SDR basket)과 교역량을 가중치로 한 독자통화군을 결합한 복수통화군에 연동시키면서도 환율이 외환의 실세를 적절히 반영하도록 한 일종의 '관리변동환율제도'이다.

이 제도 하에서 환율은 다음의 환율결정식에 의해 결정되어졌다.

$$E = \beta \cdot SDR\text{통화군} + \beta' \cdot \text{독자통화군} + \alpha \qquad (3-5)$$

여기서 E는 대미 환율, β와 β'은 각각 SDR통화군[17] 및 독자통화군[18]의 가중치 $(\beta + \beta' = 1)$, 그리고 α는 정책변수인 실세반영장치를 의미한다.

이 환율결정공식은 SDR통화군과 독자통화군에 의해 원화의 대미 달러화 환율을 산출한 뒤 이를 각 통화군의 가중치로 가중평균하고 여기에 국내외의 이자율차, 인플레이션, 외환시장의 전망 등 외환의 실세를 반영하여 환율이 결정됨을 보여준다. 따라서 대미 환율의 결정에 있어서 실세를 반영할 수 있는 장치가 도입되었고 대미 환율은 유동화되었다.

이러한 제도의 도입은 달러화 연동에 따르는 원화의 제3통화에 대한 자동적인 평가절상 혹은 평가절하를 중화시켰다. 복수통화군 중에 독자통화군을 포함한 이유는 우리의 대외교역이 미국과 일본에 편중되어 있어 우리의 가격경쟁력 유지를 위한 환율 산출에 이를 반영할 필요가 있었기 때문이다. 그러나 독자통화군만 포함한 경우 자본거래에서 중요한 비중을 차지하는 주요 통화가 과소평가될 우려가 있기 때문에 SDR통화군도 포함시켰다.

그러나 독자통화군과 SDR통화군에 주어지는 가중치(β, β'), 독자통화군의 구성

---

17. SDR통화군이란 당시 SDR(IMF 특별인출권)의 가치를 구성하는 각국 통화의 구성을 말한다. 즉, 미국 달러화, 일본 엔화, 영국 파운드화, 독일 마르크화, 프랑스 프랑화 등 5개국 통화의 가치에 의해 결정되었다.
18. 독자통화군은 우리나라의 주요 교역상대국 통화로서 구성되나 그 구체적 내용은 대외적으로 알려진 바 없다.

통화, 그리고 실세반영장치(α)가 공표되지 않아서 이러한 환율결정식을 가지고 환율을 예측하기가 어려웠다. 또한 환율이 외환시장의 수급에 의해서만 결정되는 것이 아니고 실세반영장치를 통해서 통화당국에 의해 인위적으로 결정되어짐에 따라 환율의 가격기능이 제대로 발휘되지 못했다. 한편 이러한 실세반영장치의 운영으로 말미암아 1986년 이후 국제수지의 흑자전환을 계기로 우리나라는 환율조작국이라는 비난을 받게 되었다.

◉ 시장평균환율제도

복수통화군제도는 원화를 다수 통화에 연동시킴으로써 재화의 가격경쟁력을 유지하고 실효환율을 안정시킨다는 장점이 있다. 그러나 이 제도에서는 환율이 외환시장에서의 외환수급 상황을 원활히 반영하지 못하는 문제점이 여전히 있었고, 대외적으로는 특히 미국에게 한국의 통화당국이 환율을 인위적으로 조작한다는 인상을 주었다. 이에 정책당국은 환율결정 과정에서 시장기능을 살리면서 외환시장의 활성화를 촉진할 수 있는 새로운 환율제도의 도입을 모색하게 되었다.

외환시장의 활성화와 자본 · 금융의 국제화를 촉진시키기 위한 환율제도의 단계적 개편방안의 일환으로 1990년 3월부터 도입한 것이 시장평균환율제도(market-average exchange rate regime)이다. 이 제도 하에서는 환율이 국내외환시장(금융결제원 외환자금중개실을 의미)에서 외환의 수급에 따라 결정되어진다. 따라서 이 제도에서 환율의 가격기능은 과거보다 제고되어 대외거래를 원활히 뒷받침할 수 있게 되었으며, 환율 운영에 따른 대외통상마찰 요인을 완화할 수 있는 이점을 갖게 되었다.

시장평균환율제도 하에서 미달러화에 대한 원화의 환율(당일의 매매기준율)은 전일자 외국환은행의 상호 간 현물환거래환율을 거래량으로 가중평균함으로써 얻어진다(〈Box 3-3〉 참조).

Box 3-3 시장평균환율의 산출 예

여기서는 시장평균환율의 산출과정을 구체적인 예를 들어 설명해 보자. 전일 금융결제원의 외환자금중개실을 통해 거래된 은행 간의 원/$ 현물거래환율과 거래량이 〈표 3-8〉에서 나타난 것처럼 800원/$에서 3백만 달러, 800.2원/$에서 2백만 달러, 그리고 800.5원/$에서 1백만 달러였다고 하면 당일의 매매기준율(시장평균환율)은 각 거래환율을 거래량으로 가중평균한 E/D = 800.15원/$로 산출된다.

금융결제원 외환자금중개실은 이렇게 산출된 시장평균환율을 매일 9시 정각에 각 외국환은행에 통보하게 된다. 통보된 환율은 거래출발 기준환율이 되고 매일 이 같은 방식으로 환율수준과 거래량을 계속 가중평균하여 시장평균환율을 연속적으로 산출한다.

한편 원화와 기타 통화 간의 환율은 대미 달러화 환율(시장평균환율)을 국제금융시장에서 형성된 미달러화와 해당 통화 간의 환율로 재정하여 결정한다. 이 같은 방법에 의해 결정된 원화와 기타 통화 간의 환율도 매일 9시에 외국환은행에 통보된다.

표 3-8 시장평균환율의 산출 예

은행 간 거래환율(A)	외환거래량(B)	거래금액($C = A \times B$)
800.00(원/$) 800.20(원/$) 800.50(원/$)	US$3,000,000 US$2,000,000 US$1,000,000	2,400,000,000 1,600,400,000 800,500,000
합계	US$6,000,000($D$)	4,800,900,000(E)
시장평균환율	E/D = 4,800,900,000 ÷ 6,000,000 = 800.15	

시장평균환율제도 하에서는 외환시장 수급의 일시적 불균형에 따른 환율의 급격한 변동을 방지할 목적으로 은행 간 거래환율의 일일변동폭을 설정하고 있다. 초기에는 거래환율의 일일변동범위를 시장평균환율의 상하 각각 0.4% 이내로 설정하였는데 이후 변동폭이 점차 확대되었다.

그런데 시장평균환율제도 하에서는 정부의 외환시장개입정책이 허용되고 있다. 외환수급불균형에 따라 시장평균환율이 급격하게 변동할 경우에 한국은행은 외환시장에 개입하여 환율의 안정을 도모할 수 있다는 예외조항을 둠으로써 개입을 허용하고 있다.

우리나라에서 시행되었던 시장평균환율제도는 자유변동환율제도로 이행하기 위한 전초단계로서 이해될 수 있으며, 과거의 '복수통화군제도'와 비교해서는 환율이 일정 범위 내에서 시장원리에 의해 결정된다는 점이 다르며, '자유변동환율제도'와는 정책당국의 외환시장개입이 허용된다는 점에서 다르다고 할 수 있다.

그런데 환율이 원칙적으로 외환시장의 수급에 따라 결정되기 위해서는 무엇보다 외환시장기능의 활성화가 중요하다. 정부는 외환시장기능의 활성화를 위해서 1990년 3월부터 외환집중제를 완화하는 정책을 수립하였다. 외환집중제란 해외에서 생긴 외화는 국내로, 국내에 들어온 외화는 외국환은행으로, 외국환은행의 외화는 다시 한국은행으로 집중하는 제도이다. 결국 외환집중제는 모든 외환이 한국은행에 모아지도록 하여 외환의 누출을 방지하는 데 주안점을 두었기 때문에 사실상 외환시장의 기능을 무력하게 한다. 따라서 시장평균환율제도가 시행되면서 외환집중제가 존속하게 되면 대규모 외화를 거래하는 기업들은 환율의 유동성에 대처할 융통성이 없게 된다. 이와 같은 점을 감안하여 정부는 1990년 3월부터 외환집중제를 완화하는 조처를 취했다.

◉ 변동환율제도

1990년 3월 도입된 시장평균환율제도는 초기에 환율의 변동폭을 상하 0.4%에서 제한해 왔으나, 1993년 10월에는 1.0%로, 1995년 12월에는 상하 2.25%로 점진적으로 확대하면서 유지되어 왔다.

1997년에 들어 대기업의 잇단 도산, 금융시장의 불안정, 대외신인도 하락 등의 악재가 연쇄적으로 발생하면서 국내에 유입된 해외자본이 이탈하기 시작하였다. 또한 원화가치의 방어와 대외 단기채무 상환에 따라 외환보유고가 바닥을 보이기 시작하였다. 외환위기가 현실로 다가오면서 우리나라의 외환시장은 극도로 불안정해졌고, 환율은 투기적 요인에 의해 큰 폭의 변동을 보이며 거래중단선까지 상승하면서 외환보유액을 잠식하였다. 이에 정부는 1997년 11월 19일 환율변동폭을 10%로 완화함으로써 환율의 가격기능을 회복시키고자 하였다.

그러나 이러한 조치도 투기적인 공격을 막아내지 못하였고, 환율이 상한선까지 폭등하는 일이 빈발하는 등 외환시장은 마비상태에 접어들었다. 이러한 급박한 상황에서 이미 자금지원을 하기로 약속한 IMF는 조기 자금지원을 내세워 환율이 시장에서 결정되도록 조치를 취할 것을 요구하였고, 정부는 1997년 12월 16일 환율의 변동제한폭을 완전히 풀어 외환시장의 수급상황에 의해 환율이 결정되도록 하였다.

결국 1990년 3월부터 운영되어 온 시장평균환율제도는 7년 8개월여 만에 미국, 일본 등 선진국과 같이 변동환율제도로 바뀌었다. 이후 외환거래와 관련된 규제를 대폭 완화해 환율이 외환시장의 수급상황을 더욱 잘 반영할 수 있도록 노력해 오고 있다.

요약

1. 외환시장이란 외환거래가 이루어지는 총괄적인 거래 메커니즘 및 거래양태를 의미한다. 외환시장은 일일 거래규모가 약 3조 2,000억 달러에 이를 정도로 대규모 시장이고, 범세계적 시장, 24시간 시장, 장외거래시장, 제로섬시장 및 도매거래시장이라는 특징을 지니고 있으며, 주요 참가자는 외국환은행, 고객, 외환브로커, 중앙은행 등이다.

2. 환율은 자국통화와 외국통화의 교환비율 또는 외국통화의 자국통화표시가격으로 거래대상, 형태 등에 따라 다양하게 표시될 수 있다. 외환시장에서 환율은 매입률과 매도율로 고시되고 양자 간의 차이를 스프레드라고 한다. 외환포지션은 외화자산과 외화부채 간의 차이를 말한다. 매입초과포지션은 외화자산이 외화부채보다 큰 경우를, 매도초과포지션은 그 반대의 경우를 말하며, 균형포지션은 양자가 일치하는 경우를 의미한다. 환율제도는 크게 외환시장에서의 수요 · 공급에 따라 환율이 결정되는 변동환율제도와 통화당국이 외환시장에 개입해 환율을 일정 수준으로 정하려는 고정환율제도로 나눌 수 있다. 그러나 현실적으로 각국에서는 양자를 적당히 절충한 환율제도를 많이 도입하고 있다.

3. 외환거래는 결제일에 따라 현물환거래, 선물환거래, 스왑거래 등으로 나눌 수 있다. 현물환거래는 가장 기초적인 거래로 거래계약과 결제가 동시에 이루어지는 거래를 말한다. 선물환거래는 거래계약 후 일정 기간 후 결제하기로 약정하는 거래를 말한다. 스왑거래는 결제일과 거래방향을 달리하는 두 개의 외환거래가 동시에 행해지는 거래를 말한다. 외환거래는 또한 거래동기에 따라 실수요거래, 차익거래, 헤징거래 및 투기거래로 나뉘어진다. 실수요거래는 수출입이나 외화표시 금융자산의 매매에 따라 외환을 수취하거나 대금을 결제하기 위해 이루어지는 거래이고, 헤징거래는 환율변동에 따른 위험을 회피하기 위해 이루어지는 거래를 말한다. 차익거래는 위험을 수반하지 않는 이익, 즉 차익을 취하기 위한 거래를 의미하는 반면 투기거래는 예상되는 이익을 취하고자 행해지는 거래지만 예상이 맞지 않는 경우 손해를 볼 수 있는 위험이 수반된다.

4. 현행 환율제도 체계를 분류해 보면 크게는 경직적 고정환율제도, 유연한 고정환율제도, 변동환율제도, 그리고 기타 관리환율제도의 네 개 범주로 나눌 수 있다. 경직적 고정환율제도에는 개별국 법적통화가 없는 제도 및 통화위원회제도가 있으며, 유연한 고정환율제도에는 전통적 고정환율제도, 목표환율대제도, 크롤링고정환율제도, 크롤링환율대제도, 안정화된 제도 등이 있다. 변동환율제도는 다시 운영방식에 따라 단순변동환율제도와 자유변동환율제도로 세분될 수 있다.

5. 우리나라는 해방 이후 1980년대까지 고정환율제도, 단일변동환율제도, 복수통화군제도를 도입해 왔고 1990년 3월부터 시장평균환율제도를 시행해 왔다. 이후 하루 변동폭이 점진적으로 확대되어 왔으나 IMF 위기 때 원화의 가치가 제한폭까지 하락하고 외환시장기능의 마비사태가 빈발하면서, 1997년 결국 변동환율제도로 이행하였다. 이와 같은 수동적이고 전격적인 환율제도 변경으로 인해 환위험관리기능 등이 주요한 과제로 등장하였다.

부록 우리나라의 외환시장[19]

International Finance, ch. three

1. 우리나라의 외환시장 개관

우리나라 외환시장은 미 달러화(혹은 엔과 같은 외국통화)에 대해 우리나라 통화인 원화의 거래가 이루어지는 제한적 시장을 말한다. 여기서 제한적이라 함은 외국통화와 우리나라 원화의 거래 및 결제가 주로 우리나라에서 이루어지고 세계 다른 지역에서는 아직 거의 이루어질 수 없음을 의미한다.

우리나라의 외환시장에는 개인, 기업 등의 고객, 국내 시중은행과 외국은행 지점, 종합금융회사, 증권회사 등의 금융기관, 한국은행 및 기획재정부 등의 정부, 그리고 외국환중개회사(broker)가 참여하고 있다.

우리나라의 외환거래 중 대고객거래는 외국환은행의 세일즈 딜러가 담당하고 있는데, 금융기관과 기업 또는 개인(내국인 및 외국인) 간에 주로 이루어지고 있다. 은행간거래는 은행 간 직접거래(direct dealing)와 외국환중개회사를 통한 브로커 경유 거래(trading through broker)로 구분된다. 우리나라의 은행간거래는 국내금융기관(산업은행을 포함한 상업은행, 지방은행 등)의 본점과 종합금융회사, 그리고 외국은행의 국내 지점들이 참여해 왔으나 2002년 7월 1일부터 보험사와 증권사도 참여할 수 있게 되었다. 한국은행은 자체 자금 또는 외국환평형기금 등을 대리해 참여하지만 보통 시중은행이나 외국은행 창구를 이용해 시장에 개입한다. 은행간거래의 원천은 대고객거래에 바탕을 두고 있으며, 거기에다 트레이더(인터뱅크 딜러 담당)들의 각종 헤징거래 및 투기적 거래가 추가된다.

외환거래 규모를 살펴보면 2018년 현재 일평균 거래량이 555.1억 달러에 달하고 있다. 이 중 현물환거래가 38.4%, 선물환거래가 20.1%, 외환스왑이 41.4%를 차지하고 있어 우리나라의 외환시장 구성도 선진국과 유사하다고 할 수 있다. 한편 우리나라 외환시장에서는 미달러화와 원화 간의 거래가 전체 거래의 78.4%를 차지하고 있으며, 다른 통화들 간의 거래는 미미한 수준이다. 그나마 외국통화 간의 거래도 미국 달러화와 일본 엔화 혹은 미국 달러화와 유로화 등 미국 달러화가 연계된 거래가 상당

19. 아래의 내용은 한국은행, 『우리나라의 외환제도와 외환시장』을 참조했음.

부분을 차지하고 있다.

표 A3-1 **우리나라 외환거래 추이**(일평균) (단위 : 억 달러)

구분	2002	2006	2010	2014	2018
현물환	50.7	127.5	165.8	175.3	213.3
선물환	12.5	50.8	65.2	75.9	111.8
외환스왑	19.6	77.5	179.2	190.1	217.7
기타파생거래	9.1	45.8	8.7	11.4	12.3
계	91.9	301.6	418.9	452.7	555.1

자료 : 한국은행, 외국환은행의 외환거래 동향.

2. 우리나라 외환시장의 구성

우리나라의 외환시장은 지역적으로 국내에서 외환이 거래되는 역내시장(on shore market)과 주로 국외에서 거래되는 역외시장(off shore market)으로 구성된다. 역내시장은 크게 현물환시장, 선물환시장 및 외환스왑시장으로 구성되어 있고, 역외시장으로는 차액결제선물환(non-deliverable forward ; NDF)시장이 있다. 우리나라의 원화는 국제금융시장에서 마음대로 교환되는 태환통화(convertible currency)가 아니므로 다른 주요 외환시장과는 달리 24시간 시장이 형성되지 않고 9 : 00부터 15 : 00까지 개장된다. 우리나라 외환시장의 경우는 보통 오전장에는 실수요를 수반한 대고객거래가 주종을 이루고, 오후에는 대개 포지션정리 등 은행간거래가 많은 편이다.

우리나라의 선물환제도는 1968년 7월 12일 처음으로 도입되어 외국환은행의 대고객매입거래에 한하여 이용되었고, 은행간거래는 1976년 6월에 허용되었으나 외국통화 간의 거래에만 한정되었다. 그러나 원화 대 외국통화 간 선물환거래는 1980년 7월 1일부터 시행된 외국통화와 내국통화 간의 선물환제도(원화 선물환제도)로부터 시작되었다. 현재는 우리나라 선물환시장이 스왑시장과 현물환시장 간의 차익거래 등과 연결하여 상당히 발전했다. 그러나 선물환시장의 대고객거래는 기업체에서 선물환거래의 필요성이 아무리 절실하다 하더라도 기업신용한도(credit line) 때문에 3개월 이상 긴 기간일 경우 혹은 금액이 큰 경우에는 선물환을 은행과 체결하기 어려울 때가 많다.

한편 스왑거래와 관련해 우리나라에서는 1997～1998년 IMF 위기로 인해 달러 수요가 급증하면서 기업들이 현물환시장에서 당일물을 사고 익일물을 팔아서 환위험

없이 모자라는 당일의 외화포지션을 충당하는 스왑거래를 빈번히 했다. 외환 스왑거래를 이용하면 단기금융시장에 비해 보유통화를 담보로 함에 따라 채무불이행의 위험이 크게 축소되고 외환매매방식에 따라 단기금융거래에 소요되는 대출 관련 부대경비가 크게 절감되는 이점이 있다.

NDF는 선물환거래의 한 가지 방법으로 쌍방이 만기에 원금을 교환하지 않고 계약 선물환율과 만기 시의 결정기준환율(fixing rate) 간의 차이를 계산해 차액결제만을 하는 방법이다. 국제투자자들의 투자금액은 늘어나는데 원/$ 환율을 효율적으로 헤징할 수가 없었기 때문에 싱가포르와 홍콩 등지에서 NDF가 1995년 이후 조금씩 거래되고 있었다. 그렇지만 원/$ NDF 시장이 양성화된 것은 Prebon Yamane 사가 1996년 9월 30일 부터 Reuter Telerate를 통해 원/$ NDF환율을 고시하면서부터이다.

NDF는 단지 계약형태의 일종으로 우리나라 역내에서도 얼마든지 거래는 가능하다. 역외 NDF를 이용하는 경우는 주로 국내에 주식투자를 하고 있거나, 한국 내 보유자산에 대한 헤징이 필요한 외국인투자자들이 환위험 회피수단으로 활용한다. 거래기간은 보통 1, 2, 3, 4, 5, 6, 9개월과 1년, 5년까지 있으나 신용라인과 시장의 유동성 제약 등으로 6개월까지 활발하게 거래된다. 이때 환율결정 기준날짜(fixing date)는 선물환 만기 2영업일 이전 날짜가 된다. 또한 결정기준환율(fixing rate)은 기준날짜에 중앙은행이 고시한 환율로 결정된다. NDF의 경우에는 선물환거래와는 달리 만기일에 두 통화의 총액을 결제하지 않고 선물환율과 결정기준환율 간의 차이만을 결제하는 차액결제(netting) 제도를 택하고 있기 때문에 선물환계약에 비해 결제위험(settlement risk)이 상대적으로 작다.

연습문제

01. 거래에 따른 이득 측면에서 주식시장과 외환시장 간의 가장 큰 차이점은 무엇인가?

02. 다음의 경우 달러화의 가치는 어떻게 변화되었는가?

a. 현물환율이 $0.0010/원에서 $0.0011/원으로 변화되었다.
b. 현물환율이 1,200원/$에서 1,190원/$로 변화되었다.
c. 현물환율이 $0.010/엔에서 $0.009/엔으로 변화되었다.

d. 현물환율이 110엔/$에서 115엔/$로 변화되었다.

03. 원/$ 및 엔/$에 대한 매입률과 매도율이 다음과 같이 주어져 있다고 할 때 원/엔 환율의 매입률과 매도율을 계산하라.

원/$	엔/$
1,195.00 ~ 1,205.50	109.50 ~ 111.00

04. 두 통화 간 차익거래(bilateral arbitrage transaction)와 삼각차익거래(triangular arbitrage transaction)의 차이점을 간단한 예를 들어 설명하라.

05. 본문에 소개된 시간차익거래의 예에서 차익을 얻을 수 있는 거래는 세 가지 경우가 있다. 각각의 경우 차익률이 몇 %가 되는지 비교하라.

06. 국제금융거래에 대해 관심이 많은 홍길동은 타임머신을 타고 3개월 전의 과거로 돌아갈 수 있는 기회를 얻었다. 시간여행을 하기 직전 경제신문에 나와 있는 다음과 같은 사항들을 언뜻 보았다.

현물환	1,200원/$	1,150원/100엔

3개월 전으로 돌아간 홍길동은 지하철을 타고 가던 중 옆 사람이 보던 경제신문에서 다음과 같은 정보를 얻었다. 홍길동은 $화 선물거래 및 엔화 선물거래를 통해 각각 얼마의 이득을 얻겠는가?

현물환	1,160원/$	1,100원/100엔
3개월선물	1,180원/$	1,200원/100엔

07. 다른 국가에서 발생한 경기변동이 자국에 파급되는 것을 염려하는 국가의 경우 왜 변동환율제도를 선호하는지 설명하라.

국제평가관계

International **Finance**
ch. four

4

국제금융거래를 결정하는 가장 중요한 변수들은 환율, 이자율, 물가 등인데, 이들을 연계시켜 주는 이론적 균형관계를 통틀어 국제평가관계(international parity relationships)라 부른다. 이러한 관계는 구매력평가, 이자율평가, 피셔효과, 국제피셔효과, 선물환평가 등 다양한 형태로 나타나고 있다. 국제평가관계는 국제금융의 골격을 이루는 것이어서, 국제금융시장의 여러 현상을 분석하고 이해하는 데 있어 기본적인 틀이 된다.

여기서는 이를 국제실물거래에서의 균형을 나타내는 구매력평가와 국제금융거래에서의 균형을 나타내는 이자율평가로 크게 구분해 설명한다. 제1절에서는 구매력평가를 절대적 구매력평가와 상대적 구매력평가로 보다 세분화해 각각의 개념 및 현실적인 부합성을 설명한다. 제2절에서는 이자율평가를 무위험이자율평가, 유위험이자율평가로 세분해 설명하고, 아울러 실질이자율평가에 대해서도 설명한다. 제3절에서는 앞에서 개별적으로 소개한 국제평가이론들을 종합해 전체적인 관계를 정리한다.

1. 구매력평가

International Finance, ch. four

구매력평가(購買力平價, purchasing power parity ; PPP)란 국제상품거래에서 물가와 환율 간의 관계를 나타내는 것으로, 모든 국가에서 통화의 구매력은 동일하게 된다는 것을 의미한다.

1.1 절대적 구매력평가

구매력평가의 이론적인 출발점은 일물일가의 법칙(law of one price)이다. 무역에 따른 운송비용도 전혀 없고 관세 등의 무역장벽도 전혀 없는 이상적인 완전경쟁시장이라면, 두 나라에서 팔리는 재화의 가격은 두 나라에서 동일할 것이다. 이를 간단히 설명하기 위해 특정 재화 i의 국내에서의 국내통화표시가격을 p_i, 외국에서의 외국통화표시가격을 p_i^*, 그리고 환율을 S라 하자. 환율을 이용해 이 재화의 외국통화표시가격을 국내통화단위로 표시하면 Sp_i^*가 될 것이다. 만일 국내가격 p_i가 외국가격 Sp_i^*보다 낮다면 무역업자들은 해당 재화를 국내에서 사다가 외국에 팔아 이득을 챙기는 이른바 차익거래를 할 것이다. 이 과정에서 국내가격이 높아지고 외국가격이 낮아지게 되어 결국 동일한 통화로 표시했을 때 두 재화의 가격은 어디에서나 같아지게 된다. 이 관계를 식으로 표시하면

$$p_i = Sp_i^* \qquad (4-1)$$

과 같이 나타나고, 이를 일물일가의 법칙이라 한다.

특정 재화에 대한 일물일가의 법칙을 소비자상품바스켓에 확대 적용하면 구매력

평가를 얻을 수 있다. 국내외의 물가지수(P 및 P^*)는 모든 재화의 가격을 해당 가중치에 따라 총합한 것이므로

$$P = p_1^{\alpha_1} p_2^{\alpha_2} p_3^{\alpha_3} \cdots p_n^{\alpha_n}, \text{ 단}, \sum \alpha_i = 1$$

$$P^* = p_1^{*\beta_1} p_2^{*\beta_2} p_3^{*\beta_3} \cdots p_m^{*\beta_m}, \text{ 단}, \sum \beta_i = 1$$

와 같이 표시될 것이다. 만약 두 나라 사람들의 소비패턴이 동일해 모든 재화에 대한 두 나라의 가중치가 같다면($\alpha_i = \beta_i$, $n = m$),

$$\frac{SP^*}{P} = \left(\frac{Sp_1^*}{p_1}\right)^{\alpha_1} \left(\frac{Sp_2^*}{p_2}\right)^{\alpha_2} \left(\frac{Sp_3^*}{p_3}\right)^{\alpha_3} \cdots \left(\frac{Sp_n^*}{p_n}\right)^{\alpha_n} \quad (4-2)$$

을 얻을 수 있다. 만일 모든 재화에 대해 식 (4-1)의 일물일가의 법칙이 성립한다면 식 (4-2)는

$$\frac{SP^*}{P} = 1 \quad (4-3)$$

이 된다. 이를 절대적 구매력평가(absolute PPP)라 부르며, 이는

$$P = SP^* \text{ 혹은 } S = \frac{P}{P^*} \quad (4-4)$$

와 같은 형태로도 표시된다. 구매력평가조건은 S, P, P^* 간의 관계를 나타내는 것으로, 그 자체로는 물가가 환율을 결정하는지 아니면 환율이 물가를 결정하는지의 인과관계를 제시하지 못한다.

절대적 구매력평가에 대한 실증분석들은 식 (4-4)와 같은 물가와 환율 간의 관계에 대해 긍정적인 결과를 제시하지 않고 있다. 절대적 구매력평가가 현실과 부합되지 않는 이유는 여러 가지가 있다.

첫째, 각국에서 물가를 계산할 때 그 경제 내에 존재하는 모든 재화를 고려하는 것이 아니라 일부 품목만을 고려한다는 것이다. 따라서 이러한 물가수준은 그 국가 통화의 구매력을 정확하게 반영하지 못하고 그것을 이용해 얻은 구매력평가는 오류일 수 있다는 것이다.

둘째, 설사 각국의 물가가 그 경제 내에 있는 모든 품목을 고려해 계산되었을지라도 각국마다 존재하는 품목이 다를 것이고, 또한 존재하는 품목이 동일할지라도 각국마다 물가계산에 적용되는 가중패턴이 다르다는 것이다.

셋째, 구매력평가에서 가정하는 것과는 달리 현실세계에서는 관세, 쿼터 등의 무역제한조치 및 수송비용이 존재한다. 이러한 무역장벽은 상품 및 서비스의 이동을 제한할 만큼 크기 때문에 비교역재가 존재하게 되고 구매력평가가 성립하지 않게 된다.

넷째, 재화시장의 구조가 완전경쟁이 아닌 독과점구조인 경우 독과점자들은 각각의 시장에 가격차별화를 할 수 있게 되어 구매력평가가 성립하지 않게 된다.

Box 4-1 빅맥PPP 환율

영국에서 발행되는 주간 경제전문지 Economist는 1986년 이래 매년 4월마다 전 세계적으로 판매되고 있는 맥도널드의 빅맥 가격을 비교 · 분석해 발표하고 있다. 빅맥은 전 세계 120개 매장에서 동일한 재화로 판매

빅맥지수(2013년 6월)

국가(통화)	국내가격	달러 가격	빅맥PPP	현재 환율	과소(−)/과대(+)
미국(달러)	4.37	4.37	−	−	−
아르헨티나(페소)	19.00	3.82	4.35	4.98	−12.58
호주(달러)	4.70	4.90	1.08	0.96	+12.21
브라질(헤알)	11.25	5.64	2.58	1.99	+29.22
영국(파운드)	2.69	4.25	0.62	0.63	−2.73
캐나다(달러)	5.41	5.39	1.24	1.00	+23.51
중국(위안)	16.00	2.57	3.66	6.22	−41.10
덴마크(크로나)	28.50	5.18	6.53	5.50	+18.69
유로존(유로)	3.59	4.88	0.82	0.74	+11.69
인도네시아(루피)	27939.00	2.86	6397.18	9767.50	−34.51
일본(엔)	320.00	3.51	73.27	91.07	−19.54
말레이시아(링깃)	7.95	2.58	1.82	3.08	−40.96
멕시코(페소)	37.00	2.90	8.47	12.74	−33.49
필리핀(페소)	118.00	2.91	27.02	40.60	−33.45
러시아(루블)	72.88	2.43	16.69	30.05	−44.46
싱가포르(달러)	4.50	3.64	1.03	1.23	−16.56
대한민국(원)	3700.00	3.41	847.19	1085.48	−21.95
스위스(프랑)	6.50	7.12	1.49	0.91	+63.14
대만(달러)	75.00	2.54	17.17	29.50	−41.79
태국(바트)	87.00	2.92	19.92	29.76	−33.05

주 : 환율은 모두 달러당 환율로 표시.
자료 : *Economist*.

되므로, 이 빅맥지수를 이용해 일물일가의 법칙 또는 절대적 구매력평가를 간단히 검증할 수 있는 기회를 독자들에게 제공한다는 취지에서이다.

앞의 표는 2013년 6월의 빅맥지수를 보여주고 있다. 빅맥햄버거는 2013년 6월 현재 러시아에서 가장 싸게(개당 2.43달러), 스위스에서 가장 비싸게(개당 7.12달러), 우리나라에서는 미국보다 싼 가격(개당 3.41달러)에 팔리고 있다. 이에 따르면 대부분 국가들의 통화는 과소평가되어 있으므로 대미 달러 환율이 내려가야 하는 반면 스위스, 덴마크 등 일부 국가들의 통화는 과대평가되어 있기 때문에 대미 달러 환율이 상승해야만 한다.

비록 빅맥이 세계 거의 모든 나라에서 판매되고는 있으나 과연 동일한 재화인가에 대해서는 의문의 여지가 있다. 주재료인 소고기 값이 무역장벽으로 나라마다 차이가 있을 뿐만 아니라 건물임대료, 인건비, 조세제도, 지역별 시장구조 등도 천차만별일 것이다. 그러므로 빅맥은 교역이 가능하지 않은 서비스재화의 측면도 강하기 때문에 구매력평가의 척도로서 빅맥PPP 환율은 무리가 있을 수밖에 없다.

그럼에도 불구하고 빅맥지수는 유용한 경제학적 함의를 준다. 일례로 물가보다는 명목환율의 변동이 실질환율의 변동을 주도한다는 실증적 결과이다. 또한 빅맥 PPP 환율은 비록 간단하지만 미래환율의 움직임을 예측하는 유용한 지표가 된다는 일부 연구결과도 발표되었다.

1.2 상대적 구매력평가

절대적 구매력평가는 국내에서 생산된 재화나 해외에서 생산된 재화의 국내가격이 같다는 일물일가의 법칙을 전제로 한다. 그러나 앞서 지적한 바와 같은 여러 요인들 때문에 동일한 재화의 가격차이가 국가 간에 현저하고 또한 이와 같은 가격차이가 상당 기간 지속되는 경우 절대적 구매력평가설에는 문제가 생기게 된다.

그런데 양국 간에 가격차이가 현저한 경우에도 양국의 물가상승률(π, π^*)과 환율변화율과는 안정적인 관계를 유지할 수 있다. 이처럼 현실적으로 P와 SP^*의 절대수준이 같지는 않더라도 양자 간에 일정한 관계가 존재하는 경우 구매력평가는 실질환율이 식 (4-3)에서와 같이 1이 아니라 상수로 유지되는 상대적 구매력평가(relative PPP)로 나타나게 된다. 따라서 상대적 구매력평가는 식 (4-4)에 로그를 취하고 양변을 전미분한 형태, 즉 식 (4-5)와 같이 환율변화율이 양국 간 인플레이션의 차이와 같아지는 형태 또는 식 (4-6)과 같이 예상환율변화율이 양국 간 예상인플레이션과 같아지는 형태로 표시할 수 있다.[1]

1. 예상환율변화율이 양국 간의 예상인플레이션 차이와 같아진다는 것을 구분해 사전적 상대적 구매력평가(ex-ante relative PPP)라고 부르기도 한다.

$$\pi = \hat{S} + \pi^* \text{ 혹은 } \hat{S} = \pi - \pi^*, \text{ 단, } \hat{S} \equiv \frac{dS}{S}, \pi \equiv \frac{dP}{P}, \pi^* \equiv \frac{dP^*}{P^*} \quad (4-5)$$

$$\pi^e = \hat{S}^e + \pi^{*e} \text{ 혹은 } \hat{S}^e = \pi^e - \pi^{*e} \quad (4-6)$$

상대적 구매력평가는 사실 단순히 절대적 구매력평가를 완화시킨 형태로만 제시되는 것은 아니다. 그 이론적 근거는 고전학파의 통화중립성으로 거슬러 올라간다. 고전학파의 세계에서 통화량이 증가하면 물가와 명목환율 등 모든 명목변수가 비례적으로 상승하게 되고, 반면에 실질변수는 아무런 변화가 없게 된다. 오늘날에도 최소한 명목적 교란요인(nominal shock)에 대해서는 상대적 구매력평가가 성립할 것이라는 것이 적지 않은 경제학자들의 의견이다.

절대적 구매력평가설과는 달리 실질환율이 일정하다는 상대적 구매력평가설은 1960년대까지만 해도 상당히 현실에 부합하는 것으로 받아들여졌다. 특히 1920년대 독일의 경우와 같이 물가가 폭등하는 초인플레이션(hyper-inflation) 시기에는 국내통화가치의 급락으로 환율도 급격하게 상승하는 경향이 있어서 물가와 환율 간의 변화 추이가 거의 일치하는 모습을 보이기도 했다.

그러나 1970년대에 들어서면서 양자 간의 안정적인 관계가 크게 이탈되는 경향을 보이고 있는데, 그 원인으로 절대적 구매력평가설의 문제점 외에도 특히 1960년대까지 주종을 이루었던 명목적 교란요인 대신 1970년대 이후 실질적 교란요인(real shock)이 상당수 발생했다는 것을 들 수 있다. 이를 설명하기 위해서 실질환율(q)을 명목환율(S) 및 소비자물가(P)를 이용해 다음과 같이 정의한다고 하자.

$$q = \frac{SP^*}{P} \quad (4-7)$$

소비자물가는 교역재와 비교역재의 가중평균이므로 식 (4-7)을 교역재 가격(P_T, P_T^*)과 비교역재 가격(P_N, P_N^*)으로 표시하면 다음과 같이 된다.

$$q = \frac{S \times (P_N^*)^{\beta} \times (P_T^*)^{1-\beta}}{(P_N)^{\alpha} \times (P_T)^{1-\alpha}} \quad (4-8)$$

$$= \left(\frac{P_N^*}{P_T^*}\right)^{\beta} \left(\frac{P_N}{P_T}\right)^{-\alpha} \left(\frac{SP_T^*}{P_T}\right) \quad (4-9)$$

여기서 α, β는 각각 국내 및 외국 소비자물가에서의 비교역재 비중을 나타낸다.

첫째, 1970년대의 석유파동에서와 같이 교역조건이 변화하는 경우를 보자. 산유국을 자국이라고 하면, 자국의 교역재인 석유의 가격 P_T가 외국의 교역재인 제조업품의 가격 P_T^*에 비해 크게 상승함에 따라 $\frac{SP_T^*}{P_T}$가 하락하고 자국의 실질환율 q는 하락하게 된다. 이러한 실질절상은 당시 산유국들이 전반적으로 경험한 바 있으며, 소위 화란병(dutch disease) 증세의 일종이다.

둘째, 교역재 간에 절대적 구매력평가가 성립해 $\frac{SP_T^*}{P_T}=1$이 된다고 해도, 자국의 수요가 교역재에서 비교역재로 바뀌는 경우 $\frac{P_N}{P_T}$이 상승함으로써 실질환율이 하락할 수 있다. 예컨대 1990년 무렵 우리나라는 주택 200만 호 건설 추진과정에서 이러한 실질절상을 경험했다.

셋째, 자국의 수요가 교역재와 비교역재를 막론하고 전반적으로 증가하더라도 역시 실질절상이 초래된다. 이는 교역재와 비교역재의 차이에 기인한다. 교역재시장의 경우 초과수요는 외국으로부터의 수입으로 어느 정도 충당되기 때문에 가격상승압력이 상대적으로 덜한 반면, 국내에서 모든 것을 충당해야 하는 비교역재의 경우는 초과수요가 보다 직접적인 가격상승 압력으로 작용하기 때문이다. P_T가 P_N에 비해 덜 상승하게 되고 이에 따라 자국통화의 실질가치는 상승한다. 다시 말하면, 예컨대 총수요팽창으로 인한 경기상승은 그것이 특별히 비교역재 수요의 팽창 때문이 아니라고 하더라도 실질절상을 초래하는 경향이 있다는 것이다.

넷째, 자국의 교역재부문에서 생산성 향상이 이루어지는 경우, 한편으로는 생산성 향상의 직접적 결과로 P_T가 하락하고 다른 한편으로는 생산요소가 비교역재부문에서 보수가 좋은 교역재부문으로 이동하게 된다. 이에 따라 비교역재의 생산에 어려움이 발생하면서 P_N이 상승해 결국 $\frac{P_N}{P_T}$이 상승하게 되고 실질절상이 초래된다. 마스톤(R. Marston, 1987)의 실증분석에 따르면, 1973~1983년 기간 중 일본 엔화는 미국 달러화에 비해 약 9%의 실질절상을 경험했는데, 이는 주로 일본 교역재부문의 생산성 향상이 미국 교역재부문의 생산성 향상을 크게 앞섰기 때문이라는 것이다.

교역재부문의 생산성 향상 문제는 나라 간의 생활비 수준의 차이와 관련해서도 중요하다. 환율을 감안하더라도 선진국의 생활비가 개발도상국에 비해 월등히 높다는 것은 잘 알려진 사실이다. 발라사(B. Balassa, 1964)에 의하면,[2] 경제성장 과정에서

2. 한편 크라비스와 립시(I. Kravis and R. Lipsey, 1983)는 생산성의 격차 대신 부존자원의 차이로 선진국-개발도상국 간의 물가수준 차이를 설명하고 있다. 선진국은 개발도상국에 비해 노동보다는 자본이 상대적으로 풍부하기 때문에 선진국에서는 노동의 한계생산성 및 실질임금이 높게 된다. 일반적으로 비교역재산업은 교역재산업에 비해 노동집약적이다. 따라서 노동이 비싼 선진국에서 비교역재의 가격이 높을 것이며, 비교역재가 비싼 선진국의 물가수준이 개발도상국보다 높을 것이다.

교역재부문은 주로 제조업이기 때문에 생산성 향상이 급속히 이루어지는 반면, 비교역재부문은 주로 서비스산업이기 때문에 생산성 향상이 더디게 된다. 이에 따라 선진국의 비교역재 가격이 개발도상국보다 높게 되고, 이는 선진국의 물가수준을 높이는 원인이 된다. 우리나라에서도 지난 40여 년간의 고도경제성장 결과 생활비가 크게 올랐으며, 특히 공산품 가격에 비해 서비스 가격이 급등했음은 주지의 사실이다.

다섯째, 현실적으로 가격은 상당히 경직적이기 때문에 명목환율이 변동할 때마다 실질환율이 따라서 변동하게 된다. 실증적으로 실질환율의 변동성과 명목환율의 변동성 간에는 높은 상관관계가 발견된다.[3] 명목환율이 변동하는 메커니즘에 관한 확신이 희박해져 가는, 다시 말해 원인모를 명목환율의 변동이 빈번해져 가는 오늘날, 명목환율의 변동이 그대로 실질환율의 변동으로 반영되어 경제에 충격을 가한다는 것은 커다란 걱정거리가 아닐 수 없다.

2. 이자율평가

International Finance, ch. four

이자율평가(interest rate parity ; IRP)는 상품시장에서의 일물일가의 법칙이 국제금융시장에 적용된 것이라 할 수 있으며, 동일한 통화로 환산했을 때 모든 국가에서 투자의 기대수익률이 같아진다는 것을 의미한다. 이자율평가는 투자의 기대수익률이 위험을 수반하고 있는가 여부에 따라 크게 무위험이자율평가와 유위험이자율평가로 구분하고 그 외에도 실질이자율평가가 있다.

2.1 무위험이자율평가

흔히 이자율평가라고 하면 무위험이자율평가(covered interest rate parity ; CIRP)를 의미하는데, 이는 국가 간의 자본이동에 따른 제약이 없는 경우에 성립한다. 즉, 거래비용이 없고 자본통제가 없으며 국가위험(정치적 위험 등을 포함)이 없다고 가정하면,

3. Mussa(1986), pp.117~214. 또한 1973년 변동환율제가 시작된 이래 명목환율과 더불어 실질환율의 변동이 심해진 사실도 그 증거의 하나로 지목된다. 그러나 이는 1970년대 이후 명목적 교란요인에 비해 실질적 교란요인이 빈번해진 때문인 면도 적지 않아 논란이 되고 있다.

표시통화를 제외한 다른 조건이 동일한 두 채권으로부터의 기대수익률은 동일 통화로 환산한 경우 같아지게 된다.

예를 들어 어떤 국내투자자가 원화표시 채권에 투자할 것인가 또는 달러화표시 채권에 투자할 것인가를 결정해야 한다고 하자. 투자에 따른 위험이 동일하다면, 투자자의 선택은 두 투자대상으로부터 기대되는 수익률에 달려 있을 것이다. 국내의 명목이자율이 r이라면 1원을 만기 1년의 국내채권에 투자하여 1년 후에 받는 금액은 $1+r$원이 된다. 그러면 1원을 달러화표시 채권에 투자하는 경우 1년 후에 받는 금액은 얼마가 될까? 우선 달러화표시 채권에 투자하기 위해서는 원화를 달러화로 환전해야 한다. 외환시장에서 현물환율이 S_t라면 원화 1원으로는 현재 $\frac{1}{S_t}$단위의 달러화를 살 수 있다. 이를 r^*의 이자율을 지급하는 1년 만기 달러화표시 채권에 투자한다면 1년 후에 받는 원리금은 $\frac{1+r^*}{S_t}$달러가 될 것이다. 따라서 원화표시 채권에 대한 투자와 달러화표시 채권에 대한 투자 중 어느 쪽이 유리할 것인가를 판단하기 위해서는 $(1+r)$원과 $\frac{1+r^*}{S_t}$달러의 크기를 비교하면 될 것이다.

그런데 전자는 원화로 표시된 데 비해 후자는 달러화로 표시되어 있으므로, 후자를 1년 후의 환율을 이용해 원화 단위로 환산해야 할 필요가 있다. 그러나 1년 후의 현물환율인 S_{t+1}이 얼마가 될지는 미리 알 수가 없으므로, 원화 단위로 표시한 해외채권으로부터의 투자수익은 불확실하게 된다. 이러한 불확실성은 투자 초기에 선물환계약을 체결함으로써 제거될 수 있다. 만일 투자 초기에 1년 후에 1달러당 F_t원을 받고 달러화를 매도하기로 선물환계약을 체결해 놓는다면, 해외채권에 대한 투자로부터의 원리금은 $\frac{(1+r^*)F_t}{S_t}$ 원으로 고정되는데, 이를 무위험 외환수익이라고 한다. 여기서 F_t는 선물환율이다.

그런데 이 경우 투자에 대한 수익률은 아무런 위험이 수반되지 않으므로, 만일 두 채권이 서로 다른 수익률을 가진다면 투자자는 수익이 높은 쪽으로 자본을 이동시킬 것이다. 이러한 금리차익거래가 발생하면 양국의 이자율과 환율은 영향을 받게 된다. 예를 들어 국내채권에 대한 투자수익률이 더 높다면, 해외로부터 국내채권에 투자하기 위해 자금이 유입될 것이며, 이는 국내이자율을 하락시키고 해외이자율을 상승시키는 한편 국내통화를 절상시켜서 두 투자로부터의 수익률격차를 감소시킬 것이다. 결국 금리차익에 의한 자본이동은 두 투자기회로부터의 수익률이 동일해질 때까지 계속될 것이며, 그 결과 양국의 이자율 간에는 다음과 같은 균형관계가 형성될 것이다.

그림 4-1 이자율 격차와 선물환할증

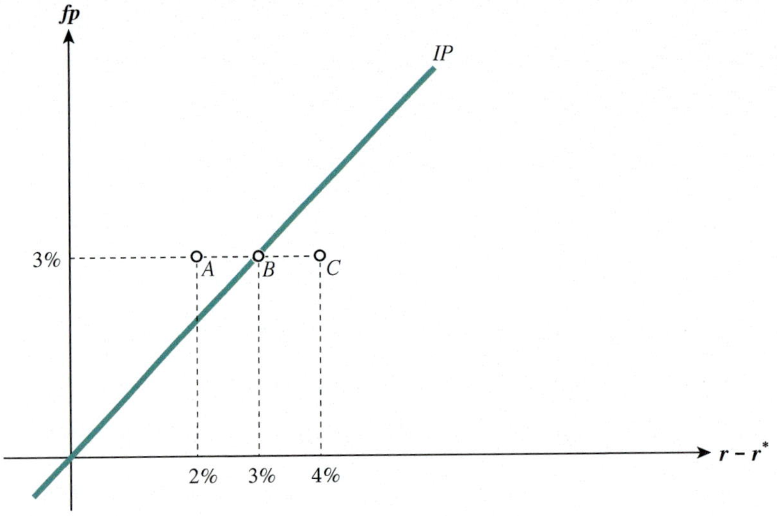

$$1+r = \frac{F_t}{S_t}(1+r^*) \text{ 혹은 } \frac{1+r}{1+r^*} = \frac{F_t}{S_t} \quad (4-10)$$

$\frac{1+r}{1+r^*} \approx 1+r-r^*$이므로 식 (4-10)은 다음과 같은 근사식으로 고쳐 쓸 수 있다.

$$r - r^* = \frac{(F_t - S_t)}{S_t} \quad (4-11)$$

식 (4-11)에서 $\frac{(F_t - S_t)}{S_t}$는 선물환율이 현물환율로부터 이탈하는 정도를 나타내는 선물환할증(forward premium ; fp)이다.[4]

[그림 4-1]의 *IP*선은 무위험이자율평가를 만족시키는 이자율 격차와 선물환할증 간의 관계를 보여주고 있다. 예를 들어, *IP*선상에 있는 *B*점은 3%의 선물환할증이 있는 경우 국내금리는 미국금리에 비해 3% 더 높게 됨을 보여준다. *A*점의 경우에는 3%인 선물환할증이 2%의 국내외 금리차보다 더 크므로, 달러화표시 채권에 투자하는 것이 국내채권에 투자하는 것보다 수익률 면에서 더 유리하게 된다. 이 경우 양국 간에

4. 이 값이 (+)인 경우 외국통화(예를 들어 달러화)에 대해서는 할증이지만 국내통화에 대해서는 할인을 의미한다.

자본이 자유롭게 이동할 수 있다면 우리나라로부터 미국으로 자본이 유출될 것이며, 이같은 자본의 이동은 양국의 금리와 환율이 결국 *IP*선상의 한 점에서 균형을 이루도록 만들 것이다.

무위험이자율평가는 국가 간 자본의 이동이 완전한 경우에만 성립될 수 있으므로, 이자율평가가 얼마나 잘 성립되는지를 보면 자본의 이동성이 완전한지의 여부를 판단할 수 있다. 무위험이자율평가를 실증적으로 분석하기 위해서는, 기간프리미엄(term premium), 위험프리미엄(risk premium), 유동성 프리미엄(liquidity premium) 등으로 말미암아 이자율평가가 성립하지 않는 것을 방지하기 위해 위험도와 만기 등의 조건이 동일한 금융자산을 선택해야 하며, 또한 외환과 금융자산 간의 거래에 따른 비용을 정확하게 산출해야 한다.

이같은 조건을 가장 이상적으로 만족시키는 유로커런시시장에서는 무위험이자율평가가 대체로 성립되고 있음이 밝혀졌다.[5] 반면에 재무성증권이나 상업어음과 같은 단기금융상품에 대한 자료를 이용한 연구는 이자율평가 관계가 유로통화의 경우보다 더 자주 위반됨을 보여준다. 더구나 3~5년 만기의 장기채권이나 직접투자 등에 있어서는 이자율평가가 잘 성립되지 않는다.

물론 위의 연구결과가 반드시 국가 간 자본이동성의 불완전성을 뒷받침한다고 말하기는 어렵다. 그 이유는 정치적 위험 및 기타 다른 요인 때문에 무위험이자율평가가 성립하지 않을 수도 있기 때문이다.

첫째, 정치적 위험(political risk)이란 금융자산이 발행되거나 보유되는 국가가 통치권을 행사함에 따라 수익률에 영향을 미칠 수 있는 가능성을 말한다. 가장 전형적인 정치적 위험의 예로는 자산의 몰수 또는 동결을 들 수 있다. 1970년 카터 행정부는 이란이 미국 내에 보유하고 있는 자산을 동결시켰는데, 동결된 자산의 규모는 120억 달러에 달했다. 자산동결과 같은 극적인 정치적인 사건만이 정치적 위험을 야기시키는 것은 아니다. 투자시점과 원리금의 상환시점 사이에 자본의 유출입에 대한 통제조치가 도입되는 것도 정치적 위험이다. 즉, 어떤 국가가 현재에는 자본의 자유로운 유출입을 허용하고 있더라도, 장래에 원금이나 이자의 본국 송금을 제약할 가능성이 있다면 사람들은 이 국가에 대한 투자를 기피할 것이 당연하다. 실제로 외환에 대한 통제는 국제수지 위기나 외채 위기를 경험하고 있는 국가들에 의해 빈번하게 이용되어 왔

---

5. Aliber(1973), pp.1451~1459 ; Frenkel and Levich(1975), pp.325~383.

으므로, 국제수지에 어려움을 겪고 있는 국가의 경우 현재에는 외환에 대해 전혀 통제를 하고 있지 않더라도 이같은 어려움이 계속된다면 결국 외환의 유출에 대해 통제를 가할 것임을 예상하게 된다.

미래의 자산몰수, 자산동결, 외환통제 그리고 그 외의 정부의 간섭이나 규제가능성에 의해 발생하는 정치적 위험은 국가가 통치권을 행사하는 한 완전히 제거될 수 없으며, 국가에 따라 그 크기도 상이할 것이다. 따라서 동일한 종류의 금융상품이라 하더라도 서로 다른 국가에서 발행된다면 이들은 각각 상이한 크기의 정치적 위험을 갖게 된다. 이러한 정치적 위험이 존재하는 경우 명목이자율에 위험부담료가 추가되어 있으므로 무위험이자율평가가 성립하지 않을 수 있게 된다.

둘째, 국가 간 조세취급이 상이한 경우 세금을 고려하지 않은 무위험이자율평가가 성립하지 않는 것은 당연하다. 이는 투자자의 의사결정이 세후 수익률에 의존하기 때문이다.

Box 4-2 IMF 위기시대의 금리차익거래

1997년 12월 외환시장의 패닉(panic)현상으로 환율이 달러당 2,000원 가까이 가는 오버슈팅 현상이 분명해지자 선물환시장은 마침내 미국 달러화가 원화에 대해 월평균 60원 정도가 할인되어 거래되는 기현상이 발생했다. 예를 들어 당시 미국 달러화의 연 LIBOR 금리가 6%, 우리나라의 1개월 CD금리가 24%였다면 선물환할증은 2,000 × (24% − 6%)/12 = 30이 되어 이론적인 1개월 후의 선물환율은 2,030원이 되어야 함에도 불구하고 당시 시장에서는 선물환율이 2,000원 아래에서(예를 들어 1,970원 정도에) 형성되었다. 이러한 현상은 양 국가 간의 금리차이를 정확히 반영해 선물환율이 형성되는 선진국의 외환시장에서는 있을 수 없는 현상으로 당장 자금시장과 외환시장과의 차익거래기회(arbitrage opportunity)를 제공해 준다. 따라서 달러화를 조달하는 데 문제가 없던 외국인 은행들은 금리차이 및 선물환할인에 따른 이중의 차익(위의 예에서는 연평균 36%)을 실현시킬 수 있었지만, 우리나라의 대부분의 금융기관들은 하루하루 외환부족 상태를 메우기 위해 현물환시장에서 높은 가격에 달러를 사고 다시 낮은 가격의 선물환율에 팔아야 하는 국면에 처해 있었기 때문에 오히려 손해를 보아야만 했다.

2.2 유위험이자율평가

유위험이자율평가(uncovered interest rate parity ; UIRP)는 국제피셔효과(international Fisher effect)라고도 하는데, 두 국가 간 금융자산이 완전대체적(perfect substitutable)일 때 성립한다. 즉, 두 국가의 금융자산이 완전대체적이라면 동일한 통화로 표시하는 경우 두 금융자산은 동일한 것으로 간주될 수 있으며, 따라서 투자에 따른 기대수익률도 아래와 같이 같아지게 된다는 것이다. 여기서 $E_t S_{t+1}$은 투자자가 예상하고 있는 미래의 환율을 나타낸다.

$$1 + r = \frac{E_t S_{t+1}}{S_t}(1 + r^*) \qquad (4-12)$$

앞에서와 마찬가지로 식 (4-12)는 다음과 같은 근사식으로 표시할 수 있다.

$$r - r^* = \frac{(E_t S_{t+1} - S_t)}{S_t} \qquad (4-13)$$

한 가지 주의할 것은 유위험이자율평가의 경우 선물환계약을 통해 미래환율에 대한 불확실성을 제거하지 않고 투자자의 환율예상에 의존하기 때문에 무위험이자율평가에서와는 달리 기대수익률에 위험이 수반된다는 것이다. 즉, 투자자의 예상이 틀리는 경우 투자자는 손해를 볼 수 있으며, 예상착오에 따른 위험을 투자자 자신이 떠맡아야 한다.

그러면 무위험이자율평가와 유위험이자율평가 간에는 어떤 관계가 있을까? 무위험이자율평가가 성립하는 반면 유위험이자율평가가 성립하지 않는 경우 환위험 할증(또는 할인)이 발생하게 된다. 예를 들어, 투자자가 식 (4-13)이 성립하지 않고 다음과 같이 국내채권에 대한 기대수익률이 달러화표시 채권에 대한 기대수익률보다 클 것으로 예상한다고 하자.

$$r > r^* + \frac{(E_t S_{t+1} - S_t)}{S_t} \qquad (4-14)$$

만일 무위험이자율평가가 성립한다면, 식 (4-11)을 식 (4-14)에 대입해

그림 4-2 유위험이자율평가(미국과 캐나다의 경우)

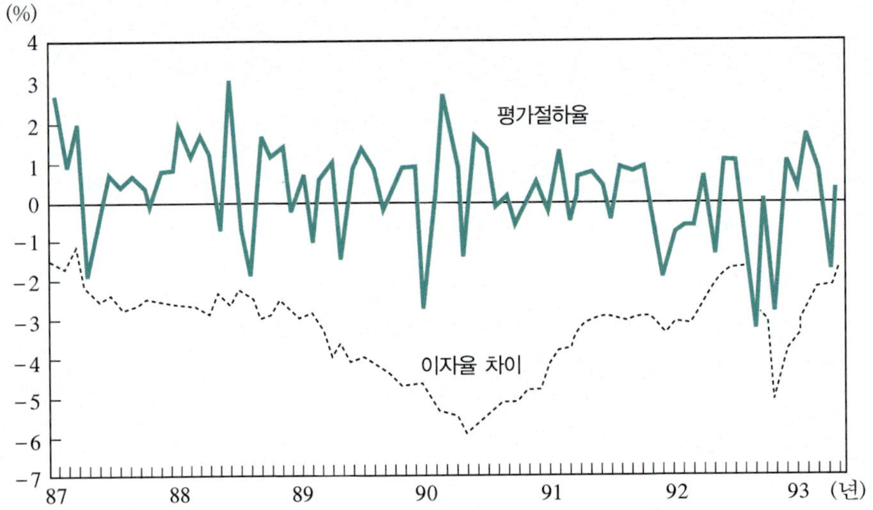

$$\frac{F_t - E_t S_{t+1}}{S_t} > 0 \tag{4-15}$$

가 됨을 알 수 있다. $\frac{F_t - E_t S_{t+1}}{S_t}$는 미래환율에 대한 예상이 선물환율을 벗어나는 정도를 나타내는데, 이를 환위험 할증('−' 의 경우 환위험 할인)이라고 부른다. 예컨대 환위험 할증이 있는 경우 투자자들은 선물환율이 나타내는 것보다 미래의 환율이 더 낮아질 것이라고 예상하고 이익을 노린 투기거래를 행하고자 할 것이다.

실증분석 결과에 따르면 무위험이자율평가와는 달리 유위험이자율평가의 경우 [그림 4-2]에서 보는 바와 같이 대체적으로 성립하지 않는 것으로 나타나고 있다. 이처럼 국내외 이자율 격차와 예상환율변화율 간에 커다란 괴리가 존재하는 이유는 무엇보다도 환위험 할증 때문이라고 할 수 있다.

3. 국제평가관계 종합

International Finance, ch. four

지금까지 구매력평가와 이자율평가에 대해 설명하였다. 이 절에서는 이 외에도 이자율, 환율, 물가 간의 관계를 나타내는 추가적인 조건들을 몇 가지 더 소개한 후 앞에서 개별적으로 설명한 국제평가관계들을 종합적으로 정리하고자 한다.

3.1 기타 평가관계

◉ 피셔효과(Fisher effect ; FE)

피셔(Irving Fisher)의 주장에 따르면 명목이자율은 실질수익률과 예상인플레이션율의 두 요소로 구분된다. 예를 들면 투자자들이 인플레이션율을 연간 5%로 예상하면 명목이자율은 예상인플레이션율에다 실질수익률을 더해야 하기 때문에 최소한 5%보다는 높아야 한다는 주장이다. 이러한 주장을 다음과 같은 구체적인 수식으로 표시한 것이 피셔효과인데, 이는 명목이자율(r)이 실질이자율(z)과 예상인플레이션율(π^e)을 잘 반영해 명목이자율이 실질이자율과 예상인플레이션율의 합으로 나타나게 된다는 이론이다.

$$1 + r = (1 + z) \times (1 + \pi^e) \qquad (4-16)$$

또는 이를 근사식으로 다음과 같이 표시할 수 있다.

$$r = z + \pi^e \qquad (4-17)$$

◉ 선물환평가(forward parity)

선물환율은 계약에 의해 미래환율을 미리 정한 것이다. 따라서 위험중립적(risk neutral) 외환시장 참가자들은 선물환율이 자신들의 미래환율에 대한 예측값과 다를 경우 투기적인 이익을 취하고자 거래를 행할 것이다. 이와 같은 거래는 선물환율이 미래환율의 예측값과 같아질 때까지 계속될 것이므로 최종적으로 다음과 같은 균형조건을 얻게 되고, 이를 선물환평가라고 부른다.

$$F_t = S^e_{t+1} \qquad (4-18)$$

이 조건은 선물환율이 미래의 현물환율에 대한 효율적인 불편예측치(不偏豫測値 : unbiased estimator ; UE)임을 나타내는데, 이것이 만족되는 경우 외환시장이 효율적임을 의미한다.[6]

한편 이 식은 선물환 계약 시 아무런 위험프리미엄이 요구되지 않았으므로 위험중립적 선물환율 결정가설, 또는 간단히 '위험중립성 가설'(risk neutrality hypothesis)이라고도 부른다. 이 식이 만족되는 경우 식 (4-11)과 식 (4-13)이 같아지므로 무위험이자율평가와 유위험이자율평가가 동시에 만족된다. 그러나 외환시장 참가자들이 위험에 대해 중립적이지 않고 위험프리미엄을 요구하게 되면 무위험이자율평가가 성립하더라도 유위험이자율평가는 성립할 수 없게 된다.

◉ 실질이자율평가

실질이자율평가란 앞에서 설명한 (명목)이자율평가를 물가변화를 조정한 실질단위로 표시한 것이라고 생각하면 된다. 즉, 두 국가 간 투자의 실질기대수익률이 같아진다는 것으로, 실질이자율의 차이는 실질환율의 예상변화율과 동일하게 나타난다.

이를 보기 위해 우선 실질이자율(z)을 피셔효과(Fisher effect ; FE)를 이용해 정의하면 다음과 같이 나타낼 수 있다.

$$z = r - \pi^e \qquad (4-19)$$

따라서 두 국가 간 실질이자율의 차이는 다음의 식처럼 두 국가 간 명목이자율의 차이와 인플레이션의 차이로 구성된다.

$$z - z^* = (r - \pi^e) - (r^* - \pi^{*e}) = (r - r^*) - (\pi^e - \pi^{*e}) \qquad (4-20)$$

6. 외환시장의 효율성 개념 및 실증분석과 관련해서는 제13장을 참조할 것.

식 (4-7)의 실질환율(q) 정의식으로부터 다음의 식을 도출할 수 있는데,

$$\frac{E_t q_{t+1} - q_t}{q_t} = \left(\frac{E_t S_{t+1} - S_t}{S_t}\right) - (\pi^e - \pi^{*e}) \quad (4-21)$$

이 식과 식 (4-13) 및 식 (4-20)을 결합하면 다음과 같은 실질이자율평가식을 도출할 수 있다.

$$z - z^* = \frac{E_t q_{t+1} - q_t}{q_t} \quad (4-22)$$

실질이자율평가에 따르면 국가 간의 자본이동은 실질투자수익률의 차이에 의해 이루어진다. 즉, 자본은 실질이자율이 낮은 국가로부터 높은 국가로 이동하게 되고 그 결과 자본이 유입되는 국가의 통화의 실질가치가 절상되거나 실질이자율이 하락해, 두 국가 간 예상되는 투자수익률의 실질가치가 동일하게 된다는 것이다. 만일 구매력평가가 성립한다면 식 (4-22)의 우변이 0이 되므로 두 국가의 실질이자율이 같아지게 된다. 그러나 일반적으로 상품시장에 지속적인 변화가 있고 구매력평가가 성립하지 않을 때, 두 국가 간 실질이자율은 달라지게 된다.

미시킨(F.S. Mishkin, 1984)은 유로통화에 대한 분기별 자료를 이용하여 실질이자율평가를 검정한 결과 국가 간의 실질이자율이 동일하다는 가설이 지지되지 못함을 발견하였다. 이와 상이한 검정방법을 이용한 마크(N.C. Mark, 1985)의 연구 역시 세전과 세후 실질수익률의 경우에 있어서 모두 국가 간의 실질이자율이 동일하지 않다는 것을 보여주었다.

프랑켈(J.A. Frankel, 1991)은 자본이동에 대한 인위적인 제약이 거의 없다고 여겨지는 국가들 간에도 실질이자율평가가 잘 성립되지 않는 이유를 알아보기 위해 다음과 같은 연구를 하였다. 실질이자율평가와 피셔효과에 따르면 두 국가 간의 실질이자율 차이는 다음과 같이 쓸 수 있다.

$$\begin{aligned} z - z^* &= (r - \pi^e) - (r^* - r^{*e}) \\ &= (r - r^* - fp) + \left(fp - \frac{E_t S_{t+1} - S_t}{S_t}\right) + \left(\frac{E_t S_{t+1} - S_t}{S_t} - \pi^e + \pi^{*e}\right) \end{aligned} \quad (4-23)$$

프랑켈은 이 식에서 무위험이자율평가로부터의 이탈을 나타내는 첫 번째 항은 국

가할증(country premium)이라고 명명하였다. 그 이유는 무위험이자율평가로부터의 이탈을 유발시키는 거래비용, 정보비용, 자본통제, 미래의 자본통제 가능성, 내외국인에 대한 상이한 조세취급 등의 요인들은 대부분 금융상품이 서로 다른 국가 사이에 거래됨으로써 발생하기 때문이다. 한편 두 번째 항은 환율변동 위험에 대한 할증을, 그리고 세 번째 항은 상대적 구매력평가로부터의 이탈을 나타내는데, 이 두 가지는 국가의 차이보다는 주로 표시통화의 차이로 말미암아 발생하므로 이들을 통화할증(currency premium)이라 명명하였다. 프랑켈은 25개국의 자료를 이용하여 국가할증과 통화할증의 크기를 각각 추정하였는데, 대부분의 국가에 있어서 통화할증의 폭이 상당히 크고 변동도 심한 것으로 나타났다.

3.2 국제평가관계의 상호 연계

지금까지 물가, 이자율, 환율 간의 다양한 관계에 대해서 알아보았다. 이러한 관계들은 예상인플레이션 차이, 이자율 차이, 선물환할증, 예상환율변화율 네 가지 변수들 간의 상호관계를 이용해 [그림 4-3]과 같이 정리될 수 있다.

그림 4-3 국제평가관계의 종합

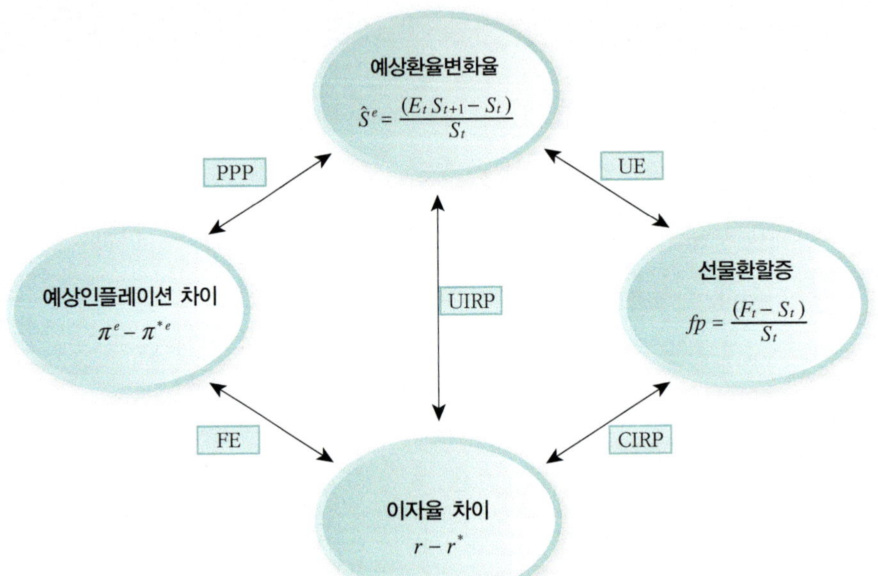

첫째, 예상인플레이션 차이와 예상환율변화율 간에는 식 (4-6)의 상대적 구매력평가(relative PPP)가 도출된다. 둘째, 예상인플레이션 차이와 이자율 차이 간에는 실질이자율평가(RIRP)가 도출된다. 셋째, 이자율 차이와 예상환율변화율 간에는 유위험이자율평가(UIRP)가 도출된다. 넷째, 이자율 차이와 선물환할증 간에는 무위험이자율평가(CIRP)가 도출된다. 마지막으로 선물환할증과 예상환율변화율 간에는 선물환율의 미래현물환율에 대한 불편성(UE) 혹은 선물환평가(forward parity)가 도출된다.

요약

1. 절대적 구매력평가란 두 나라에서 동일한 상품바스켓의 가격은 동일한 통화로 환산했을 때 같아져야 한다는 것이며, 일물일가의 법칙이 그 근거가 된다. 상대적 구매력평가는 일정 기간 동안 두 나라 통화 간의 환율변화율이 두 나라 사이의 인플레이션 차이와 같다는 것이다. 상대적 구매력평가가 성립한다는 것은 $q = SP^*/P$로 정의된 실질환율이 시간에 걸쳐 일정하다는 것을 의미한다.

2. 절대적 구매력평가는 실증적으로 성립하지 않는 것으로 나타나지만, 상대적 구매력평가는 통화공급의 변화 등 명목적 교란요인에 대해서는 대체로 성립한다고 볼 수 있다. 그러나 실질적 교란요인이 발생하는 경우 실질환율이 변동하기 때문에 구매력평가를 기대할 수 없다. 비교역재에 대한 수요가 증가하거나 교역재의 생산성이 향상되는 경우 실질환율이 하락하며, 이를 실질절상이라 한다. 또한 현실적으로 존재하는 가격경직성 때문에 명목환율의 변동이 실질환율의 변동으로 반영되는 경우가 적지 않다.

3. 이자율평가란 자본이동성이 완전한 경우 두 국가의 이자율 간에 성립되어야 할 균형관계를 말하는데, 여기에는 무위험이자율평가, 유위험이자율평가, 실질이자율평가의 세 가지가 있다. 무위험이자율평가는 국내외 이자율 격차가 선물환할증률과 같아진다는 것으로, 국가 간 자본이동에 제약이 없다는 것을 의미한다. 유위험이자율평가는 국내외 이자율 격차가 예상환율변화율과 같아진다는 것으로, 두 국가의 금융자산이 완전대체적이어서 동일한 것으로 간주된다는 것을 의미한다. 실질이자율평가는 국내외 실질이자율 격차가 실질환율의 예상변화율과 동일해진다는 것으로, 두 국가 간 투자의 실질기대수익률이 같아진다는 것을 의미한다.

4. 이자율평가관계가 성립하지 않을 수 있는 이유로는 자본의 불완전한 이동성 이외에도 신용위험, 유동성위험, 상환기간의 차이에 따른 이자율위험, 정치적 위험, 국제금융시장과 외환시장의 비효율성, 국가 간 조세의 차이 등을 들 수 있다.

5. 피셔효과에 따르면 명목이자율은 실질수익률과 예상인플레이션율의 두 요소로 구분되므로, 명목이자율은 실질이자율과 예상인플레이션의 합으로 나타난다. 선물환평가란 선물환율이 미래환율의 예측값과 같아진다는 것으로, 선물환율이 미래의 현물환율에 대한 효율적인 불편예측치임을 나타낸다. 실질이자율평가란 명목이자율평가에 물가변화를 반영해 조정한 것으로, 두 국가 간 투자의 실질기대수익률이 같아진다는 것을 의미한다.

연습문제

01. "상대적 구매력평가가 성립한다는 것은 $q = \frac{SP^*}{P}$ 로 정의된 실질환율이 시간에 걸쳐 일정하다는 것을 의미한다." 이 명제가 맞는지 틀리는지 설명하라.

02. "후진국의 물가수준은 선진국보다 낮다." 이 명제가 맞는지 틀리는지 설명하라.

03. 자국의 물가지수를 $P = P_A^\alpha P_B^{1-\alpha}$, 타국의 물가지수를 $P^* = (P_A^*)^\beta (P_B^*)^{1-\beta}$ 로 정의할 때 비록 A, B 두 재화에는 일물일가의 법칙이 성립하더라도 양국 간에 (상대적) 구매력평가는 일반적으로 성립하지 않음을 보여라. 어떤 조건에서 구매력평가가 성립하게 되는가?

04. 현재의 현물환율이 달러당 100엔이고, 1년 만기 유로달러와 유로엔의 금리가 각각 4.0%와 3.0%라 하자. 이 이자율에 내재되어 있는 1년 후의 환율은 얼마인가?

05. 우리나라의 수출업자가 1년 후에 수출대금으로 100만 달러를 받을 예정이다. 우리나라의 연간이자율이 8%, 미국의 연간이자율이 5%이고 현재의 환율은 1달러당 1,200원이라 하자. 1년 후 선물환율은 얼마가 되어야 하는가?

06. 현재의 현물환율이 달러당 80엔이고, 1년 만기 채권금리가 달러화표시 채권의 경우 5%, 엔화표시 채권의 경우 6%라고 하자. 1년 만기 선물환율이 달러당 90엔이라면 이러한 상황에서 돈을 벌기 위해서는 어떻게 해야 할지를 상세히 설명하고, 그에 관련된 위험은 어떤 것이 있는지 설명하라.

07. 국내이자율이 연리 10%이고 미국의 이자율이 연리 5%이며, 현물환율이 \$1 = 1,000원이라고 하자. 3개월 선물환율이 \$1 = 1,010원인 경우 어떻게 거래하면 이익을 얻으며, 얼마의 이익을 얻겠는가? 현재 전혀 자금이 없다는 가정 하에 거래과정을 보여라.

08. 제3장의 연습문제 6번에서 홍길동이 다음과 같은 추가적인 정보를 얻었다고 하자. 홍길동은 \$화 거래 및 엔화 거래를 통해 얼마의 이득을 얻겠는가?

3개월 유로달러금리 연 4%
3개월 유로엔금리 연 2%

3개월 국내단기금리 연 8%

09. 식 (4-21) 및 식 (4-22)를 도출하라.

10. 다음과 같은 정보가 주어졌다고 하자. 미국투자자들이 자국펀드를 이용한다고 할 때 무위험이자차익이 가능한지 여부를 설명하라.

현물환율 1파운드 = 1.60달러
6개월 선물환율 1파운드 = 1.56달러
영국이자율 연 8%
미국이자율 연 6%

국제금융시장

II

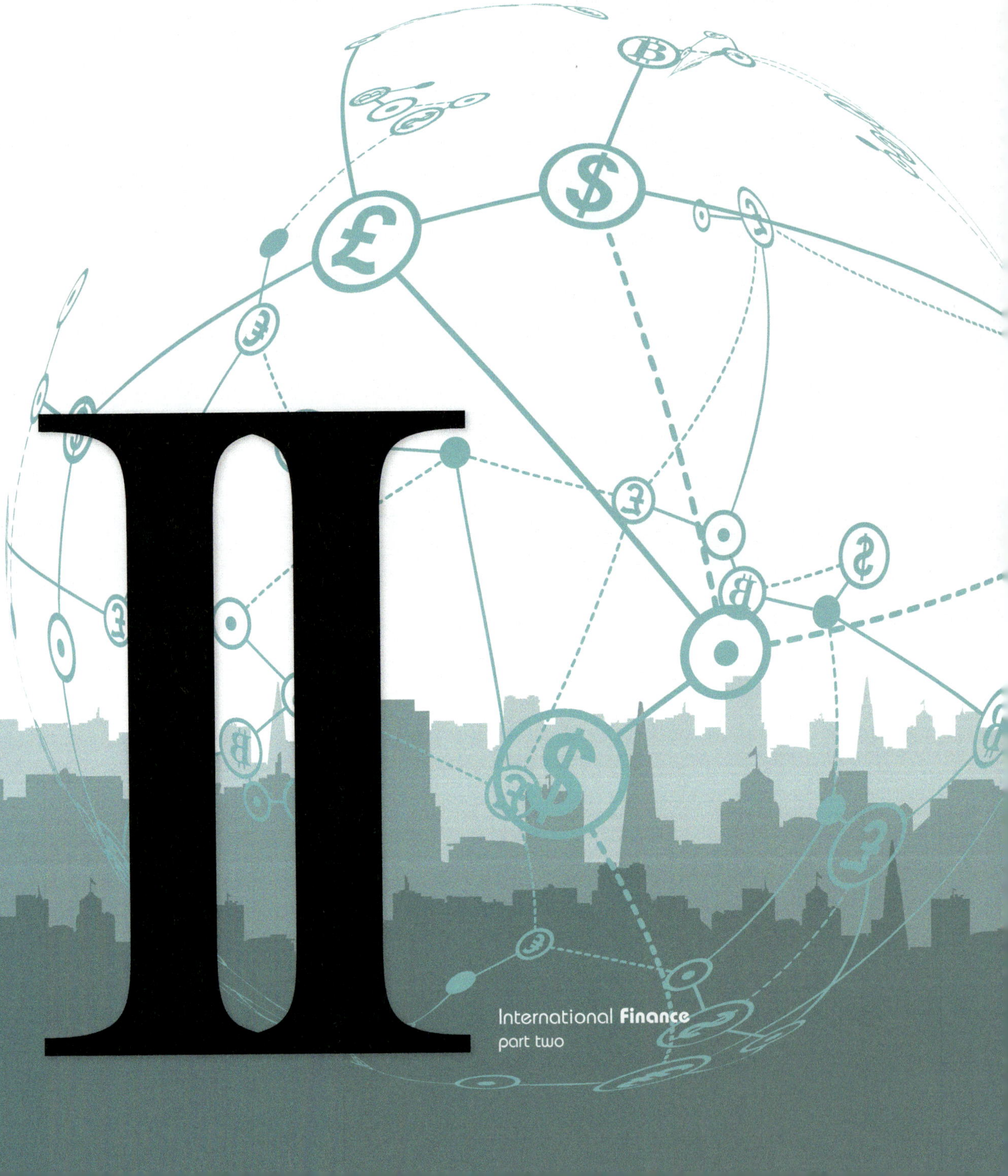

International **Finance**
part two

국제금융시장의 개요

International **Finance**
ch. five

5

1960년대까지는 국제자본이동이 그 규모도 작았을 뿐만 아니라 정부의 규제를 많이 받아 왔기 때문에 국제금융시장에서의 자본거래에 대한 별다른 이해를 필요로 하지 않았다. 그러나 1970년대부터 선진국을 중심으로 규제를 철폐하기 시작했으며 1980년대에 들어와 정보 · 통신기술의 발달로 거래비용이 감소하고 각국 정부들이 지속적으로 자본자유화정책을 시행함으로써 금융의 글로벌화와 국제자본이동이 가속화되었다.

국제금융시장은 단순히 국내금융시장을 국제적으로 확장한 수준을 넘어 각국 중앙은행, 국제금융기구, 그리고 국제적 투자자 등이 복잡하게 얽혀 있고, 거래표시 통화 및 거래방식에 따라 다양한 구조를 가지고 있다. 따라서 자본거래에 대한 보다 명확한 이해를 위해서는 이러한 국제금융시장을 올바로 이해하는 것이 중요하다.

제1절에서는 국제금융시장에 대한 기본적인 내용으로 구조, 기능, 주요 참가자 등을 살펴본다. 제2절에서는 국제금융시장을 분류하는 여러 기준에 대해 설명한다. 제3절에서는 주요 국제금융중심지를 간략하게 소개하고, 제4절에서는 최근 국제금융시장에서 중요한 역할을 하고 있는 헤지펀드, 사모펀드, 국부펀드에 대해 설명한다. 마지막으로 제5절에서는 금융시장에서 수익률을 측정하는 다양한 방법들을 알아본다.

1. 국제금융시장의 구조

1.1 국제금융시장의 의의와 기능

◉ 국제금융시장의 의의

국제금융시장이란 국경을 넘어 자금거래가 이루어지는 시장으로 두 가지 개념으로 사용된다. 하나는 구체적 장소를 나타내는 개념으로 주요 금융중심지나 그 지역에서 운용되고 있는 증권거래소 또는 선물옵션거래소 등을 지칭하고, 다른 하나는 추상적 개념으로 국제자금의 수요와 공급을 연결해 주는 모든 거래의 양태, 즉 기구, 기능 및 거래내용 등을 총칭한다.

국제금융은 19세기 영국을 중심으로 이루어지기 시작했다. 그러나 본격적인 의미의 국제금융은 1950년대 말 유로달러시장이 형성되고 미국 은행들이 유럽으로 진출하면서 시작되었다고 할 수 있다.

과거에는 국제금융시장이 국내거주자 간에 자금의 대차가 이루어지는 국내금융시장과 대칭되는 개념으로 이용되어 왔다. 그러나 최근에는 각국의 금융시장이나 외환시장에서 규제가 크게 완화되고 정보통신기술이 급속히 발전하면서 금융시장의 글로벌화, 통합화 현상이 가속화됨에 따라 국제금융시장은 거주성이나 장소적 구분을 초월하여 각국의 금융시장, 유로시장, 그리고 외환시장을 포괄하는 총체적인 거래메커니즘으로 이해되고 있다.

◉ 국제금융시장의 기능

전통적으로 국제금융시장은 국가 간 자금거래를 원활히 함으로써 실물경제 성장을 뒷받침하고 기업의 생산활동을 효율적으로 수행할 수 있게 하는 수단적 기능을 담당했다. 따라서 국제금융의 형태도 국제무역의 결제, 무역금융 제공, 실물투자의 금융자원 조달을 위한 예금과 대출 등 간접금융방식이 주를 이루었다.

그러나 금융시장이 자유화 및 글로벌화되면서 국제금융시장의 역할도 변모되었다. 오늘날에는 실물경제와 무관하게 국제금융자산의 효율적 운용으로부터의 이익창출 및 세계금융자산의 최적 배분을 통해 자본의 생산성 증대, 무역 및 투자 확대, 국제유동성의 조절, 경제발전 촉진 등의 기능이 더 중시되고 있다. 따라서 은행을 통한 간접금융보다는 증권 중심의 직접금융방식이 보다 보편화되고 있다.

1.2 국제금융시장의 구성과 참가자

국제금융시장 참가자는 크게 차입자 그룹, 투자자 그룹 및 자금중개인 그룹으로 나눌 수 있다. 차입자 그룹은 자신들의 경제활동에 필요한 자금을 보다 저렴하고 안전하게 조달하기 위해 국제금융시장에 참여한다. 대표적인 차입자로는 다국적기업과 각국의 대기업, 각국의 중앙정부와 지방정부, 공기업 등 공적 정부기구, 그리고 IMF, IBRD, ADB 등의 국제기구가 있다.

투자자 그룹은 자산을 운용하는 과정에서 최소의 위험으로 최대의 수익을 획득하고자 해외투자를 통해 국제금융시장에 참여한다. 세계 각국의 연금기금, 상호기금, 보험회사 등의 기관투자자가 주를 이루지만, 다국적기업들도 여유자금의 운용을 위해 국제금융시장에 투자자로 참여한다. 개인투자자로 구성되는 투자자 그룹도 중요한 역할을 하고 있지만 직접투자를 하기보다는 기관투자자를 통한 간접투자가 대부분이다.

자금중개인 그룹은 이와 같은 차입자와 투자자를 연결시켜 주는 국제자금 중개역할을 하고 있는데, 국제상업은행 및 국제투자은행과 같은 금융중개기관과 유통시장에서의 브로커회사(brokerage firm)로 구분된다. 국제상업은행은 주로 전통적인 의미의 금융기능인 예금 및 대출을 통해 국제자금중개 기능을 수행하고, 국제투자은행은 주식 및 채권 등 증권발행시장에서 주간사 역할을 담당하고 있다. 그러나 일부 국제상업은행들은 직접 또는 자회사 형태로 국제투자은행으로서의 역할도 동시에 수행하고 있

그림 5-1 국제금융시장의 구성과 참가자

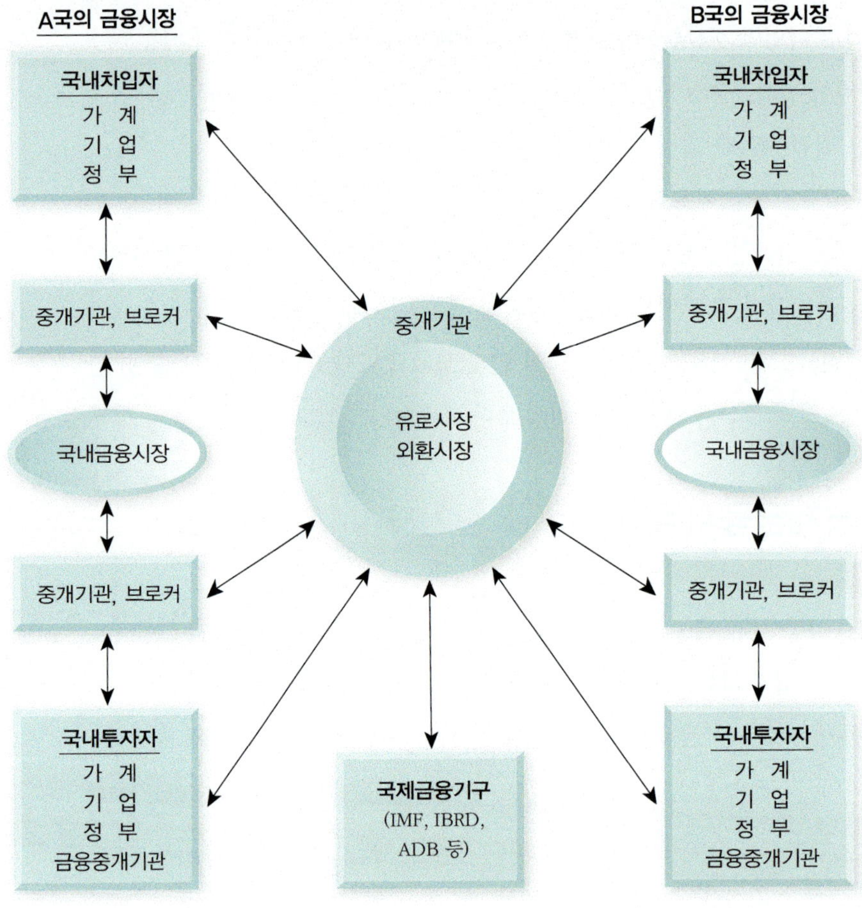

자료 : Hekman(1983) ; 이강남(1995)에서 전재.

다. 브로커는 고급 정보 및 첨단 전용통신망을 통해 다수 금융기관과 접촉함으로써 보다 신속하고 저렴한 비용으로 원활히 거래를 성립시키는 역할을 하고 있다.

국제금융시장은 이와 같은 참가자들이 각국의 금융시장, 유로시장 및 외환시장을 통해 유기적으로 연계됨으로써 이루어지고 있는데, 국제금융시장의 구성은 [그림 5-1]과 같이 나타낼 수 있다.

1.3 국제금융결제제도

국제금융시장에서 거래가 성사되면 결제를 해야 하는데, 서로 다른 통화를 사용하는 국가 간 증권거래의 지급결제는 국제증권결제와 외환결제라는 두 가지 차원을 포괄한다. 증권결제는 증권거래 당사자들이 청산과정을 통해 확정된 채권 · 채무관계를 증권을 인도(delivery)하고 대금을 지급(payment)함으로써 종결하는 것을 의미한다. 국제증권결제란 증권을 외국시장에서 구매 또는 판매하거나 국내시장에서 비거주자와 거래하는 경우에서의 증권결제를 말한다. 증권결제의 종류에는 증권인도와 대금지급의 동시이행 여부에 따라 동시결제(delivery versus payment ; DVP)와 분리결제(free of payment)로 나눌 수 있다. 국제증권결제는 증권구매자의 지급통화가 판매자의 수취통화와 다른 것이 일반적이므로 외환결제를 필요로 하게 된다. 외환결제란 외환시장에서 외환의 매도 및 매입기관 간에 거래한 통화를 서로 지급함으로써 채권 · 채무관계를 종결시키는 행위를 의미한다.

증권결제는 증권인도와 대금지급이라는 반대방향의 두 가지 과정 간 시차가 발생하는 경우 원본위험(principal risk)이 수반된다. 이에 따라 증권결제제도는 인도와 지급이 동시에 이루어지는 동시결제(DVP)제도의 구축에 힘써 왔다. 이는 외환결제에서 Herstatt 위험을 줄이기 위해 동시결제(payment versus payment ; PVP) 시스템 구축에 힘쓰는 것과 같은 이치이다. 그러나 이러한 제도 하에서도 대체위험(replacement risk)이 존재할 수 있다. 이는 거래의 일방이 정해진 시점에 결제에 응하지 못하게 되는 경우 거래의 상대방이 현행 시장가격으로 원래의 포지션을 복구하는 데 수반되는 손실을 의미한다. 또한 동시결제제도 하에서도 어느 한 쪽 시스템의 문제가 다른 쪽 시스템의 문제를 불러일으키는 시스템 간 위험전파의 문제를 완전히 해결할 수는 없다. 예를 들어 결제담당 은행의 파산으로 인해 현금지급이 이루어지지 못할 경우 증권인도가 이루어지지 못하게 되는 유동성 위험(liquidity risk)이 발생하게 되어 증권거래 자체가 혼란을 낳게 된다.

국제결제는 더욱 많은 경제주체와 하나 이상의 통화가 그 과정에 참여하기 때문에 보다 복잡하고 관련된 위험도 더 클 수 있다. 따라서 원본위험, 대체위험, 유동성 위험뿐만 아니라 보호예수위험(custody risk), 법률적 위험(legal risk), 환위험(foreign exchange risk) 등이 보다 더 중요하거나 추가로 발생한다.[1]

일반적으로 특정 증권의 결제가 가능하려면 거래 쌍방이 그 증권을 인도하거나 수용하는 것을 가능하게 하는 시스템에 접근할 수 있어야 한다. 국제증권거래의 경우 거래 쌍방이 서로 다른 나라에 거주하고, 일방 혹은 양방이 증권예탁장소와 다른 나라에 거주한다. 따라서 국제증권결제는 다른 나라의 결제시스템에 접근하거나 상이한 결제시스템의 상호작용을 요구하게 된다.

1980년대 이후 국제적인 증권거래가 증가함에 따라 각국 증권예탁결제기관(central securities depository) 간 제휴나 연계가 지속적으로 증가해 왔다. 이와 같은 현상은 유로화의 등장으로 경제통합이 가속화되고 있는 유럽지역에서 가장 두드러지게 나타나고 있다. Euroclear는 유로채의 인도 및 결제기능을 수행하는 기구로 1968년 벨기에에 설립되어 외연적인 확장을 지속해 오고 있다. 1970년 설립된 CEDEL은 이후 2000년 독일의 채권결제기관인 DBC와 합병해 Clearstream으로 변모했다. 또한 최근에는 미국, 유럽, 일본 등 선진국을 중심으로 범세계적 집중결제시스템(global central counterparty)의 설립에 관한 논의도 활발해지고 있다. 이 외에도 G-30나 BIS의 CPMI(Committee on Payments and Market Infrastrutures), IOSCO(국제증권관리위원회기구) 등 국제적 기구를 중심으로 국제증권결제제도의 구축을 위한 논의가 이루어지고 있다.

Box 5-1 우리나라 금융시장 인프라의 구조

우리나라의 금융시장 인프라 운영기관으로는 거액결제시스템을 운영하는 한국은행 외에 소액결제시스템 운영기관인 금융결제원, 중앙예탁기관인 한국예탁결제원, 중앙거래당사자인 한국거래소 등이 있다.

1. 보호예수위험이란 고객의 증권을 보관하는 보호예수(custody)기관의 파산이나 사기, 혹은 이해상충 행위 등으로 인해 고객이 손해를 입게 되는 위험을 말한다. 법률적 위험이란 국제거래에서 국가법률체계의 차이로 인해 예상되지 않은 법률적 적용에 따라 계약의 법률적 효력이 보장되지 않는 사태가 발생하는 위험을 말한다. 환위험이란 거래시점과 결제시점 간 환율의 변동으로 인해 기업가치가 변하게 될 위험을 말한다.

그림 5-2 우리나라 금융시장 인프라의 구조

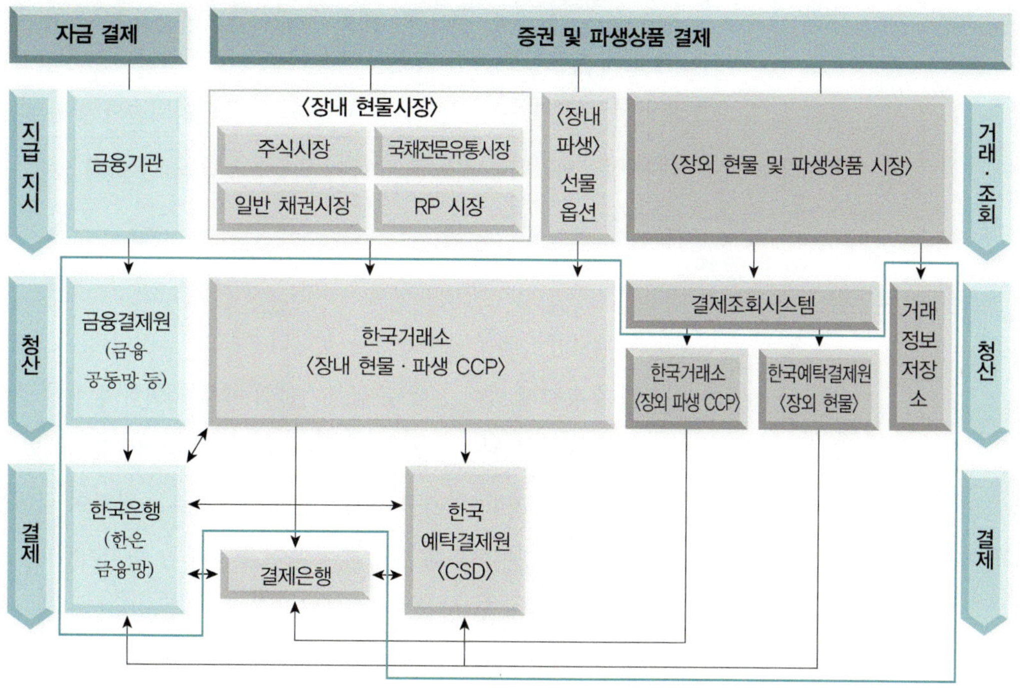

주　: 적색선 내가 금융시장 인프라에 해당. 화살표는 자금, 증권 결제 및 지급 지시 흐름.

자료 : 한국은행, 한국의 지급결제제도, p.87.

1.4 국제금융시장의 주요 변화

최근 국제금융시장은 규모가 확대되어 가는 추세와 더불어 여러 면에서 큰 변화를 보이고 있다.

◉ 자본이동의 증대와 금융시장의 통합

1980년대 이후 국제금융시장에서 지속적으로 나타나고 있는 커다란 변화는 자본이동이 대규모로 이루어지고 있다는 것이다. 국제자본이동이 활발해짐에 따라 각국의 금융시장도 통합되어 가고 있다. 이제는 과거에 비해 각국 금융시장의 움직임이 동조화되는 경향이 증대되고 있으며, 또한 외국금융기관들의 진출입이 훨씬 빈번해짐에 따라 금융서비스도 동질화되어 가는 추세가 나타나고 있다.

이처럼 국제자본이동을 촉진시키고 금융통합현상을 심화시킨 중요한 요인으로, 1980년대 이후 주요 선진국들이 금융시장의 효율성 제고를 통한 국제경쟁력 강화의 필요성을 인식하면서 자본거래에 대한 일련의 자유화조치를 시행했다는 것을 들 수 있다. 금융거래에 대한 규제완화와 더불어 통신기술과 정보처리기술의 발달로 인해 금융거래비용이 대폭 절감되었다는 것도 또 다른 중요한 요인으로 작용했다.

◉ 증권화

또 다른 변화는 국제금융거래에서 증권화가 심화되고 있다는 것이다. 금융의 증권화는 자금을 조달 및 운용함에 있어 은행 등 금융기관의 매개에 의한 방식이 줄어들고 증권발행을 통한 방식이 증가하는 현상을 말한다. 1970년대 국제금융거래의 주류는 막대한 오일머니를 확보한 OPEC국가들이 자금의 공급원으로 등장하여 경제성장을 추구하던 개도국들에게 신디케이트대출에 의한 융자를 해주는 방식이었다. 그러나 1980년대 초반 개도국들이 채무위기에 직면하면서 은행의 부실대출이 증가하자 개도국에 대한 신디케이트 대출시장의 규모가 급격히 감소하고, 자금조달비용이 낮고 유동성이 높은 유로채 및 외국채 등 직접금융시장의 규모가 확대되었다.

한편 1980년대 중반 이후 국제금융의 증권화 현상을 촉진시킨 또 다른 요인으로 금융시장의 통합을 들 수 있다. 각국에서 외국인투자에 대한 조세경감, 유로채 발행여건 완화, 자본이동에 대한 규제완화 조치를 취하면서 국제금융시장에서 인지도 및 신용도가 큰 기관들은 상대적으로 비용이 저렴한 직접금융방식을 통해 자금을 조달하기가 쉬워졌다. 또한 막대한 국제수지 흑자를 기반으로 유로시장의 주요한 자금공급원으로 등장한 일본 및 동아시아 국가들이 은행예금보다는 수익성 · 유동성이 높은 증권투자를 선호한 것도 증권화 현상의 심화를 가져왔다. 특히 이들 국가들은 미국 정부채에 대한 투자를 선호했는데, 정부채는 선물, 옵션과 같은 파생금융상품의 기초자산으로 이용될 수 있기 때문에 국제금융의 증권화를 확대시키는 요인으로 작용했다.

◉ 금융기관의 대형화와 종합화

국제금융시장의 환경이 급변하면서 세계금융시장의 주도권 장악을 위한 금융재편이 더욱 가속화되고 있다. 최근에 벌어지고 있는 금융재편의 가장 큰 특징은 금융기관의 대형화 및 종합화라고 할 수 있다. 1980년대 이후 각국의 규제완화 등에 따라 자본이동이 촉진되면서 금융산업은 대내외적으로 경쟁이 치열해지게 되었다. 그 결과 과거에 각종 규제를 배경으로 독점적 이윤을 누렸던 금융기관들은 수익성이 악화되기 시작했고 이를 극복하기 위해 크게 두 가지 방향으로 대응을 하기 시작했다. 하나는 규모의 경제 효과를 누리기 위해 규모를 대형화하는 것이었고, 다른 하나는 전통적인 영역에서 벗어나 새로운 업무영역으로 확대하는 것이었다. 이에 따라 동종 영업분야에서 금융기관 간 합병뿐만 아니라, 은행, 증권, 보험, 투자신탁 등 다른 영업분야의 금융기관 간 합병도 활발하게 이루어지고 있다.

이처럼 금융산업재편을 위한 대형거래가 확산되고 있는 것은 증권화의 확대로 상업은행업무의 한계가 노출되면서 금융기관들이 투자은행업무, 자산운용업무를 강화하고 있기 때문이다. 또한 미국의 금융개혁법 통과, 일본의 금융지주회사제도 도입 등에 따라 겸업화가 가속되면서 금융기관들이 인수합병을 통해 새로운 업무영역을 확대하려는 것도 중요한 요인으로 작용하고 있다. 이와 더불어 전자거래의 확산에 따른 경쟁양상의 변화, 유럽통화통합에 따른 거대시장의 형성 등도 이러한 추세가 확산되는 요인으로 작용했다.

◉ 거래기법의 고도화

국제자본이동이 증대됨에 따라 환율과 금리 등 기초금융변수들이 급격한 변동을 보이게 되자 시장참여자들은 위험을 회피하기 위한 방안을 찾게 되었다. 또한 금융기관 간 업무영역 자유화와 국제금융시장의 통합 추세는 국제금융기관을 극심한 경쟁의 장으로 몰아 금융기관들은 새로운 금융서비스의 끊임없는 창출과 금융상품개발을 도모하지 않을 수 없게 되었다.

그 결과 통화, 환율, 금리, 증권을 기초자산으로 하는 파생금융상품의 발달을 가져왔고 만기, 유동성, 위험관리, 수익성 면에서 다양한 서비스를 제공하는 새로운 금융상품들이 등장했다. 이러한 고도화된 금융기법을 가능케 한 기술적인 요인은 통신기술과 정보처리기법의 발달이라 할 수 있다. 이들을 이용해 국제금융시장의 정보를 신속하고 저렴하게 처리함으로써 새로운 금융기법의 개발이 용이해진 것이다.

또한 글로벌 금융위기 이후 촉진된 금융(finance)과 기술(technology)의 조합, 즉 핀테크(FinTech)는 금융혁신의 새로운 조류를 형성하면서 전 세계에서 전통적인 금융의 모습을 급속도로 바꾸고 있다. 물론 과거에도 기존의 금융회사들이 정보통신 기술을 도입해 금융산업을 발전시켜 왔었다. 그러나 최근의 혁신은 금융회사가 주도하는 것이 아니라 비금융회사가 새로운 기술을 활용해 다양한 금융서비스를 제공하는 형태로 나타나고 있다. 이에 기존의 금융회사들도 생존을 위해 동참하면서 핀테크는 전 세계 금융시장의 급격한 변화를 주도하고 있다.

◉ 금융위기의 증대

마지막으로 첨가할 중요한 특징으로는 전 세계 금융시장의 통합과 자본거래의 자유화로 인해, 금융구조가 취약한 국가가 금융위기에 쉽게 빠져들고 또한 금융위기가 주변국에 곧바로 전파된다는 점을 들 수 있다. 우선 자본거래 규모가 커지면서 한 번의 실수가 금융회사나 국가경제에 큰 타격을 주는 일이 빈번하게 발생하고 있다. 1995년 영국 베어링은행이 딜러 한 사람의 투자실수로 파산에 이르게 된 것은 좋은 예이다. 최근에는 헤지펀드 등의 투기성자본이 자본거래를 주도하게 되면서 취약한 경제를 무차별적으로 공격해 이익을 추구하고 급속하게 다른 지역으로 이동하는 일이 반복적으로 일어나고 있기 때문에 개방적인 구조의 자본시장을 가지고 있는 국가들의 금융위기 발생위험이 더욱 높아지고 있다.

더욱이 국제금융자본의 이동이 대규모로 신속히 이루어짐에 따라 최근의 국제금융위기는 손쉽게 한 국가에서 다른 국가로 파급될 수 있는 전염효과를 나타내게 되었다. 1994년 말 멕시코와 1997년 동아시아 국가들의 외환 · 금융위기는 투기성자본이 한 나라의 금융구조를 마비시킬 수 있음과 동시에 주변국들도 함께 동반몰락할 수 있음을 여실히 보여주고 있다. 이와 같은 국제금융시장의 불안에 맞서 각국 정부는 금융불안을 안정적으로 관리할 수 있도록 금융구조의 정비에 힘쓰는 한편 사후적 감독을 강화하고 있다. 그렇지만 단기투기성자금이 자유롭게 유출입할 수 있는 현재와 같은 국제금융환경에서는 금융불안의 가능성이 상존한다고 할 수 있다.

2. 국제금융시장의 분류

International Finance, ch. five

광의의 국제금융시장은 [그림 5-3]에서와 같이 크게 '지불수단'(means of payments)이 거래되는 외환시장(foreign exchange market)과 '신용'(credit)이 거래되는 신용시장(market for credit)으로 나눌 수 있다.[2] 〈표 5-1〉은 국제금융기구에서 흔하게 분류하는 방식을 따라 국제금융시장을 기능적인 측면에서 국제은행시장(international banking market), 국제단기금융시장(international money market), 국제자본시장(international capital market), 파생금융상품시장(market for financial derivatives)으로 보다 세분한 것이다. 그러나 이와 더불어 금융중개방식, 금융기관 소재지, 금융상품의 만기 등 보는 측면에 따라 국제금융시장을 여러 가지로 분류할 수 있다.

국제금융시장의 분류 그림 5-3

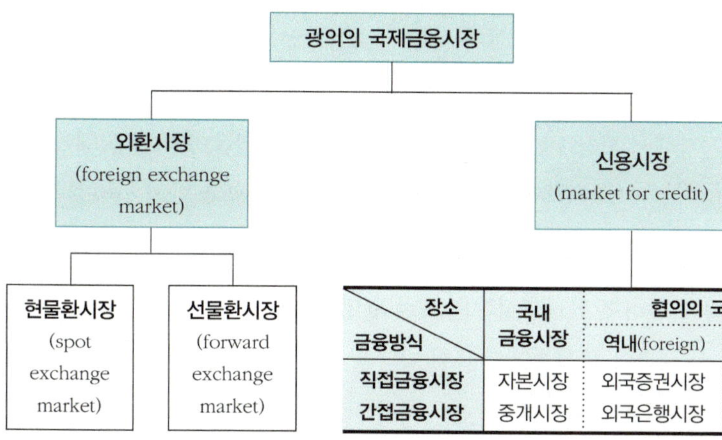

장소 / 금융방식	국내 금융시장	협의의 국제금융시장	
		역내(foreign)	역외(external)
직접금융시장	자본시장	외국증권시장	유로증권시장
간접금융시장	중개시장	외국은행시장	유로커런시시장

2. 신용시장을 장소에 따라 국내금융시장과 협의의 국제금융시장으로 구분해 후자만을 국제금융시장 개념으로 사용하는 경우도 있다. 그러나 국경의 개념이 점점 모호해지고 있는 국제금융 현실을 고려해 이 책에서는 광의의 개념으로 사용하고자 한다.

표 5-1 국제금융시장의 기능별 구분

<table>
<tr><th colspan="3">구 분</th><th>주요 상품</th></tr>
<tr><td rowspan="2">국제은행시장</td><td colspan="2">외국은행시장</td><td>예금, 대출</td></tr>
<tr><td colspan="2">유로커런시시장</td><td>유로예금, 유로대출</td></tr>
<tr><td rowspan="3">국제유가증권시장</td><td colspan="2">국제단기금융시장</td><td>CP, T-Bill, BA</td></tr>
<tr><td rowspan="2">국제자본시장</td><td>국제채권시장</td><td>외국채, 유로채</td></tr>
<tr><td>국제주식시장</td><td>DR, 컨트리펀드, 글로벌펀드</td></tr>
<tr><td rowspan="3">파생상품시장</td><td colspan="2">선물</td><td>통화, 금리, 주식</td></tr>
<tr><td colspan="2">옵션</td><td>통화, 금리, 주식</td></tr>
<tr><td colspan="2">스왑</td><td>통화, 금리, 주식</td></tr>
<tr><td colspan="3">외환시장</td><td>현물환, 선물환, 스왑</td></tr>
</table>

2.1 금융중개방식

우선 국제금융시장은 금융중개방식에 따라 직접금융시장(direct financial market)과 간접금융시장(indirect financial market)으로 구분할 수 있다. 직접금융시장은 자금의 대차거래가 수요자와 공급자 사이의 직접적인 거래에 의해 이루어지는 시장이며, 자금수요자가 발행한 증권을 자금의 공급자가 매입하는 형식으로 이루어진다. 즉, 국제금융시장에서 자금수요자가 주식이나 채권 등 증권을 발행했을 때 그 증권을 구입할 의향이 있는 투자자는 정보수집망을 통해 증권발행자를 평가한 뒤 수익성이 있다고 판단되는 경우 그 증권을 구입함으로써 증권발행자에게 자금을 조달하게 된다.

이와는 달리 간접금융시장은 자금의 대차가 금융중개기관을 통해 이루어지는 경우로 흔히 예금의 형식으로 공급된 자금을 은행 등 금융중개기관이 수요자에게 대출하는 형식으로 이루어진다. 때로는 여러 단계의 금융기관을 매개로 자금의 이동이 이루어지기도 한다. 예를 들어 국제금융중개기관을 통한 간접자금조달은 우선 자금에 여유가 있는 자금공급자가 자국의 은행에 예금을 하고 자국 은행은 이 자금을 국제금융센터에 위치한 은행에 예금을 하게 되는데 자본이 부족한 자금수요자는 이 국제금융센터 은행으로부터 자금을 대출받기도 한다.

2.2 금융기관 소재지

또한 국제금융시장은 금융기관 소재지를 중심으로 볼 때 역내금융시장(foreign market *or* on-shore market)과 역외금융시장(external market *or* off-shore market)으로 분류할 수 있다. 역내금융시장은 내국인과 외국인 사이 또는 외국인 상호 간의 거래가 금융기관 소재국의 통화로 이루어지는 경우를 말한다. 역내금융시장은 직접금융과 간접금융 여하에 따라 각각 외국증권시장과 국제여신시장으로 구분할 수 있다.

역외금융시장은 금융기관 소재국 이외의 통화로 이루어지는 경우를 말하며 유로금융시장(Euro market)이라 불린다. 역외금융시장은 다시 직접금융시장인 유로증권시장과 간접금융시장인 유로커런시시장(Eurocurrency market)으로 구분할 수 있다. 예를 들어 유로달러채(Eurodollar bond)시장은 우리나라 기업이 달러화표시 채권을 유럽에서 발행하고 국제인수단(international underwriting syndicate)이 인수 · 매출하는 금융시장을 뜻한다. 한편 유로커런시시장은, 예를 들어 우리나라 기업이 유럽 은행으로부터 달러화를 차입하는 금융시장을 말한다.

2.3 금융상품의 만기

국제금융시장은 또 다른 측면에서 금융상품의 만기를 기준으로, 1년 이내의 금융자산 거래가 이루어지는 국제단기금융시장(international money market)과 1년 이상의 금융자산 거래가 이루어지는 국제자본시장(international capital market)으로 구분된다. 단기금융시장은 기업, 개인 또는 금융기관이 일시적인 여유자금을 운용하거나 부족자금을 조달하는 등 개별 경제주체들의 유동성 보유에 따른 기회비용을 최소화하는 데 활용된다. 한편 자본시장은 주로 기업, 정부 등 자금부족부문이 자금잉여부문으로부터 장기적으로 필요한 자금을 조달하는 데 활용되고 있어 장기금융시장이라고도 부른다.

단기금융상품은 채권이나 주식 등의 장기금융상품에 비해 거래가 대규모로 이루어지고 유동성이 높을 뿐만 아니라 만기가 짧아 금리변동에 따른 자본손실위험이 작다. 반면에 채권은 단기금융상품에 비해 상대적으로 유동성이 낮을 뿐만 아니라 금리변동이 금융자산 가격에 미치는 영향이 커서 시장위험이 크다. 또한 채권은 정부, 금융기관, 우량기업은 물론 신용도가 낮은 기업도 발행할 수 있기 때문에 신용위험이 크다. 한편 주식은 기업자산에 대한 청구권이 일반 채권보다 후순위에 있을 뿐만 아니라 가격변동폭이 커서 투자위험이 더욱 크다. 따라서 이들 장기자산은 주로 미래의 자금 지출에 대한 불확실성이 낮은 금융기관이나 개인들이 장기적인 관점에서 투자하는 경우가 많으며, 투자에 따른 위험을 회피하기 위해 선물, 옵션, 스왑 등 파생금융상품에 대한 투자를 병행하는 경우가 많다.

한편 단기금융시장과 자본시장은 중앙은행의 통화정책과 밀접한 관계를 가지고 있다. 우선 단기금융시장은 금리조정 또는 유동성 조절 등 중앙은행의 통화정책이 일차적으로 영향을 미치는 시장으로 통화정책의 변화에 가장 민감하게 반응한다. 이러한 단기금융시장의 변화는 장기채권 수익률과 주가 등 자본시장의 주요 변수에 파급되고 최종적으로 기업의 차입비용과 투자결정, 그리고 가계소비에 영향을 미침으로써 실물경제활동과 물가를 변동시키게 된다. 이러한 점에 비추어 자본시장은 통화정책이나 단기금융시장의 변동이 실물경제나 물가에 영향을 미치는 과정에서 중간다리 역할을 수행하고 있다고 볼 수 있다.

3. 국제금융센터

3.1 국제금융센터의 구분

국제금융센터는 국제금융기관들이 지점 또는 현지법인의 형태로 영업망을 집중시킴으로써 국제금융거래가 지속적으로 이루어지는 장소를 말한다. 국제금융센터는 국제수지의 융통기반이 되고 다국적기업의 투자에 대한 자금융통의 거점과 금융혁신의 개발근거지로서의 역할을 수행하고 있다. 국제금융센터는 금융서비스의 범위에 따라 전통적 또는 세계적 국제금융센터(traditional *or* global financial center), 역외금융센터(offshore financial center) 및 기장역외금융센터(booking offshore financial center)로 구분해 볼 수 있다.

전통적 국제금융센터는 상대적으로 우월한 경제규모, 자국통화의 국제신인도 및 고도로 발달된 국내금융시장을 바탕으로 국제자본의 유출입거래 등을 위해 자연발생적으로 형성된 국제금융활동의 중심으로 런던, 뉴욕, 도쿄 금융센터를 들 수 있다.

역외금융센터는 비거주자로부터 자금을 조달해 비거주자를 대상으로 운영하는 금융중개시장으로, 조세 및 금융특혜를 부여하면서 인위적으로 창설한 금융센터이다. 소규모 경제를 갖고 있는 국가들이 해외금융기관을 유치하고 금융서비스산업에 집중함으로써 고용촉진을 도모하기 위한 노력의 산물로 싱가포르, 홍콩, 룩셈부르크, 프랑크푸르트 등이 여기에 속한다.

기장역외금융센터는 단순히 거래내역의 기장처리(booking)만을 전담하는 금융센터로 금융규제 회피 및 거래비밀 보장 등을 목적으로 하는 금융센터이며, 카리브해 지역의 금융센터가 이에 속한다.

3.2 국제금융센터의 요건

일반적으로 국제금융센터로서의 요건은 크게 안정적인 경제환경, 금융인프라 구축, 제도적 여건, 일반적인 생활여건 등을 들 수 있다.

우선, 금융시장은 상품시장, 노동시장 등 다른 어느 시장에 비해서도 훨씬 변동성이 심하고 국가 간 거래가 활발하다. 따라서 각국의 금융기관을 유치하고 이들의 활동을 통해 국제금융센터로서 자리매김하기 위해서는 다른 무엇보다도 영업활동의 안정성이 보장되어야 한다. 따라서 해당 지역의 경제환경이 전반적으로 지지부진하거나 불안정하다면 금융활동의 안정성을 보장할 수 없으므로 국제금융센터로서의 기능도 이루어지지 못할 것이다. 이와 같은 안정적인 경제환경에 해당 지역의 정치적 및 사회적 안정성이 포함됨은 물론이다.

둘째, 국제금융센터가 되기 위해서는 전반적인 경제환경과 더불어 금융인프라가 잘 갖추어져 있어야 한다. 특히 단기금융시장, 외환시장, 자본시장 등이 발달되어 있어 금융거래가 대규모로 이루어짐과 동시에 다양한 금융상품이 폭넓게 거래됨으로써 금융시장이 효율적으로 운영될 수 있어야 한다. 이러한 금융시장의 완전성이 촉진되기 위해서는 하드웨어 차원에서 정보처리기술이나 통신시설 등이 고도로 발달되어 있어 전 세계 시장정보의 입수가 신속히 이루어져야 하고 또한 대규모거래의 즉각적인 실행이 가능해짐으로써 거래비용이 저렴해질 수 있어야만 한다. 뿐만 아니라 소프트웨어 차원에서도 국제금융거래를 효율적으로 처리할 수 있는 고도의 금융기법이나 경험을 축적한 유수의 국제금융기관 및 금융전문인력이 넓게 형성되어 있어야 한다. 이와 더불어 해당국의 통화가 국제통화로서 기능을 수행하는 것도 국제금융센터로서의 유리한 조건이 될 수 있다.

셋째, 제도적인 측면에서 각종 규제를 완화 및 철폐하고 조세 면에서 우대조치를 취하며 자본유출입의 자유를 보장하는 것도 필수적이다. 국제자본이동이 확대됨에 따라 금융기관들은 각종 규제를 회피하기 위해 국경을 넘어 이동하는 경향이 증대하고 있다. 따라서 국제금융센터가 되기 위해서는 국내금융거래 및 외환거래에 대한 각종 규제를 완화하는 것이 불가피하다. 그런데 이러한 금융자유화 및 금융시장 개방은 경쟁을 촉진시켜 금융혁신을 유발하게 되고 금융혁신은 해당국의 금융시장을 발전시킴으로써 국제금융센터로서의 여건을 강화시키는 상승작용을 하기도 한다.

넷째, 국제금융기관들이 어떤 지역에 위치하기 위해서는 인력의 이동이 수반되기 마련이다. 따라서 이와 관련된 인력수급 및 일반적인 생활여건이 갖추어져야 하는 것도 국제금융센터가 되기 위한 중요한 요건 중의 하나이다. 이러한 요건으로는 노동시장의 유연성, 언어문제, 외국인에 대한 태도, 평안한 거주환경, 환경문제 등을 들 수 있다. 이와 더불어 주요국들과의 시차, 거리 등 지리적인 여건도 고려할 수 있다.

표 5-2 세계 금융허브 순위

도시	2017년	2016년
런던	1	1
뉴욕	2	2
홍콩	3	4
싱가포르	4	3
도쿄	5	5
상하이	6	13
토론토	7	10
시드니	8	8
취리히	9	11
베이징	10	16
프랑크푸르트	11	13
몬트리올	12	14
멜버른	13	21
룩셈부르크	14	18
제네바	15	20

주 : 서울은 2017년 27위.
자료 : City of London Corporation (www.cityoflondon.gov.uk).

3.3 주요 국제금융센터

◉ 런던금융센터

세계에서 가장 오래된 국제금융센터로 19세기 이래 세계무역의 중심지로서의 지위를 배경으로 형성되기 시작했으며, 1950년대 이후 유로자금시장의 생성과 함께 근대적 의미의 국제금융센터로 발전했다. 제2차 세계대전 이후 스스로 충분한 자본을 가지고 자본수출을 할 여력이 없었던 영국은 정부규제를 제거함으로써 역외금융을 중심으로 국제금융시장을 적극적으로 발전시켰다.

런던금융센터의 발전요인은 먼저 지급준비 의무, 금리상한 규제 등 통화당국의 규제를 회피하기 위한 유로자금시장의 조성에 적극적으로 노력했다는 점을 들 수 있다. 또한 1986년에 실시된 증권거래제도 대개혁(Big Bang) 등 금융시장규제 완화조치에 따라 여타 유럽국가들의 금융활동을 런던으로 흡수했으며, 다수의 금융기관이 다양한 금융거래를 취급하면서 시장유동성이 풍부하고 거래비용이 저렴해졌다는 점도 중요한 요인으로 들 수 있다. 런던금융시장은 거래량이 많고 정보수집이 쉽기 때문에 런던에 소재하는 은행들 사이의 거래에 적용되는 런던 은행 간 이자율(London Inter-Bank Offered Rate ; LIBOR)인 리보는 국제금융시장의 대표적인 금리로 인정받고 있다.

◉ 뉴욕금융센터

뉴욕금융센터는 미국이 세계경제의 중심국가로 등장하면서 고도로 발달된 국내금융시장을 기반으로 세계적인 국제금융센터로 성장했다.

달러화는 제2차 세계대전 이후 기축통화로 민간부문은 물론 중앙은행의 대외준비자산(reserve currency)으로서 중요한 역할을 담당하고 있다. 미국의 금융시장, 특히 채권시장은 거래규모, 가격결정의 투명성 및 지급결제제도의 발달 정도 등에 있어서 가장 우수하다. 또한 뉴욕 소재 금융기관들은 국제금융환경의 급속한 변화에 대처하기 위한 신종 금융상품과 금융기법의 개발에 선도적 역할을 담당하고 있다.

◉ 싱가포르금융센터

싱가포르금융센터는 싱가포르정부가 고용창출을 위해 세금감면 등의 조치를 통해 역외금융산업을 인위적으로 육성하면서 성장했다. 싱가포르는 정치적 안정, 통신시설 등 사회간접시설의 발달, 풍부한 전문인력과 지리적으로 근접한 아시아 국가들의 급속한 경제성장 등을 배경으로 아시아의 대표적인 역외금융센터로 발전하고 있다.

◉ 카리브해의 금융센터

카리브해 지역은 경제적으로 후진성을 면치 못하고 있고, 정보통신시설이 부족하기 때문에 국제금융센터로 성장할 기반도 제대로 구축되어 있지 않다. 그러나 남미지역의 자본규제를 벗어나고자 하는 자금에 대해 세금회피 및 비밀금융거래를 보장해 줌으로써 미주지역의 금융중심지로 일정한 기반을 가지고 있다. 케이만군도와 파나마 등이 주요한 금융센터로서의 역할을 하고 있다.

4. 헤지펀드, 사모펀드 및 국부펀드

International Finance, ch. five

최근 국제금융시장에서 헤지펀드(hedge funds), 사모펀드(private equity funds), 국부펀드(sovereign wealth funds) 등이 주요 참가자로서 상당한 역할을 하고 있다.

4.1 헤지펀드

헤지펀드는 고수익 확보와 위험회피를 위해 증권, 파생금융상품 및 차입금 등을 활용하는 모든 사적 투자계약 또는 투자조합을 말한다. 헤지펀드는 실무적 측면에서 볼 때 투자자산 1백만 달러 혹은 연소득 20만 달러 이상의 부유층 개인고객을 대상으로 100명 이내의 투자자를 모집하여 증권 및 관련 금융상품을 통해 자금을 운용한 후, 투자실적에 따라 배당하는 일종의 사모 투자파트너십(private investment partnership)이라고 할 수 있다.[3]

3. 사모발행이란 회사가 유가증권을 발행할 때 특정의 수요자만을 상대로 하여 발행하는 방법을 말한다. 반면 공모발행이란 회사와는 관련이 없는 일반 투자자를 대상으로 동일한 가격과 조건으로 발행하는 것을 말한다.

헤지펀드는 1949년 월가(Wall Street)의 투자자였던 존스(A.W. Jones)에 의해 처음 설립되었다. 헤지펀드란 용어는 1966년 포춘(Fortune)지 기사에 존스가 운용하는 펀드의 주식투자전략을 소개하는 과정에서 처음으로 등장하였다. 헤지펀드가 발전하게 된 계기는 1969년 소로스(G. Soros)가 더블 이글펀드(Double Eagle Fund)[4]라는 400만 달러의 소규모 헤지펀드를 설립하면서부터이다. 1970년대 주식불황기를 맞이하면서 많은 헤지펀드들이 퇴출되었고, 1984년에는 전체 헤지펀드의 수가 68개로 급감하기도 하였다.

그러나 1990년대 들어 미국의 초저금리정책으로 시중자금이 은행예금에서 뮤추얼펀드(mutual fund) 등으로 대거 이동하기 시작함에 따라 헤지펀드는 다시 비약적인 성장세를 보였다. 헤지펀드는 1998년 아시아 금융위기와 롱텀캐피탈(Long Term Capital Management ; LTCM)사 붕괴, 글로벌 금융위기 등의 여파로 한때 침체를 보였으나, 최근 세계적인 저금리와 금융시장 안정 등으로 다시 활기를 찾고 있다.

헤지펀드는 투자전략에 따라 거시경제형, 부도기업투자형, 상황투자형, 시장중립형, 공매도형, 펀드조합형 등 보통 12 내지 14개로 분류하고 있다.[5] 헤지펀드는 본래 시장위험 최소화를 통한 안정적 투자를 중시하기 때문에 레버리지(leverage)가 낮은 펀드가 많다.[6] 그러나 일부 헤지펀드는 높은 레버리지를 통해 거래량 규모를 크게 확대하는 등 공격적으로 운용하기도 한다. 일반적으로 레버리지가 높은 펀드는 거시경제형 펀드, 시장중립차익거래형 펀드 등이다.

헤지펀드를 운용하는 대표적인 회사로는 브릿지워터, J.P.모건 등이 있다. 과거에는 소로스 자산운용사와 같이 개인들이 설립한 회사들이 주요 헤지펀드 운영사를 이루었는데, 최근에는 미국의 대형 은행들이 헤지펀드 운영을 주도하고 있다.

---

4. 1973년 퀀텀펀드(Quantum Fund)로 개명하였다.
5. 거시경제형 펀드는 세계 각국의 거시경제변수를 분석해 투자대상국을 선정하고 그곳의 금융 및 실물자산에 투자하는 공격적인 펀드이다. 부도기업투자형 펀드는 도산 직전의 기업 중 인수·합병이나 구조조정 가능성이 있는 기업에 투자하는 펀드이다. 상황투자형 펀드는 적대적 인수·합병이나 사업재구축 등 특정 상황에 근거해 투자하는 펀드이고, 시장중립형 펀드는 한 시장에서 동일 비율로 매입·매도 포지션을 취하는 펀드이다. 공매도형 펀드는 장래 시장하락을 예상하고 매도포지션을 취하는 펀드이고, 펀드조합형 펀드는 다른 펀드에 예치운용하거나 다른 펀드를 선택 및 조합해 주는 펀드이다.
6. 레버리지란 기업의 타인자본의존도라고 간단히 정의할 수 있다.

표 5-3 세계 10대 헤지펀드 운영사, 2017년 (단위 : 10억 달러)

순위	회사명	국가	자산규모
1	Bridgewater Associates	미국	$122.2
2	AQR Capital Management	미국	$69.6
3	JPMorgan Asset Management	미국	$45.0
4	Renaissance Technologies	미국	$42.0
5	Two Sigma	미국	$38.9
6	DE Shaw & Co	미국	$34.7
7	Millennium Management	미국	$33.9
8	Man Group	영국	$33.9
9	Och-Ziff Capital Management	미국	$33.5
10	Winton Group	영국	$32.0

자료 : *Business Insider.*

한편, 1998년 9월 LTCM의 붕괴를 계기로 세계 각국이 헤지펀드에 대해 규제 움직임을 보이는 등 헤지펀드 문제가 국제적 이슈로 대두되었다. 특히, 거시경제형 헤지펀드가 아시아 금융위기의 주범으로 지목되면서 국가 간 투기적 자금(hot money) 이동에 대한 우려가 크게 높아졌다. 이에 따라 국제결제은행(BIS)은 헤지펀드에 자금을 제공하는 은행들에 대해 잠재적인 위험을 고객에게 보다 엄격히 공시하도록 공시의무를 부과하는 움직임을 보이는 등 간접적인 헤지펀드 규제방안을 모색 중인 것으로 알려지고 있다.

4.2 사모펀드

사모펀드는 특정 소수의 고액투자자로부터 장기로 자금을 조달해 전문적으로 기업주식, 경영권 등에 투자하고 경영성과 개선을 통해 고수익을 추구하는 펀드이다. 자금의 모집뿐만 아니라 자금의 운용도 사적인 방법으로 이루어진다는 것이 특징이다. 즉, 기업공개 이전의 주식에 투자하거나 공개된 주식이라도 공개시장을 통한 매입이 아닌 사적인 방식으로 주식을 매입한다.

사모펀드의 조직형태는 유한책임을 지는 유한파트너(limited partner)와 무한책임을 지는 일반 파트너(general partner)로 구성된다. 일반 파트너는 운용을 맡는 대신 채무에 대해서 무한책임을 지고, 유한파트너는 운용에는 관여하지 않는 대신 유한책임만을 진다. 이러한 조직형태는 펀드 운용에 무한책임을 지는 전문투자자 집단이 보험사나 연기금 등 유한책임만 지는 대형 투자자로부터 자금을 쉽게 유치할 수 있는 장점이 있다.

사모펀드는 헤지펀드처럼 감독기관의 규제를 피해 사모(私募) 방식으로 소수의 고액투자자들로부터 자금을 모으기 때문에 투명성이 낮으며, 수익극대화를 노리고 국제자본시장에 투자를 한다는 점에 있어서 헤지펀드와 상당히 유사하다고 볼 수 있다. 하지만 헤지펀드가 일반적으로 기업경영에 개입하지 않고 단기간에 매매차익을 얻는 것을 목적으로 하는 데 비해, 사모펀드는 기업의 경영권을 인수하거나 이에 영향을 미쳐 기업가치를 높인 후 되팔아 이익을 얻는 것을 목적으로 한다는 데 차이점이 있다. 이처럼 헤지펀드와 사모펀드는 투자방식이 달라, 헤지펀드의 투자기간은 경우에 따라 1년까지 늘어나기도 하지만 주로 90일 이하이며, 사모펀드는 초기 자금조달에서 차익 실현까지 보통 3~7년이 걸린다.

그러나 최근에는 헤지펀드와 사모펀드가 서로의 영역을 넘나들고 있어 양자 간의 구분이 조금씩 모호해지고 있다. 헤지펀드가 사모펀드의 영역에 진출한 사례는 2005년 서버러스 캐피털 매니지먼트가 미국 미드웨스트바코의 제지사업 부문을 23억 달러에 사들인 게 대표적이다. 또한 유럽에서는 동년 미국 기업 말콤글레이저가 헤지펀드로 구성된 컨소시엄의 지원으로 박지성 선수가 뛰고 있는 영국의 명문 축구팀 맨체스터 유나이티드를 인수해 주목을 받았다.

2000년대 이전까지만 해도 사모펀드는 국제금융시장의 주요 세력으로서 큰 역할을 하지 못했으나 이제는 세계 자금흐름의 중심으로 각광받고 있다. 예를 들어 2000년대 초 전 세계 M&A의 5%에 정도에 불과하던 사모펀드 투자가 이제는 20%를 넘어섰으며, 또한 미국 전체 기업공개의 반 이상이 사모펀드의 투자로 이루어지고 있다.

표 5-4 세계 10대 사모펀드, 2017년 (단위 : 10억 달러)

순위	회사명	소재지	자금조성규모
1	Blackstone	New York	$58.32
2	KKR	New York	$41.62
3	The Carlyle Group	Washington D.C.	$40.73
4	TPG Capital	Fort Worth	$36.05
5	Warburg Pincus	New York	$30.81
6	Advent International Corporation	Boston	$26.95
7	Apollo Global Management	New York	$24.00
8	EnCap Investments	Houston	$21.22
9	Neuberger Berman Group	New York	$20.40
10	CVC Capital Partners	London	$19.90

자료 : *PEI Media*.

현재 가장 대표적인 사모펀드는 블랙스톤, KKR, 카알라일그룹 등이다. 우리에게 잘 알려진 사모펀드로는 외환은행에서 많은 수익을 챙긴 론스타, SK의 경영권을 위협했었던 소버린, KT&G의 경영권을 위협하고 있는 칼 아이칸 등이 있다.

4.3 국부펀드

국부펀드는 국가가 보유한 공적기금을 다양한 종류의 자산에 투자해 운용하는 국가투자기금을 의미한다. 국부펀드는 운용목적이나 투자자산 선택 등에서 헤지펀드, 사모펀드, 연기금 등과 유사한 면이 있지만, 소유권이 민간이 아니라 국가에 있다는 점에서 근본적인 차이가 있다. 국부펀드의 재원조달은 국내자산을 통해서도 이루어질 수 있으나 대부분은 외환보유액 등 외화자산에 의존해 이루어지며, 재원을 어떻게 조달하는가에 따라 상품펀드와 비상품펀드로 크게 나뉘어진다. 상품펀드의 재원은 국가기관의 원자재 수출대금 또는 민간기업의 원자재 수출소득에 대한 세금 등 정부의 외화수입으로 조달된다. 반면 비상품펀드의 재원은 국제수지 흑자로 축적된 외환보유액, 공적연기금, 재정잉여자금 등으로 조달된다.

국부펀드라는 용어가 본격적으로 사용되기 시작한 것은 2005년경이다. 그러나 1950년대에도 1953년 쿠웨이트투자청(KIA), 1956년 길버트제도(영국식민정부)의 키리바티(Kiribati) 자산균등화기금 등이 만들어졌으며, 많은 국부펀드는 1970년대에 만들어졌다. 2000년대 이후 국부펀드는 아시아와 중동을 비롯한 신흥시장 국가들이 주로 조성해 왔다. 이들은 석유 수출과 경상수지 흑자를 통해 벌어들인 막대한 외환보유액을 이용해 국부펀드를 설립해 오고 있다. 우리나라는 외환보유액 등 공공부문의 여유자금을 효율적으로 굴리기 위해 2005년 7월 200억 달러(한국은행 외환보유액 170억 달러 및 재정경제부 외국환 평형기금 30억 달러) 규모의 한국투자공사(Korea Investment Company ; KIC)를 설립하였다.

이후에도 전 세계적으로 국부펀드 열풍이 불어 2007년 중국투자공사(China Investment Corporation ; CIC)와 리비아투자공사(Libya Investment Authority ; LIA)가 설립되었고, 이어 2008년 러시아가 320억 달러 규모의 국부펀드를 설립했다.

국부펀드를 바라보는 세계 자본시장의 시선은 이중적이다. 일부는 신용경색 여파로 부진한 국제금융시장에 국부펀드가 활력소를 제공할 것으로 기대하고 있다. 대표적인 예로 2007년 이후 아부다비투자청(ADIA)의 씨티그룹에 대한 75억 달러 투자,

중국투자청의 모건스탠리에 대한 50억 달러 투자, 한국투자청의 메릴린치에 대한 20억 달러 투자 등을 들 수 있다. 그러나 이와 동시에 국부펀드는 국가가 펀드를 운용하기 때문에 정치적 고려가 개입될 여지가 크며, 또한 그 규모로 인해 다른 국가 민간기업들에 정치적 영향력을 주는 전례 없는 기회를 갖게 될 수 있다고 선진국들은 우려하고 있다. 특히 중국 등 아시아 국가와 오일머니로 무장한 중동국가들의 국경을 넘나드는 투자를 제한하지 못하면 자국 기간산업이 국부펀드라는 금융무기의 공격을 받을 수도 있다는 위기감이 선진국가들을 긴장시키고 있는 것이다. 이에 미국을 비롯한 서방국들은 외국인투자위원회 같은 기구를 통해 해외 국부펀드의 자국 기업 투자에 대한 감시장치를 마련하고 있다. 아울러 국부펀드 운용의 투명성 제고 및 규제 장치를 강구해야 한다고 주장하면서, 국제통화기금과 세계은행이 나서서 국부펀드 운용에 관한 국제적 규범을 제정해 줄 것을 촉구하고 있다.

표 5-5 **주요 국부펀드, 2017년** (단위 : 10억 달러)

국가	펀드명	자산규모	설립연도
노르웨이	Government Pension Fund-Global	998.9	1990
중국	China Investment Corporation	900.0	2007
UAE	Abu Dhabi Investment Authority	828.0	1976
쿠웨이트	Kuwait Investment Authority	524.0	1953
사우디아라비아	SAMA Foreign Holdings	494.0	1952
홍콩	Hong Kong Monetary Authority Investment Portfolio	456.6	1993
중국	SAFE Investment Company	441.0	1997
싱가포르	Government of Singapore Investment Corporation	359.0	1981
카타르	Qatar Investment Authority	320.0	2005
중국	National Social Security Fund	295.0	2000
사우디아라비아	Public Investment Fund	223.9	2008
UAE	Investment Corporation of Dubai	209.5	2006
싱가포르	Temasek Holdings	197.0	1974
UAE	Mubadala Investment Company	125.0	2002
한국	Korea Investment Corporation	122.3	2005
UAE	Abu Dhabi Investment Council	110.0	2007
호주	Australiang Future Fund	105.4	2006
이란	National Development Fund of Iran	91.0	2011
러시아	National Welfare Fund	72.2	2008
리비아	Libyan Investment Authority	66.0	2006
미국	Alaska Permanent Fund	61.5	1976

자료 : http://www.swfinstitute.org/fund-rankings/.

5. 수익률 계산

국제금융시장에서 자금을 운용하기 위해서는 여러 금융상품들의 수익률을 비교해 보아야 한다. 그런데 금융상품들은 서로 다른 만기구조와 상환방식을 가지고 있어 구체적으로 수익률을 계산하는 것은 매우 복잡한 작업이 될 수 있다.

수익률을 측정하는 전형적인 방법은, 오늘 투자한 금액과 나중에 돌려받을 금액과의 차이를 오늘 투자한 원금에 대해 연율로 나타내는 것이다. 예를 들어 오늘 100원을 투자해 1년 후 105원을 받는다면 수익률은 5%($=\frac{105-100}{100}\times 100\%$)가 된다. 구체적으로 이러한 수익률을 계산하는 방법은 상품에 따라 달라질 수 있는데, 크게 만기수익률(yield to maturity), 부가수익률(add-on yield), 은행할인율(bank discount rate) 등이 있다.

5.1 만기수익률

수익률을 계산하는 기초적인 방법은 만기수익률법이다. 만기수익률은 채권등가수익률(bond equivalent yield)이라고도 부르는데, 미래의 모든 이자지급액과 원금상환액의 현재가치(present value)를 금융상품의 현재 시장가격과 일치하게 만드는 수익률을 말한다. 만일 유로본드시장에서처럼 이자가 매 1년 단위로 지급된다면 만기수익률은 아래와 같은 식을 만족시키는 r이 된다.

$$P=\frac{C}{(1+r)}+\frac{C}{(1+r)^2}+\cdots+\frac{C}{(1+r)^n}+\frac{FV}{(1+r)^n} \qquad (5-1)$$

여기서 P는 해당 금융상품의 현재 시장가격, C는 매년 지급되는 표면이자, n은 만기까지의 연수(years), 그리고 FV는 액면금액을 나타낸다. 때로는 이자가 반년 혹은 분기마다 지급되기도 하는데, 이처럼 이자가 연 m회 지급되는 경우의 만기수익률은 다음과 같은 식을 이용해 구할 수 있다.

$$P=\frac{C/m}{(1+r/m)}+\frac{C/m}{(1+r/m)^2}+\cdots+\frac{C/m}{(1+r/m)^{mn}}+\frac{FV}{(1+r/m)^{mn}} \qquad (5-2)$$

$$= \frac{C/m[1-(1+r/m)^{-mn}]}{r/m} + \frac{FV}{(1+r/m)^{mn}} \qquad (5-3)$$

그런데 실효만기수익률(effective yield to maturity)은 이자지급 횟수에 따라 달라진다. 예를 들어 1년에 1회 이자를 지급받는 경우보다 여러 번에 걸쳐 받는 경우 현금을 상대적으로 더 빨리 얻게 되므로 이자지급 횟수가 많을수록 실효수익률이 높아지게 된다. 따라서 다양한 상품들의 수익률을 비교할 때는 연지급상당액(annual-pay equivalent)으로 환산해 비교해야만 한다.

5.2 부가수익률

부가수익률은 유로커런시예금과 같이 보통 100의 가격으로 발행되어 만기에 표면이자가 부가되는 금융상품의 수익률 계산에 흔히 사용되는데, 다음과 같은 식을 이용한다.

$$\text{부가수익률} = \frac{\text{이자지급액}}{100} \times \frac{360}{\text{기간}} \qquad (5-4)$$

여기서 이자지급액은 100의 투자에 대해 만기에 지급되는 이자금액이고, 기간은 만기까지의 실제일수이다. 예를 들어 90일 만기 유로달러예금에 대한 이자지급액이 2.5달러라면, 이에 대한 부가수익률은

$$\frac{2.5}{100} \times \frac{360}{90} = 10.00\%$$

가 된다. 부가수익률의 문제점은 복리계산(compounding)을 무시하고 있다는 것이다. 복리계산이 중요한 이유는 반년마다 이자를 지급하는 1년 만기 예금이 동일한 이자율로 1년에 1회 이자를 지급하는 예금보다 유리해지기 때문이다.

5.3 은행할인율

때로는 수익률을 계산할 때 투자액이 아닌 만기의 회수금액을 기준으로 하는 은행할인율을 이용하기도 한다. 은행할인율은 단기재무성증권(Treasury bill ; T-bill),

은행인수어음(banker's acceptance ; BA), 기업어음(commercial paper ; CP) 등과 같은 단기금융시장 상품처럼 표면이자(coupon)[7]가 없고 단지 액면금액 100에서 할인해 판매되는 상품에 적용되기도 하는데, 다음과 같이 계산된다.

$$\text{은행할인율} = \frac{\text{할인액}}{100} \times \frac{360}{\text{기간}} \qquad (5-5)$$

여기서 할인액은 액면금액(face value) 100에서 할인되는 금액을 말하며, 기간이란 만기까지의 실제일수를 나타낸다. 예를 들어 100원의 기업어음에 대해 할인액이 2원이고 만기가 90일이라고 할 때 할인율 방식에 따라 수익률을 계산하면

$$\frac{2}{100} \times \frac{360}{90} = 8.00\%$$

가 된다.

7. 차입금액에 만기일까지 매 기간 지급하기로 약속된 이자율을 표면이자율(coupon rate)이라 하고, 지불하게 되는 이자금액을 표면이자(coupon) 또는 액면이자라고 한다.

요약

1. '국제금융시장'이란 대부자나 차입자 중 일방이 외국인이거나 금융중개기관이 외국에 소재하는 경우의 금융시장을 가리킨다. 과거에는 국제금융시장이 실물거래를 뒷받침하는 보조적인 기능 위주로 운영되었으나 오늘날에는 금융동기에 따른 자율적 거래 위주로 운영되고 있다. 국제금융시장의 주요 참가자들은 차입자그룹, 투자자그룹, 금융중개인 및 국제딜러로 크게 나눌 수 있다. 국제금융결제는 증권결제와 외환결제라는 두 가지 차원을 포괄하는데, 국제금융거래에 따른 원본위험, 대체위험, 유동성 위험, 법률적 위험 및 환위험 등을 해결하기 위해 각국 결제시스템 간 상호협력 및 통합결제시스템의 도모 등 다양한 노력이 진행되고 있다.

2. 국제금융시장은 거래 종류, 장소 혹은 기간 등에 따라 각기 구분되어질 수 있다. 흔히 국제금융시장을 지칭할 때는 외환시장이 포함되지 않은 '협의의 국제금융시장'을 의미하기도 한다. 국제금융시장은 금융기관의 소재지를 중심으로 볼 때 자금대차가 국내통화로 이루어지는가 혹은 외국통화로 이루어지는가에 따라 '역내시장'과 '역외시장'으로 나뉘어진다. 또한 금융중개의 형태에 따라 직접금융이 이루어지는 역내시장을 '외국채권시장', 역외시장을 '유로채시장'이라 하며, 간접금융이 이루어지는 역내시장을 '국제여신시장', 역외시장을 '유로커런시시장'이라 부른다. 만기별로는 만기가 1년 이내인 상품이 거래되는 단기금융시장(혹은 화폐시장)과 1년 이상의 상품이 거래되는 자본시장으로 나눈다.

3. 국제금융센터란 국제금융기관들이 지점 또는 현지법인의 형태로 영업망을 집중시킴으로써 국제금융거래가 지속적으로 이루어지는 장소를 말한다. 국제금융센터는 전통적 또는 세계적 국제금융센터, 역외금융센터 및 기장역외금융센터로 구분해 볼 수 있다. 국제금융센터가 되기 위한 조건으로는 안정적인 경제환경, 훌륭한 금융인프라, 각종 규제완화 및 우호적인 제도, 그리고 생활하기에 편안한 여건 등을 들 수 있다.

4. 최근 국제금융시장에서 헤지펀드, 사모펀드, 국부펀드 등이 주요 참가자로서 상당한 역할을 하고 있다. 헤지펀드는 고수익 확보와 위험회피를 위해 증권, 파생금융상품 및 차입금 등을 활용하는 모든 사적 투자계약 또는 투자조합을 말한다. 헤지펀드는 실무적 측면에서 볼 때 소수의 부유층 개인고객을 대상으로 투자자를 모집하여 증권 및 관련 금융상품을 통해 자금을 운용한 후, 투자실적에 따라 배당하는 일종의 사모 투자파트너십이라고 할 수 있다. 사모펀드는 특정 소수의 고액투자자로부터 장기로 자금을 조달해 전문적으로 기업주식, 경영권 등에 투자하고 경영성과 개선을 통해 고수익을 추구하는 펀드이다. 자금의 모집뿐만 아니라 자금의 운용도 사적인 방법으로 이루어진다는 것이 특징이다. 국부펀드는 국가가 보유한 공적기금을 다양한 종류의 자산에 투자해 운용하는 국가투자기금을 의미한다. 국부펀드는 운용목적이나 투자자산 선택 등에서 헤지펀드, 사모펀드, 연기금 등과 유사한 면이 있지만, 소유권이 민간이 아니라 국가에 있다는 점에서 근본적인 차이가 있다.

5. 수익률을 측정하는 전형적인 방법은 오늘 투자한 금액과 나중에 돌려받을 금액과의 차이를 오늘 투자한 원금에 대해 연율로 나타내는 것이다. 구체적인 방법은 금융상품에 따라 달라질 수 있는데, 크게 만기수익률, 부가수익률, 은행할인율 등이 있다.

부록 신용평가

국제금융시장에서 자금을 조달할 때 조달비용을 결정하는 중요한 요인 중의 하나가 차입자의 신용도이다. 예를 들어 국제금융시장에서 대출을 받고자 할 때 일정한 기준금리(예 : LIBOR)에 가산금리(spread)를 더해 대출이자율을 정하는데, 가산금리의 크기는 차입자의 신용도에 따라 크게 달라진다. 또한 국제금융시장에서 채권을 발행하고자 할 때도 필수적으로 요구되는 조건 중의 하나가 신용등급(credit ratings)이고, 이에 따라 채권발행비용이 달라진다.

신용평가는 보통 채무자의 파산가능성, 채무의 특성 등에 대한 분석에 기초해 이루어진다. 현재 세계적으로 많은 신용평가기관들이 각국 정부, 지방정부, 기업 및 금융기관, 국제기관 등에 대한 신용등급을 발표하고 있는데, 가장 권위 있는 3대 신용평가기관은 Standard & Poor's(S&P), Moody's Investors Service(Moody's), Fitch Ratings이다.

1888년 설립된 McGraw-Hill 그룹의 자회사 중 하나인 S&P사는 1916년부터 신용분석 및 정보를 제공해 온 신용평가회사이다. 직접적으로 교역 및 투자에는 관여하지 않고 오로지 객관적이며 통찰력 있는 위험도 분석과 평가에 집중하고 있으며, 따라서 정부나 은행, 기업과는 독립되어 평가활동을 하고 있다. 국제금융시장에서 발행된 채권물량의 50% 이상이 S&P사로부터 신용등급을 평가받고 있으며, 채권물량에서는 Moody's사에 뒤지지만 자체 신용도 면에서는 Moody's사보다 높게 평가되고 있다.

Moody's사는 1909년 철도회사의 투자자들을 위한 채권평가를 공식 발표하면서 처음 신용평가업무를 시작한 신용평가기관이다. 1914년에 신용평가대상을 미국 내 도시 및 지방 자치단체 발행채권까지로 확대했고, 1924년에 미국 채권시장의 거의 100%에 해당하는 기업들이 Moody's의 평가를 받게 되었다. 현재 수십여 개국의 국가신용도를 측정하고 있으며, 7만여 개의 기업 및 금융기관, 6만여 종의 유가증권의 신용평가를 하고 있다.

Fitch사는 1913년 금융통계 출판사로 시작했으나 1997년 12월, FIMALAC사와 IBCA 유한회사의 합병을 통해 세계 3대 신용평가기관으로 자리잡았다. 채무관계에 있어서 상당한 시장의 우위를 점하고 있으며, 650개 이상의 비미국계 금융기관과 50

여 개국에 대한 국가신용도 평가를 실시하고 있다.

표 A5-1 **신용등급 분류**

<table>
<tr><th>Moody's</th><th>S&P</th><th>Fitch</th><th colspan="2">구분</th></tr>
<tr><td>Aaa</td><td>AAA</td><td>AAA</td><td rowspan="4">우량</td><td rowspan="10">투자 적격</td></tr>
<tr><td>Aa1</td><td>AA+</td><td>AA+</td></tr>
<tr><td>Aa2</td><td>AA</td><td>AA</td></tr>
<tr><td>Aa3</td><td>AA−</td><td>AA−</td></tr>
<tr><td>A1</td><td>A+</td><td>A+</td><td rowspan="3">양호</td></tr>
<tr><td>A2</td><td>A</td><td>A</td></tr>
<tr><td>A3</td><td>A−</td><td>A−</td></tr>
<tr><td>Baa1</td><td>BBB+</td><td>BBB+</td><td rowspan="3">잠재적
불안정</td></tr>
<tr><td>Baa2</td><td>BBB</td><td>BBB</td></tr>
<tr><td>Baa3</td><td>BBB−</td><td>BBB−</td></tr>
<tr><td>Ba1</td><td>BB+</td><td>BB+</td><td colspan="2" rowspan="3">투자 부적격1)</td></tr>
<tr><td>Ba2</td><td>BB</td><td>BB</td></tr>
<tr><td>Ba3</td><td>BB−</td><td>BB−</td></tr>
<tr><td>B1</td><td>B+</td><td>B+</td><td colspan="2" rowspan="3">투자 부적격2)</td></tr>
<tr><td>B2</td><td>B</td><td>B</td></tr>
<tr><td>B3</td><td>B−</td><td>B−</td></tr>
<tr><td>Caa</td><td>CCC+</td><td>CCC+</td><td colspan="2" rowspan="3">지급불능</td></tr>
<tr><td>⋮</td><td>⋮</td><td>⋮</td></tr>
<tr><td>C</td><td>D</td><td>D</td></tr>
</table>

주 : 1)은 지급불능 가능성이 낮으나 상황에 따라 가능.
2)는 지급불능 가능성이 매우 높음.

이들 3개 신용평가기관의 신용등급 분류는 〈표 A5-1〉에 제시되어 있다. 각 등급 내에서는 향후 전망에 따라 긍정적(positive), 안정적(stable), 부정적(negative) 등 신용등급의 변화가능성을 보다 세분화하고 있다.

연습문제

01. 1970년대 초까지는 개도국에 대한 민간대출이 거의 없었던 반면, 이후 1980년대 초까지 개도국에 대한 대출이 급증했는데, 그 이유는 무엇인가?

02. 국제금융시장의 통합화 정도를 판단할 수 있는 기준에 대해 설명하라.

03. 금융혁신이 금융시스템의 안정성에 미치는 영향 및 시장의 안정성을 유지하기 위한 방안에 대하여 논해 보아라.

04. 최근 국제금융시장에서 다양한 변화들이 나타나고 있는데, 이러한 변화의 배경으로 어떤 요인들을 지적할 수 있겠는가?

05. 우리나라가 국제금융센터로서 가질 수 있는 강점과 약점으로는 어떤 것들이 있는지 논하고, 우리나라가 국제금융센터로 부상하기 위한 방안을 제시해 보아라.

06. 한국의 어느 기업이 미국 달러화를 연리 8%로 1년 동안 차입했다. 지난 1년 동안 달러화가 원화에 대해 8% 절상되었다면 이 기업의 실제적인 부채비용은 얼마가 되겠는가?

07. 어떤 금융상품에 대해 1년에 2회 연율 9%의 이자를 지급하는 경우 1년에 1회 연율 9%의 이자를 지급하는 경우에 비해 실제적으로 얼마만큼 추가이익이 발생하는가?

08. 30일 만기 유로예금 $100에 대한 이자지급이 $0.5라고 할 때 수익률은 얼마인가?

09. 부가수익률은 만기수익률의 특수한 형태로 간주할 수 있다. 간단한 예를 들어 이를 증명해 보라.

국제은행업무와 국제은행시장

International **Finance**
ch. six

국제금융시장에서 가장 중요한 역할을 하는 참가자는 은행들이다. 과거에는 은행들의 업무가 국내영업에 한정된 측면이 많았고 업무범위 또한 주로 예금 및 대출 위주로 이루어졌었다. 그러나 오늘날 금융의 글로벌화 및 금융시장의 통합화가 진행되는 환경 속에서 은행들은 국내금융과 국제금융을 동시에 제공하도록 요구받고 있고 아울러 다양한 금융업무를 통합적으로 고객에게 제공할 수 있는 능력이 요구되고 있다.

이에 본 장에서는 국제은행업무와 국제은행시장을 살펴본다. 제1절에서는 은행들이 국제화되어 가는 과정을 설명한다. 제2절에서는 국제은행업무 중 상업은행들의 예금 및 대출이 주를 이루고 있는 국제은행시장에 대해 살펴보고, 제3절에서는 국제은행시장의 핵심을 이루고 있는 유로커런시시장을 다룬다.

1. 국제은행업무의 개요

1.1 국제은행업무의 의의

국제은행업무란 외국통화표시 거래, 외국인과의 거래, 혹은 해외에서 이루어진 거래 등 국내금융업무를 벗어난 거래라고 폭넓게 정의할 수 있다. 국제은행업무의 영역에는 단순한 무역 관련 업무로부터 외국에 대한 프로젝트파이낸싱, M&A금융 등 특수금융에 이르기까지 지역적 · 기능적으로 매우 다양한 업무들이 포함된다. 또한 국제은행업무는 영업의 유형에 있어 국내은행업무와 공통점이 있는 반면, 동시에 국내금융과는 달리 두 개 이상의 통화, 법적 환경 및 제도의 차이, 정치적 위험의 존재 등을 추가적으로 고려해야 하는 매우 복잡한 양상을 띠고 있다.

그러나 금융세계화가 진전되고 금융시장이 통합되면 될수록 국내업무와 국제업무의 구분이 어려워지고 있다. 물론 일반적인 개인고객을 대상으로 하는 소매업무처럼 순수하게 국내적인 업무로 남아 있는 영업분야도 있지만, 세계적인 다국적기업을 대상으로 하는 경우에는 국내업무와 국제업무를 통합적으로 다룰 수 있는 업무체제의 구축이 필요하다. 더욱이 금융시장의 통합에 따라 순수 국내영업분야에서도 외국금융기관들과 경쟁을 해야 하기 때문에 이미 국내업무도 곧 국제경쟁의 대상이 되는 등 국내외 구분이 모호해지고 있다.

그러나 이와 같은 업무영역의 구분은 세계화하고 있는 금융환경에서 점점 부적절해지고 있다. 금융산업의 업무영역에 대한 규제가 완화되고 있을 뿐만 아니라 전통적인 은행업무의 많은 부분이 직접금융에 의해 대체되어 감에 따라 상업은행들은 스스로의 생존을 위해서도 자본시장업무나 보험업무와 같은 새로운 금융분야로 진출하지 않으면 안 되게 되었다.

따라서 국제은행업무는 국내업무와 국제업무 간 구분 또는 상업은행업무와 투자은행업무 간 구분을 하기보다, 금융세계화 및 금융시장 통합과 더불어 새로이 등장하는 고객들의 요구에 부합하는 다양한 금융업무를 통합적인 형태로 제공하는 것이라고 이해하는 것이 바람직하다.[1]

1.2 은행의 국제화

◉ 은행의 국제화 요인

그렇다면 은행들이 업무영역을 확대하기 위해 적극적으로 해외에 진출하도록 만드는 요인은 무엇인가? 이는 다국적기업의 해외직접투자 요인을 설명하는 이론들을 일부 수정해 설명해 볼 수 있을 것이다.

완전경쟁 이론적 설명에 따르면 기업들은 수익이 낮은 곳에서 높은 곳으로 이동하려고 할 것이다. 만일 국내시장이 많은 금융기관들 간의 경쟁으로 이미 포화상태에 있다면 금융기관들은 국내시장에서 충분한 수익을 기대하기가 어려우므로, 시장의 성장전망이 훨씬 양호하고 수익률 전망도 좋은 해외시장으로 진출하고자 할 것이다. 뿐만 아니라 해외에 진출하게 되면 포트폴리오 분산효과를 통해 위험도 감소시킬 수 있는 이점이 있다. 따라서 자국에서만 영업을 하기보다는 해외로 영업을 확대 및 분산시키는 과정에서 금융기관의 해외진출이 발생한다는 것이다.

이와 같은 완전경쟁 이론과는 달리 독과점 이론적 설명들은 은행의 해외진출이 기업의 행태와 관련이 있다고 주장한다. 이들에 따르면 은행의 해외진출을 설명하는데 있어 우선 인지해야 할 것은, 타국에서 영업하고 있는 은행은 언어소통(communication), 문화 차이, 지역경제에 대한 무지 등에서 오는 어려움 때문에 불리한 입장에 있다는 것이다. 즉, 무엇인가 그 지역 금융기관들에 비해 유리한 조건이 있지 않으면 해외진출이라는 것이 발생할 수 없다는 것이다. 따라서 해외진출 은행은 잠재적 경쟁상대인 현지은행들이 갖지 못한 어떤 독과점적인 우위를 보유해야 한다는 것이 해외진출을 발생시키는 필요조건이라고 할 수 있다. 다국적은행이 갖고 있는 우위요인은 저렴한 자금조달창구, 브랜드(brand name), 금융기법, 마케팅 능력, 경영노하우, 규

1. 이와 같은 다양한 금융서비스를 포괄적으로 제공하는 은행을 유니버설은행(universal bank *or* full service bank)이라고 부른다.

제회피, 정치력 동원능력 및 규모의 경제 등 여러 가지가 있다.

이러한 우위를 바탕으로 다국적은행들은 다음과 같은 이유로 해외진출을 시도하게 된다. 첫째, 해외에 진출하는 경우 해당국 다국적기업 고객에 대한 보다 상세한 정보를 입수함으로써 업무효율성이 제고될 수 있으며 또한 고객과의 거래에서 발생하는 거래비용도 절감할 수 있게 된다. 둘째, 자국의 다국적기업이 해외로 진출하는 경우 자신의 고객에 대한 금융서비스를 현지은행에게 침식당하지 않기 위해 동반 해외진출을 시도하고자 한다. 셋째, 금융기관들도 기업들과 마찬가지로 단기적인 이윤증대만을 추구하는 것이 아니라 장기적인 시장확보도 추구하므로 국내시장뿐만 아니라 해외시장점유율을 높이기 위하여 해외진출을 계속 확대한다. 국내에서 일정한 규모 이상으로 성장한 은행들은 필연적으로 규모의 경제 효과 등을 노려 규모를 더욱 확대하고자 사업대상을 국내시장에서 해외시장으로 확대해 나가며 영업형태도 다각화하려는 속성을 가진다. 이 과정에서 해외진출이 발생하게 된다.

넷째, 과점이론에 따르면 실제 아무런 이유가 없을지라도 단지 경쟁 금융기관의 행동 때문에 해외진출이 발생할 수 있다는 것이다. 과점시장에서 각 금융기관들은 상대방의 행동을 주시하게 된다. 이때 한 금융기관이 해외진출 등의 새로운 행동을 보이면 다른 금융기관들도 그에 대응하게 되고 이 과정에서 해외진출이 늘어날 수 있다는 것이다. 최초로 행동을 하는 금융기관에 대해 다른 금융기관들이 아무런 대응을 하지 않고 있으면 시장을 상실하거나 또는 최초 금융기관의 성장으로 인해 상대적인 우위를 상실할 우려가 있으므로 당장의 이윤과는 상관이 없어도 해외진출을 하게 된다는 것이다. 은행들은 다른 금융기관의 움직임에 대한 수동적인 반응에 그치는 것이 아니라 다른 금융기관이 아무런 행동을 하지 않더라도 어떤 행동을 할 것에 대비해 미리 선제적인 행동을 하는 경우도 있다. 이는 이윤이 거의 없어도 시장에서 상대방을 제압하겠다는 과점적인 행동에서 나오는 것이다.

다섯째, 어떤 은행은 비용절감뿐만 아니라 지역시장에 보다 잘 적응하기 위해 해외진출을 시도한다. 예를 들어 미국의 은행들은 문화적으로 상당히 다른 동아시아 국가들에 직접 진출해 동아시아인들의 기호 및 습성을 이해하고 그에 맞는 금융상품을 개발해 판매하는 것이 더욱 효과적인 전략이라고 생각할 수 있다. 특히 상품차별화가 크게 작용하고, 상품의 개발 및 변화가 빠르며, 광고 등의 마케팅 전략이 무엇보다도 중요한 금융산업에서는 현지화를 통한 직접판매가 더 효과적일 것이므로 금융기관의 해외진출이 발생하게 된다.

이 외에도 국제금융센터로 발전하기 위해 해당국 정부가 각종 규제를 완화하고 조세감면 등의 인센티브를 제공하는 등 투자여건을 개선해 감에 따라 금융기관들의 해외진출이 발생하기도 한다.

◉ 은행의 국제화 형태

은행이 국제은행업무에 참여하는 형태는 여러 가지로 나타날 수 있다. 가장 초보적인 형태는 외국은행과 코레스은행관계(correspondent bank relationship)를 설정하는 것이다. 예를 들어 우리나라의 은행이 미국의 은행에 코레스은행 구좌를 설정하고 마찬가지로 미국 은행은 우리나라의 은행에 코레스은행 구좌를 설정하는 것이다. 이를 통해 은행들은 상호주의를 근간으로 하여 금융정보와 자문의 교환, 무역금융의 환어음 인수, 수표 및 어음의 국제추심업무 등을 영위하게 된다. 더 나아가 컨소시엄은행단이나 신디케이트대출 은행단을 구성하여 국제대출에도 참여하게 된다.

그러나 이러한 국제은행업무는 고객들이 요구하는 금융서비스를 충분히 제공할 수 없기 때문에 은행들은 직접 외국에 진출을 도모하고자 한다. 외국진출의 전형적인 형태는 연락사무소(representative offices), 에이전시(agency), 지점(foreign branches), 현지법인(subsidiary)으로 나눌 수 있다. 연락사무소는 일반적으로 고객 및 본부와의 연락, 정보수집, 섭외 등의 업무를 수행하며 실제 은행영업은 하지 못하도록 되어 있다. 연락사무소는 최소의 자원투입이 요구되며 수행할 수 있는 범위도 한정되어 있는데, 대체로 지점을 설립하기 위한 전단계로서 설치한다. 에이전시는 연락사무소와 마찬가지로 본사의 일부로서 활동하고 외국인의 요구불예금은 수취할 수 있지만 현지국 주민의 요구불예금은 수취할 수 없다. 또한 신용공여, 은행간시장에서의 차입과 대여 등은 허용되어 있어 연락사무소와 지점의 중간 정도의 형태를 취하고 있다.

지점과 현지법인은 원칙적으로 현지은행이 수행하는 것과 동일한 업무가 허용된다. 제조기업의 해외진출에는 현지법인의 형태를 취하는 것이 일반적이지만 은행의 해외진출의 경우에는 지점이 가장 보편적인 형태이다. 지점은 본사의 일부로서 현지국이 허용하는 범위 내에서 예대업무 등 모든 전통적인 은행업무를 할 수 있다. 이에 반해 현지법인인 본사가 지분참여를 하지만 현지법에 의해 설립되어 법적으로는 본사와 독립적인 법인이다. 현지법인은 신설되거나 또는 현지은행을 매수함으로써 설립될 수 있다.

1.3 상업은행 vs. 투자은행

국제은행 업무와 관련해 은행은 보통 크게 상업은행(commercial bank)과 투자은행(investment bank)으로 나누어진다. 상업은행은 여유자금을 가진 예금자의 저축을 재원으로 하여 개인 또는 기업에게 대출을 제공하는 금융중개기능을 수행한다. 이처럼 여신과 수신 업무를 전개하면서 예금자로부터 낮은 금리로 자금을 조달해 자금수요자에게 높은 금리로 대출함으로써 대출이자와 예금이자의 차이인 예대마진을 수익의 기반으로 삼는다.

이에 반해 투자은행은 주식과 채권의 발행시장에서 주간사 역할을 담당하고 증권의 유통거래를 취급하고 있다. 발행시장 업무와 관련해 주식 및 회사채 인수, 인수합병(M&A), 기업 공개(IPO) 등을 담당하며, 유통시장 업무와 관련해 유가증권 매매의 중개(brokerage), 자기매매 등을 하고 있다. 투자은행은 이 밖에도 기업의 자금조달에 대한 자문, 사회간접자본 투자, 고객의 자산관리, 파생금융상품의 설계 등을 담당하고 있다. 이처럼 투자은행은 증권사, 선물회사, 자산운용사, 투자자문사 등 비은행금융기관의 다양한 업무를 수행하면서 수수료 및 투자성과를 수익의 기반으로 삼는다.

상업은행과 투자은행은 이 외에도 몇 가지 차이점이 있다. 두 은행 모두 고객으로부터 여유자금을 받아서 투자해 그 수익의 일부를 고객에게 돌려준다는 점에서 유사하게 보일 수 있지만, 상업은행이 고객들에게 정해진 금리에 따라 이자를 지급하는 반면 투자은행은 투자 성과에 따라 고객들에게 돌려주는 수익이 달라진다는 점에서 차이가 있다. 따라서 투자은행의 고객들은 투자가 성공적일 경우 상업은행보다 훨씬 높은 투자수익을 받게 되지만, 투자 성과가 좋지 않을 경우 이자는 물론이고 원금의 일부도 돌려받지 못할 수 있다. 또 다른 차이는 금융규제 차원에서 상업은행은 고객의 예금을 보호하기 위한 예금자보호제도 등 규제가 까다롭지만 투자은행은 상대적으로 규제가 느슨한 편이다. 따라서 안정적으로 자산을 운용하는 상업은행과 달리 투자은행은 자기자본금을 활용하여 글로벌 금융시장에 과감히 진입해 자산관리, 모험자본, M&A 중개, 각종 파생상품 판매 등 비교적 리스크가 높은 분야에 공격적으로 투자하고 있다.

1.4 국제은행의 현황

표 6-1 **세계 20대 은행, 2018년**(총자산 기준) (단위 : 10억 달러)

순위	은행명	국적	총자산
1	Industrial and Commercial Bank of China	China	4,006.24
2	China Construction Bank	China	3,397.69
3	Agricultural Bank of China	China	3,233.21
4	Bank of China	China	2,989.65
5	Mitsubishi UFJ Financial Group	Japan	2,815.27
6	J.P. Morgan Chase	United States	2,533.60
7	HSBC Holdings	United Kingdom	2,521.77
8	China Development Bank	China	2,450.81
9	BNP Paribas	France	2,350.93
10	Bank of America	United States	2,281.23
11	Credit Agricole	France	2,114.57
12	Wells Fargo	United States	1,951.76
13	Mizuho Financial Group	Japan	1,866.82
14	Citigroup	United States	1,842.47
15	Sumitomo Mitsui Financial Group	Japan	1,803.22
16	Deutsche Bank	Germany	1,768.65
17	Banco Santander	Spain	1,732.15
18	Barclays	United Kingdom	1,531.19
19	Societe Generale	France	1,529.26
20	Groupe BPCE	France	1,510.94

자료 : *The Banker* (www.thebanker.com).

〈표 6-1〉은 2018년 말 현재 총자산을 기준으로 한 세계 20대 은행을 보여주고 있다. 이 표에 따르면 세계 20대 은행들 중에서 중국계, 미국계, 프랑스계 은행들이 가장 많고, 일본계 및 영국계 은행들이 뒤를 따르고 있다. 이러한 통계는 뉴욕, 런던, 동경, 파리 등이 주요 국제금융중심지로서 기능을 하고 있으며, 최근 중국 경제의 부상에 따라 중국의 금융기능도 활성화되고 있다는 것을 의미하기도 한다.

세계 굴지의 은행들은 대부분 적극적으로 국제은행업무를 수행하고 있다. 아직 상대적으로 금융이 발전하지 못한 아시아계 은행들을 제외하고는 대부분의 은행들이 40% 이상의 영업을 해외에서 수행하고 있다. 이처럼 해외영업의 비중이 높은 수준을 유지하는 것은 국제은행들이 수익성을 확보하기 위해 해외로 적극 진출하고 있으며 또한 경제통합이 진전되고 금융시장 개방폭이 확대됨에 따라 은행산업의 국제화가 심화되고 있기 때문이다.

표 6-2 국제신디케이트대출 실적 순위, 2017년 (단위 : 백만 달러)

순위	은행명	국적	금액
1	Bank of American Merrill Lynch	미국	398,202.2
2	JP Morgan	미국	355,765.2
3	Citi	미국	254,959.6
4	Wells Fargo & Co.	미국	216,096.6
5	Barclays	영국	172,220.8
6	Goldman Sachs & Co.	미국	162,142.7
7	Mitsubishi UFJ Financial Group	일본	151,666.0
8	Mizuho Financial Group	일본	143,965.4
9	Deutsche Bank	독일	136,167.6
10	RBC Capital Markets	캐나다	123,482.3
11	Credit Suisse	스위스	115,060.0
12	Morgan Stanley	미국	106,818.1
13	HSBC Holdings PLC	영국	101,949.7
14	Smitomo Mitsui Financial Group	일본	93,108.4
15	BNP Paribas SA	프랑스	91,007.5
16	Bank of China Ltd	중국	70,201.6
17	BMO Capital Markets	캐나다	69,629.9
18	Credit Agricole CIB	프랑스	62,141.8
19	US Bancorp	미국	61,689.0
20	TD Securities Inc	캐나다	60,673.4

자료 : Thomson Reuters.

표 6-3 국제채권 발행 주간사 실적 순위, 2017년 (단위 : 백만 달러)

순위	은행명	국적	금액
1	JP Morgan	미국	324,306
2	Citi	미국	288,493
3	Bank of American Merrill Lynch	미국	260,087
4	HSBC	영국	231,724
5	Barclays	영국	230,057
6	Goldman Sachs	미국	226,749
7	Deutsche Bank	독일	198,596
8	Morgan Stanley	미국	168,660
9	BNP Paribas	프랑스	162,698
10	Credit Suisse	스위스	101,866
11	Credit Agricole CIB	프랑스	94,915
12	Societe Generale	프랑스	90,868
13	Wells Fargo	미국	79,267
14	Uni Credit	이탈리아	77,510
15	RBC Capital Markets	캐나다	76,862
16	UBS	스위스	74,982
17	Mizuho Financial	일본	63,284

18	TD Securities Inc	캐나다	61,611
19	Mitsubishi UFJ Fiinancial Group	일본	58,218
20	Banco Santander	스페인	57,858

자료 : 블룸버그.

다음으로 〈표 6-2〉와 〈표 6-3〉은 2017년 세계 20대 국제상업은행들의 대출 실적과 세계 20대 국제투자은행들의 주간사 실적을 각각 보여주고 있다. 이 표들에 따르면, 이미 위에서 지적한 바와 같이 대부분의 대규모 은행들이 신디케이트대출, 수출신용, 노트발행보증 등을 포함한 국제상업대출도 활발하게 제공하고 있음을 알 수 있다. 그러나 국제상업은행의 대출실적에서 일본 은행들이 어느 정도 역할을 하고 있지만, 국제투자은행의 주간사 실적에서는 역할이 미미하다.

아울러 또 한 가지 특징은 일부 국제상업은행들은 국제투자은행으로서의 역할도 적극적으로 수행하고 있다는 것이다. 이는 일부 유럽지역의 국제금융기관 또는 자회사를 통해 겸업이 허용된 미국의 국제금융기관들이 우월한 자금력 및 노하우를 가지고 상업은행업무와 투자은행업무를 동시에 수행할 수 있기 때문에 나타나는 현상이다.

2. 국제은행시장

International Finance, ch. six

2.1 국제은행시장의 개념

국제은행시장(international banking market)은 제1절에서 소개한 국제은행업무 전체를 포괄하는 시장을 의미하기도 하지만, 일반적으로는 이 중 국제상업은행의 금융중개기능을 통해 예금 및 대출거래가 이루어지는 일종의 간접금융시장을 의미한다. 이는 국내에서 국내통화를 외국인에게 예금 및 대출해 주는 시장(외국예금대출시장 또는 외국자금중개시장)과 외화를 거래하는 유로커런시시장으로 크게 나누어진다.

은행시장에서의 거래는 거래상대방 및 거래통화에 따라 아래의 표와 같이 네 가지로 분류할 수 있다. 첫 번째 형태(A)는 내국인과 자국통화로 거래하는 것으로 국내은행시장(또는 국내금융중개시장, domestic banking market)이라고 부른다. 예를 들어 국내은행이 국내기업에게 원화 대출을 해주는 거래가 여기에 속한다. 두 번째(B)는 외국인과 자국통화로 거래하는 것으로 외국은행시장(또는 외국금융중개시장, foreign banking market)이라고 부른다. 국내은행이 외국 기업에게 원화 대출을 해주는 경우가 이에 해당한다. 세 번째(C)는 내국인과 외국통화로 거래하는 경우로, 국내은행이 국내기업에게 달러화 대출을 해주는 거래가 여기에 속한다. 마지막 형태(D)는 외국인과 외국통화로 거래하는 경우인데, 국내은행이 외국 기업에게 달러화 대출을 해주는 경우라고 할 수 있다. B와 D를 합친 것을 국경간은행시장(cross-border banking market)이라고 부르고, C와 D를 합친 것을 유로커런시시장(euro-currency market)이라고 부른다. 그리고 국제금융거래에 해당하는 B, C, D를 모두 합친 것을 국제은행시장이라고 부른다.

표 6-4 국제은행시장의 분류

		거래상대방	
		내국인	외국인
거래통화	국내통화	A	B
	외국통화	C	D

주 : A = 국내은행시장, B = 외국은행시장, B + D = 국경간은행시장, C + D = 유로커런시시장, B + C + D = 국제은행시장

2.2 국제은행시장의 주요 상품

국제은행시장에서 거래되는 상품은 기본적으로 예금 및 대출이다. BIS의 국제은행시장 통계는 일반적인 예금 및 대출 외에도 환매조건부 거래, 금융리스, 약속어음, 후순위대출, 무역 관련 신용 등을 포함시키고 있다.

국제은행시장에서 예금은 주로 개인, 기업, 중앙은행, 정부기관 등 비은행고객으로부터 받아서 조성되는데, 만기는 1일에서 5년에 이를 정도로 다양하나 7일에서 6개월 만기의 단기예금이 주종을 이룬다. 국제은행거래의 특성상 소매금융보다는 도매금융의 비중이 크며, 전체 예금의 70～80%가 은행 간 예금이다.

국제은행시장에서의 대출은 개별 은행에 의해 고객에게 제공되는 개별 융자와 다수의 은행들로 구성된 차관단이 제공하는 신디케이트대출(syndicated loan)이 있다.

신디케이트대출이란 2개 또는 그 이상의 은행들이 차관단을 구성하여 일정 조건으로 대규모의 중장기자금을 융자하는 것을 말한다. 이러한 공동융자(group or joint lending) 방식은 국제은행시장 중에서도 유로커런시시장에서 보다 빈번하게 이루어진다.

신디케이트대출은 몇 가지 특징을 가지고 있다. 첫째, 신디케이트대출은 대규모의 자금을 조달할 수 있다는 특징이 있다. 광범위하게 참여은행을 모집하고 이를 계층별로 구분하여 능력별 대출이 이루어지도록 함으로써 거액의 자금을 쉽게 차입할 수 있도록 하고 있고 상호 위험분산을 꾀하고 있다. 둘째, 신디케이트대출은 장기성 대출이 가능하다는 특징이 있다. 유로시장은 유동성이 풍부하기 때문에 신디케이트대출의 만기는 보통 5~10년의 중 · 장기물이 대부분이다. 셋째, 신디케이트대출은 무담보의 신용대출이 이루어질 수 있다는 특징이 있다. 차입자의 높은 신용도, 국제 간 담보관리의 어려움에 따라 신디케이트대출은 물적 담보 없이 행해지는 것이 관례이다. 따라서 계약서에는 채권 보전을 위하여 몇 가지의 강력한 법적 의무조항이 규정되고 있다. 하지만 다소 신용도가 낮은 차입자에 대해서는 금융기관의 지급보증이 요구되는 것이 일반적이다. 넷째, 신디케이트대출은 대부분 변동금리부로 대출이 이루어진다는 특징이 있다. 신디케이트대출은 중 · 장기의 대규모 대출이기 때문에 대출은행이 단기로 자금을 조달하여 중 · 장기로 대출함에 따른 금리위험에 직면할 수 있다. 이러한 위험을 관리하기 위하여 금리를 만기까지 고정시키지 않고 매 이자지급기일마다 당시의 은행 간 변동금리에 일정 가산금리(spread)를 덧붙이는 방식을 보편적으로 택하고 있다.

신디케이트 참여은행들은 그 역할에 따라 주간사은행, 간사은행, 참가은행, 대리은행 등으로 구성된다. 주간사은행(lead manager)은 신디케이트대출 업무를 전체적으로 주관하고 차관단을 구성하는 은행을 말한다. 차입자의 신용도 등에 대한 정보를 취득하며, 차입자와 대출조건을 협의하고, 참여은행들을 선정하여 각 은행의 대출금액을 결정한다. 대규모 신디케이트대출의 경우에는 주간사은행이 둘 이상 있을 수도 있다. 간사은행(manager)과 참가은행(participating bank)은 신디케이트대출 및 이에 따른 인수를 의뢰받은 은행들을 말한다. 간사은행은 참가은행보다 더 큰 규모를 인수하고 주간사은행을 대신해서 예상 참가은행들과 접촉하여 신디케이트 구성을 돕기도 한다. 규모가 작을 경우에는 간사은행과 참가은행을 구분하지 않고 참여하는 모든 은행이 간사은행 또는 참가은행이 되기도 한다. 대리은행(agent bank)은 대출의 실제 집행과 관련한 업무를 수행하는 은행을 말한다. 대출금리 산정, 이자와 원금의 수취, 참여은행들 사이의 이자와 원금배분 등의 업무를 맡는다. 대개 주간사은행이 대리은행의 기능을 하며 주간사은행과 간사은행들을 간사단(management group)이라고 부른다.

신디케이트대출의 절차를 보면 우선 융자요청을 받은 은행은 주간사은행이 되어 차입자와 면담을 통하여 차입에 관한 융자동의서를 받게 되고 이어 간사단을 구성한다. 차입자와 주간사은행이 협의하여 대출조건이 잠정적으로 결정되고 차입자로부터 차입위임장(mandate)을 받게 되면 주간사은행은 차입자에 대한 정보와 해당 대출에 대한 상세한 내용을 포함한 모집계획서(placement memorandum)를 잠재적 참여은행들에게 공개적으로 발송한다. 이때 잠재적 참여은행들의 호응이 크고 차입자가 원할 경우 대출규모를 확대할 수 있다. 그러나 호응이 작을 경우에는 주간사은행이 부족분을 채우든가 대출규모를 줄일 수 있다. 이어서 차관약정서가 확정되고 차관협정이 체결되면 차입자는 일정 수수료를 지급하고 차입금을 인출할 수 있다.

신디케이트대출에 적용되는 금리는 대개 기준금리인 LIBOR에 일정한 가산금리(spread)를 더한 값이다. 가산금리는 자금수급사정(차입자시장 혹은 대출자시장), 금리수준 및 금리의 불안정성, 차입자의 신용도, 만기, 대출규모 등에 영향을 받게 된다. 예를 들어 자금공급이 상대적으로 풍부한 차입자시장(buyers' market)에서는 가산금리가 작아지고, 자금수요가 상대적으로 많은 공급자시장(sellers' market)에서는 가산금리가 커진다. 또한 금리가 불안정한 경우에는 위험프리미엄이 높아져서 가산금리가 커지고, 반대로 금리가 안정된 경우에는 가산금리가 작아진다. 차입자의 신용도가 낮으면 대출을 정상적으로 갚지 못할 신용위험이 높아지게 되어 위험프리미엄이 높아지게 되고 이에 따라 가산금리가 커진다. 한편 대출의 만기가 장기일수록 단기에 비해 유동성이 낮아지고 신용위험과 정치적 위험 등이 커지기 때문에 가산금리가 커진다.

신디케이트대출에는 대출금리 이외에 여러 가지 수수료가 지급되는데, 여기에는 약정수수료(commitment fee), 간사수수료(management fee), 참가수수료(paticipation fee), 그리고 대리인수수료(agent fee) 등이 있다. 약정수수료는 약정대출금 중 인출하지 않은 부분에 대해 정기적으로 참여은행들에게 지급하는 일정률의 수수료를 말한다. 간사수수료는 부대수수료로 주간사은행 및 간사은행들에게 일시불로 지급되는 금액이다. 참가수수료는 차입계약이 체결될 때 주간사은행 등 신디케이트 참여은행들에게 차입자가 일시불로 지불하는 수수료를 가리킨다. 대리인수수료는 정기적으로 대리은행에게 차입자가 지급하는 일정액의 수수료를 말하는데, 참여은행과의 연락 등 대출의 실제 집행과 관련된 업무를 수행하는 대가로 지급하는 것이다.

2.3 국제은행시장의 현황

〈표 6-5〉는 1990년대 이후 국제은행시장의 추이 및 신디케이트대출의 추이를 보여주고 있다. 국제은행시장은 꾸준히 성장해 왔으나, 특히 2000년대 들어 급격히 확대되어 최근에는 30조 달러를 훨씬 상회하고 있다. 그러나 2008년 글로벌 금융위기 이후 국제금융시장의 불안정 및 세계경제의 침체로 다소 주춤하고 있는 것처럼 보인다. 또한 국제은행시장은 국경간거래 위주로 이루어져 있어 이 비중이 거의 항상 90% 수준에 육박하고 있다.

표 6-5 **국제은행시장 추이** (단위 : 10억 달러)

	1993	1998	2003	2008	2013	2017
총대외자산	7,827.3	11,116.8	18,357.6	35,341.7	33,045.6	33,748.9
국경간대출	6,403.2	9,693.7	15,719.1	30,639.2	28,479.3	29,176.6
외국통화대출	1,305.3	1,256.2	2,345.1	4,070.5	4,242.4	4,397.6
기타	118.8	166.9	293.4	632.0	323.9	174.7

주 : 총대외자산 = total claims, 국경간자산 = cross-border positions,
국내외국통화자산 = local positions in foreign currency.

자료 : BIS.

국제은행시장의 통화구성을 보면 기본적으로 미국의 달러화와 유로화 비중의 합이 70% 이상을 차지하고 있다. 1990년대 후반 이후 2000년대 중반까지 유로화의 비중이 확대되는 추세를 보여 글로벌 금융위기 이전에는 달러화의 비중과 유사한 수준에 이르기도 했다. 그러나 글로벌 금융위기 이후 유로화 비중은 다소 축소되고 달러화

표 6-6 **국경간자산(cross-border claims)의 통화구성**

	1993	1998	2003	2008	2013	2017
USD	3,142.9	4,507.7	6,775.7	12,949.6	12,689.7	14,247.0
EUR	1,561.3	2,665.7	6,088.3	12,151.6	9,744.7	8,432.7
JPY	1,029.8	1,426.9	962.9	1,590.1	1,490.5	1,649.0
GBP	209.7	428.6	886.3	1,724.6	1,392.7	1,309.7
CHF	204.0	266.1	287.2	492.2	628.1	485.8
Others	255.5	398.7	718.7	1,731.1	2,533.6	3,052.4

자료 : BIS.

비중이 다시 확대되었다. 일본 엔화의 경우 1990년대 말까지는 10% 이상의 비중을 차지하는 등 어느 정도 중요한 역할을 했으나 2000년대 이후에는 비중이 5% 내외로 급격히 축소되었다. 우리나라의 경우 2005년부터 BIS에 보고를 시작했는데, 국제은행시장에서의 거래잔액 규모가 2008년 2,345억 달러에서 2017년 3,194억 달러로 빠르게 증가하고 있다.

3. 유로커런시시장

International Finance, ch. six

3.1 유로금융시장의 개요

◉ 유로금융시장의 개념

유로금융시장은 앞에서 언급한 바와 같이 자금의 대차거래가 금융기관 소재국 이외의 통화로 이루어지는 역외금융시장을 의미한다. 유로란 말은 유로달러가 초기에 런던을 중심으로 한 유럽에 주로 예치된 데서 기인한다. 그러나 오늘날에는 유로시장이 유럽뿐만 아니라 전 세계적으로 확산되어 있고, 거래표시 통화도 달러뿐 아니라 유로엔, 유로파운드 등이 거래되고 있어 넓은 의미로 사용된다.

유로금융시장은 각국의 금융규제를 벗어나 다양한 금융거래가 중개되는 초국가적 금융시장이다. 유로은행[2]들은 금융거래의 자율성을 바탕으로 하여 효율적인 헤징과 투자기법을 개발하고 새로운 금융상품을 개발하는 등 금융기법을 혁신적으로 발달시킴으로써, 국제금융시장의 효율성 제고에 크게 기여하면서 국제금융시장의 발달을 선도하고 있다. 유로금융기관이 소재해 있는 국가로서도 고용창출뿐만 아니라 자국의 금융기법 향상을 꾀할 수 있기 때문에 자유로운 금융환경을 보장해 주는 데 노력하고 있다.

또한 유로금융시장에서의 자금거래는 시간적 · 공간적 제약에서 자유롭다. 통신기술의 발달로 인해 전 세계에 퍼져 있는 국제금융센터를 통하여 모든 통화표시 자산이 24시간 자유롭게 거래 가능하기 때문에 시장에 유입되는 정보가 자산가격에 즉각 반영되어 효율성 제고에 기여하고 있다.

---

2. 유로은행(Eurobank)이란 소재국 이외의 국가가 발행한 통화로 표시된 자금의 예금 및 대출 업무를 수행하는 은행을 말한다.

◉ 유로금융시장의 발전과정

유로금융시장은 1950년대 동 · 서 냉전의 정치적 환경에서 미국에 예치되어 있던 달러화 자산의 동결을 우려한 구소련 및 동유럽국가들이 미국 내 자국 자산을 유럽의 은행으로 옮겨 예치한 데서 비롯되었다. 당시 영국의 국제수지 적자 누적에 따른 파운드화의 가치하락을 우려한 영국 정부가 1957년 파운드화의 대외유출을 규제하면서 유럽지역에서 달러화에 대한 수요는 증가하였고 유로달러시장의 발달을 촉진시켰다.

국제금융시장에서 미국 달러가치의 신인도 하락도 유로금융시장의 발달에 기여하였다. 1960년에 들어와서 미국은 국제수지 누적에 따른 달러가치 하락을 방어하고자 자본유출에 대한 규제조치를 실시하였다. 이자평형세를 제정하여 미국 내 거주자의 외화자산 보유에 대해 일정 세금을 부과하였으며, 미국 내에서 해외차입자의 채권발행을 규제하는 신용공여한도 제한조치를 단행하였다. 또한 긴축통화정책을 실시하면서 Regulation Q제도를 도입하여 예금금리에 대한 상한을 설정하였다. 결국, 미국 은행들과 투자자들은 달러자산 거래에 대한 미국 정부의 규제를 피하고 보다 높은 금리를 얻을 수 있는 유로금융시장에 적극적으로 참여하게 되었고, 유럽 및 일본의 경제성장에 따른 자금수요 증가도 1960년대 유로시장 발전에 기여하였다.

1970년대에 들어와 2차례에 걸친 오일파동을 겪으면서 유로금융시장은 급성장하게 되었다. 오일파동 이후 OPEC 국가들이 축적한 '오일유휴자금'(oil surplus money)의 상당액을 유로시장에 예치하였고, 비산유국가들은 누적된 국제수지 적자를 보충하기 위해서 국제금융시장으로부터의 자금조달이 불가피한 실정이었다. 유로시장이 오일머니 환류(oil money recycling)에 의한 산유국과 비산유국 간에 자금수급 조절기능을 적극적으로 담당하면서 큰 성장을 하게 되었던 것이다.

1980년대에는 유로금융시장에 질적인 변화가 일어났다. 개도국이 부채위기를 겪으면서 비산유개발도상국의 차입 비중이 현격하게 줄어들었으며, 대신 선진국에 대한 대출이 늘어났다. 또한 신디케이트론에 의한 대출방식에서 벗어나 유로채를 통한 직접금융대출이 증가하고, 일본의 국제수지 흑자 누증에 따라 OPEC 대신에 일본이 유로자금의 주된 공급원으로 등장하는 등 시장의 구조에도 변화를 가져왔다.

1990년 이후에도 유로금융시장은 전반적인 자본자유화 및 금융시장 개방 추세의 영향을 받으면서 지속적으로 성장해 오고 있다. 1990년대 후반 발생한 일련의 국제금융위기, 유로화 출범 등 국제금융질서에 지각변동이 있었지만, 유로금융시장은 역외금융의 장점을 활용해 국제금융시장의 발전을 여전히 선도하고 있다.

3.2 유로커런시시장의 구조

유로금융시장은 크게 주로 예금 및 대출이 거래되는 유로커런시시장과 유가증권이 거래되는 유로채권시장으로 나눌 수 있다.[3] 유로커런시시장의 자금공급자는 각국의 중앙은행, 정부 및 국제금융기관, 상업은행 및 대기업 등이며, 자금의 수요자도 이와 동일하다.

유로예금은 표시통화 소재국 이외의 유로은행에 예치된 예금을 말한다. 이때의 자금은 주로 개인, 기업, 중앙은행, 정부기관 등 비은행고객으로부터 받은 예금과 유로은행이 자체적으로 조성한 자금으로 구성된다. 고객 예금의 경우 대부분 정기예금의 형태를 띠고 있는데, 만기는 1일에서 5년에 이를 정도로 다양하나 7일에서 6개월 만기의 단기예금이 주종을 이룬다. 최소 예금단위가 백만 달러를 상회하는 도매금융의 성격을 가지며, 전체 예금의 70～80%가 은행 간 예금이다. 유로대출은 표시통화 소재국 이외의 통화로 대출을 받는 것을 말한다. 일반적으로 유로대출이라 하면 단기대출보다는 중장기 대출을 의미한다.

보통 유로은행의 예금이자율은 미국 국내은행의 예금이자율, 특히 양도성예금증서(CD)의 이자율을 하한으로 하고 대출이자율은 미국 국내은행의 대출이자율을 상한으로 해서 변동된다. 유로은행들이 미국 국내은행들보다 더 유리한 이자율을 예금자와 대출자 모두에게 제공할 수 있는 이유는 유로달러시장에 정부의 규제가 존재하지 않는다는 사실과 유로은행들이 보다 효율적인 경영을 한다는 사실로 설명할 수 있다. 유로은행들은 미국 국내은행들과 달리 지급준비제도의 적용을 받지 않고, 예금보험료를 지불하지 않으며, 자금의 분배에 있어 정책적인 통제를 받지 않는다. 또한 이자율의 결정에 있어서도 국내정책의 규제나 민간은행단체의 협정 등에 의해 규제를 받지 않으며, 예금의 최저단위를 미국 국내은행보다 높게 정하고 대출도 지명도가 높은 기업들에게 국한함으로써 관리비용을 저렴하게 운용한다.

그런데 유로은행이 예금과 대출 이자율에 있어 유리한 조건을 제공함에도 불구하고 자금이 모두 유로은행으로 흘러가지는 않는다. 왜냐하면 유로은행들은 공적 규제를 덜 받는 대신 지급불능의 위험이 그만큼 크며, 유로은행의 안전은 2개국(유로은행 소재국과 예금자 또는 대출자의 국적) 이상의 정치적 안정을 요구하기 때문이다.

---

3. 이 장에서는 간접금융시장으로서의 유로커런시시장만을 소개한다. 유로커런시시장에서는 예금 및 대출 외에도 유로CD, NIF, 유로CP 등이 거래되는데, 이에 대해서는 제7장에서 다룬다.

미국 국내 예대율과 유로달러 예대율 비교 그림 6-1

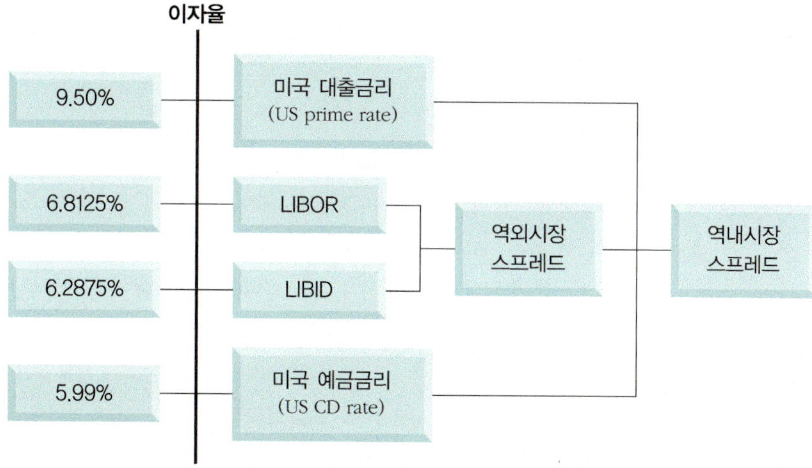

유로커런시시장의 거래에서 기준이 되는 금리는 런던 은행 간 이자율(London Inter-bank Offered Rate ; LIBOR)이다. 이는 런던이 과거부터 오랫동안 국제금융 중심지로서의 역할을 해왔기 때문이다. 그러나 다른 주요 국제금융 중심지에서의 유로커런시 거래에 있어서는 LIBOR와 유사한 다른 기준금리가 이용되기도 한다. 예를 들어 싱가포르에서는 SIBOR를, 파리에서는 PIBOR를, 브뤼셀에서는 BRIBOR를 기준금리로 이용하기도 한다.

Box 6-1 유로금리 혹은 유로-유로금리?

1999년 유럽의 통화통합이 이루어지기 전까지 '유로'는 역외시장의 거래와 관련된 용어로서 그 의미가 명확했다. 예를 들어 '유로금리'란 유로커런시, 즉 유로달러, 유로파운드, 유로마르크, 유로엔 등에 적용되는 이자율을 의미했다. 그러나 1999년 유럽통화통합으로 단일통화인 '유로'(Euro)화가 등장하면서 유로금리가 유로커런시에 적용되는 금리인지 아니면 '유로'라는 통화에 적용되는 금리인지 용어상의 혼동이 발생하기 시작하였다. 이에 따라 금융시장에서는 '유로'화에 대해 적용되는 금리를 새로운 이름으로 부르기 시작했다. 예를 들면, '유로' 지역(Euro zone)에서 '유로' 화예금에 대해 지불하는 일일이자율의 평균지수를 EONIA(euro over-night index average)라고 부르고, 역외에서 '유로' 화예금에 대해 지불하는 일일이자율의 평균지수를 EURONIA라고 부르고 있다. 또한 대출이자율과 관련해서도 유로지역에서의 은행 간 이자율은 EURIBOR라고 부르고, 유로화의 역외거래에 적용되는 은행 간 이자율은 EURO-LIBOR라고 부르고 있다.

요약

1. 최근 국제거래가 활발해지고 금융시장이 통합되어 가면서 은행들의 업무도 국제화되어 가고 있다. 국제은행업무란 외국통화표시 거래, 외국인과의 거래, 혹은 해외에서 이루어지는 거래 등 국내금융업무를 벗어난 거래라고 폭넓게 정의할 수 있다. 국제은행업무를 하고 있는 은행은 크게 국제상업은행(international commercial bank)과 국제투자은행(international investment bank)으로 나눌 수 있다. 은행의 국제화는 코레스은행, 연락사무소, 지점, 에이전시, 현지법인 등 여러 형태를 띨 수 있다.

2. 국제은행시장은 국내에서 국내통화를 외국인에게 예금 및 대출해 주는 시장(외국예금대출시장 또는 외국자금중개시장)과 외화를 거래하는 유로커런시시장으로 크게 나누어지는데, 유로커런시시장이 주를 이루고 있다.

3. 유로커런시시장은 자금의 거래가 금융기관 소재국 이외의 통화로 이루어지는 역외금융시장을 의미한다. 유로커런시시장에서 유로은행들은 국내은행들보다 더 유리한 이자율을 예금자와 대출자 모두에게 제공할 수 있다. 이는 유로커런시시장에 정부의 규제가 존재하지 않고 또한 유로은행들이 보다 효율적인 경영을 하기 때문이다. 유로커런시시장에서 거래되는 주요 상품으로는 유로예금, 유로대출, 유로CD, NIF, 유로CP, 유로MTN 등을 들 수 있다.

연습문제

01. 은행의 국제화 형태와 관련해 미국에 엣지은행(Edge Act Banks)이라는 것이 있다. 이에 대해 설명해 보아라.

02. 국제금융거래는 거래상대방 및 거래통화에 따라 여러 가지로 구분되는데, 국경 간 은행시장과 유로커런시시장의 가장 큰 차이점은 무엇인가?

03. 유로커런시시장에서 국내은행시장보다 높은 예금이자율을 제공할 수 있고 아울러 낮은 대출이자율을 부과할 수 있는 이유를 구체적으로 제시해 보아라.

04. 신디케이트대출에서 스프레드는 여러 요인들에 의해 영향을 받는다. 그중 금리수준은 어떻게 스프레드에 영향을 미치게 되는지 설명하라.

05. 우리나라의 기업이 유로커런시시장에서 $5백만을 LIBOR + 125bp에 차입하였다. 6개월마다 이자를 지급해야 하는데, LIBOR가 처음 6개월간은 $4\frac{1}{2}$%이고 다음 6개월간은 $5\frac{3}{8}$%라면 이 회사는 1년 동안 얼마만큼의 이자를 지급해야 하는가?

국제단기금융시장

International **Finance**
ch. seven

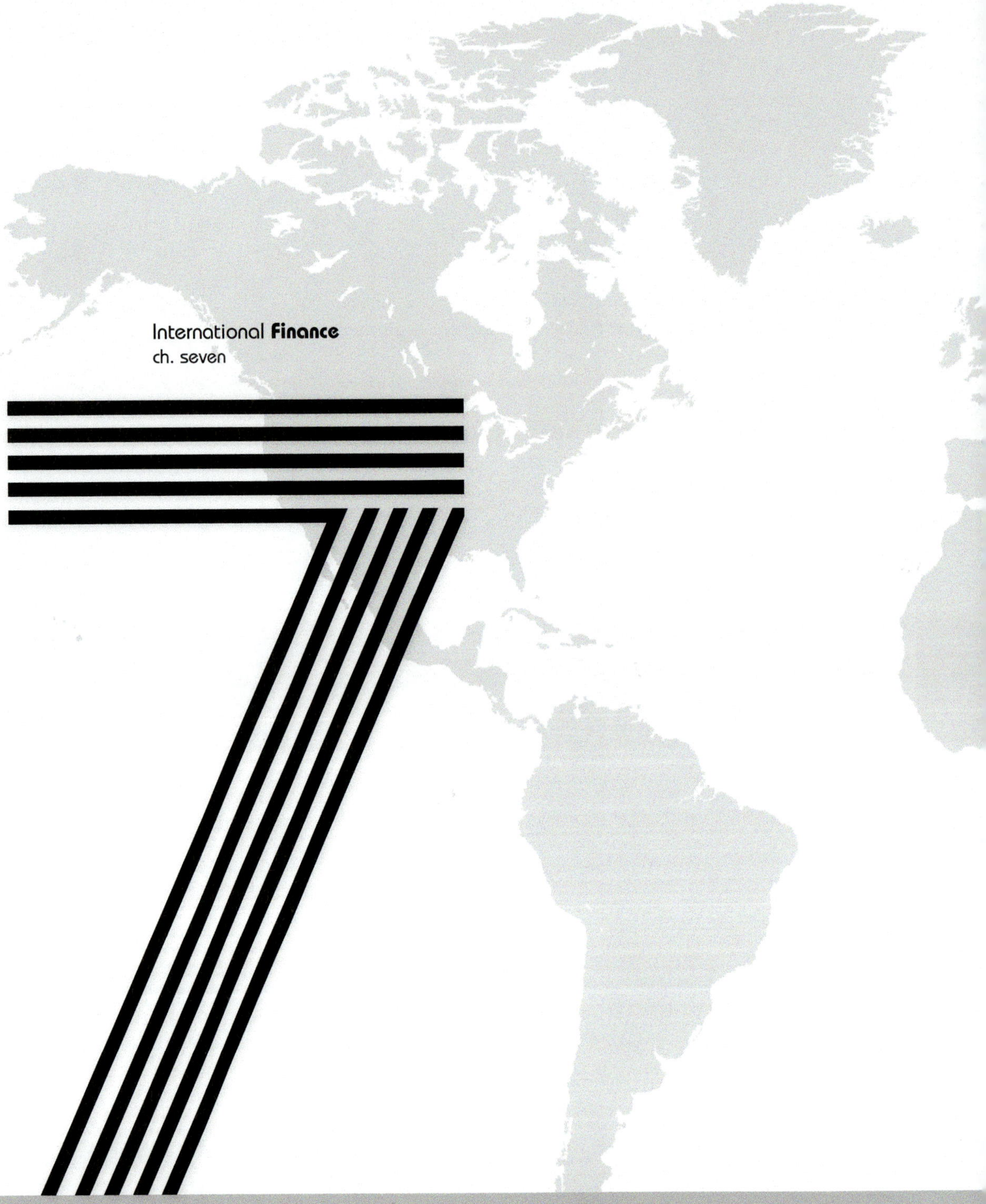

유가증권시장은 크게 단기물이 거래되는 단기금융시장(또는 자금시장)과 장기물이 거래되는 자본시장으로 구분할 수 있는데, 이 장에서는 국제단기금융시장을 살펴보고자 한다. 국제금융시장에서는 워낙 변화가 심하기 때문에 아주 짧은 기간 동안 자금을 동원하거나 운용해야 하는 경우가 종종 발생한다. 이러한 단기적인 자금에 대한 수요와 공급을 연결시켜주는 시장이 단기금융시장인데, 국제금융거래의 속도가 빨라지면서 특히 이 시장에 대한 중요성이 커지고 있다.

제1절에서는 국제단기금융시장의 개념 및 의의를 설명한다. 제2절에서 국제단기금융시장의 주요 상품을 소개하고, 제3절에서는 국제단기금융시장의 현황에 대해 설명한다.

1. 단기금융시장의 개요[1]

International Finance, ch. seven

1.1 단기금융시장의 의의

단기금융시장은 기업, 가계, 정부, 금융기관 등 경제주체 간에 단기자금 과부족을 조절하기 위해 보통 만기 1년 이내의 단기금융상품이 거래되는 시장을 말한다. 국제단기금융시장(international money market)에서는 국제무역금융, 금리차를 이용한 차익거래, 현물 및 선물환율 변동에 따른 환투기나 헤지를 위한 단기거래 등의 금융거래가 주를 이루고 있다. 국제단기금융시장은 자금의 수급불균형을 조절한다는 점에서 국제자본시장과 같은 기능을 수행하지만, 다음과 같은 점에서 몇 가지 차이가 있다.

국제단기금융시장은 각국 경제주체들의 유휴현금(idle cash) 보유에 따른 기회비용을 최소화하여 자금조달 및 운용의 효율성을 제고할 수 있는 기회를 제공하여 준다. 대부분의 경제주체들은 미래의 지급수요에 대비하여 일부 자금을 현금으로 보유하게 되는데, 이는 해당 자금의 이자수입을 포기하는 결과가 된다. 그러나 국제단기금융시장이 효율적으로 발달할 경우, 경제주체들은 여유자금이 생기면 안전성과 유동성이 높은 단기금융상품에 운용하고 자금이 부족해지면 단기채무증서를 발행하여 조달함으로써 유휴현금 보유에 따른 기회비용을 줄일 수 있다. 이러한 연유로 인해 국제단기금융시장은 유로커런시시장과 밀접하게 연계되어 움직인다.

뿐만 아니라 국제단기금융시장은 국제자본시장에 비해 자본손실 및 유동성 위험이 작아 경제주체들의 금융자산 위험관리 기회로 활용된다. 일반적으로 단기금융상품은 장기상품에 비해 금리변동에 따른 가격변동폭이 크지 않으므로 자본손실위험이

1. 이 내용은 한국은행, 『우리나라의 금융시장』을 참조했음.

작으며, 유통시장이 잘 발달된 경우에는 만기 이전에도 쉽게 자금을 회수할 수 있어 유동성 위험도 크지 않다. 따라서 경제주체들은 국제자본시장에서 장기채권 또는 주식가격이 하락할 것으로 예상될 때 이들 자산을 매각하고 단기금융상품을 매입함으로써 자본손실위험을 줄일 수 있다. 따라서 국제단기금융시장 참가자들은 대부분 위험회피경향이 높고 금융상품의 수익성보다는 안전성과 유동성을 중시한다고 할 수 있다. 한편 이와 같은 시장참가자의 성격으로 인해 국제단기금융시장은 외부 충격에 민감하게 반응하는 경향이 있다. 예를 들어 기업어음이나 양도성예금증서를 발행하는 기업 또는 금융기관의 신용위험이 높아지면 위험기피경향이 큰 투자자들을 중심으로 이들 상품의 매물이 크게 늘어나 단기금리가 급등하고 거래량이 급격하게 줄어드는 현상이 초래되는 경우도 있다.

한편 단기금융시장은 국내적으로 중앙은행의 통화신용정책이 수행되는 장이라고 할 수 있다. 중앙은행은 공개시장조작을 통해 정책금리를 인상 또는 인하 조정함으로써 단기금리를 조절하는 한편 본원통화(reserve money)의 독점적 공급자로서 유동성을 공급 또는 환수함으로써 자금의 양을 조절한다.[2] 이에 따른 단기금리나 자금수급의 변동은 장기시장금리, 통화량, 환율, 주가 등 금융시장 전반에 영향을 미치고 실물경제와 물가의 변동을 가져올 수 있다. 일반적으로 단기금융시장이 발달하여 차익거래가 활발하게 이루어지고 시장 간 상호 연계성이 높아지면 통화정책의 효과가 증대된다.

1.2 국제단기금융시장의 구분

유가증권시장(international securities market)은 금융상품의 권리 및 의무를 기준으로 채무증권(또는 부채형 유가증권, debt securities)시장과 지분증권(또는 주식형 유가증권, equity securities)시장으로 구분할 수 있다. 채무증권시장은 또한 만기를 기준으로 단기금융시장(또는 자금시장)과 장기채권시장으로 구분되며, 장기채권시장과 지분증권시장을 합쳐 자본시장이라고 부른다.

BIS는 거래장소, 표시통화, 채권발행인의 국적[3]에 따라 채권시장을 국내채권시장과 국제채권시장으로 구분하고 있다. 국제채권이란 한 국가에서 내국인 및 외국인이 외화로 발행한 모든 채권과 외국인이 국내통화로 발행한 채권을 포함하고, 국내채권

2. 통화정책의 수행에 관한 자세한 설명은 한국은행, 『우리나라의 통화정책』을 참조할 것.

3. 엄밀하게는 국적이 아니라 거주자 및 비거주자로 구분한다.

이란 내국인이 국내통화로 발행한 채권을 의미한다. 그런데 내국인이 국내통화로 채권을 발행했을지라도 외국투자자를 대상으로 한 경우에는 국제채권에 포함된다. 국제단기금융시장은 이와 같은 국제채권시장 중에서 단기금융상품이 거래되는 시장이라고 할 수 있다.

표 7-1 **채권시장의 분류**

		채권발행인	
		내국인	외국인
채권 표시통화	국내통화(내국인 대상)	국내채권시장	국제채권시장
	국내통화(외국인 대상)	국제채권시장	국제채권시장
	외국통화	국제채권시장	국제채권시장

자료 : BIS.

국제단기금융시장은 참가자를 기준으로 할 때 금융기관 상호 간 자금의 수급불균형을 조절하는 금융기관간시장과 일반 고객도 참여하는 대고객시장으로 구분된다. 한편 지역적으로는 북미, 서유럽, 아시아로 크게 구분되는데, 북미시장은 뉴욕, 시카고, 토론토, 샌프란시스코 및 로스앤젤레스가 중심이 되고, 서유럽시장은 런던, 프랑크푸르트, 파리, 취리히 및 룩셈부르크가 중심이 되며, 아시아시장은 동경, 홍콩 및 싱가포르가 중심이 되고 있다.

2. 국제단기금융시장의 주요 상품

International Finance, ch. seven

2.1 국내 단기금융상품

단기금융시장에서 거래되는 대표적인 상품으로 기업어음, 양도성예금증서, 환매조건부증권, 콜자금, 단기재정증권, 단기금융시장상호기금, 전자단기사채, 통화안정증권 등이 있다.

은행인수어음(banker's acceptance ; BA)이란 은행 앞으로 발행되어 은행이 지급을 인수보증한 기한부 어음으로, 대부분 수입업자가 물품을 인수하고 나서 일정 기간 후에 대금을 지급하는 외상거래가 필요한 경우에 은행이 신용을 제공하는 것을 말한다. 이러한 은행인수어음은 국제 간 단기무역신용으로 널리 이용되며, 국제금융시장에서 유통되기도 하고 또는 중앙은행에서 재할인될 수도 있다.

기업어음(commercial paper ; CP)이란 기업이 단기자금을 조달하기 위해 자기 신용을 바탕으로 기관투자가나 기업 또는 일반 투자자에게 할인식으로 판매하는 무담보 단기약속어음을 말한다. 이는 상거래와 관계없이 발행할 수 있으며, 상거래에 수반되어 발행되는 상업어음(commercial bill)과 구별된다. CP는 발행절차가 간편하고 일반적으로 담보 없이 신용으로 발행되기 때문에 신속한 자금조달수단으로 이용되며, 금리 면에서도 은행대출보다 유리하다. 유로CP는 이러한 기업어음이 표시통화국 이외의 지역에서 발행되고 유통되는 것이다. 유로CP는 금융당국이 NIF와 같은 인수약정 퍼실리티를 자본충실도 규제대상에 포함시키려는 움직임에 대처하기 위해 인수약정이 없는 증서를 발행하여 자금을 조달하고자 개발된 금융상품이다. 유로CP는 발행비용이 저렴할 뿐만 아니라 신용등급 평가가 공식적으로 요구되지 않으며 서류작성이 단순하다는 점을 비롯해 차입자나 투자자 모두에게 유리한 여러 가지 장점으로 인하여 급속히 성장하였다. 특히 1982년부터 발생한 개도국의 외채위기에 따라 금융기관들은 유동성을 중시하고 단기성 자산을 선호하는 현상을 보였기 때문에 더욱 급속히 성장하였다.

양도성예금증서(negotiable certificate of deposits ; CD)는 정기예금에 양도성을 부여한 증서인데, 1961년 미국의 First National City Bank of New York(현재 Citibank)이 처음 도입하였다. CD의 법적 성격은 예금증서를 교부하고 예금을 받는다는 점에서 일반 예금과 같이 분류되나, 권리의 이전과 행사에는 증권의 소지가 필요하다는 점에서 유가증권에 해당된다. 이 증서는 은행이 기업의 자금을 끌어들이기 위해서 개발하였는데, 은행에게는 발행기간 동안에 안정적으로 필요한 자금을 확보할 수 있게 해주고 매입자에게는 현금이 필요할 때 유통시장에서 손쉽게 현금으로 전환할 수 있도록 해주고 있다. 이러한 편의성 때문에 유로커런시시장에서도 유로CD가 발달하게 되었는데, 유로CD는 유로달러CD가 주종을 이루고 있으며 유로스털링CD, 유로엔CD, SDR표시CD 등도 유통되고 있다. 거래단위는 최소 50만 달러지만 백만 달러 이상의 거래가 대부분이다. 만기는 1일부터 수년에 이르기까지 다양하지만 대부분 3개월에서 6개월의 만기를 갖고 있다. 또한 유로CD의 발행금리는 유동성이 높다는 이점 때문에 동일 만기구조를 갖는 유로정기예금의 금리보다 0.125～0.25% 낮게 발행된다.

환매조건부증권(repurchase agreement ; RP 또는 Repo)은 일정 기간이 지난 후 일정한 가격으로 동일한 증권을 다시 매수하거나 매도하는 조건으로 증권을 매매하는 것을 말한다. 즉, 증권의 매도와 환매라는 두 거래가 하나의 계약으로 구성되어 형식은 증권매매이나 경제적으로는 단기자금대차거래로서 단기자금의 운용과 조달수단으로 이용되고 있다. RP거래는 1918년 미국연방준비제도이사회가 BA시장을 육성하기 위해 딜러에 대해 BA 매입자금을 환매조건부로 지원하면서 도입되었다. 우리나라에서는 1969년 한국은행이 금융기관에 대해 RP매입거래를 하면서 처음 도입되었다. 한국은행뿐만 아니라 주요국의 중앙은행들은 RP를 주된 공개시장조작 수단으로 활용하고 있다. 이는 RP거래가 증권을 담보로 하기 때문에 신용위험이 작고 거래규모, 만기, 금리 등을 탄력적으로 조정할 수 있기 때문이다.

콜자금(call money)이란 주로 금융기관 간에 초단기로 차입하거나 대여하는 자금을 말한다. 금융기관은 고객을 상대로 예금을 받고 대출 또는 투자를 하는 과정에서 수시로 자금이 남기도 하고 모자라기도 하는데, 이러한 자금의 과부족을 콜자금시장(또는 콜시장)에서 금융기관 간 거래를 통해 조절한다. 이처럼 콜시장에서의 자금거래는 금융기관의 일시적 자금불균형을 조절하는 거래이기 때문에 1일물거래가 대부분이다. 또한 콜자금거래에 적용되는 금리는 다른 시장금리와 마찬가지로 주로 콜시장의 자금수급상황에 따라 결정되는데, 금융기관의 단기유동성 사정이 호전(악화)되면 콜자금 공급이 늘어나(줄어들어) 콜금리는 하락(상승)한다.

단기재정증권(treasury bill ; T-Bill)[4]은 재정수지상의 일시적 부족을 보전하고 외부 부문에 의한 유동성 팽창을 상쇄시키기 위한 목적으로 발행되는 단기채권이다. 이자가 지급되지 않고, 발행 당시 할인된 가격으로 매각되고, 만기에 가서 액면가격을 지급받는 방식으로 유통된다. 할인율은 금융시장의 조건에 따라 결정되기 때문에 T-Bill의 할인율은 시장금리를 나타내는 주요 지표로 사용되고 있다. 국제단기금융시장에서 가장 널리 통용되는 재정증권은 미국 국채의 일종으로 미국 재무성이 발행하는 할인식 단기증권이다. 미국의 T-bill은 단기금융시장의 여타 투자대상보다 수익률은 다소 낮지만 이자소득에 대한 주세(州稅) 및 지방세가 면제되며, 파산위험이 거의 없고 공급량도 많은 데다 상환기간도 1년 이내에서 세분화되어 안정성과 유동성이 상대

4. T-bill은 만기 1년 이내의 단기증권을, T-note는 만기 1~10년의 중기증권을, 그리고 T-bond는 만기 10년 이상의 장기증권을 나타낸다.

적으로 높다. 따라서 미국의 T-bill은 단기금융시장에서 투자가들에게 가장 안전한 투자수단의 하나로 이용되고 있다. T-bill의 발행방법에 있어서 종래에는 소지인식(bearer form)으로 증권 실물을 직접 발행하였으나 1979년부터는 실물 발행을 중단하고 장부기입식(book-entry form)으로 발행되고 있다. T-bill의 발행은 정기적인 공개입찰형식을 통해 이루어지는데, 이들 공개입찰은 미재무성의 재무대리인인 12개 지역 연방준비은행에서 실시된다. T-bill의 경매방식에는 경쟁입찰(competitive tender)과 비경쟁입찰(non-competitive tender)의 두 가지 방식이 있다. 경쟁입찰에는 대은행, 딜러, 브로커 등 전문기관들이 대거 참여하는데, 이들 투자자들은 매입가격 및 매입규모를 표기하여 응찰하게 된다. 비경쟁입찰에는 증권입찰에 익숙하지 않은 개인투자자, 중소상업은행 및 외국투자자 등이 참여한다. 이들은 매입하고자 하는 증권의 총응모금액만을 기입하여 응찰하게 되며, 이들의 매입가격은 낙찰된 경쟁입찰자들의 평균매입가격으로 한다. 미국의 T-bill은 만기의 다양성, 고도의 안전성 및 시장성 등으로 인해 단기금융시장의 투자수단 가운데 가장 유동성이 높다.

단기금융시장상호기금(money market fund ; MMF)은 작은 규모의 단기유휴자금을 예금과 비슷한 형태로 받아들여 기금을 조성한 후 이를 주로 단기금융시장 상품에 투자하고 여기서 얻어지는 투자수익을 기금참가자에게 배당하는 개방형 투자기금이다. MMF의 투자대상은 잔존기간 1년 이내의 정부증권, 정부기관채, CD, BA, CP 등이다. MMF는 1971년 미국의 투자회사인 리저브펀드에 의해서 창설되었으나 초창기에는 거의 주목을 받지 못했다. 그러나 제1차 오일쇼크에 따른 인플레이션과 주식시장의 불안정성 증가의 영향으로 기존 뮤추얼펀드(mutual fund)의 영업이 부진해지자 이를 타개하기 위해 1974년 뮤추얼펀드와 증권회사가 MMF를 새로운 상품으로 도입하면서 급격한 성장을 이루었다. 이후 Regulation Q에 따른 예금금리 규제가 있는 상황에서 가격경쟁력을 확보한 데다 제2차 오일쇼크로 시중 금리가 급상승하면서 단기금융 상품수익률이 예금금리를 대폭적으로 상회하자 MMF는 수익성, 안정성, 유동성을 겸비한 상품으로서 폭발적인 증가세를 보였다.

전자단기사채(short-term bond)는 '자본시장법'의 적용을 받는 사채권으로 실물이 아닌 전자적으로 발행 · 유통되는 단기금융상품이라고 정의할 수 있다. 우리나라에서는 기존 단기금융시장에서 나타나는 문제점들을 해결하기 위해 2013년 1월 15일 전자단기사채를 처음 도입하였다. 첫째, 기존 CP는 실물 발행 및 불투명한 정보관리 등 운영상의 불편함으로 단기자금 조달수단으로서 효율성이 부족하였고 투자자 보호를 위한 제도적 장치도 미흡하였다. 또한 일반 기업의 장기CP 발행 증가로 회사채 시장이 잠식되면서 금융시장 불안요인으로 작용해왔다. 둘째, 증권사들의 단기자금 수요가 콜시장에 집중되어 있고 콜시장이 제2금융권의 영업자금 조달창구로 왜곡되어 있어, 증권사의 과도한 콜차입을 규제하고 자금수요를 다른 금융상품으로 유도할 필요가 커졌다. 셋째, 자산유동화CP(asset-backed CP ; ABCP) 시장이 확대되고 있음에도 공시규제 미흡으로 ABCP 발행내역 및 세부구조에 대한 정보가 부족해 투자자 피해 및 시스템 리스크 요인이 우려되었다. 이러한 문제점을 해소할 뿐만 아니라 기존 CP 시장은 유지하면서도 발행 및 유통의 편의성을 한층 제고하는 한편 단기자금 조달이라는 본연의 목적에도 보다 부합하는 새로운 자금조달수단으로 전자단기사채가 도입되었다. 전자단기사채는 사실상 기존의 CP와 동일하지만, CP가 실물로 발행・유통되는 반면 전자단기사채는 실물 없이 중앙등록기관의 전자 장부에 등록되는 방식으로 발행・유통되는 점이 다르다. 이러한 특징으로 인해 전자단기사채는 CP에 비해 몇 가지 장점을 지닌다. 우선 인수 또는 인도 시 위・변조, 분실 등 실물 발행에 수반되는 위험을 방지하고 발행비용도 절약할 수 있다. 또한 중앙등록기관의 전자장부 등록을 통해 발행・유통됨에 따라 거래의 투명성도 크게 제고될 수 있다. 아울러 발행과 유통 및 상환이 모두 전자적으로 이루어지면서 증권과 대금의 실시간 동시결제가 가능해지고 투자대금 회수과정에서 발생할 수 있는 신용위험이 축소될 수 있다.

통화안정증권(monetary stabilization bond ; MSB)은 한국은행이 시중 통화량을 조절하기 위해 발행하는 증권으로 '한국은행법'과 '통화안정증권법'에 따라 발행량이 결정된다. 한국은행은 시장에 과도하게 풀린 유동성을 흡수할 목적으로 통화안정증권을 발행하며, 이와 반대의 경우에는 통화안정증권 환매, 만기 이전 상환을 통해 유동성을 공급한다. 통화안정증권은 국채는 아니지만 시장의 투자자들은 국채와 동등한 무위험채권으로 인식한다. 통화안정증권은 만기 2년 이하의 이표채 또는 할인채로 발행되어 짧은 만기의 무위험채권에 대한 시장 수요를 충족시키고 있다. 통화안정증권은 1961년 첫 발행된 이래 지속적인 제도 개선을 통해 단기지표금리의 지위를 확고히 하고 있다. 1993년부터 경쟁입찰 위주로 발행되고 있으며, 1997년부터는 한국은행 금융결제망을 통한 전자입찰제가 시행되고 있다. 2010년부터 91일물 정례 발행 규모를 일정 수준으로 유지하고 과거 발행이 거의 없던 182일물도 정례적으로 발행하고 있다. 2016년부터는 월별 발행계획의 사전 공표를 통해 시장참여자들의 예측 가능성 제고를 도모하고 있다.

2.2 유로커런시 상품[5]

유로커런시 상품은 기본적으로 위에서 설명한 단기금융상품과 동일하지만, 상품의 표시통화가 상품이 거래되고 있는 국가의 통화와 다르다는 점에서 차이가 있다. 이 중 유로CD, 유로CP 및 유로NIF에 대해 좀더 살펴보자.

유로CD는 유로커런시시장에서 거래되는 정기예금에 양도성을 부여한 것으로 유로달러CD가 주종을 이루지만 일부 엔화표시 유로CD가 거래되기도 한다. 유로달러CD는 1966년 Citibank가 런던시장에서 처음으로 도입했는데, 초기에는 고정금리 CD만이 거래되다가 1970년대 후반에 변동금리 유로CD도 발행되었다. 유로CD의 중심지는 런던이며 주요 고객은 미국의 투자자들이다. 런던 이외의 지역에서도 유로CD가 발행 및 거래되기는 하지만 그 규모가 미미한 수준이다. 유로CD는 보통 1백만 달러 단위로 발행되며, 만기는 대부분 3~6개월이지만 만기가 5년인 term-CD가 발행되기도 한다.

유로CP는 미국CP를 모델로 하여 1980년대 초반에 유로커런시시장에 도입되었으며, 달러, 유로, 파운드로 표시된 것이 주종을 이룬다. 유로CP의 도입은 유로커런시시장에 몇 가지 커다란 영향을 끼쳤다. 우선 단기자금 조달을 간접금융방식의 은행대출에서 증권발행을 통한 직접금융으로 대체함으로써, 자금수요자인 차입자 및 자금공급자인 투자자 모두에게 이익을 가져다주었다. 즉, 차입자는 유로CP 발행을 통해 국내금융시장에서보다 낮은 비용으로 자금을 조달할 수 있게 되었고, 투자자는 유로CP 매입을 통해 더 높은 수익률로 자금을 운용할 수 있게 되었다. 유로CP 발행자는 거의 대부분 금융기관이며 유로CP 투자자는 기업, 기관투자자, 유로뱅크, 중앙은행 등 다양하다. 유로CP의 만기는 평균 90일로 미국CP에 비해 만기가 길어, 미국CP는 만기까지 보유되는 경우가 많은 데 반해 유로CP는 만기까지 보유되지 않고 유통시장에서 거래되는 경우가 많다.

유로노트발행보증(note issuance facility ; NIF)도 1970년대 개발된 이래 유로시장에서 중요한 자금조달원이 되어 왔다. 유로NIF는 차입자와 은행인수단 간에 보통 3년 내지 10년 기간의 중장기 약정을 체결하고, 그 범위 내에서 차입자가 자신의 명의

5. 많은 경우 국제단기금융시장과 유로커런시시장을 혼합해 설명하고 있는데, 여기에서는 유로커런시시장의 상품 중 간접금융방식인 예금과 대출은 제외하고 직접금융 상품들만 단기금융시장 상품으로 소개하고 있다.

로 통상 3～6개월 만기의 단기증서인 유로노트(Euronote)를 발행할 수 있는 계약이다. 이 계약 하에서 인수은행은 차입자가 발행하는 유로노트를 매입하든지 아니면 채무보증(standby credit)을 제공해야 할 의무가 있다. 따라서 차입자는 단기증서인 유로노트 발행에 의해 자금을 조달하지만 유로노트 발행에 대한 은행의 인수약정이 부수됨으로써 차입자에게는 신디케이트대출과 같은 중 · 장기 은행대출의 효과를 갖게 된다. NIF는 은행에 대한 자기자본비율규제 강화에 대응하여 창출된 신종 금융거래수단으로서 은행의 자산규모를 증가시키지 않고 수익을 실현할 수 있는 장부외거래의 일종이다.

3. 국제단기금융시장의 현황

국제단기금융시장은 1990년대 중반까지 2천억 달러 정도의 소규모 시장이었으나 2000년대 들어서면서 급격하게 팽창하였다. 글로벌 금융위기의 여파가 미치기 전에는 1조 달러가 넘는 규모까지 확대되었으나 이후 위기의 여파로 유럽지역을 비롯해 전 세계 금융시장이 타격을 입으면서 다시 1조 달러 이하로 규모가 축소되었다. 국제채권시장 전체(단기채권 및 장기채권의 합)에서 국제단기금융시장이 차지하는 비중은

표 7-2 국제단기금융시장 추이 (단위 : 10억 달러)

		1998	2003	2008	2013	2017
상품별	CP	132.9	417.6	708.5	484.8	–
	기타	61.6	151.7	423.2	385.1	–
지역별	선진국	156.4	519.3	1,074.7	749.3	813.0
	역외센터	29.6	37.3	31.5	86.2	110.6
	개도국	5.3	6.8	6.1	17.4	20.2
	국제기구	3.2	5.9	19.4	17.1	34.6
통화별	달러	111.5	165.0	370.1	327.4	475.9
	유로	35.9	268.4	511.4	314.3	284.0
	기타	47.0	135.9	250.2	228.2	218.4
국제단기금융시장 합계		194.5	569.3	1,131.7	869.9	978.3
국제장단기채권시장 합계		4,294.4	11,671.8	23,861.6	22,789.6	23,866.1

자료 : BIS, *Quarterly Review*.

5%를 넘지 못하고 있는데, 이는 국제채권시장이 주로 유로채시장을 비롯한 장기채권 시장 위주로 이루어졌음을 보여주고 있다.

상품별로는 유로CP가 평균 60% 정도의 비중을 차지하고 있어 가장 대표적인 상품으로 나타나고 있으며, 기타 다른 단기금융상품들은 전체의 40% 정도에 머물러 있다. 발행 통화별로 보면 2000년대 이전에는 달러화로 발행하는 것이 압도적이었으나, 2000년대 이후에는 유로화 발행규모가 달러화보다 더 크게 나타난 경우도 있다. 최근 에는 파운드화, 스위스 프랑화로 발행되는 물량도 증가하고 있다. 한편 지역별로는 보면 국제단기금융시장은 90% 이상 선진국 시장으로 이루어져 있으며, 극히 일부 단기채권이 역외센터 및 국제기구에 의해 발행되고 있다.

한편 전 세계 국내단기금융시장 현황을 보면 전체적으로 단기금융시장의 규모가 꾸준히 확대되어 최근에는 10조 달러를 상회하고 있다. 상품 형태별로는 시기에 따라 다소 변화를 보여주고 있는데, 1990년대 중반에는 CP에 비해 미국 정부의 T-Bill 발행이 월등히 많았으나 2000년대 들어서는 CP와 T-Bill의 격차가 크게 줄어들었다. 그러나 최근에는 글로벌 금융위기를 극복하기 위한 적극적인 재정정책으로 미국 정부의 재정이 악화되면서 T-Bill 발행이 다시 커지고 있다.

Box 7-1 코리보(KORIBOR)

2001년 이후 국내외에서 다양한 만기의 단기기준금리 도입 필요성이 제기되었으며, 국내은행들도 그동안 기준금리로 사용했던 3개월 CD 유통수익률이 공급물량 불규칙성 등으로 제대로 기능을 못하자 새로운 기준금리 도입 필요성을 제기하기 시작했다.

이러한 가운데 2003년 들어 국내단기금융시장에 참가하는 금융기관으로 구성된 '자금시장협의회'를 중심으로 영국의 LIBOR와 같은 은행 간 시장의 기준금리 도입 관련 논의가 활성화되었다. 한국은행은 '자금시장협의회'에 적극 참여하면서 세미나 등을 통해 주요 국내은행 및 외은지점의 의견을 수렴하고 2004년 3월 KORIBOR (KORea Inter-Bank Offered Rate) 도입방안을 확정하였다. 이후 KORIBOR는 일정 기간의 시범운영을 거쳐 2004년 7월 26일부터 공식적으로 산출 · 공표되고 있다.

KORIBOR는 은행 간 대출시장의 기준금리로 총 10종의 금리로 구성되어 있다. 공표금리는 15개 은행이 제시한 금리 중 상하 각각 3개씩을 제외한 나머지 9개를 산술평균하여 산출된다. 우선 15개 은행이 매 영업일 오전 10:40~10:55 사이에 10종의 만기별 호가금리를 정보제공업체 단말기를 통해 입력한다. 주관기관은 은행별 제시금리와 산출된 기준금리의 착오 여부 등을 검토한 후 승인하며, 승인과 동시에 당일 KORIBO 금리가 정보제공업체를 통해 발표된다. 발표 시간은 원칙적으로 오전 11:00이며, 당일 오후 3:00에 전국은행연합회 홈페이지에도 게재된다.

KORIBOR 도입 연혁

2004년 2월	자금시장협의회 주관 「단기기준금리 도입방안」 세미나
2004년 4월	기준금리협의회 창설 (10개 국내은행 자금담당부서장, 전국은행연합회 수신 · 신탁팀장, 한국은행 금융시장국장으로 구성되었으며 2004.6.25일 KORIBOR전문위원회로 전환)
2004년 4~7월	시범운용
2004년 5월	제1차 정보제공업체로 (주)연합인포맥스 선정
2004년 6월	KORIBOR시스템* 구축 완료 * 「금리제시은행-인포맥스-은행연합회」 연결 시스템
2004년 6~7월	KORIBOR 시스템 시험 가동
2004년 7월	공표

자료 : 한국은행, 『우리나라의 금융시장』.

요약

1. 단기금융시장은 기업, 가계, 정부, 금융기관 등 경제주체 간에 단기자금 과부족을 조절하기 위해 보통 만기 1년 이내의 단기금융상품이 거래되는 시장을 말한다. 국제단기금융시장의 주요 기능은 다음과 같다. 첫째, 국제단기금융시장은 각국 경제주체들의 유휴현금(idle cash) 보유에 따른 기회비용을 최소화하여 자금조달 및 운용의 효율성을 제고할 수 있는 기회를 제공하여 준다. 둘째, 국제단기금융시장은 국제자본시장에 비해 자본손실 및 유동성 위험이 작아 경제주체들의 금융자산 위험관리 기회로 활용된다. 셋째, 단기금융시장은 국내적으로 중앙은행의 통화신용정책이 수행되는 장이라고 할 수 있다.

2. 단기금융시장은 금융기관 상호 간 자금의 수급불균형을 조절하는 금융기관간시장과 일반 고객도 참여하는 대고객시장으로 구분된다. 한편 지역적으로는 북미, 서유럽, 아시아 시장으로 크게 구분된다. 대표적인 단기금융상품들로 BA, CP, CD, RP, T-Bill, 콜자금대출, MMF 등이 있다.

3. 국제단기금융시장은 1990년대 중반까지 2천억 달러 정도의 소규모 시장이었으나 2000년대 들어서면서 1조 달러에 달하는 규모로 확대되었다. 그러나 국제채권시장 전체(단기채권 및 장기채권의 합)에서 국제단기금융시장이 차지하는 비중은 5%를 넘지 못하고 있는 미미한 수준이다. 상품별로는 유로CP가 절대적인 비중을 차지하고 있으며, 발행 통화별로는 2000년대 이전에는 달러화로 발행하는 것이 압도적이었으나, 2000년대 이후에는 유로화 발행규모가 달러화보다 더 크게 나타난 경우도 있다. 한편 지역별로 보면 국제단기금융시장은 90% 이상 선진국 시장으로 이루어져 있으며, 극히 일부 단기채권이

역외센터 및 국제기구에 의해 발행되고 있다.

4. 1990년대 중반 이후 전 세계 국내단기금융시장의 규모도 꾸준히 확대되어 최근에는 10조 달러를 상회하고 있다. 한편 상품 형태별로는 1990년대 중반에는 CP에 비해 미국 정부의 T-Bill 발행이 월등히 많았으나 2000년대 들어서는 CP와 T-Bill의 격차가 줄어들었다가 최근에는 글로벌 금융위기를 극복하기 위한 적극적인 재정정책으로 T-Bill 발행이 다시 커지고 있다.

부록 우리나라의 단기금융시장[6]

우리나라의 단기금융시장은 콜시장을 비롯하여 기업어음, 양도성예금증서, 환매조건부매매, 표지어음, 전자단기사채, 통화안정증권 시장으로 구성되어 있다. 대표적인 금융기관 간 시장으로 콜시장을 들 수 있으며, 기업어음 시장은 기업이나 은행의 단기자금 조달에 주로 이용되고 있다. 환매조건부매매나 양도성예금증서 시장은 금융기관 간 시장과 대고객시장의 성격이 혼합되어 있다. 최근에는 단기금융시장의 문제점을 보완하기 위해 전자단기사채 시장을 도입하기도 했다. 우리나라 단기금융시장의 개요는 〈표 A7-1〉과 같다.

우리나라 단기금융시장에는 정부를 포함한 거의 모든 경제주체들이 참여하고 있다. 우선 예금은행은 양도성예금증서, 환매조건부매각, 콜차입 등을 통해 자금을 조달하고 일시적으로 남는 자금은 콜시장 등에서 운용한다. 증권회사, 자산운용회사 등은 환매조건부매매시장 등을 통해 부족자금을 조달하거나 여유자금을 운용하며, 기업은 단기금융시장에서 기업어음이나 전자단기사채를 발행하여 일시 부족자금을 조달하고 여유자금은 양도성예금증서 등 단기금융상품에 운용한다. 한편 중앙은행인 한국은행은 환매조건부매각(매입) 또는 통화안정증권 발행(상환) 등을 통해 시중유동성을 환수(공급)하는 등 통화정책을 수행하기 위하여 단기금융시장에 참여한다. 이 밖에 가계도 일시적인 여유자금을 운용하기 위하여 단기금융시장에 참여하고 있다.

6. 이 부분은 한국은행, 『우리나라의 금융시장』을 참조하였음.

표 A7-1 우리나라 단기금융시장의 개요

<table>
<tr><th colspan="2"></th><th>콜</th><th>환매조건부
매매</th><th>한국은행
환매조건부매매</th><th>양도성
예금증서</th><th>기업어음</th><th>전자단기
사채</th><th>통화안정
증권</th></tr>
<tr><td colspan="2">도입시기</td><td>1960년 7월</td><td>1977년 2월</td><td>1969년 2월</td><td>1974년 5월</td><td>1972년 8월</td><td>2013년 1월</td><td>1961년 11월</td></tr>
<tr><td colspan="2">특징</td><td>금융기관 간
자금조절</td><td>금융기관 간
자금조절,
금융기관의
단기자금 조달</td><td>시중
유동성
조절</td><td>은행의
단기자금
조달</td><td>기업 및
금융기관의
단기자금
조달</td><td>기업 및
금융기관의
단기자금
조달</td><td>중앙은행
유동성
조절</td></tr>
<tr><td colspan="2">법적 성격</td><td>금전소비
대차</td><td>증권매매</td><td>증권매매</td><td>소비임차</td><td>약속어음,
채무증권</td><td>채권</td><td>유가증권</td></tr>
<tr><td rowspan="3">참가기관</td><td>자금
조달
(발행)
기관</td><td>은행,
증권(PD·
OMO
대상 등)</td><td>[기관 간(장내)]
증권, 은행
[기관 간(장외)]
증권, 은행,
자산운용,
증권신탁,
증권금융 등
[대고객]
은행, 증권,
증권금융, 종금
체신관서 등</td><td rowspan="3">한국은행
환매조건부
증권매매
대상기관으로
선정된
은행, 증권,
증권금융</td><td>예금은행</td><td>기업,
금융기관,
SPC</td><td>기업,
금융기관,
SPC</td><td>한국은행</td></tr>
<tr><td>자금
운용
(매입)
기관</td><td>은행,
자산운용 등</td><td>[기관 간(장내)]
증권, 은행
[기관 간(장외)]
자산운용, 은행,
은행신탁,
증권신탁,
증권금융 등
[대고객]
금융기관,
기업, 개인</td><td>[은행 간]
은행
[대고객]
금융기관,
기업, 개인</td><td>금융기관,
기업, 개인</td><td>금융기관,
기업, 개인</td><td>금융기관,
법인, 개인</td></tr>
<tr><td>중개
기관</td><td>자금중개</td><td>[기관 간(장내)]
한국거래소
[기관 간(장외)]
자금중개,
증권금융 등</td><td>증권,
종합금융,
자금중개</td><td>증권,
종합금융
자금중개</td><td>증권,
자금중개</td><td>증권</td></tr>
<tr><td colspan="2">만기</td><td>최장 90일 이내</td><td>자유화</td><td>최장 91일 이내</td><td>30일 이상</td><td>자유화</td><td>1년 이내</td><td>2년 이하</td></tr>
<tr><td colspan="2">최저발행
(거래)금액</td><td>1억원
(중개거래 시)</td><td>체신관서 :
5만원
기타 : 제한 없음</td><td>최저
입찰금액
100억원</td><td>제한 없음</td><td>증권 : 1억원
(거래 시)
기타 : 제한 없음</td><td>1억원</td><td>100억원</td></tr>
<tr><td colspan="2">이자
지급방식</td><td>만기
일시지급</td><td>만기
일시지급</td><td>만기
일시지급</td><td>할인방식
선지급</td><td>할인방식
선지급</td><td>할인방식
선지급</td><td>할인채 : 선지급
이표채 : 매3개월</td></tr>
<tr><td colspan="2">중도환매</td><td>-</td><td>제한 없음</td><td>금지</td><td>금지</td><td>제한 없음</td><td>제한 없음</td><td>허용</td></tr>
</table>

2016년 6월 말 현재 우리나라 단기금융시장 규모는 396조원으로 1990년대 이후 빠른 신장세를 보여 왔다. 이와 같은 단기금융시장의 급속한 성장은 경제발전 및 소득 증대와 더불어 금융자산 축적규모가 늘어나는 가운데 개별 경제주체들의 금리민감도 상승 등으로 자금의 단기운용에 의한 위험회피 경향 확대, 기업의 여유자금 운용기법 발달 등 금융구조의 변화를 반영한 것으로 보인다. 이를 시장별로 보면 〈표 A7-2〉와 같다. 1990년대에는 기업어음 및 통안증권이 절대적인 비중을 차지했으나, 2000년대 이후 통안증권의 비중이 감소하고 있다. 최근에는 환매조건부매매가 크게 확대된 가운데 기업어음도 여전히 큰 비중을 차지하고 있으며, 통안증권에 이어 새로 도입된 전자단기사채가 그 뒤를 잇고 있다. 반면 양도성예금증서나 콜시장은 이전에 비해 상대적인 규모가 크게 축소되었다.

표 A7-2 **우리나라 단기금융시장 규모 추이**(기말잔액) (단위 : 10억원, %)

	1990		2000		2010		2016. 6	
	금액	구성비	금액	구성비	금액	구성비	금액	구성비
콜[1]	3,397	7.7	16,058	11.6	22,501	8.5	9,390	2.4
환매조건부매매[2]	3,377	7.6	26,115	18.8	78,766	29.7	133,829	33.8
기업어음[3]	12,740	28.7	44,677	32.2	76,366	28.8	132,997	33.6
전자단기사채[4]	–	–	–	–	–	–	35,365	8.9
양도성예금증서[5]	6,804	15.4	14,218	10.2	44,472	16.8	24,162	6.1
표지어음[5]	277	0.6	11,201	8.1	1,604	0.6	524	0.1
통화안정증권[6]	15,241	34.4	26,488	19.1	41,140	15.5	53,670	13.6
재정증권	2,500	5.6	0	0.0	0	0.0	6,000	1.5
계	44,335	100.0	138,757	100.0	264,849	100.0	395,937	100.0

주 : 1) 중개거래 기준.
2) 대고객 RP 및 장외기관 간 RP 합계 기준.
3) 2000년 이전은 자금순환표, 2010년 이후는 한국신용정보원 기준.
4) 2013년 1월부터 도입.
5) 자금순환표 기준.
6) 만기 1년 이하 단기물 기준.

자료 : 한국은행, 한국예탁결제원, 한국신용정보원, 금융투자협회, 기획재정부.

우리나라 단기금융시장을 미국 및 일본과 비교해 보면 전체 단기금융시장에서 기업어음 및 환매조건부매매 시장이 차지하는 비중이 큰 것으로 나타나고 있다. 그러나 우리나라의 환매조건부매매 시장은 금융기관의 대고객 자금조달 위주로 발전되어 금융기관 간 자금조절시장으로 발달한 선진국과는 성격이 다르다고 보아야 할 것이다. 또한 선진국의 경우 재정증권의 비중이 높은 데 비해 우리나라는 통안증권이 그 기능을 대신하고 있고 양도성예금증서도 선진국에 비해 낮게 나타나고 있다는 것도 차이점 중의 하나이다.

연습문제

01. 외환시장과 국제단기금융시장이 상호 밀접하게 연계되어 있는 이유를 설명하라.

02. 단기금융시장의 주요 기능과 자본시장의 주요 기능 간의 차이점은 무엇인가?

03. 내국인이 국내에서 원화로 단기채권을 발행하더라도 국내채권시장의 거래에 포함되지 않고 국제채권시장의 거래로 분류될 수 있는데, 어떤 경우인지 예를 들어 설명하라.

04. NIF와 유로CP의 가장 큰 차이는 무엇인가?

05. 우리나라의 경우 단기금융시장은 어떤 과정을 거쳐 한국은행의 통화정책 수행에 중요한 역할을 하게 되는가?

06. 우리나라 단기금융시장은 주요 선진국들과 다른 특징을 보이고 있는데, 그 내용과 원인을 설명하라.

국제자본시장

International **Finance**
ch. eight

8

1980년대 이후 증권화 현상이 심화되면서 자본시장의 중요성이 부각되고 있다. 특히 각국의 규제완화, 금융시장의 통합 추이와 더불어 국제거래가 활발해짐에 따라 세계적인 다국적기업들은 자신들에게 유리한 금융시장에서 안정적인 장기자금을 조달하고자 국제자본시장을 이용하고 있다. 따라서 이 장에서는 장기금융상품들이 발행 및 유통되는 국제자본시장의 구성, 운영메커니즘 및 현황을 살펴보고자 한다.

국제자본시장은 크게 국제채권시장과 국제주식시장으로 구분할 수 있다. 우선 제1절에서는 국제자본시장의 전체적인 개념에 대해 간단히 살펴보고, 이어 제2절에서는 국제채권시장을 외국채시장과 유로채시장으로 나누어 구조 및 운영원리를 설명한다. 제3절에서는 국제주식시장의 구조와 더불어 지역적 연고의 특성이 강한 주식시장이 국제화하는 과정을 설명한다.

1. 국제자본시장의 개요

International Finance, ch. eight

1.1 국제자본시장의 의의

국제자본시장(international capital market)이란 기업, 정부기관, 금융기관 등이 장기증권을 발행해 자금을 조달하고, 발행된 장기증권들이 유통되는 국제금융시장을 말한다.

국제자본시장은 여러 기능을 수행하고 있으나 가장 중요한 기능은 특정 부문 또는 특정 지역의 여유자금을 투자수익이 높은 부문 또는 지역 등에 장기투자재원으로 공급함으로써 국민경제 또는 세계경제의 자금부족부문과 자금잉여부문의 자금수급 불균형을 조절하는 것이었다. 국제자본시장에서 미래 수익이 높을 것으로 예상되는 부문 및 지역의 기업은 다른 부문 및 지역의 기업보다 낮은 금리로 자금을 조달하여 생산능력을 확충할 수 있으며, 이에 따라 국제적인 자본이동이 발생함으로써 전체적인 생산효율이 극대화되고 세계경제 전체의 부가 늘어난다.

국제자본시장은 또한 세계 각국의 회사채 수익률과 주가 등 금융자산 가격을 결정함으로써 기업의 투자결정과 내부경영에 영향을 미친다. 기업은 회사채나 주식발행이 원활하고 자금조달비용이 예상 투자수익률보다 낮을 경우 투자를 확대하고 그렇지 않은 경우 투자를 기피하게 된다. 그러므로 국제자본시장에서 회사채나 주식 등의 금융자산 가격변동에 따라 기업의 투자행태가 달라지게 된다. 또한 기업은 회사채나 주식 등의 자금조달비용 등을 감안해 최적의 자본구조를 선택하게 되는데, 이는 기업의 내부경영 및 지배구조에 영향을 미치게 된다. 예를 들어 주식발행을 통한 자금조달 비중이 높아지면 주식 소유지분의 변동에 따라 기업경영이 영향을 받게 될 수 있다.

한편 국제자본시장은 높은 수익률의 금융자산을 제공함과 동시에 위험을 분산시킴으로써 투자자들에게 자산운용상의 효율성을 높여준다. 회사채, 주식 등 자본시장에서 거래되는 금융자산은 금리변동에 따른 자본손실 위험 및 신용위험이 비교적 커서 이들 자산의 수익률은 단기금융상품에 비해 높은 것이 일반적이다. 그런데 국제자본시장을 이용하게 되면 적절한 분산효과를 통해 위험이 상당히 감소될 수도 있다. 따라서 투자자들이 금리에 보다 민감해지는 가운데서도 국제자본시장을 이용해 위험선호도가 높은 투자자를 중심으로 채권과 주식에 대한 수요가 확대되고 있으며, 전체 금융자산 중 이들 장기금융자산의 비중도 높아지는 추세에 있다.

이와 더불어 자본시장은 국내적으로 통화신용정책이 실물경제에 영향을 미치도록 하는 매개기능을 수행한다. 중앙은행이 유동성 조절을 통해 콜금리 등 단기금리를 변동시키면 여러 경로를 통해 자본시장의 장기수익률에 영향을 미치고 기업의 자본조달비용을 변동시킴으로써 궁극적으로 기업의 투자결정에 영향을 미친다. 동시에 채권 및 주식의 자산가치 변동으로 인한 부의 효과(wealth effect)를 통해 가계소비에도 영향을 미쳐 국민경제의 총수요를 변화시키게 된다.

1.2 국제자본시장의 구분

국제자본시장의 가장 전형적인 분류는 거래되는 금융상품의 권리 및 의무를 기준으로 국제채권시장(international bond market)과 국제주식시장(international equity market)으로 구분하는 것이다. 채권시장이란 차입자가 일정한 이자를 지불하고 원금을 상환하겠다는 증서인 채권을 발행해 자금을 조달하고, 발행된 채권이 거래되는 시장이다. 채무증서는 만기 1년 이내의 단기증권(bill), 1년에서 10년 사이의 중기증권(note), 10년 이상의 장기증권(bond)으로 구분되는데, 여기서 말하는 국제채권시장은 기본적으로 중·장기증권시장을 의미한다. 한편 주식시장이란 기업에 대한 지분을 나타내는 주식이 발행 및 거래되는 시장이다.

주식과 채권의 가장 큰 차이는, 기업이 부도나서 청산할 경우, 채무증권 소유자는 우선변제권을 행사할 수 있는 반면 주주는 모든 기업채무를 정산한 다음 잔여자산에 대해 지분권을 행사할 수 있다는 점이다. 따라서 주식은 채권보다 기업부도 발생에 따른 위험이 크다. 또한 채권소유자는 이자 및 원금 등 일정한 소득을 받게 되므로 미래의 현금흐름이 상대적으로 안정적인 데 비해, 주주의 경우 기업의 자산가치나 손익의 변동에 따라 이익을 볼 수도 있고 손해를 입을 수도 있다. 따라서 주식은 채권보다 자산가치의 변동성이 크다.

국제자본시장은 또한 거래단계에 따라 발행시장과 유통시장으로 구분된다. 발행시장(primary market)은 금융상품이 새로이 발행되는 시장이며, 유통시장(secondary market)은 이미 발행된 금융상품이 거래되는 시장을 의미한다. 발행시장에서 발행자와 매입자 간의 중개역할을 하는 금융중개기관은 해당 상품의 발행업무를 대행함은 물론 발행위험의 전부 또는 일부를 부담하며 시장조성(market making) 기능을 수행한다.

한편 유통시장은 이미 발행된 채권 및 주식을 현금화할 수 있게 함으로써 해당 금융상품의 유동성을 높여준다. 또한 유통시장은 금융상품의 발행가격을 결정하는 데도 중요한 역할을 한다. 예를 들어 유통시장의 가격이 높을수록 발행가격도 높아져 발행기업은 낮은 비용으로 자금을 조달할 수 있게 되는 반면, 유통시장의 비효율성 등으로 가격이 낮게 형성되거나 불안정하면 기업의 자금조달비용이 늘어나게 된다.

한편 국제자본시장은 금융상품의 거래장소와 거래방법에 따라 거래소시장과 장외시장으로 구분되기도 한다. 거래소시장(on-board market)은 시장참가자가 금융상품에 대한 매매주문을 중앙집중적 장소인 거래소에 보내고 거래소는 이를 경쟁입찰원칙 등 표준화된 규칙에 의해 처리하는 시장으로 장내시장이라고도 부른다. 거래소시장은 시장참가자들 간의 거래관계가 다면적이고 거래소에 집중된 매매주문의 상호작용에 의해 가격이 결정(order-driven)되므로, 거래상대방을 알 수 없으며 거래정보가 투명하다는 특징이 있다.

장외시장(off-board market)은 거래소 이외의 장소에서 증권의 거래가 이루어지는 시장을 말하며, 크게 직접거래시장과 점두시장으로 구분된다. 직접거래시장은 증권회사 등 금융중개기관을 거치지 않고 매매당사자 간의 개별적인 접촉에 의해 직접거래가 이루어지는 시장을 말한다. 점두시장(over-the-counter market ; OTC)은 딜러/브로커 등이 거래를 중개하는 시장을 말하는데, 딜러/브로커가 고시한 매매가격을 거래상대방이 승낙하여 가격이 결정(quote-driven)되기 때문에 거래정보의 투명성이나 거래상대방의 익명성이 낮은 것이 특징이다. 장외거래는 거래당사자 간에 자율적으로 거래가 이루어지므로 동일한 시간에 동일한 상품에 대해 거래가 이루어지더라도 거래가격은 매매당사자에 따라 다르게 결정될 수 있다.

2. 국제채권시장

International Finance, ch. eight

국제채권시장이란 기업이나 정부기관 등이 해외에서 채권을 발행해 자금을 조달하거나, 발행된 국제채가 유통되는 시장이다. 국제채(international bond)는 기본적으로 외국채(foreign bond)와 유로채(Eurobond)로 나뉘어진다.[1]

2.1 외국채와 유로채

◉ 개념

외국채란 한 나라(A국)의 국내금융시장에서 다른 나라(B국)의 차입자가 A국의 통화로 표시된 채권을 발행하고 거래하는 경우를 말한다. 예를 들어 한국 기업이 미국 금융시장에서 적당한 절차를 거쳐 달러표시 채권을 발행한 경우에 이러한 채권은 외국채가 된다.

외국채는 채권발행지역의 별칭을 붙여 여러 가지로 부르고 있다. 미국에서 달러화로 발행되는 외국채는 양키본드(Yankee bond), 일본에서 엔화로 발행되는 외국채는 사무라이본드(Samurai bond), 중국에서 위안화로 발행되는 외국채는 판다본드(Panda bond), 영국에서 파운드화로 발행되는 외국채는 불독본드(Bulldog bond), 과거 프랑스에서 프랑화로 발행되었던 외국채는 샴페인본드(Champagne bond), 그리고 외국인에 의해 우리나라 국내자본시장에서 발행 · 판매되는 원화표시 채권은 아리랑본드(Arirang bond)라고 부른다.[2]

유로채는 특정국 통화표시 채권이 그 국가 이외의 지역에서 발행 및 유통되는 경우를 말한다. 예전에는 차입자들이 신용조건을 충족시키기가 어려워 유로채시장이

---

1. 국제채의 한 형태로 볼 수 있는 글로벌채(global bond)는 외국채나 유로채 등과 같이 특정 지역 투자자만을 대상으로 발행되는 것이 아니라 미국과 유럽, 아시아 등 전 세계의 투자자를 대상으로 발행되는 채권이라는 점에서 차이가 있다. 글로벌채는 여러 시장에서 발행되기 때문에 대규모기채가 가능하고 유동성이 높은 장점이 있다. 한편 국제채의 대응 개념으로 국내채(domestic bond)가 있는데, 이는 국내금융시장에서 국내 차입자들이 국내 투자자들을 대상으로 발행하는 채권을 말한다.
2. 국내 자본시장에서의 외국채 발행은 1995년 아시아개발은행(Asian Development Bank ; ADB)이 한국산업증권을 주간사로 하여 발행한 것이 처음으로, 당시 이름을 아리랑본드라고 불렀다.

크게 형성되지 못했다. 그러나 최근 국제금융시장의 발전 및 여러 새로운 기법의 개발로 차입자들의 신용조건 파악이 쉬워지고 차입자들의 인지도도 높아져 이 시장이 크게 성장하고 있다. 유로채 가운데는 유로달러채가 가장 큰 비중을 차지하고 있으나 유로스털링채 등도 많이 발행되고 있으며, 유럽의 통화통합 이후에는 유로화표시 역외채권의 비중도 크게 나타나고 있다. 한편 1980년대에 일본 경제의 약진과 더불어 몇 가지의 유로채 용어가 등장하기도 했다. 이들 가운데 스시채(Sushi bond)는 일본 거주자가 일본 이외의 지역에서 발행하는 비엔화채권을 말하고, 쇼군채(Shogun bond)는 외국차입자(비거주자)가 일본시장에서 발행하는 비엔화채권을 말한다.

◉ 외국채와 유로채의 비교

외국채와 유로채는 앞에서 설명한 표시통화 차이 외에도 여러 면에서 차이가 나타난다. 이러한 차이들은 대부분 금융시장의 규제와 관련이 있다. 우선, 대부분의 국가에 있어서 정부당국은 국내자본시장에 혼란이 야기되는 것을 방지하기 위해 국내에서의 채권발행에 제한을 가하고자 하므로 외국채의 발행은 공시의무, 신용등급 등 유로채의 발행에 비해 일반적으로 많은 규제를 받게 된다. 그러나 유로채의 경우는 해당 통화표시 발행국 이외의 지역에서 모집되고 판매되기 때문에 관할기구, 허가, 등급결정 등에 대해 상대적으로 제약 없이 발행이 이루어지고 있다.

또한 인수단의 구성에 있어서도 외국채는 통상 한 나라의 인수단(underwriting syndicate)으로 구성되는 반면, 유로채의 인수단 및 판매그룹(selling group)은 통상 수 개국의 국제은행 및 증권회사들로 구성된다. 증권형식에 있어서도 외국채는 기명식(registered form)이어서 익명성이 보장되지 않고 발행국에서 비거주투자자들을 대상으로 이자소득에 대한 원천세가 부과되는 반면, 유로채는 무기명식(bearer form)이어서 채권보유의 익명성이 보장되며 이자소득에 대한 원천세 등이 면제된다. 채권의 유통시장이나 거래방법에서도 차이가 있는데, 외국채는 발행국의 증권거래소에 상장되어 장내거래나 장외거래로 유통되지만, 유로채의 경우는 주로 장외거래로 이루어진다.

이와 같은 차이로 인해 외국채의 경우, 발행자 입장에서 볼 때 재원조달원을 다양화하고 현지에서의 지명도를 제고하는 데 용이하다는 이점이 있으며, 투자자의 경우 상대적으로 친숙한 국내시장에서 투자대상을 다양화할 수 있다는 장점이 있다. 한편 유로채의 경우, 발행자에 대한 자금조달비용이 상대적으로 저렴하고 신속한 모집이용이하다는 이점이 있으며, 투자자 입장에서도 다양한 투자수단을 이용할 수 있다는 장점이 있다. 외국채와 유로채의 차이는 〈표 8-1〉에 정리되어 있다.

표 8-1 외국채와 유로채의 비교

	외국채	유로채
인수단	주로 기채국시장의 금융기관	2개국 이상의 국제적 인수단
표시통화	주로 기채시장국의 법정통화	기채시장 통화 이외의 통화
법적 규제	기채시장국 법률의 규제를 받음	기채시장국 법률의 규제를 받지 않음
판매	주로 기채시장국에서 판매	주로 표시통화국 이외의 국가에서 판매
증권형식	기채시장국에 따라 상이. 기명식(registered form) 또는 무기명식	무기명식(bearer form)
조세	각국 법률에 의거 원천세 징수	투자자의 이자소득에 대한 원천세(withholding tax) 면세
유통시장	기채시장국의 증권거래소 또는 장외시장에서 이루어짐	대부분 장외시장에서 주요 시장조성자(market maker)에 의해 이루어짐
상장	기채국 자본시장에 상장	대표적 국제자본시장 1~2개 소에 상장

2.2 국제채권시장의 주요 상품

국제채권시장은 국내채권시장에 비해 훨씬 변화가 빠르고 혁신적이어서 시장의 규모가 급성장하고, 이에 따라 금융상품도 다양한 형태로 발전하고 있다. 국제채권시장의 상품은 금리, 만기, 표시통화, 중도상환 가능 여부 등에 따라 다양하게 나타난다. 이 중 대표적인 상품들을 살펴보자.

◉ 고정금리채와 변동금리채

국제채의 대표적인 발행형태는 채권발행자가 투자자에 대해 약정기일에 이자지급과 원금의 상환을 약정하는 보통채(straight bond)이다. 여기에는 고정금리로 이자를 지급하는 고정금리채(straight fixed-rate bond)와 금리가 LIBOR 등 단기금융시장 금리에 연동되어 일정 기간(보통 6개월)마다 변동하는 변동금리채(floating rate note ; FRN)의 두 가지가 있다. 일반적으로 국내고정금리채는 6개월마다 표면이자(coupon)를 지불하지만, 유로고정금리채는 보통 1년에 1회 표면이자를 지불한다. 변동금리채는 1970년대에 인플레이션과 국제금리의 변동성이 크게 높아지면서 고정금리채 발행이나 신디케이트대출에서 초래되는 금리 및 유동성 위험을 완화시키기 위한 수단으로 개발되었다.

투자자 입장에서 볼 때 고정금리는 시장의 변화와 상관없이 명목적으로 일정한 수익률을 받지만, 변동금리의 경우에는 표면금리(coupon rate)가 LIBOR 등에 연동됨으로써 시장금리를 반영한 수익률을 받을 수 있다. 또한 변동금리는 신디케이트대출에 비해 소액단위로 발행되어 일반 투자자의 투자가 용이할 뿐만 아니라 유통시장에서 자유롭게 매매됨으로써 금리변동 및 인플레이션 하에서도 자본손실을 용이하게 회피할 수 있는 이점이 있다. 발행자의 입장에서 보면 고정금리는 장기적으로 현금흐름을 일정하게 할 수 있다는 이점이 있으나 만기 시까지 금리변동위험에 노출될 수 있다. 반면 변동금리는 단기금리에 연동되어 있기 때문에 이와 같은 금리변동위험을 회피할 수 있다.

채권은 채권발행자의 신인도나 인지도에 따라 금리수준이 달라지게 되는데, 변동금리채의 경우 신인도에 따라 적용되는 금리격차가 상대적으로 작은 편이다. 이는 자금공여자인 은행들이 자금소화를 원활하게 하기 위해 금리차등폭을 좁게 하기 때문이다. 따라서 차입자들은 주로 신인도가 낮은 기업 또는 개도국 금융기관들로서, 은행차관단이 대표적인 고객이다. 이와는 달리 고정금리채는 발행 당시 이자가 확정되어 만기까지 장기간 일정한 이자가 지급되기 때문에 채권구입자들, 즉 투자자들이 발행자의 신인도에 민감하게 반응하게 된다. 따라서 신인도에 따른 금리격차가 상대적으로 커지게 되고, 신인도가 높은 기업 또는 국제금융기관들이 대표적인 기채자들이다.

변동금리채 가운데 영구변동금리채(perpetual FRN)는 최종 만기가 명시되지 않는 변동금리채를 말한다. 이 채권은 영란은행이 1984년 11월 영구채 발행에 의한 조달자금을 제1차 자본금(primary capital)으로 간주함으로써 1985년부터 급성장한 금융상품이다. 영구변동금리채를 발행할 수 있는 기관은 세계 유수의 금융기관들로 이들 발행자들은 영구채 발행을 통해 자본금 성격의 자금조달이 가능하므로 자기자본의 충실도 제고를 도모할 수 있게 된다. 그러나 영구채의 과잉발행으로 수급의 불균형이 나타나고 영구채보다 유리한 투자대상이 나타남에 따라 점차 영구채 유통시장이 위축되었다.

◉ 제로쿠폰채

제로쿠폰채(zero-coupon bond)는 표면이자 없이 할인형식으로 발행 · 거래되는 중 · 장기채권이다. 예를 들어 100억원의 10년 만기 제로쿠폰채를 액면가의 50% 수준인 50억원에 발행하거나, 15년 만기인 경우에는 액면가의 33% 수준인 33억원에 발행하는 것이다. 이 채권은 1981년 4월 미국의 J.C. Penney사가 처음 발행한 이후 그 규모가 확대되어 왔다. 발행자는 만기까지 이자지급이 없기 때문에 자금부담이 경감되며, 투자자는 이자소득(interest gain) 대신 자본소득(capital gain)을 얻게 된다. 따라서 이 채권은 자본소득에 대한 과세율이 낮은 일본, 영국, 독일, 벨기에 등의 투자자에게 선호된다.

제로쿠폰채의 변형으로 쿠폰분리채(stripped bond)라는 것이 있는데, 이는 원금부분과 표면이자 부분이 분리된 채권을 말한다. 채권으로부터 분리된 표면이자와 원금은 각각 할인된 금액으로 판매되는 제로쿠폰채인데, 양자를 총칭하여 쿠폰분리채라고 부른다. 쿠폰분리채의 대표적인 것으로는 살로만브라더스(Saloman Brothers)사가 수익증권 형태로 발행한 CATS(Certificates of Accrual for Treasury Securities), 미재무성이 발행한 STRIPS(Separate Trading of Registered Interest and Principal of Securities) 등을 들 수 있다.

◉ 중기채권

중기채권(medium term note ; MTN)은 중 · 장기채권 차입의 한도와 기간을 설정하고 이 범위 내에서 수시로 어음(note)을 발행하는 중 · 장기자본조달의 한 방법을 말한다. 차입기간은 15～20년으로 어음의 금리와 만기가 발행 시마다 다른 것이 특징이며, 차입자는 자금의 소요여건에 따라 어음의 만기를 선택할 수 있으므로 자금조달의 신축성을 기할 수 있고 시장의 여건에 맞는 금리를 선택할 수 있으므로 금리를 절감할 수 있다. MTN은 GMAC(General Motors Acceptance Co.)에 의하여 1972년에 처음 소개되었다. 모회사인 제너럴 모터스社와 자동차금융과 연계시킨 어음을 투자자에게 직접 매도하였는데 1980년대에 MTN시장이 확장되기 시작하여 어음의 만기도 당초 3년에서 30～40년으로 연장되었고 발행자도 정부, 정부기관, 금융기관과 다국적기업 등으로 다양화되었다. MTN은 특히 SEC(미국증권거래위원회)가 일괄등록을 도입하여 발행절차가 보다 쉬워졌으며, 이에 따라 시장도 급속히 팽창하였다. 우리나라에서는 산업은행이 1991년 2월 최초로 5억 달러의 MTN을 발행한 바 있다.

유로MTN(medium-term note)은 유로CP를 통한 단기자금 조달과 유로본드를 통한 장기자금 조달 간의 간격을 메우기 위한 수단으로 도입되었다. 유로본드의 경우 한 번에 대규모로 발행되는 것과는 달리 유로MTN은 만기 때까지 미리 설정된 발행한도액 내에서 소규모의 단기증서가 연속적으로 수차에 걸쳐 발행된다. 따라서 유로MTN이 매번 발행될 때의 형태는 인수약정이 없는 단기증서로 발행되어 유로CP와 같으면서도 실제 만기는 유로본드와 같아질 수 있다는 장점이 있다. 유로MTN의 만기는 1~5년 사이가 주류를 이루지만 10년을 넘어서는 것도 상당수 있다. 최근에는 시장환경변화와 투자자의 선호에 부합해 발행할 수 있도록 발행방식이 더욱 유연해지고 있다. 예를 들어 차입자가 투자자의 요구에 따라 발행시기, 발행금액 및 표시통화를 조정하고 만기까지도 보다 다양하게 정할 수 있다. 이와 같은 유연성으로 인해 일류은행들이 발행하는 유로MTN은 유로시장에서 상품성을 확보할 수 있게 되었고 이에 따라 최근 그 신장세가 두드러지고 있다. CP와 마찬가지로 대부분의 유로MTN은 신용등급평가를 받는 반면, 국내MTN은 신용등급평가를 받지 않는다.

◉ 통화 관련 채권

채권의 원금 및 이자지불 통화와 관련해서도 여러 형태의 채권이 발행되고 있다. 이중통화채(dual-currency bond)는 국제통화 간의 환율 및 금리전망을 바탕으로 기채통화와 상환통화를 달리해 발행되는 채권을 말한다. 발행방식은 기본적으로 기채 및 이자지급은 저금리통화(강세통화)로, 상환은 고금리통화(약세통화)로 하되, 상환금액의 산정은 발행시점에서 시세보다 저평가하여 책정한 환율을 적용한다. 이러한 이유로 만기시점에서 상환받는 통화가치가 발행시점의 통화가치보다 높아지면 투자자에게는 이익이 발생하며, 통화가치가 변동하는 경우라도 채권발행 시 내재된 환율보다 만기시점에서 받는 통화가치가 떨어지지 않으면 투자이익이 발생한다. 결국 이중통화채는 보통채에다 선물환거래를 가미해 투자자를 유인하는 발행방식이라 하겠다. 이중통화채의 발행으로 발행자는 금리부담을 경감시킬 수 있고 투자자는 상환통화가 미리 정한 환율보다 강세가 될 경우 환차익을 기대할 수 있는 이점이 있다. 최근에는 역이중통화채(reverse dual-currency bond)라는 발행형태가 등장했는데, 이는 기채통화와 상환통화는 같으나 이자지급은 발행 당시의 고금리통화로 정하는 채권형태를 말한다.

복합통화채(composite currency bond)는 단일통화 대신에 여러 개의 통화를 혼합한 복수통화바스켓(currency basket) 단위로 표시된 채권을 말하며, 통화칵테일채(currency cocktail bond)라고도 부른다. 복수통화바스켓의 내용은 관련 당사자 간의 계약에 의해 임의로 결정될 수도 있으나 주로 SDR(Special Drawing Rights) 등이 대표적으로 사용되고 있다. 이 채권은 일종의 통화포트폴리오 성격을 가지고 있기 때문에 환율변동에서 오는 환위험을 차입자와 투자자 간에 분담하는 효과가 있으며, 다양한 통화로 거래를 하고 있는 다국적기업에게 매력적인 자금조달수단이 될 수 있다.

통화연계채(currency linkage formula)는 기채통화와 여타 특정 통화 간의 환율을 기채 시에 일정 수준으로 약정함으로써 일정한 투자수익을 보장하는 채권이다. 이 경우 채권의 표시통화가 만기 시 약세가 되더라도 투자자는 당초 약정한 환율에 따라 환차손을 보상받음으로써 환위험의 부담 없이 약세통화 채권에 투자할 수 있는 장점이 있다.

◉ 주식연계채권

대표적인 주식연계채권으로는 전환사채와 워런티부채권을 들 수 있다. 전환사채(convertible bond ; CB)는 보통채와 마찬가지로 확정이자를 지급하는 채권이나 일정 조건 하에서 주식으로 전환할 수 있는 선택권(option)이 부여된 채권이다. 전환사채는 표면금리가 보통채보다 낮으나 발행회사의 주식가격 상승 시에 투자자가 자본이익을 볼 수 있다는 장점이 있다. 전환사채는 사채의 확실성과 주식전환에 따른 자본이익 실현가능성이란 두 가지 요소가 결합된 금융자산이다. 한편 발행자의 입장에서도 전환사채의 액면이자율이 보통채보다 낮고, 보통주로 전환된 경우에는 상환 부담이 경감되므로 유리한 점이 있다. 이와 같은 전환은 주식의 시장가격에 일정률의 프리미엄을 붙인 가격으로 이루어지며, 이를 전환프리미엄(conversion premium)이라 한다. 유로채 전환사채는 대부분 발행 후 6개월이 경과한 후부터 만기에 이를 때까지 언제라도 주식으로의 전환이 가능하다.

워런트부채권(bond with warrant *or* warrant attached bond ; BW)은 주식인수권, 통화의 매매권이 부여되는 사채로, 그중 신주인수권부사채가 가장 대표적이다. 신주인수권부사채는 채권보유자가 일정 기간 내에 신주 또는 기발행주로 바꿔 매입할 수 있는 권한을 갖는 워런트와 보통사채의 특성이 결합된 형태의 채권이다. 투자자의 경우 매입권 행사에 의한 주식매입으로 추가적인 자본이익을 기대할 수 있고, 발행자의 입장에서는 보통사채보다 낮은 표면금리로서 자금조달이 가능한 이점이 있다. 이 채권의 발행형식에는 분리형과 비분리형이 있다. 분리형은 워런트를 사채권과 분리해 양도할 수 있고 비분리형은 분리해 양도할 수 없는 채권인데, 분리형이 일반적인 형태이다. 한편 워런트가 첨부되어 있지 않는 상태의 채권을 ex-warrant채라고 부르고, 워런트가 첨부되어 있는 상태의 채권을 cum-warrant채라고 부른다.

2.3 채권의 수익률과 위험

채권의 수익률은 투자기간 동안 발생한 현금흐름을 포함해 투자로부터 돌려받은 최종 금액과 최초에 투자한 금액 간의 차이를 투자원금에 대해 비율로 나타낸 것이다.[3] 그러나 투자 대상 및 기간이 워낙 다양해 이렇게 단순히 구한 수익률들은 서로 비교가 불가능할 수 있기 때문에, 일반적으로 1년을 기준으로 표준화해서 연율로 수익률을 표시하고 있다. 채권수익률과 관련해 세 가지 중요한 개념들인 채권 가격과 만기수익률 관계, 채권 만기와 위험 관계, 그리고 채권 만기와 수익률 관계를 살펴보자.

첫째로, 채권 가격과 시장이자율 간에는 역의 관계가 성립한다. 일반적으로 시장이자율이란 용어를 사용할 때는 만기수익률을 의미하는데, 설명을 쉽게 하기 위해 제로쿠폰채를 예로 들어 보자. 어느 회사가 액면가 100원인 1년 만기 제로쿠폰채를 발행했는데, 시장에서 90원에 거래된다고 하면 시장이자율인 만기수익률은 11.11%(= $\frac{100-90}{90}$ × 100)가 된다. 반면 시장에서 채권 구입가격이 80원으로 하락한다면 시장이자율은 25%(= $\frac{100-80}{80}$ × 100)로 상승하게 된다. 따라서 채권 가격과 시장이자율 간의 역의 관계는, 시장이자율이 상승하는 경우 채권투자자들은 채권가격 하락으로 자본손실을 볼 수도 있다는 가능성을 보여주고 있다. 이처럼 시장이자율 변동에 따라 손실을 볼 수도 있는 위험을 금리위험(interest rate risk)이라고 한다.

둘째, 채권투자에 따른 금리위험은 만기가 길수록 더 커진다. 위의 제로쿠폰채 사례를 다시 이용해서, 액면가는 100원으로 동일하지만 만기가 1년인 채권과 2년인 채권이 있다고 하자. 만기가 1년인 경우 시장이자율이 11.1%에서 25%로 상승하면 채권가격이 90원(= $\frac{100}{1+0.111}$)에서 80원(= $\frac{100}{1+0.25}$)으로 하락해 자본손실이 10원이 된다.

3. 구체적 계산식은 제5장을 참조할 것.

그러나 만기가 2년인 경우에는 채권가격이 81원$(=\frac{100}{(1+0.111)^2})$에서 64원$(=\frac{100}{(1+0.25)^2})$으로 17원이나 감소한다. 즉, 만기가 길어질수록 시장이자율 변화에 따른 채권가격의 변화가 더 커진다.

금리위험은 듀레이션(duration) 개념을 이용해 측정할 수 있다. 듀레이션이란 투자자금의 평균회수기간을 말한다. 채권에 투자하는 경우 투자자금을 회수하기까지 걸리는 기간에 영향을 미치는 대표적인 요인은 채권의 만기와 표면이자율이다. 우선 채권의 만기가 길수록 당연히 투자자금의 회수기간이 길어질 것이다. 또한 채권투자자금의 회수기간은 표면이자율에 의해 영향을 받는다. 만일 낮은 표면이자가 지급된다면 오래 기다려야만 투자자금 회수가 가능하지만, 높은 표면이자가 지급된다면 투자자금 회수기간도 짧아질 것이다. 듀레이션(D)은 구체적으로 채권에서 발생하는 현금흐름의 가중평균만기로 계산되는데, 아래 식처럼 채권의 현금흐름 발생기간(t)에 각 시점 현금흐름(CF)의 현재가치가 채권가격(P)에서 차지하는 비중을 가중치로 곱하여 산출한다.

$$D = \frac{1}{P}\sum_{t=1}^{n}\frac{CF_t}{(1+i)^t}\times t \tag{8-1}$$

예를 들어 액면가 100원, 표면이자율 8%, 만기 2년인 고정금리채가 발행되었는데 시장이자율이 10%라고 하자. 이 채권의 시장가격(P)은 96.53원$(=\frac{8}{1+0.1}+\frac{8+100}{(1+0.1)^2})$이 되고, 따라서 듀레이션은 1.92$(=\frac{1}{96.53}\times[\frac{8}{1+0.1}\times 1+\frac{8+100}{(1+0.1)^2}\times 2])$가 된다. 이와 같은 듀레이션은 채권가격이 시장이자율 변화에 대해 얼마나 민감하게 변하는지를 나타내주기 때문에 금리위험의 대표적인 척도로 이용되고, 금리위험을 관리할 때 중요한 수단으로 활용되고 있다.

셋째, 채권의 만기와 수익률 간의 관계를 금리의 기간구조(term structure of interest rate)라고 부르며, 이를 그래프로 나타낸 것이 수익률곡선(yield curve)이다. 일반적으로 수익률곡선은 채권시장에서 가장 대표적인 채권인 국채를 대상으로 그린다. 많은 경우 수익률곡선은 우상향하는 모습을 보이지만, 시장 상황에 따라 수평 또는 우하향하는 모습을 보일 수도 있는데, 우하향하는 모습을 보이는 경우 '수익률곡선이 역전되었다' 고 한다. 수익률곡선의 모양에 영향을 미치는 대표적인 요인으로 미래 이자율에 대한 예상, 위험프리미엄, 유동성 프리미엄 등이 있다. 만일 인플레이션으로 미래 이자율이 상승할 것이라고 예상되면 장기채권에 대한 만기수익률이 상승할 것이고, 반대로 미래 이자율이 하락할 것이라고 예상되면 장기채권에 대한 수익률도

그림 8-1 국내채권시장 및 국제채권시장 현황(발행잔액 기준), **2017년**

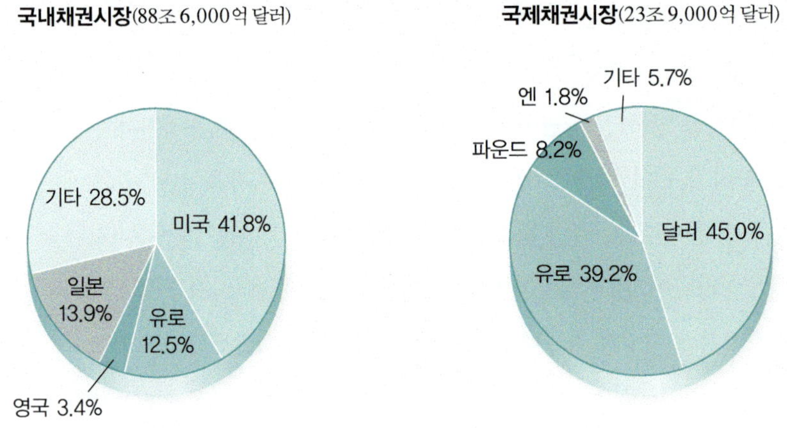

자료 : BIS, *Quarterly Review.*

낮아질 것이다. 미래에 대한 불확실성 또한 수익률곡선에 영향을 미친다. 만기가 길어질수록 시장의 불확실성에 따른 금리위험이 현실화될 가능성이 높아지므로 이에 대한 프리미엄을 더욱 높게 요구할 것이다. 이와 더불어 장기채권의 경우 단기채권에 비해 유동성이 떨어지기 때문에 유동성 손실을 보상하기 위해 만기가 길어질수록 프리미엄이 커지게 된다.

2.4 국제채권시장의 현황

[그림 8-1]은 2017년 현재 세계의 채권시장 현황을 보여주고 있다. 세계 채권시장에서의 발행잔액은 총 112조 5,000억 달러로, 이 중 국내채권시장이 88조 6,000억 달러이고 국제채권시장이 23조 9,000억 달러를 차지하고 있다. 한편 통화별 구성내용을 보면 국내 및 국제채권시장 모두 달러화, 엔화, 유로화 및 파운드화가 큰 비중을 차지하고 있다. 달러화와 엔화는 국제채권시장보다 국내채권시장에서의 비중이 상대적으로 높은 반면, 유럽국가들의 통화는 국내채권시장보다 국제채권시장에서의 비중이 상대적으로 높게 나타나고 있다.

국내채권시장과 비교해 볼 때 아직까지는 국제채권시장 규모가 상대적으로 작지만, 국제채권시장은 1990년대 들어 전반적인 국제금리의 하락세에 따른 각국 정부 및 아시아 지역 차입자의 채권발행 증가 등으로 인해 활황세를 보이고 있다. 〈표 8-2〉는 아시아 위기 이후 국제채권의 발행잔액 규모를 보여주고 있는데, 1998년 5조 1,060억 달러에 불과했던 것이 2017년 23조 9,000억 달러로 증가했다.

표 8-2 **국제채권시장 추이**(잔액) (단위 : 10억 달러)

구분		1998	2003	2008	2013	2017
상품별	고정금리채	2,992	7,067	11,944	16,255	18,054
	기타	966	2,604	6,938	5,019	5,812
지역별	선진국	2,708	7,791	15,825	17,725	17,264
	역외센터	398	763	1,511	1,848	2,453
	개발도상국	478	610	886	1,684	2,430
	국제기구	374	506	660	1,473	1,720
통화별	달러	1,808	3,679	5,754	8,182	10,758
	유로	1,018	4,118	9,343	10,190	9,387
	파운드	328	849	1,840	2,201	1,965
	엔	488	501	769	498	431
	기타	316	524	1,176	1,958	1,325
합계		3,958	9,671	18,882	22,729	23,866

자료 : BIS, *Quarterly Review*.

채권유형별로는 유로채가 줄곧 80% 가까이 차지해 국제채권시장에서 유로채가 외국채에 비해 압도적인 비중을 차지하고 있음을 알 수 있다. 상품별 채권발행 현황에서는 고정금리채의 발행이 거의 항상 70% 정도를 차지하고 있어 가장 중요한 채권발행수단으로 확고한 위치를 유지하고 있다. 나머지의 대부분은 변동금리채의 발행이 차지하고 있고, 전환사채 및 신주인수권부사채와 같은 주식연계채권의 발행은 그 비중이 미미한 수준이다.

지역별 채권발행 현황을 보면 1990년대 선진국의 비중이 70% 수준에 머물렀으나 2000년대에 들어서는 80% 수준을 넘어서고 있다. 반면, 아시아 및 라틴아메리카를 포함한 개발도상국의 비중은 상대적으로 감소하는 추세를 보이고 있다. 표시통화별 발행비율을 보면, 1990년대에 전반적으로 미 달러화의 비중이 가장 컸으나 2000년대에 들어서는 유로화의 비중이 더 커지고 있다. 이는 유럽경제통화통합의 정착에 따른 유로화의 강세를 반영한 것이다. 그러나 최근에는 다시 달러화의 비중이 더 커지고 있다. 이에 반해 엔화표시의 채권발행 비중은 1990년대 일본 경제의 붕괴, 엔화의 약세 등으로 인해 하락했고 파운드화는 꾸준히 일정한 비중을 차지하고 있다.

3. 국제주식시장

3.1 국제주식시장의 개요

국제주식거래란 국내거래소에서든 외국거래소에서든 국내인의 외국 기업 주식거래 및 외국인의 국내기업 주식거래를 모두 포괄하는 개념이다. 국제주식거래의 발달과정은 국제채권거래와는 차이점이 있다. 국제채권거래는 국가의 통치권 밖에 존재하는 유로시장을 중심으로 발달되어 온 반면, 국제주식거래는 국가의 통치권 범위 안에 존재하는 각국의 거래소시장을 중심으로 발달되어 왔다. 따라서 국제주식시장은 해당 국가의 통치권 범위 안에 존재하는 거래소에서 자국 내 기업의 주식뿐만 아니라 외국 기업의 주식도 거래되는 국제적으로 개방된 시장을 의미한다고 할 수 있다.

그동안 국제주식시장은 국제채권시장에 비해 규모도 작고 상대적으로 거래실적도 부진한 편이었다. 그러나 최근 새로운 자금조달원을 확보하기 위해 각국의 주식시장이 국제화, 통합화되면서 국제주식시장이 발달하고 있다. 특히 유럽과 미국의 기업들이 국제적으로 주식을 발행함에 따라 이제는 국내에 한정되지 않은 글로벌 주식시장이 급속히 신장되고 있다. 이러한 국제주식시장이 탄생하면서 기업은 국내시장을 벗어나 해외시장에서 주식을 발행할 수 있게 되었으며, 자본조달 비용을 줄이고 나아가 자본구조를 효율적으로 관리할 수 있게 되었다. 또한 국제적으로 인정을 받는 다국적기업이 탄생하고 자본의 대규모화로 투자자의 기반이 확대되면서 유동성이 증대되었다.

국제주식시장은 보는 입장에 따라 다양한 의미를 가지게 된다. 기업 등 발행자의 입장에서 볼 때, 국제주식시장이 없다면 자국 내 주식시장을 이용해 자금을 조달해야만 한다. 그러나 국제주식시장이 활성화된다면, 주식발행자는 주주 기반의 확대, 발행자의 국제적 명성의 제고 등을 목적으로 국제주식시장에서 발행할 수도 있다. 또한 국내시장의 규모가 발행물량을 소화할 수 없을 정도로 소규모이거나 특정 외국인 투자자 계층이 해당 주식에 대해 높은 선호도를 보일 때에도 국제주식시장에서 주식을 발행할 수 있다. 즉, 발행자의 입장에서 볼 때 국제주식시장이란 보다 광범위한 시장에서 여러 나라 사람들로 주주를 구성하여 자금을 조달하는 시장을 의미한다.

투자자의 입장에서 국제주식시장이란 외국 기업의 주식에 분산투자할 수 있는 기회를 가지게 되는 시장을 의미한다. 각국의 주식시장은 서로 독립적으로 움직일 수 있는 여지가 많기 때문에 각국에 분산투자하는 경우 동일한 수익률 수준에서도 위험이 감소되는 포트폴리오 효과를 얻을 수 있다. 또한 증권회사의 입장에서는 외국의 기업이나 외국투자자를 포함하는 고객을 대상으로 국내외 증권사와 경쟁적으로 주식의 발행이나 유통업무를 담당하는 시장을 의미하게 된다. 그리고 증권거래소의 입장에서는 외국의 거래소와 경쟁적으로 주식의 거래를 성사시키는 시장을 의미하게 된다.

미국, 일본, 영국 등 주요 선진국 시장에서 주로 국제주식거래가 이루어져 왔으나 최근에는 싱가포르, 홍콩 등 아시아 시장에서도 활성화되고 있다. 특히 전 세계적으로 포트폴리오를 분산시키고자 하는 기관투자자들의 행태와 증권회사들의 24시간 시장조성(market making) 능력 등도 국제주식시장을 활성화시키는 중요한 요인이 되고 있다.

국제주식시장의 주요 상품에는 각국의 주식, 유로주식, 예탁증서(depository receipt ; DR), 폐쇄형국가펀드(closed country fund), 글로벌뮤추얼펀드(global mutual fund), 국제뮤추얼펀드(international mutual fund) 등이 있으며, 이는 주식시장의 국제화 방법과도 관련이 있다.

3.2 주식시장의 국제화 방법

주식거래의 국제화를 통해 국제주식시장을 형성하는 방법은 크게 세 가지가 있다.

◉ 각국 주식시장에 투자

첫째는 한 나라의 투자자들이 다른 나라 거래소에 상장된 주식에 투자하는 국제주식투자 방법이다. 이러한 방법에 따라 국제주식거래가 활발해진 것은 외국투자자들의 국내 주식시장 참여를 금지하던 규제를 완화하여 외국인의 국내시장 참여와 내국인의 해외주식투자를 허용하게 되는 자본자유화 및 금융시장개방 조치의 직접적 결과라고 할 수 있다. 국제주식투자에 따른 거래정산을 편리하게 하고 외환매매비용이나 시간대가 다른 불편을 해소하기 위해서는 세계적으로 활발히 거래되는 모든 주식을 포괄하는 단일시장이 있는 것이 바람직할 수도 있다.

◉ 여러 국가의 주식시장에 동시상장

둘째, 단일시장을 형성하기 어려운 경우에는 복수 국가에 상장하는 등 다른 방법을 통해 국내주식을 국제화시킬 수 있다(〈표 8-3〉). 예를 들어 소니, 네슬레, IBM 같은 회사는 뉴욕, 도쿄, 런던, 파리 외에도 여러 증권거래소에 상장되어 있다. 미국을 비롯한 일부 국가에서는 복수상장이 주식예탁증서[4]를 통해 이루어진다. 이러한 복수상장방법은 내국인이 국내거래소에서 외국주식을 쉽게 매매할 수 있도록 해주기는 하지만 몇 가지 단점도 있다. 하나는 비용이 많이 든다는 것이다. 예를 들어 미국시장에 상장하려는 국내기업은 국내거래소의 상장요건뿐만 아니라 미국의 SEC가 요구하는 조건도 충족시켜야 한다. 이러한 요건에는 모든 공표된 계정과목을 미국의 일반 회계원칙(generally accepted accounting principles)에 따라 재산정하고 이를 영어로 번역해야 하는 일이 포함된다. 다른 하나는, 어떤 경우에는 복수상장이 형식적인 것이 되

표 8-3 주요 주식시장의 내국인 및 외국인 상장기업 수, 2017년 (단위 : 개)

지역	거래소	합계	국내기업	외국기업
미주 지역	Bermuda Stock Exchange	55	13	42
	B3 SA Brasil Bolsa Balcao	343	335	8
	Bolsa de Comercio de Buenos Aires	102	96	6
	Bolsa de Comercio de Santiago	293	212	81
	Bolsa de Valores de Colombia	69	67	2
	Bolsa de Valores de Lima	233	218	15
	Bolsa Mexicana de Valores	148	141	7
	NYSE Group	2,286	1,791	495
	Nasdaq-US	2,949	2,545	404
	TMX Group	3,328	3,278	50

4. 주식예탁증서는 원주를 발행회사 소재국의 은행(보관기관)에 보관시켜 두고 국제적인 명성이 있는 해외은행 또는 신탁회사(예탁기관)가 그 주식을 담보로 해외에서 발행 · 유통시키는 외화표시증권이다. 일반적으로 국내기업이 해외시장에서 주식을 발행 · 유통시키는 경우 양식, 언어, 제도, 관습 등의 차이로 인한 문제가 발생할 소지가 있다. 이러한 문제를 해결하고 국내주식의 국제적 거래를 원활하게 하기 위해 고안된 유가증권이 주식예탁증서이다. 이 증서의 소지자는 비록 주식을 직접 보유하지는 않지만 주주로서의 모든 권리를 행사할 수 있다. 주식예탁증서 발행자는 외화로 유상증자를 할 수 있고 투자자는 자국통화로 외국 기업의 주식을 취득할 수 있는 이점이 있다. 1927년 미국의 개런티 트러스트가 처음으로 개발했으며, 국내기업으로는 지난 1990년 삼성물산이 처음으로 4,000만 달러어치의 주식예탁증서를 발행했다. 주식예탁증서는 뉴욕, 런던, 도쿄, 프랑크푸르트 등 전 세계 금융시장에서 동시에 발행되는 '글로벌 주식예탁증서'(global depositary receipt ; GDR)와 '미국예탁증서'(American depositary receipt ; ADR) 및 '유럽예탁증서'(European depositary receipt ; EDR)와 같이 발행상의 편의와 비용을 줄이기 위해 개별국 거래소별로 발행되는 주식예탁증서가 있다.

아시아 태평양	Australian Securities Exchange	2,147	2,013	134
	BSE Limited	5,616	5,615	1
	Bursa Malaysia	901	891	10
	Colombo Stock Exchange	296	296	0
	Dhaka Stock Exchange	302	302	0
	Hochiminh Stock Exchange	344	344	0
	Hong Kong Exchanges and Clearing	2,118	1,987	131
	Indonesia Stock Exchange	566	566	0
	Japan Exchange Group	3,604	3,598	6
	Korea Exchange	2,134	2,114	20
	National Stock Exchange of India Limited	1,897	1,896	1
	NZX Limited	178	164	14
	The Philippine Stock Exchange	267	264	3
	Shanghai Stock Exchange	1,396	1,396	0
	Shenzhen Stock Exchange	2,089	2,089	0
	Singapore Exchange	750	483	267
	The Stock Exchange of Thailand	688	688	0
	Taipei Exchange	744	711	33
	Taiwan Stock Exchange	924	838	86
유럽 아프리카 중동	Abu Dhabi Securities Exchange	69	66	3
	Amman Stock Exchange	194	194	0
	Athens Stock Exchange	200	196	4
	Bahrain Bourse	43	42	1
	BME Spanish Exchanges	3,136	3,110	26
	Borsa Istanbul	375	374	1
	Bourse de Casablanca	74	73	1
	Cyprus Stock Exchange	74	74	0
	Deutsche Börse AG	499	450	49
	Dubai Financial Market	65	51	14
	The Egyptian Exchange	254	252	2
	Euronext	1,255	1,093	162
	Irish Stock Exchange	52	41	11
	Johannesburg Stock Exchange	366	294	72
	Kazakhstan Stock Exchange	103	90	13
	Luxembourg Stock Exchange	168	28	140
	Malta Stock Exchange	23	23	0
	Moscow Exchange	234	230	4
	Muscat Securities Market	112	112	0
	Nasdaq Nordic Exchanges	984	944	40
	Nigerian Stock Exchange	167	166	1
	Oslo Børs	225	180	45
	Palestine Exchange	48	48	0
	Qatar Stock Exchange	45	45	0
	Saudi Stock Exchange (Tadawul)	188	188	0
	SIX Swiss Exchange	263	228	35
	Stock Exchange of Mauritius	76	74	2
	Tel-Aviv Stock Exchange	457	431	26

자료 : World Federation of Exchanges.

어버린다는 점이다. 주식매매자들은 유동성이 높은 시장에 집중하는 경향이 있기 때문에 특정 주식의 거래규모가 한두 시장에 집중된다는 것이다. 따라서 일부에서는 복수상장의 가치에 의문을 제기하기도 한다.

복수상장의 한 변형으로, 유로주식(Euro-equity)을 이용해 주식을 국제화할 수도 있다. 유로주식이란 전체의 일부분이 본국 이외의 지역에서 발행되는 주식으로, 여러 나라의 은행으로 구성된 신디케이트에 의해 배분이 이루어진다는 점에서 유로채와 유사하다. 이 주식은 각국 감독기관의 규제를 받지 않으며, 단지 국제증권딜러협회(International Securities Dealers' Association ; ISDA)라는 자율규제기구의 영향을 받을 뿐이다. 그러나 이 발행방법은 국제적으로 발행되는 부분과 국내에서 발행되는 부분이 혼합되어 있기 때문에 발행회사가 공개요건이라든지 규제조항 등과 같은 측면에서 별다른 이익을 보지 못한다. 또한 최초 발행 이후에는 주식이 본국으로 귀환되는 경향이 있다. 따라서 실제로는 유로주식이 국내주식과 크게 구별되지 못하고 있다. 그 결과 유로주식에 대한 유통시장이 별로 발달하지 못하고 있으며, 이에 따라 유로주식은 장외에서 거래되든지 아니면 발행회사의 국내주식시장에서 거래되는 실정이다.

◉ 펀드에 대한 투자

이러한 방법 외에도 투자자들은 단순히 펀드(fund)를 매입함으로써 국제주식거래의 효과를 누릴 수 있다. 펀드란 다수의 고객으로부터 자금을 모아 대규모의 공동기금을 형성해 전문적인 운용기관이 주식, 채권, 통화 등에 투자하고 그에 따른 성과를 고객에게 분배하는 간접투자상품이다. 은행 예금과는 달리 실적배당 상품이므로 실적에 따라 상당히 높은 수익을 얻을 수 있는 반면, 투자손실로 인해 투자원금보다 더 적은 금액을 되돌려받게 될 수도 있다. 실제로 우리나라의 경우 1999년 주식시장이 활황일 때는 수익률이 무려 100%에 이르는 펀드도 다수 있었으나, 2000년 주식시장이 위축되었을 때는 대다수의 펀드가 마이너스 수익률을 기록했고, 심지어 70%의 원금손실을 기록한 펀드도 있었다.

펀드는 기금에 대한 지분의 수가 일정하게 고정되어 있는가의 여부에 따라 폐쇄형펀드(closed-end fund)와 개방형펀드(open-end funds)로 나뉘어진다. 폐쇄형펀드는 펀드의 지분 수가 일정하게 고정되어 있는 것으로 지분의 거래가 기존 발행지분 수의 범위 내에서 행해지기 때문에 신규 투자자는 기존 지분보유자로부터 기존 발행지분을 매입해야 한다. 폐쇄형펀드는 투자자의 환매(redemption)에 응하지 않으며, 보유자산의 순가치보다도 펀드지분에 대한 수요와 공급에 따라 가격이 결정된다. 이에 반해 상호기금(mutual fund)이라고도 불리는 개방형펀드는 펀드의 지분 수가 고정되어 있지 않은 것으로 펀드는 일반 투자자의 수요에 따라 새로이 지분을 발행할 수 있으며, 투자자는 지분을 순자산가치로 환매할 수 있다. 따라서 개방형펀드는 지분을 발행 또는 환매할 때마다 자본이 수시로 증감하게 된다. 미국의 펀드는 대부분 개방형펀드인 상호기금으로 폐쇄형펀드는 개방형펀드의 약 10%에 불과하다.

또한 펀드는 해외증권에 대한 투자 비중에 따라 국가펀드(country funds), 글로벌펀드(global funds), 국제펀드(international funds)로 나뉘어진다. 국가펀드란 투자자금의 전부를 한 나라에만 투자한 경우를 말하며, 모두 폐쇄형펀드이다. 글로벌펀드는 특정 지역만을 투자대상으로 하는 것이 아니라 국내 및 해외를 포함한 전 세계의 자산을 대상으로 투자하는 기금을 말하며, 모두 개방형펀드이다. 국제펀드는 개방형펀드라는 점에서는 글로벌펀드와 유사하나 주로 해외지역의 자산에만 집중투자한다는 점에서 차이가 있다.

투자자의 입장에서 볼 때 펀드투자는 국제분산투자의 수단으로 다음과 같은 여러 가지 장점이 있기 때문에 급격하게 증가하고 있다. 우선 첫째, 펀드투자는 일반 투자자들이 해외증권에 직접 참여하기 어려운 현실을 보완해 주고 있다. 개인이 해외투자를 직접 한다면 엄청난 거래비용 및 정보수집비용 등이 수반될 텐데 펀드투자는 이러한 비용을 절약할 수 있게 해준다. 뿐만 아니라 펀드투자는 해외투자를 직접하는 경우 당면하게 될 여러 법적, 제도적 장벽을 회피할 수 있는 수단이 될 수 있다. 둘째, 펀드투자는 국제분산투자에 따른 추가적인 이익을 창출하는 데 있어서도 해외증권에 직접 투자하는 것보다 장점을 가질 수 있다. 펀드투자는 주식, 채권뿐만 아니라 통화까지 포함시켜 얼마든지 다양하게 포트폴리오를 구성할 수 있으므로 해외증권에 대한 투자에 비해 국제분산투자의 효과가 커지게 된다. 셋째, 펀드는 전문지식과 고도의 정보를 가진 기관에 의해 운용되므로 개인의 직접적인 투자에 비해 규모의 경제를 실현하고 효율적인 투자를 가능하게 한다. 따라서 펀드투자를 통해 개인투자자들은 운용기관의 전문지식의 혜택을 누릴 수 있다.

3.3 주요 주식시장의 구조와 주가지수

지금까지 살펴본 것처럼 국제주식시장은 국제채권시장과는 달리 각 국가의 거래소를 중심으로 운영되고 있다. 따라서 각국 증권시장의 특징 및 운영체계를 이해하는 것이 국제주식시장을 이해하는 데 중요하다. 전 세계의 주요 주식시장들을 거래소조직유형, 매매 및 결제제도, 시장안정장치 등을 중심으로 살펴보자.

◉ 미국 주식시장[5]

미국의 주식시장은 증권거래법에 의해 증권거래위원회(Securities and Exchange Commission ; SEC)에 등록을 요하는 전국증권거래소(National Securities Exchange)시장[6]과 나스닥시장(National Association of Securities Dealers Automated Quotations ; NASDAQ)을 대표로 하는 장외시장으로 구분된다. 이 외에도 대체거래시스템으로 전자거래소인 ECN(Electronic Communication Networks)이 있다.

미국의 대표적인 주식시장인 뉴욕증권거래소(NYSE)는 거래소에서 배정받은 특정 종목을 전문적으로 취급하면서 시장조성의 역할을 수행하는 스페셜리스트(specialist) 제도를 운영하고 있다. 스페셜리스트는 다른 회원으로부터 받은 일반 고객의 지정가주문을 집행하는 브로커의 브로커로서뿐만 아니라 자기계산으로 거래하는 딜러로서의 역할도 수행하며, 시장의 공정성, 경쟁성 및 효율성 유지의 책임을 지고 있다. 반면 나스닥시장은 경쟁적으로 마켓메이커(market maker)들이 자신의 계산으로 주식을 매매하는 전형적인 딜러시장의 형태를 띠고 있다.

매매제도에 있어서는 경쟁매매원칙에 따라 100주 단위로 거래가 이루어지며, 결제는 일반적인 보통거래의 경우 매매계약체결일 다음 3영업일(T + 3)에 이루어진다. 정규매매거래시간은 토요일을 제외한 모든 영업일의 09:30～16:00까지이며, 시간외시장(crossing session)은 16시 이후 종류에 따라 매매시간이 조금씩 다르다.

---

5. 아래의 내용은 한국은행, 『우리나라의 금융시장』을 참조해 정리했음.
6. 미국의 전국증권거래소시장에는 NYSE(New York Stock Exchange), AMEX(American Stock Exchange), BSE(Boston Stock Exchange), Chx(Chicago Stock Exchange), NSE(National Stock Exchange), Phlx(Philadelphia Stock Exchange), PCX(Pacific Exchange, Inc.), The Nasdaq Stock Market의 8개 증권거래소와 CBOE(Chicago Board Options Exchange), ISE(International Securities Exchange)의 2개 옵션거래소가 있다.

그 밖에 우리나라와는 달리 개별 종목에 대한 일중 가격제한제도를 두지 않고 있다. 다만 주가폭락의 예방조치로 다우존스산업평균지수(Dow Jones Industrial Average ; DJIA)가 일정 기준 이상 하락하는 경우 시장 전체의 매매거래를 일정 시간 동안 중단하는 매매거래중단제도(circuit breakers)를 운영하고 있다. 가격변동에 대한 별도의 제한을 두지 않더라도 스페셜리스트가 딜러의 임무를 맡아 유동성을 제공하는 한편, 가격안정화를 위해 자기계산으로 매매토록 함으로써 가격급변을 완충시키고 있다. 또한 매수 또는 매도주문이 과도하게 편중될 때 시장감독관(floor director)에게 시가결정의 연기 및 매매거래 중단의 승인권 등을 부여하여 가격 급등락을 완화시킨다.

NYSE는 2006년 파리, 암스테르담, 브뤼셀, 리스본 거래소를 통합한 Euronext와 합병을 성사시켜 세계 최대의 증권거래소로서의 위치를 더욱 견고히 하고 있으며, 거래시간도 두 대륙에 걸쳐 12시간 연장 운영하고 있다.

Box 8-1 Bourse의 유래

서유럽 경제가 정치에 기대지 않고 스스로 클 수 있었던 배경 중의 하나는 바로 자유도시였다. 봉건제 때문에 지배권이 갈가리 나뉘어 있던 중세 유럽에서는 왕과 봉건영주 사이에서 통치의 빈틈을 타 도시들이 나타났다. 13~15세기에 한창이던 도시들은 대개 불모지에서 비롯되었다는 공통점이 있다. 네덜란드의 브뤼주는 원래는 유럽 다른 고장들과 동떨어진 '세계의 끝'에 있었는데 바로 그 덕분에 자유도시로 발전할 수 있었으며, 베네치아는 농사지을 땅도 없고 심지어는 마실 물까지 밖에서 들여와야 할 정도여서 숨어 살 사람이나 찾던 곳이었고, 제노바도 거의 메마른 땅이었다. 달리 쓸모가 없는 땅이었기에 왕이나 봉건영주로부터 때로는 돈을 주고 자치권을 한결 쉽게 얻을 수 있었던 이들 도시는 장인과 상인이 독차지한 영역이었고 나라의 힘이 미치지 않는 자유로운 공간이었다.

이 중 브뤼주는 13세기 무렵 한자(Hansa)동맹의 주요 도시로 활짝 폈는데, 1409년에 이미 증권거래소가 만들어졌을 만큼 자본주의 역사에서 앞서간 도시이다. 증권거래는 브뤼주의 Bourse 가문 집앞에서 열렸는데, 프랑스나 영어로 증권거래소를 뜻하는 bourse라는 낱말은 여기서 비롯되었다고 한다.

자료 : 최윤재(2002), pp.53~54를 일부 편집.

◉ 일본 주식시장

일본의 주식시장에는 도쿄, 오사카, 나고야, 후쿠오카, 삿포로 등 5개의 거래소시장과 일본증권업협회가 설립한 점두거래시장인 JASDAQ(Japanese Association of Securities Dealers Automated Quotations), MOTHERS(Market of the High-growing and Emerging Stocks)[7] 등이 있다.

일본의 대표적인 증권거래소인 도쿄증권거래소의 매매거래는 결제기간과 조건에 따라 다양하게 구분되는데, 일반적인 보통거래는 매매계약체결일 다음 3영업일(T + 3)에 결제가 이루어진다. 정규시장은 오전장(09:00~11:30)과 오후장(12:30~15:00)으로 구분되며, 시간외시장은 ToSTNeT(Tokyo Stock Exchange Trading Network System)을 통해 이루어진다.

개별 종목의 일중 가격변동폭은 주가수준별로 29단계로 구분하여 정액제[8]로 가격제한폭을 정하고 있다. 매매거래중지제도는 개별 종목의 공시와 관련해서만 적용되며, 시장 전체에 대한 매매거래중지제도는 없다.

◉ 중국 주식시장

중국의 주식시장은 1984년 주식 발행이 시작된 이후 1990년 상해증권거래소, 1991년 심천증권거래소가 개설되고 1992년 감독기관인 중국증권감독위원회(CSRC)가 설립되면서 본격적으로 발전했다.

중국 주식시장은 A주시장, B주시장, 그리고 홍콩거래소에 개설된 H주시장(Hang Seng China Enterprise Index ; HSCEI)과 Red chip 시장(Hang Seng China-affiliated Corporations Index ; HSCCI)이 있다. A주시장은 내국인을 대상으로 위안화로 거래 및 결제가 이루어지는 시장이며, B주시장은 외국인을 대상으로 외국통화(상해는 미달러화, 심천은 홍콩달러화)로 거래 및 결제가 이루어지는 시장이다. 2001년 2월부터 내

---

7. 마더스(MOTHERS)는 지난 1999년 11월 도쿄증권거래소 내에 개설된 신흥기업 대상의 새로운 시장으로 IT, 생명공학 기업이 중심이다. 당초 외국 기업 상장은 불가능했지만 지난 2000년 말부터 시장국제화 차원에서 외국 기업 상장제도를 신설했다.

8. 가격제한폭제도는 정률제와 정액제로 구분된다. 우리나라가 채택하고 있는 정률제는 가격대와 관계없이 일률적으로 동일한 율의 제한폭을 설정하는 방식인 데 반해, 정액제는 기준가격대별로 차등하여 제한폭을 설정하는 방식이다. 가격제한폭을 등락률로 환산하여 보면 도쿄증권거래소의 경우 가격대마다 등락률의 차이는 있으나 평균은 전일종가 대비 ±18% 수준이다.

국인의 B주시장 투자를 허용했으며, 2002년 12월 QFII제도[9]를 도입해 다음해 5월부터 외국 기관투자자의 A주시장 진출을 허용했다. 2014년 11월부터는 후강통을 통해 개인도 상해거래소에서 A주에 투자가 가능해졌다.[10] 이 밖에 2004년 5월에는 심천증권거래소에 미국의 나스닥과 유사한 첨단기술주 중심의 제2증권시장(Chasdaq ; SME Board)을 개설했다. 한편 홍콩의 H주시장에서는 중국 기업의 홍콩달러표시 주식(대부분 국유기업)이 거래되며, Red chip 시장에서는 중국자본의 홍콩기업 주식(전자, 통신, 금융, 부동산 등 첨단산업 위주)이 거래된다.

◉ 영국 주식시장

영국에서는 1973년 3월에 전국의 증권거래소를 합병해 단일 증권거래소를 설립하고 런던, 글래스고, 리버풀, 맨체스터, 버밍엄, 브리스틀, 카디프, 더블린, 벨파스트 등 9개소에 입회장을 설치해 놓고 있다. 영국의 대표적인 증권거래소인 런던증권거래소는 이 중 런던의 입회장을 의미하는 것이다.

런던증권거래소는 1773년 커피점을 중심으로 주식 중개업자가 비공식으로 영업을 한 것을 효시로 1801년 이들 중개업자가 모금해서 거래소 건물을 완성함으로써 현재의 거래소로 정식 탄생했다. 다음해에 거래규칙을 만들었고, 그 후 몇 차례 개정을 거쳐 1973년에는 지방의 몇 군데 증권거래소를 합병했다.

거래량, 거래대금, 상장종목 수 등 규모 면에서 볼 때 뉴욕, 도쿄증권거래소와 함께 세계 3대 증권거래소의 하나이다. 런던증권거래소에서는 브로커(broker)와 딜러(dealer)가 분리되어 있어 브로커는 일반 고객으로부터 매매주문을 받아 이를 거래소 내에서 집행하고 그 주문은 반드시 딜러에게 가지고 가게 되어 있었으나 최근에 와서는 그 구분이 없이 겸업이 가능하게 되었다.

◉ 주요 주가지수

각 주식시장의 성과를 측정하는 데 이용되는 가장 대표적인 지표가 유통시장의

---

9. QFII(Qualified Foreign Institutional Investor)는 중국 금융당국의 심사를 거쳐 중국 내 증권시장에 투자할 수 있도록 인가를 받은 해외 기관투자자를 말한다.

10. 후강통은 상해를 뜻하는 沪(Hù)와 홍콩을 뜻하는 港(gǎng)이 서로 통하게 한다는 의미로, 상해와 홍콩거래소의 교차거래제도를 나타낸다.

거래를 기초로 작성되는 주가지수이다. 주가지수는 또한 특정 투자포트폴리오나 투자전략의 상대적 성과를 측정하는 기준(benchmark)으로도 이용된다.

주가지수는 상장주식의 가격변동을 일정한 방식으로 평균하여 하나의 숫자로 나타낸 것으로, 기준시점의 주가수준을 100으로 하고 비교되는 다른 시점의 주가수준을 지수로 나타냄으로써 그 변동을 쉽게 파악하기 위한 것이다. 주가지수 산출방법은 크게 두 가지로 분류할 수 있다. 하나는 1884년부터 미국의 다우존스(Dow Jones)사가 산출하기 시작한 다우존스방식의 주가지수이며, 다른 하나는 1923년부터 미국의 S&P사가 산출하기 시작한 시가총액방식의 주가지수이다. 현재 대부분의 나라에서는 대표적인 주가지수로서 시가총액방식에 의한 주가지수를 발표하고 있다. 각국 주식시장을 대표하는 주가지수는 〈표 8-4〉에 제시되어 있다.

표 8-4 각국의 대표적 주가지수

국가	거래소	주가지수
미국	New York Stock Exchange(NYSE) NYSE NYSE Over-the-Counter American Stock Exchange(AMEX)	Dow Jones Industrial Average(DJIA30) Standard & Poor's 500(S&P500) NYSE Composite NASDAQ Composite AMEX Composite
캐나다	Toronto	TSE 300
일본	Tokyo Tokyo	Nikkei Average 225 TOPIX
홍콩	Hong Kong	Hang Seng
싱가포르	Singapore	Straits Times
대만	Taiwan	Weighted Index
한국	Korea Stock Exchange 장외시장	종합주가지수(KOSPI) KOSDAQ지수
중국	Shanghai Shenzhen	SSE Composite Index SZSE Composite Index
호주	Sydney	All Ordinaries
프랑스	Paris	CAC 40
독일	Frankfurt Frankfurt	DAX 30 FAX Aktien
스위스	Zürich	Swiss Market Index
영국	London London	Financial Times All-share Index Financial Times Stock Exchange(FTSE100)

국제주식시장에는 세계 각국의 주요 시장에 대한 주가지수뿐만 아니라 여러 나라의 주식시장을 포괄하는 국제주식시장지수도 발표되고 있다. 이 지수들은 국제주식거래에 대한 성과를 평가하거나 각 국가 및 각 지역 주식시장의 성과를 평가하는 데 있어 좋은 척도 중 하나라고 할 수 있다.

대표적인 국제주식시장지수로는 MSCI(Morgan Stanley Capital International)가 1970년부터 발표하기 시작한 세계지수(World Index) 및 EAFE지수(Europe, Australia, and the Far East Index)를 들 수 있다. 세계지수는 세계 23개국의 주식시장을 반영하며, EAFE지수는 21개국의 주식시장을 반영한다. 또 다른 대표적인 국제주식시장지수로 Financial Times가 1986년부터 발표하기 시작한 세계지수(All World Index)를 들 수 있다. 이 세계지수는 MSCI세계지수보다 포괄하는 범위가 더 넓다. 다우존스 또한 세계지수(DJ World Stock Index) 및 각 지역지수를 제공하고 있으며, 이 외에도 S&P, UBS(Union de Banques Suisses) 등이 세계지수 및 각 지역지수를 제공하고 있다.[11]

3.4 국제주식시장 현황

국제주식시장의 현황 및 발달정도는 크게 주식시장 규모, 주식거래 규모, 그리고 시장의 집중도 등을 통해 살펴볼 수 있다.

◉ 주식시장 규모

세계 각 지역의 주식시장 규모는 [그림 8-2]에 제시된 각 시장의 상장주식 시가총액을 통해 비교해 볼 수 있을 것이다. 2017년 현재 전 세계 주식시장의 규모는 총 79조 2,240억 달러로 전 세계 GDP 대비 주식시장 규모가 112.4%에 이르고 있다.

지역별로 보면 미국, EU 등 주요 선진국의 주식시장이 전체의 60% 정도를 차지하고 있는데, 미국을 포함한 북미시장이 가장 규모가 크다. 미국시장이 상대적으로 월등히 큰 것은 미국의 경제규모를 반영한 것이며 일본에서는 경제가 1990년대 들어 붕

11. 주가지수보다는 덜 보편적이지만, Salmon Brothers, J.P. Morgan, Lombard Odier 등 일부 기관에서는 주요 국내채권시장 및 국제채권시장의 채권지수를 작성해 발표하고 있다. 대표적인 채권지수로는 J.P. Morgan에서 제공하는 정부채지수들, 즉, 각국 정부채지수(Domestic Government Indices), 유로지역정부채지수(Euro-Zone Bond Index), 글로벌정부채지수(Global Government Bond Index), 신흥시장정부채지수(Emerging Market Government Bond Index ; EMBI)를 들 수 있다.

그림 8-2 세계 각 지역의 주식시장, 2017년

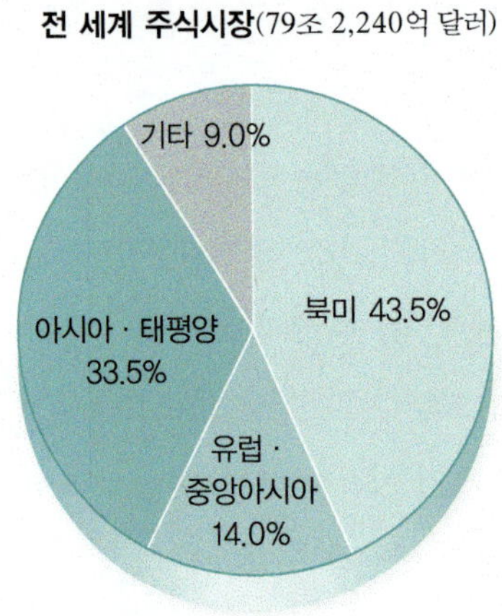

자료 : World Bank.

괴하면서 주식시장이 급격히 위축되었고 또한 유럽도 유로존 위기로 인해 주식시장이 폭락했다. 최근에는 경제성장 및 자본시장 개방으로 동아시아 시장의 비중이 확대되어 아시아 · 태평양 비중이 급격히 확대되고 있다.

◉ 유동성

세계 각 지역 주식시장의 현황은 시장규모뿐만 아니라 거래규모를 통해서도 나타난다. 특히 거래규모/시장규모 비율로 정의되는 주식회전율(turnover ratio)은[12] 주식의 상대적인 활동성 측정치로 사용되며, 이 비율이 높다는 것은 그 시장에서 거래가 용이하다는 것을 의미하고 또한 많은 거래가 이루어져 시장참여자들이 주식매매에 관심이 크다는 것을 반증할 수도 있다. 〈표 8-5〉는 각 시장의 유동성을 나타내는 주식회전율을 보여주고 있는데, 앞에서의 시장규모와는 다소 다른 특징이 나타나고 있다.

우선 전체적으로 시장에 따라 회전율이 상당히 다르게 나타나고 있다. 선진국에서는 독일, 일본, 미국 등이 활발한 거래를 보이고 있고 신흥시장에서는 한국, 중국,

12. 통상 주식회전율은 일정 기간 주식거래량을 평균상장주식 수로 나타내지만 여기서는 금액 간의 비율로 표시했다.

대만시장에서 거래가 활발하게 이루어지고 있다. 그러나 회전율은 주식시장의 규모와 특정한 관계를 가지고 있지는 않다. 또한 회전율 변화 추이는 시기에 따라 큰 변화를 보이고 있으며 시장규모 확대와도 일률적인 관계를 보여주지 않는다. 미국, 영국 등에서는 시장규모 확대와 회전율 증대가 함께 진행되어 왔지만, 일부 국가에서는 회전율이 지속적인 하락추세를 보여 정반대의 관계를 보이고 있다. 그리고 많은 국가에서는 회전율이 등락을 거듭해 시장규모 추이와 특별한 관계를 나타내지 않고 있다.

표 8-5 주요 주식시장의 시가총액, 회전율 및 집중도, 2017년 (단위 : 백만 달러, %)

지역	거래소	시가총액	회전율	집중도
미주 지역	Bermuda Stock Exchange	2,874.8	1.4%	99.4%
	B3 SA Brasil Bolsa Balcao	954,711.1	75.2%	57.0%
	Bolsa de Comercio de Buenos Aires	108,739.9	7.4%	80.4%
	Bolsa de Comercio de Santiago	294,675.8	14.2%	45.0%
	Bolsa de Valores de Colombia	121,477.1	12.8%	75.0%
	Bolsa de Valores de Lima	99,218.6	6.2%	64.0%
	Bolsa Mexicana de Valores	417,021.6	23.9%	48.0%
	NYSE Group	22,081,367.0	60.0%	–
	Nasdaq-US	10,039,335.6	116.1%	–
	TMX Group	2,367,131.6	56.6%	–
아시아 태평양	Australian Securities Exchange	1,508,428.8	57.0%	39.0%
	BSE Limited	2,331,568.1	7.5%	–
	Bursa Malaysia	452,816.9	31.4%	34.0%
	Colombo Stock Exchange	18,959.5	7.6%	43.0%
	Dhaka Stock Exchange	44,031.7	62.0%	–
	Hochiminh Stock Exchange	115,464.5	43.7%	–
	Hong Kong Exchanges and Clearing	4,350,500.7	49.2%	36.0%
	Indonesia Stock Exchange	520,685.2	19.8%	48.0%
	Japan Exchange Group	6,222,834.7	103.9%	14.0%
	Korea Exchange	1,771,776.0	121.9%	33.0%
	National Stock Exchange of India Limited	2,351,463.9	51.0%	24.0%
	NZX Limited	94,694.2	13.3%	46.0%
	The Philippine Stock Exchange	290,401.1	12.5%	44.0%
	Shanghai Stock Exchange	5,084,357.8	161.6%	6.9%
	Shenzhen Stock Exchange	3,617,883.5	264.5%	11.0%
	Singapore Exchange	787,279.5	28.8%	48.7%
	The Stock Exchange of Thailand	548,795.6	67.6%	36.5%
	Taipei Exchange	111,820.0	236.9%	22.0%
	Taiwan Stock Exchange	1,073,080.2	69.5%	41.3%

유럽 중동 아프리카	Abu Dhabi Securities Exchange	124,528.1	11.0%	-
	Amman Stock Exchange	23,969.0	9.5%	65.6%
	Athens Stock Exchange	50,605.3	30.9%	62.0%
	Bahrain Bourse	21,703.5	2.7%	78.2%
	BME Spanish Exchanges	888,841.8	82.1%	-
	Borsa Istanbul	227,510.5	187.4%	40.1%
	Bourse de Casablanca	67,048.2	6.5%	72.5%
	Cyprus Stock Exchange	2,822.4	2.2%	-
	Deutsche Börse AG	2,262,233.4	67.3%	40.4%
	Dubai Financial Market	107,287.9	30.4%	74.7%
	The Egyptian Exchange	46,546.0	36.4%	46.5%
	Euronext	4,393,016.1	48.0%	-
	Irish Stock Exchange	146,554.8	20.2%	-
	Johannesburg Stock Exchange	1,230,976.0	35.2%	49.9%
	Kazakhstan Stock Exchange	45,558.3	1.8%	86.6%
	Luxembourg Stock Exchange	68,639.4	0.1%	-
	Malta Stock Exchange	5,171.2	2.0%	86.5%
	Moscow Exchange	623,424.9	23.7%	63.0%
	Muscat Securities Market	21,300.9	11.0%	55.1%
	Nasdaq Nordic Exchanges	1,533,504.6	52.8%	32.2%
	Nigerian Stock Exchange	37,217.6	7.0%	76.4%
	Oslo Børs	287,193.9	39.0%	66.4%
	Palestine Exchange	3,891.5	12.7%	74.4%
	Qatar Stock Exchange	130,608.5	13.0%	-
	Saudi Stock Exchange (Tadawul)	451,381.2	49.0%	59.3%
	SIX Swiss Exchange	1,686,415.9	58.1%	-
	Stock Exchange of Mauritius	9,742.9	4.8%	-
	Tel-Aviv Stock Exchange	231,051.5	30.1%	43.7%

주 : 회전율은 거래규모/시가총액 비율. 집중도는 시가총액 상위 10대 기업이 차지하는 비중.
자료 : World Federation of Exchanges.

◉ 집중도

주식시장의 현황에 대한 또 다른 지표는 각국 주식시장의 집중도(concentration ratio)로, 이는 각 주식시장에서 특정 기업의 영향력이 어느 정도 되는지 파악하는 데 참고자료가 될 수 있다. 특히 국제분산투자를 하고자 하는 투자자의 입장에서 볼 때, 소수기업에 의해 지배되는 주식시장은 위험분산을 위한 포트폴리오 전략을 취하는 데 있어 별 도움이 안될 수도 있다.

〈표 8-5〉는 또한 각 주식시장의 집중도를 보여주고 있는데, 시가총액 상위 10대 기업이 상장주식 전체 시가총액에서 차지하는 비중을 나타내고 있다. 선진국에서는

비교적 잘 분산된 주식시장 구조를 가지고 있고, 신흥시장에서는 동아시아 지역이 상대적으로 낮은 집중도를 보여주고 있다. 이와는 반대로 다른 지역의 신흥시장에서는 상위 10대 기업이 전체 시가총액의 60% 이상을 차지하고 있어 일부 기업에 의해 주식시장이 쉽게 영향을 받을 수 있는 구조를 가지고 있다.

요약

1. 국제자본시장이란 장기증권이 발행되고 유통되는 국제금융시장을 말한다. 국제자본시장도 기준에 따라 여러 가지로 분류할 수 있으나 보통 국제채권시장과 국제주식시장으로 구분한다.

2. 국제채권시장은 기업, 금융기관, 정부 등이 해외에서 채권을 발행해 자금을 조달하고 기발행된 채권이 유통되는 시장이다. 국제채는 발행 및 거래가 역내에서 이루어지는 외국채와 역외에서 이루어지는 유로채로 나뉘어진다. 외국채는 발행지역에 따라 양키본드, 사무라이본드, 불독본드, 아리랑본드 등으로 불린다. 유로채는 외국채에 비해 상대적으로 규제를 덜 받으며 국제채권시장의 대부분을 차지하고 있다.

3. 국제채권시장의 주요 상품으로는 고정금리채, 변동금리채, 제로쿠폰채, 이중통화채, 복합통화채, CB, BW 등이 있다. 국제채권시장은 아직 국내채권시장에 비해 규모가 상대적으로 작지만 유로시장을 중심으로 빠르게 확대되고 있다.

4. 국제주식거래는 국내거래소에서든 외국거래소에서든 국내인의 외국주식거래 및 외국인의 국내주식거래를 모두 포괄하는 개념이다. 국제채권시장이 유로시장을 중심으로 발달되어 온 반면 국제주식시장은 각국 거래소시장을 중심으로 발달되어 왔다. 주식시장이 국제화되는 방법은 각국 주식시장에 외국인이 투자하는 방법, 여러 국가의 주식시장에 동시에 상장하는 방법, 펀드에 대한 투자를 통한 방법 등이 있다.

5. 각국의 주식시장은 거래소조직유형, 결제방식, 호가방식, 전산화 등을 기준으로 구별할 수 있다. 전 세계 주식시장의 규모는 주가의 부침에 따라 매우 가변적이지만 전반적으로 볼 때 증권화 추세 등에 힘입어 과거에 비해 크게 성장했다. 그러나 지역별로 유동성 및 집중도 면에서 큰 차이를 보이고 있다.

부록 우리나라의 자본시장[13]

International Finance, ch. eight

우리나라의 자본시장은 크게 채권시장과 주식시장으로 구성되어 있다. 우리나라의 경우 채권은 발행주체를 기준으로 정부가 발행하는 국채, 지방자치단체가 발행하는 지방채, 특별법에 의해 설립된 법인이 발행하는 특수채, 금융기관이 발행하는 금융채 및 상법상의 주식회사가 발행하는 회사채로 구분하고 있다. 현재 발행되고 있는 주요 국채로는 국고채권, 국민주택채권, 외국환평형기금채권, 양곡기금채권, 지방채로는 지하철공채, 지역개발공채가 대표적인 것이다. 또한 특수채로는 한국전력채권, 토지개발채권, 예금보험기금채권, 부실채권정리기금채권 등을, 금융채로는 산업금융채권, 중소기업채권 등을 들 수 있다. 회사채는 보증 및 담보 유무에 따라 보증사채, 담보부사채 및 무보증사채로 구분할 수 있으며, 채권자의 권리를 기준으로 일반 사채, 전환사채, 신주인수권부사채, 교환사채, 이익참가부사채 등으로 구분된다. 한편 주식은 보통주와 의결권이 없는 대신 현금배당에 우선순위를 갖는 우선주 등으로 구분된다.

우리나라의 자본시장은 그동안 경제성장에 필요한 기업자금의 원활한 조달이라는 핵심적인 기능을 수행하는 과정에서 양과 질 모두 비약적인 발전을 이루어 왔다. 우리나라의 자본시장은 1956년 3월 대한증권거래소 설립과 1962년 1월 증권거래법 제정을 계기로 조직적 체계를 갖추기 시작했다. 그러나 초보단계에 있던 우리나라 자본시장은 1968년 제2차 경제개발 5개년 계획이 시작되면서 기업공개촉진정책이 본격화됨에 따라 급속한 성장을 이루게 되었다. 채권시장은 자본시장 육성정책이 주식시장 위주로 이루어짐에 따라 그 발전이 상대적으로 지체되어 1970년대 중반까지 회사채 거래는 미미한 수준에 머물렀고 국채만이 일부 거래되었다.

1980년대 들어서는 주식시장 활성화를 위한 기업공개 유도 및 회사채시장 관련 각종 제도적 장비가 추진되었으며, 1990년 초에 들어서는 정책의 초점이 자본시장 안정 및 증권수요 기반확충에 맞추어졌다. 그러나 1997년 말 외환위기 이후 국내자본시장의 구조적인 문제를 해결하기 위한 제도적 개선이 추진되었고, 특히 채권시장의 발전을 저해하던 각종 규제가 상당히 완화되었다.

한편 우리나라 자본시장의 개방은 1981년 1월 자본시장 국제화 장기계획이 발표

13. 아래의 내용은 한국은행, 『우리나라의 금융시장』을 참조했음.

된 이후 시작되었다고 볼 수 있다. 초기에는 외국인전용수익증권 판매(1981년 10월), 코리아펀드 설립(1984년 8월), 해외전환사채 발행(1985년 12월) 등 간접투자로 그 범위가 제한되었으나, 1988년 이후 직접투자 및 외국증권회사 국내진출 등에 대해서도 점차 개방이 확대되었다. 이후의 자본시장 개방은 1993년 6월에 발표된 제3단계 금융자율화 및 1996년 9월 OECD 가입 시 제시된 자본자유화계획을 통해 보다 체계적으로 추진되었다.

주식투자에 대해서는 1992년 1월 개별 종목 발행주식 총수의 10%(1인당 한도는 3%) 내에서 외국인 직접투자가 허용된 후 단계적으로 확대되었다가, 외환위기 이후 1998년 5월에는 공공법인을 제외하고는 상장주식 투자한도가 완전히 폐지되었다. 그 해 7월에는 한국증권거래소 및 코스닥시장에 상장 또는 등록되지 않은 주식에 대해 외국인의 투자를 자유화했다. 채권시장은 국내외 금리격차와 국내 채권수요기반 등을 고려하여 주식시장에 비해 개방이 늦추어졌다. 1994년 7월 외국인의 중소기업 발행 무보증 상장전환사채 매입이 허용된 이래 외국인 투자전용 중소기업 무보증 회사채 발행 허용(1997년 1월), 중소기업의 무보증 중 · 장기 회사채 및 대기업의 무보증 전환사채 매입 허용(1997년 6월) 등 외국인에 대한 시장개방이 단계적으로 확대되어 오다가 외환위기 이후인 1997년 12월 모든 상장채권에 대해 외국인의 투자한도 규제가 완전히 폐지되었다.

표 A8-1 **우리나라의 자본시장 규모**(기말잔액 기준) (단위 : 조원, %)

	1990		2000		2010		2016. 6.	
	금액	구성비	금액	구성비	금액	구성비	금액	구성비
채권[1]	35.0	100.0	423.6	100.0	1,112.9	100.0	1,539.0	100.0
국채	3.1	8.9	73.3	17.3	362.6	32.6	601.6	39.1
지방채	1.1	3.0	9.8	2.3	15.8	1.4	21.4	1.4
금융채	6.6	18.9	49.1	11.6	217.3	19.5	323.7	21.0
통화안정증권	0.0	0.0	66.4	15.7	122.4	11.0	127.8	8.3
특수채	2.1	6.1	97.2	22.9	204.2	18.3	237.7	15.4
회사채	22.1	63.0	127.9	30.2	190.6	17.1	226.9	14.7
주식[2]	79.0	100.0	217.1	100.0	1,239.9	100.0	1,458.3	100.0
유가증권	79.0	100.0	188.0	86.6	1,141.9	92.1	1,250.2	85.7
코스닥	–	–	29.0	13.4	98.0	7.9	208.1	14.3
합계	114.0	–	640.7	–	2,352.7	–	2,997.3	–

주 : 1) 예탁채권 기준(단, 통화안정증권은 만기 1년 이하 단기물 제외).
2) 유가증권시장 및 코스닥시장 상장주식의 시가총액.

자료 : 한국예탁결제원, 코스콤.

우리나라 자본시장의 규모는 〈표 A8-1〉에서 보는 것과 같이 2016년 6월 현재 약 2,997조원으로 1990년 말의 114조원에 비해 26배 이상 확대되었다. 이 중 채권시장은 채권종류의 다양화, 수요기반의 확충 등으로 시장규모가 꾸준히 늘어나 현재 약 1,539조원에 이르고 있으며, 주식시장은 주가변동에 따라 시가총액이 확대 및 수축을 반복하는 가운데에도 1,458조원 규모를 나타내고 있다.

한편 자본시장 개방이 확대됨에 따라 외국인의 국내자본 취득이 상당히 증가하고 있는데, 대부분 주식보유에 치중되었으며 채권보유도 2000년대 중반 이후 증가하고 있다. 외국인의 상장주식 보유액의 경우 1992년 말 4.9%에 불과하던 것이 2016년에는 33.0%로 증가했다. 채권시장의 전면개방에도 불구하고 외국인 채권투자는 2000년대 중반까지 매우 부진한 모습을 보였으나 2007년 이후 급증하기 시작해 2016년 현재 외국인 채권보유액은 전체 상장채권잔액의 5.6%에 머무르고 있다.

연습문제

01. 어느 기업이 만기 3년, 액면 100억원인 이중통화채권을, 기간 중 쿠폰은 원화로 연 1회 10% 지급하고 만기에는 1천만 달러를 상환하는 조건으로 발행했다고 하자. 현재 국내에서의 이자율이 5%라고 할 때 이 채권의 시장가치는 얼마가 되어야 하는가?

02. 유로고정금리채와 같이 1년에 1회 이자를 지급하는 경우, 동일한 이자를 6개월마다 연 2회 이자지급하는 경우에 비해 이자부담이 작아진다. 간단한 예를 통해 이를 설명하라.

03. 유로MTN 시장이 급성장하게 된 이유를 상품의 특성을 고려해 설명하라.

04. 주식시장의 국제화 방법을 고려해, 국제주식시장의 움직임이 동조화되어 가는 이유를 어떻게 설명할 수 있겠는가?

05. 어느 기업이 달러화표시 채권을 발행했는데, 이자는 달러화로 지급하고 만기에 원화로 상환하기로 했다. 이 채권에 투자하는 경우 원/$ 환율이 상승하면 손익관계가 어떻게 변화하는지 설명하라.

06. 2004년 4월 21일 대한주식회사의 예탁증서가 뉴욕증시에서 $15.00에 거래되었고, 같은 날 대한주식회사의 주식이 국내증시에서 19,000원에 거래되었다. 당시 환율이 $1 = 1,225원이었다면 어떤 거래를 통해 이득을 취할 수 있는가?

07. Moody's 및 S&P의 신용평가에서 국제채권은 대부분 높은 신용등급을 받고 있는데, 그 이유는 무엇인가?

08. 2014년 만기인 액면가 10억원의 제로쿠폰채가 2004년 발행되었을 때 5억원에 팔렸다면 이 제로쿠폰채의 수익률은 얼마인가? 만일 2019년 만기인 동일 금액의 제로쿠폰채가 3억 3,300만원에 팔렸다면 수익률은 얼마가 되는가?

파생금융상품시장 I : 선물시장

International **Finance**
ch. nine

9

최근 국제금융시장의 가장 큰 변화를 들라고 하면 대부분 주저없이 파생금융상품의 발전을 들 것이다. 파생금융상품이라는 말이 등장한 지 얼마 되지 않았지만 그 발전속도는 놀랍다. 단순히 규모만 확대된 것이 아니라, 이미 파생금융상품은 금융산업에 있어서 필수불가결한 부분으로 자리잡고 있다. 그 결과 금융기관의 업무도 대대적으로 변모하게 되었다. 파생금융상품은 이제 모든 금융업무 자체의 중심을 차지하고 있다고 해도 과언이 아니다.

이 장과 다음 장에서는 파생금융상품의 개념과 파생금융상품시장의 구조 및 발전과정 등을 살펴본다. 우선 이 장에서는 파생금융상품시장을 이해하기 위한 기초 개념을 제1절에서 설명하고, 제2절에서는 파생금융상품시장의 여러 유형 중에서 선물시장에 대해 설명한다. 제3절에서는 선물가격결정에 관한 원리 및 여러 이론을 설명한다.

1. 파생상품시장의 개요

International Finance, ch. nine

1.1 기본 개념

파생상품(derivatives)이란 외환, 채권, 주식, 농산물, 금속, 원유 등과 같은 여러 가지 기초자산(underlying assets)으로부터 파생되는 금융상의 계약형태를 말하고, 이러한 파생상품이 거래되는 시장을 파생상품시장(derivatives market)이라고 한다.

파생상품은 기초자산, 계약형태, 거래장소에 따라 다양한 형태로 나타난다. 우선 기초자산의 종류에 따라 크게 농산물, 금속, 원유 등을 기초자산으로 하는 일반 파생상품(commodity derivatives)과 통화, 채권, 주식 등을 기초자산으로 하는 파생금융상품(financial derivatives)으로 구분한다. 이 책에서는 파생금융상품만을 다룬다.

파생상품은 또한 계약형태에 따라 선도(forward),[1] 선물(futures), 옵션(options), 스왑(swaps)으로 나눌 수 있다. 이러한 거래계약들은 각각 독립적으로 이루어지기도 하고 여러 파생상품들 간의 결합, 기타 금융수단과의 결합을 통해 다양한 형태로 나타나기도 한다. 선도와 선물은 기초금융자산을 미래 특정 시점에 특정 가격으로 사고팔기로 약정하는 계약이라는 점에서 이 두 가지의 기본 성격은 동일하다. 그러나 일반적으로 선도는 장외시장에서 거래당사자 간에 거래되거나 딜러나 브로커를 통해 거래가 이루어지는 데 비해 선물은 정형화된 거래소를 통해 거래가 이루어진다는 점에서 차이가 있다. 옵션은 기초자산을 미래의 특정 시점 또는 특정 기간 동안 특정 가격으로 매입(call)하거나 매각(put)할 수 있는 권리를 사고파는 계약을 말한다. 스왑은 일반적으로 두 개의 금융자산 또는 부채에서 파생되는 미래의 현금흐름을 교환하기로 하는

1. 외환시장에서는 forward를 '선물환'이라고 부르는데, 여기서는 통화(외환)뿐만 아니라 채권, 주식 등 보다 일반적인 금융상품에 적용하기 위해 '선도'라는 용어를 사용한다.

계약을 말한다.

파생상품은 그 상품이 거래되는 장소에 따라서도 거래소에서 거래되는 장내거래 파생상품과 거래소 외부에서 거래되는 장외거래파생상품으로 구분할 수 있다. 장내거래의 경우 상품가격을 제외한 모든 거래요소가 거래소의 규정에 의해 표준화되어 있는 표준화 상품이 거래된다. 반면 장외거래의 경우에는 고객의 특정한 요구에 의해 가격뿐만 아니라 계약단위, 상품의 품질, 인도방법, 인도시기, 대금결제방법 등 모든 계약조건을 쌍방 간의 합의에 의해 정할 수 있는 주문형 상품이 거래된다.

이와 같은 구분에 따른 파생상품의 종류는 〈표 9-1〉과 같이 정리될 수 있다.

표 9-1 파생금융상품의 종류

계약형태 / 기초자산	선도, 선물	옵션	스왑
통화	- 장내 : 통화선물 - 장외 : 선물환	- 장내 : 통화선물옵션 - 장외 : 통화옵션	- 장외 : 통화스왑
채권	- 장내 : 금리선물 - 장외 : 선도금리계약	- 장내 : 금리선물옵션 - 장외 : 금리옵션, 스왑션	- 장외 : 금리스왑
주식	- 장내 : 주가지수선물	- 장내 : 주식옵션, 주가지수옵션, 주가지수선물옵션 - 장외 : 주식옵션	- 장외 : 지분스왑

1.2 파생금융상품시장의 발전

◉ 발전과정

파생상품거래의 기원을 찾고자 한다면 상당히 오래 전까지 거슬러 올라갈 수 있을 것이다. 예를 들어 중세 유럽이나 17세기 일본의 쌀 상인들의 거래에서도 초보적인 형태의 선물거래가 이루어지고 있었다. 하지만 당시 선물거래의 형태를 정확히 알 수는 없으며, 현대적인 의미의 중앙집중적 선물거래가 시작된 곳은 시카고(Chicago)라 할 수 있다. 시카고가 선물거래의 중심지가 될 수 있었던 것은 지리적으로 오대호에 인접해 있어 배를 이용한 운송이 비교적 원활해 중서부 곡창지대에서 생산된 농산물 집하장의 역할을 수행할 수 있었기 때문이다.

농산물은 그 특성상 수확기에 대량의 생산물이 집중 출하되기 때문에 일시적으로 공급이 수요를 초과하는 현상이 발생하고, 이로 인해 가격이 폭락하며, 농민 및 중간상인의 피해가 빈번히 속출하게 된다. 이러한 폐단을 줄일 방법을 모색하던 중 미래의 일정 시점에 농산물을 주고받기로 약속하고 가격은 현재에 결정하는 선도계약이 도입되었다. 하지만 선도거래는 적절한 계약상대방을 일일이 찾기가 힘들었고, 계약이행에 대한 쌍방의 신뢰 여부도 여전히 문제로 남아 있었다. 이에 따라 좀더 조직화되고 체계적인 시장의 필요성이 점차 확대되었고, 1848년에 비로소 세계 최초로 조직화되고 중앙집중적인 선물거래소가 설립되었다. 이것이 바로 옥수수 등 곡물선물계약을 주요 매매대상으로 한 시카고상품거래소(Chicago Borad of Trade ; CBOT)이다. 또한 1899년에는 버터와 달걀의 선물계약을 주요 매매대상으로 하는 시카고상업거래소(Chicago Mercantile Exchange ; CME)가 설립되었다.

CBOT에서도 설립 당시에는 계약당사자 간의 합의에 의해 거래조건이 결정되었다. 그러나 1865년부터 수량과 품질 등 거래조건을 표준화하고 계약 불이행을 막기 위한 증거금제도가 도입되면서 현대적인 개념의 선물계약(futures contracts) 형태를 갖추게 되었다. 이후 거래조건이 더욱 표준화되고 시장규모의 확대로 다수가 거래에 참여함으로써 유동성이 높아졌으며, 이에 따라 가격상승과 하락을 예상하며 시세차익을 노리는 투기자들도 등장하게 되었다. 1920년에는 계약 이행의 마지막 절차를 보장해 주는 청산소(clearing house)가 세워지면서 현대 선물시장 거래시스템의 기틀을 다질 수 있었다.

파생상품거래의 발전에 있어서 또 하나의 중요한 전기는 1970년대 이후 자본을 거래대상으로 보는 관점이 형성되면서 파생금융상품이 본격적으로 도입된 것이라고 할 수 있다. 파생금융상품거래의 기원은 대공황 직전 미국 뉴욕증권시장에 등장했던 옵션의 일종인 신주인수권 거래를 시초로 볼 수 있으나 파생금융상품거래가 본격화된 것은 1970년대 이후라고 할 수 있다.

1971년 8월 15일 미국의 금태환 중지를 선언한 닉슨독트린으로 브레튼우즈(Bretton Woods) 제도가 붕괴하면서 국제 외환시장의 주된 흐름이 변동환율제도로 바뀌었다. 이후 각국 통화가치의 변동폭이 커졌으며, 그에 따라 환율변동위험관리 수단이 필요해졌다. 이에 CME는 프리드먼(M. Friedman) 교수에게 변동환율제도 하에서 환위험을 헤징할 수 있는 제도 도입을 위한 용역을 의뢰했다. 프리드먼을 중심으로 한 시카고 학파의 연구결과를 기초로 CME는 1972년 5월 16일 IMM(International Money Market)을 창립하고 영국의 파운화 및 독일의 마르크화 등 7개국의 통화를 선물거래대상에 편입시켜 최초의 통화선물거래를 시작했다.

주식 관련 파생상품은 1973년 4월 26일 시카고옵션거래소(Chicago Board Options Exchange ; CBOE)가 설립되면서 그동안 장외에서 당사자 간에 직접 거래되던 주식옵션거래가 제도화되었으며, 이후 1982년 캔자스시티상품거래소(Kansas City Board of Trade)에 주가지수 선물이, 1983년 CBOE에 주가지수옵션이 등장했다. 금리 관련 파생상품거래는 1975년 10월 20일 CBOT에서 금리선물상품을 선보이면서 시작되었는데, 1980년대 들어서면서 거래가 급격히 증가했다. 장외거래에서는 1980년대 초 금리스왑을 필두로 선도금리계약(forward rate agreements)과 금리상한계약(caps), 금리하한계약(floors), 금리상 · 하한계약(collars)과 같은 금리옵션이 등장했으며, 장내거래로는 주요국 장기국채, 유로달러채권 등의 금리를 대상으로 한 선물상품이 등장했다. 1980년대 후반 이후에는 신종옵션(exotic options), 구조화채권(structured notes), 신용파생상품(credit derivatives) 등 새로운 상품들이 등장했다.

유럽의 경우에는 1982년 9월 런던국제금융선물거래소(London International Financial Futures Exchange ; LIFFE)가 설립되었고, 아시아지역에서는 1984년 9월 싱가포르국제통화거래소(Singapore Internatonal Monetary Exchange ; SIMEX)가 설립되었다. 한편 일본에서는 1985년 10년 만기 일본국채선물계약이 도입되었고, 1988년 9월 도쿄증권거래소가 종합주가지수(TOPIX)선물을, 오사카증권거래소가 니케이(Nikkei)주가지수선물을 도입했다. 1989년에는 도쿄금융선물거래소(Tokyo International Financial Futures Exchange ; TIFFE)가 개설되었고, 도쿄증권거래소 및 오사카증권거래소에서 주가지수옵션이 개시되었다.[2]

◉ 발전원인

이처럼 파생금융상품시장이 빠르게 발전하게 된 배경으로는 금융기관 간 경쟁 격화, 금융시장의 가격변동성 증대, 포트폴리오투자의 국제적 분산, 그리고 컴퓨터나 통신기술 등 정보통신기술 및 금융기법의 발달 등을 들 수 있다.

1970년대 변동환율제도로의 이행, 1980년대 각국의 금융규제 완화 및 금융시장 통합화로 인해 국제자본 이동이 확대되면서 금융거래가 크게 증가하였다. 이런 가운데 금융상품의 가격변동폭 또한 확대되자 위험을 관리할 수 있는 상품에 대한 수요가

2. 우리나라의 파생금융상품시장에 대해서는 부록을 참조할 것.

급격하게 증가했다.

이러한 수요의 확대와 더불어 통신 및 정보처리기술의 발달은 파생금융상품의 거래를 대폭 확대시켰다. 컴퓨터의 발달에 따른 정보처리기술의 발전은 금융기법을 촉진시켰을 뿐만 아니라 거래비용을 지속적으로 감소시켰다. 1970년대 옵션가격 결정모형의 개발을 시발로 한 파생상품 가치평가 모형들은 복잡한 계산을 필요로 하는데, 정보처리기술의 발달에 따라 새로운 모형들의 개발이 촉진되었으며, 또한 금융거래에 따른 위험의 평가, 분리, 이전이 용이해짐으로써 다양한 상품을 개발할 수 있게 되었다. 아울러 정보통신기술의 발달로 인해 각국의 시장상황을 신속 · 정확하게 파악할 수 있게 됨으로써 국제적인 금융능력이 있는 대형금융기관들뿐만 아니라 중소금융기관 및 비금융기업들도 파생금융상품시장에 참여할 수 있게 되었다.

금융기관 간 경쟁확대로 인해 전통금융상품의 수익성이 떨어져 금융기관들이 경쟁적으로 새로운 상품을 연구 개발하기 시작하고 국제결제은행(BIS)의 규제로 인해 은행의 영업전략이 자산증대 억제와 수익률 제고로 방향이 바뀐 것도 파생금융상품시장의 확대에 일조했다. 파생금융상품은 유동성이 뛰어나고 고도의 금융공학기법을 통해 특별한 포트폴리오 요건에 부합하도록 고안될 수 있다. 따라서 시장위험을 헤징하거나, 포토폴리오를 저렴한 비용으로 신속하게 조정하거나, 혹은 차익거래 등의 기회를 포착하려고 파생금융상품을 이용하고자 하는 투자자들을 대상으로 새로운 상품의 개발 및 거래가 확대되었다. 또한 BIS의 규제로 인해 은행은 종래의 대출과 같이 대차대조표에 기록되는 업무가 확대될 경우 자기자본비율이 떨어지게 되므로 이를 방지하기 위해 거래액에 관계없이 프리미엄이나 증거금만 이동하고 대차대조표상의 자산항목에는 아무런 변동을 가져오지 않는 파생금융상품의 거래를 점차 확대하게 되었다.

1.3 파생금융상품시장의 현황

전 세계 파생금융상품 거래 추이를 간단하게 살펴보면, 〈표 9-2〉에 제시된 것과 같이 1990년 5.7조 달러에서 2017년 613.0조 달러로 비약적으로 증가하고 있다. 이 중 장내거래인 거래소거래는 2.2조 달러에서 81.1조 달러로 성장한 반면 장외거래는 3.5조 달러에서 531.9조 달러로 증대되었다.

2017년 현재 거래소거래 파생금융상품 중에서는 금리선물 및 금리옵션 등 금리관련 상품이 압도적인 비중을 차지하고 있다. 장외거래에서는 금리스왑 및 금리옵션

표 9-2 파생금융상품의 거래규모 (단위 : 조 달러)

구분	1990	2000	2010	2017
거래소거래[1]	2.2	12.7	62.3	81.1
금리상품	2.1	12.6	62.0	80.6
통화상품	0.1	0.1	0.3	0.5
장외거래	3.5	95.2	601.0	531.9
금리상품	2.3	72.2	492.2	426.7
통화상품	0.6	20.1	68.9	87.1
기타파생상품[2]	0.6	2.9	39.9	18.1
합계	5.7	107.9	663.3	613.0

주 : 1) 선물 및 옵션 포함.
2) 주식연계계약, 일반 상품계약, 기타 스왑 관련 파생상품을 포함.
자료 : BIS, *Quarterly Review* (www.bis.org).

등 금리 관련 상품이 80.2%로 가장 비중이 높았으며, 통화 관련 상품은 16.4%를 차지하고 있다. 파생금융상품거래 중 금리 관련 상품의 비중이 압도적인 것은 금리변동폭 확대에 따른 기초자산 가격의 불안정으로 인해 관련 상품에 대한 수요가 급증했기 때문이다. 반면 통화 관련 상품의 비중이 미미한 이유는 유럽통화의 전반적인 안정세에 힘입어 환율변동위험이 상당히 감소했고 또한 1990년대 들어 통화 관련 파생상품과 관련된 금융사고로 인해 거래가 위축되었기 때문이다.

표 9-3 파생금융상품 거래의 지역별 비중 (단위 : %)

구분	1990	2000	2010	2017
북미	65.3	57.2	53.3	75.2
유럽	17.4	29.5	37.7	21.1
아시아 · 태평양	16.5	11.2	5.2	2.8
기타	0.8	2.0	3.8	0.1
합계	100.0	100.0	100.0	100.0

주 : 거래소 거래를 기준으로 함.
자료 : BIS, *Quarterly Review* (www.bis.org).

한편 지역별 파생금융상품거래를 보면 1990년대 및 2000년대 들어 급격한 변화가 발생하고 있음을 알 수 있다. 1990년대에는 미국이 전체 거래의 65.3%를 차지하였으며, 유럽 12.1%, 아시아 · 태평양 16.5% 등 다른 지역은 미미한 수준에 머물렀다. 2010년에는 미국의 비중이 53.3%로 다소 축소된 반면 유럽은 37.7%로 증가했다. 이러한 변화의 배경에는 유로화로 통합되면서 유럽금융시장에서의 거래가 확대된 것이 중요한 계기가 되었다. 2010년도 이후에는 아 · 태 지역의 비중이 급감하고 있는데, 이는 미국발 금융위기와 관련된 파생금융상품거래가 미국 및 유럽을 중심으로 이루어졌기 때문이다.

2. 선물시장의 개요

2.1 선물거래의 개념

◉ 선도거래와 선물거래

제3장에서 설명한 것처럼 시장에서 이루어지는 거래는 매매계약시점과 결제시점을 기준으로 할 때 현물거래와 선도거래로 구분할 수 있다. 현물거래(spot *or* cash transaction)는 매매계약이 성립된 당일에 대금의 지급과 상품의 인수 · 인도가 동시에 이루어지는 거래를 말한다. 선도거래(forward transaction)는 매매계약을 체결한 시점과 결제시점 간에 차이가 있는 거래를 말한다. 즉, 계약이 먼저 이루어지고 일정 기간이 경과한 후 대금의 지급과 상품의 인수 · 인도가 일어나는 거래를 말한다.

선물거래(futures transaction)는 기본적으로 선도거래와 동일한 형태를 가진다. 즉, 선물거래도 선도거래와 마찬가지로 만기시점(maturity *or* delivery date)에서 계약인이 특정의 자산을 정해진 가격인 선물가격(futures price)으로 인수 · 인도하기로 하는 약속이다. 그러나 선물거래는 거래내용과 조건을 표준화해 시장성을 높인 선도거래라고 할 수 있다. 즉, 선물거래는 자산가격 변동에 따라 발생하는 채무불이행 위험을 여러 가지 장치를 통해 대부분 제거할 수 있다는 점에서 선도거래와 근본적인 차이를 보인다. 이러한 장치는 거래과정에 직접적으로 영향을 미쳐 계약의 이행을 보장하는 제도적 측면의 장치와 계약의 유동성을 높이고 가격변동을 완화하고자 하는 거래적 측면의 장치로 구분된다. 제도적 측면의 장치로는 일일정산제도(marking to market), 거래증거금제도(margin requirement) 및 청산소제도(clearing house) 등이 있으며, 거래적 측면의 장치로는 가격변동폭의 제한(price limit), 표준화된 계약(standardized contracts) 및 조직화된 시장(organized market) 등이 있다.[3]

〈표 9-4〉는 선도거래와 선물거래의 특성을 비교한 것이다.

표 9-4 선도거래와 선물거래의 특성 비교

	선도거래	선물거래
거래규모	필요에 맞게 정함	표준화되어 있음
상품의 종류	기본적으로 모든 금융상품	유동성이 있는 주요 금융상품
만기	필요에 따라 정함	표준화되어 있음. 1년에 4회의 결제일이 있음
결제	대부분 당초 약정대로 결제가 이루어짐	결제소에 의해 일일정산되고 일부 차액만 결제됨
비용	수수료 없음. 비용은 시장조성자의 매입/매도가격 간의 스프레드임	스프레드 없음. 거래의 수행을 위해 중개인에게 지급하는 수수료가 비용임
규제	자율규제	거래소규약 및 정부기관에 의해 규제됨
신용위험	계약이행에 대한 신용위험이 크므로 신용한도의 설정을 요함	제도적 및 거래적 장치를 통해 신용 리스크가 대부분 제거됨
거래장소	장외거래	장내거래
거래상대	당사자 간의 직접거래	중개인, 결제소
거래방법	당사자 계약	공개경쟁입찰
양 · 수도	양도 불가능, 실물인도	양도 가능, 차액거래

◉ 선물거래의 손익

선물계약을 통해 통화, 채권, 주식 등의 기초자산을 매입하기로 계약하는 것을 선물매입이라 하고, 선물을 매입한 상태를 롱포지션(long position)이라 한다. 이와는 반대로 선물계약을 통해 기초자산을 매도하는 것은 선물매도라 하고, 선물을 매도한 상태를 숏포지션(short position)이라 한다. 선물을 매입(매도)한 후 만기일이 되면 기초자산을 실제로 인수(인도)하거나 또는 만기일 이전이라도 매입(매도)했던 선물을 다시 매도(매입)함으로써 실물인수(인도)의 의무를 벗어날 수 있다. 이렇게 선물포지션을 없애고 선물시장에서 빠져나오는 것을 선물포지션의 청산이라고 한다.

선물거래에서의 손익관계는 선물포지션, 그리고 선물가격과 만기에서의 기초자산 현물가격 간의 차이에 따라 달라진다. 만일 어떤 투자자의 선물포지션이 롱포지션이라고 할 때 만기시점에 그 자산의 현물가격이 선물가격보다 높으면 이익을 얻게 되

3. 이에 대한 자세한 설명은 외환은행, 『국제금융외환용어사전』, pp.173~174를 참조할 것.

그림 9-1 선물거래로부터 발생하는 손익

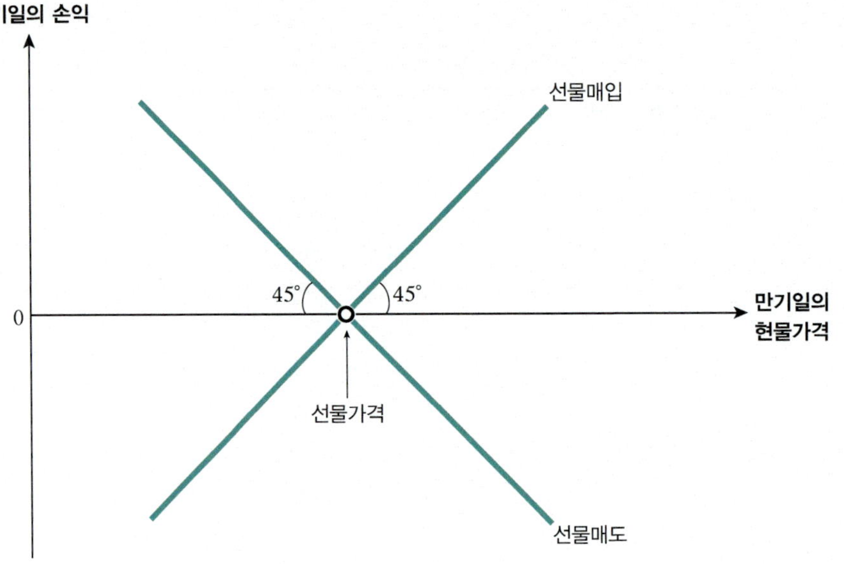

지만 선물가격보다 낮으면 손해를 보게 될 것이다. 예를 들어 어떤 투자자가 3개월 후에 달러화를 \$1 = 1,200원에 사기로 했는데 3개월 후 외환시장에서 현물환율이 \$1 = 1,250원이 되었다고 하자. 이 투자자는 선물계약에 따라 1,200원을 주고 \$1를 매입한 후 현물시장에서 1,250원을 받고 매각하면 \$1당 50원씩 이익을 얻게 된다. 이와는 달리 투자자의 포지션이 숏포지션인 경우, 만기시점에 그 자산의 현물가격이 선물가격보다 높으면 손해를 보게 되는 반면 선물가격보다 낮으면 이익을 얻게 된다.

선물거래에서의 손익관계는 [그림 9-1]과 같이 나타낼 수 있다. 이 그림에서도 알 수 있듯이, 선물거래의 경우 어느 한쪽이 매입자가 되면 거래상대방은 매도자가 되므로 거래당사자들 간의 손익관계는 항상 반대로 나타나게 된다. 즉, 선물매입자가 이익을 얻게 되면 선물매도자는 그만큼 손해를 보게 된다. 따라서 매입자와 매도자의 손익을 더하면 항상 0이 된다. 이러한 관계 때문에 선물거래는 본질적으로 '제로섬게임'(zero-sum game)의 특성을 갖게 된다.

2.2 선물시장의 구조

◉ 선물시장의 참가자

선물시장을 구성하는 주요 참가자들로는 선물거래소, 투자자, 선물중개회사, 청산소 등이 있다. 선물거래소(futures exchange)는 정형화된 거래규칙과 표준화된 선물상품을 개발해 조직화된 거래를 할 수 있도록 거래장소를 제공하는 역할을 담당한다. 거래소에서는 회원들만이 선물거래를 할 수 있다. 투자자들은 헤징, 투기, 차익 등을 목적으로 선물거래를 하고자 선물시장에 참가한다. 선물중개회사는 투자자와 거래소회원들 사이에서 브로커 역할을 담당한다. 투자자의 대리인으로서 거래주문을 넣어주고 증거금계좌를 관리하며, 이에 대한 대가로 일정한 수수료(commission)를 받는다. 대부분의 경우 선물중개회사는 거래소회원권을 보유한다.

청산소(clearing house)는 모든 선물거래에 있어 선물매입자에게는 선물매도자가 되어 주고 선물매도자에게는 선물매입자가 되어 준다. 청산소가 없는 선도거래는 매입자와 매도자가 거래의 직접적인 당사자가 되기 때문에 거래당사자들이 직접 선도거래의 여러 조건을 결정해야 하고 거래의 이행 역시 당사자들의 신의에 의존하게 된다. 그러나 선물거래의 경우 청산소의 역할로 인해 모든 선물거래자는 거래상대방을 직접 알아야 하는 수고를 피할 수 있으며, 선물거래의 시장성이 높아지고 선물가격이 균형수준에서 보다 쉽게 결정될 수 있다. 청산소는 다음에 설명할 일일정산제도와 증거금계좌를 통해 선물거래의 이행을 보증하는 역할을 담당한다. 청산소의 또 다른 중요한 역할은 거래자가 선물거래의 의무로부터 쉽게 벗어날 수 있도록 해준다는 점이다. 예를 들어 어떤 거래자가 선물을 매입했지만 실제로 거래를 이행할 의도가 없는 경우 청산소에 선물을 매도해 거래이행의 의무로부터 벗어날 수 있다.

◉ 일일정산과 증거금

선물거래는 선도거래와 달리 시장에서 매일매일 거래가 이루어지고 그에 따른 가격이 형성된다. 매일매일의 가격변동에 따라 선물거래자에게 손익이 발생하는데, 선도거래에서 이러한 손익이 만기일이 되어서야 실현되는 것과는 달리 선물거래에서는 일일정산제도(marking to market *or* daily settlement)에 의해 매일 손익이 정산된다. 일일정산제도로 인해 선물거래자들은 만기시점뿐 아니라 만기 전 언제라도 반대매매를 통해 손익을 실현함으로써 쉽게 거래를 청산할 수 있다. 따라서 이 제도는 선물시장의 유동성을 높이는 데 커다란 역할을 한다.

일일정산과정을 우리나라 주가지수선물거래의 예를 들어 설명해 보자. 어떤 투자자가 KOSPI200 선물을 약정가격 100.00포인트에 10계약을 매입했는데, 오늘 이후의 선물가격이 〈표 9-5〉와 같이 변해간다고 하자.

표 9-5 KOSPI200 선물가격(종가 기준)

일	오늘	1일 후	2일 후	3일 후	4일 후	5일 후
선물가격	100.00	99.50	98.70	99.00	100.50	101.40

이에 따르면 선물을 매입한 다음날 선물가격이 99.50으로 하락하므로 이 투자자의 손익의 크기는 (99.50 - 100.00)포인트 × 500,000(포인트당) × 10계약 = -2,500,000원이 된다.[4] 즉, 선물가격이 하락했으므로 매입포지션을 취한 이 투자자는 250만원의 손실을 보게 된다. 마찬가지로 둘째 날 이 투자자는 4백만원의 손실을 입게 된다. 그러나 3일째는 (99.00 - 98.70) × 500,000 × 10 = 1,500,000원의 이익을 얻게 되고, 4일째는 7,500,000원의 이익을, 그리고 마지막 날에는 4,500,000원의 이익을 얻게 된다. 따라서 5일 동안 총 실현된 손익은 〈표 9-6〉에 보인 것과 같이 7,000,000원이 된다. 일일정산의 합계 7,000,000원은 5일 후의 선물가격(101.40)과 오늘의 선물가격(100.00)의 차이에 포인트당 금액 50만원과 계약단위 10을 곱한 금액((101.40 - 100.00) × 500,000 × 10 = 7,000,000원)과 동일하다.

표 9-6 KOSPI200 선물거래의 일일정산 과정

일	포인트당 손익(원)	선물거래 10계약의 1일 실현손익(원)
1일 후	(99.50 - 100.00) × 500,000 = -250,000	-2,500,000
2일 후	(98.70 - 99.50) × 500,000 = -400,000	-4,000,000
3일 후	(99.00 - 98.70) × 500,000 = 150,000	1,500,000
4일 후	(100.50 - 99.00) × 500,000 = 750,000	7,500,000
5일 후	(101.40 - 100.50) × 500,000 = 450,000	4,500,000
합계	(101.40 - 100.00) × 500,000 = 700,000	7,000,000

4. 주가지수거래에 가치를 부여하기 위해 인위적으로 일정 금액을 곱하는데, 우리나라에서는 포인트당 50만원을 곱한다.

일일정산을 원활하게 하고 선물거래의 이행을 보증하기 위해 선물거래에 참여하는 경우 모든 거래자는 일정 규모의 현금 또는 현금등가물(유가증권 등)을 증거금(margin)으로 청산소에 예치해야 한다. 선물거래를 처음 시작할 때 예치하는 증거금을 개시증거금(initial margin)이라 한다. 선물가격이 상승 또는 하락함에 따라 이 증거금계좌(margin account)를 통해 매일 자금이 고객과 청산회원사 사이에, 그리고 청산회원사와 청산소 사이에 수수된다. 그리고 일일정산 과정에서 증거금잔고가 유지증거금(maintenance margin) 이하로 떨어지면 청산소는 증거금의 추가예치를 요구하며, 투자자는 개시증거금 수준까지 추가로 증거금을 예치해야 한다. 이때의 추가증거금 요구를 마진콜(margin call)이라고 부른다. 만일 거래자가 마진콜에 응하지 않게 되면, 청산소가 포지션의 일부 또는 전부에 대해 반대매매를 행함으로써 그 거래자의 선물계약을 청산한다. KOSPI200 선물의 경우 개시증거금은 거래금액의 15%이며, 유지증거금은 거래금액의 10%이다. 증거금제도에 의해 모든 시장참가자는 자신의 선물포지션에 대한 재무적 의무를 충실히 이행하겠다는 것을 최종적으로 보장하기 때문에 증거금제도를 통한 순조로운 자금의 흐름은 선물시장의 신용위험 하락을 통한 건전성 확보에 매우 중요한 영향을 미친다.

◉ 만기시점의 청산

선물거래는 이론적으로 만기일에 기초자산을 선물가격에 인수 또는 인도함으로써 거래가 청산된다. 그러나 대부분의 선물거래자들은 만기일 이전에 반대거래(reversing trade *or* offsetting trade)를 통해 선물포지션을 청산하고 있다.

선물을 거래한 후 만기일까지 반대거래를 하지 않으면 선물거래자는 당초의 약속대로 거래를 이행해야 한다. 만기일에 거래를 이행하는 방법에는 현물인도(actual delivery)와 현금인도(cash delivery)의 두 가지 방법이 있다. 현물인도는 만기일에 실제로 기초자산을 인도하고 대금을 결제해 계약을 이행하는 선물거래의 청산방법이다. 그러나 만기일에 실제로 기초상품의 인수 또는 인도가 일어나는 경우는 총 선물거래의 약 1～3%에 불과하다. 더욱이 현물인도는 상품의 불확실성(품질, 인도장소, 인도일자 등)과 인도에 따른 거래비용을 수반하는 단점을 갖고 있다. 현금인도는 상품의 인도 없이 현물가격을 기준으로 일일정산해 거래를 이행하는 방법이다. 대표적으로 주가지수 선물은 주가지수를 기초자산으로 하는 선물거래이나 주가지수라는 상품이 존재하지 않으므로 현물인도가 불가능하다. 따라서 주가지수선물 거래자들은 상품의 인도 없이 최종거래일의 현물가격을 기준으로 일일정산을 행하고 거래를 마감하게 된다.

2.3 선물시장의 주요 상품

선물시장의 주요 상품으로는 통화선물(currency futures), 금리선물(interest futures), 주가지수선물(stock index futures) 등이 있다.

◉ 통화선물

통화선물은 장래에 인수 · 인도될 외환의 가격을 결정한다는 점에서 외환시장을 통한 선물환거래와 동일하다. 그러나 선물거래와 선도거래의 일반적인 특징 비교에서 알 수 있듯이, 통화선물은 거래액과 결제일이 표준화되어 있고 조직화된 거래소에서 공개경쟁 입찰방식(open competition)으로 행해진다는 차이점이 있다. 또한 대부분의 경우 만기 이전에 반대거래로 상쇄되어 차액만 결제되고, 통화선물에 대한 청산소의 중개와 일정액의 증거금 요구로 개별 거래상대방의 신용위험을 염려할 필요가 없으며, 매일 형성되는 가격에 일정 수준의 상한과 하한을 정해 가격변동폭을 제한하는 등의 특징을 가지고 있어 일반적인 선물환거래와는 다르다.

이 외에도 통화선물의 주요한 특징은 계약을 할 때에 외환을 보유하지 않고 계약통화의 환율변동 방향에 대해 순전히 베팅(betting)을 한다는 것이다. 통화선물시장에서의 거래는 협정된 가격으로 매입포지션 계약과 매도포지션 계약을 하게 되기 때문에 한편이 이익을 얻는 만큼 다른 편은 손해를 보게 되는 제로섬게임으로 나타난다. 통화선물가격은 수많은 매입포지션과 매도포지션들 간의 균형으로 결정되는 시장가격이며 시시각각 변한다. 이와 같이 청산되지 않은 상태로 양쪽의 수많은 선물베팅이 존재하는 것을 미결제약정수량(open interest)이라 부른다. 통화선물시장에서 거래되는 통화선물은 선물환계약과는 달리 매매 쌍방 간에 이루어지는 것이 아님을 유의해야 한다. 통화선물의 매도자 및 매입자는 청산소와 각각 계약하고 청산소가 이 계약을 보증하는 형태를 띠고 있다.

〈표 9-7〉은 Wall Street Journal에 게재된 2000년 6월 20일의 통화선물가격 표시의 일부이다. 2000년 12월물 영국 파운드화 선물거래를 이용해 이 표의 내용을 이

해해 보자. 이 표에 따르면 2000년 6월 20일 선물거래는 $1.5252/파운드에 개시되었으며, 하루 동안 $1.5120/파운드와 $1.5280/파운드 사이에서 거래되다가 $1.5246/파운드로 마감되었다. 따라서 하루 동안의 변동폭은 $0.0056/파운드이며, 이 12월물 통화선물의 거래기간 중 최저가는 $1.4730/파운드이고, 최고가는 $1.6500/파운드이다. 그리고 2000년 6월 20일 현재 반대매매 등에 의해 청산되지 않은 미결제약정수량은 255개이다.

표 9-7 **통화선물가격 표시**(June 20th, 2000)

CURRENCY								
						Lifetime		
	Open	High	Low	Settle	Change	High	Low	Open Interest
Japanese Yen (CME) — 12.5 million yen; $ per yen (0.00)								
Sept	.9612	.9663	.9592	.9642	+ .0026	1.0272	.9300	34,902
Dec	.9794	.9820	.9786	.9805	+ .0026	1.0434	.9225	623
Est vol 9,444; vol Mon 19,964; open int 75,827, −5,263.								
Deutsche Mark (CME) — 125,000 marks; $ per mark								
Sept	.4935	.5200	.4915	.4925	− .0007	.5250	.4596	631
Est vol 4; vol Mon 76; open int 1,181, −9.								
British Pound (CME) — 62,500 pds.; $ per pound								
Sept	1.5148	1.5228	1.5072	1.5214	+ 0.0056	1.6780	1.4700	25,896
Dec	1.5252	1.5280	1.5120	1.5246	+ 0.0056	1.6500	1.4730	255
Est vol 6,695; vol Mon 4,382; open int 52,425, −133.								
Euro Fx (CME) — Euro 125,000; $ per euro								
Sept	.9642	.9672	.9583	.9633	− 0.0013	1.1136	.8991	52,683
Dec	.9648	.9690	.9648	.9686	− 0.0013	1.0572	.9046	572
Est vol 3,917; vol Fri 9,737; open int 45,322, +206.								

자료 : *Wall Street Journal*, 2000년 6월 21일 (www.wsj.com).

◉ 금리선물

두 차례의 오일파동으로 인해 엄청난 인플레이션이 발생하면서 금리가 급격히 변동하게 되자 금리변동에 관련된 위험을 관리할 필요성이 크게 대두되었다. 이에 따라 CBOT는 금융기관과 개인투자자의 요구를 충족시키기 위해 1975년에 정부주택저당채권(GNMA)을 대상으로 선물계약을 개발해 최초로 금리선물(interest rate futures)거래를 도입했다. 그후에 CBOT에서는 T-bond, T-note, T-bill 등 재무부 발행채권을 대상으로 다양한 금리선물계약을 속속 개발했다.

금리선물거래는 금리변동을 회피하거나 투기적인 목적으로 미래 일정 기간에서의 예상금리를 매매하는 거래지만, 실제로는 금리 그 자체를 거래하기보다 이자를 발생시키는 채권 등의 금융상품을 대상으로 선물거래가 일어난다. 가장 많은 거래를 보이고 있는 장기금리선물상품으로는 T-bond 선물이 있고, 단기금리선물상품으로는 유러달러예금선물이 있다. 금리선물거래도 다른 선물거래와 마찬가지로 거래규모, 결제일 등의 거래형식이 표준화되어 있다.

금리선물의 가격표시는 〈표 9-8〉에서 보는 것과 같이 단기상품의 경우 연수익률을 지수방식(index basis)으로 즉,

$$\text{금리선물가격} = (1 - \text{연수익률}) \times 100 \tag{9-1}$$

으로 표시한다. 예를 들어 90일 만기 T-bill의 할인율이 6.50%라면 이 금융상품의 선물가격은 (1-0.065) × 100 = 93.50으로 호가된다. 만일 T-bill의 할인율이 7.50%로 상승했다면 선물가격은 92.50으로 하락하게 된다. 이처럼 가격을 수익률로 표시하지 않고 지수방식으로 표시하는 이유는, 수익률로 표시하는 경우 매입금리가 매도금리보다 높게 나타나 매입가가 매도가보다 낮은 일반 가격표시방법과 달라져 매매가격의 식별에 혼동을 줄 수 있기 때문이다. 한편 T-bond와 같은 장기상품의 경우에는 다소 다르게 표시되는데, 예를 들어 10년 만기 T-bond의 선물가격이 95-08이라고 표시되어 있다면 이는 T-bond의 선물계약이 액면금액의 $95^{08/32}$(= 95.25)에서 이루어졌음을 의미한다.

이제 금리선물거래에 따른 손익관계를 단기상품의 경우를 통해 살펴보자. 현재의 시점이 2003년 12월인데, 어떤 다국적기업이 6개월 후(2004년 6월) 수출대금 100만 달러를 받을 예정이다. 이 기업은 수출대금을 받은 이후 당분간(2004년 9월까지 3개월간)은 그 돈을 쓸 일이 없기 때문에 그 기간 동안 단기금융자산에 투자하고 싶어한다고 하자. 이런 경우 이 기업은 유로달러예금 선물을 이용할 수 있다. 예를 들어 2004년 6월물 3개월 만기 유로달러예금 선물을 94.50에 매입했다고 하자. 이는 이자율이 연 5.50%임을 의미하므로, 이 기업이 2004년 6월부터 100만 달러를 3개월 동안 예금하면

표 9-8 **금리선물가격 표시**(June 20th, 2000)

INTEREST RATE								
Treasury Bonds (CBT) — $100,000; pts. 32nds of 100%								
						Lifetime		
	Open	High	Low	Settle	Change	High	Low	Open Interest
June	97-16	98-05	97-09	97-12	- 5	99-28	88-22	11,277
Sept	97-15	98-04	97-07	97-10	- 5	99-24	88-19	376,451
Dec	97-17	98-01	97-09	97-09	- 5	99-09	88-31	3,834
Mr01	…	…	…	97-09	- 4	98-06	88-06	313
Est vol 200,000; vol Mon 96,488; open int 391,886, -2,855.								
Treasury Bonds (MCE) — $50,000; pts. 32nds of 100%								
June	97-11	97-31	97-11	97-16	- 3	99-28	88-25	44
Sept	97-12	98-04	97-07	97-12	- 4	99-18	92-23	5,141
Est vol 3,300; vol Mon 2,974; open int 5,187, -201.								

Eurodollar (CME) — $1 million; pts of 100%								
						Yield		
	Open	High	Low	Settle	Change	Settle	Change	Open Interest
July	93.17	93.17	93.16	93.16	- .01	6.84	+ .01	41,818
Aug	93.11	93.11	93.10	93.10	- .01	6.90	+ .01	10,368
Sept	93.07	93.07	93.04	93.05	- .02	6.95	+ .02	625,571
Oct	92.92	92.92	92.90	92.90	- .02	7.10	+ .02	506,608
Dec	92.88	92.88	92.85	92.86	- .04	7.14	+ .04	1,378
Mr01	92.87	92.89	92.85	92.86	- .05	7.14	+ .05	369,350
June	92.86	92.88	92.83	92.84	- .05	7.16	+ .05	247,216
Est vol 318,792; vol Mon 282,778; open int 3,384,489, -49,689.								

자료 : *Wall Street Journal*, 2000년 6월 21일 (www.wsj.com).

$$100\text{만 달러} \times \frac{5.50}{100} \times \frac{3\text{개월}}{12\text{개월}} = 13{,}750\text{달러}$$

를 이자수입으로 얻게 된다. 그런데 2004년 6월이 되었을 때 유로달러예금 현물이자율이 5.20%라면, 이 금리로 3개월 동안 예금하는 경우

$$100\text{만 달러} \times \frac{5.20}{100} \times \frac{3\text{개월}}{12\text{개월}} = 13{,}000\text{달러}$$

밖에 이자수입을 얻지 못한다. 따라서 금리선물계약을 통해 이 기업은 750달러(= 13,750 - 13,000)만큼의 이익을 얻게 된 것이다. 이와는 반대로 2004년 6월이 되

었을 때 현물이자율이 6.00%가 된다면, 이 기업은 선물거래 때문에 1,250달러(= 15,000 - 13,750)만큼의 손실을 보게 된다.

Box 9-1 선도금리계약

선도금리계약(forward rate agreements ; FRA)이란 향후 금리변동위험을 회피하기 위해 자금의 차입자와 대여자가 미래의 특정 시점에서 서로 합의한 계약금리에 따라 일정 금액을 일정 기간 동안 차입·대여하기로 한 계약을 말한다. 즉, 선도금리계약은 미래의 금리가 변동함으로써 발생하게 될지 모르는 가치변동의 위험을 사전에 예방하기 위해 상대방과 지정된 일자에 계약금리에 따라 거래하는 계약을 말한다.

선도금리계약에서는 실제로 원금은 이동하지 않고 신용을 공여하기로 계약한 결제일에 계약금리와 결제금리와의 차액만을 서로 주고받음으로써 거래가 이루어진다. 따라서 결제일에 시장금리가 계약금리보다 높을 경우에 차입자인 선도금리계약 매입자가 대여자인 선도금리 매도자로부터 이자 차액을 수취하게 된다. 반대로 시장금리가 계약금리보다 낮을 경우에는 선도금리 매입자가 선도금리 매도자에게 이자 차액을 지급하게 된다.

금리선물이나 금리옵션의 거래에서는 T-bill이나 T-bond와 같은 특정 상품에 대해서만 결제월을 정형화하고 있다. 따라서 필요기간에 정확히 맞는 금리헤징이 곤란하게 되어 어떤 기간이든 금리헤징이 가능한 선도금리계약의 필요성이 대두되었다. 또한 금리선물, 금리옵션거래에서는 거래대상인 금융자산 전체에 대한 신용위험(credit risk)이 발생할 수 있지만 선도금리계약에서는 이자 차액에 대해서만 신용위험이 발생한다는 점에서 차이가 있다. 따라서 선도금리계약에서는 신용위험의 크기가 작기 때문에 원금의 규모가 큰 거래도 이루어질 수 있다는 장점이 있다.

일반적으로 선도금리계약의 계약기간은 1년 이내지만 계약당사자 간에 합의가 이루어지면 1년을 초과하는 계약기간을 설정할 수 있다. 단위계약기간도 대체로 1개월 간격으로 설정하고 있지만 계약당사자 간 합의에 의해 자유롭게 변경할 수 있다.

◉ 주가지수선물

주가지수선물(stock index futures)은 주가지수상품을 매매하는 선물거래이다. 주식보유에 따른 위험은 개별 주식가치의 변동에 따른 위험과 주식시장 전체의 변동에 따른 위험으로 나눌 수 있는데, 주가지수선물은 후자의 위험을 헤징할 목적으로 이용된다. 통상 선물거래는 현실에 존재하는 상품을 표준화해 거래의 대상으로 삼고 있으나, 주가지수선물거래는 주가지수라는 추상적인 것이 대상이 되며 주가지수 자체의 현물시장이 따로 존재하는 것은 아니다. 이처럼 주가지수라는 추상적인 지수상품을 대상으로 거래하기 때문에 현물의 인수·인도가 불가능하고, 따라서 주가지수에 일정

금액을 곱하는 방법을 통해 인위적으로 가치를 부여함으로써 현금결제가 가능하도록 하고 있다. 예를 들어 우리나라의 경우 지수 1포인트당 500,000원의 가치를 인위적으로 부여하고 있다. 여타 선물거래와 마찬가지로 만기일 이전에 반대매매에 의해 청산이 되나, 최종결제일까지 반대매매가 이루어지지 않고 포지션이 남아 있는 경우 최종정산지수라 불리는 특정 지수에 의해 청산되어 현금으로 결제된다.

1982년 미국 캔자스시티상품거래소에서 세계 최초로 Value Line 주가지수선물을 상장한 후 세계 유수의 거래소에서 다양한 주가지수선물을 선보이고 있다. 우리나라에서는 1996년 5월 3일부터 KOSPI200을 기초자산으로 하는 주가지수선물을 거래하고 있다. KOSPI200은 주가지수선물과 주가지수옵션의 거래를 위해 1990년 1월 3일을 기준시점으로 하여 1994년 6월 15일부터 200종목의 주식을 대상으로 작성 · 발표하는 시가총액식 주가지수이다. 〈표 9-9〉는 KOSPI200 선물거래의 가격과 거래량에 대한 자료를 보여주고 있다.

표 9-9 **KOSPI200 선물시세**(2004. 7. 19) (단위 : 포인트, 계약)

종목명	종가	전일 대비	거래량	시가	고가	저가	미결약정수량
KOSPI200	97.11	1.51	103,051	94.40	97.11	94.26	
2004년 09월	96.50	1.20	234,702	93.95	97.10	93.60	99,841
2004년 12월	97.10	1.51	136	94.75	97.25	94.20	546
2005년 03월	0.00	0.00	0	0.00	0.00	0.00	101
2005년 06월	0.00	0.00	0	0.00	0.00	0.00	21

자료 : 매일경제신문, 2004년 7월 20일 (www.mk.co.kr).

3. 선물가격 결정

International Finance, ch. nine

3.1 기본 이론

◉ 보유비용 모형

선물가격(futures price) 또는 선도가격(forward price)을 결정하는 대표적인 이론은 보유비용 모형(cost-of-carry model)이다. 이 이론에 따르면 선물가격(또는 선도가격)은 아래와 같이 기초자산의 현물가격과 기초자산을 보유하는 데 따르는 비용의 합으로 구성된다.

$$F_t = S_t + \text{보유비용} \tag{9-2}$$

보유비용은 현물구입자금에 대한 기회비용인 이자비용과 창고비용, 보험료 등과 같은 보관비용에 의해 영향을 받는다. 그러나 통화, 금리, 주식 등 금융상품의 경우에는 물리적인 보관비용이 거의 0에 가까우므로 보유비용이 주로 이자비용에 의해 영향을 받게 된다.

보유비용은 양(+)이 될 수도 있고 음(-)이 될 수도 있다. 예를 들어 금선물거래에 따른 보유비용은 현물구입자금에 대한 기회비용과 만기까지 현물을 보유하는 데 따른 물리적 비용이 될 것이므로 보유비용은 양이 될 것이다. 따라서 현물과 비교할 때, 선물은 최초시점에는 계약만 하고 상품의 인도와 대금의 지불은 만기에 이루어지므로 만기시점까지는 해당 현물을 보유하는 데 드는 비용만큼 유리하다. 이와는 달리 채권과 같은 금융상품의 경우에는 상품 보유에 따라 표면이자를 지급받게 되므로 때로는 보유비용이 음이 될 수도 있다. 즉, 물리적 보관비용이 0인 상태에서 지급받는 이자가 채권구입자금에 대한 이자비용보다 크다면 채권의 현물보유비용은 오히려 음이 될 것이다.

◉ 선물가격의 수렴화

선물가격과 현물가격의 차이를 베이시스(basis)라고 정의한다. 베이시스의 이론적인 크기는 위에서와 같은 보유비용으로 설명될 수 있으나, 실제적으로는 불확실성, 제도적 요인 등 예측하기 어려운 다양한 요인들에 의해서도 영향을 받는다. 선물계약이 만기에 가까워짐에 따라 선물가격 결정요인과 현물가격 결정요인이 점점 동일화되면서 두 가격의 격차가 축소될 것이다. 이처럼 베이시스가 0에 근접해 가는 현상을 선물가격의 수렴화 현상이라고 부른다. [그림 9-2]는 이러한 수렴화 현상을 보여주고 있다.

이론적으로 만기일에 베이시스가 0에 수렴하게 되지만, 현실적으로는 완전한 수렴화 현상이 나타나지 않기도 한다. 만기일의 베이시스가 0이 아닌 경우 선물과 현물을 이용한 차익거래를 통해 이득을 얻을 수 있다. 예를 들어 만기에서 통화선물가격이

선물가격과 현물가격의 관계 그림 9-2

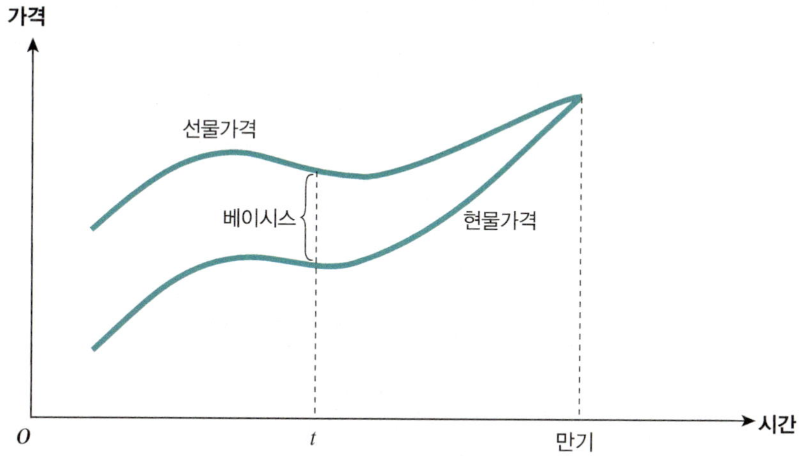

1,200원이고 현물가격이 1,150원이라면, 현물을 매입하고 선물을 매도하면 50원의 차익을 얻을 수 있다.

3.2 개별 상품의 선물가격 결정

◉ 통화선물가격

외환의 경우 보유하는 데 따르는 물리적 비용이 사실상 거의 없으므로, 외환보유와 관련된 이자비용만을 고려하면 된다. 따라서 통화선물가격은 선물환가격에서와 마찬가지로 아래와 같은 이자율평가 이론에 기초해 결정된다.

$$F = \frac{1 + r(T/360)}{1 + r^*(T/360)} S \qquad (9-3)$$

여기서 F, S, r, r^*는 각각 T일 후에 인도될 통화선물가격, 현물환가격, 국내이자율 및 외국이자율을 나타내고, $(T/360)$은 1년(360일) 이자율을 T일간의 이자율로 환산한 것이다. 위 식에서 선물계약의 만기가 가까울수록 T가 0에 가까워지므로 F는 점점 S에 수렴해 가게 된다.

◉ 금리선물가격

앞에서 제시한 금리선물의 예에 따르면 다국적기업은 6개월 후에 3개월 만기의 유로달러예금을 매입하는 계약을 맺었다. 만일 금리선물시장에서도 차익기회가 없는 균형관계가 성립한다면, 이 선물계약은 현재의 시점에서 9개월간 예금을 하고 동시에 6개월간 차입하는 것과 동일한 결과를 가져다주어야 한다. 따라서 선물금리와 현물금리 간에는 다음과 같은 관계가 성립하게 된다.[5]

$$1 + r_F(T/360) = \frac{1 + r_m(m/360)}{1 + r_n(n/360)} \qquad (9-4)$$

여기서 r_F 는 만기 T일(앞의 예에서 3개월)의 선물금리를, r_n은 만기 n일(앞의 예에서 6개월)의 현물금리를, 그리고 r_m은 만기 m일($= n + T$일 : 앞의 예에서 9개월)의 현물금리를 각각 나타낸다. 예를 들어 앞의 예에서 $r_n = 6.5\%$, $r_m = 6.8\%$라고 하면

$$1 + r_F(90/360) = \frac{1 + 0.068(270/360)}{1 + 0.065(180/360)} = 1.0179 \qquad (9-5)$$

따라서 $r_F = 0.0179 \times 360/90 = 0.0716$이 되고, 금리선물가격은 식 (9-1)에 따라 92.84(= 100 - 7.16)로 표시된다.

◉ 주식선물가격

주식선물가격도 다른 경우와 마찬가지로 무차익균형관계에 의해 결정된다. 주식선물계약을 하는 경우 현물매입자금에 대한 이자비용이 들지만 주식의 보유에 따른 배당을 받게 되므로 실제적인 보유비용이 그만큼 감소하게 될 것이다. 따라서 이론적인 주식선물가격은 다음과 같이 나타낼 수 있다.

---

5. 이 관계는 다음과 같이 생각할 수 있다. 현재부터 9개월간 r_m의 이자율로 예금하는 경우와 현재부터 6개월간 r_n의 이자율로 예금하고 6개월 후 다시 3개월간 r_F의 이자율로 예금하는 경우의 총수입이 같아야 한다. 따라서

$$1 + r_m(m/360) = [1 + r_n(n/360)] \times [1 + r_F(T/360)]$$

이 되므로 식 (9-4)를 유도할 수 있다.

$$F = S(1 + r[T/360] - D) \qquad (9-6)$$

여기서 F, S, r, D는 각각 주식선물가격, 주식현물가격, 이자율 및 배당수익률을 나타낸다.

Box 9-2 선물가격과 선도가격

식 (9-3)~식 (9-6)에서의 무차익 균형관계는 거래시점과 만기 사이에 일일정산 과정이 없기 때문에 엄밀히 말하면 선물가격(futures price)이 아니라 선도가격(forward price)을 나타낸다. 선물거래의 일일정산 과정에서는 증거금에 대해 이자가 발생한다. 따라서 이자율이 변동하면 선물가격은 선도가격과 차이가 날 수 있다. 그리고 그 차이는 선물거래의 일일정산제도가 매입자 혹은 매도자 어느 편에 유리하게 작용하느냐에 달려 있다. 일일정산제도가 매입자에게 유리하게 작용할 경우 선물가격은 선도가격보다 높게 형성될 것이며, 매도자에게 유리하게 작용할 경우 선물가격은 선도가격보다 낮게 형성될 것이다. 매입자의 입장에서는 선물가격이 올라가서 증거금 잔고가 많아질 때 이자율이 높으면 유리하고 선물가격이 내려가서 증거금 잔고가 음(-)이 되어 추가증거금을 내야 하는 경우 이자율이 낮으면 유리하다. 따라서 선물가격과 이자율이 양(+)의 상관관계를 가지면 선물가격이 선도가격보다 크고, 음(-)의 상관관계를 가지면 선물가격이 선도가격보다 작다. 하지만 실증연구들에 따르면 많은 경우 이자율과 선물가격이 별 상관관계가 없는 것으로 나타나고 두 가격 간의 차이는 무시할 만한 정도이다. 따라서 무차익균형관계는 선물의 이론가격을 계산할 때에도 유용하게 사용될 수 있다.

자료 : 박정식 외(2003), p.744.

요약

1. 파생상품이란 기초자산으로부터 파생되는 금융상의 계약형태를 말한다. 파생상품은 일반 파생상품과 파생금융상품으로 나뉘어지고, 파생금융상품은 계약형태에 따라 선도, 선물, 옵션, 스왑으로 나눌 수 있다. 파생금융상품시장은 1970년대 초 브레튼우즈 체제의 붕괴 이후 변동환율제도로 이행하면서 환위험 및 금리위험 헤징 등을 목적으로 본격적으로 발전하기 시작했다. 파생금융상품거래는 특히 장외거래를 중심으로 확대되고 있다.

2. 선물거래는 계약이 먼저 이루어지고 결제가 나중에 이루어진다는 점에서 선도거래와 동일하나 거래내용과 조건을 표준화해 시장성이 높다는 점에서 차이가 있다. 시장성을 높이기 위한 제도적 장치로 일일정

산제도, 거래증거금제도, 청산소 등이 있으며, 거래적 장치로 가격변동폭의 제한, 표준화된 계약, 조직화된 시장 등을 들 수 있다. 주요 상품으로는 통화선물, 금리선물, 주가지수선물 등이 있으며, 이 중 금리선물의 비중이 압도적으로 크다.

3. 선물가격 결정의 대표적 이론인 보유비용 모형에 따르면 선물가격은 기초자산의 현물가격과 기초자산을 보유하는 데 따르는 비용의 합으로 나타난다. 현물가격과 선물가격 간의 차이인 베이시스는 보유비용, 불확실성, 제도적 요인 등에 따라 달라지며, 만기에 가까워질수록 0에 수렴한다.

부록 우리나라의 파생금융상품시장[6]

International Finance, ch. nine

1990년대 중반까지 우리나라의 파생금융상품시장은 주로 선물환 등 외환파생상품 위주로 형성되어 왔다. 그러나 금융자율화 및 개방화의 진전으로 금융시장 가격변수의 변동성이 확대됨에 따라 파생금융상품에 대한 수요가 점차 커지게 되었다. 이에 파생금융상품 관련 법규 및 제도를 정비하면서 1990년대 중반 이후 외환뿐만 아니라 금리 및 주가지수 관련 파생금융상품거래도 빠른 속도로 증가하고 있다.

우리나라의 파생금융상품시장을 장내거래와 장외거래로 나누어 살펴보면, 먼저 장내시장의 경우 한국증권거래소에서 1996년 5월 3일과 1997년 7월 7일에 KOSPI200을 대상으로 각각 주가지수선물시장과 주가지수옵션시장을 개설함에 따라 우리나라도 장내시장을 갖게 되었다. 또한 1999년 4월 한국선물거래소가 개설되면서 CD금리선물, 달러선물, 달러옵션, 금선물이 도입된 데 이어 같은 해 9월에는 국채선물이, 2001년 1월에는 코스닥50선물이 추가로 도입되었다. 이와 더불어 코스닥50옵션, 개별 주식옵션, 그리고 국채선물옵션 등도 도입되었다.

장내파생금융상품의 거래 추이를 보면 KOSPI200 선물 및 옵션은 폭발적인 증가세를 보이고 있다. 이러한 증가세에 힘입어 KOSPI200 선물 및 옵션은 전 세계 주가지수 선물 및 옵션상품 중 거래량 기준으로 각각 3위 및 1위를 기록하기도 했다. 한편 국채선물 및 미국달러선물도 활발한 거래가 이루어지고 있으나 다른 상품거래는 매우

6. 아래의 내용은 한국은행, 『우리나라의 금융시장』을 참조함.

저조한 모습을 보이고 있다.

표 A9-1 우리나라의 장내파생금융상품 거래

종목	도입일자
KOSPI200 선물	1996년 5월
KOSPI200 옵션	1997년 7월
주식옵션	2002년 1월
코스닥150 선물	2015년 11월
스타지수선물	2005년 11월
3년 국채선물	1999년 9월
5년 국채선물	2003년 8월
10년 국채선물	2008년 2월
미국달러선물	1999년 4월
미국달러옵션	1999년 4월
엔선물	2006년 5월
유로선물	2006년 5월
금선물	1999년 4월

자료 : 한국거래소.

우리나라의 장외파생금융상품시장으로는 통화 관련 시장과 금리 관련 시장이 활성화되어 있으며, 주식 관련 시장은 아직 형성되지 않고 있다. 통화 관련 시장의 주된 참가자는 외국환은행이며, 〈표 A9-2〉에서 보듯이 선물환거래가 대부분을 차지하고 있다. 최근 선물환거래가 큰 폭으로 늘어나고 있는데, 이는 1999년 4월부터 허용되어 지속적으로 증가해 온 NDF거래와 이에 수반되는 외환스왑 수요의 확대에 주로 기인한다. 금리 관련 시장에서는 금리스왑, 금리옵션, 선도금리계약 등이 거래되고 있다. 이 중 금리스왑은 국내 대형은행과 외국은행 국내지점을 중심으로 2000년경부터 본격적으로 거래되기 시작했으며, 최근에는 투자신탁운용회사, 보험회사 등이 포트폴리오 듀레이션(duration) 조절을 위해 적극 참여함에 따라 시장규모가 크게 증가하는 추세이다. 금리옵션 및 선도금리계약의 경우에는 시장이 형성되고는 있으나 기간물 단기금융시장(term money market)의 취약, 위험헤징수단의 미비 등으로 거래가 활성화되지는 못하고 있다.

표 A9-2 국내 금융기관[1]의 장외파생금융상품 거래(기간 중 자기계정거래 및 명목원금 기준)

(단위 : 10억원)

	2001	2005	2007	2010	2015
통화 관련	942,973	3,415,333	6,522,462	9,965,319	9,180,038
선물환	877,229	3,153,274	5,820,252	9,601,719	8,683,688
통화스왑	39,616	138,569	376,944	289,102	425,332
통화옵션	26,128	123,490	325,266	74,498	71,018
금리 관련	78,219	549,206	1,906,995	3,484,733	2,858,970
선금리계약	5,591	48,076	111,864	53,296	70,003
금리스왑	71,602	470,661	1,666,957	3,282,530	2,759,867
금리옵션	1,026	30,468	128,174	148,907	29,100
주식 관련	2	43,983	178,855	319,789	194,672
주식선도	–	–	1,922	1,467	1,991
주식스왑	–	2,450	16,967	16,047	72,438
주식옵션	2	41,533	76,819	302,275	120,243
주식ELW	–	–	83,147	–	–
신용 관련	–	–	2,942	6,073	19,969
신용부도스왑	–	–	1,084	3,608	11,080
총수익스왑	–	–	1,858	2,465	8,889

주 : 1) 2003년 이후 집계대상으로 은행, 증권회사, 보험회사, 종합금융회사에 은행신탁, 자산운용회사, 신용카드회사, 선물회사를 추가.

자료 : 금융감독원.

연습문제

01. 파생금융상품시장이 활성화되기 위해서는 헤징을 목적으로 참여하는 사람과 투기를 목적으로 참여하는 사람 등 두 가지 유형의 참가자가 필요하다. 그 이유를 설명하라.

02. 9개월 만기 유로달러예금금리가 연율 4%이고, 12개월 만기 금리는 연율 4.5%라고 할 때 9개월 후 3개월 만기의 선물금리는 얼마가 되겠는가?

03. 외환시장에서 6월 1일 현재 9월물 달러선물이 1,200원/$에 거래되고 있는데, 어떤 투자자가 $100만 매도포지션을 취했다고 하자. 이후 3일 동안 달러선물가격이 1,205원/$, 1,197원/$, 1,203원/$로 변화한다면 이 투자자의 선물증거금계정(margin account)에 발생하는 일일현금수지의 변화를 계산하여라.

04. 현물환율이 $1 = 1,200원이고 국내이자율이 연 8%, 미국의 이자율이 연 4%이다. 만일 3개월 선물환율이 $1 = 1,218원이라면 어떤 거래를 통해 얼마만큼의 이득을 취할 수 있는지 설명하라.

05. 통화선물가격이 이자율평가 이론에 따라 결정될 때 베이시스는 어떻게 나타나는지 보여라.

06. 한국에서 물건을 수입해다 파는 어떤 미국 기업이 4월 1일 $1,000만어치의 상품을 주문했는데 6월 10일 도착할 예정이다. 이 물건을 미국시장에서 판매한 대금은 3개월 후인 9월 10일에나 받을 수 있기 때문에 이 기업은 $1,000만을 차입해야만 하는데, 향후 금리변동이 우려되어 CME에서 금리선물을 이용하고자 한다.

a. CME에서 6월물 3개월 만기 유로달러금리선물가격이 93.28으로 고시되었다면 선물금리는 얼마인가?

b. CME에서 1계약단위가 $100만이라면 향후 차입비용을 고정시키기 위해서는 어떤 거래포지션을 취해야 하는가?

c. 6월 10일 유로달러금리선물가격이 90.97로 고시되었다면 현금흐름은 어떻게 나타나는가?

07. 아래의 선물계약들은 모두 3개월 만기이다. 3개월 단기금리가 연 12%라고 할 때, 이들의 이론적인 선물가격을 구하라.

a. 금선물 : 현물가격 = 온스당 $400, 보관비용 = 온스당 $0.5/월

b. 통화선물 : $/엔 현물환율 = 1센트/엔, 일본 3개월 금리 = 4%

c. 유로달러선물 : 6개월 유로달러 금리 = 10%

d. 주가지수선물 : 현재 주가지수 = 240, 연배당수익률 = 4%

파생금융상품시장 II : 옵션시장 및 스왑시장

International **Finance**
ch. ten

10

앞 장에서 우리는 파생금융상품의 개요와 선물시장에 대해 살펴보았다. 이 장에서는 또 다른 대표적인 파생금융상품인 옵션과 스왑에 대해 살펴보고자 한다. 옵션과 스왑은 그 자체가 투자대상이 될 뿐만 아니라 다른 상품과 결합하여 단순한 선물상품에 비해 보다 폭넓은 헤징 및 투자기회를 제공할 수 있다. 최근에 들어와 금융시장의 범세계적 통합 및 정보기술의 혁신과 더불어 시장의 수요가 복잡해짐에 따라 다양한 형태의 수요에 부합할 수 있는 옵션시장 및 스왑시장이 빠른 속도로 확대되어 가고 있다.

제1절에서는 우선 옵션의 기초 개념, 옵션시장 구조, 주요 상품 및 가격결정원리 등에 대해 설명하고 제2절에서 스왑의 기초 개념, 스왑시장 구조 및 다양한 스왑상품에 대해 설명한다. 마지막으로 제3절에서는 제9장 및 제10장의 내용을 종합해 파생금융상품의 발전이 미치는 영향을 살펴보고, 부정적인 영향을 해소하기 위한 대처방안을 제시한다.

1. 옵션시장

1.1 옵션의 기초

옵션이란 일정한 기초자산을 미리 약정된 가격으로 만기일 또는 그 이전에 매입하거나 매도할 수 있는 선택권부 권리가 부여된 계약이며, 이러한 계약이 거래되는 시장을 옵션시장(options market)이라고 한다. 옵션은 한편으로 선도환 또는 선물환계약과 유사하나 계약의 행사 여부를 선택할 수 있는 권리가 부여되었다는 점에서 차이가 있다. 옵션매입자(buyer *or* holder)는 기초자산의 가격에 따라 옵션의 행사 여부를 결정할 권리를 갖고, 옵션매도자(seller *or* writer)는 옵션매입자가 옵션을 행사할 경우 거래를 이행할 의무를 갖는다.

옵션에는 권리를 행사할 수 있는 선택권에 따라 매입청구권이 부여된 옵션을 콜(call)옵션이라 하고 매도청구권이 부여된 옵션을 풋(put)옵션이라 한다. 또한 조건부 청구권의 행사 가능시점이 만기일에 한정되면 유럽식(European) 옵션, 만기일 내에 언제라도 권리를 행사할 수 있으면 미국식(American) 옵션이라고 한다.

옵션거래에는 기초자산을 사거나 파는, 즉 옵션을 행사하는 가격이 미리 정해져 있는데 이를 행사가격(exercise price *or* strike price)이라 한다. 옵션은 원하는 구간에 대해서만 가격을 확정하고 나머지 구간에 대해서는 가격변동을 허용할 수 있게 해준다. 그러므로 옵션을 이용하면 필요한 위험관리와 수익확보를 동시에 추구할 수 있다. 이처럼 옵션매입자는 옵션매도자로부터 이익추구를 위한 옵션행사의 권리를 부여받기 때문에 옵션매도자에게 일정한 대가를 치러야 하는데, 이를 옵션가격(option price) 또는 옵션프리미엄(option premium)이라 한다.

옵션을 매입하는 이유는 다양하나 가장 중요한 이유는 가격변동위험에 대한 보험이라고 볼 수 있다. 즉, 옵션매입자에게는 옵션거래에 의한 보호가 옵션프리미엄 지급보다 큰 가치를 갖기 때문에 옵션거래를 하게 된다. 또한 옵션거래는 투기목적으로도 사용되고 있다. 투자자가 어떤 외국통화의 콜옵션을 매입한다면 그는 그 통화의 가격이 상승할 것이라는 예상 하에 투기거래를 하고 있는 것이다. 한편 옵션을 매도하는 이유는 옵션매입자로부터 받는 프리미엄이 손실발생을 충분히 보상한다고 믿기 때문이다. 옵션매도 역시 옵션매입과 마찬가지로 헤징 또는 투기 목적으로 행해지기도 한다.

1.2 옵션의 손익구조

◉ 내가격, 외가격, 등가격

옵션의 손익은 만기시점에서의 기초자산 현물가격과 행사가격의 차이에 의존하는데, 이익이 기대되는 상태를 내가격(in-the-money) 상태, 손실이 기대되는 상태를 외가격(out-of-the-money) 상태, 만기의 기초자산 현물가격과 행사가격이 일치하는 상태를 등가격(at-the-money) 상태라고 한다. 옵션은 매입자의 경우 시장가격이 유리하게 움직이면 조건부청구권을 행사하여 이득을 실현시키지만, 불리하게 움직이면 조건부청구권을 포기하여 손실을 프리미엄에 국한시킬 수 있다.

앞서 살펴보았듯이 선물은 기초자산 가격과 선물가격 사이의 관계가 직선(선형관계)이고 매매자의 손익이 대칭적인 반면에, 옵션은 기초자산 가격과 옵션가격 사이의 관계가 비선형관계라는 특성을 갖는다. 이를 좀더 자세히 살펴보자.

◉ 콜옵션

콜옵션은 옵션소유자가 기초자산을 정해진 가격으로 매입할 수 있는 권리가 부여된 계약이다. 옵션소유자는 자기에게 유리한 경우에만 옵션을 행사해 기초자산을 매입하고, 불리한 경우에는 옵션을 행사하지 않는다. 예를 들어 어떤 사람이 달러당 1,200원의 행사가격으로 9월물 달러화 콜옵션을 매입하고, 그 대가로 달러당 5원의 프리미엄을 지급했다고 하자. 만기일이 되었을 때 현물시장에서 달러화가 1,250원에 거래되고 있다면, 옵션소유자는 옵션을 행사하는 것이 유리하게 된다. 즉, 옵션을 행사해 현물시장보다 싼 1,200원의 행사가격에 달러화를 매입하고, 이를 현물시장에서 1,250원에 팔면 달러당 45원(= 1,250원 - 1,200원 - 프리미엄 5원)의 이득을 볼 수 있

그림 10-1 콜옵션거래에 따른 손익

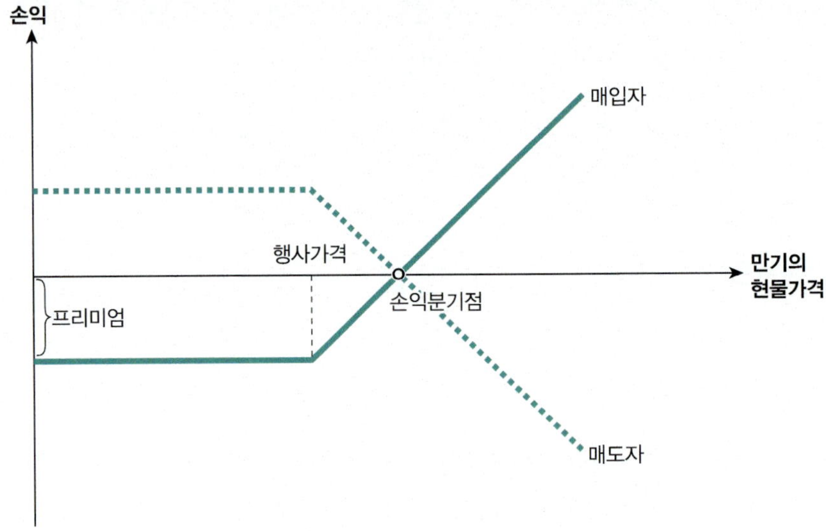

는 것이다. 그러나 만기일의 현물시장에서 달러화가 행사가격보다 낮은 1,150원에 거래되고 있다면 옵션을 행사하는 것이 불리해져 옵션의 권리를 포기하게 된다. 이 경우 만일 옵션을 행사하게 되면 1,200원에 달러화를 매입해 현물시장에서 1,150원을 받고 달러화를 팔아야 하기 때문에 손해를 보게 된다. 이처럼 현물시장가격이 행사가격 이하로 떨어지면 옵션을 행사하지 않게 된다.

따라서 만기(T)시점에서 콜옵션의 가치는 다음과 같은 식으로 나타낼 수 있다.

$$C = Max[0, S - K] - R_C \qquad (10-1)$$

여기서 C, S, K, R_C은 각각 콜옵션의 가치, 만기의 현물가격, 콜옵션의 행사가격 및 프리미엄을 나타내고, Max는 [ ] 안의 항목 중 큰 것을 나타내는 연산부호이다.

이처럼 콜옵션은 일정한 행사가격에 기초자산을 살 수 있는 권리이므로 만기일에 기초자산의 현물가격이 높으면 높을수록 옵션매입자에게 유리하다. 반면에 옵션매도자는 옵션매입자가 옵션을 행사할 경우 거래를 이행할 의무를 지므로 옵션매입자와는 정반대의 손익구조를 보이게 될 것이다. 즉, 옵션매입자가 옵션을 행사해 이득을 취하면 옵션매도자는 옵션매입자의 '이득 - 프리미엄'[$=(S_T-K)-R_C$]만큼 손실을 입게 될 것이고, 옵션매입자가 옵션을 행사하지 않으면 옵션매도자는 프리미엄만큼 이득을 얻은 상태로 옵션거래를 마무리하게 될 것이다. 이와 같은 콜옵션매입자 및 콜옵션매도자의 손익관계는 [그림 10-1]과 같이 나타낼 수 있다.

◉ 풋옵션

풋옵션은 옵션소유자가 기초자산을 정해진 가격으로 매도할 수 있는 권리가 부여된 계약이다. 콜옵션에서와 마찬가지로 풋옵션소유자도 자기에게 유리한 경우에만 옵션을 행사할 것이고 불리한 경우에는 옵션을 행사하지 않는다. 예를 들어 어떤 사람이 달러당 1,200원의 행사가격으로 9월물 달러화 풋옵션을 매입하고, 그 대가로 달러당 5원의 프리미엄을 지급했다고 하자. 만기일이 되었을 때 현물시장에서 달러화가 1,150원에 거래되고 있다면, 옵션소유자는 옵션을 행사하고자 할 것이다. 왜냐하면 달러화를 1,200원의 행사가격에 팔면, 현물시장에서 파는 것보다 달러당 45원(= 1,200원 - 1,150원 - 5원)의 이득을 볼 수 있기 때문이다. 그러나 만기일의 현물시장에서 달러화가 행사가격보다 높은 1,250원에 거래되고 있다면, 옵션을 행사하지 않고 현물시장에서 1,250원을 받고 달러화를 파는 것이 옵션을 행사하는 것보다 오히려 유리하게 된다. 이와 같은 만기시점에서의 풋옵션의 가치는 식 (10-1)과 유사한 다음과 같은 식으로 나타낼 수 있다.

$$P = Max[0, K-S] - R_P \qquad (10-2)$$

여기서 P, S, K, R_P은 각각 풋옵션의 가치, 만기의 현물가격, 풋옵션의 행사가격 및 프리미엄을 나타낸다.

이 식에 따르면 풋옵션은 만기일에 기초자산의 현물가격이 낮으면 낮을수록 옵션매입자에게 유리하다. 반면에 옵션매도자는 옵션매입자와는 정반대의 손익구조를 나타내게 될 것이다. 이와 같은 풋옵션매입자 및 풋옵션매도자의 손익관계는 [그림 10-2]와 같이 나타낼 수 있다.

그림 10-2 풋옵션거래에 따른 손익

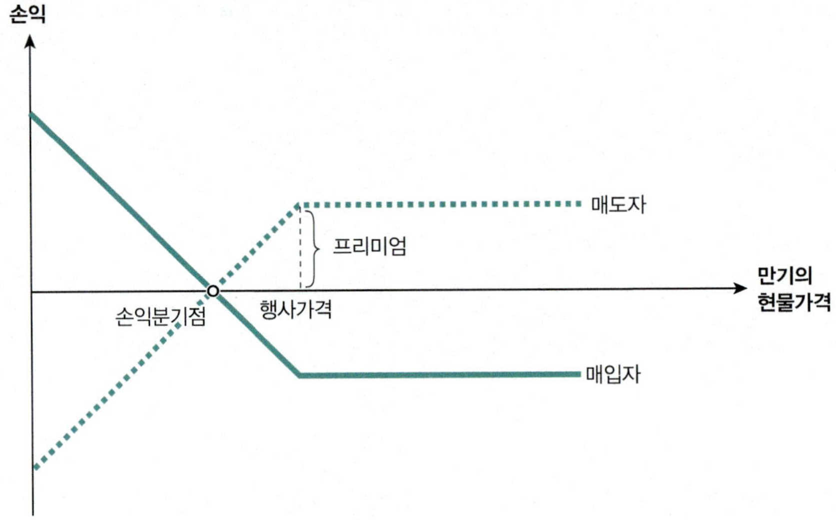

◉ 스트래들: 풋—콜 결합옵션

콜옵션과 풋옵션의 결합형태를 스트래들(straddle)이라고 한다. 이는 행사가격과 만기일이 동일하고, 대상 기초자산이 동일한 콜옵션과 풋옵션을 동시에 매입한 경우를 말한다. 따라서 스트래들의 손익구조는 콜옵션과 풋옵션 손익구조를 결합한 형태를 취하게 된다. 예를 들어 스트래들 매입자의 경우에는 손익구조가 [그림 10-3]에서와 같이 콜옵션매입과 풋옵션매입을 결합한 V자 형태로 나타난다. 스트래들 매입자는 현물가격과 행사가격 간의 격차가 어느 방향이든 일정 수준 이상 벌어지면 이득을 실현하는 반면, 현물가격의 변동이 크지 않아 일정 구간에 머무르면 콜옵션 및 풋옵션 프리미엄 지급에 따른 손실을 입게 된다.

◉ 풋-콜 패러티

차익거래의 기회가 존재하지 않는 균형상태를 가정하면 동일한 기초자산에 대해 동일한 행사가격과 만기를 갖는 풋옵션과 콜옵션 가격 간에는 일정한 관계가 성립한다. 이러한 관계를 풋-콜 패러티(put-call parity) 혹은 풋-콜 등가식이라고 부른다.

스트래들매입거래에 따른 손익 그림 10-3

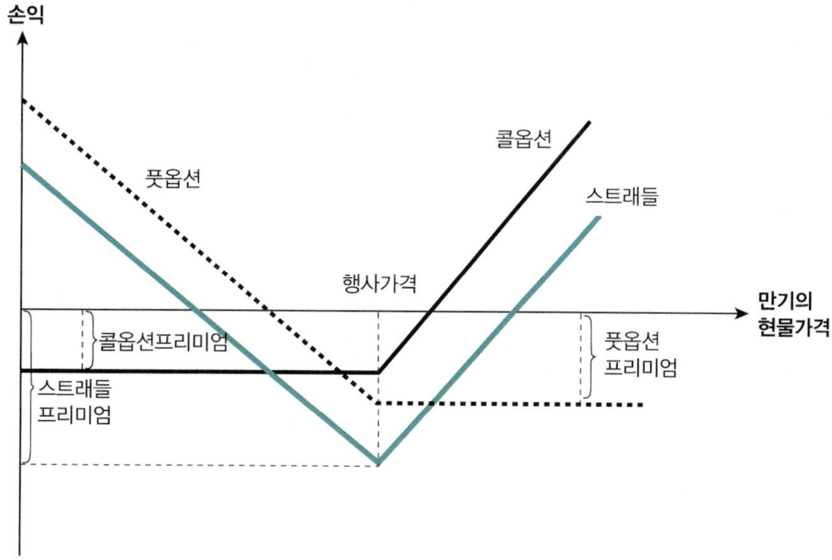

예를 들어 어떤 투자자가 동일한 행사가격 K로 달러화 콜옵션을 매입하고 동시에 풋옵션을 매도했다고 하자. 만일 만기일의 현물가격이 행사가격 이상으로 상승하면 매입한 콜옵션을 통해 이득을 얻지만, 현물가격이 행사가격 이하로 떨어지면 매도한 풋옵션으로부터 손실을 입게 된다. 옵션거래에 따른 프리미엄이 동일한 경우, 이러한 손익구조는 [그림 10-4]에서의 푸른 실선처럼 나타나게 되어 선물가격(선물환율) K로 통화선물을 매입한 경우의 손익구조와 동일하게 된다. 따라서 이 경우 통화선물과 옵션의 합성(합성선물)은 동일한 자산으로 간주될 것이고 양자 간에는 차익기회가 존재하지 않는다.

보다 일반적으로 콜옵션프리미엄(R_C)과 풋옵션프리미엄(R_P)이 존재하는 경우를 고려해 보자. 앞에서의 합성선물을 보유하는 경우 만기일에 투자자에게 수반되는 비용은 달러화를 매입하기 위한 비용(K)과[1] 콜옵션프리미엄 지급과 풋옵션프리미엄 수취 간의 차이($= R_C - R_P$)의 합이 될 것이다. 그런데 프리미엄은 옵션거래 시 선지급 및

1. 이 합성선물의 투자자는 환율이 행사가격 이상으로 상승하는 경우 콜옵션을 행사해 K에 달러화를 매입할 것이고, 반대의 경우에는 풋옵션거래 상대방의 옵션행사에 대응해 달러화를 매입해야 하므로 환율이 얼마가 되든 행사가격 K에 달러화를 매입하게 될 것이다.

그림 10-4 풋-콜 패러티

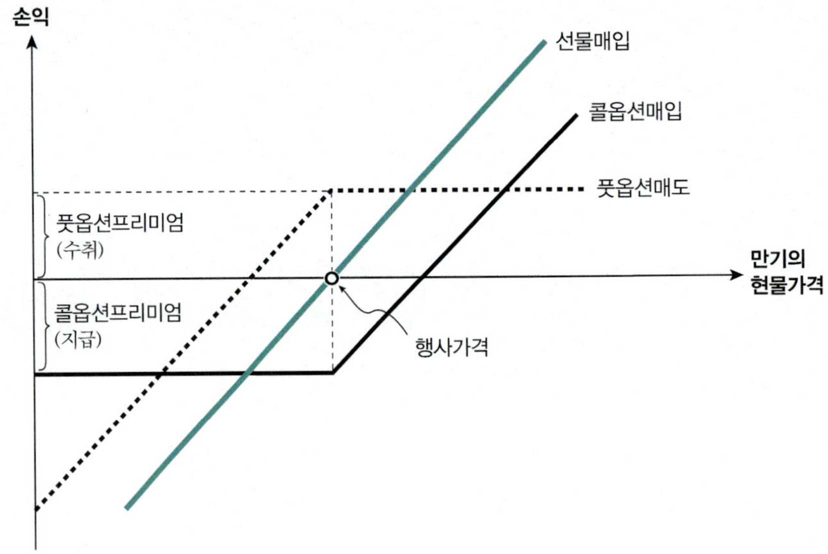

선수취되므로 만기시점에서의 프리미엄 격차는 이자율을 감안해 $(R_C - R_P)(1+r)^T$가 될 것이고, 따라서 만기시점에서 합성선물에 따른 총비용은

$$K + (R_C - R_P)(1+r)^T \tag{10-3}$$

이 된다. 한편 통화선물의 경우에는 만기일에 선물가격 F로 달러화를 매입해야 하므로 만기시점에서 통화선물에 따른 비용은 F가 될 것이다.

만일 합성선물에 따른 비용과 통화선물에 따른 비용 간에 차이가 존재한다면 투자자들은 차익을 취하고자 거래를 행하게 될 것이고, 옵션시장과 선물시장 간에는 옵션가격 및 선물가격의 등락을 통해 차익이 사라질 때까지 차익거래가 진행될 것이다. 따라서 궁극적으로 두 시장 간에 차익기회가 소멸되고 균형상태가 이루어지면 다음과 같은 관계가 성립하게 된다.

$$F = K + (R_C - R_P)(1+r)^T \tag{10-4}$$

이 식은

$$R_C - R_P = \frac{F - K}{(1+r)^T} \quad (10-5)$$

로 바꾸어 쓸 수 있는데, 이를 풋-콜 패러티라고 한다.

1.3 옵션시장의 주요 상품

옵션시장의 주요 상품으로는 통화옵션, 금리옵션, 주가지수옵션 등이 있다.

◉ 통화옵션

통화옵션(currency options)이란 일정액의 이종통화에 대해 이미 정해진 가격(환율)으로 미래에 매입 또는 매도할 수 있는 권리가 부여된 계약을 말한다. 통화옵션은 불확실한 미래상황에 대한 헤징 목적 또는 상황이 유리한 방향으로 전개되는 경우 이익가능성을 확보하기 위한 목적으로 거래가 이루어진다.

통화옵션은 현물통화옵션(options on spot exchange), 통화선물옵션(options on foreign currency futures), 그리고 선물식옵션(futures style options)으로 더욱 세분될 수 있다. 현물통화옵션은 현물통화를 기래대상으로 하는 옵션으로 옵션매입자에게 일정 금액의 특정 외국통화를 약정기일이나 또는 약정일 이전에 특정 가격으로 매입 또는 매도할 수 있는 권리를 부여한 계약거래이다. 통화선물옵션은 통화선물계약을 거래대상으로 하는 옵션으로 콜옵션매입자에게는 일정 기간 이내에 일정 행사가격으로 외국통화선물계약의 매입포지션을 보유할 수 있는 권리가 부여되며, 풋옵션매입자에게는 일정 기간 이내에 일정 행사가격으로 외국통화선물계약의 매도포지션을 보유할 수 있는 권리가 부여된다. 선물식옵션은 옵션가격 변동에 대한 베팅(betting)으로, 선물식콜옵션 매입자는 콜옵션가격이 상승하면 이익을 실현하게 되고 이와는 반대로 선물식풋옵션 매입자는 풋옵션가격이 상승하면 이익을 실현하게 된다.

〈표 10-1〉은 현물옵션의 가격표를 보여주고 있다. 이 표의 첫째 칸에는 행사가격이 제시되어 있고, 그 다음 칸들에는 만기별 콜옵션가격과 풋옵션가격이 순서대로 제시되어 있다. 예를 들어 파운드화 통화옵션의 경우, 행가사격 1.500달러의 7월 만기 콜옵션의 가격이 2.24센트로 표시되어 있다. 따라서 이때 파운드화 통화옵션 1계약

표 10-1 **현물통화옵션가격 고시**(June 20th, 2000)

PHILADELPHIA SE £/$ OPTIONS £31,250 (cents per pound)

Strike	CALLS			PUTS		
Price	Jul	Aug	Sep	Jul	Aug	Sep
1.500	2.24	2.87	3.39	0.87	1.50	2.04
1.510	1.62	2.32	2.95	1.33	1.94	2.49
1.520	1.17	1.83	2.38	1.86	2.45	2.99

Precious day's vol. Calls 6 Puts 82 ; Previous day's open int. Calls 1,814 Puts 922

PHILADELPHIA SE EURO/$ OPTIONS €62,500 (cents per euro)

Strike	CALLS			PUTS		
Price	Jul	Aug	Sep	Jul	Aug	Sep
0.940	2.44	3.04	3.62	0.46	0.86	1.26
0.960	1.23	1.89	2.49	1.19	1.67	2.07
0.980	0.53	1.15	1.62	2.38	2.78	3.19

Precious day's vol. Calls 265 Puts 28 ; Previous day's open int. Calls 4,111 Puts 888

자료 : *Financial Times*, 2000년 6월 21일 (www.ft.com).

(31,250파운드)의 매입비용은 700.00달러(=2.24센트 × 31,250파운드)와 브로커 비용(commission charge)을 합한 금액이 된다.

◉ 금리옵션

금리옵션(interest rate options)이란 예상하지 못한 금리변동으로 초래되는 금융자산의 가치변동위험을 회피하거나 또는 추가이익을 실현하기 위해서 이용되는 옵션을 말한다. 금리옵션도 통화옵션과 마찬가지로 옵션매입자가 장래의 일정 시점 이전에 옵션매도자로부터 일정한 계약가격 내지 행사가격으로 매입 또는 매도할 수 있는 권리를 보유하게 되는 계약을 말한다. 반면에 금리옵션매도자는 옵션매입자로부터 프리미엄을 수취하게 된다. 금리옵션은 통화옵션과 거의 모든 면에서 비슷하다. 다만 금리가 중요하게 작용하는 금융상품의 매매권리라는 것만이 다를 뿐이다.

금리옵션도 금리선물과 유사하게 T-bill, T-note, T-bond, 유로달러정기예금 등을 대상으로 하는 금리현물옵션(interest options on spots)과 T-bill선물, T-note선물, T-bond선물, 유러달러선물 등을 대상으로 하는 금리선물옵션(interest options on futures)으로 나뉘어진다. 금리현물옵션을 행사하기 위해서는 행사가격으로 해당 상품을 매입해야 하므로 그를 위한 자금이 필요하다. 이에 비해 금리선물옵션은 선물계약만 하면 되므로 약간의 증거금만 필요하게 되어 거래가 훨씬 많이 이루어지고 있다.

표 10-2 **금리선물옵션가격 고시**(June 20th, 2000)

EURODOLLAR (CME) $million ; pts. of 100%						
Strike	Calls-Settle			Puts-Settle		
Price	Jul	Aug	Sep	Jul	Aug	Sep
9275	0.305	0.315	0.320	0.005	0.015	0.025
9300	0.100	0.125	0.145	0.050	0.075	0.095
9325	0.010	0.020	0.035	0.210	0.220	0.235
9350	....	0.007	0.010	....	....	0.455
9375	....	....	0.005	....	....	0.700
9400	....	....	0.002	....	....	0.950

Est vol 67,149 ; Mn vol Calls 40,805 Puts 24,941 ; Op int Mn Calls 936,322 Puts 849,761

T-Bonds (CBT) $100,000 ; points and 64ths of 100%						
Strike	Calls-Settle			Puts-Settle		
Price	Jul	Aug	Sep	Jul	Aug	Sep
95	2-21	2-39	....	0-01	0-20	....
96	1-22	1-54	2-14	0-02	0-35	0-59
97	0-33	1-14	....	0-13	0-58	....
98	0-07	0-47	1-10	0-51	1-27	1-53
99	0-01	0-27	....	1-45	2-06	....
100	0-01	0-14	0-32	2-44	....	3-10

Est vol 55,000 ; Mn vol Calls 19,000 Puts 12,283 ; Op int Mn Calls 222,012 Puls 273,028

자료 : Eurodollar선물옵션 자료는 *Financial Times*, 2000년 6월 21일 (www.ft.com) ; T-Bonds선물옵션 자료는 *Wall Street Journal*, 2000년 6월 21일 (www.wsj.com).

〈표 10-2〉는 금리선물옵션의 가격표를 보여주고 있다. 예를 들어 유로달러선물옵션의 경우, 행가사격 93.00의 9월 만기 콜옵션의 가격이 0.145포인트(%)로 표시되어 있다. 따라서 유로달러선물콜옵션 1계약(100만 달러)의 매입비용은 1,450.00달러(= 0.145% × 100백만)와 브로커 비용을 합한 금액이 된다.

금리변동위험을 회피하기 위한 수단의 하나로 일종의 금리옵션처럼 이용되는 것이 변동금리부 채무에 대해 금리상한 또는 하한을 설정하는 계약이다. 이러한 계약에는 금리상한계약 혹은 금리캡(cap *or* ceiling), 금리하한계약 혹은 금리플로어(floor), 그리고 금리상 · 하한계약 혹은 금리컬러(collar *or* floor-ceiling)가 있다.

금리캡은 변동금리 채무에 대한 이자율을 미리 정해진 수준(cap rate) 이하로 제한하는 계약으로, 계약기간 중 이자를 지급할 때 시장금리가 계약 때 정한 금리수준 이상으로 상승하는 경우 그 차액만큼을 금리캡매도자가 매입자에게 지급하게 된다. 이때 매입자는 매도자에게 일정한 캡프리미엄을 지급하게 된다. 금리플로어는 채무에 대한 이자율을 미리 정해진 수준(floor rate) 이상으로 제한하는 계약으로, 계약기간 중 이자를 지급할 때 금리가 계약 때 정한 금리수준 이하로 하락하는 경우 그 차액만큼을 플로어매도자가 매입자에게 지급하게 된다. 이때도 매입자는 매도자에게 일정한 캡프리미엄을 지급하게 된다.

금리컬러는 자금차입자의 이자상환부담을 일정한 범위 내로 유지하거나 자금대여자의 이자수입을 일정한 범위 내로 유지하기 위해 금리 상·하한 모두를 제한하는 계약이다. 자금차입자인 금리컬러매입자(금리캡매입과 동시에 금리플로어매도)는 계약기간 중 이자를 지급할 때 금리가 계약 때 약정한 수준 이상으로 상승하는 경우에는 계약상대방으로부터 그 차액만큼을 지급받게 되지만, 반대로 금리가 약정 수준 이하로 하락하는 경우에는 상대방에게 그 차액만큼을 지급하게 됨으로써 자금차입자의 이자지급부담을 계약 시 정한 상·하한 범위 내에서 유지할 수 있게 된다. 이때 금리컬러매입자는 금리캡을 매입함과 동시에 금리플로어를 매도하기 때문에 금리캡매입에 대해서는 캡프리미엄을 상대방에게 지급하게 되지만, 금리플로어매도에 대해서는 플로어프리미엄을 수취하게 된다.

◉ 주식 관련 옵션

주식 관련 옵션은 개별 주식을 기초자산으로 하는 주식옵션과 주가지수를 대상으로 옵션거래를 하는 주가지수옵션이 있다. 주식옵션(stock option)이란 일정한 요건을 갖추어 거래소에 상장된 주식에 대해 약정된 가격으로 미래에 매입 또는 매도할 수 있는 권리가 부여된 계약을 말한다.

주가지수옵션(stock index option)은 개별 주식이 아니라 다수의 주식으로 구성되는 포트폴리오, 즉 주가지수를 기초자산으로 하고 있다. 주가지수옵션은 주가지수를 대상으로 하기 때문에 기초자산의 실물이 존재하지 않는다. 주가지수옵션은 현물지수옵션(cash index option)과 주가지수선물옵션(stock index futures option)으로 구분된다. 현물지수옵션은 옵션의 매입자에게 특정 주가지수를 매입하거나 매도할 수 있는 권리를 말하는 것으로, 주가지수를 물리적으로 인수·인도하는 것이 불가능하므로 권리행사 시에는 대상 자산의 물리적 인수·인도보다는 현금결제에 의해 거래가 이루어진다. 한편 주가지수선물옵션은 주가지수에 대한 선물계약을 사거나 팔 수 있는 권리를 말한다.

우리나라에서는 1997년 7월 7일에 KOSPI200을 대상으로 주가지수 옵션시장을 개설했다. 〈표 10-3〉은 KOSPI200 옵션거래의 가격과 거래량에 대한 자료를 보여주고 있다. 이 표에 따르면 2013년 7월 2일 시점에서 행사가격이 230.0인 7월물 콜옵션의 현재가격은 11.55포인트이며, 거래량은 187계약이다. 우리나라에서는 옵션 1계약의 거래단위가 KOSPI 옵션의 가격에 100,000원을 곱한 금액이므로, 이러한 콜옵션 1계약의 매입비용은 1,155,000원(= 11.55포인트 × 100,000원)이 된다.

표 10-3 **KOSPI200 옵션시세**(2013. 7. 2) (단위 : 포인트, 계약)

종목	현재가	대비	시가	고가	저가	거래량	미결제
C 201307 217.5	23.10	0.80	22.80	23.10	22.80	2	49
C 201307 220.0	21.20	0.25	21.20	21.20	21.20	1	32
C 201307 222.5	18.50	0.50	17.65	18.50	17.65	16	194
C 201307 225.0	15.95	0.00	15.25	16.75	15.25	31	321
C 201307 227.5	14.05	0.05	14.10	15.15	12.75	38	910
C 201307 230.0	11.55	0.20	11.55	12.70	10.35	187	2,621
C 201307 232.5	9.25	0.00	8.85	10.30	8.10	201	4,191
C 201307 235.0	7.00	0.25	7.10	8.05	6.00	1,828	6,948
C 201307 237.5	5.00	0.25	5.20	5.95	4.15	10,797	8,302
C 201307 240.0	3.35	0.20	3.50	4.10	2.66	46,165	13,773
P 201307 217.5	0.02	0.02	0.03	0.05	0.02	40,535	37,752
P 201307 220.0	0.03	0.02	0.04	0.06	0.03	25,156	21,113
P 201307 222.5	0.05	0.02	0.06	0.09	0.04	67,802	21,785
P 201307 225.0	0.07	0.04	0.08	0.13	0.06	90,036	29,286
P 201307 227.5	0.12	0.03	0.12	0.20	0.09	81,152	30,794
P 201307 230.0	0.20	0.05	0.22	0.33	0.15	152,373	43,824
P 201307 232.5	0.37	0.05	0.37	0.58	0.27	169,305	35,984
P 201307 235.0	0.68	0.05	0.71	1.01	0.50	247,596	26,294
P 201307 237.5	1.20	0.06	1.23	1.68	0.89	211,395	21,953
P 201307 240.0	2.01	0.09	2.04	2.69	1.54	202,428	19,093

자료 : 한국거래소 (www.krx.or.kr).

1.4 옵션가격 결정

앞에서 본 것처럼 옵션시장에서 어떤 옵션은 매우 저렴하게 가격이 매겨지고 어떤 옵션은 매우 비싸게 가격이 매겨진다. 여기서는 왜 옵션가격이 옵션상품에 따라 다르게 매겨지고 있는지 직관적으로 살펴보기로 한다. 구체적인 옵션가격 결정 모형인 이항모형(binomial option pricing model)과 블랙-숄즈 모형(Black-Scholes option pricing model)에 대한 언급은 가급적 피할 것이며, 이들에 대한 자세한 설명은 부록에서 다루고자 한다.

◉ 옵션가격

만기시점에서의 옵션가격은 식 (10-1) 또는 식 (10-2)에 의해 확실하게 결정된다. 그러나 〈표 10-1〉 ~ 〈표 10-3〉에 제시된 것과 같은 옵션가격은 만기 이전의 시점에 옵션시장에서 호가되는 가격이다. 만기 이전에는 아직까지 옵션의 행사가능성이 살아 있고, 따라서 옵션가격은 옵션이 행사될 확률에 결정적으로 좌우된다.

일반적으로 옵션가격(option price)은 내재가치(또는 고유가치 : intrinsic value)와 시간가치(time value)로 구성되어 있다. 내재가치란 옵션이 즉시 행사되었을 때 실현될 수 있는 이익, 즉 현물가격과 행사가격과의 차이로 앞에서의 식 (10-1) 및 식 (10-2)로 표시된다. 시간가치란 옵션대상이 되는 자산이 만기까지의 기간 동안 가격변동에 따른 이익의 실현 또는 손실의 보호를 가져올 수 있는 가능성에 대해 옵션의 매입자가 지불하는 가치를 말한다. 옵션의 시간가치는 현재시점으로부터 옵션의 만기시점에 이르는 기간 동안 기초자산의 가격이 얼마나 변동하느냐에 따라 결정되므로, 시간가치라는 용어보다는 변동성의 가치(volatility value)라는 용어가 더 적절하다고도 볼 수 있다. 이상을 종합하면

$$\begin{aligned}\text{옵션가격} &= \text{내재가치} + \text{시간가치}\\ &= |\text{현물가격} - \text{행사가격}| + \text{시간가치}\end{aligned} \qquad (10-6)$$

로 나타낼 수 있고, 시간가치는 0보다 작지 않으므로

콜옵션가격 그림 10-5

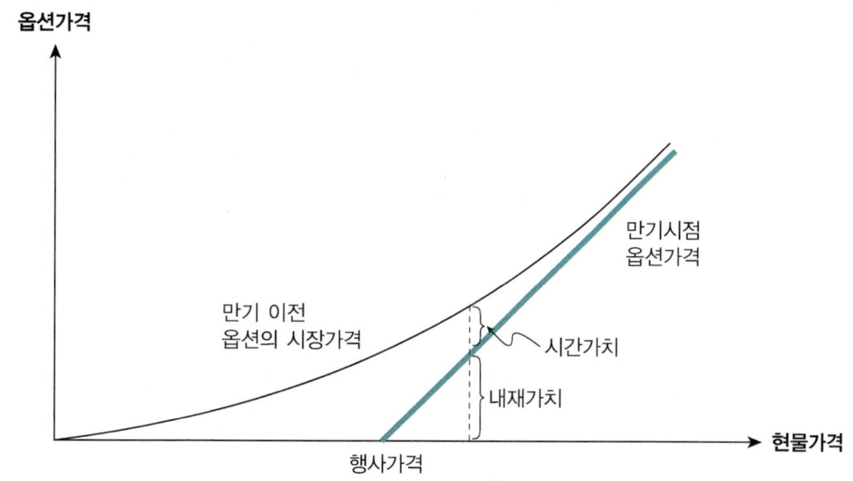

$$옵션가격 \geq |현물가격 - 행사가격| \quad (10-7)$$

이 된다. 즉, 현물가격과 행사가격 간의 차이인 내재가치는 옵션가격의 하한이 되는 것이다.[2] 콜옵션에 대해 이러한 옵션가격을 그림으로 나타내면 [그림 10-5]와 같다.

◉ 옵션가격의 결정요인

부록에서 소개하는 구체적인 옵션가격 수준을 결정하는 모형에서도 알 수 있듯이, 옵션가격은 옵션을 행사할 확률에 절대적으로 좌우되므로 어떤 요인들이 옵션행사 확률에 영향을 미치는지 살펴보아야 한다. 대표적인 요인들로는 옵션의 행사가격, 만기까지의 기간, 현재시장에서의 현물가격, 가격변동성, 무위험이자율 등을 들 수 있다. 이 요인들 중 행사가격과 만기까지의 기간은 옵션계약에 명시되며, 다른 요인들은 시장의 특성에 의해 결정된다. 각 요인들이 옵션가격에 미치는 영향을 콜옵션을 중심으로 설명해 보자.[3]

2. 이러한 내용은 모두 현재시점과 관련된 것이므로 수식으로 정확하게 표현할 때는 유럽식 옵션과 미국식 옵션을 구분해야만 한다. 미국식 옵션의 경우에는 만기 이전에 언제라도 행사할 수 있으므로 위에서처럼 현물가격과 행사가격을 그대로 이용할 수 있으나, 영국식 옵션의 경우에는 만기에만 옵션의 행사 여부를 결정할 수 있으므로 만기 행사가격의 현재가치를 이용해야만 한다.

콜옵션의 경우 행사가격은 미래에 옵션을 행사할 때 기초자산을 매입하는 가격이다. 따라서 콜옵션의 행사가격이 낮으면 낮을수록 투자자는 옵션 행사를 통해 이득을 취할 기회가 커지기 때문에 콜옵션 매입에 더 높은 대가를 지불할 용의가 있게 되고 앞에서의 옵션가격 호가표들에 나타난 것처럼 옵션가격은 더 높게 형성된다.

만기가 옵션가격에 미치는 영향은 미국식 옵션과 영국식 옵션에 따라 달라진다. 만기까지의 기간은 옵션의 권리가 소멸되는 시점까지의 기간이다. 미국식 옵션의 경우 만기가 길수록 만기까지의 기간 동안 기초자산의 가격이 변할 수 있는 가능성도 커질 것이고 그에 따라 옵션행사가격보다 가격이 한 번이라도 높아질 가능성도 커질 것이므로, 콜옵션의 가격은 높아질 것이다. 그러나 영국식 옵션의 경우에는 만기 특정 시점에서만 옵션을 행사할 수 있으므로, 만기가 길다고 반드시 그 특정 시점에 가격이 상승할 가능성이 커진다고 볼 수는 없을 것이다.[4]

또한 기초자산의 가격이 높을수록 콜옵션의 가격은 높아진다. 다른 조건이 같다면 현재의 가격이 높을수록 만기시점의 가격도 높아질 가능성이 커져 콜옵션 행사로 인한 수익이 증가할 가능성이 커지므로 콜옵션의 가격도 높게 형성된다. 또한 가격변동성이 클수록 옵션의 가격도 높아진다. 가격변동성이 크면 가격이 크게 상승하거나 크게 하락할 가능성이 커진다. 콜옵션 소유자는 가격하락 시에는 옵션을 행사할 필요가 없고 가격이 상승할 때만 행사하면 되므로, 가격변동이 클수록 옵션 행사를 통해 이익을 취할 가능성이 커진다. 따라서 옵션가격도 높아진다. 한편 무위험이자율이 높을수록 콜옵션가격은 높아진다. 만일 미래에 옵션을 행사할 경우의 지출에 대비해 행사가격의 현재가치만큼을 은행에 예치해 둔다고 하면, 무위험이자율이 높을수록 예치금액의 크기가 작아질 것이다. 따라서 옵션을 매입하고자 하는 투자자는 높은 이자율을 선호할 것이고, 이자율이 높을수록 옵션에 대한 수요가 커져 옵션가격이 높아진다. 한편 만기일 이전에 기초자산에 대해 배당이 주어지면 기초자산 가격이 하락하는데, 기초자산 가격과 콜옵션가격은 정(+)의 관계에 있으므로 콜옵션가격도 하락하게 된다.

지금까지 설명한 콜옵션가격과 각 요인들 간의 관계는 풋옵션의 경우에도 유사한 방법으로 분석될 수 있을 것이다. 각 요인들과 콜옵션가격 및 풋옵션가격 간의 관계는 〈표 10-4〉와 같이 요약될 수 있다.

---

3. 이러한 설명은 풋-콜 패러티 관계를 통해 풋옵션에도 그대로 적용된다.
4. 예를 들어 한 달 후의 환율(혹은 주가)보다 두 달 후의 환율(혹은 주가)이 더 높아질 가능성이 크다고 단정하기는 어렵다.

표 10-4 옵션가격 결정요인과 옵션가격의 관계

	콜옵션		풋옵션	
	유럽식	미국식	유럽식	미국식
행사가격	−	−	−	+
만기까지의 기간	?	+	?	+
기초자산의 가격	+	+	−	−
가격변동성	+	+	+	+
무위험이자율	+	+	−	−
배당	−	−	+	+

자료 : 박정식 외(2003), p.774.

2. 스왑시장

International Finance, ch. ten

2.1 스왑의 기초

◉ 기본 개념

스왑이란 장래 특정일 또는 특정 기간 동안 일정한 금융자산 또는 부채를 상대방의 금융자산 또는 부채와 교환하는 계약을 말한다. 스왑거래는 거래소 밖에서 이루어지고 있으며, 따라서 각각의 기초자산을 교환하는 데 따른 대가를 비교해 스왑비율과 보상을 책정하고, 수요자의 선호에 따라 기간을 조절하거나 특별조항을 삽입하여 다양한 변형이 가능하다.

전통적인 스왑거래는 외환시장에서 이종통화 간의 현물환거래와 선물환거래가 동시에 이루어지는 이중외환거래를 통해 환위험을 회피하거나 또는 통화 간에 일시적인 자금수지 불균형을 해소하기 위한 수단으로 널리 이용되어 왔다. 그러나 오늘날 스왑거래는 통화스왑(currency swap), 금리스왑(interest rate swap), 양자가 여러 가지로 결합된 칵테일스왑(cocktail swap), 채무-주식스왑(debt-equity swap) 등 거래목적과 이용자의 특성에 따라 다양한 형태로 나타나고 있다.

스왑은 특정한 기업이나 금융기관이 각기 다른 금융시장(외환, 단기금융, 그리고 자본시장 등)에서 차입비용 차이 혹은 투자수익 차이 등의 이유 때문에 상대적으로 차입조건에서 비교우위가 발생할 때 나타난다. 개별 기업이나 금융기관의 자금흐름은 각

기 다르게 마련이므로 그들의 위험을 객관적으로 측정하기 힘들다. 따라서 채권 · 채무의 가치를 단일한 국제적 기준으로 표준화하기 어렵다. 또한 외환 · 조세 · 금융상의 규제가 국가 간에 다르기 때문에 외형상 동일한 채권 · 채무라 하더라도 그 가치가 동일하지 않다. 그리고 개별 자본시장은 독특한 정보전달체계와 평가방식을 가지고 있으므로 정보에 대한 평가 또한 상이하다.

이렇듯 국제금융시장이 통합되어 감에도 불구하고 각 시장의 차별성은 사라지기 힘들기 때문에 스왑의 존재기반인 차입 및 투자수익상의 비교우위가 발생한다. 스왑은 각자의 비교우위를 활용하여 차입비용을 절감할 수 있다는 점에서, 선물이나 옵션에 비해 장기간의 위험헤징이 가능하다는 점에서, 그리고 국가 간 외환 · 조세 · 금융규제상의 차이를 적극적으로 활용할 수 있다는 점에서 그 효용가치가 크다.

◉ 스왑거래의 구조

스왑시장의 초창기에는 은행들이 어느 한 쪽의 스왑을 그와 동일한 반대방향의 스왑과 연결시켜 주지만 스왑거래에 따른 위험은 지지 않는 브로커 역할을 하는 데 그쳤었다. 그러나 개별 거래마다 반대방향의 동일한 수요를 보이는 거래자들을 매번 찾아내는 것은 너무 시간을 소모하므로 은행들은 이를 해결하기 위한 방법을 모색하게 되었다. 그 결과 오늘날 대부분의 은행들은 브로커로서뿐만 아니라 딜러 혹은 시장조성자로서의 역할을 하고 있다. 딜러로서의 은행은 거래당사자의 요구조건이 정확히 일치하지 않는 경우에도 양쪽 거래자들을 연결시켜 주고 양쪽의 조건불일치로 인해 발생하는 위험을 헤징하고자 노력한다. 거래당사자의 요구조건을 만족하는 상대방을 찾을 수 없는 경우 적절한 상대방이 나타날 때까지 은행이 직접 거래상대방이 되어준다. 은행은 그 대신 서비스에 대한 보상으로 스왑거래의 스프레드를 요구한다.

스왑시장은 대부분 은행 간 스왑시장이다. 금융기관들 중에서 투자은행 및 보험회사도 활발히 스왑거래를 하고 있으나, 거래상대방에 대한 신용위험을 분석할 필요성과 스왑에 따른 위험을 감당할 만한 자본금 문제로 인해 많은 스왑거래가 상업은행들에 의해 행해지고 있다. 스왑포지션을 확대하거나 축소하고자 하는 은행들은 유리한 가격을 알아보기 위해 로이터(Reuters), 텔러레이트(Telerate), 블룸버그(Bloomberg) 등에서 제공하는 스왑가격을 참고한다. 보다 나은 정보를 얻기 위해 직접 전문거래기관에 전화를 걸거나 스왑트레이더들 간의 청산소 역할을 하는 외환 및 단기금융시장의 브로커와 접촉해 볼 수도 있다.

오늘날 주요 은행들이 행하는 스왑거래 중 자금조달과 직접적인 연관이 있는 것은 극히 일부분이다. 이보다는 고객과의 스왑거래로 인해 발생한 포지션을 없애기 위해 은행들 간에 서로 스왑거래를 활발하게 하고 있다. 뿐만 아니라 자산과 부채 간 불일치로 인해 발생하는 포지션을 관리할 목적으로 또는 이자율 및 환율 예상에 따른 이득을 취하고 스왑시장에서 일시적으로 발생한 차익기회를 취득할 목적으로 스왑거래를 하기도 한다.

스왑시장은 스왑의 재고창고(warehouse) 역할을 하는 시장조성자들에 의해 지배되고 있다. 이들은 여러 가지 종류의 스왑포트폴리오를 관리하고 있다. 통화스왑포트폴리오는 이자율뿐만 아니라 환위험도 관리해야 하므로 일반적으로 이자율스왑포트폴리오에 비해 관리하기가 더욱 어렵다.

스왑시장에서의 거래는 스왑해제를 통해 신축적으로 운용될 수 있다. 스왑해제(swap unwinds)란 만기가 되기 전에 해당 스왑거래를 종료하는 것을 의미하는데, 이를 통해 스왑은 기업들이 차입비용을 절감하고 이자율 및 환위험을 관리하는 데 신축적인 수단으로 이용될 수 있다.

2.2 스왑시장의 주요 상품

◉ 금리스왑

금리스왑(interest rate swap)이란 금리지불조건이 서로 다른 동일 통화표시 채무를 서로 교환하는 거래를 의미한다. 금리스왑은 금융시장에서 차입자의 기존부채 또는 신규 부채에 대한 금리위험의 헤징이나 차입비용의 절감을 위해서 거래되는데, 오늘날 스왑거래 중에서 가장 많은 거래가 이루어지고 있는 대표적 상품이다.

금리스왑거래는 대부분 동일한 통화를 대상으로 변동금리부채와 고정금리부채를 교환하는 형태를 띠기 때문에 기본적으로 환율변동과는 관계가 없다. 따라서 환위험은 발생하지 않는다. 또한 순수한 금리스왑에서는 실제 원금은 교환되지 않고 성격이 서로 다른 이자지불 의무만이 미리 약정한 규정에 따라 교환된다는 점에서 통화스왑과는 차이가 있다.

① 변동금리와 고정금리 스왑

변동금리와 고정금리의 스왑거래는 두 차입자가 각각 상대 차입자보다 상대적으로 유리한 변동금리 또는 고정금리 조건으로 자금을 조달할 수 있는 경우, 두 차입자가 각자 상대적으로 비교우위가 있는 시장에서 차입하고 차입금리 지급의무를 상호 간에 교환함으로써 이루어진다. 일반적으로 고정금리부 유로채시장에서는 금리수준이 차입자들의 신용도에 따라 상당한 차등을 보이기 때문에 차입자의 신용도 수준에 따라 금리스프레드도 크게 나타나는 반면, 변동금리부 차입시장에서는 차입자의 신용도에 따른 금리격차가 상대적으로 작게 나타나는 경향이 있다. 따라서 변동금리시장과 고정금리시장 간의 금리격차를 이용해 스왑거래를 하면 거래 양방 모두 차익기회를 취득할 수 있게 된다.

고정금리와 변동금리 간의 금리스왑에 대한 구체적인 예를 들어 스왑이 어떠한 상황에서 발생하며 그 이득이 무엇인지를 살펴보자. H은행은 신용평가등급이 AAA로 변동금리로 자금을 조달하기를 원하며, S기업은 신용평가등급이 BBB로 고정금리로 자금을 조달하기를 원한다. 이때 H은행의 변동금리 차입조건은 LIBOR이며, 5년 고정금리 차입조건은 11%이다. 그리고 S기업의 변동금리 차입조건은 LIBOR + 0.9%이며, 5년 고정금리 차입조건은 13%라고 가정한다. 이를 정리하면 다음의 〈표 10-5〉와 같다.

표 10-5 두 기업의 신용등급과 차입금리조건

5년 만기 차입	신용등급	고정금리	변동금리
H은행	AAA	11%	LIBOR
S기업	BBB	13%	LIBOR+0.9%
금리차		2%	0.9%

이상과 같은 상황일 때, H은행은 자금조달비용 측면에서 S기업보다 절대우위를 가지고 있으나, 비교우위라는 관점에서 고정금리로 자금을 조달하는 것이 더 유리하다. 따라서 H은행은 고정금리로 자금을 차입하여, 이를 S기업의 변동금리채무와 스왑함으로써 경제적 이득을 얻을 수 있다.

가령, [그림 10-6]에서와 같이 H은행이 S기업에게 LIBOR - 0.5%의 변동금리를 지불하고, S기업은 H은행에게 11%의 고정금리를 지불하는 금리스왑계약을 체결한다고 하자. 그 결과 H은행은 LIBOR - 0.5%[= (LIBOR - 0.5%) + 11% - 11%]의 변

고정금리와 변동금리 간의 금리스왑 그림 10-6

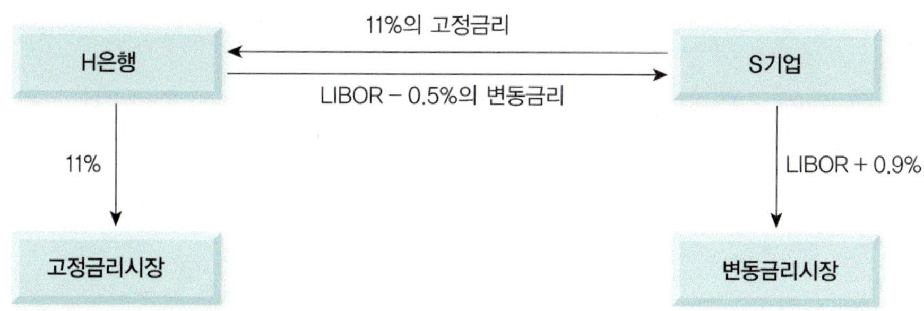

동금리로 자금을 조달하고, S기업은 12.4%[= 11% + (LIBOR + 0.9%) − (LIBOR − 0.5%)]의 고정금리로 자금을 조달한 셈이 된다. 이 경우 H은행은 단독으로 변동금리로 차입을 하는 경우보다 0.5% 더 낮은 금리로 차입하는 이득을 얻으며, S기업은 단독으로 고정금리로 차입을 하는 경우보다 0.6% 더 낮은 금리로 차입하는 이득을 얻는다. 따라서 두 기업은 원채무의 아무런 변동 없이 금리스왑을 이용함으로써 목적하는 바의 변동금리, 고정금리 차입을 보다 유리한 조건에서 달성할 수 있는 것이다. 여기서 스왑의 총이득은 1.1%[= 고정금리격차 − 변동금리격차 = 2% − 0.9%]인데 H은행이 0.5%를, S기업이 0.6%를 차지하고 있다.[5] 이러한 금리스왑이 발생함에 따라 고정금리시장과 변동금리시장 사이의 차익거래가 가능해지고, 두 시장은 상호 연결되는 효과가 발생한다.

② 베이시스 레이트 스왑 : 변동금리와 변동금리 스왑

일반적인 금리스왑 형태는 앞에서 설명한 것처럼 고정금리차입자와 변동금리차입자 간 금리조건의 상호 교환거래지만, 최근에는 변동금리차입자 간의 스왑거래인 베이시스 레이트 스왑(basis rate swap)도 크게 발전하고 있다. 국제금융시장에서 변동금리의 기준이 될 수 있는 금리는 LIBOR, T-bill 수익률, CP금리 또는 우량금리(prime rate) 등이다. 그런데 차입자들이 이들 시장에서 자금을 차입하고자 하는 경우 각 해당 금융시장에의 접근 용이성이나 차입자의 신용상태 등에 따라 차입금리 간에

5. 실제 거래에 있어서 금리경감 효과의 배분내용은 두 거래자 간의 신용도나 스왑거래에 대한 수요 · 공급 사정에 따라 결정된다.

그림 10-7 변동금리와 변동금리 간의 베이시스 레이트 스왑

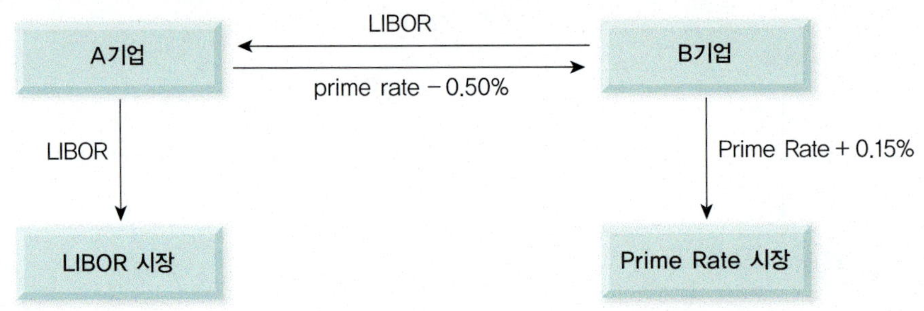

격차가 발생한다. 이때 이들 금리의 스프레드를 이용한 스왑거래를 실행함으로써 자금조달비용의 경감은 물론 각 시장 간의 불균형 현상도 조정될 수 있다.

표 10-6 두 기업의 신용등급과 차입금리조건

5년 만기 차입	신용등급	Prime Rate 시장	LIBOR 시장
A기업	AAA	prime rate - 0.25%	LIBOR
B기업	BBB	prime rate + 0.15%	LIBOR + 0.9%
금리차		0.4%	0.9%

앞의 예를 다시 이용해 〈표 10-6〉에 제시된 것처럼 A기업은 LIBOR 또는 prime rate - 0.25%로 차입이 가능한데 B기업은 LIBOR + 0.9% 또는 prime rate + 0.15%로 차입이 가능하다고 하자. 원래 A기업은 Prime Rate 시장에서 자금을 조달해 왔고 B기업은 LIBOR 시장에서 자금을 조달해 왔었는데, 이제 A기업은 LIBOR 시장에서 자금을 차입하고 B기업은 Prime Rate 시장에서 자금을 차입한 후 베이시스 레이트 스왑거래를 하면 두 기업 모두 경제적 이득을 얻을 수 있다.

가령, [그림 10-7]에서와 같이 A기업이 B기업에게 prime rate - 0.50%의 변동금리를 지불하고, B기업은 A기업에게 LIBOR의 변동금리를 지불하는 스왑계약을 체결한다고 하자. 그 결과 A기업은 prime rate - 0.50%[= (prime rate - 0.50%) + LIBOR - LIBOR]의 변동금리로 자금을 조달하고, B기업은 LIBOR + 0.65%[= LIBOR + (prime rate + 0.15%) - (prime rate - 0.50%)]의 변동금리로 자금을 조달한 셈이 된다. 이 경우 A기업은 단독으로 Prime Rate 시장에서 차입을 하는 경우(prime rate - 0.25%)보다

0.25% 더 낮은 금리로 차입하는 이득을 얻으며, B기업은 단독으로 LIBOR 시장에서 차입을 하는 경우(LIBOR + 0.9%)보다 0.25% 더 낮은 금리로 차입하는 이득을 얻는다. 여기서 스왑의 총이득은 0.5%[= LIBOR 시장격차 - Prime Rate 시장격차 = 0.9% - 0.4%]인데, A기업 및 B기업이 각각 0.25%씩 이득을 가져가고 있다.

③ 스왑션

스왑션(swaption)이란 계약기간 동안 금리스왑을 할 수 있는 권한을 주는 계약으로, 고정금리와 변동금리를 교환하는 금리스왑과 미래의 매매권을 거래하는 옵션 두 가지를 조합한 거래이다.

예를 들어 평소 고정금리로 장기(예를 들어 5년)대출을 해주고 있는 은행이 향후 금리가 상승하여 조달금리와 운용금리의 차가 축소되거나 역마진이 발생하는 위험을 회피하고자, 장기고정금리를 지급하고 변동금리를 수취하는 5년 만기 금리스왑을 다른 은행과 체결했다고 하자. 하지만 금리스왑을 일단 체결하면 예상과 달리 금리가 하락하는 경우에는 실질적으로 이득을 볼 수 있는(이익차가 커지는) 고정금리 대출을 놓쳐버리게 된다. 이처럼 이득을 취할 수 있는 기회를 놓치지 않기 위해서는, 예를 들면 1년 후에 고정금리 4.7%를 지급하고 그 대신 변동금리를 수취할 수 있는 4년짜리 스왑거래를 실행할 것인가 말 것인가를 결정할 수 있는 스왑션을 체결하면 된다. 1년 후에 예상대로 금리가 상승하면 스왑계약을 실행해 변동금리를 수취하고, 반대로 금리가 하락하면 스왑계약을 포기하고 고정금리를 계속 받으면 된다.

◉ 통화스왑

통화스왑(currency swap)은 두 차입자가 상이한 통화로 차입한 자금의 원리금 상환을 상호 교환하여 이를 이행하기로 하는 거래이다. 이때 거래당사자가 서로 다른 통화로 표시된 명목원금에 기초하여 만기까지 상이한 통화로 표시된 이자를 지급하고, 만기일에는 거래일에 미리 약정한 환율에 의해 명목원금을 교환한다. 상호 교환하는 이자의 현금흐름은 둘 다 모두 고정금리, 모두 변동금리, 또는 고정금리와 변동금리의 교환 등 세 종류로 분류할 수 있다.

통화스왑거래는 주로 환위험의 헤징과 자금흐름 관리를 위해 널리 이용되고 있을 뿐만 아니라 금리변동에 대한 헤징기능도 수행하고 있다. 통화스왑거래는 처음에는

그림 10-8 상호대출

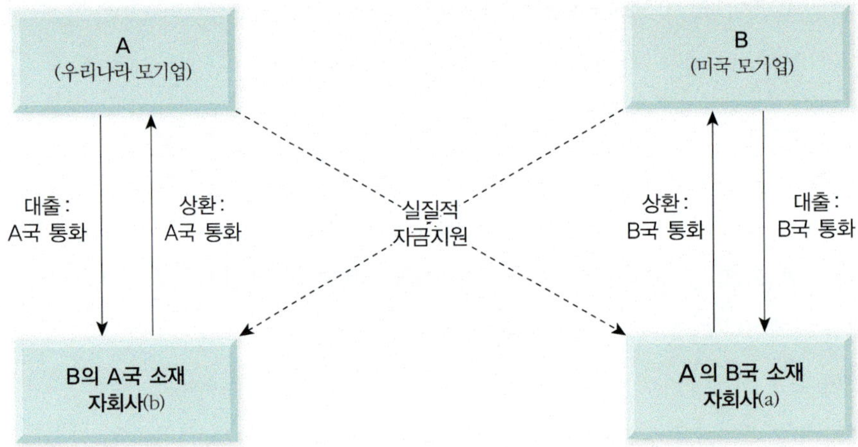

통화담보부대출, 상호대출, 백투백대출 등의 형태로 출발했으나 이후 장기선물환계약, 직접통화스왑, 고정금리통화스왑, 변동금리통화스왑, 역통화스왑, 이중통화스왑, 통화옵션스왑 등으로 다양하게 발전하고 있다.

① 상호대출

상호대출(parallel loans)이란, 예를 들어 미국 기업 본사(B)는 우리나라 기업의 자회사(a)에게 달러화를 대출해 주고 우리나라 기업 본사(A)는 미국 자회사(b)에게 그에 상당하는 원화를 대출해 주는 것을 말한다. 이는 미국의 본사(B)가 잉여 달러화를 가지고 있고 우리나라에 있는 자회사는 원화를 필요로 하며, 반대로 우리나라 기업의 본사(A)는 원화가 잉여상태에 있고 미국에 있는 자회사는 달러화를 필요로 할 때 발생한다. 상호대출은 서로 독립된 두 개의 융자협정, 즉 B와 a 사이, 그리고 A와 b 사이의 대출협정이 필요하다. 이때 법적으로 모기업의 보증이 필요한 것은 아니나 통상적으로 해당 본사들은 각각 자회사의 대출금에 대한 상환보증을 해준다. 여기서 금리조건은 기본적으로 계약체결시점에 있어 각 통화의 국내시장금리를 기준으로 하며, 상환은 만기일에 전액을 일시에 하도록 되어 있다. 상호대출의 기본적인 형태는 [그림 10-8]과 같다. 이러한 상호대출은 뒤에서 설명하듯이 본사가 직접 금융해 주는 경우에 발생할 수 있는 환노출을 방지할 수 있다.

백투백대출 그림 10-9

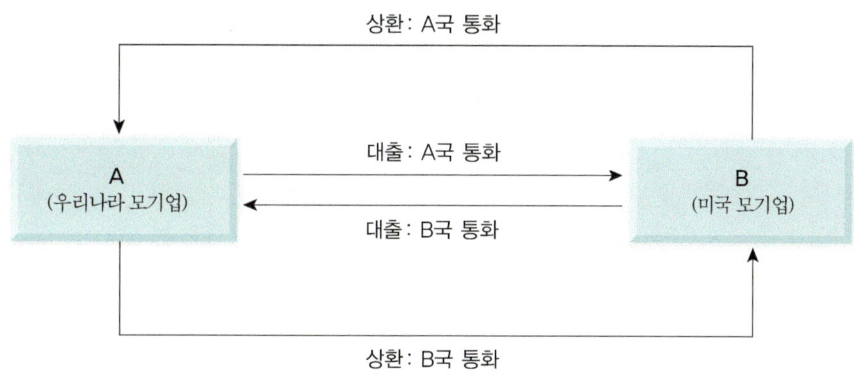

② 백투백대출

백투백대출(back-to-back loans)은 상호직접대출이라고도 하는데, 상호대출과 유사한 형식이지만 자회사가 개입되지 않고 본사들 간에 자국통화를 대출해 준다는 점, 즉 거래당사자들이 넷이 아니라 둘이라는 점에서 차이가 있다. 즉, 미국 본사(B)는 우리나라 본사(A)에게 달러화를 대출해 주고 우리나라 본사는 미국 본사에게 원화를 대출해 준다. 이때 대출이자율은 각각 자국통화에 해당하는 이자율을 적용한다. 만기 시에는 반대방향으로 상환거래를 한다. 백투백대출의 기본적인 구조는 [그림 10-9]와 같다.

③ 장기선물환계약

장기선물환계약(longterm forward contracts)은 장기적인 환위험을 회피할 목적으로 거래 쌍방이 계약당시에 약정한 선물환율에 따라 일정 통화를 미래의 일정 시점에 매입 또는 매도하기로 하는 계약이다. 이는 주로 환위험 헤징을 위한 금융기법으로, 현물환거래를 전혀 수반하지 않는 선물환일방거래(outright forward transaction)라는 특징을 가지고 있다. 기본적으로 전통적인 단기선물환거래와 개념상 동일하지만, 단지 기존 외환시장에서 취급하지 않는 대규모의 특정 외화자금에 대해 장기간 환위험을 헤징할 수 있다는 이점이 있다. 또한 장기선물환계약에서는 선물환율이 두 통화 간의 금리격차에 기초하되 조달자금을 복리로 재투자함을 가정하여 산정되나 직접통화

그림 10-10 장기선물환계약

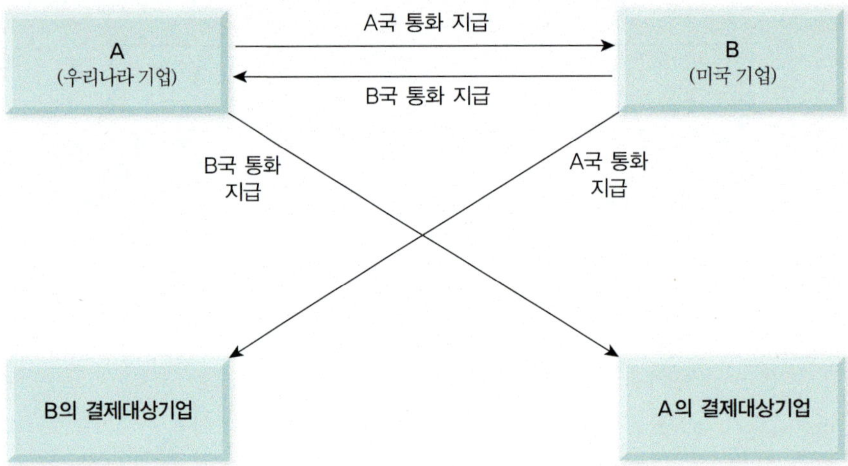

스왑에서는 만기 시에 적용할 환율이 계약체결 시의 현물환율과 동일하다는 점이 다르다. 한편, 장기선물환거래에서 선물환할증 혹은 할인의 크기는 선물환만기와 두 통화 간의 금리격차를 반영해 결정되는 것이 일반적이다.

장기선물환계약의 구체적인 거래형태를 보기 위해, 예를 들어 지금 달러화표시 장기부채를 보유하고 있는 우리나라 기업(A)이 환율변동에 따른 장기환위험을 헤징하고자 하는데, 마침 우리나라로부터 원화표시 반도체수입대금을 장기분할결제조건으로 지급하고자 하는 미국 기업(B)이 있다고 하자. 우리나라 기업은 달러화 부채를 원화로 확정하기 위해 원화를 대가로 달러화를 장기선물환으로 매입하고자 할 것이며, 미국 기업은 원화표시 부채를 달러화로 고정하기 위해 달러화를 대가로 원화를 장기선물환으로 매입하고자 할 것이므로, 이들 두 기업은 장기선물환계약을 이용할 수 있다. 장기선물환계약의 결제에 따른 자금흐름은 [그림 10-10]과 같이 나타낼 수 있다.

④ 고정금리 통화스왑[6]

흔히 기본적인 통화스왑이라고 하면 고정금리 통화스왑(fixed rate currency

---

6. 변동금리 통화스왑(floating rate currency swap)은 고정금리 통화스왑과 기본적으로 동일하나 변동금리에 따라 이자를 지급한다는 차이가 있다.

swap)을 지칭한다. 고정금리 통화스왑이란 두 당사자가 동일 금액을 이종통화로 차입한 후 그에 대한 원리금상환 의무를 상호 교환함으로써 양자가 모두 금리비용을 경감시킬 수 있는 금융기법이다. 고정금리 통화스왑도 금리스왑에서와 마찬가지로 서로 상대방의 비교우위를 이용해 이루어진다.

예를 들어 우리나라 기업(A)은 우리나라 자본시장에서 지명도가 높아 비교우위를 가지고 있으나 미국 진출을 위해 달러화 차입을 원하는 반면, 미국 기업(B)은 미국 자본시장에서 비교우위를 가지고 있으나 우리나라 진출을 위해 원화 차입을 원한다고 하자. 이때 기업 A가 우리나라 자본시장에서 원화를 차입하고 기업 B가 미국 자본시장에서 달러화를 차입한 후 원금을 상호 교환한 후 각자의 원리금상환도 교환하게 되면, 쌍방 모두 차입비용을 절감할 수 있게 될 뿐만 아니라 환위험에의 노출도 제거할 수 있게 된다.

표 10-7 각 시장에서의 고정금리 차입조건

	우리나라 자본시장	미국 자본시장
A사	6.0%	3.25%
B사	6.5%	2.75%
금리격차(A - B)	−0.5%	0.5%

구체적으로 비용절감의 크기를 보여주기 위해 A사와 B사의 채권발행 조건이 〈표 10-7〉과 같다고 하자. 즉, A사는 B사에 비해 우리나라 자본시장에서 0.5% 저렴하게 자금을 조달할 수 있는 반면, 미국 자본시장에서는 B사가 0.5% 저렴하게 자금을 조달할 수 있다. 따라서 A사는 우리나라에서 원화를 차입하고 B사는 미국에서 달러화를 차입해 서로 원금을 상호 교환하고 동시에 이후 계속되는 이자지급 및 만기 시에 원금상환도 계속 상호 교환하여 부담하기로 약정하는 통화스왑을 체결한다. 그 결과 통화스왑에 따른 자금흐름은 [그림 10-11]과 같이 나타나게 되고, 만기 시 원금상환은 최초의 원금흐름과 반대방향으로 이루어지게 된다. 이러한 통화스왑거래에서 중개은행(swap bank)이 개입하지 않고 계약 시와 만기 시에 동일한 환율이 적용된다면, A사는 미국시장에서 직접 자금을 조달할 때보다 0.5%(= 3.25 - 2.75)의 비용을 절감할 수 있고 마찬가지로 B사도 우리나라에서 직접 차입할 때보다 0.5%(= 6.5 - 6.0)의 비용을 절감할 수 있다.

그림 10-11 고정금리 통화스왑

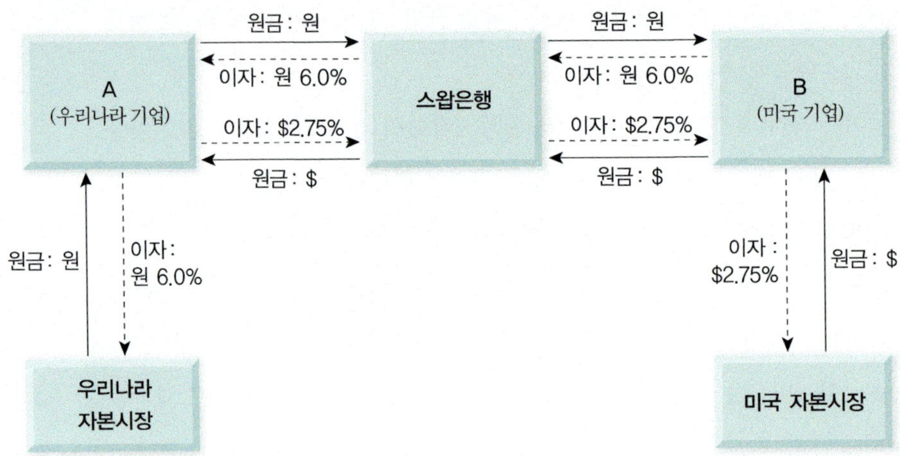

주 : 만기 시 원금상환은 계약 시 원금흐름(실선)과 반대방향으로 이동.

⑤ 통화-금리스왑[7]

통화-금리스왑(currency-interest rate swap)은 통화스왑과 금리스왑이 혼합된 형태로 이종통화표시 변동금리차입과 고정금리차입 간에 이루어진다. 이는 통화스왑의 가장 대표적인 형태로 간주되는데, 고정금리채무를 변동금리채무로 전환한다는 점에서 일반적인 금리스왑과 유사하지만 만기시점에 원금도 상환해야 한다는 점에서는 금리스왑과 차이가 있다.

통화-금리스왑은 일반적으로 달러표시 변동금리차입(6개월 LIBOR)과 타통화표시 고정금리차입 간에 이루어지는 경우가 많다. 구체적인 예를 들어 통화-금리스왑거래를 설명해 보자. 미국의 A사는 주로 자국 시장을 대상으로 영업하기 때문에 보통 필요한 달러화 자금을 LIBOR + 0.25%로 차입하고 있다. 한편 세계 굴지의 자동차회사인 독일의 B사는 우리나라에 공장을 짓기 위해 원화를 고정금리로 조달하기를 원하는데, B사가 우리나라에서 직접 조달하는 경우 5.75%의 차입비용을 지불해야 한다. 그런데 중개은행의 자문을 받아 본 결과, 우리나라에서는 미국 기업에 대한 투자수요

7. 이를 칵테일스왑(cocktail swap)의 한 형태로 간주하기도 한다. 칵테일스왑이란 통상의 스왑거래가 양자 간 거래인 데 반해 3자 이상의 복수거래를 동시에 행하는 거래를 말하는 것으로 혼합스왑이라고도 한다. 칵테일스왑에는 통화스왑거래와 금리스왑거래를 복합시킨 거래와 통화스왑거래를 3통화로 동시에 행하는 거래(삼각스왑거래)가 있다.

통화-금리스왑 그림 10-12

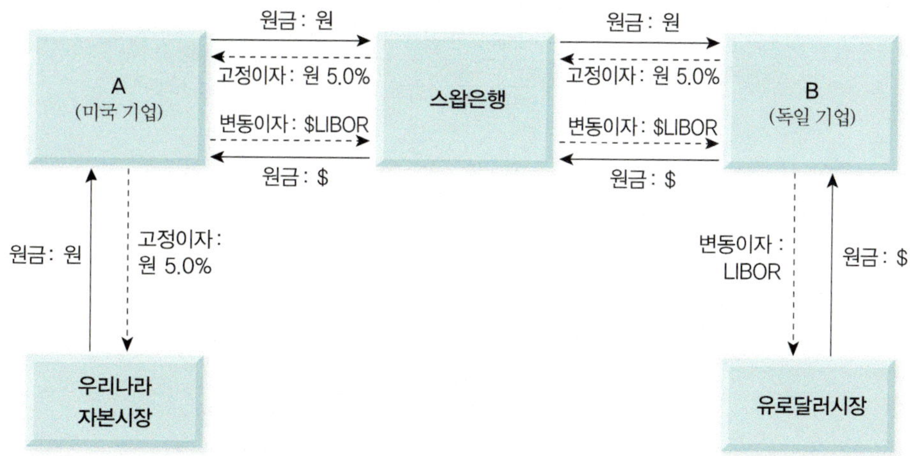

주 : 만기 시 원금상환은 계약 시 원금흐름(실선)과 반대방향으로 이동.

가 많기 때문에 미국 기업인 A사가 채권을 발행하는 경우 5%의 고정금리로 발행할 수 있다는 것을 알았다. 한편 세계 굴지의 B사는 워낙 지명도가 크기 때문에 유로달러시장에서 LIBOR 수준으로 저렴하게 차입할 수 있다는 것을 알았다(〈표 10-8〉).

표 10-8 각 시장에서의 고정금리 및 변동금리 차입조건

	우리나라 자본시장	유로달러시장
A사	5.0	LIBOR + 0.25
B사	5.75	LIBOR
금리격차(A - B)	−0.75	0.25

이런 경우 A사는 우리나라에서 원화를 5%의 고정금리로 조달하고 B사는 유로달러시장에서 LIBOR 수준으로 변동금리를 조달한 후 원금을 교환하고 원리금상환도 교환하는 스왑계약을 체결하면, 양자 모두 이익을 얻게 된다. 즉, 중개은행(swap bank)에 대한 수수료를 무시하면, A사는 미국 시장에서 직접 자금을 조달할 때보다 0.25% (= LIBOR + 0.25% - LIBOR) 비용을 절감할 수 있고 마찬가지로 B사도 우리나라에서 직접 차입할 때보다 0.75%(= 5.75% - 5.0%) 비용을 절감할 수 있다. 이때의 현금흐름은 [그림 10-12]와 같이 나타나게 된다.

그림 10-13 직접전환방식

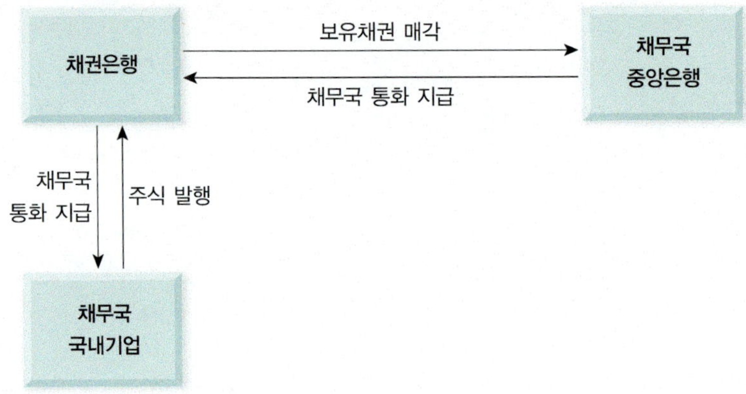

◉ 채무-주식스왑

채무-주식스왑(debt-equity swap)이란 채무주식화라고도 하는데, 채무국의 부실화된 외화표시 대외채무를 채무국 통화표시의 주식으로 전환하는 것을 말한다.[8] 채무-주식스왑은 1982년 멕시코의 채무불이행 선언 이후 개발도상국들의 외채문제를 해결하기 위한 여러 노력이 실효를 거두지 못하고 개도국 외채문제가 더욱 악화되자 이를 타개하기 위한 방안을 마련하는 데에서 비롯되었다.

1985년 칠레에서 처음 도입된 채무-주식스왑은 채무국에 대해서는 은행차입 채무를 주식투자로 전환하여 원리금의 상환 부담을 경감시켜 주고, 채권은행에 대해서는 부실채권의 처분을 통해 유동성을 높여줌으로써 자산구조의 개선을 도모할 수 있다. 한편 투자자의 입장에서는 민간은행으로부터 할인된 가격으로 채권을 매입하여 액면가격 수준으로 투자하게 되므로 투자비용을 크게 절약할 수 있다.

개발도상국 채무를 주식으로 전환하는 거래방식은 중개기관의 개입 여부에 따라 직접전환방식과 간접전환방식으로 구분된다. 직접전환은 대규모 채권은행들이 이용하고 있는데, 개발도상국에 대한 채권을 보유하고 있는 민간은행이 채무국 내의 투자자가 되어 보유채권을 채무국 내의 주식으로 전환하는 형태이다([그림 10-13]). 그중에서도 개발도상국 내의 국영기업이나 민간기업에 융자한 채권은행이 직접 해당 채무

8. 채무-주식스왑은 국내금융시장에서도 적용된다.

간접전환방식 그림 10-14

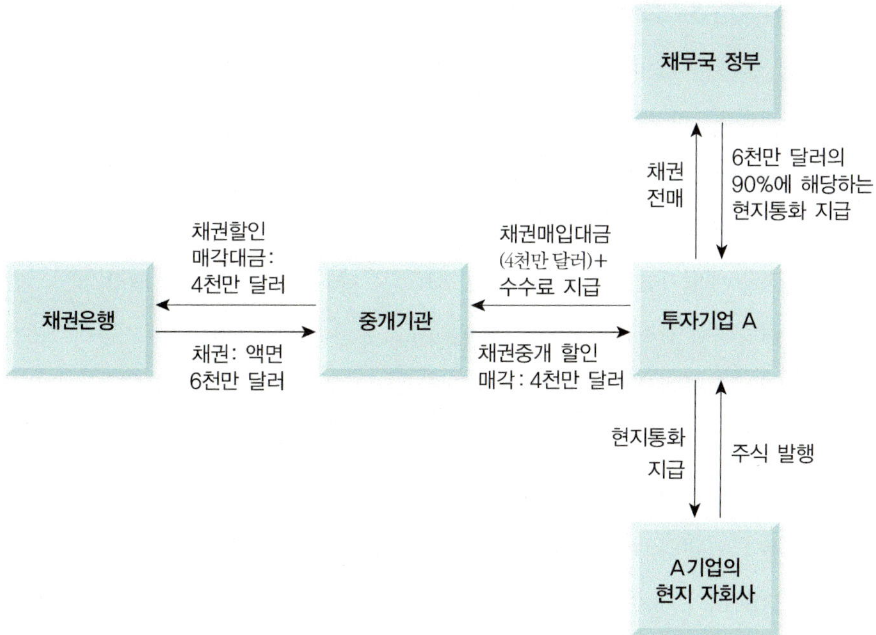

기업의 주식으로 전환하는 것을 단순직접자본화라고 한다.

간접전환은 보다 소규모의 채권은행들이 많이 이용하고 있는데, 개발도상국의 채권을 보유하고 있는 민간은행이 동 채권을 유통시장에 할인매각하고, 이를 매입한 투자자는 해당 채무국의 중앙은행에 전매하여 수취한 현지통화를 채무국 내 자회사의 증자에 사용하거나 신규 투자자금에 충당하는 것을 의미한다. 채무-주식스왑 거래의 참가자는 일반적으로 채권은행, 국제중개기관, 개인 및 기관투자자, 차입자, 채무국의 국내은행 및 국내중개기관 등으로 구성되고 있다. 이를 보다 구체적으로 설명하기 위해, [그림 10-14]에서 액면가 6천만 달러의 개발도상국 채권이 유통시장에서 액면가격의 2/3 수준에서 거래되고 채무국의 중앙은행은 이를 액면가의 90% 수준의 환산율을 적용해 준다고 하자. 이런 경우 채무국에 투자하고자 하는 기업 A는 액면가 6천만 달러의 채권을 유통시장에서 4천만 달러(= 6천만 달러 × 2/3)에 매입하고 이를 채무국 중앙은행에 5,400만 달러(= 6천만 달러 × 90%)에 전매함으로써 1,400만 달러에 해당하는 투자자금을 절약할 수 있게 된다. 또한 채무국 정부는 외화표시 대외채무를 자국통화로 10% 할인해서 상환함으로써 외채부담이 경감되었으며, 외환절약 및 채무할인 효과를 얻을 수 있게 된다.

2.3 스왑가격 결정

스왑시장에서 스왑은행들은 금리스왑 및 통화스왑에 대한 가격을 고시한다. 〈표 10-9〉는 스왑가격 고시의 한 예를 보여주는데, 이러한 스왑가격은 기본적으로 '6개월물 미달러 LIBOR'에 대한 고정금리로 표시된다. 예를 들어 5년 만기 금리스왑의 경우 매입가는 78bp, 매도가는 81bp로 나타나 있다. 이 중 매입가는 스왑은행이 상대방에게 고정금리 8.80%(= Treasury 수익률 8.02 + 0.78)를 지불하고 6개월물 미달러 변동금리를 LIBOR에 받아들이는(매입하는) 스왑을 체결할 용의가 있다는 것을 의미한다. 매도가는 스왑은행이 상대방에게 변동금리를 LIBOR에 지불하고(매도하고) 대신에 고정금리 8.83%(= Treasury 수익률 8.02 + 0.81)를 수취할 용의가 있다는 것을 나타낸다. 마찬가지로 5년 만기 통화스왑의 경우 이 스왑은행은 6개월물 미달러화 LIBOR의 대가로 일본 엔화 고정금리 5.35%를 지급하거나 5.45%를 수취하고자 한다는 것을 보여주고 있다.

표 10-9 **스왑가격 표시**

Interest Rate Swaps (semi-annual)		
Maturity	Treasury yield	Spread(bp)
2	8.02	62-66
3	8.01	70-75
4	8.01	72-76
5	8.02	78-81
7	8.13	77-81
10	8.14	78-81

Currency Swaps (annual)						
Maturity	DM/$	Yen/$	SFR/$	£/$	€/$	A$/$
2	7.00-7.10	5.35-5.45	6.60-6.70	12.80-12.90	9.20-9.30	15.65-15.80
3	7.00-7.10	5.35-5.45	6.20-6.30	12.35-12.45	9.15-9.25	15.25-15.40
4	7.00-7.10	5.35-5.45	6.05-6.15	11.90-12.00	9.10-9.20	15.15-15.30
5	7.00-7.10	5.35-5.45	6.00-6.10	11.75-11.85	9.05-9.15	14.78-15.13
7	7.02-7.12	5.40-5.50	5.95-6.05	11.50-11.60	9.05-9.15	NA
10	7.02-7.12	5.45-5.53	5.95-6.05	11.26-11.36	9.05-9.15	NA

자료: Giddy(1994), p.491.

그렇다면 이러한 가격은 어떻게 결정되는가? 〈표 10-9〉에 제시된 스왑상품의 현금흐름은 기본적으로 고정금리채의 현금흐름이므로 채권의 가치평가기법을 이용하면 스왑가격을 결정할 수 있다.

예를 들어 만기가 5년인 금리스왑계약을 고려해 보자. 스왑은행은 6개월 미달러 예금을 보유함으로써 5년 동안 유입되는 현금흐름의 현재가치 총액과 고정금리채를 보유함으로써 유입되는 현금흐름의 현재가치 총액을 비교해 양자가 같아지도록 하는 내부수익률(internal rate of return)을 고정금리채의 스왑가격으로 결정해 고시한다. 만일 양자가 일치되도록 하는 고정금리가 8.80%로 계산되었는데, 5년 만기 Treasury가 8.02의 수익률로 거래되고 있다면 금리스왑가격은 Treasury 수익률(8.02%) + 78bp로 고시되는 것이다. 여기서 변동금리 자산의 현금흐름을 측정하기 위해서는 미래의 금리를 예상해야 하는데, 이를 위해서는 수익률곡선(yield curve) 혹은 금리선물가격을 이용할 수 있다.

표 10-10 금리스왑에서의 현금흐름 및 가격결정

만기 (1)	3개월 유로 달러금리(%) (2)	고정금리 (%) (3)	변동금리로 부터의 수취 (4)	고정금리에 대한 지불 (5)	순현금흐름 (6)	현재가치 할인율 (7)	순현금흐름의 현재가치 (8)
Sep. 94	5.22	6.709745	13,050.00	−16,774.36	−3,724.3600	0.983896	−3,664.3800
Dec. 94	5.92	6.709745	14,800.00	−16,774.36	−1,974.3600	0.968050	−1,911.2800
Mar. 95	6.19	6.709745	15,475.00	−16,774.36	−1,299.3600	0.952460	−1,237.5900
Jun. 95	6.48	6.709745	16,200.00	−16,774.36	−574.3620	0.937122	−538.2470
Sep. 95	6.71	6.709745	16,775.00	−16,774.36	0.6375	0.922030	0.5880
Dec. 95	6.95	6.709745	17,375.00	−16,774.36	600.6375	0.907181	544.8868
Mar. 96	7.00	6.709745	17,500.00	−16,774.36	725.6375	0.892571	647.6831
Jun. 96	7.10	6.709745	17,750.00	−16,774.36	975.6375	0.878197	856.8017
Sep. 96	7.19	6.709745	17,975.00	−16,774.36	1,200.6380	0.864054	1,037.4150
Dec. 96	7.35	6.709745	18,375.00	−16,774.36	1,600.6380	0.850139	1,360.7640
Mar. 97	7.36	6.709745	18,400.00	−16,774.36	1,625.6380	0.836448	1,359.7610
Jun. 97	7.46	6.709745	18,650.00	−16,774.36	1,875.6380	0.822977	1,543.6070
					합계 = 1,032.6500		합계 = 0.0015

자료 : Levich(2001), p.511.

위의 〈표 10-10〉은 구체적인 예를 통해 금리스왑에 따른 현금흐름 및 금리스왑가격이 결정되는 과정을 보여주고 있다. (1)열은 만기를 보여주고, (2)열은 1994년 6월 27일 CME에서 거래된 금리선물가격인데 (1)열에 해당하는 만기의 예상이자율을

나타낸다고 가정한다. (3)열은 사후적으로 결정될 고정금리채의 스왑가격(금리)인데, 편의상 전 과정을 거쳐 결정된 균형가격을 미리 제시했다. (4)열은 원금 100만 달러의 변동금리채로부터 유입되는 현금흐름의 크기로, (2)열의 금리를 이용해 100만 × (1 + 3개월 유로달러 금리/400)으로 계산된다. (5)열은 고정금리채로부터 유입되는 (스왑상대방과 거래한다고 하면 지불되는) 현금흐름의 크기로, (3)열의 금리를 이용해 100만 × (1 + 고정금리/400)으로 계산된다. (6)열은 순현금흐름으로 (4)열 - (5)열로 계산되며, (−)는 순지불을 나타내고 (+)는 순수취를 나타낸다. (7)열은 현금흐름의 현재가치를 계산하기 위한 할인율(제로쿠폰 금리)이고[9] (8)열은 이를 이용해 계산된 순현금흐름의 현재가치이다. (8)열의 아래쪽에 보면 이 스왑에 따른 순현금흐름의 총합이 거의 0으로 나타나 있는데, 따라서 (3)열에 나타난 고정금리가 균형가격임을 알 수 있고, 이 금리가 스왑가격으로 고시되는 것이다.

통화스왑의 경우에는 환율을 추가적으로 고려해야 하지만 기본적인 방식은 금리스왑의 경우와 큰 차이가 없다. 즉, 외국통화표시 고정금리채 보유에 따른 현금흐름의 현재가치를 계산하고 이를 현물환율을 이용해 동일한 통화(달러화)단위로 표시한 후, 6개월물 미달러화 자산으로부터의 현금흐름의 현재가치 총액과 같아지도록 하는 수익률을 스왑가격으로 고시한다.

금리스왑이든 통화스왑이든 처음 거래되는 시점에서는 양쪽 거래자가 모두 이처럼 고시된 가격에 기초해 스왑을 하게 되므로 손해도 이익도 없는 균형상태에서 출발할 것이다. 만일 시장에서 형성되고 있는 스왑금리가 어느 한쪽에게 유리하게 되어 있다면 스왑을 하기 위해서는 유리한 쪽이 불리한 쪽에게 그에 상응하는 금액을 보상해야만 한다. 거래시점에서는 양쪽 거래자에게 동등한 조건에서 스왑이 이루어지지만, 이후 금리 및 환율이 변하게 되면 스왑잔여기간의 현재가치가 변하게 되므로 어느 한 편은 이득을 보고 그 상대방은 손해를 보게 될 것이다.

---

9. 일반적으로 스왑거래 시 현금흐름의 현재가치를 계산할 때 현금흐름의 발생시점에 해당하는 만기의 제로쿠폰금리를 이용한다. 또한 선물환율은 각 통화별 제로쿠폰채의 가격 간 비율을 이용해 계산되어진다. 이처럼 채권, 선물환 및 스왑에 있어 제로쿠폰법을 사용함으로써 이들 세 시장은 서로 균형을 이루게 된다. 따라서 차익거래의 기회도 줄어들게 된다.

3. 파생금융상품의 영향

파생금융상품을 이용하는 이유는 기초자산에 비해 여러 장점을 가지기 때문이다. 우선 파생금융상품을 이용하면 기초자산으로 구성하지 못하는 수익패턴이 가능해지므로 포트폴리오를 보다 효율적으로 만들 수 있다. 그리고 파생금융상품을 활용하여 기초자산보다 적은 거래비용으로 원하는 결과를 얻을 수 있다. 또한 파생금융상품을 활용하면, 기초자산 가격의 예상하지 못한 변동이나 기업의 갑작스러운 정책변경 등 예상하지 못한 위험에도 대응할 수 있으며, 기초자산으로부터의 수익을 확실한 부분과 확률적인 부분으로 분할하여 관리할 수도 있다.

물론 파생금융상품의 유용성은 모든 상황, 그리고 모든 투자에 적용되는 것은 아니다. 파생금융상품의 운용에 있어서도 분산투자원칙은 지켜져야 하고, 효율적 시장에서 초과수익을 얻기란 쉽지 않으며, 비록 작다고는 하지만 무시할 수 없는 거래비용이 소요된다. 그럼에도 불구하고 파생금융상품거래가 급속히 증가하는 이유는 대다수의 투자자가 유용성을 인정하기 때문이다. 이러한 파생금융상품의 확대는 금융시장에 다양한 긍정적, 부정적 영향을 미치고 있다.

3.1 금융시장에 미치는 영향

미래수익패턴을 기준으로 비교할 때 서로 독립적인[10] 자산의 수와 미래에 발생 가능한 상태의 수가 같으면, 투자자가 바라는 어떠한 수익패턴도 기존의 자산으로 구성된 포트폴리오를 통해 달성할 수 있다. 그런데 만일 현재의 시장이 불완전하여 새로운 자산이 도입될 필요가 있다면, 그 자산의 도입은 기존의 자산으로는 복제할 수 없는 독립적인 수익패턴을 제공할 것이다. 파생금융상품은 기초자산으로는 구성할 수 없는 수익공간까지 수익패턴을 확장함으로써 새로운 수익원을 창출할 수 있다.

게다가 파생금융상품의 활용은 새로운 기초자산 도입을 통해 완전자본시장(perfect capital market)[11]을 만드는 것보다 거래비용 면에서 훨씬 저렴하다. 시장이 완전

10. 특정한 자산이 제공하는 수익패턴을 다른 자산들로 구성된 포트폴리오를 통해 복제할 수 없을 때, 그 자산은 수익패턴에 있어 독립적이라고 한다.

해지기 위해서는 발생 가능한 모든 상태에 대응한 차별적인 거래조건을 제공해야 할 것이다. 그렇지만 보다 많은 거래조건을 포함하는 계약은 고객의 선호를 충족시킬 수 있다는 이점이 있지만 정보 · 거래비용이 커진다는 제약이 있다. 그런데 기존의 기초자산에 새로운 파생금융상품을 추가함으로써 거래비용을 극소화하면서 자본시장을 보다 완전하게 만들 수 있다.

또한 파생금융상품을 활용함으로써 보다 폭넓은 정보를 얻을 수 있다. 파생금융상품가격에는 미래에 대한 기대가 내재되어 있으므로, 기초자산을 통해 얻기 힘든 정보를 파생금융상품가격으로부터 추출하여 다른 종류의 의사결정에 사용할 수 있다.

한편, 파생금융상품이 활용되면서 각종 기초자산시장 간의 연계성이 강화되고 있다. 파생금융상품을 통해 자산 간의 차익거래가 활성화되면서 시장 간의 연계성이 강화되는 것은 시장의 효율성을 높인다는 측면에서 바람직하다.

그런데 파생금융상품의 유용성을 인정하면서도 기초자산 간, 그리고 파생금융상품과 기초자산 간의 연계성 강화로 나타나는 시장통합이 바람직한 것만은 아니라는 우려도 존재한다.

첫째, 파생금융상품은 기초자산과 대체재 관계에 있으므로, 파생금융상품시장이 활성화될수록 기초자산시장이 위축될 가능성이 크다는 주장이다. 그러나 이러한 주장과는 달리 실제적으로 파생금융상품이 기초자산에 대한 대체재라는 증거는 없으며, 설사 대체재라 하더라도 국민후생을 증가시킬 수도 있다. 파생금융상품이 기초자산을 대체하여 기초자산의 잠재적 수요를 축소시킬 수도 있지만, 오히려 기초자산을 보완하여 기초자산의 거래를 확대시킬 수도 있다.

둘째, 파생금융상품시장은 거래비용이 낮고 손익확대 효과가 크므로 투기거래를 조장할 우려가 있다는 주장이다. 이러한 주장은 설득력이 있으나 많은 금융기관들은 투기보다는 위험관리를 위해 파생금융상품을 활용하고 있다. 파생금융상품의 활용은 투기를 피하려는 투자자에게 위험관리기회를 확대시켜 주고, 이전에는 어쩔 수 없이 위험한 자산에 투자하던 투자자로 하여금 보다 안정적인 자산으로 대체할 수 있는 수단을 제공한다. 물론 다수의 파생금융상품은 기초자산 간 가격의 괴리라는 시장의 비효율성을 이용하기 위해 개발되었고, 현실적으로 투기적 이익거래 기회가 존재하는

11. 완전자본시장이란 경제학의 완전경쟁시장에 해당하는 개념으로, 세금 및 거래비용이 없으며 모든 정보가 투자자에게 동시에 정확히 전달되는 시장을 말한다. 또한 자본시장에 참여하는 투자자가 많아 소수의 집단이 시장가격에 영향을 줄 수 없고 자본조달에도 제약이 없는 시장이다.

것도 사실이다. 그렇지만 이로 인해 투기가 활성화된다고 하더라도 이는 시장의 비효율성을 교정하는 과정에서 나타난다고 이해할 수 있다.

셋째, 파생금융상품은 복잡하고 안전장치가 충분하지 못하므로, 선의의 투자자에 피해를 줄 수 있다는 것이다. 물론 파생금융상품거래도 금융거래의 하나이므로 손해를 입는 투자자가 생길 수 있다. 그러나 파생금융상품이 다른 금융자산에 비해 더 많은 선의의 피해자를 양산하는 것은 아니며, 전문중개인을 통해 거래할 경우 거래에 수반되는 위험을 충분히 인지할 수 있다. 일반적으로 금융거래에서 선의의 투자자와 잘못된 선택의 결과로 손실을 입은 투자자를 구별하기는 쉽지 않으므로, 파생금융상품 거래가 다른 거래에 비해 부당한 측면이 크다고 할 수는 없다.

3.2 금융정책에 미치는 영향

파생금융상품과 금융정책의 관계에 대해서는 최근에야 본격적인 검토가 이루어지고 있는데 아직 확실한 결론을 도출하지는 못하고 있다. BIS를 비롯한 국제금융기구들은 다음과 같은 관점에서 파생금융상품이 금융정책에 미치는 영향을 논의하고 있다.

첫째, 파생금융상품의 발달이 전통적인 금융정책을 무용지물로 만들 것이라는 우려가 존재한다. 일례로 파생금융상품의 활용으로 개별 행위자의 위험관리가 용이해지면, 금리변화를 통해 행위자에게 영향을 미치려는 정부의 정책이 실패하리라는 우려이다. 이러한 우려는 일부 타당성이 있다. 미시적인 관점에서 볼 때, 개별 행위자가 파생금융상품을 이용해 계약금리를 고정시키면 정부가 금리조정을 통해 저축 · 투자를 간접적으로 조정할 수 없다.

그러나 거시적인 관점에서는, 파생금융상품의 거래상대방이 새로운 금리변동위험에 노출되므로 금융시장 전체적인 위험을 제거할 수는 없다. 따라서 위험이 시장참여자들 간에 이동됨으로써 금융정책의 파급경로에 다소 변화가 초래되겠지만, 실물경제에 영향을 줄 수 있는 전통적인 금융정책의 유용성은 상당 부분 유지될 것이다.

예를 들어 파생금융상품이 금융정책의 파급경로에 영향을 미친다고 해도 파생금융상품의 발달로 여러 시장 간의 연계성이 강화되면 금융정책의 유효성이 오히려 높아질 수도 있다. 장 · 단기금리의 차익거래와 금리, 환율, 주가 등의 시장 간 연관성이 강화됨으로써 중앙은행의 정책수행 무대인 단기금융시장의 동향이 신속하게 경제 전체로 파급될 수 있기 때문이다. 그렇지만 대출규모 규제나 신용할당 등과 같이 가격메커니즘을 통하지 않는 양적 금융정책수단은 그 중요성이 저하될 것이다. 파생금융상품의 발달이 금융의 자유화와 마찬가지로 금융정책의 가격기능 중시 경향을 한층 촉진할 것이기 때문이다.

둘째, 파생금융상품은 금융정책 수행에 필요한 정보를 수집하는 데 어려움을 야기할 수 있다. 우선 통화지표에 대해 살펴보면, 파생금융상품의 발달은 다양한 새로운 금융상품을 만들어내기 때문에 통화량에 포함되는 금융자산의 범주를 모호하게 만들 것이다. 또한 파생금융상품거래는 금리, 환율, 주가 등 금융자산의 가격이 실물경제와 무관하게 결정되도록 만들 수 있다.

물론 이러한 우려대로 통화지표가 불명확해지는 문제점이 발생할 수도 있지만, 현실적으로 파생금융상품은 금융정책 수행을 위해 유용한 정보를 많이 제공하고 있다. 정책당국은 선물 및 선도거래를 통해 장래의 금리, 환율 및 주가 등에 대한 정보를 얻을 수 있다. 또한 옵션형 상품을 통해서는 장래 자산가격에 대한 시장참여자들의 예상편차 등의 파악도 가능하다. 그리고 물가지수연동형 채권의 옵션가격을 통해 실질이자율과 기대인플레이션에 대한 유용한 정보를 얻을 수 있다. 이처럼 파생금융상품시장에서 얻어진 새로운 정보는 그날그날의 정책운용뿐만 아니라 자료가 축적됨에 따라 향후 금융정책에 유익한 지표로 활용될 수 있다.

이상을 종합해 볼 때, 파생금융상품의 발달이 금융정책에 많은 변화를 가져오겠지만 금융정책의 기본적인 필요성을 부정하지는 않을 것이다. 파생금융상품의 발달과 그 영향을 고려할 때 향후 정책효과를 증진시키기 위해서는 정책의 불확실성을 증대시키지 않고 안정적인 기대형성을 촉진할 수 있는 방향으로 정책대응이 이루어져야 할 것이다.

요약

1. 옵션이란 일정한 기초자산을 미리 약정된 가격으로 만기일 또는 그 이전에 매입하거나 매도할 수 있는 선택권이 부여된 계약이다. 옵션에는 콜옵션 vs. 풋옵션, 미국식 옵션 vs. 유럽식 옵션 등이 있다. 옵션의 손익구조는 기초자산 가격과 비선형관계로 나타난다. 차익거래 기회가 존재하지 않는 균형상태에서 콜옵션과 풋옵션 간에 풋-콜 패러티가 성립한다.
2. 옵션은 크게 통화옵션, 금리옵션, 주식 관련 옵션으로 나눌 수 있다. 옵션가격은 내재가치와 시간가치로 구성되어 있으며, 내재가치란 현물가격과 행사가격 간의 차이로 나타난다. 옵션가격은 옵션을 행사할 확률에 결정적인 영향을 받으며, 대표적인 옵션가격 결정 이론으로 이항모형과 블랙-숄즈 모형이 있다.

3. 스왑은 장래 특정일 또는 특정 기간 동안 일정한 금융자산 또는 부채를 상대방과 교환하는 계약을 말한다. 스왑은 참여자들이 각기 다른 금융시장에서 차입조건에 상대적인 비교우위가 있을 때 발생하게 된다. 스왑가격은 보통 6개월물 미달러 예금으로부터의 현금흐름의 현재가치와 고정금리채로부터의 현금흐름의 현재가치를 같게 만드는 내부수익률을 '6개월 미달러 LIBOR'에 대한 고정금리부채의 가격으로 고시한다.

4. 스왑은 금리스왑, 통화스왑, 채무주식스왑 등으로 나눌 수 있다. 금리스왑에는 변동금리-고정금리스왑, 베이시스레이트스왑, 스왑션 등이 있다. 통화옵션에는 상호대출, 백투백대출, 직접통화스왑, 장기선물환계약, 고정금리통화스왑, 통화금리스왑 등이 있다. 채무-주식스왑은 1980년대 개발도상국들의 외채문제를 해결하기 위한 과정에서 비롯되었으며, 부채를 주식으로 전환하는 것을 말한다.

5. 파생금융상품은 금융시장 및 금융정책에 긍정적인 영향과 부정적인 영향을 동시에 미치고 있다. 긍정적인 영향으로는 포트폴리오를 보다 효율적으로 구성할 수 있게 해주고, 위험에 대비한 헤징수단을 마련해 주며, 금융시장 간의 연계성을 강화시키고 금융시장에 대한 유용한 정보를 제공해 준다는 점을 들 수 있다. 부정적인 영향으로는 파생금융상품 그 자체가 투기의 대상이 되어 시장의 안정을 저해할 수 있고 금융정책을 무용지물로 만들 우려가 있다는 점을 들 수 있다.

부록 옵션가격 결정 모형

International Finance, ch. ten

1. 이항모형

본문에서는 옵션가격의 범위 및 결정요인에 대해서만 설명을 했을 뿐 옵션가격이 어떻게 결정되는지에 대한 구체적인 결정 모형은 제시하지 않았다. 여기서는 두 가지 모형, 즉 이항모형과 블랙-숄즈 모형을 이용해 옵션가격이 어떻게 정해지는지 설명하고자 한다.

이항모형(binomial option pricing model)은[12] 기초자산의 가격이 이항분포를 따라 움직인다고 가정하는 단순한 모형이다. 단순한 모형이지만 옵션가격이 결정되는 원리를 잘 설명하며, 특히 미국식 옵션에 대한 정확한 가격결정 공식을 제시해 줄 수

12. 옵션가격 결정 이항모형은 Sharpe(1978), Rendleman and Bartter(1989), Cox, Ross and Rubinstein(1979) 등에 의해 개발되었으며, Bodurtha and Courtadon(1987) 등이 이를 통화옵션의 경우에 응용했다.

있다. 설명의 편의를 위해 몇 가지 가정을 도입해 보자. 첫째, 옵션의 만기는 1기간이다. 둘째, 금융시장은 완전한 시장으로 차익거래의 기회가 존재하지 않으며, 투자자는 무위험이자율로 대출과 차입이 가능하다. 셋째, 기초자산의 가격은 옵션의 만기시점에 단 한 번 변하며, 가격변화는 이항분포(binomial distribution)를 따른다.

이제 행사가격이 K이고 만기가 1기간(T = 1년)인 콜옵션을 생각해 보자. 현재의 기초자산 가격을 S, 만기시점에 기초자산의 가격이 상승하면 U, 하락하면 D가 된다고 하자. 또한 만기시점에서 기초자산 가격이 상승할 경우 콜옵션가치를 C_U, 하락할 경우 콜옵션가치를 C_D라고 하자. 현물가격의 변화에 따라 만기시점에 이와 같은 결과를 가져다줄 수 있는 옵션계약에 대해 투자자는 얼마를 지불해야 하는가? 이는 무위험이자율로의 대출 및 차입을 통해 동일한 결과를 가져다줄 수 있는 금융거래조합을 만들어내면 대답이 가능하다.

예를 들어 투자자가 차입을 통해 옵션을 R_C에 매입했다고 하자. 기초자산 가격이 상승할 위험중립형 확률(risk neutral probability)을 p라고 하면,[13] 이와 같은 옵션투자에 대해 투자자가 기대하는 수익과 차입비용이 같아져야만 차익기회가 존재하지 않는 균형관계가 성립한다. 즉, R_C만큼 돈을 빌려 옵션을 매입했으므로

$$(1+r)R_C = pC_U + (1-p)C_D \tag{A10-1}$$

이 성립되어야 한다. 만일 차입비용이 수익보다 작다면 투자자들은 더 많은 옵션을 매입하고자 하므로 옵션가격이 상승할 것이고, 반대의 경우에는 옵션가격이 하락할 것이다. 따라서 현재 옵션시장에서 형성되는 콜옵션가격은 위 식을 만족시키는

$$R_C = \frac{pC_U + (1-p)C_D}{1+r} \tag{A10-3}$$

가 된다. 만기시점에 현물가격이 상승하면 $C_U \geq 0, C_D = 0$이 될 것이므로, 이 식은 헤지비율(hedge ratio)을 이용해 다음과 같이 달리 표시할 수도 있다.[14]

13. 위험중립형 확률이란 위험중립형 투자자들이 위험이 내포된 기초자산의 현재가치를 평가할 때 고려하는 확률로 다음의 관계를 만족시킨다.

$$S = \frac{pU + (1-p)D}{1+r} \tag{A10-2}$$

$$R_C = \frac{h}{1+r}[(1+r)S - D] \qquad \text{(A10-4)}$$

이제 이 모형을 약간 변화시켜 옵션가격이 다음과 같이 변동성(σ)에 의존한다는 가정을 추가해 보자.

$$U = S \cdot u, \ u = e^{\sigma}$$
$$D = S \cdot d, \ d = e^{-\sigma} \qquad \text{(A10-6)}$$

이 식을 무위험이자율과 함께 고려해 보면, $d < 1+r < u$의 관계가 성립해야만 함을 알 수 있다. 만일 $1+r > u$라면 위험자산에 투자할 사람이 아무도 없을 것이고, $d > 1+r$라면 무위험자산에 투자할 사람이 아무도 없을 것이기 때문이다. 식 (A10-6)을 앞에서 설명한 모형에 대입하면, 옵션의 시장가격 R_C는 식 (A10-3)과 동일한 형태로 나타날 것이고, 다만 위험중립형 확률은

$$p = \frac{1+r-d}{u-d} \qquad \text{(A10-7)}$$

로 표현될 것이다.

2. 블랙-숄즈 모형

앞에서의 이항모형은 다음 단계에 환율의 등락을 한 번 보고 옵션행사 여부를 결정하는 1단계 이항모형이었다. 이러한 모형을 확장하면 만기 이전에 가격변화를 보고 행사 여부를 결정할 수 있는 미국식 옵션에 적용할 수 있다. 그러나 옵션은 만기까지의 기간 동안 가격이 매일같이 수없이 변할 수 있기 때문에 이와 같은 1단계 이항모형은 적합하지 않고 만기까지의 기간 동안 여러 단계에 걸쳐 가격이 등락할 수 있는

14. 헤지비율이란 미래의 가격변동과 관계없이 일정한 수익을 보장해 주는 헤지포트폴리오(hedge portfolio) 또는 무위험포트폴리오를 구성하는 데 필요한 콜옵션과 기초자산 간의 비율을 의미한다. 즉, 무위험포트폴리오를 구성하기 위해 콜옵션 1단위 거래와 결합되어야 하는 반대방향의 기초자산 거래량의 비율로 다음과 같이 나타낸다.

$$h = \left(\frac{U-D}{C_U - C_D}\right)^{-1} \qquad \text{(A10-5)}$$

가능성을 고려한 다단계 이항모형이 적합할 것이다. 다단계 이항모형은 1단계 이항 모형의 만기를 여러 개의 소기간(subperiod)으로 나누어 확장한 것이다. 이를 극단적으로 확장시켜 무한개의 소기간으로 나누면 블랙-숄즈 모형으로 발전시킬 수 있다.[15]

블랙-숄즈 모형에 따른 옵션가격 공식은 다음과 같이 나타낼 수 있다.

$$R_C = SN(d_1) - Ke^{-rT}N(d_2)$$
$$R_P = Ke^{-rT}N(-d_2) - SN(-d_1) \qquad \text{(A10-8)}$$

여기서 다른 표시들은 본문과 동일하고,

$N(d) = -\infty$에서 d까지의 표준정규분포의 누적확률

$$d_1 = \frac{ln(S/K) + (r + \sigma^2/2)T}{\sigma\sqrt{T}} \qquad \text{(A10-9)}$$
$$d_2 = d_1 - \sigma\sqrt{T}$$

이다. 위의 공식은 복잡한 과정을 거쳐 유도되는데, 도출과정은 이 책의 수준을 넘어서는 수학적 지식이 요구되므로 여기서는 이를 생략하고자 한다.

블랙-숄즈의 옵션가격 모형을 통화옵션에 적용하면 콜옵션가격과 풋옵션가격은 각각 다음과 같이 나타낼 수 있다.

$$R_C = Se^{-r^*T}N(d_1) - Ke^{-rT}N(d_2)$$
$$R_P = Ke^{-rT}N(-d_2) - Se^{-r^*T}(-d_1) \qquad \text{(A10-10)}$$

여기서 r 및 r^*는 각각 국내이자율 및 외국이자율이고,

$$d_1 = \frac{ln(S/K) + (r - r^* + \sigma^2/2)T}{\sigma\sqrt{T}} \qquad \text{(A10-11)}$$
$$d_2 = d_1 - \sigma\sqrt{T}$$

15. 블랙-숄즈 모형은 Black and Scholes(1973)에 의해 개발되었으며, Garman and Kohlhagen(1983)은 이를 통화옵션에 확장시켰다.

이다. 이 모형에서 이자율평가는

$$F = Se^{(r - r^*)T} \quad \text{(A10-12)}$$

로 표시될 수 있으므로 이를 (A10-10)에 대입하면 옵션가격은 다음과 같이 나타낼 수 있다.

$$\begin{aligned} R_C &= [FN(d_1) - KN(d_2)]e^{-rT} \\ R_P &= [KN(-d_2) - FN(-d_1)]e^{-rT} \end{aligned} \quad \text{(A10-13)}$$

연습문제

01. 금리캡, 금리플로어, 금리컬러의 매입자가 매도자에게 일정한 프리미엄을 지급한다고 할 때 실제적으로 부담하게 되는 차입비용을 그림으로 나타내어라.

02. 스트래들 매도자의 입장에서 손익관계가 어떻게 나타나는지 그림으로 나타내어라.

03. 어느 투자자가 주식을 매입한다고 하자. 이때 무위험포트폴리오를 구성하기 위해서는 주식매입과 더불어 어떻게 옵션을 합성해야 하는가?

04. 본문에서 설명한 합성선물의 비용이 선물환율보다 작은 경우 차익을 취득하기 위한 거래과정을 구체적으로 설명하라.

05. 풋옵션에 대해 옵션가격을 [그림 10-5]와 유사한 그림을 이용해 나타내어라.

06. 고정금리 통화스왑은 두 개의 통화-금리스왑을 이용해 만들어낼 수 있다. 고정금리 원화부채와 고정금리 엔화부채를 스왑하는 경우를 가정하고, 이를 어떻게 만들 수 있는지 설명하라.

07. 현재 스왑가격이 다음 표와 같이 고시되어 있다고 하자. 양키주식회사의 유로CP 발행금리가 LIBOR −37.5bp 수준이라고 할 때, 이 회사가 유로CP 발행을 통해 조달한 자금을 2년간 스위스프랑표시 고정금리채로 스왑을 할 경우 총비용은 얼마인가?

Maturity	Treasury yield	US Swap Spreads(bp) (Semi-annual)	SFr/$ Swap (Annual)
2	9.20	55−59	6.70−6.76
5	9.45	57−62	7.05−7.09

08. 식 (A10−4)를 유도하라.

09. 옵션가격 결정의 이항모형을 통화옵션에 적용하는 경우 식 (A10−7)은 어떻게 변화되는가?

국제금융시장에서의 자금 조달 및 운용

International **Finance**
ch. eleven

11

지금까지 국제금융시장의 구성, 주요 상품 및 가격 결정에 대해 살펴보았다. 많은 금융기관, 기업, 정부 등은 각각 자금수요자 및 공급자로서 국제금융시장에 참가하게 된다. 따라서 자금수요자의 입장에서는 국제금융시장을 이용해 최적의 조건으로 자금조달을 하기 위해 여러 가지 전략을 마련해야 하고, 아울러 자금공급자 입장에서는 국제금융시장을 이용해 최대한의 수익을 올리고자 다양한 전략을 마련해야 할 것이다. 따라서 이 장에서는 앞에서 살펴본 국제금융시장의 제도, 상품 및 가격에 대한 지식을 배경으로 종합적인 입장에서 자금 조달 및 운용에 관한 전략을 설명하고자 한다.

우선 제1절과 제2절은 자금조달에 관한 내용으로, 제1절에서는 자금조달의 의의 및 자금조달 결정에 필요한 몇 가지 기초적인 이론들을 제시하고 제2절에서는 구체적인 국제자금조달 전략을 설명한다. 제3절과 제4절은 자금운용에 관한 부분으로, 제3절에서는 국제분산투자의 의의 및 이론을 설명하고 제4절에서는 국제분산투자전략을 제시한다.

1. 국제자금조달의 기초

1.1 국제자금조달의 의의

한 기업의 입장에서 볼 때 새로운 사업투자 및 기업운영 등에 필요한 자금조달과 관련해 가장 중요한 관심사는 어떤 방법을 활용해 기업의 자금비용을 최소화하고 최적의 재무구조를 달성하는가 하는 문제이다. 국제자금조달이란 기업이 자금을 조달할 때 국내금융시장뿐만 아니라 국제금융시장을 통해서 다양하게 자금을 조달하는 것을 말한다. 따라서 국제자금조달 전략은 기업가치가 최대가 되도록 다양한 국내외 금융상품을 이용해 최적의 재무구조를 선택하는 것이라고 할 수 있다.

국제금융시장에서 자금조달을 하는 기업들은 보다 다양한 선택을 할 수 있기 때문에 국내금융시장에서만 자금을 조달해야 하는 기업들에 비해 일반적으로 더 저렴하게 자금을 조달할 수 있다. 그러나 국제금융시장에서 자금을 조달하는 경우에는 다양한 통화에 따른 환율변화, 각국에서의 금리변화, 시장 간 금융규제환경의 차이, 국가별 조세제도의 차이 등 국내금융시장에 비해 추가적으로 많은 요인들을 고려해야 한다. 따라서 국제금융시장에서 최적의 자금조달구조를 선택하기 위한 과정은 상당히 어려운 노력을 수반하지만 그만큼 최적 결정에 따른 차별적 성과도 커진다.

1.2 자본비용

최적의 재무구조란 자금조달에 따르는 비용를 최소화하여 기업의 가치를 최대화시킬 수 있는 자기자본과 타인자본의 비율을 의미한다. 따라서 국제금융시장에서의 자금조달을 통해 최적의 재무구조를 달성하기 위해서는 우선 자금조달의 비용, 즉 자본비용(cost of capital)이 어떻게 계산되는지 이해해야만 한다.

◉ 자본비용의 계산

자본비용이란 기업이 자본을 사용하는 대가로 자본제공자들에게 지급하는 비용이다. 따라서 기업의 자금조달정책이란 다양한 자금조달원을 이용해 재무구조를 적절히 조절함으로써 자본비용을 최소화하는 정책이라고 정의할 수 있다. 이처럼 자본비용은 기업가치를 최대화하는 최적 재무구조를 결정하는 기준이 된다.

자본비용은 또한 기업이 자본사용에 대한 대가를 지불하기 위해 벌어들여야 할 최소한의 요구수익률을 의미하므로 투자안의 가치를 평가하는 기준이 된다. 즉, 기업이 조달된 자본을 이용해 투자를 한다고 할 때 투자로부터 기대되는 수익률이 자본사용에 대한 비용을 초과해야만 투자를 할 것이므로, 투자의 기대수익률이 자본비용보다 높은가의 여부는 투자안의 선택에 결정적인 기준이 된다.

일반적으로 자본비용은 다음과 같이 자기자본비용과 타인자본비용의 가중평균자본비용(weighted average cost of capital ; WACC)으로 계산된다.

$$K_0 = K_e\frac{E}{V} + K_d(1-t)\frac{D}{V} \qquad (11-1)$$
$$= (1-L)K_e + LK_d(1-t)$$

여기서 K_0는 세후 가중평균자본비용, K_e는 자기자본비용, K_d는 세전 부채비용, t는 세율, E는 자기자본의 시장가치, D는 부채의 시장가치, $V(=E+D)$는 기업의 가치, 그리고 $L(=D/V)$은 부채비율을 나타낸다.

자기자본비용이란 보통주의 자본비용(cost of equity)으로, 시장에서 주식발행을 통해 자금을 조달할 때 투자자들에 의해 요구되는 수익률(required rate of return)을 말하며 주식가치와 밀접한 관련이 있다. 자기자본비용은 타인자본비용에 비해 측정하기가 어려워 다양한 측정방법이 제시되고 있으나 대표적으로 배당평가모형법과 자본자산가격결정모형법이 이용되고 있다. 배당평가모형법(dividend valuation model)은 주식으로부터 기대되는 미래 현금흐름과 주가 간의 관계를 이용해 자기자본비용을 측정하는 방법이다. 이에 따르면 자기자본비용은 현재의 배당률(= 배당금/주가)과 배당금의 연간예상증가율의 합으로 표시된다. 자본자산가격결정모형법(capital asset pricing model ; CAPM)은 CAPM에 의해 산출되는 주식의 기대수익률, 즉 무위험이자율에 위험프리미엄을 합한 값을 자기자본비용으로 이용하는 방법이다.

타인자본비용은 부채비용(cost of debt)으로 채권자들이 자본을 제공하는 대가로 요구하는 요구수익률이다. 타인자본비용 추정치로는 평균차입금리, 기발행채권의 표면금리, 자금조달원천별 차입금리의 가중평균 등이 있는데, 미국의 경우 당해 기업의 발행채권과 유사한 신용위험을 가지는 채권들의 평균금리를 주로 사용하고 있다. 한국은 기업신용평가와 채권시장의 발전이 미숙함에 따른 자료제약으로 인해 편의상 재무제표를 이용해 추정하는 방법이 널리 사용되고 있다. 이론적으로 가장 타당한 것은 타인자본비용을 기업이 조달하는 자금원천별 규모와 조달금리의 역사적 자료를 최대한 활용하여 가중평균식으로 추정하는 것이다. 그런데 부채에 대한 이자는 비용으로 처리되어 세금이 면제되므로 실질부채비용은 이 효과를 고려해 $K_d(1-t)$가 된다.

◉ 해외투자의 자본비용

앞에서 이미 언급한 것과 같이 국제금융시장은 국내금융시장과 많은 면에서 차이가 있고 또한 위험구조도 상이하므로 국내금융시장에서의 자본비용과 국제금융시장에서의 자본비용 간에는 차이가 있을 것이다. 따라서 자금조달의 원천을 국제화할 때는 추가적인 요인들을 고려해 주어야 하는데, 많은 요인들이 자본비용을 감소시키는 방향으로 작용하지만 일부 요인은 자본비용을 오히려 증대시킬 수도 있다.

우선, 국제금융시장을 이용하게 되면 자본이용 가능성이 확대되므로 국내자본조달보다 비용이 감소하는 효과가 발생한다. 이에 따라 자금수요가 지속적으로 증대하더라도 목표자본구조를 유지하기가 용이해진다. 또한 각국의 조세제도의 차이도 자본비용에 영향을 미칠 수 있는데, 예를 들어 어떤 지역에서 이자소득세를 전혀 부과하지 않는다면 투자자들이 요구하는 수익률도 그만큼 낮아질 수 있으므로 이러한 지역에서 증권을 발행하는 경우 자금조달비용을 감소시킬 수 있다. 아울러 어떤 기업이 전세계의 여러 지역에서 영업을 수행하고 자금을 조달하고 있다면 국제포트폴리오에 따른 위험감소 효과가 발생할 것이므로 위험프리미엄에 수반되는 자본비용이 줄어들 수도 있을 것이다.

반면 국제금융시장을 이용하는 경우 국내에서 자금을 조달할 때는 고려할 필요가 없었던 새로운 위험이 발생함으로써 자본비용이 상승할 수도 있다. 그중 대표적인 것이 환위험인데, 국제금융시장에서 다른 나라의 통화로 자금을 조달하는 경우 환율변동에 따라 자본비용이 등락할 수 있다. 예를 들어 6%로 달러화를 차입했는데, 달러화가 8% 평가절상되는 경우 자본비용은 원래의 자본비용(6%)보다 8.48%[= 0.08(1 + 0.06)]만큼 증가하게 된다. 미래의 환율변화에 대해서 완벽하게 예측하는 것은 불가능하므로 다양한 국제통화로 자금을 조달하는 경우 환위험을 부담해야 하며, 환율변동에 따른 위험을 회피하기 위해서는 그에 상응하는 프리미엄을 지급해야 하고 이에 따라 이자비용이 상승하게 된다.

이제 어떤 기업이 그동안 국내에서만 자금을 조달해 오다 새로운 해외사업을 추진하기 위해 국제금융시장에서 자금을 조달한 경우 자본비용을 계산해 보자. 편의상 국내의 어떤 기업이 해외 자회사를 통해 투자를 추진한다고 가정하기로 한다.

만일 해외 자회사를 통한 해외투자가 다국적기업의 재무구조 및 위험구조에 영향을 미치지 않으면 해외투자로 인해 모기업의 자본비용은 영향을 받지 않을 것이다. 따라서 모기업의 자본비용은 여전히 식 (11-1)과 같이 나타날 것이다. 그러나 새로운 해외투자 자금의 일부는 국제금융시장에서 조달되었으므로 그에 따른 자본비용은 식 (11-1)과 다소 차이가 발생할 것이다. 구체적인 예를 들어 설명하기 위해, 신규 투자의 소요자금(I)이 모기업자금(M), 해외 자회사 유보이익(S) 및 해외 현지차입(B)으로 조달되었다고 하자. 모기업자금(M)은 자본조달구조가 모기업과 동일하므로 이에 대한 자본비용은 모기업자본비용과 차이가 없다. 그러나 해외 자회사 유보이익(S)의 경우 유보이익에 대한 각국의 세율이 다를 것이므로 국제자기자본비용(K_w)은 국내자기자본비용(K_e)과 다를 것이다. 따라서 해외투자 자본비용을 계산할 때는 이 차액을 감해 주어야 한다. 또한 해외 현지차입(D)에 대한 이자율도 국내이자율보다 해외이자율(r_w)이 높지는 않을 것이므로(높은 경우에는 국내차입을 이용하게 됨), 이 차이도 감해 주어야 한다. 이러한 차이를 고려한 해외투자의 가중평균자본비용은 다음과 같이 표시된다.

$$K_I = K_0 - (K_e - K_w)\frac{S}{I} - [K_d(1-t) - r_w]\frac{B}{I} \tag{11-2}$$

이와 달리 해외투자로 인해 모기업의 재무구조가 영향을 받는다면 모기업의 자기자본비용도 K_e'로 변하게 되므로 새로운 해외투자안의 자금조달비용은 다음과 같이 변하게 된다.

$$K_I = K_0 + (1-L)(K_e' - K_e) - (K_e - K_w)\frac{S}{I} - [K_d(1-t) - r_w]\frac{B}{I} \tag{11-3}$$

2. 국제자금조달 전략

2.1 자금조달 결정과정

자금조달 결정과정에서 무엇보다도 중요한 것은 기업의 자금수요와 전체적인 자금흐름의 특성을 고려해 다양한 자금조달방법을 적절히 선택함으로써 가장 적합한 형

그림 11-1 국제자금조달 의사결정 과정

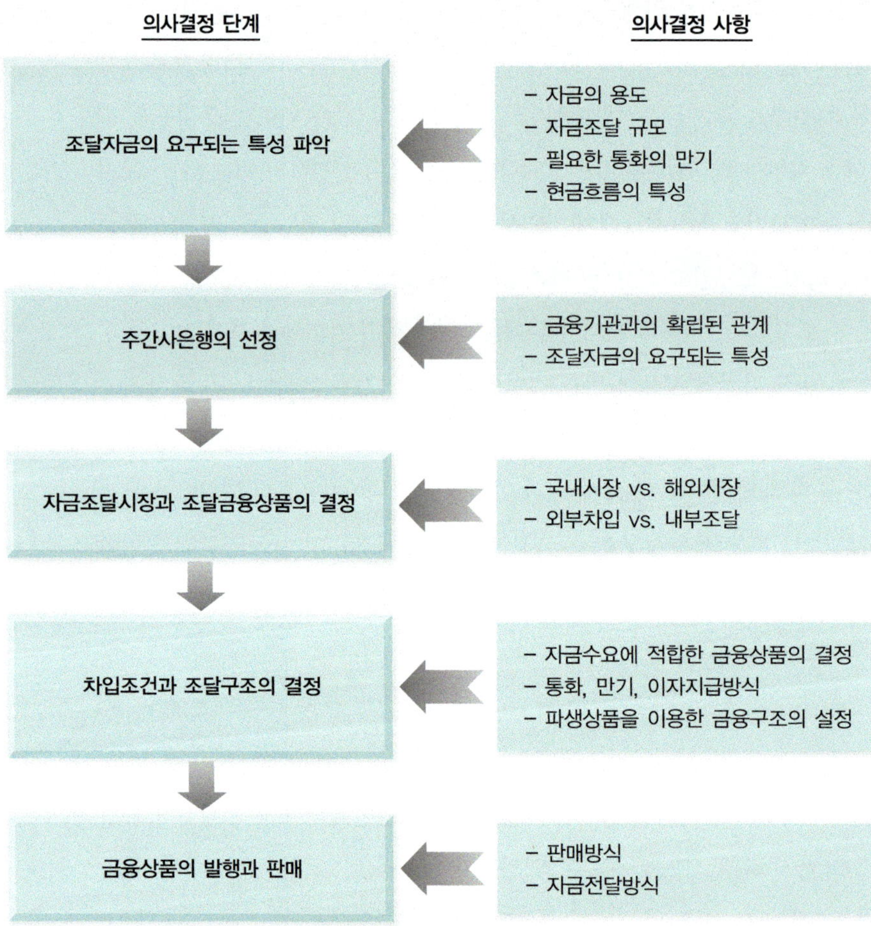

자료 : 민상기 · 정창영(1998), p.465, [그림 17-1]을 일부 수정.

태의 자금조달구조를 만들어내는 것이다. 국제금융시장을 이용해 최적의 자금조달구조를 찾아내기 위한 의사결정 과정은 통상 [그림 11-1]에 제시된 단계를 따른다.

첫째 단계에서는 조달하고자 하는 자금이 소요될 용도를 정하고 그에 필요한 자금규모를 결정해야 한다. 이때 자금조달을 위한 금융상품의 표시통화와 만기, 발행지 문제 등도 고려해야 한다. 둘째 단계에서는 계획대로 원활하게 자금이 조달되도록 자금조달의 전 과정을 관리해 줄 금융기관을 선정한다. 거래금융기관은 차입계획의 수립부터 금융상품의 발행과 판매에 이르기까지 주도적으로 이끌어가는 역할을 해야 하기 때문에 주간사은행의 전문성과 능력은 최적의 자금조달을 하는 데 중요한 요인이 된다. 셋째 단계에서는 자금조달시장과 자금조달구조를 결정한다. 특히 국제금융시장에서의 자금조달 비중을 어느 정도로 하며 외부차입 비중은 어느 정도로 할 것인지를 이 단계에서 결정한다. 넷째 단계는 보다 구체적으로 금융상품의 구조와 특성을 결정하는 단계이다. 여기서 파생금융상품 등을 이용한 복합적인 차입구조를 만들어낼 수 있다. 마지막 단계는 이러한 과정을 통해 결정된 금융상품을 발행하고 판매하여 자금을 손에 넣게 되는 단계이다.

2.2 고려해야 할 중요한 문제들

앞에서 설명한 것처럼 국제자금조달 결정과정에서는 단계별로 여러 요인들을 고려해야 한다. 이 중 구체적인 자금조달구조의 결정과 관련해 특히 중요하게 고려해야 할 문제로는 최적 부채비율의 결정, 부채조달방식 결정(고정금리부채 대 변동금리부채 간의 구성비율, 단기부채 대 장기부채 간의 구성비율, 통화별 구성비율 등), 그리고 구체적인 금융상품 결정(파생상품 이용 등) 등을 들 수 있다.

◉ 부채비율의 결정 : 자기자본 vs. 부채

일반적으로 모든 자금을 자기자본 혹은 타인자본으로만 조달하는 것은 바람직하지 않고 양자를 적절히 혼합하는 것이 바람직하다. 구체적으로 자기자본 대 부채의 비율을 어떻게 정하는가는 세제, 위험프리미엄, 신용등급의 변화, 투자자들의 인식변화 등 다양한 요인에 의해 영향을 받는다.

이와 같은 자기자본 대 부채 간의 선택문제에 이론적인 출발점을 제공한 것은 모

그림 11-2 부채규모가 기업가치에 미치는 영향

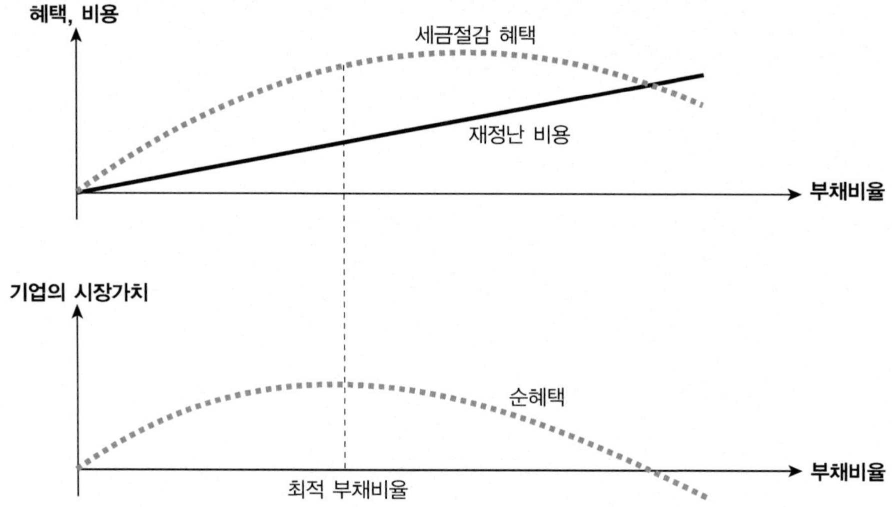

딜리아니-밀러의 정리(Modgliani-Miller's theorem)였다. 이 정리에 따르면, 기업의 가치는 그 기업의 자본구조와 무관하게 결정된다. 즉, 완전시장에서 합리적 투자자들이 존재하고 법인세효과가 존재하지 않는다면, 자본구조는 기업의 자본비용과 시장평가에 아무런 영향을 미치지 않는다는 것이다.

그러나 이들의 연구는 지나친 가정을 전제로 하여 출발했기 때문에 현실과는 많은 괴리가 있었다. 따라서 이후의 연구들은 모딜리아니-밀러 정리에서 도입된 가정들을 완화하고 자기자본 대 부채의 선택문제를 분석했다. 자본시장에서의 제반비용을 고려하고 보다 현실적인 가정에서 출발한 연구들은, 각 기업의 사업특성에 적절한 자금조달선택 방법들이 있으며 이러한 적절한 자금조달선택을 통해 그 기업의 가치를 향상시킬 수 있다고 결론을 내리고 있다.

어느 정도의 부채비율이 적절한가는 부채에 의한 자금조달이 가져다주는 혜택과 비용을 비교해 보아야 한다. 예를 들어 부채에 의한 자금조달을 유리하게 만드는 가장 중요한 요인은 이자비용에 대한 세금공제이다. 따라서 총필요자금 조달규모 중에서 부채비율을 늘리면 늘릴수록 이 혜택은 커져 간다. 그러나 이와 동시에 수반되는 비용은, 어떤 기업의 부채비율이 높으면 높을수록 재정난에 따른 도산위험이 커져 간다는 것이다. 이처럼 부채증가에 따른 세금절감액과 재정난 가중비용 간에는 상충관계가 존재하기 때문에 일정한 부채비율 수준까지는 순혜택(= 혜택 – 비용)이 증가해 기업가치가 커지지만, 어느 수준을 넘어서면 오히려 순혜택이 감소해 기업가치가 작아지기 시작한다. 따라서 [그림 11-2]에서처럼 순혜택이 정점에 이르러 기업가치가 최대로 되는 부채비율을 최적 부채비율로 결정하는 것이다.

◉ 부채조달방식 결정

부채비율을 결정하고 나면 부채종류를 선택하기 위해 금리형태(고정 vs. 변동), 만기, 표시통화 등의 요소들을 고려해야만 한다. 이러한 요소들의 결정에 있어서 기본적으로 두 가지 원칙을 제시할 수 있다. 첫째, 기업은 부채의 구성을 자산 쪽에서 발생하는 현금흐름의 특성과 일치시켜야 한다. 이를 통해 재정난이 발생할 확률을 최소화함으로써 더 많은 부채조달에 의한 세금절감 효과를 제고시킬 수 있다. 둘째, 시장가격에 반영된 환율, 금리 등에 대한 시장의 예상이 기업의 예상과 다를 경우, 기업 자신의 예상이 시장의 예상보다 우월하다고 확신할 때만 첫째 원칙에서 벗어나도 좋다.

첫째 원칙은, 금리형태와 관련해 상대적으로 고정적인 수입을 가진 기업은 고정금리부채를 발행하는 것이 좋은 반면 변동금리로 대출을 하고 있는 금융기관과 같이 수입이 시장금리에 따라 변하는 기업은 변동금리부채를 가져야 한다는 것을 말해 준다. 만기와 관련해서도 첫째 원칙은 부채의 상환일정이 기업의 자산으로부터 기대되는 현금흐름과 일치해야 함을 의미한다. 따라서 핵발전소와 같이 장기투자가 필요한 경우에는 채무상환의 만기가 수십년에 이르는 부채를 통해 자금을 조달해야 하며, 이와는 반대로 기업의 외상매출채권을 구입하는 금융회사는 단기상품을 통해 자금을 조달하는 것이 좋다. 부채통화표시와 관련해서도 이 원칙은 기업들이 환율변동에 따른 환위험을 회피할 수 있도록 항상 자금조달의 표시통화를 매출수입의 표시통화와 일치시키려고 노력해야 한다는 것을 의미한다.[1]

둘째 원칙에서 강조하고 있는 것은, 일반적으로 기업들은 이자율 및 환율을 정확하게 예측할 수 있는 독점적인 정보나 능력을 가지고 있지 않기 때문에 자금조달을 투기의 수단으로 이용하는 것은 도움이 되지 않는다는 사실이다. 시장에서의 미래이자율 및 미래환율에 대한 예상은 선도금리 및 선물환율로 나타나는데, 물론 미래의 가격이 이러한 시장의 예상과는 다르게 나타날 수 있다. 그러나 향후 이자율 및 환율이 유

1. 환위험 관리에 대해서는 제15장에서 자세히 소개하고 있다.

리한 방향으로 움직일 것을 예상하고 다양한 통화표시의 장·단기부채를 혼합해 이득을 보겠다고 하는 기업들은, 마치 이자율 변화 및 환율변화에 결정적인 역할을 하는 전문적인 금융기관들을 상대로 내기를 하겠다는 것과 다를 바 없다. 따라서 둘째 원칙을 적극적인 차원에서 이용할 수 있는 참가자는 일반 기업들이라기보다는 투자전문 금융기관이라고 할 수 있다.

◉ 구체적인 금융상품 결정

금리형태, 만기, 표시통화 등 부채조달방식이 결정되면 구체적인 금융상품을 선택해 이 결정을 실행할 수 있는 최선의 방법을 찾아야만 한다. 예를 들어 미달러화를 변동금리로 조달하기로 한 경우, FRN을 발행할 수도 있고, 미달러표시 회사채를 발행해 금리스왑을 함으로써 금리를 낮출 수도 있으며, 또는 파운드표시 유로채를 발행해 통화스왑을 함으로써 더 저렴한 변동금리를 확보할 수도 있다. 또한 기업이 만기를 장기로 정했다고 하더라도 구체적으로 자금을 장기적으로 확보하는 방법은 여러 가지가 있으므로 적절한 방법을 선택해야 한다. 예를 들어, 단순히 장기차입을 함으로써 장기자금을 확보할 수도 있지만, 다른 한 가지 방법은 단기차입을 하면서 은행으로부터 계속 장기적으로 대출을 해준다는 보장, 즉 회전약정 퍼실리티(committed revolving bank facility)를 얻는 것이다. 따라서 기업은 여러 가능성 중 자신들의 현금흐름에 적절한 상품을 선택해야만 한다.

기업들이 구체적인 금융상품을 선택할 때 부채조달비용을 최소화시켜야 한다는 목표와 함께 동시에 고려해야 하는 것은 자금조달에 수반되는 위험을 헤징시켜야 한다는 점이다. 이를 달성하기 위해 파생금융상품시장을 이용할 수 있는데, 구체적인 파생금융상품을 선택할 때에도 앞에서 제시한 두 가지 원칙을 염두에 두어야 한다. 즉, 파생금융상품은 헤징거래, 차익거래, 투기거래 등의 목적으로 이용될 수 있는데, 기업이 국제금융시장을 이용해 자금을 조달하는 과정에서는 기본적으로 헤징거래의 목적으로 이용해야 한다는 것이다. 그러나 투자를 전문으로 하는 참가자들은 제3절 이후의 자금운용 차원에서 헤징거래뿐만 아니라 차익거래 및 투기거래를 목적으로 금융상품을 선택할 수도 있을 것이다.

3. 국제포트폴리오투자의 기초

지금까지 국제금융시장에서의 자금조달에 대해 살펴보았다. 그러나 금융시장에서의 자금조달은 자금운용과 밀접한 관련을 가지고 있다. 예를 들어 자금조달은 최초의 단계에 해외공장건설, 해외주식투자 등과 같은 자금용도를 정해야 하기 때문에 적절한 자금운용계획을 마련하는 것이 무엇보다도 필수적이다. 또한 어떤 개인 또는 기업이 잉여자금을 보유하게 된 경우 이를 투자해 이익을 극대화하고자 할 것이므로 최선의 자금운용전략을 마련해야 할 것이다. 따라서 이 절과 다음 절에서는 국제금융시장에서의 자금운용에 대해 살펴보고자 한다.

국제금융시장을 이용한 자금운용은 크게 해외직접투자와 국제포트폴리오투자를 통해 이루어진다. 이 중 해외직접투자는 사전에 정해진 내용에 따라 자금이 운용되는 측면이 큰 반면, 국제포트폴리오투자는 상대적으로 시장의 변화를 민감하게 이용하는 측면이 있고 또한 오늘날 국제금융시장에서의 대규모 자본이동에 보다 큰 영향을 미치고 있으므로, 여기서는 국제포트폴리오투자를 중심으로 자금운용전략에 대해 설명하고자 한다.

3.1 국제포트폴리오투자의 의의

◉ 국제포트폴리오투자 vs. 해외직접투자

해외직접투자(foreign direct investment ; FDI)는 거주자가 해외에 소재한 기업의 경영을 지배하거나 통제권을 행사함으로써 직접 생산과 판매활동을 수행하기 위해 투자하는 것을 말한다. 이에 반해 국제포트폴리오투자(international portfolio investment)는 거주자가 경영 지배나 통제의 목적이 아닌 단순한 배당금이나 이자수입을 목적으로 해외기업의 주식이나 채권을 취득하는 것을 말하며, 국제분산투자(international diversification investment) 혹은 해외간접투자라고도 부른다.

양자 간의 차이는 〈표 11-1〉과 같이 정리할 수 있다.

표 11-1 국제포트폴리오투자와 해외직접투자의 비교

	국제포트폴리오투자	해외직접투자
목적	단순한 수익 목적	기업에 대한 지배를 목적
이동대상	금융자본의 국제이동	기술, 경영노하우 등의 이전을 수반
사업성격	운명을 공유하지 않음	현지기업과 운명 및 위험을 공유
산업범위	특정한 산업을 목표로 하지 않음	특정한 산업을 지정해 자본이 이동

◉ 국제포트폴리오투자의 동기

국내투자 기회가 있음에도 불구하고 투자자들이 국제포트폴리오투자를 하게 되는 동기로는 크게 분산투자에 따른 위험감소 효과와 유리한 투자기회를 들 수 있다.

① 위험감소 효과

일반적으로 투자다변화를 통해 포트폴리오에 포함된 증권의 수를 증가시키게 되면 위험을 감소시킬 수 있다. 그러나 시장 전반에 공통적으로 영향을 미치는 요인으로 인해 발생하는 위험은 시장 내에서 아무리 증권의 수를 늘린다고 하더라도 제거할 수 없기 때문에 분산투자에 따라 위험은 일정한 수준까지만 줄어들고 더 이상 감소하지 않는다. 이 경우 분산투자로 제거할 수 있는 위험을 비체계적 위험(non-systematic risk)이라 하고, 분산투자로도 제거할 수 없는 위험을 체계적 위험(systematic risk)이라 한다. 따라서 어떤 투자자가 국내증권에만 투자하게 되면 증권수를 증대시킴으로써 비체계적 위험을 감소시킬 수 있지만, [그림 11-3]에서와 같이 증권수를 계속 늘려도 체계적 위험은 소멸시킬 수 없다.

그러나 국제포트폴리오투자를 하게 되면 이와 같은 국내시장의 체계적 위험도 일부 축소시킬 수 있다. 이는 각국의 시장이 서로 다르게 움직이고 있기 때문이다. 개별 국가 내에서 보면 시장 전반에 공통적으로 영향을 미치는 요인일지라도 다른 국가의 시장 전반에 공통적으로 영향을 미치는 요인과 반드시 동일하게 움직이지는 않는다. 이처럼 개별국 시장 전반에 영향을 미치는 경제정책, 경기변동 등 여러 가지 요인들이 각국 간에 서로 다르기 때문에, 국제투자를 하는 경우 개별 국가 특유의 요인이 서로 상쇄되어 특정 국가 내의 체계적 위험이 추가적으로 제거될 수 있다.

이러한 위험분산 효과는 각국의 금융시장이 서로 밀접하게 움직이면 움직일수록 작아지고 서로 다르게 움직이면 움직일수록 커지게 된다. 만일 어떤 두 시장이 서로 정반대로 움직인다면, 분산투자를 통해 완전히 위험을 제거할 수도 있다. 〈표 11-2〉

포트폴리오투자의 위험감소 효과 그림 11-3

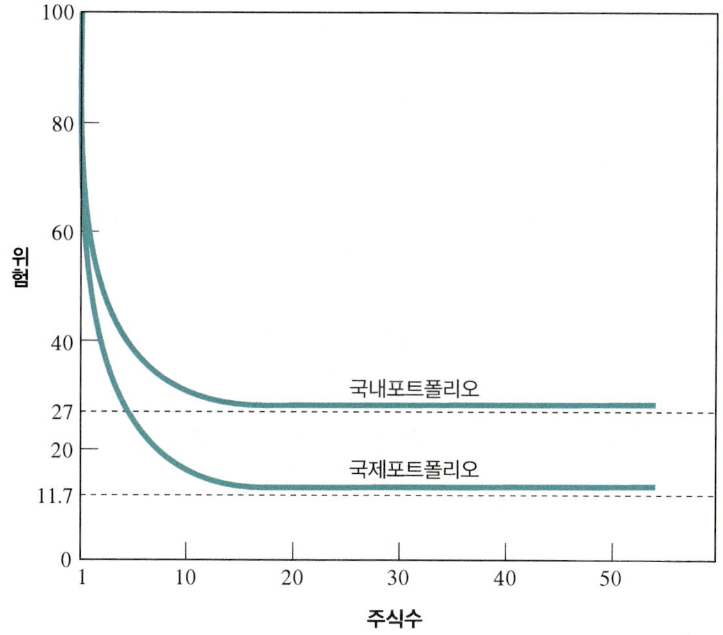

자료: Solinik(1996), p.106.

표 11-2 주식수익률의 상관관계

	호주	프랑스	독일	일본	네덜란드	스위스	영국	미국
호주	0.586							
프랑스	0.286	0.576						
독일	0.183	0.312	0.653					
일본	0.152	0.238	0.300	0.416				
네덜란드	0.241	0.344	0.509	0.282	0.624			
스위스	0.358	0.368	0.475	0.271	0.517	0.664		
영국	0.315	0.378	0.299	0.209	0.393	0.431	0.698	
미국	0.304	0.225	0.170	0.137	0.271	0.272	0.279	0.439

주 : 수익률은 1주일 단위로 측정되었으며, 포함된 기간은 1973~1982년이다.
자료: Eun and Resnick(2001), p.256.

는 주요 국가들의 증권시장에서 주식가격의 움직임을 경험적으로 보여주고 있다. 이 표에서 대각선에 나타나 있는 숫자는 각국 시장 내에서 개별 주식 수익률들의 상관계수이고, 대각선 밖에 있는 숫자는 한 국가와 다른 국가 간 개별 주식 수익률들의 상관계수이다. 이에 따르면 국가 내 개별 주식들 간의 상관관계보다 국가 간 주식들 간의 상관계수가 훨씬 작게 나타나고 있다. 이는 어떤 증권이 자국 내의 다른 증권과는 서로 긴밀한 관계를 유지하면서 움직이나 다른 국가의 증권들과는 훨씬 관계가 미약하므로 국제투자를 통해 국내투자에서보다 위험을 감소시킬 수 있는 가능성이 크다는 것을 의미한다.

② 유리한 투자기회

국제포트폴리오투자를 하는 또 다른 동기는 투자기회를 국내로 제한하는 것보다 국제로 확대하게 되면 보다 유리한 기회를 포착할 수 있는 가능성이 커지기 때문이다. 만일 위험을 감소시키는 것이 유일한 목적이라면 이는 국내에서의 무위험증권에 대한 투자를 통해서도 가능하며 구태여 국제투자를 할 필요가 없을지도 모른다. 그러나 무위험증권에 대한 투자는 위험뿐만 아니라 기대이익도 감소시키는 반면, 국제포트폴리오투자의 경우에는 동일한 수익률 수준에서 위험을 감소시키거나 아니면 동일한 위험수준에서 수익률을 증가시킬 수 있다. 즉, 위험 대비 수익률 비율(= 수익률/위험)을 높일 수 있다는 것이다.

이처럼 국제포트폴리오투자를 통해 유리한 기회를 포착할 수 있도록 하는 요인은 크게 세 가지 정도를 들 수 있다. 첫째, 전 세계 어딘가에는 국내시장에 비해 빠르게 성장하는 시장이 존재할 것이고 아울러 국내시장에서의 수익률보다 높은 수익률을 가져다주는 금융상품이 존재한다는 것이다. 둘째, 설사 국내시장이 가장 빠르게 성장하고 국내시장에서의 금융상품이 전 세계에서 최고의 수익률을 낳을지라도, 국내의 금융상품과 아주 다르게 움직이는 금융상품이 전 세계 어딘가에는 존재할 것이므로 이들의 적당한 결합을 통해 위험을 훨씬 더 큰 폭으로 감소시켜 수익률/위험 비율을 증가시킬 수 있다. 셋째, 이들 외에 국제금융시장에서의 환차익도 유리한 기회로 작용할 수 있다.

〈표 11-3〉은 국제포트폴리오투자를 하는 경우 국내포트폴리오투자에 비해 얼마만큼 이득이 발생하는지를 경험적으로 보여주고 있다. 〈표 11-3〉은 각국의 입장에서 국내주식만을 포함시킨 국내포트폴리오와 해외주식까지 고려해 구성한 국제포트폴리오의 투자성과를 샤프성과기준(Sharpe performance measure; SPM)을 이용해 비교한 것이다.[2]

---

2. 샤프성과기준(*SPM*)은 투자수익률을 위험에 대해 조정한 것으로, $\bar{r}_i$ 및 σ_i를 개별 주식 수익률의 평균 및 표준편차(위험을 나타냄)라고 하고, r_f를 무위험이자율이라고 하면 다음과 같이 표시할 수 있다.

$$SPM = \frac{\bar{r}_i - r_f}{\sigma_i} \tag{11-4}$$

표 11-3 국제포트폴리오투자의 이득 : 주식시장의 경우

국가	국내포트폴리오			국제포트폴리오			국제포트폴리오 투자의 이득	
	평균수익률 (%)	표준편차 (%)	*SPM* (1)	평균수익률 (%)	표준편차 (%)	*SPM* (2)	*ΔSPM* (2)−(1)	추가이득
벨기에	1.72	5.79	0.297	1.68	4.54	0.370	0.073	0.42
캐나다	0.81	5.23	0.155	1.56	4.04	0.386	0.231	1.20
프랑스	1.55	6.28	0.247	1.77	4.67	0.379	0.132	0.83
독일	1.12	5.98	0.187	1.55	4.61	0.336	0.149	0.89
이탈리아	1.70	7.96	0.214	1.92	4.37	0.439	0.225	1.80
일본	0.94	5.99	0.157	1.16	4.53	0.256	0.099	0.59
네덜란드	1.47	5.22	0.282	1.56	4.59	0.340	0.058	0.30
스웨덴	2.21	7.30	0.303	1.91	4.52	0.423	0.120	0.88
스위스	1.06	4.94	0.215	1.54	4.87	0.316	0.101	0.50
영국	1.70	5.45	0.312	1.82	4.60	0.396	0.084	0.46
미국	1.33	4.56	0.292	1.53	4.27	0.358	0.066	0.30

주 : 수익률은 무위험자산 대비 초과수익률을 나타냄. 국제포트폴리오는 과거 데이터를 이용해 구성한 최적 포트폴리오임. 추가이득은 동일한 위험수준(국내표준편차 기준)에서 비교했을 때 국제포트폴리오가 추가적으로 가져다주는 수익률을 나타냄.

자료 : Eun and Resnick(2001), p.263.

이 표에 따르면 거의 모든 국가에서 국제포트폴리오의 평균수익률이 더 크게 나타나고 있으며, 위험까지 고려해 *SPM*을 비교해 보면 모든 국가에서 국제포트폴리오가 국내포트폴리오에 비해 훨씬 성과가 좋게 나타나고 있다. 이러한 성과는 국제주식시장뿐만 아니라 국제채권시장에서도 마찬가지로 나타나고 있다.

◉ 국제포트폴리오투자에 대한 반론

이상에서 설명한 것과 같이 국제포트폴리오투자를 하는 경우 국내투자에 비해 추가적인 이득을 얻을 수 있음에도 불구하고 국제포트폴리오투자에 대한 여러 가지 반론이 제기될 수 있다.

그중 하나는 국내시장에 비해 외국시장이 더 변동적인 경우에는 구태여 국제투자를 할 필요가 없다는 주장이다. 즉, 국내에 비해 더 위험한 시장에 투자를 하게 되면 전체적인 포트폴리오의 위험도 증가하기 때문에 국제투자에 따른 추가적인 이득을 취하기 어렵다는 것이다.

그러나 이러한 주장은 통계학의 기본적인 원리를 이해하지 못하고 제기된 것으

로, 비록 외국시장이 더 변동적일지라도 국내시장과 다르게 움직인다면 위험을 감소시킬 수 있는 여지가 충분히 있다. 예를 들어 국내자산의 표준편차(σ_d)가 10%인 데 반해 외국자산의 표준편차(σ_f)는 12%로 국내자산에 비해 더 위험하다고 하자. 만일 양자 간의 상관관계(ρ)가 30%라고 하면 국내자산과 외국자산을 반반씩 혼합해 구성한 국제포트폴리오의 표준편차(σ_w)는

$$\sigma_W = \sqrt{0.5^2(\sigma_d^2 + \sigma_f^2 + 2\rho\sigma_d\sigma_f)} \quad (11-5)$$
$$= \sqrt{0.5^2(100 + 144 + 2 \times 0.3 \times 10 \times 12)} = \sqrt{79} = 8.88\%$$

가 된다. 따라서 외국시장이 더 변동적일지라도 각국 시장의 상관관계가 아주 크지 않으면 국제포트폴리오를 통해 위험을 감소시킬 수 있다.

국제포트폴리오투자에 대한 두번째 반론은 국제 간 거래에서 새로이 추가되는 환위험이 분산투자에 따른 위험감소를 압도할 수 있다는 주장이다. 국제투자를 하는 경우 투자성과는 자국통화로 평가해야 하므로 자국통화표시 투자수익률(r)은 다음과 같이 현지시장의 수익률(r^*)뿐만 아니라 환율변화율(Δs)에도 영향을 받는다.

$$r = (1 + r^*)(1 + \Delta s) - 1 = r^* + \Delta s + r^*\Delta s \quad (11-6)$$

이 식의 마지막 항($r^*\Delta s$)은 무시해도 좋을 정도로 크기가 작으므로 투자수익률의 분산, 즉 국제투자에 따른 위험은

$$Var(r) = Var(r^* + \Delta s) = Var(r^*) + Var(\Delta s) + 2Cov(r^*, \Delta s) \quad (11-7)$$

으로 표시할 수 있다. 식 (11-7)은 환율변동이 해외투자수익률에 중요한 영향을 끼친다는 것을 의미한다.

이러한 반론은 상당히 그럴듯하고, 실증적으로 분석한 결과도 환율변동이 해외투자의 위험에 상당한 영향을 미치고 있으며, 특히 채권투자의 경우 현지시장의 불확실성보다 환율변동에 따른 불확실성이 더 크게 나타나고 있다.[3] 그러나 그렇다고 해서

3. 구체적인 사례는 Eun and Resnick(1994)을 참조할 것.

국제투자를 회피해야 한다는 논리가 정당화되는 것은 아니다. 우선 실제적인 국제금융거래에서는 제6장부터 제10장까지 소개한 것과 같이 선물환거래, 선물거래, 옵션거래, 스왑거래 등 다양한 기법을 이용해 환위험을 방지하고 있다. 또한 환율변동에 따라 손실뿐만 아니라 이익이 생길 가능성도 커지므로, 보다 적극적인 투자를 하고자 하는 사람들에게는 이러한 변화가능성이 오히려 투자기회를 제공하고 있다.

세 번째 반론은 국제투자를 제한하는 여러 가지 제도적인 요인 때문에 국제투자에 수반되는 비용을 고려하면 국제투자의 추가적인 이득은 실제적으로 거의 없다는 주장이다. 국제투자에 따른 비용을 증대시키는 요인들로는 문화적 차이, 거래비용, 법적 규제, 조세제도 차이, 정치적 위험 등을 들 수 있다. 예를 들어 문화적 차이로 인해 외국시장에 대해 생소한 경우 투자에 유용한 정보를 수집하고 현지 시장에 적응하기 위해 상당한 비용이 수반될 수 있다. 또한 비록 통신망이 발달했다고 해도 국제투자는 국내투자에 비해 거래비용이 많이 들 것이고, 게다가 국내거래와 달리 외화유출입 및 자본거래에 대한 각종 규제가 존재한다고 하면 거래비용은 더욱 증대될 것이다. 한편 외국인 재산의 국유화 등과 같은 정치적인 위험은 외국투자자의 입장에서는 그대로 손실로 나타날 수 있다.

물론 이와 같은 비용들이 아직까지 많이 남아 있는 것은 사실이다. 그러나 이러한 비용을 고려하더라도 앞의 〈표 11-3〉에 제시된 것과 같이 국제투자를 하는 경우 유리한 조건이 더 크게 시현될 수 있다. 더구나 최근 국제금융시장의 글로벌화 및 기술발전을 고려하면, 위에서 제기한 여러 비용은 상당히 빠른 속도로 감소될 것이라고 생각한다.

3.2 국제포트폴리오투자이론

지금까지 국제포트폴리오투자에 따른 이득에 대해 살펴보았다. 그렇다면 국제금융시장에서의 여러 가지 금융상품 중 어느 상품을 선택함으로써 이익을 극대화시키는 포트폴리오를 구성할 수 있을까? 이에 대한 해답을 얻기 위해서는 국제금융시장에서 수많은 투자자들이 최적의 포트폴리오를 구성했을 때 나타나는 균형가격이 어떻게 결정되는지를 이해해야 한다.

투자자들은 증권을 선택할 때 단순히 수익률이 높은가 낮은가 혹은 위험이 큰가 작은가를 고려하는 것이 아니라, 어떤 증권이 위험에 대해 적절한 수익을 제공하고 있

Box 11-1 Homebias Puzzle

국제포트폴리오투자에 따른 여러 가지 추가 이득의 가능성을 고려해 볼 때 우리는 자본이동이 자유로운 선진국들의 경우 상당한 비중의 자산이 해외에 투자되었을 것이라고 짐작하게 된다. 그런데 실제적으로 각국 투자자들의 자산구성을 보면 〈표 11-4〉에 제시된 것처럼 대부분 국내자산에 투자하고 있으며 해외투자의 비중은 예상보다 훨씬 작다. 예를 들어 전 세계 주식시장에서 가장 규모가 큰 미국과 일본의 경우 국내투자의 비중이 각각 98.0% 및 86.7%로 압도적인 비중을 차지하고 있다.

이처럼 국제포트폴리오투자이론의 예측과는 달리 국내 비중이 압도적으로 높은 현상을 국내편중현상(home-bias)이라고 하는데, 이는 다음과 같은 여러 가지 요인에 기인한다. 첫째, 문화적 요인으로서 외국시장에 대한 생소함으로 인해 해외투자가 월등하게 유리한 조건이 아니라면 국내투자에 비해 꺼려하는 경향이 있다. 둘째, 인플레이션이 발생하게 되면 구매력평가가 파괴되어 환율이 변화되므로 해외투자를 하는 경우 국내인플레이션 위험에 대비할 수 있는 여력이 작아진다. 따라서 투자자들은 자산관리 과정에서 국내인플레이션에 대한 헤징목적으로 국내자산에 투자하기도 한다. 셋째, 국제금융거래에 대한 규제가 완화되고 있지만 아직도 많은 규제가 남아 있어 해외투자가 제한되고 국내투자 비중이 크게 나타나는 것이다. 조세 및 거래비용도 여전히 자본의 국제이동을 제한하는 요인으로 작용하고 있다.

이상에서 언급한 요인들이 복합적으로 작용해 국내편중현상이 나타나고 있기는 하지만, 국제금융시장의 통합화, 금융혁신 및 기술발전 등은 이러한 요인들의 영향을 감소시킬 것이다. 따라서 국내편중현상은 상당 부분 감소될 것으로 전망된다.

표 11-4 세계 주식시장의 국내편중현상, 1987년 12월 (단위 : %)

국가	세계 주식시장에서의 비중	국내투자 비중
프랑스	2.6	64.4
독일	3.2	75.4
이탈리아	1.9	91.0
일본	43.7	86.7
스페인	1.1	94.2
스웨덴	0.8	100.0
영국	10.3	78.5
미국	36.4	98.0

자료 : Cooper and Kaplanis(1994).

는가 하는 점을 고려한다. 여기서 적절하다고 함은 균형가격 수준임을 의미하는데, 어떤 증권의 가격이 균형수준과 다르다면 포트폴리오 조정을 통해 이득을 취할 수 있을 것이다. 따라서 국제포트폴리오투자를 하고자 할 때 자산시장의 균형가격을 파악하는 것이 중요한데, 대표적인 균형가격 결정이론으로는 국제자본자산가격결정이론

(international capital asset pricing model ; 국제CAPM)과 국제차익가격결정이론 (international arbitrage pricing theory ; 국제APT)을 들 수 있다.

◉ 국제자본자산가격결정이론(국제CAPM)

국제CAPM을 설명하기 전에 이 모형의 기초가 되는 자본자산가격결정모형(CAPM)을 먼저 간단히 설명해 보자. 불확실성 하에서 투자자들은 기대수익률과 위험을 고려해 자신들의 기대효용을 극대화하는 포트폴리오를 구성한다. CAPM은 자산시장의 참여자들이 모두 이러한 선택원리에 따라 행동하는 경우 시장의 균형상태에서 자산가격이 어떻게 나타나는가를 설명하기 위한 이론이다.

CAPM에 따르면 균형상태에서 기대수익률은 아래의 식과 같이 무위험이자율과 위험프리미엄을 더한 값으로 나타난다.

$$E(r_i) = r_f + \beta_i[E(r_m) - r_f] \qquad (11-8)$$

여기서 $E(r_i)$는 i자산의 기대수익률, r_f는 무위험이자율, $E(r_m)$은 시장포트폴리오의 기대수익률을 나타낸다. β_i는 i자산의 체계적 위험을 나타내는 베타로 시장움직임에 대한 i자산의 민감도를 보여준다.[4] 따라서 이 식은 i자산의 위험프리미엄의 크기가 시장위험프리미엄에 i자산의 체계적 위험을 나타내는 β_i를 곱한 값으로 결정된다는 것을 의미한다.

이러한 CAPM의 원리를 국제분산투자에 응용하고자 한 것이 국제CAPM이다. 즉, 투자자들이 국내금융시장뿐만 아니라 국제금융시장을 대상으로 효율적인 분산투자를 한다고 할 때 기대수익률과 위험 간의 관계를 보여주는 것이 국제CAPM이다. 국제분산투자를 하는 경우 환율변동에 따른 위험을 반드시 고려해야 하므로, 국제CAPM에서는 균형상태의 기대수익률이 식 (11-8)과는 달리 무위험이자율에 시장위험프리미엄과 통화위험프리미엄을 더한 값으로 나타난다.

---

4. β_i는 구체적으로 다음과 같은 식을 이용해 계산된다.

$$\beta_i = \frac{i\text{자산의 수익률과 시장포트폴리오 수익률 간의 공분산}}{\text{시장포트폴리오 수익률의 분산}} = \frac{Cov(r_i, r_m)}{Var(r_m)} \qquad (11-9)$$

$$E(r_i) = r_f + \beta_i^w [E(r_w) - r_f] + \alpha_{i1} rp_1 + \alpha_{i2} rp_2 + \cdots\cdots + \alpha_{ik} rp_k \qquad (11-10)$$

여기서 $E(r_w)$는 세계시장포트폴리오의 기대수익률을 나타내고, rp_j는 j국가 통화와의 환율변화에 따른 통화위험프리미엄을 나타낸다. β_i^w는 i자산의 세계시장 움직임에 대한 민감도를 보여주고, α_{ij}는 j국가 통화와의 환율변화에 대한 i자산의 민감도를 보여준다.

식 (11-10)은 투자자가 포트폴리오 구성을 위해 자산을 선택할 때 다음과 같이 이용될 수 있다. 예를 들어 어떤 증권으로부터 예상되는 수익률이 식 (11-10)에 의해 추정된 균형수준보다 높다면, 이 증권은 현재 과소평가되어 있다고 볼 수 있다. 따라서 투자자는 이 증권을 매입해 국제포트폴리오에서의 비중을 높임으로써 향후 이득을 얻을 수 있을 것이다. 반대로 어떤 증권으로부터 예상되는 수익률이 식 (11-10)에 의해 추정된 균형수준보다 낮다면 그 증권은 현재 과대평가되어 있기 때문에 앞으로 하락할 가능성이 크다. 따라서 투자자는 과대평가된 증권을 공매도함으로써 추후 이득을 얻을 수 있을 것이다. 또한 시장이 전반적으로 활황추세를 보일 것이라고 예상하는 경우, 포트폴리오 구성에서 시장에 대해 민감한 반응을 보이는 자산의 비중을 높이면 이득을 취할 수 있는 가능성이 커진다.

◉ 국제차익가격결정이론(국제APT)

차익가격결정이론(APT)은 CAPM에 비해 보다 일반적인 균형가격결정모형으로, 시장포트폴리오를 상정하지 않고 있다. 즉, 이 이론은 어떤 자산의 기대수익률이 시장포트폴리오 기대수익률 대신에 다음의 식과 같이 모든 자산에 공통적으로 영향을 미치는 외생변수들의 영향으로 반영될 수 있다고 주장한다.

$$E(r_i) = r_f + \beta_{i1} fp_1 + \beta_{i2} fp_2 + \cdots\cdots + \beta_{ik} fp_k \qquad (11-11)$$

여기서 fp_j는 j번째 공통요인에 관련된 위험프리미엄을 나타내고, β_{ij}는 j번째 공통요인의 움직임에 대한 i자산의 민감도를 나타낸다. 국제APT는 기본적으로 식 (11-11)과 동일하게 표현되지만, 국내의 모든 자산이 아니라 국제투자대상이 되는 모든 자산에 공통적으로 영향을 미치는 요인들을 공통요인으로 선정한다는 점만이 다르다.

따라서 국제APT에서 가장 중요한 과제는 어떻게 공통요인을 선정하느냐 하는 것이다. 크게 두 가지 방법을 고려해 볼 수 있는데, 하나는 통계적인 기법을 이용하는 것으로, 이러한 기법을 요인분석(factor analysis) 또는 주성분분석(principle component analysis)이라고 부른다. 다른 하나는 증권시장에 공통적으로 영향을 줄 수 있는 요인을 직관적으로 선정하는 것인데, 흔히 인플레이션, 경기변동 등과 같은 몇 개의 중요한 거시변수들을 공통요인으로 선정한다.

식 (11-11)을 이용해 자산을 선택하는 경우도 국제CAPM을 이용하는 경우와 유사하다. 어떤 증권으로부터 예상되는 수익률이 식 (11-11)에 의해 추정된 균형수준보다 높다면, 과소평가된 이 증권을 매입함으로써 향후 이득을 얻을 수 있을 것이다. 반대로 기대수익률이 식 (11-11)의 균형수준보다 낮다면, 과대평가된 이 증권을 공매도함으로써 이득을 얻을 수 있을 것이다. 또한 공통요인들의 변화를 예상하는 경우 개별 자산의 공통요인에 대한 민감도를 고려해 포트폴리오를 재구성함으로써 이득을 취할 수도 있다. 예를 들어 경기가 좋아질 것으로 예상한다면, 포트폴리오 구성에서 경기변동 공통요인에 대해 민감한 베타를 보이는 증권의 비중을 높이는 것이 유리할 것이다.

4. 국제포트폴리오투자 전략

4.1 투자에 대한 접근방식

국제투자결정에 대한 접근방식은 투자에 대한 태도에 따라 적극적 방식과 소극적 방식, 그리고 투자결정방향에 따라 하향식 방식과 상향식 방식으로 구분한다.

◉ 소극적 방식 vs. 적극적 방식

① 소극적 접근방식

소극적인 접근방식(passive approach)이란 기본적으로 투자성과를 가급적 시장평균에서 크게 벗어나지 않도록 하겠다는 접근방식으로, 일종의 방어적인 전략이라고 볼 수 있다. 소극적 방식을 따르는 경우 기본적인 투자운용방침은 모든 증권시장의 시장지수(market index)를 구성하고 이에 투자가 연동되도록 함으로써 투자의 성과를 시장의 전체적인 흐름에 맡기는 것이다.

여기서 중요한 문제는 어떻게 시장지수를 구성하느냐 하는 것인데, 많은 경우 주요 금융기관들이 작성해 발표하고 있는 국제시장지수를 이용하고 있다.[5] 그러나 이러한 국제시장지수를 이용할 때는 몇 가지 문제점이 발생할 수도 있다. 만일 국제시장지수가 세계 전체의 움직임을 충분히 반영하지 못한다고 하면, 이를 이용한 투자는 충분한 국제분산투자 효과를 나타낼 수 없을 것이다. 각국의 시장이 서로 비슷한 움직임을 보이는 경우에는 일부 지역을 대표하는 지수를 이용한다고 해도 상당히 유용할 수 있으나, 세계 각국 시장은, 특히 환율변화까지 고려하면, 상이하게 움직이고 있기 때문에 유용성에 의문이 제기된다.

더구나 현실적으로 세계시장 포트폴리오를 구성하는 것은 거의 불가능하다. 따라서 일부에서는 국내총생산 규모를 가중치로 이용해 세계시장 포트폴리오를 구성할 것을 제의하고 있는데, 이러한 아이디어 또한 두 가지 문제점이 있다. 하나는 각국의 경제사정이 변화할 때마다 포트폴리오을 변경해야 하는 불편이 있다는 점이고, 다른 하나는 증권시장 규모와 경제규모 간에는 상당한 불일치가 존재한다는 점이다.

이처럼 지수를 이용한 투자에 많은 문제가 있음에도 불구하고, 가격변화에 대한 미래예측력이 거의 없다는 것을 기본 철학으로 삼고 있는 자금운영자들에게는 소극적인 전략이 하나의 투자전략 대안으로 이용될 수 있을 것이다. 실제적으로 많은 경우 증권시장 참여자들의 일반적인 예측력은 거의 없고 예측력을 높이기 위해서는 엄청난 비용과 전문성이 요구되기 때문에 소극적 전략은 일반 투자자들이 취할 수 있는 접근 방법으로 지지되기도 한다.

② 적극적 접근방식

적극적인 접근방식(active approach)이란 자금운영자들이 자신들의 예측력이 우월하다고 믿고 시장변화를 초과수익의 기회로 활용하겠다는 접근방식이다. 따라서 이 접근방식을 따르고자 하는 경우에는 독자적인 투자전략을 마련해야 하므로 미래 가격변화에 대한 예측력이 필수적으로 요구되고, 아울러 이를 위해 고도의 투자기술이 요구된다.

---

5. J.P. Morgan 등 여러 기관들이 작성해 발표하고 있는 세계지수 및 각 지역지수의 예에 관해서는 제8장을 참조할 것.

Box 11-2 주요 투자은행의 자산구성

Economist지는 매분기 주요 투자기관을 대상으로 포트폴리오 구성을 조사해 발표하고 있다. 〈표 11-5〉는 2003년 4분기의 포트폴리오를 보여주고 있는데, 대부분의 기관들이 주식 및 채권에 비중 있게 분산투자하고 있으나 현금통화에는 일부 기관만이 비중 있게 투자하고 있다. 주식투자에 있어서는 미국 주식에 대한 투자가 대부분 50%를 넘고 있으며, 유럽에 대한 투자는 평균적으로 29% 정도이고 아시아에 대한 투자는 20%를 약간 하회하는 수준이다. 채권투자는 주식투자에 비해 기관들 간 편차가 심하게 나타나고 있다. 또한 주식투자와는 달리 달러화에 대한 투자가 평균적으로 50%를 넘지 않고 있으며, 유로화 및 엔화에 대한 투자 비중이 31% 및 14%로 상대적으로 유로의 비중이 주식에 비해 크게 나타나고 있다.

한편 〈표 11-5〉는 한 분기 동안의 변화도 보여주고 있는데 2003년 4분기의 경우, 주식투자에 있어서는 미국의 비중이 감소하고 유럽의 비중이 증가했다. 이는 미국 달러화가 약세를 보인 반면 유로화가 강세를 보임에 따라 환율변화에 따른 통화이득이 기대되었기 때문인 것으로 판단된다. 반면 채권투자에 있어서는 달러화 채권 보유 비중이 증가하고 있는데, 이는 미국 재정적자를 충당하기 위한 채권발행으로 달러화 채권 가격이 하락했기 때문인 것으로 추측된다.

표 11-5 주요 투자기관의 포트폴리오 구성 비율

구 분		Credit Suisse PB	Henderson	ISIS	Julius Baer PB	Lehman Brothers	Robeco Group	Standard Life	평균	세계증권 지수
자산 종류별 비중	주식	35△	65△	60△	45△	70△	50△	55△	54△	
	채권	35△	30▼	35▽	42△	30△	50△	45△	38▽	
	현금통화	30▽	5▲	5△	14△	0△	0△	0△	8△	
지역별 (국가별) 비중	미국	54△	52△	47▼	46△	46▲	53▽	56▽	51▽	55▽
	기타 미주	0△	3△	4△	5△	0△	3▽	3▽	2▽	3▽
	영국	0△	6▽	6△	8△	7▼	11△	12▽	7▽	11▽
	유로지역	17△	18△	20△	15△	20△	15△	13△	17△	14△
	기타 유럽	3△	3△	4△	7△	7△	5▽	3△	5△	5△
	일본	15△	15△	11△	12△	12▽	10△	9▽	12▽	9▽
	기타 아시아	11▽	3△	8△	8▽	8△	3△	4△	7△	3△
통화별 비중	달러	89△	15▽	40△	88△	41▽	40▲	21▽	48△	20▽
	엔	0△	30△	0△	0△	18▽	20▼	29△	14▽	29△
	파운드	0△	5△	8△	0△	4△	7▽	5△	4△	5▽
	유로	11▽	50△	41△	7△	33△	32▽	42△	31▽	40▽
	기타	0△	0▽	11△	5△	4▽	1▽	3▽	3▽	6△

주 : ▼▲는 전분기 대비 5% 이상의 변화를, ▽△는 전분기 대비 5% 미만의 변화를 나타냄. 세계증권지수는 주식의 경우 MSCI 세계주식지수를, 채권의 경우 Citigroup 세계정부채권지수를 나타냄.

자료 : *Economist*, 2004년 1월 15일.

적극적인 태도는 투자결정의 모든 단계에서 나타날 수 있다. 예를 들어, 초기단계에서 주식, 채권, 현금 간 자산배분(asset allocation)을 어떻게 할 것인가, 그리고 어느 국가의 시장 및 어떤 통화를 선택할 것인가 하는 결정을 내릴 때, 적극적인 자금운영자들은 시장지수와 다르게 포트폴리오 구성을 선택할 수 있다(Box 11-2 참조). 다음으로 구체적인 증권선택(security selection)에 있어서도 적극적인 투자자들은 시장보다 우월한 성과를 거두기 위한 선택을 한다. 아울러 자산구성을 마친 후에도 시장의 변화를 포착하고자 파생금융상품 등을 이용해 특정 시장 및 특정 통화에 대한 노출을 증가 또는 감소시키는 시기를 선택(market timing)하는 결정을 내리기도 한다.

적극적인 태도를 가진 자금운영자라 할지라도 무조건 위험을 많이 감수하는 것은 아니고, 항상 투자에 수반되는 위험을 예의 주시하고 있다. 예를 들어 시장이 전반적으로 침체될 때는 가급적 시장변화에 둔감한 자산을 선택함으로써 손실을 최소화시키고자 할 것이다. 또한 적극적인 선택으로 위험에 많이 노출되는 경우에는 이와 동시에 여러 가지 수단을 동원해 투자에 따른 위험을 헤징하고자 한다.

◉ 하향식 방식 vs. 상향식 방식

① 하향식 접근방식

하향식 접근방식(top-down approach)이란 커다란 범주의 결정을 우선하고 개별적인 범주의 결정을 나중에 하는 접근방식을 말한다. 즉, 커다란 범주의 차원에서 주식, 채권, 통화의 비중을 어느 정도로 하고 각국별 주식 및 통화별 채권투자 비중을 결정한 다음, 해당국의 산업, 개별 기업의 순으로 의사결정단계를 밟아가는 방식이다.

국제투자에서의 실증연구들은 이러한 하향식 접근방식을 지지하고 있다. 앞에서 보여준 것과 같이 국제금융거래와 관련된 데이터들을 분석해 보면, 동일한 시장 내의 증권들은 함께 움직이는 경향이 크지만 각국 증권시장들 간, 그리고 각국 통화들 간에는 상대적으로 함께 움직이는 경향이 크지 않다. 이는 포트폴리오 성과에 영향을 미치는 주요 요인이 국가의 선택 또는 통화의 선택이라는 것을 의미하며, 개별적인 주식의 선택은 이에 비해 상대적으로 영향을 작게 미치고 있다는 것을 나타낸다. 따라서 국제투자기관들은 하향식 접근방식에 따라 조직을 국가별로 구분하고 산업별 혹은 기업별 구분은 하부조직으로 세분화하고 있다.

② 상향식 접근방식

상향식 접근방식(bottom-up approach)이란 하향식 접근방식과는 반대로, 투자대상 증권과 투자액을 개별적으로 미리 정하고 그 결과 전체 포트폴리오에서 차지하는 각국의 비중 및 통화별 비중이 결정되도록 하는 접근방식이다. 이 경우 자금운영자는 수많은 개별적인 증권의 특성에 대해 분석한 후 국가 또는 통화와 무관하게 최우량 증권을 선택한다.

예를 들어 자금운영자가 기대수익률과 위험을 고려해 개별 주식들의 특성을 분석해 본 결과 삼성전자가 최고라고 생각하면 삼성전자를 매입하고, 인텔이 최고라고 생각하면 인텔을 매입하는 것이다. 따라서 상향식 접근방식을 따르는 경우 포트폴리오 구성은 다소 무작위적으로 구성될 수 있을 것이다. 만일 자금운영자들이 특정한 국가별 또는 통화별 위험보다 여러 가지의 다양하고 복합적인 위험을 염려하는 경우에는 이와 같은 상향식 접근방식을 취할 수 있을 것이다.

4.2 국제포트폴리오투자의 결정과정

국제포트폴리오투자는 고려해야 할 증권의 종류가 국내투자에 비해 훨씬 다양할 뿐만 아니라 여러 통화가 혼합되어 있으므로 의사결정 과정이 상당히 복잡하다. 보통 국제포트폴리오투자 결정은 분석가, 투자위원회, 자금운영자가 상호 연계되어, [그림 11-4]와 같은 시장분석 단계, 적정 자산배분 단계, 포트폴리오 구성 단계 및 성과평가 단계의 4단계 과정을 거쳐 이루어진다.

◉ 시장분석

시장분석(market analysis) 단계는 국제금융시장 상황을 파악하는 데 필요한 환율, 이자율, 물가, 경제성장률, 시장주가지수 등에 대한 정보를 수집하고 분석 및 예측하는 단계이다. 이 단계에서는 이후 구체적인 자산배분 및 포트폴리오를 구성하는 데 필요한 객관적인 기준을 마련할 수 있도록 각종 모형 및 분석기법을 동원해 정보를 수량화하는 과정이 요구된다.

따라서 거시적인 측면에서 시장 및 국가 단위로 영향을 미칠 수 있는 환율, 이자율, 물가, 경제성장률 등 기본 경제변수들뿐만 아니라 미시적인 측면에서 개별 증권시장 내의 가격패턴에 대한 분석 및 예측이 필요하다.

그림 11-4 국제포트폴리오투자 결정과정

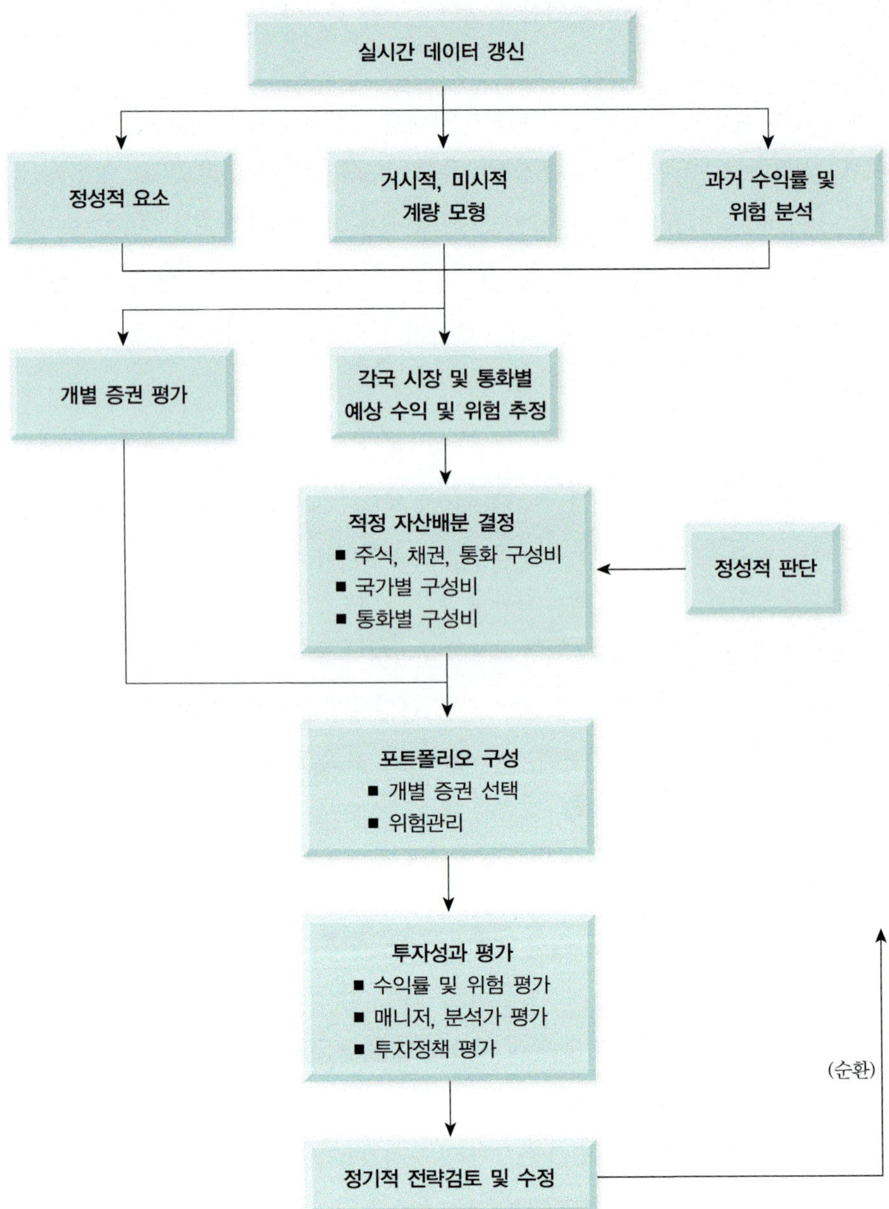

◉ 적정 자산배분

적정 자산배분(asset allocation optimization) 단계는 주식, 채권 및 통화 간의 구성비율과 국가별 및 통화별 구성비율을 결정하는 단계이다. 국제포트폴리오투자에서는 앞에서 설명한 것처럼 국가별 선택 및 통화별 선택이 가장 중요한 영향을 미친다. 따라서 적정한 자산배분은 궁극적으로 최적 포트폴리오를 구성하고 투자성과를 극대화시키기 위해 무엇보다도 중요하다.

자산배분 결정은 크게 중·장기적인 관점에서 설정하는 전략적 자산배분(strategic asset allocation)과 시장변화를 고려해 정기적으로 재조정하는 전술적 자산배분(tactical asset allocation)으로 나눌 수 있다. 전략적 자산배분에서는 장기적으로 투자목적에 부합하도록 기대수익률, 위험 및 환율변화를 고려해 〈표 11-6〉과 같이 주식, 채권, 통화 간 그리고 국가 간 효율적 자산배분 매트릭스를 구성해야 한다. 전술적 자산배분에서는 시장 및 주변환경의 변화에 따라 새로운 정보를 반영해 정기적으로 효율적 자산배분을 수정해 나가야 한다.

표 11-6　자산배분 매트릭스의 예　(단위: %)

	현금	채권	주식	합계
미국	0.0	0.0	2.5	2.5
스위스	0.0	0.0	9.2	9.2
독일	0.0	6.5	12.0	18.5
네덜란드	2.1	5.0	5.0	12.1
영국	2.9	8.5	0.0	11.4
일본	5.0	0.0	31.2	36.2
프랑스	0.0	0.0	0.0	0.0
호주	0.0	0.0	7.3	7.3
홍콩	0.0	0.0	0.0	0.0
싱가포르	0.0	0.0	2.8	2.8
합계	10.0	20.0	70.0	100.0

자료 : Solnik(1996), p.594.

환율변화는 국제투자만의 독특한 문제이므로 효율적 자산배분을 구성할 때 특히 고려해 주어야 한다. 일부에서는 포트폴리오 성과를 궁극적으로 결정하는 것은 실물경제변수이고 또한 환율의 움직임은 전혀 예측이 불가능하므로 환율변동에 따른 위험은 대응할 필요가 없다는 태도를 취하기도 한다. 그러나 금융시장은 실물변수와 무관하게 움직이는 경우도 많으며, 환율변화에 대한 적절한 대응을 통해서 국제포트폴리오투자의 이득을 증대시킬 수 있다. 만일 환율변화에 대해 소극적 접근방식을 취한다면 외국시장에 투자한 포트폴리오에 대해 헤징을 해야 할 것이며, 적극적 접근방식을 취한다면 환율변화를 예측하고 이득을 취할 수 있는 기회를 이용해야 할 것이다.

◉ 포트폴리오 구성

구체적인 포트폴리오 구성(portfolio construction) 단계는 각 시장별 증권리스트를 파악한 후 투자목적에 부합하도록 개별 종목을 선택하는 단계이다. 소극적 접근방식을 취하는 자금운영자는 국제증권지수와 유사하게 포트폴리오가 구성되도록 선택할 것이다. 그러나 적극적 접근방식을 취하는 자금운영자는 각국에 배정된 투자액을 다시 산업별, 기업별로 어떻게 배분할 것인가를 결정하게 된다. 이처럼 시장지수와 다르게 포트폴리오 구성 비율을 정하면 부문별, 기업별 가격변화에 따라 벤치마크지수와의 수익률 격차가 발생하게 된다. 적극적인 자금운영자들은 미래의 가격변화 전망을 기초로 포트폴리오를 구성함으로써 양(+)의 수익률 격차를 꾀하고자 한다.

이 단계에서는 수익률 증대를 위해 개별 종목을 선택할 뿐만 아니라 증권선택에 따른 위험을 관리하기 위한 결정도 동시에 이루어져야 한다. 이를 위해 이미 설명한 다양한 파생금융상품을 이용할 수 있을 것이다.

◉ 투자성과 평가

국제포트폴리오투자 결정의 최종단계는 투자성과를 평가(performance evaluation)하고 투자에 대한 위험을 감시하는 것이다. 특히 자금운영자들이 적극적인 태도를 취하는 경우에는 수익률에만 관심을 집중하고 위험을 소홀히 하는 경향이 있으므로 적절한 평가를 통해 그에 따른 문제가 발생하지 않도록 해야 한다. 이와 같은 국제투자성과 평가는 투자를 직접 담당하는 자금운영자들뿐만 아니라 데이터 및 분석정보 등 기초적인 자료를 제공하는 연구부서에 대해서도 행해져야 한다. 이처럼 국제포트폴리오투자의 각 단계 및 각 참여자에 대한 성과를 평가하는 작업을 국제성과분석(international performance analysis)이라고 한다.

국제포트폴리오투자의 성과분석을 통해 세부적으로 파악하고자 하는 내용은 다음과 같다.

- 특정 기간 동안의 총수익률
- 총수익률 중 자본이득, 환율변화, 소득(이자, 배당)의 비중
- 총성과에 대한 증권종류 및 국가선택, 통화선택, 개별 주식 선택의 공헌도 평가
- 다른 기준(벤치마크지수 등)과의 성과 비교
- 특정 시장에서의 전문성 입증: 예를 들어 일본 주식시장 또는 영국 채권시장에서의 전문성
- 위험분산 목표의 달성 여부
- 관리자 전략의 적극성 여부

국제성과분석의 기본적인 목적은, 단순히 총수익률을 고려하는 회계상의 평가와는 달리, 국제투자성과를 시장의 평균적인 변화에 기인한 부분(세계시장 변화 및 국내시장 변화 등)과 개인의 증권선택 능력 및 시기포착 능력에 기인한 부분으로 분리해 개별적인 공헌도를 평가하는 것이다.

일반적으로 포트폴리오투자 성과는 수익률과 위험에 따라 달라진다. 따라서 국제투자에 대한 성과분석에 있어서도 양자를 동시에 고려하기 위해 위험에 대해 조정된 수익률을 이용한다. 구체적인 측정기준은 위험의 지표를 무엇으로 이용하는가에 따라 달라질 수 있다. 대표적인 기준으로 식 (11-4)에 소개한 샤프성과기준(*SPM*)이 있는데, 이 기준은 가격변동의 표준편차를 위험의 지표로 이용하고 있다. 또 다른 기준인 수익베타비율(reward-beta ratio)은 베타(β)를 위험의 지표로 도입하고 있는데, 이 기준은 국제포트폴리오의 위험을 적정하게 측정해 주는 베타(β)를 계산하기가 현실적으로 불가능해 널리 이용되지는 않는다.

이하에서는 수익률을 샤프성과기준(*SPM*)에 따른 수익률이라고 가정하고 어떻게 국제투자성과를 분석하는지 살펴보자. 국제투자에 따른 수익률은 크게 다음과 같은 세 가지 요인에 기인한다.

$$\text{수익률}_{SPM} = \text{자본이득} + \text{통화이득} + \text{이익배당} \qquad (11-12)$$

그런데 이 중 투자결정자의 능력을 평가하기 위해서는 자본이득 부분을 보다 세분화해야 하므로 수익률은 다음과 같이 나타낼 수 있다.

$$수익률_{SPM} = 시장평균수익 + 증권선택이득 + 통화이득 + 이익배당 \quad (11-13)$$

앞에서 설명한 국제투자 결정과정에 따르면 증권선택에 따른 이득은 크게 자산배분에 관련된 부분과 개별 종목 선택에 관련된 부분에 기인함을 알 수 있다. 따라서 최종 결정된 국제포트폴리오투자의 성과를 벤치마크지수와 비교하고 개별 투자결정자들의 공헌도를 파악하기 위해서는 식 (11-13)을 다음과 같이 더욱 분해하고 재편성해야만 한다.

$$\begin{aligned} 수익률_{SPM} = &\ 세계시장포트폴리오\ 수익 + 증권종류\ 선택이득(주식,\ 채권\ 배분) \\ &+ 개별\ 증권\ 선택이득 + 통화이득 + 이익배당 \end{aligned} \quad (11-14)$$

요약

1. 국제자금조달이란 최적의 재무구조를 달성할 수 있도록 국내 및 국제금융시장에서 다양한 금융상품을 이용해 자금을 조달하는 것을 말한다. 자금을 사용하는 대가로 지불하는 자본비용은 최적 재무구조를 결정하기 위한 기준이 되는데, 이는 보통주의 자본비용인 자기자본비용과 부채비용인 타인자본비용의 가중평균으로 계산된다. 해외투자의 자본비용은 자본이용 가능성의 확대, 조세제도의 차이, 분산투자 효과, 환위험 등을 추가로 고려해 계산해야 한다.

2. 국제자금조달 과정에서 구체적으로 중요하게 고려해야 할 문제로는 최적 부채비율의 결정, 부채조달방식의 결정, 구체적인 금융상품의 결정 등을 들 수 있다. 자기자본 대 부채 간의 최적 부채비율은 조세제도, 위험프리미엄, 신용등급 변화 등에 따라 달라진다. 부채조달방식에서는 고정금리부채 vs. 변동금리부채, 단기부채 vs. 장기부채, 통화별 구성비율 등을 결정해야 하는데, 기본적으로 부채의 구성을 자산으로부터의 현금흐름과 일치시키도록 정해야 한다. 구체적인 금융상품을 결정할 때는 부채비용을 최소화한다는 목표와 함께 자금조달에 수반되는 위험을 헤징시켜야 한다는 점을 동시에 고려해야 한다.

3. 국제금융시장에서의 자금운용은 해외직접투자와 국제포트폴리오투자를 통해 이루어진다. 해외직접투자는 경영권 지배를 목적으로 이루어지나 국제포트폴리오투자는 단순한 수익을 목적으로 이루어진다. 국제포트폴리오투자를 하는 주요 동기로 분산투자에 따른 위험감소 효과와 보다 유리한 투자기회의 포착을 들 수 있다.

4. 국제포트폴리오투자에 따른 균형가격을 설명하는 이론으로 국제자본자산가격결정이론(국제CAPM)과 국제차익가격결정이론(국제APT)이 있다. 국제CAPM에서는 균형상태에서의 기대수익률이 무위험이자율에 시장위험프리미엄과 통화위험프리미엄을 더한 값으로 나타난다. 국제APT에서는 기대수익률이 모든 자산에 대해 공통적으로 영향을 미치는 요인들과 관련된 위

험프리미엄의 합으로 나타난다.

5. 국제포트폴리오투자의 결정과정은 크게 시장분석 단계, 적정 자산배분 단계, 포트폴리오 구성 단계, 투자성과평가 단계로 이루어져 있다.

연습문제

01. 어떤 사람이 우산장사나 아이스크림장사를 하려고 한다고 하자. 이 사람이 한 가지에만 투자하는 경우 100개를 생산해 판매할 수 있으나 두 가지에 동시에 투자하는 경우 각각 50개씩 생산해 판매할 수 있다. 이 사람이 사는 지역에서는 평균적으로 하루 걸러 한 번씩 날씨가 맑거나 비가 오는데, 날씨가 맑은 날에는 아이스크림만 팔리고 비가 오는 날에는 우산만 팔린다. 우산 및 아이스크림의 가격을 각각 1원이라고 하고, 이 사람이 한 가지에만 집중투자하는 경우와 두 가지에 반반씩 투자하는 경우의 하루 평균수입 및 위험(분산)을 비교하라.

02. 총조달자본 500억원 중 400억원을 채권시장을 통해 조달했다. 현재 이 기업의 자기자본조달비용은 12%이고 채권에 대한 이자율이 연간 15%이며 세율이 20%라고 할 때, 이 기업의 자본비용은 얼마인가?

03. 현재 모 기업의 자기자본조달비용은 12%이고 채권에 대한 이자율이 연간 15%이며 세율이 40%라고 하자. 이 기업의 자회사가 해외에서 새로운 투자계획을 마련하고 이에 따른 자금 10억 달러 중 2억 달러는 모기업으로부터, 3억 달러는 자회사의 유보이익으로부터, 그리고 나머지는 현지부채를 통해 조달했다. 해외 자회사의 자기자본비용이 4%이고 해외부채비용이 6%라고 할 때, 새로운 해외투자가 기업 전체의 재무구조와 위험구조에 전혀 영향을 미치지 않는다면 이 투자의 자본비용은 얼마인가?

04. 국제투자의 의사결정 과정에서 커다란 범주의 결정과 개별적인 범주의 결정 중 어느 것을 먼저 정하는 것이 바람직한가? 그 이유를 설명하라.

05. 국제CAPM 혹은 국제APT를 이용해 구체적으로 투자결정을 어떻게 하는지 설명하라.

06. 미국인 캐리가 1년 전 420엔에 구입했던 일본 주식회사 주식을 최근 500엔에 팔았다. 1년 전에 엔/$ 환율은 $1 = 120엔이었는데 지금은 $1 = 110엔이고, 주식을 처분하기 직전 40엔의 배당금을 받았다고 하자.

a. 이 투자에 따른 수익률이 달러로 얼마인지 계산하라.

b. 만일 캐리가 $1 = 115엔의 선물환율로 엔선물환매도를 했다면 위에서의 수익률은 어떻게 달라지는가?

07. 국내투자와 외국투자에 대해 다음과 같은 정보를 얻었다. 두 시장 간의 상관관계가 0.57이고 국내에 60%, 외국에 40%를 투자한다고 할 때 이러한 국제포트폴리오투자로부터의 기대수익률과 위험(표준편차)을 구하라.

주식시장	수익률(평균)	위험(표준편차)
우리나라	1.33%	4.56%
미국	1.52%	6.47%

환율결정과 환위험 관리

III

International **Finance**
part three

환율결정이론

International **Finance**
ch. twelve

12

앞에서 국제금융시장에 대해 살펴보았다. 국제금융시장에서 금융상품의 가격 및 참가자들의 투자결정과 관련해 가장 중요하게 고려되는 것이 이자율과 환율의 움직임이다. 이자율의 결정과 관련해서는 화폐금융론, 재무관리, 투자론 등에서 다루어지고 있으므로 이 책에서는 환율결정과 관련된 문제만을 다루고자 한다.

제2차 세계대전 이후 세계금융질서를 유지해 오던 브레튼우즈 체제가 1973년에 무너지고 환율제도가 고정환율제도에서 변동환율제도로 이행함에 따라 이때부터 '환율결정이론'에 관한 관심이 높아지기 시작했다.

환율이란 외환시장에서 외환에 대한 수요와 공급을 일치시켜 주는 외환의 가격이므로, 환율결정의 기본원리는 미시경제이론에서의 가격결정원리와 동일하다. 그런데 외환에 대한 수요와 공급이 어떤 변수에 의해 영향을 받으며 그러한 변수들 간에 어떤 관계가 있는지에 대한 설명이 각자 다르기 때문에 다양한 환율결정이론이 제시되고 있는 것이다.

이 장의 제1절에서는 다양한 환율결정이론에 대한 분류를 소개한다. 제2절에서는 전통적인 환율결정이론인 국제수지접근법에 대해 설명한 후, 제3절에서는 현대적인 자산시장접근법에 대해 설명한다. 제4절에서는 기존 환율결정이론의 문제점을 극복하기 위해 최근 이루어지고 있는 노력들을 소개한다.

1. 환율결정이론의 분류

International Finance, ch. twelve

환율결정에 대한 설명은 크게 거시적 접근과 미시적 접근으로 분류할 수 있다. 거시적 접근은 환율을 실물적이든 명목적이든 거시적인 현상으로 파악하고 따라서 개방경제이론을 이용해 거시경제변수 중의 하나인 환율의 결정과정을 설명하려는 시도이

그림 12-1 환율결정이론의 전체적인 분류

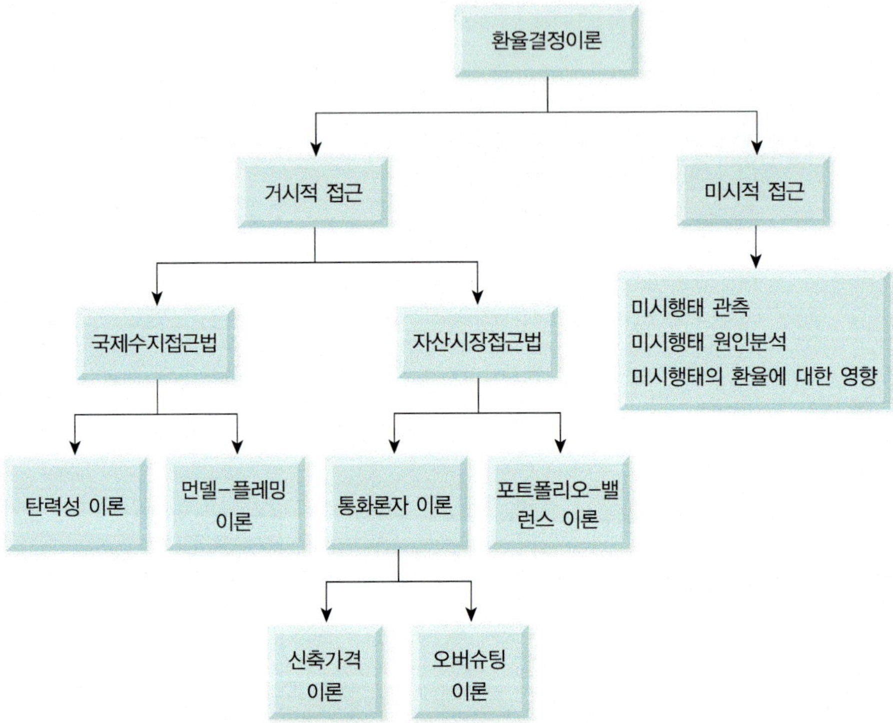

다. 거시적 접근법은 보다 세부적으로 국제수지 균형에서 출발하는 유량모형인 국제수지접근법과 자산시장 균형에서 출발하는 저량모형인 자산시장접근법으로 나뉘어질 수 있다. 미시적 접근법은 거시적 접근법의 설명력이 현저하게 떨어지자 환율을 거시경제변수로는 설명할 수 없다고 생각하고, 외환시장의 구조, 외환시장 참가자들의 행태 등에 초점을 맞추어 환율의 움직임을 설명하려 하고 있다. 환율결정이론을 전체적으로 분류해 보면 [그림 12-1]과 같이 나타낼 수 있다.

2. 국제수지접근법

International Finance, ch. twelve

국제수지접근법은 기본적으로 유량변수인 국제수지에서 출발하고 있다. 즉, 환율은 국제수지가 균형되는 수준에서 결정되고, 국제수지가 흑자인 경우에는 외환의 초과공급을, 그리고 국제수지가 적자인 경우에는 외환의 초과수요를 유발하게 된다는 것이다. 국제수지접근법에 속하는 환율결정이론으로는 경상수지만을 고려해 국제수지 균형문제를 다루고 있는 케인즈 이론과 자본수지까지 포함한 종합수지 차원에서 국제수지 균형문제를 다루고 있는 먼델-플레밍 이론을 들 수 있다.[1]

2.1 케인즈 이론

국제수지접근법 중 가장 대표적인 모형으로는 국제수지 중 경상수지를 강조하는 케인즈 이론을 들 수 있다. 이 이론은 경상거래만을 자율적 거래로 보고 경상수지 균형을 곧 국제수지 균형으로 간주하고 있다. 적어도 1960년대까지는 국제적 자본이동이 직접적으로 통제되었기 때문에 국제수지는 자본수지보다 경상수지에 의해 영향을 주로 받으며, 따라서 균형환율은 다음과 같이 경상수지가 균형되는 수준에서 결정된다는 것이다.

$$BP = CA = X - IM = 0 \tag{12-1}$$

1. 먼델-플레밍 이론은 개방경제 모형이나 약간의 강조점을 변화시키면 환율결정을 설명하는 이론으로도 이용될 수 있다. 개방경제이론으로서의 먼델-플레밍 모형은 제16장 및 제17장을 참조할 것.

여기서 수출 X는 외환의 공급요인으로 작용하며 수입 IM은 외환의 수요요인으로 작용한다. 만일 어떤 이유 때문에 수출이 늘어나 경상수지가 흑자로 되면 외환시장에 외환의 공급이 과다해져 외환의 가격, 즉 환율이 하락하게 된다. 반대로 수입이 증가해 경상수지가 적자로 되면 외환에 대한 수요가 과다해져 환율이 상승하게 된다.

여기서 한 가지 주의할 것은 케인즈 이론에 따른 균형환율이 안정적이기 위해서는 환율상승 또는 환율하락으로 경상수지 불균형이 해소되어야 한다는 것이다. 따라서 균형환율의 안정조건은 수요-공급 도면에서 공급곡선의 기울기가 수요곡선의 기울기보다 커야 한다는 것이다. 이 조건은 평가절하가 경상수지를 개선하기 위한 조건인 마샬-러너 조건과 동일하다.[2]

이 이론에 따라 환율결정을 설명하고자 한다면, 어떤 변화가 외환공급 요인인 수출과 외환수요 요인인 수입에 영향을 미쳐 경상수지에 흑자(외환의 초과공급) 또는 적자(외환의 초과수요)를 유발하는가를 설명하기만 하면 된다. 일반적으로 경상수지는 상대가격, 국내 및 외국의 소득 등에 의해 영향을 받는다. 그러나 이러한 실물적인 요인 외에도 무역자금조달(trade financing)에 있어서의 선불 및 이연(leads and lags)[3]에 의해서도 경상거래와 관련된 외환이동이 발생할 수 있다.

따라서 앞에서의 여러 요인을 반영한 케인즈 이론의 환율모형은 다음과 같이 나타낼 수 있다.

$$S = f(P/P^*, Y/Y^*, r - r^*, Z) \qquad (12-2)$$

여기서 S는 환율, P는 국내물가수준, Y는 국내실질소득, r은 국내명목이자율, Z는 기타 다른 요인들이며, 윗첨자 *표시는 외국을 의미한다. 이 식에서 국내물가가 증가하면 수출의 가격경쟁력이 열악해져 경상수지가 악화된다. 외환에 대한 공급보다는 수요가 더 커질 것이므로 외환의 가격, 즉, 환율이 상승하게 되고 그 나라의 통화가치가

2. 마샬-러너 조건은, 평가절하가 경상수지를 개선시키기 위해서는 환율변화에 대한 수출수요탄력성과 수입수요탄력성의 합이 1보다 커야 한다는 것을 의미한다. 이처럼 상대가격 변화에 따른 수출 및 수입의 변화만을 강조해 환율의 움직임을 설명하는 경우 탄력성 접근법이라고 부르기도 한다. 여기서 설명하는 케인즈 이론은 상대가격뿐만 아니라 소득 및 기타 요인들이 경상수지에 미치는 영향을 고려하고 있으므로, 흔히 전통적 유량접근법이라고 불리는 탄력성 접근법과 총지출 접근법을 포괄하고 있다고 볼 수 있다.

3. 선불(leads)은 수입업자가 수입대금을 상품인도 전에 지불함으로써 수출업자에게 외환을 빌려주는 것이고, 이연(lags)은 상대적으로 늦게 지불함으로써 해외의 수출업자에게서 외환을 차입하는 것이다. 이것들은 나중에 설명하는 환위험을 회피하기 위한 방법의 하나로도 이용된다.

절하된다. 또한 국민소득이 증가해 수입수요가 증가하는 경우에도 경상수지가 악화되어 환율이 상승하게 된다.

반면 명목이자율이 상승하면 통화가치는 절상된다. 이 식에 명목이자율의 상대적 수준$(r - r^*)$이 등장하는 것은 이자율이 무역자금조달 결정에 따른 자본이동에 영향을 주어 환율을 변화시키기 때문이다. 예를 들어, 이자율이 낮은 나라의 수입업자들은 자국에서 낮은 이자율로 차입해 상품의 인도 전에 대금을 지급하고 그 대신 상품가격을 인하받는 조건을 수출업자에게 제시할 가능성이 있다. 이자율이 높은 나라의 수출업자는 상품인도 전에 지급받은 대금을 국내에 높은 이자로 대부해 이익을 얻을 수 있으므로 이러한 제안을 받아들일 것이다. 그렇게 되면 결국 외환은 이자율이 낮은 나라에서 높은 나라로 유입되고 따라서 이자율이 높은 나라의 통화가 평가절상되고 환율이 하락하게 된다. 명목이자율은 또한 간접적인 경로를 통해서도 경상수지에 영향을 미칠 수 있다. 예를 들어 명목이자율이 상승하게 되면 국내투자가 위축되어 국내소득이 감소하므로 수입수요가 줄어들게 되고 따라서 경상수지 흑자가 발생하게 되어 환율이 하락하게 될 수도 있다.

기타 다른 요인들로는 통화량 증가 등 정책적인 변화를 고려할 수 있다. 예를 들어 국내통화량이 증가하게 되면 국내이자율이 하락하게 되어 위와는 반대로 경상수지가 악화되어 환율이 상승할 수도 있을 것이다. 또한 국내통화량 증가는 국내물가를 상승시켜 상대가격이 상승하게 되므로 수출이 감소하고 수입이 증가하게 되어 경상수지가 악화되고 환율이 상승하게 될 것이다.

2.2 먼델-플레밍 이론

환율에 대한 케인즈 이론은 주로 경상거래에 초점을 맞추고 있다. 그러나 점차적으로 세계적 자본이동의 규모는 증가해 왔다. 따라서 더 이상 환율변화를 주로 경상거래상의 변화에 기인하는 것으로 보는 것은 의미가 없어졌다.

국제수지접근법의 또 다른 이론인 먼델-플레밍(Mundell-Fleming) 이론은 자본거래의 비중이 커져 가게 됨에 따라 환율에 대한 자본수지의 영향을 고려하기 위한 이론이다. 이 이론은 경상거래뿐만 아니라 자본거래도 이자율 차이에 따른 차익을 취득하기 위해 발생하는 자율적 거래이므로 경상수지와 자본수지를 합한 종합수지 균형을 국제수지 균형으로 보고 있다. 따라서 다음과 같은 국제수지 균형식에 따라 경상수지

적자(또는 흑자)가 발생하더라도 자본수지가 흑자(또는 적자)로 되면 국제수지 균형을 이룰 수 있다는 것이다.

$$BP = CA + KA = (X - IM) + k(r - r^*) = 0 \qquad (12-3)$$

여기서 k는 이자율 격차에 대한 자본이동의 민감도를 나타내는데, 오늘날의 국제 자본이동 상황을 고려해 이 값은 아주 크다고, 즉 자본이동 정도가 높다고 가정한다.[4] 따라서 탄력성 이론과는 달리 경상수지에 별 변화가 없더라도 자본수지가 적자(또는 흑자)로 된다면 국제수지가 적자(또는 흑자)로 되어 외환시장에 외환의 공급이 부족(또는 과다)해지고 수요가 과다(또는 부족)하게 되어 외환가격, 즉 환율이 상승(또는 하락)하게 된다.

이 이론을 이용해 환율변화를 설명하는 경우, 어떤 변화가 경상수지와 자본수지를 합한 종합수지를 흑자로 전화시키는가 아니면 적자로 전환시키는가를 설명하면 된다. 여기서도 앞에서 설명했던 것들을 참조하면, 경상수지에 영향을 미치는 요인들은 케인즈 이론과 동일하다고 할 수 있고 추가적으로 자본수지에 영향을 미치는 대표적인 요인은 이자율 격차이므로 이를 반영한 먼델-플레밍 이론의 환율모형은 식 (12-2)의 케인즈 이론과 유사하게 표시될 수 있다. 다만 물가변화, 소득변화, 이자율 변화, 통화량변화 등 동일한 요인들이 경상수지 및 자본수지에 각각 어떤 영향을 미치는가에 따라 환율에 대한 영향이 케인즈 이론과는 일부 다른 방향으로 나타날 수 있음을 주의해야 한다.

예를 들어 동일하게 소득이 증가하는 경우라도 소득증가가 재정정책과 같은 상품시장에서의 확장요인 때문인지 아니면 통화정책과 같은 통화시장 확장요인 때문인지에 따라 국제수지에 대한 효과가 달라진다. 만일 팽창재정정책 때문에 소득이 증가했다면 소득증가에 따라 경상수지가 악화되지만, 팽창재정에 따른 이자율 상승 효과 때문에 자본수지가 흑자로 되고 따라서 종합수지가 흑자로 되어 환율이 하락할 수 있다. 그러나 팽창통화정책 때문에 소득이 증가했다면 이자율이 하락하기 때문에 자본수지도 적자로 되어 종합수지가 적자로 되기 때문에 환율이 상승하게 될 것이다.

이처럼 어떤 변화는 경상수지와 자본수지에 상충되는 효과를 유발하고, 따라서 전체적인 국제수지가 흑자로 되는지 아니면 적자로 되는지 판단하기가 모호한 경우가 있다. 이때 앞에서 가정한 대로 자본이동이 이자율 변화에 대해 민감하게 반응한다면

4. 원래의 먼델-플레밍 이론에서는 완전자본이동 상태, 즉, $k = \infty$를 가정하고 있다.

자본수지의 효과가 상대적으로 크게 되어 국제수지가 자본수지와 같은 방향으로 움직이고 그에 따라 환율이 변화하게 된다.

환율결정 모형은 시대상황에 따라 변한다. 즉, 국제거래가 주로 경상거래에 치중되어 있던 시대에는 케인즈 이론에 따른 설명이 설득력이 있고, 반면 국제거래에서 자본거래의 비중이 압도적인 시대에는 먼델-플레밍 이론에 따른 설명이 더 설득력을 갖게 된다.

3. 자산시장접근법

International Finance, ch. twelve

먼델-플레밍 이론이 비록 자본수지를 고려한다 하더라도 결정적인 약점은 외환에 대한 수요와 공급이 단지 국제거래의 결과로 국제수지에 반영되어 나타난다고 가정한 것이다. 그러나 지난 몇십년 동안 자본이동에 대한 장벽이 사라지고 그 결과 투자나 투기적 자본거래로 인한 외환거래량이 무역거래로 인한 외환거래량을 압도할 정도로 크게 증가했다. 이는 외환시장이 국제수지계정의 흐름에 사후적으로 반응하는 시장에서 자산보유자의 결정, 즉 어떤 통화를 이용해 자신의 부를 보유할 것인가에 대한 결정에 따라 사전적으로 반응하는 시장으로 변화했다는 것을 의미한다.

이러한 흐름을 반영하여 투자자들의 자산구성(portfolio) 조정과정에서 외환에 대한 수요와 공급이 발생한다는 데 초점을 맞추고 환율결정을 설명하는 이론들이 자산시장접근법이다. 즉, 자산시장접근법은 국제수지접근법과는 달리 일정 기간 동안의 국제거래 실적인 유량변수 균형(국제수지 균형)조건에서 출발하는 것이 아니고 일정 시점에서의 저량변수 균형(자산시장 균형)조건에서 출발하고 있다. 따라서 균형환율은 금융자산에 대한 총수요와 금융자산의 총공급이 일치하도록 하는 수준에서 결정되며, 만일 어떤 이유 때문에 기존의 자산구성을 변화시키려고 하면 이 과정에서 외환에 대한 수요와 공급이 발생하게 된다는 것이다. 자산시장접근법은 금융자산 중 통화만을 고려하는 신축가격 통화론자 이론, 통화론자 이론의 동학이론인 오버슈팅 이론(돈부쉬 이론), 그리고 증권 및 통화 모두를 고려하는 포트폴리오-밸런스 이론으로 나눌 수 있다.[5]

5. 이 외에도 거시경제 모형의 일부로서 유량분석과 저량분석의 결합을 시도하고 있는 균형접근법(equilibrium approach), 시제적 접근법(intertemporal approach) 등이 있다. 이에 대해서는 Kouri(1976),

3.1 신축가격 통화론자 이론

◉ 기본 설명

자산시장접근법 중 가장 단순한 이론으로 신축가격 통화론자 이론을 들 수 있다. 신축가격 통화론자 이론은 금융자산 중 통화만을 고려해 관련 국가 간 상대적 통화수요와 통화공급이 일치하는 수준에서 환율이 결정된다는 이론을 제시하고 있다. 이를 간단히 설명하기 위해 다음과 같이 기본적인 통화시장의 균형조건을 도입해 보자.

$$\frac{M}{P} = L(Y, r) \quad \text{국내통화시장의 균형조건} \tag{12-4}$$

$$\frac{M^*}{P^*} = L^*(Y^*, r^*) \quad \text{외국통화시장의 균형조건} \tag{12-5}$$

위 식에서 M은 통화량, L은 통화수요를 나타낸다. 다른 문헌에서와 마찬가지로 소득이 증가하면 통화수요가 증가하고 이자율이 증가하면 통화수요가 감소한다고 가정한다. 식 (12-5)를 식 (12-4)로 나누어 양자를 결합하면

$$\frac{M^*}{M}\frac{P}{P^*} = \frac{L^*(Y^*, r^*)}{L(Y, r)} \tag{12-6}$$

가 된다. 가격신축성을 가정하고 있으므로 구매력평가에 따라 $S = \frac{P}{P^*}$가 되고, 이를 식 (12-6)에 대입한 후 환율에 대해 정리하면 균형환율식

$$S = \frac{M}{M^*}\frac{L^*(Y^*, r^*)}{L(Y, r)} \tag{12-7}$$

을 얻을 수 있다.

이 이론에 따라 환율의 움직임을 설명하기 위해서는 어떤 변화가 어느 통화의 수요 또는 공급에 변화를 주는가, 그리고 그에 따라 상대적으로 어느 통화가 과잉공급 및 과잉수요되는가를 밝히면 된다. 예를 들어 국내통화량이 갑자기 증가해 식 (12-4) 및 식 (12-5)에 나타난 자산시장의 균형조건이 파괴되었다고 하자. 국내통화량의 증가는 통화시장에서 상대적으로 국내통화가 과잉공급 상태에 있게 만들므로 외국통

Stockman(1980), Krueger(1985), Currie and Hall(1989) 등을 참조할 것.

화에 비해 국내통화의 가치가 하락하고, 그 결과 식 (12-7)에 나타나는 것과 같이 환율이 상승하게 된다.

한편 국내소득의 증가는 통화시장에서 상대적으로 국내통화에 대한 수요를 과도하게 만들기 때문에 국내통화가치가 상승하고 따라서 환율이 하락하게 된다. 이같은 결과는 이전의 케인즈 이론에서 얻은 결과와 상반되는 것이다. 즉, 케인즈 이론에서 소득의 증가는 수입수요의 증가를 의미하고 이에 경상수지가 악화되어 환율이 상승했다. 이러한 차이가 발생하는 이유는 현재의 모형에서 소득의 증가로 경제가 호전되어 그 국가의 투자매력이 커졌음을 의미하기 때문이다. 따라서 그 국가의 통화에 대한 수요가 증가하고 상대적으로 통화공급이 과소해져 통화가치가 상승하고 환율이 하락하게 된다.

그리고 신축가격 통화론자 이론에서는 국내이자율 상승이 통화수요를 감소시킴으로써 환율상승을 가져온다. 이 점 또한 먼델-플레밍 이론에서 국내이자율 상승이 자본유입을 가져와 환율을 하락시킨다는 것과는 대조적이다. 현재의 이론에서 국내이자율의 상승에 의한 통화수요의 감소는 통화공급의 증가와 마찬가지로 환율을 상승시키는 효과를 가져온다.

◉ 수학적 설명

앞에서 도입했던 국내통화시장과 외국통화시장의 균형조건을 구체적인 로그(log) 선형방정식을 사용하여 표현하면 다음과 같다.

$$m - p = \phi y - \lambda r \qquad (12-8)$$

$$m^* - p^* = \phi y^* - \lambda r^* \qquad (12-9)$$

$$s = p - p^* \qquad (12-10)$$

$$r - r^* = \Delta s^e \qquad (12-11)$$

여기서 s는 환율, y는 실질소득, p는 물가, m은 통화량, r은 명목이자율을 각각 나타낸다. 또한 E는 이번 기에 주어진 정보를 가지고 미래를 예상하는 것을 나타내며, 윗첨자 *표시는 외국경제변수를 의미하고, 이자율을 제외한 모든 변수는 로그를 취한 값이다. ϕ는 통화수요의 소득탄력성, λ는 이자율탄력성을 의미하며 편의상 본국과 외국이 같다고 가정한다. 그리고 식 (12-8)과 식 (12-9)는 자국과 외국의 통화시장

균형식으로, 실질통화에 대한 수요는 소득이 증가하면 늘고 명목이자율이 상승하면 준다는 일반적인 관계를 보여준다. 식 (12-10)은 구매력평가설을 의미한다.[6] 식 (12-11)은 '유위험이자율평가'(uncovered interest rate parity)로, 국제 간 자본이동이 완전히 자유롭고 양국의 금융자산이 완전대체재(perfect substitutes)라고 가정하면 이자차익거래에 의해서 환율변화를 감안한 양국의 투자수익률이 같아짐을 의미한다. $\Delta s^e = E(s_{t+1} - s_t)$로서 환율의 예상변화율을 나타낸다.[7]

환율이 어떻게 결정되는지를 보기 위해서 먼저 식 (12-8)에서 식 (12-9)를 빼면 다음과 같다.

$$m - m^* = (p - p^*) + \phi(y - y^*) - \lambda(r - r^*) \tag{12-12}$$

식 (12-10)을 식 (12-12)에 대입하고, 환율에 대해서 정리하면 아래와 같은 환율결정식을 얻게 된다.

$$s = (m - m^*) - \phi(y - y^*) + \lambda(r - r^*) \tag{12-13}$$

식 (12-13)을 통해 환율은 각국의 통화시장의 균형조건으로부터 얻어지는 통화의 상대가격으로 볼 수 있다. 따라서 국내통화량의 증가는 같은 비율로 환율상승을, 반면에 외국통화량의 증가는 같은 비율로 환율하락을 가져온다. 또한 국내소득의 증가는 일정 비율만큼 환율을 하락시키고 국내이자율 증가는 환율을 상승시킨다.

한편 식 (12-11)을 식 (12-13)에 대입하면

$$s = (m - m^*) - \phi(y - y^*) + \lambda\Delta s^e \tag{12-14}$$

가 된다. 식 (12-14)는 환율에 대한 예상 자체가 현행환율에 영향을 끼치고 있음을 보여준다. 현재의 경제변수에 아무런 변화가 없어도 미래환율에 대한 예상 자체가 변할 경우 현행환율에 영향을 끼친다는 것이다.

예를 들어 환율상승에 대한 예상이 현재환율의 인상을 가져온다는 것이다. 그 이

6. $P = SP^*$에서 log를 취하면 식 (12-10)과 같이 된다.
7. 제4장에서의 $\hat{s}^e_{t+1}$를 로그를 이용해 근사식으로 표시하면 Δs^e와 같아진다.

유는 명백하다. 앞으로 국내통화가치가 하락할 것이 예상되면, 투자자들은 투자손실을 막기 위해서 포트폴리오를 국내금융자산에서 해외금융자산으로 바꾸려 할 것이며, 그 과정에서 외환에 대한 수요가 증가하여 현행환율은 상승하게 된다. 따라서 현재의 높은 국내이자율은 국내통화가치의 강세를 반영하는 것이 아니라 미래의 예상되는 환율상승, 즉 국내통화가치의 약세를 반영하는 것이다. 이러한 이유로 국내의 높은 이자율이 먼델-플레밍 이론에서와 같이 강한 통화가치와 연결되지 않는다. 이 모형에서 환율이 급변하는(volatile) 것은 미래 경제변수들에 대한 예상의 불안정성에 기인한다. 그것은 이번 기의 환율이 외생적으로 주어지는 미래의 경제변수들의 값을 할인한 합리적 기대치이기 때문이다.

한편 식 (12-10)과 식 (12-11)로부터 다음의 결과를 얻는다.

$$r - r^* = \Delta s^e = \pi^e - \pi^{*e} \qquad (12-15)$$

여기서 π^e, π^{*e}는 각각 본국과 외국의 예상물가상승률을 의미한다.[8] 식 (12-15)는 구매력평가설과 유위험이자율평가정리가 만족되면 양국의 실질이자율(z, z^*)이 같아짐을 의미한다. 그것은 $z = r - \pi^e = r^* - \pi^{*e} = z^*$이기 때문이다.

이제 식 (12-15)를 식 (12-14)에 대입하면 다음과 같다.

$$s = (m - m^*) - \phi(y - y^*) + \lambda(\pi^e - \pi^{*e}) \qquad (12-16)$$

식 (12-16)은 갑작스러운 국내 예상인플레이션 상승이 물가수준이 변하기도 전에 환율상승을 가져옴을 보여준다. 즉, 높은 국내 인플레이션이 예상되어 국내투자가치가 하락할 것이 우려되면 투자자들은 외국금융자산에 투자를 하려고 할 것이므로 환율이 상승하게 된다.

'합리적 기대'와 '가격의 완전신축성'을 가정하면 소득은 항상 완전고용 산출수준으로 되어 외생적으로 주어지게 된다($y - y^* = \bar{y} - \bar{y}^*$). 이때 통화공급의 증가는 소득에는 영향을 미치지 못한 채 물가의 상승만을 가져오게 된다. 따라서 예상인플레이션은 예상통화증가율과 일치하게 된다.

---

8. $\Delta s^e = E_t s_{t+1} - s_t = (E_t p_{t+1} - E_t p^*_{t+1}) - (p_t - p^*_t)$ $(\because s = p - p^*)$
$= (E_t p_{t+1} - p_t) - (E_t p^*_{t+1} - p^*_t) = \pi^e - \pi^{*e}$

그렇다면 식 (12-16)은

$$s=(m-m^*)-\phi(\bar{y}-\bar{y}^*)+\lambda(\theta^e-\theta^{*e}) \qquad (12-17)$$

가 된다. 여기서 θ^e와 θ^{*e}는 본국과 외국의 예상통화증가율을 의미한다. 따라서 합리적 기대 하의 신축적 가격의 통화모델은 환율이 양국의 통화량, 실질소득, 그리고 예상통화증가율에 의해 결정됨을 보여준다.

만약에 각국의 통화량 증가율이 '무작위행보'(random walk) 현상[9]을 보인다면 환율은 식 (12-18)과 같이 양국의 통화량에 의해 결정된다.

$$s=(m-m^*)-\phi(\bar{y}-\bar{y}^*) \qquad (12-18)$$

3.2 오버슈팅 이론(돈부쉬 이론)

◉ 기본 설명

환율의 움직임을 관찰해 보면 일반적으로 다른 경제변수들보다 훨씬 변동이 심하다. 즉, 환율도 주가 또는 부동산 가격 등 다른 자산가격과 마찬가지로 기초적인 경제변수들의 움직임보다 훨씬 크게 움직이는 오버슈팅(overshooting) 현상을 보이고 있다. 앞의 통화론자 이론은 시장의 완전 청산, 구매력평가설의 즉각적 성립, 그리고 합리적 기대 등을 가정하고 있기 때문에 환율의 오버슈팅과 같은 현상을 설명할 수 없었다. 오버슈팅에 대한 이론적인 설명을 시도한 것이 돈부쉬(R. Dornbusch)의 오버슈팅 이론이다.

돈부쉬는 이러한 현상을 설명하기 위해 단기적인 물가수준의 경직성(price stickiness)을 도입했다. 즉, 가격이 단기적으로는 비탄력적이므로 구매력평가설이 장기에만 성립한다는 가정을 도입하여 보다 현실적인 모형을 만들었다. 오버슈팅 이론은 단기적으로 상품가격의 경직성 때문에 장기균형으로 조정되는 과정에서 환율이 일시적으로 초과반응(overshooting)을 할 수 있다는 동태적인 현상을 도입하고 있다.

---

9. 무작위행보란 어떤 변수가 증가할 가능성과 하락할 가능성이 동일하여 이 변수의 미래 움직임을 예측할 수 없는(random) 경우를 가리킨다. 이는 식 (12-17)에서 $\theta^e=\theta^{*e}=0$을 의미한다.

그러나 이 이론은 장기균형을 설명하는 데 있어서는 신축가격 통화론자 이론과 동일하다.[10]

이를 보다 구체적으로 설명하기 위해 국내통화량이 증가했다고 해보자. 오버슈팅 이론에서는 구매력평가설이 장기에는 성립한다고 가정하므로, 장기균형환율도 이를 반영해 새로운 수준으로 변화한다.

그러나 오버슈팅 이론은 단기적인 가격경직성을 가정하므로, 통화공급이 증가한 경우 이것이 신축가격 통화론자 이론과는 달리 즉각적인 물가변화를 가져오지 못한다. 통화공급 증가에 따라 통화시장에 초과공급이 발생한 경우 물가수준이 상승하여 실질통화공급이 감소하든지 이자율이 하락하여 통화수요가 증가해야 다시 통화의 수급이 균형을 이룬다. 그런데 단기적으로 물가가 변화하지 않으므로, 결국 통화시장의 수요와 공급은 이자율의 하락을 통해 이루어지게 된다.

이렇게 이자율이 하락한 경우 외환시장에서는 어떤 변화가 있어야 하는가? 오버슈팅 이론은 이와 관련해 두 가지 가정을 도입한다. 하나는 앞에서 설명했던 이자율평가이고, 다른 하나는 외환시장 참가자들이 환율변화에 대해 회귀적 예상(retrospective expectation)을 한다는 것이다. 회귀적 예상이란, 현재환율이 장기균형보다 높으면 앞으로 환율이 장기균형 쪽으로 하락할 것이라고 예상하고 반대로 현재환율이 장기균형환율보다 낮으면 앞으로 환율이 장기균형 쪽으로 상승할 것이라고 예상한다는 것이다. 이는 다음과 같은 수식으로 표현될 수 있다.

$$E_t s_{t+1} - s_t = -\alpha(s_t - \bar{s}) \qquad (12-19)$$

단, $\bar{s}$: 장기균형환율, α : 조정계수($0 < \alpha < 1$)

한편 이자율평가는 다음과 같이 쓸 수 있다.

$$r - r^* = E_t s_{t+1} - s_t \qquad (12-20)$$

국내통화량의 증가에 따른 오버슈팅 현상을 위의 두 식을 가지고 설명해 보자. 통화량 증가로 인해 외환시장에서는 장기적으로 균형환율($\bar{s}$)이 상승하게 된다는 것을 안다. 따라서 외환시장 참가자들은 예상을 할 때 새로운 높은 수준의 장기환율에 기준

10. 따라서 오버슈팅 이론을 경직가격 통화론자 이론이라고도 부른다.

그림 12-2 환율의 오버슈팅

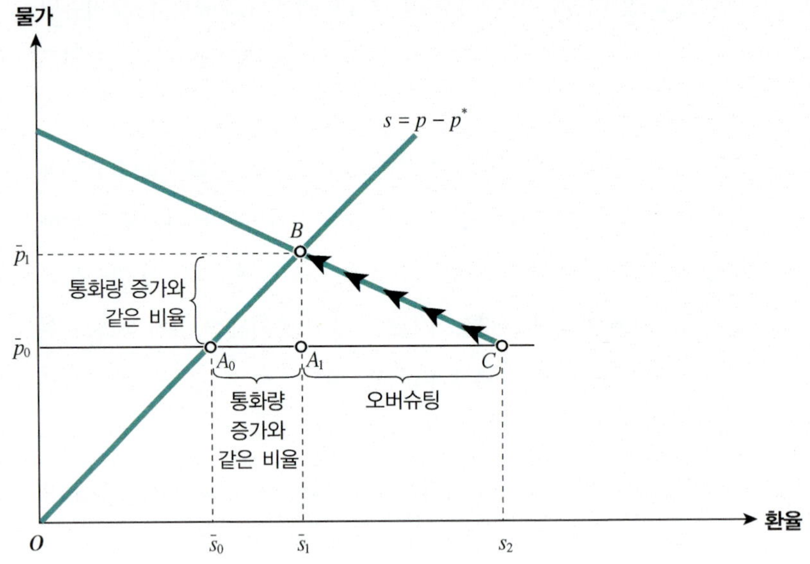

을 두고 하게 된다. 그런데 통화량의 증가로 인해 국내이자율이 하락하면 식 (12-20)의 좌변이 음(-)으로 된다. 이자율평가가 성립하려면 식 (12-20)의 우변 $(E_t s_{t+1} - s_t)$도 음(-)이 되어 외환시장 참가자들이 환율의 하락, 즉 평가절상을 예상해야 할 것이다. 그런데 식 (12-19)의 회귀적 예상에 따르면 평가절상을 예상하기 위해서는 현재 환율이 장기균형 수준보다 높아야만 한다. 따라서 통화공급이 이루어지는 시점에서의 환율은 단기적으로 장기균형 수준보다 더 높게 올라갔다가 이후 서서히 장기균형 수준으로 조정되어 가는 오버슈팅 현상을 보이게 된다.

이제 환율의 오버슈팅 현상을 그림을 이용하여 설명해 보자. [그림 12-2]의 가로축은 환율을, 세로축은 물가수준을 나타낸다. 오버슈팅 이론에서도 장기에는 구매력평가설이 성립하므로 장기물가수준과 물가와의 관계는 원점을 지나고 기울기 45° 인 직선상에 나타낼 수 있다. 최초에 통화량 수준 m_0에서 균형을 이루어 이때 장기균형 환율과 물가수준이 A_0에서 달성된다고 하자.

초기균형 A_0에서 만일 정부가 통화량을 m_1으로 증가시키면, 통화량 증가는 장기적으로 물가수준과 환율을 같은 비율로 상승시킨다. 이때의 통화량 수준 m_1에 대한 새로운 장기균형점은 B가 될 것이다.

통화공급 증가 후 물가와 환율의 시간에 따른 변화 경로 그림 12-3

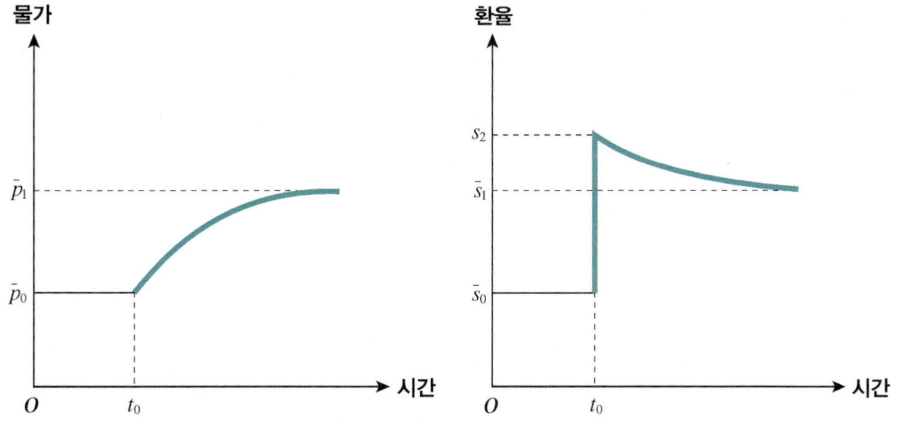

그러나 가격의 경직성 때문에 단기에 물가가 최초의 균형 $\bar{p}_0$ 수준에 머물러 있다면 통화량 증가에 따라 실질통화량이 증가하고 이자율이 낮아지게 된다. 이와 같은 이자율 하락은 자본유출을 가져와 환율을 더욱 상승시킨다. 그러므로 통화량 증가에 따라 기대되는 환율상승 효과와 물가의 경직성이 가져온 이자율의 하락과 자본유출에 따른 환율상승 효과가 겹치면서 환율은 오버슈팅하게 된다. 그 결과 단기균형점은 C점에서 이루어지고, 이때 환율은 그 장기균형값인 $\bar{s}_1$를 지나쳐 그보다 더 큰 s_2 수준으로 오버슈트하게 된다.

한편 장기적으로는 물가도 상승하면서 새로운 균형으로 이동해 갈 것이다. 즉, C점은 단기에만 성립할 수 있는 균형일 뿐 장기적으로는 유지되지 않고 새로운 조정이 이루어지게 된다. 경제주체들은 현재의 환율(s_2)이 장기균형환율($\bar{s}_1$)보다 더 높은 수준에 있으므로 환율하락을 예상하게 되며, 이에 따라 자본이 유입된다. 또한 종전보다 하락한 이자율로 인해 총수요가 증가하여 국내물가가 상승하고 실질통화량이 감소한다. 실질통화량 감소로 이자율은 상승하고 이에 따라 자본유입이 발생한다. 이러한 두 가지 경로를 통한 자본유입은 환율을 하락시켜 새로운 균형상태($\bar{s}_1$)로 돌아가게 한다. 환율은 하락하고 물가는 상승하면서 장기조정은 [그림 12-2]의 C점에서 B점으로 이동하는 화살표 방향을 따라 이루어진다.[11]

11. BC를 잇는 직선의 기울기는 식 (12-24)의 기울기와 같다.

결국 통화량이 증가할 때 환율은 단기적으로는 장기균형환율보다 높은 수준으로 상승하는 오버슈팅 현상을 보이고, 그후 장기적으로 서서히 하락하여 장기균형 수준으로 이동하게 되는 것이다.

[그림 12-3]은 t_0 시점에서 통화공급이 증가할 때 시간의 흐름에 따른 물가와 환율의 경로를 보여주고 있다. [그림 12-3]에서 알 수 있듯이 물가와 환율은 장기균형 수준에서는 통화공급의 증가와 비례하여 상승하게 되나 단기에 있어서 환율은 오버슈팅한다.

◉ 수학적 설명

오버슈팅 이론은 신축가격 통화론자 이론에서 도입했던 것과 유사한 다음과 같은 5개의 로그 선형방정식을 사용하여 설명할 수 있다.

$$m - p = \phi y - \lambda r \quad (12-8)$$

$$m^* - p^* = \phi y^* - \lambda r^* \quad (12-9)$$

$$r - r^* = \Delta s^e \quad (12-11)$$

$$\Delta s^e = -\alpha (s_t - \bar{s}),\ \ 0 < \alpha < 1 \quad (12-19)$$

$$\bar{s} = \bar{p} - \bar{p}^* \quad (12-21)$$

식 (12-8), 식 (12-9), 그리고 식 (12-11)은 신축가격 통화론자의 모형과 같다. 식 (12-8)과 식 (12-9)는 본국과 외국의 통화부문의 균형식이다. 앞에서와 같이 완전한 자본이동과 자산의 완전대체성을 가정하면 식 (12-11)이 성립된다. 그리고 식 (12-19)는 앞에서 설명한 회귀적 예상을 나타낸다. 이 모형에서 단기에는 물가가 경직적이라 구매력평가가 성립하지 않지만, 장기에는 물가가 변해 구매력평가가 성립한다. 식 (12-21)은 장기에 구매력평가가 성립함을 보여주며, $\bar{p}$와 $\bar{p}^*$는 본국과 외국의 장기물가수준이다.

식 (12-8)과 식 (12-11)을 결합한 뒤 식 (12-19)를 대입하면

$$m - p = \phi y - \lambda r^* + \lambda\alpha (s_t - \bar{s}) \quad (12-22)$$

를 얻게 된다.

그리고 장기에 $s = \bar{s}$이면, 식 (12-11)과 식 (12-19)에 의해서 $r = r^*$가 되므로 식 (12-8)로부터

$$\bar{p} = m - \phi y + \lambda r^* \quad (12-23)$$

를 얻는다. 식 (12-23)을 식 (12-22)에 넣어서 정리하면

$$s = \bar{s} - \frac{1}{\lambda\alpha}(p - \bar{p}) \quad (12-24)$$

가 된다.

식 (12-24)에서 물가수준이 장기균형 수준을 이탈하게 될 때 $\bar{s}$, $\bar{p}$가 주어진다면 환율은 물가수준의 함수가 된다. 단기에서 물가가 경직적이라 장기물가수준보다 낮다면 환율은 장기균형환율 수준을 상회한다는 것을 식 (12-24)는 보여준다.

이제 통화량이 증가할 때 환율의 오버슈팅 현상이 어떻게 발생하는지를 식 (12-24)를 가지고 살펴보자.

식 (12-24)를 통화량 m에 대해 미분하면 다음과 같다.

$$\frac{ds}{dm} = \frac{d\bar{s}}{dm} - \frac{1}{\lambda\alpha}\left(\frac{dp}{dm} - \frac{d\bar{p}}{dm}\right) \quad (12-25)$$

그런데 우리는 식 (12-23)으로부터 $\dfrac{d\bar{p}}{dm} = 1$이고, 단기적으로 물가가 경직적이라면 $\dfrac{dp}{dm} = 0$이 됨을 알 수 있다. 따라서

$$\frac{ds}{dm} = \frac{d\bar{s}}{dm} + \frac{1}{\lambda\alpha} > \frac{d\bar{s}}{dm} \quad (12-26)$$

이 된다.

식 (12-26)으로부터 통화량이 증가할 때 단기적으로 환율이 장기적인 증가 수준보다 더 크게 오버슈팅하며, 얼마나 오버슈팅할 것인가 하는 정도는 통화수요의 이자율탄력성(λ)과 기대조정계수(α)에 의존함을 알 수 있다. 다음으로 이 모형에서 환율의 결정식을 구해 보자. 먼저 식 (12-8)에서 식 (12-23)을 결합하면

$$p - \bar{p} = \lambda r - \lambda r^* \quad (12-27)$$

을 얻는다. 이 결과를 식 (12-24)에 대입하면

$$\begin{aligned} s &= \bar{s} - \frac{1}{\lambda\alpha}(\lambda r - \lambda r^{*}) \\ &= \bar{s} - \frac{1}{\alpha}(r - r^{*}) \end{aligned} \tag{12-28}$$

이 된다.

식 (12-28)은 국내외 이자율의 차이가 커지면 환율의 변화폭이 상대적으로 더욱 커짐을 보여준다. 한편 장기균형에서 예상환율의 변화는 0이므로 식 (12-14)로부터 장기균형환율 $\bar{s} = (m - m^{*}) - \phi(y - y^{*})$이다. 그렇다면 오버슈팅 이론에서 환율의 결정식은

$$s = (m - m^{*}) - \phi(y - y^{*}) - \frac{1}{\alpha}(r - r^{*}) \tag{12-29}$$

가 된다. 식 (12-29)는 본국의 이자율이 해외이자율보다 높으면 환율은 하락하고 반대로 낮으면 상승한다는 것을 보여준다. 오버슈팅 이론에서 통화량 증가는 최초에 실질통화량을 증가시켜 이자율을 낮춘다. 통화량 증가는 그 자체가 환율을 상승시킬 뿐만 아니라 국내이자율을 낮추고 환율을 더욱 상승시켜 오버슈팅 현상을 가져옴을 식 (12-29)는 보여준다. 그렇지만 시간이 지나면서 물가가 상승하면 실질통화공급량은 줄고 이자율이 상승한다. 그 결과 환율이 하락하면서 오버슈팅된 부분은 사라지고 최종균형점에서 환율의 상승률은 통화공급의 증가율과 같아진다.

3.3 포트폴리오-밸런스 이론

◉ 기본 설명

신축가격 통화론자 이론 및 오버슈팅 이론에서는 유위험이자율평가를 도입해 국제자본시장의 완전대체성을 가정하고 있는데, 이것은 개인의 부(wealth)를 어느 나라의 통화로 보유하든 간에 개인은 아무런 위험을 느끼지 않는다는 것을 의미한다. 그러나 이것은 매우 비현실적인 가정으로, 이를 시정하고 보다 현실적인 환율결정 과정을 설명하고자 하는 이론이 포트폴리오-밸런스 이론이다.

이 이론 또한 자산시장의 균형조건에서 출발하고 있다는 점에서 통화론적 접근과

맥을 같이 하고 있으나, 앞에서 설명했던 두 이론과는 달리 통화뿐만 아니라 증권 등 다른 종류의 금융자산을 모두 고려하고 있다. 이 이론에 따르면 투자자들은 자산의 편의성, 수익성, 위험 등을 고려해 나름대로 최적의 포트폴리오를 구성하고 있다. 즉, 투자자들은 국내금융자산과 외국금융자산의 상대적인 비중을 자신들의 포트폴리오가 최적으로 되도록 구성하고자 한다. 따라서 국내금융자산과 외국금융자산의 상대적인 가치를 나타내 주는 환율은 이러한 포트폴리오의 구성이 금융시장에의 국내 및 외국 금융자산의 공급과 균형되도록 하는 수준에서 결정된다.

이를 좀더 부연 설명해 보자. 포트폴리오-밸런스 이론에서는 앞의 통화론적 접근방법이 도입했던 가정인 국내자산과 외국자산 간의 완전대체성, 즉 유위험이자율평가를 비현실적이라고 간주하고 있다. 국내자산과 외국자산은 엄연히 다른 것이므로 이들은 서로 불완전 대체재이며, 따라서 유위험이자율평가는 성립될 필요가 없다는 것이다. 투자자가 보유자산을 국내증권 또는 해외증권의 형태로 보유하고자 할 때 두 자산의 구성비율(β)은 이들 자산의 편의성, 수익성, 위험 등을 반영하는 양국 기대수익률의 차이($r - r^* - \Delta s^e$)에 따라 결정된다. 본국 투자에 따른 기대수익률이 외국투자에 따른 기대수익률보다 상대적으로 크면 클수록 자국 증권에 대한 수요가 증가하고 외국증권에 대한 수요는 감소할 것이다.

현재 자산시장에 공급되어 있는 국내자산(통화 및 증권 포함) 및 외국자산의 규모가 각각 B 및 B^*라고 하면, 자산시장에서의 균형조건은 총자산($W = B + SB^*$) 중 국내자산과 외국자산의 상대적 비중이 다음과 같이 β와 같아질 때 성립한다.

$$\frac{B}{SB^*} = \beta(r - r^* - \Delta s^e), \quad \text{단, } \beta' > 0 \tag{12-30}$$

여기서 S는 환율을 나타내며, 앞에서 설명했듯이 r은 본국 투자수익률, $r^* + \Delta s^e$는 해외투자에 따른 기대수익률이다. 이를 환율에 대해 정리하면

$$S = \frac{B/B^*}{\beta(r - r^* - \Delta s^e)} \tag{12-31}$$

이 식은 환율이 예상투자수익률 차이뿐만 아니라, 국내증권 공급량과 외국증권 공급량에 의해서도 영향을 받는다는 것을 보여준다. 만일 외국이자율이나 국내증권의 공급이 증가하면 환율이 상승하고, 반대로 국내이자율이나 외국증권의 공급이 증

가하면 환율이 하락하게 된다.

이제 포트폴리오-밸런스 이론에 따라 정책의 변화가 환율에 어떤 영향을 미치는지 살펴보자. 예를 들어, 만일 통화당국이 경기를 부양시키고자 공개시장조작을 통해 팽창통화정책을 실시한다고 하자. 이때 통화당국은 국내통화량을 증대시키고자 국내채권을 매입할 것이므로 국내채권에 대한 수요가 증가해 채권가격이 상승하고 이자율은 하락하게 된다. 이자율 하락으로 국내증권의 투자매력이 상실되고 상대적으로 외국증권의 투자매력이 커짐으로써 투자자들은 외국증권을 매입하려 할 것이다. 이는 곧 투자자들이 상대적으로 매력적인 외국증권을 좀더 보유하고자 한다는 것을 의미하며, 따라서 외국금융자산의 가치가 상승하고 환율이 상승하게 된다.

때로는 어떤 변화가 국내통화, 국내증권, 외국증권에 복합적인 영향을 주어 환율이 어느 방향으로 움직일지 결론내기가 곤란한 경우도 있다. 포트폴리오-밸런스 이론의 경우 이런 상황에서는 첫째, 국내시장에 대한 영향이 해외시장에 대한 영향보다 크고, 둘째, 증권에 대한 영향이 통화에 대한 영향보다 크다고 간주한다. 예를 들어 소득의 증가는 국내증권 및 해외증권의 수요를 모두 증가시키지만 전자의 영향이 더 크므로 환율을 하락시키게 된다. 또한 이자율의 증가는 국내통화수요를 감소시키면서 동시에 국내증권수요를 증대시키지만, 후자의 영향이 더 크므로 전체적으로 국내금융자산에 대한 수요를 증대시켜 환율을 하락시키게 된다.

◉ 수학적 설명

이제 식 (12-30)에 로그를 취하여 로그선형(log linear) 형태로 정리하면

$$b - s - b^* = \alpha + \beta(r - r^* - \Delta s^e) \qquad (12-32)$$

가 된다. 여기서 α, β는 각각 선형함수의 절편과 기울기를 나타내는 양의 상수이다.[12]

---

12. β가 양이라는 것은 기대투자수익률 차이가 증가하면 국내증권에 대한 수요가 증가함을 의미하는데, 이는 곧 자국통화에 대한 위험프리미엄(risk premium)이 크면 클수록 자국 증권에 대한 수요가 더욱 커진다는 것을 의미한다. 양국 간의 기대수익률 차이 $r - r^* - \Delta s^e$가 본국통화에 대한 위험프리미엄이 됨은 무위험이자율평가가 성립한다는 것을 이용해 다음과 같이 설명될 수 있다. 먼저 무위험이자율평가는 다음과 같이 표시된다.

$$r_t - r_t^* = f_t - s_t \qquad (N12-1)$$

여기서 f_t는 t기의 선물환율에 로그를 취한 값이다. 이 식을 다음과 같이 변형해 보자.

이 식을 환율(s)에 대해 정리하면

$$s = -\alpha - \beta(r - r^* - \Delta s^e) + (b - b^*) \qquad (12-33)$$

로 표시할 수 있다.

외국증권의 스톡(b^*)이 과거 경상수지 흑자의 누적된 결과라면, 경상수지 흑자는 환율하락(평가절상)을 가져오므로 b^*의 증가는 환율을 하락시키게 된다. 반면에 경상수지 적자로 인한 b^*의 감소는 환율상승을 불러일으킨다. 따라서 식 (12-33)은 환율이 국내외이자율의 차이, 그리고 누적된 국제수지 불균형의 규모에 의해 결정됨을 보여주고 있다.

식 (12-33)에 추가적으로 정태적 기대(static expectation)를 가정하면 $\Delta s^e = 0$이 되어서

$$s = -\alpha - \beta(r - r^*) + (b - b^*) \qquad (12-34)$$

가 된다. 식 (12-34)는 포트폴리오-밸런스 이론 가운데 보유자산, 이자율, 환율 간의 관계를 나타내 주는 가장 간단한 모형이다.

4. 환율결정이론의 새로운 노력

International Finance, ch. twelve

4.1 경험적 연구

이상의 거시경제적 관계에 기초한 환율결정이론들에 대해 그동안 많은 경험적 연구가 행해져 왔다. 이 연구들은 주로 모형으로부터 얻어지는 환율과 다른 변수들과의 관계식을 다양한 여러 방식으로 추정하여 그 계수들이 모형에서 설명된 부호를 지니

$$r_t - r_t^* = (f_t - E_t s_{t+1}) + (E_t s_{t+1} - s_t) \qquad (N12-2)$$

이를 다시 정리하면 다음과 같다.

$$f_t - E_t s_{t+1} = (r_t - r_t^*) - (E_t s_{t+1} - s_t) = r_t - r_t^* - \Delta s^e \qquad (N12-3)$$

식 (N12-3)의 좌변은 위험프리미엄의 정의식이고 우변은 기대수익률 격차이므로, 위험프리미엄은 곧 기대수익률 격차로 표시될 수 있다

는지, 그 크기는 어떠한지, 또 통계적으로 유의한지를 살펴보고, 그후 추정된 계수들로부터 얻어지는 환율의 예측치를 실제 환율과 비교하여 모형의 예측성을 검사하는 방향으로 행해졌다.

많은 실증분석을 통해 나타난 중요한 사실은 환율이론들이 1973년 이후 변동환율제도 하에서의 환율 움직임을 잘 설명하지 못한다는 것이다. 즉, 추정된 결과로부터 얻어지는 계수들이 통계적으로 유의하지 못한 경우가 많았고, 그 부호가 반대인 경우도 더러 있었으며, 그렇지 않은 경우라도 자기상관이 높게 나타나는 등의 문제점을 보였다. 또 환율에 대한 예측에 있어서 특히 불만족스러운 결과를 나타냈다. 이같은 결과는 기존의 환율결정 이론이 많은 측면에 있어 불만족스럽다는 결론에 이르게 한다.

표 12-1 거시경제적 환율모형들의 성과 비교

환율	예측기간	무작위행보 모형	거시경제적 모형		
			Frenkel-Bilson	Dornbusch-Frankel	Hooper-Morton
$/DM	1개월	3.72	3.17	3.65	3.50
	6개월	8.71	9.64	12.03	9.95
	12개월	12.98	16.12	18.87	15.69
$/Yen	1개월	3.68	4.11	4.40	4.20
	6개월	11.58	13.38	13.94	11.94
	12개월	18.31	18.55	20.41	19.20
$/Pound	1개월	2.56	2.82	2.90	3.03
	6개월	6.45	8.90	8.88	9.08
	12개월	9.96	14.62	13.66	14.57
Trade-weighted Dollar	1개월	1.99	2.40	2.50	2.74
	6개월	6.09	7.07	6.49	7.11
	12개월	8.65	11.40	9.86	10.35

주 : 1) 각 수치들은 백분율(%)과 유사한 개념임.
2) 위 표에서 Frenkel-Bilson은 신축가격 통화론자 모형, Dornbusch-Frankel은 경직가격 통화론자 모형, Hooper-Morton은 경직가격 포트폴리오-밸런스 모형을 의미.

자료 : Meese and Rogoff(1983), p.13.

〈표 12-1〉은 이와 관련해 가장 대표적인 메이시와 로고프(R. Meese and K. Rogoff)의 연구결과를 보여주고 있다. 이 표에는 여러 환율모형에 따른 다양한 환율에 대한 예측치의 평균자승제곱근오차(root mean squared error ; RMSE)값[13]들이 나와

13. 통상 '자료 외 예측치'(out-of-sample forecast)의 정확도에 대한 통계량으로는 평균오차(mean error ; ME)나 절대평균오차(mean absolute error ; MAE), 평균자승제곱근오차(root mean squared error ;

있는데, 거의 모든 곳에서 환율모형들의 예측오차가 무작위행보(random walk)에 의한 예측오차보다 크게 나타나고 있다. 그런데 무작위행보 모형에 의한 예측치란 환율을 전혀 예측할 수 없으므로 미래환율이 오늘 환율과 같다고 예측하는 것이나 다름없다. 그럼에도 불구하고 환율모형의 예측이 별로 낫지 않다는 결과는 이 모형들이 유용하지 못하다는 잠정적인 결론을 내리게 한다.

경험적 연구결과들을 종합해 볼 때 적어도 데이터상으로는 현재까지의 환율결정 모형들이 불완전하다고 할 수 있고, 따라서 앞으로 더 나은 모형을 기대할 여지가 있다고 할 수 있다.

4.2 뉴스 및 투기적 거품

◉ 뉴스접근법

거시적 환율모형들이 환율의 움직임을 설명하는 데 심각한 어려움에 직면하자 일각에서는 이러한 문제가 나타나는 이유가 환율이 기초경제변수들의 변화에 대해 무작위로 또는 비합리적으로 반응하기 때문이라고 주장하기도 했다. 그러나 또 다른 일각에서는 시장참가자들이 여전히 합리적 예상을 한다는 점은 받아들이고 다른 요인을 도입해 기존의 거시적 모형을 보완하여 이러한 문제를 해결하고자 노력했다. 이러한 노력들이 새로 도입하고 초점을 맞추었던 것이 뉴스의 환율에 대한 역할이다. 따라서 이들을 뉴스접근법(news approach)이라고 부른다.

뉴스접근법이 설명하고자 하는 것은 첫째, 외환시장이 어떤 종류의 뉴스들에 반응을 보이며, 둘째, 뉴스에 대해 어떻게 어느 방향으로 반응을 하며, 셋째, 이러한 뉴스들이 얼마나 환율변동을 설명할 수 있는가 하는 점이다. 이를 위해 뉴스접근법은 환율예측오차를 크게 두 부분으로 분리한다. 하나는 환율결정요인들(즉, 경제변수들)에 대한 새로운 정보들 때문에 발생하는 예측오차이고, 다른 하나는 경제변수들과 전혀 관계없는 순수오차(random error) 때문에 발생하는 예측오차이다. 만일 기초경제변수들과 관련해 예기치 못했던 변화(즉, 뉴스)가 전자의 예측오차를 상당 부분 설명할 수 있다면, 이는 환율의 움직임이 외형상 무작위행보(random walk)를 하는 것처럼 보

RMSE) 등이 사용된다. 이들은 모두 예측치가 실제값의 평균에서 멀리 떨어진 정도를 나타내므로 그 수치가 클수록 예측치는 부정확하다고 말할 수 있다. 〈표 12-1〉에서는 그 가운데서 평균자승제곱근오차를 사용했다.

여도 사실은 기초경제변수들과 밀접한 관련을 가지고 움직인다는 것을 의미한다.

뉴스접근법에 대한 경험적 연구들은 환율의 움직임 중 상당 부분이 기초경제변수들의 새로운 뉴스 때문에 발생했고 따라서 외환시장은 경제변수들의 움직임에 예의주시하고 있다는 점을 보여주고 있다. 그러나 이러한 긍정적인 경험적 연구결과에도 불구하고 뉴스접근법은 충분한 대답이 되지 못하고 있다. 즉, 뉴스의 변동성이 일부 환율의 변동성을 설명하지만 여전히 환율의 변동성은 뉴스의 변동성에 비해 훨씬 더 크게 나타나고 있기 때문이다.

◉ 투기적 거품

뉴스의 변동성에 비해 환율의 변동성이 더 큰 이유에 대해서는 몇 가지 설명이 가능하다.

첫째, 뉴스에는 많은 종류가 있는데, 뉴스접근법은 수량화할 수 있는 것만을 고려하고 있으며 소문 등 수량화할 수 없는 뉴스는 전혀 고려하지 못하고 있다. 때로는 이러한 뉴스들이 수량화된 뉴스보다 훨씬 더 큰 영향을 미칠 수도 있다. 둘째, 외환시장 참가자들이 외환거래와 관련된 결정을 내릴 때 올바른 모형보다는 틀린 모형에 기초하는 경우가 많다. 틀린 모형을 이용하는 경우 올바른 모형을 이용하는 경우에 비해 환율변동이 더 커질 수 있다.

세 번째 설명은 이러한 비체계적인 설명과는 달리 외환시장 참가자들이 합리적인 결정을 내리더라도 과도한 환율변동이 발생할 수 있는 가능성을 제시하고 있다. 이러한 설명은 주식, 부동산가격 등 다른 자산시장가격과 마찬가지로 환율에 있어서도 예상이 아주 중요한 역할을 하고 있음을 강조하고 있다. 즉, 기본적으로 환율은 경제변수의 사후적 결과에 의해 정해지는 것이 아니라, 미래의 변화에 대한 예상을 사전적으로 고려해 결정된다는 것이다. 이러한 예상은 때로는 환율을 안정시키기도 하지만, 때로는 미래의 변화에 대한 예상이 조금만 변해도 환율을 과도하게 변하도록 만들 수 있다.

예상에 따라 환율이 과도하게 움직이는 경우를 설명하기 위해, 예를 들어 무슨 이유 때문인가 사람들이 다음 달에 원/$ 환율이 상승할 것으로 예상한다고 해보자. 그러면 외환시장 참가자들은 환율이 상승함으로써 발생할 수 있는 손실을 회피하기 위해 약세통화(원화)를 팔고 강세통화(달러)를 매입하고자 할 것이다. 그런데 원화를 팔고 달러화를 사는 이러한 행위는 달러화에 대한 수요를 더욱 증가시켜 달러화가치를 더욱 상승시키고 따라서 당초의 예상은 사후적으로 적중하게 된다. 이는 환율의 움직임이 기초경제변수에 의존하는 것이 아니라 자기실현적 기대(self-fulfilling expectations)에 의존한다는 것을 의미하는데, 이러한 과정이 지속되다 보면 기초경제변수들의 움직임과는 무관하게 환율은 과도하게 상승하고 하락하는 투기적 거품(speculative bubble) 현상을 보일 수 있다.

투기적 거품에 따른 설명은 예상의 역할을 강조하고 있다는 점에서 환율의 과도한 변동성을 설명하는 데 실마리를 제공하고 있다. 그러나 투기적 버블에 따른 설명은 몇 가지 해결하지 못한 문제점이 있다. 하나는 어떻게 처음에 거품이 시작되는가 하는 거품의 최초 창출요인에 대한 설명이 없다는 것이다. 다른 하나는 왜 어느 경우에는 거품이 터져버리고 어느 경우에는 터지지 않는가에 대한 설명을 하지 못한다는 것이다. 또 하나는 왜 고정환율제도에서보다 변동환율제도에서 거품이 빈번하게 발생하는 경향이 있는가에 대한 설명도 없다는 것이다.

4.3 미시적 접근

환율의 움직임을 잘 설명하기 위해서는 기본적으로 예상의 역할을 강조해야 하지만, 동시에 외환시장 참가자들의 행태를 보다 잘 설명할 수 있는 새로운 패러다임이

Box 12-1 환율이론가 3인방(Trio)의 맹활약

환율결정이론의 발전에서 가장 괄목할 만한 업적은 1970년대 중반 이후 자산시장모형의 개발이라고 할 수 있다. 자산시장모형은 본문에서 설명했듯이 크게 신축가격 통화론자 모형, 오버슈팅 모형, 그리고 포트폴리오-밸런스 모형으로 나눌 수 있다. 프렝켈(J. Frenkel), 돈부쉬(R. Dornbusch), 무싸(M. Mussa)는 각각의 모형을 개발했거나 개발하는 데 지대한 공헌을 한 논문들을 공교롭게도 같은 해인 1976년에 발표함으로써, 1976년을 '환율이론의 해'로 만들었다.

이들 3인방은 모두 같은 때에 박사과정(시카고 대학)에 있었으며 또한 모두 존슨(H. Johnson)과 먼델(R. Mundell)의 학생들이었다. 서로 앞서거니 뒷서거니 하면서 환율이론을 포함한 국제금융분야를 발전시켜 온 이들 중 결과적으로 가장 뛰어난 평가를 받은 인물은 오버슈팅 모형을 개발한 돈부쉬였다. 그의 1976년 논문은 경제학에서 가장 널리 인용되는 논문 중의 하나이며, 또한 크루그만(P. Krugman), 로고프(K. Rogoff), 옵스펠트(M. Obstfeld), 프랑켈(J. Frankel) 등 그의 학생들은 1980년대 이후 국제경제학 분야를 실질적으로 주도해 오고 있다.

요구된다. 이러한 요구에 부응해 외환시장의 미시적 구조 및 참가자들의 행태에 초점을 맞추어 새로운 환율결정이론을 정립하기 위한 시도가 미시적 접근이다. 이는 현재 진행단계에 있기 때문에 아직 정형화된 이론으로 불리우기는 어렵지만 환율결정이론의 발전에 상당히 긍정적인 기여를 할 것으로 평가받고 있다.

외환시장의 미시구조적 접근은 첫째, 외환시장에서 미시구조적인 행태(empirical regularities)를 통계적으로 포착하기 위한 노력, 둘째, 이러한 미시적인 현상이 발생하게 되는 원인을 설명하기 위한 노력, 그리고 셋째, 미시적인 특징이 환율변화에 영향을 미치는 경로를 파악하기 위한 노력으로 나누어 살펴볼 수 있다.

◉ 외환시장의 미시구조적 행태

외환시장의 미시구조적 행태를 포착하기 위한 노력은 주로 외환거래량(trading volume) 및 환율변동성(volatility)의 통계적 특징을 포착하는 데 초점을 맞추고 있다. 그중 몇 가지 결과를 소개해 보면, 첫째, 외환거래 및 환율의 움직임이 시간에 대해 일정한 것이 아니라 시간에 따라 달라진다는 것이다. 이 연구들에 따르면 점심시간 근방, 주말 직전에 거래량이 감소하고 개장 및 폐장 근방에서는 증가하는 것으로 나타나고 있다. 한편, 월(月)효과, 요일효과, 또는 시간효과에 대해 분석한 실증연구들에 따르면 환율변동성은 주말 또는 점심시간에는 작아지는 경향이 있고 월요일 개장 초기에는 급격히 증대하는 경향이 있다.

둘째, 환율변동성이 시간에 따라 어떤 패턴을 보이는가에 대한 단순한 관찰 외에도 환율변동성과 거래량 간의 관계, 한 외환시장에서의 환율변동성과 다른 외환시장에서의 환율변동성과의 관계 등에 대한 연구도 활발히 이루어지고 있다. 일견 거래량이 활발해지면 그에 따라 환율변동성도 커진다는 사실을 발견할 수도 있으나, 이러한 관계가 항상 성립하는 것은 아니고 외환거래의 원천에 따라 달라질 수도 있다. 즉, 외환거래가 투기자들의 예상 차이 때문에 발생한다면 외환거래량의 증가는 곧 환율변동성을 증대시키지만, 외환거래가 유동성 확보를 위한 거래 중심으로 이루어진 경우에는 외환거래량이 증가할 때 오히려 환율변동성이 감소하다는 것이다. 한편, 외환시장들 간에는 상호 연계성이 존재하는데, 한 시장에서의 높은 변동성이 다른 시장에 전달되는 유성현상(meteor shower)을 발견할 수 있다.

셋째, 많은 연구들이 외환거래량 및 환율변동성과 같은 미시적인 정보가 일종의 거래비용 및 불확실성을 나타내는 지표인 환율스프레드에 영향을 미친다는 것을 보여주고 있다. 환율변동성이 증가함에 따라 환율스프레드가 확대되는 반면 외환거래량이 증대됨에 따라 환율스프레드가 감소되는 결과는 외환시장에서 정보가 효율적으로 전달되고 있다는 증거로 제시되기도 한다. 그러나 개장 초 및 폐장 근방에 외환거래량 및 환율변동성이 증가하고 또한 환율스프레드도 확대되는데, 이와 같은 현상은 정보가 충분히 잘 전달되지 않기 때문에 발생한다고 해석할 수 있다. 즉, 외환시장 참가자들은 시장이 개장되었을 때 시장의 동향을 파악하기 위해 일부 시험거래를 하게 된다. 따라서 개장 초에 외환거래가 증대하게 되고, 감(feeling)을 잡기 위한 과정에서 환율변동성이 증가하게 되며, 또한 환율스프레드도 커지는 경향이 있다. 반면 폐장 근방에서는 외환거래자들이 재고량을 처분하고자 할 것이므로, 또다시 외환거래량 및 환율변동성이 증가되고 환율스프레드가 확대되는 현상이 발생할 것이다.[14]

◉ 미시구조적 행태의 발생 원천

외환시장에서의 거래량 및 환율변동성이 다른 시장에 비해 유난히 크고 시간에 따라 급변하는 이유가 무엇 때문인가를 밝히고자 하는 연구들은 대부분 환율에 대한 예상에서 그 해답을 찾고자 한다. 첫째, 외환거래량이 급격히 증가하는 이유는 무엇보다도 외환시장 참가자들의 환율변화에 대한 예상이 다르기 때문이다. 만일 환율변화에 대한 예상이 동일하다면 일정 방향으로 외환수요 또는 공급이 발생할 것이므로 외환거래가 전혀 일어나지 않을 것이다. 따라서 환율변화에 대한 예상의 차이는 곧 외환거래를 설명해 주는 근원이 된다. 최근의 연구들은 환율변화에 대한 서베이데이터를 이용해 환율변화에 대한 다양한 견해차이가 외환시장변동성 및 외환거래량과 관련이 있음을 실증적으로 보여주고 있다.

둘째, 환율의 급격한 변동 또한 환율변화에 대한 예상 차이에 기인한다. 이는 변동환율제도에서 투기적인 행위가 환율을 안정시키는 효과가 있는가 아니면 불안정하게 만드는 효과가 있는가에 대한 논쟁과 관련이 있다. 외환시장 참가자들을 행태별로 분류해 보면, 크게 투기자(speculators)와 투자자(investors)로 나눌 수 있다. 투기자들

14. 이와 관련해 거래량의 정보전달능력에 대해 두 가지 견해가 제시되고 있다. 하나는 거래량이 많은 것을 정보가 급속히 가공되고 있는 증거라고 보고 있는데, 이를 '사건의 불확실성'(event uncertainty) 견해라고 부른다. 다른 하나는 이와는 반대로 많은 거래량을 정보가 전혀 가공되지 않고 있는 증거로 보고 있는데, 이를 '뜨거운 감자'(hot potato) 견해라고 부른다.

은 대부분 단기적인 목표를 설정하고 있으므로 환율에 대한 예상을 할 때 최근의 추세에 중점을 두는 기술적인 분석을 위주로 하는 경향이 크다. 따라서 환율이 상승하는 추세에 있는 경우 계속 상승할 것으로 예상하고, 환율이 하락하는 추세에 있는 경우 계속 하락할 것이라고 예상하는 경향이 있으며, 이러한 환율예상은 환율변동을 더욱 심하게 만들 것이다. 반면, 투자자들은 보다 장기적인 목표를 설정하고 있기 때문에 기초경제변수들의 움직임에 근거해 환율예상을 하는 경향이 크다. 따라서 이들은 장기적인 환율추세에 비추어 현재의 환율이 상승했다면 앞으로 떨어질 것이라고 예상하고, 반대로 현재의 환율이 상대적으로 하락했다면 상승할 것이라고 예상한다. 이러한 환율예상 패턴은 환율이 추세에서 벗어날 때 장기추세로 회귀하도록 함으로써 안정적인 효과를 갖게 될 것이다.

◉ 미시구조적 행태의 환율에 대한 영향

외환거래량 및 환율변동성 등 외환시장의 미시구조적 특징이 환율변화에 영향을 미치는 경로에 대해서는 상대적으로 연구가 많이 진행되지 못하고 있다.

미시적 접근이 하나의 체계적인 환율결정이론으로 정립되기 위해서는 앞에서 소개한 예상형성과 거래메커니즘에 대한 관측을 통해 그 패턴들이 어떻게 환율에 영향을 미치는지 구조를 설명해야 한다. 이와 관련된 하나의 노력이 기술적 분석과 전통적 분석(기초경제변수들에 근거한 합리적 결정)을 조합하고자 하는 노이즈거래(noise trading) 모형이다. 미시구조적 접근을 취하고 있는 연구들은 합리적 패러다임에 전적으로 의존하는 것을 선호하고 있지 않다. 그보다는 기술적 분석과 전통적 분석 양자 간의 상호작용으로 인해 때로는 정상적인 듯한 움직임이 나타나고 때로는 비정상적인 듯한 움직임이 나타나는 구조를 설명하고자 한다. 이러한 행태를 설명하고자 많은 연구들이 투기자들과 투자자들의 행태를 융합한 모형을 도입하고 있는데, 투기행동 및 투자행동 간의 비중이 변함에 따라 외환에 대한 수요가 변화하고 따라서 환율도 변화할 수 있는 가능성을 제시해 주고 있다.

요약

1. 환율결정이론은 크게 국제수지 균형에서 출발하는 국제수지접근법과 자산시장 균형에서 출발하는 자산시장접근법으로 나눌 수 있다. 국제수지접근법에는 경상수지에서 출발하는 케인즈 이론과 경상수지 및 자본수지를 모두 고려하는 먼델-플레밍 이론 등이 있다. 케인즈 이론에서 물가, 소득, 이자율, 통화량 등의 변화로 경상수지가 흑자가 되면 외환공급이 증가해 환율이 하락하고, 반대로 경상수지가 적자로 되면 외환수요가 증가해 환율이 상승한다. 먼델-플레밍 이론에서는 경상수지뿐만 아니라 자본수지에 미치는 영향도 함께 고려해야 하는데, 따라서 종합수지가 흑자로 되면 환율이 하락하고 적자로 되면 환율이 상승한다.

2. 자산시장접근법에는 신축가격 통화론자 이론, 오버슈팅 이론, 포트폴리오-밸런스 이론 등이 있다. 신축가격 통화론자 이론에서 환율은 각국의 통화시장의 균형조건으로부터 얻어지는 통화의 상대가격으로 볼 수 있다. 국내통화량의 증가는 같은 비율로 환율상승을 가져오는 반면에 외국통화량의 증가는 같은 비율로 환율하락을 가져온다. 국내소득의 증가는 통화수요증가를 통해 환율하락을 가져오는데, 이는 먼델-플레밍 이론에서 소득이 환율에 미치는 효과와는 정반대이다. 또한 신축가격 통화론자 이론에서는 국내이자율 상승이 통화수요를 감소시킴으로써 환율상승을 가져오는데, 이는 먼델-플레밍 이론에서 국내이자율 상승이 자본유입을 초래하여 환율을 하락시킨다는 것과는 대조적이다.

3. 오버슈팅 이론에서는 장기적으로 구매력평가설이 성립하나 단기적으로는 재화시장과 통화시장 간의 조정속도가 상이해서 물가가 경직적이라 가정한다. 이 모형에서 통화량이 증가할 때, 환율은 단기적으로 장기균형환율보다 높은 수준으로 상승하는 오버슈팅 현상을 보이고 그후 서서히 하락하여 장기균형 수준으로 이동하게 된다. 단기적으로는 통화량 증가에 따라 기대되는 환율상승 효과와 물가의 경직성이 가져온 이자율의 하락과 자본유출, 이에 따른 환율상승 효과가 겹치면서 환율은 오버슈팅한다. 장기적으로는 물가상승에 따라 실질통화가 감소하고 그 결과 이자율이 상승하고 자본유입이 일어나면서 환율은 하락하여 장기균형점으로 이동한다.

4. 포트폴리오-밸런스 이론은 통화론자 이론과는 달리 자산의 불완전대체성을 가정한다. 포트폴리오에서 국내·해외자산의 구성비율은 기대수익률의 차이에 따라 결정되며, 그 차이는 위험의 정도를 반영한다. 포트폴리오-밸런스 이론에서 환율은 양국의 기대투자수익률의 차이, 국내증권과 외국증권의 상대적 공급의 크기에 의해 결정된다. 그러데 외국증권의 스톡이 과거 경상수지 흑자의 누적된 결과라면, 누적된 경상수지 흑자는 환율하락을 가져오므로, 외국증권 공급의 증가는 환율하락을 가져오는 반면에 외국증권 공급의 감소는 환율상승을 불러일으킨다.

5. 경험적 연구결과들을 종합해 볼 때 적어도 데이터상으로는 현재까지의 환율결정 모형들의 예측치가 무작위행보 예측치보다 별로 낫지 못하다. 따라서 이를 극복하기 위해 뉴스의 역할, 투기적 거품의 역할 등을 강조하기도 했으며, 최근에는 외환시장의 미시적 구조 및 참가자들의 행태에 초점을 맞추어 환율의 움직임을 설명하려는 새로운 노력도 이루어지고 있다.

연습문제

01. 먼델-플레밍 이론(자본이동이 상당히 자유로운 경우)과 신축가격 통화론자 이론에서 통화량 증가의 환율에 대한 영향이 어떻게 달라지는지 비교하라.

02. 국내이자율의 상승이 환율에 어떤 영향을 미치는지 케인즈 이론, 먼델-플레밍 이론, 신축가격 통화론자 이론 및 포트폴리오-밸런스 이론을 이용해 비교하라.

03. 어떤 국가가 평균 월 1억 달러 정도의 경상수지 적자를 기록하고 있다가 지난달 1.2억 달러로 경상수지 적자가 확대되었다. 만일 이달에는 경상수지 적자가 0.6억 달러로 감소했다는 발표가 있었다면, 이는 그 국가의 통화가치에 어떤 영향을 미치겠는지 설명하라.

04. 다음과 같은 뉴스가 모니터 화면에 지나간다면 외환거래자들은 대체적으로 어떤 반응을 보이겠는가?

a. 갑자기 우리나라 정부가 우리나라에서 외국으로 송금하는 이자지급에 대해 상당한 정도의 세금을 부과하는 법을 제정했다.
b. 일본에서 통화량 확대에 호의적인 인사가 일본 중앙은행 총재로 임명되었다.
c. 멕시코 유전의 원유매장량이 예상보다 훨씬 적다.

05. 앞의 [그림 12-3]에서 통화량이 10% 증가한 경우를 상정하고, 물가가 5년 동안 매년 2%씩 상승해 간다고 할 때, 다음의 물음에 답하라.

a. 만일 매년 구매력평가가 성립한다면 환율의 조정경로는 어떠해야 하는가?
b. [그림 12-3]과 같은 현실적인 환율조정 경로를 고려할 때 구매력평가는 단기 및 장기에서 성립하는가?

06. 기초경제변수들에 비해 환율의 변동성이 훨씬 더 큰 이유는 어떻게 설명할 수 있는가?

07. 다음과 같은 변화가 환율에 어떤 영향을 미치는지 포트폴리오-밸런스 이론을 이용해 설명하라.

a. 중앙은행이 외국채권을 매입하는 공개시장조작을 하는 경우

b. 외국채권이 증가해 총자산(w)이 증가하는 경우

08. 미국과 우리나라 간의 이자율 격차는 원-달러 환율에 커다란 영향을 미치고 있는데 미국과 일본 간의 이자율 격차는 엔-달러 환율에 별로 큰 영향을 미치지 않았다고 하자. 왜 이러한 현상이 발생할 수 있는지 설명하라.

09. 미국과 일본 간에 환율을 고정시키려고 한다고 하더라도 실질적으로 거의 불가능한 것으로 생각된다. 왜 그런지 설명하라.

외환시장의 효율성과 환율예측

International **Finance**
ch. thirteen

13

외환시장의 효율성 개념은 국제금융시장의 행태를 분석하는 데 중요한 역할을 한다. 예를 들어 앞에서 설명한 이자율평가 개념이나 환율결정 모형 등은 모두 자산가격이 효율적 시장에서 정해진다는 것을 암묵적으로 가정하고 있다. 또한 이론적인 모형이 아니라 현실적인 측면에서도 외환시장의 효율성 개념은 외환시장 참가자들에게 중요한 의의를 가지고 있다. 만일 외환시장이 효율적이 아니라면, 이는 외환시장에서 추가적인 이윤을 획득할 수 있는 기회가 있음을 의미하므로 투자자들은 이 기회를 이용하기 의해 외환시장에서 적극적으로 거래를 하고자 할 것이다. 한편 정책당국자들의 경우 외환시장이 효율적이 아니라면 이는 곧 시장의 실패(market failure)를 의미하며, 따라서 이를 시정하기 의해 정책적인 개입을 하고자 할 것이다. 따라서 이 장의 제1절 및 제2절에서는 외환시장이 효율적이라는 것은 무엇을 의미하는지 개념적으로 살펴보고, 현실의 외환시장이 효율적으로 움직이는지 실증적인 검증방법을 소개한다.

아울러 이 장에서는 환율예측의 다양한 기법에 대해 소개한다. 외환시장이 다른 어느 시장보다도 효율적이라는 사실은 환율예측의 효용성에 의구심을 갖게 만들 수도 있다. 그러나 외환시장이 효율적일지라도 환율예측은 장기적인 투자결정, 환위험에 대한 관리 등을 위해 필요하며, 게다가 외환시장은 워낙 급변하기 때문에 적절한 환율예측을 통해 유리한 기회를 포착할 수 있는 경우도 자주 발생하고 있다. 따라서 이 장의 제3절 및 제4절에서는 환율예측의 다양한 기법, 환율예측의 성과 평가방법, 그리고 몇 가지 관련된 이슈를 설명한다.

1. 외환시장의 효율성

1.1 시장효율성의 개념

시장이 효율적이라는 것은 시장에 입수된 모든 정보가 가격에 완전히 반영된다는 것을 의미한다. 시장이 효율적인 경우에는 모든 정보가 이미 시장가격에 완전히 반영되고 있어 추가적으로 어떤 정보가 시장에 유입되더라도, 이는 유용성이 없는 것으로 판정되어 투자자들의 기대에 아무런 영향을 미치지 못하게 된다. 따라서 이 경우 실제 수익은 예상수익과 평균적으로 일치하게 되고 추가수익의 기대값은 0이 된다. 반면 시장이 비효율적인 경우에는 시장가격에 관련 정보가 완전히 반영되어 있지 못하므로 일부 투자자들은 관련 정보를 입수해 활용함으로써 다른 투자자들보다 유리한 기회를 포착할 수 있고 추가적인 이익을 얻을 수 있을 것이다.

이러한 시장효율성(market efficiency) 개념은 파마(E. Fama)에 의해 정립되었는데, 이는 외환시장에도 그대로 적용될 수 있다. 즉, 외환시장이 효율적이라면 외환시장의 모든 정보가 환율에 전부 반영되어 외환시장 참가자들은 추가적인 정보를 이용해 초과수익(excess return)을 얻을 수 없게 될 것이다.

[그림 13-1]은 외환시장이 효율적인 경우 환율의 움직임을 간단하게 그림으로 보이고자 환율이 무작위행보를 한다고 가정하고 환율패턴을 그린 것이다. [그림 13-1] (a)의 환율수준을 얼핏 보면 어떤 패턴이 있는 것처럼 보일 수도 있다. 그러나 [그림 13-1] (b)의 환율변화율을 보면 0 주변에 무작위로 흩어져 있는 것을 알 수 있다. 따라서 이 경우 초과수익의 기대값은 0이 된다.

외환시장이 효율적인 경우 환율의 움직임 그림 13-1

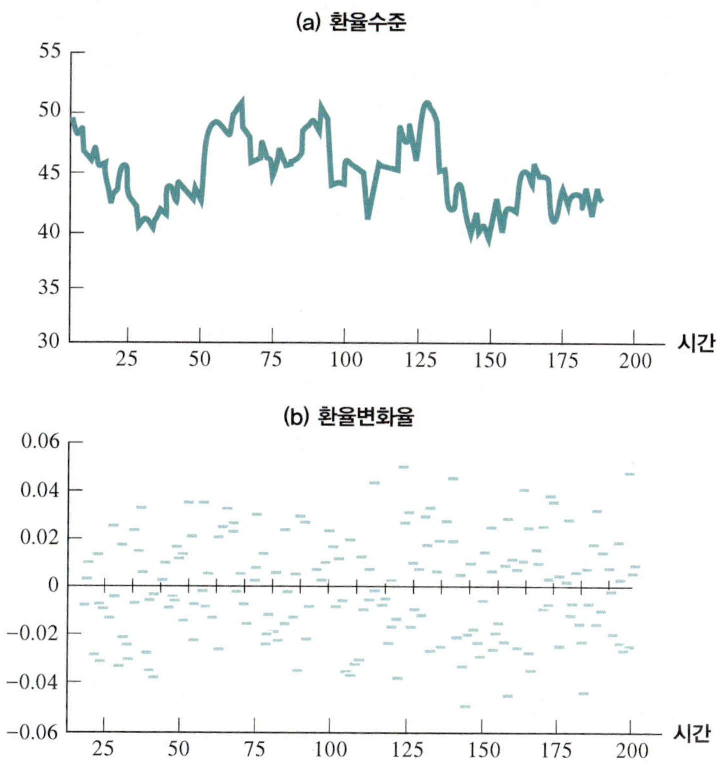

1.2 효율성의 종류

외환시장을 포함한 금융시장에서의 효율성은 가격에 반영되어 있는 정보의 양에 따라 크게 세 가지로 분류하고 있다. 첫째, 약형효율성(weak form efficiency)은 현재환율이 과거의 환율에 포함되어 있는 모든 정보를 반영한다는 것이다. 따라서 약형효율성 측면에서 외환시장이 효율적이라면 과거의 환율 시계열자료로부터 어떤 규칙성을 발견해 미래의 환율을 예측할 수 없을 것이다.

둘째, 중강형효율성(semi-strong form efficiency)은 현재환율이 과거의 환율정보 외에도 일반에게 공개된 정보를 모두 반영하는 경우를 말한다. 여기서 일반에게 공개된 정보란 시시각각으로 공표되는 많은 경제변수들에 관한 정보, 예를 들어 이자율, 물가, 경상수지, 성장률, 자본이동 등과 관련된 정보를 의미한다. 따라서 중강형효율성 정의에 따르면, 외환시장이 효율적인 경우에는 경제변수들과 환율 간의 관계를 밝혀 주는 환율모형을 설정하고 미래환율을 예측해 이익을 볼 수 없게 된다.

셋째, 강형효율성(strong form efficiency)은 현재환율이 과거의 환율정보 및 일반에게 공개된 정보뿐만 아니라 내부정보 등 모든 정보를 반영하는 경우를 말한다. 즉, 환율이 일반에게 공개되지는 않지만 환율변화에 중요한 영향을 미칠 수 있는 기업 및 금융기관의 내부정보나 정부당국의 중요한 정보까지도 반영하는 경우를 말한다. 따라서 강형효율성 측면에서 외환시장이 효율적이라면 이와 같은 내부정보를 이용하더라도 미래환율 예측에 따른 초과수익을 실현할 수 없을 것이다.

현실적으로 내부정보란 모든 사람에게 가능한 것이 아니므로 내부정보를 취득할 수 있는 외환시장 참가자는 초과수익을 얻을 수 있게 된다. 이런 의미에서 외환시장에서는 강형효율성이 성립하지 않게 되며, 실제적으로 아래의 외환시장 효율성 논쟁에서도 강형효율성 성립 여부보다는 약형효율성 또는 중강형효율성 성립 여부에 초점을 맞추고 있다.

2. 외환시장 효율성의 경험적 검증

International Finance, ch. thirteen

2.1 현물환시장의 효율성 검증

◉ 현물환시장의 효율성 가설

현물환시장의 효율성 검증은 현물환시장에 비정상적인 이익의 기회가 존재하느냐를 검증하는 것이다. 현물환시장에서의 투자수익률 r_{t+1}은 다음과 같이 정의된다.

$$r_{t+1} = s_{t+1} - s_t \tag{13-1}$$

여기서 s_t는 t시점의 로그현물환율을, 그리고 s_{t+1}은 $t+1$시점의 로그현물환율을 의미한다. 위 식은 특정 통화를 t시점에 s_t의 환율로 사서 $t+1$시점에 s_{t+1}의 가격으로 팔 때 투자수익률 r_{t+1}을 측정한 식이다. 이를 초과수익(excess return)으로 나타내면 다음과 같다.

$$\varepsilon_{t+1} = r_{t+1} - E_t r_{t+1} = (s_{t+1} - s_t) - E_t (s_{t+1} - s_t) \tag{13-2}$$

ε_t는 외환시장에서 투자를 통하여 얻은 실제 수익과 t시점에서의 시장참여자가 가능한 정보를 이용하여 얻으리라고 기대하는 기대수익 간의 차이를 말한다. 따라서 현물환시장의 효율성 검증은 식 (13-2)의 기대값이 0이 되는가 아닌가를 검증하는 것이다.

만일 투자수익률 r_{t+1}의 기대값 $E_t r_{t+1}$이 0이라면 현물환율은 무작위행보를 하게 되며,[1] 이는 다음과 같이 표현된다.

$$s_{t+1} = s_t + \varepsilon_{t+1} \tag{13-3}$$

$$\begin{aligned} E_t \varepsilon_{t+1} = 0, \text{ and } E_t(\varepsilon_t, \varepsilon_\tau) &= \sigma^2, \ \tau = t \\ &= 0, \quad \tau \neq t \end{aligned} \tag{13-4}$$

이 식에서 ε_t는 독립적이고 동일하게 분포된 확률변수이다. 따라서 현물환율이 무작위행보를 하는 경우 현물환시장의 효율성 검증은 아래의 식에서 $H_0 : \alpha = 0,\ \beta = 1$ 여부를 검정하는 것이다.

$$s_{t+1} = \alpha + \beta s_t + e_{t+1} \tag{13-5}$$

그러나 투자수익률의 기대값이 일정하지 않고 시간에 따라 변화한다면 환율은 무작위행보를 하지 않게 되며, 따라서 환율이 무작위행보를 따르는가의 여부는 효율성 검정의 올바른 방법이 될 수 없다. 따라서 실제적으로 외환시장이 효율적임에도 불구하고 $H_0 : \alpha = 0,\ \beta = 1$ 귀무가설은 기각될 수 있기 때문에, 이런 경우 추가적으로 상수항이 시간에 따라 변하는지를 함께 고려해 검증해야 한다.

그런데 현물환시장의 효율성을 검증하는 경우 위와 같은 회귀분석에 따른 검증방법보다 직접 외환거래의 초과수익 여부를 검증하는 방법을 자주 이용한다. 현물환시장에서 추가적인 이익기회가 존재하는가를 보기 위해 다양한 거래기법을 고려할 수 있는데, 주로 대표적인 자동거래기법인 필터룰(filter rule)과 이동평균교차룰(moving

---

1. 투자수익률의 기대값이 상수인 경우에도 환율은 무작위행보를 한다. 이런 경우 추세적 무작위행보(random walk with a drift)라고 부른다.

average crossover rule)에 따라 초과수익 여부를 검증하고 있다.[2]

◉ 검증 결과

현물환시장의 효율성에 대한 회귀분석 검증을 통해 일부 연구들은 환율이 무작위 행보를 하므로 외환시장이 효율적이라는 증거를 보여주고 있으나, 이를 기각하는 연구결과들도 동시에 제시되고 있다.

외환거래기법에 따라 초과수익 여부를 검증한 많은 연구들은 필터룰 및 이동평균 교차룰에 따른 거래가 초과수익을 가져다주고 있다는 결과를 보여주고 있다. 예를 들어 〈표 13-1〉에 따르면 필터룰에 따른 거래의 경우 일부(필터의 크기가 2%일 때) 초과 수익률이 유의하게 나타나고 있으며(t값 = 2.14), 이동평균교차룰에 따른 거래의 경우 초과수익률이 모두 유의하게 나타나고 있다. 이러한 결과는 외환시장의 효율성에 제약이 있음을 의미한다. 그러나 이러한 초과수익 때문에 외환시장이 비효율적이라고 해석하는 것은 문제점을 내포할 수 있다. 왜냐하면, 이러한 외환거래는 항상 위험을 수반하고 있기 때문에 투자자들은 위험에 대한 프리미엄을 요구하게 되고, 따라서 초과수익은 위험프리미엄의 대가로 나타날 수도 있기 때문이다.

표 13-1 외환거래기법에 따른 초과수익률(%)

필터의 크기			이동평균기간(단기/장기)		
1%	2%	3%	3일/10일	5일/10일	4일/16일
5.6(1.76)	8.2(2.14)	1.6(0.39)	14.3(4.39)	15.1(4.56)	14.4(4.40)

주 : 1973. 4. 2 ~ 1986. 10. 1 기간 동안의 DM/$ 환율에 대한 것임. ( ) 안은 t-값을 나타냄.
자료 : Schulmeister(1987) ; Levich(2001)에서 재인용.

2.2 선물환시장의 효율성 검증

◉ 선물환시장의 효율성 가설

외환시장의 효율성에 대한 실증적 검증은 거의 대부분 선물환율이 미래의 현물환율을 충분히 잘 예측할 수 있는가에 대한 검증으로 이루어져 있다. 이는 선물환율이 모든 시장참가자의 의사결정 과정을 통해 정해지므로 해당 만기의 미래환율과 관련되

2. 이와 관련된 보다 자세한 내용은 Levich(2001)를 참조할 것.

어 있는 시장의 정보를 잘 반영할 것이고, 따라서 다른 어느 예측치보다 많은 정보를 포함하고 있을 것이라고 생각되기 때문이다.

외환시장의 효율성에 관한 실증적 검증절차를 앞에서와 마찬가지로 수식을 이용해 설명해 보자. 효율적인 외환시장에서 합리적인(rational) 외환시장 참가자들은 시장에 주어진 모든 정보를 이용했을 것이므로 다음의 '합리적기대 가설'(rational expectation hypothesis)에 따라 환율예측에 있어서 어떤 규칙적인 오차가 발생하지 않을 것이다. 즉,

$$s_{t+1} = E_t s_{t+1} + \varepsilon_{t+1} \tag{13-6}$$

에서 예측오차 ε_{t+1}은 미래환율의 예측치와 상관관계가 없을 것이고 그 평균은 0이 될 것이다. 그런데 선물환율(f)은 계약에 의해 미래환율을 미리 정한 것이다. 따라서 위험중립적인(risk neutral) 외환시장 참가자들은 선물환율이 자신들의 미래환율에 대한 예측치와 다를 경우, 투기적인 이익을 취하고자 거래를 행할 것이다. 이와 같은 거래는 선물환율이 미래환율의 예측치와 같아질 때까지 계속될 것이므로, 최종적으로 다음과 같은 균형조건을 얻게 된다.

$$f_t = E_t s_{t+1} \tag{13-7}$$

이 식은 선물환 계약 시 아무런 위험프리미엄이 요구되지 않았으므로 위험중립적 선물환율결정 가설, 또는 간단히 '위험중립성 가설'(risk neutrality hypothesis)이라고 부른다. 식 (13-6)의 합리적기대 가설과 식 (13-7)의 위험중립성 가설을 결합하면 다음과 같이 외환시장의 효율성을 검증할 수 있는 관계식을 얻을 수 있다.

$$s_{t+1} = f_t + \varepsilon_{t+1} \tag{13-8}$$

즉, 효율적인 외환시장에서는 식 (13-8)에서의 예측오차가 선물환율과 상관관계 없이 무작위하게 분포하기 때문에 오차의 평균은 0이 될 것이고, 선물환율은 미래의 현물환율에 대한 불편추정치(unbiased estimator)가 될 것이다. 따라서 외환시장의 효율성 가설은 다음의 회귀식에서 $H_0 : \alpha = 0,\ \beta = 1$의 '불편성 가설'(unbiased hypothesis)로 나타낼 수 있으며, 외환시장의 효율성 검증은 이 가설에 대한 검증을 통해 이루어질 수 있다.

$$s_{t+1} = \alpha + \beta f_1 + \varepsilon_{t+1} \tag{13-9}$$

◉ 검증 결과

지금까지 외환시장의 효율성에 대해 분석한 수많은 연구들은 대체적으로 외환시장의 효율성 가설이 성립하지 않는다는 결과를 제시하고 있다. 즉, 예측오차의 평균이 0이 되지 않고 선물환율이 미래의 현물환율을 너무 높게 또는 너무 낮게 예측하고 있다는 것이다.

선물환율이 현물환율의 불편추정치가 아니라는 결과는 어떤 외환시장 참가자가 이 편의(bias)를 미리 파악한다면 초과수익의 기회를 이용할 수 있다는 것을 의미한다. 따라서 선물환시장의 효율성 검증에 있어서도 선물환율을 미래현물환율의 예측치로 이용했을 때 초과수익을 획득했는가를 직접적으로 비교하기도 한다. 이러한 연구들은 대체적으로 초과수익이 상당히 오랜 기간에 걸쳐 지속적으로 나타나는 경우가 많다는 결과를 제시하고 있다.

2.3 외환시장의 효율성 검증 결과에 대한 해석[3]

앞에서 언급한 것과 같이 외환시장의 불편성 가설은 합리적 기대와 위험중립성을 가정하고 있기 때문에 경험적 연구의 부정적인 결과에 대해서도 두 가지 해석이 가능하다. 첫째는 합리적기대 가설에는 문제가 없는데 위험중립성 가설에 문제가 있다는 것이고, 둘째는 위험중립성 가설에는 문제가 없는데 합리적기대 가설에 문제가 있다는 것이다.

첫 번째 견해를 취하고 있는 쪽은 위험프리미엄의 존재를 강조하고 있다. 그러나 두 번째 견해를 취하는 쪽은 기본적으로 예상 형성 과정에서의 실패를 강조하고 있는데, 세부적으로 몇 가지 다른 입장이 존재한다. 하나는 외환시장 참가자들이 주어진 정보를 합리적으로 처리하지 못하고 과도하게 투기적으로만 반응하고 있기 때문에 외

3. 이 절에서는 이와 관련해 선물환시장에 대한 결과를 중심으로 설명하고자 한다.

환시장이 비효율적으로 움직이고 따라서 불편성 가설이 기각된다는 것이다. 다른 하나는 주어진 정보 하에서 예상이 합리적으로 형성되더라도 정책변화 가능성 및 합리적 거품 때문에 불편성 가설이 기각된다는 것이다. 각각의 주장에 대해서 좀더 자세히 살펴보자.

◉ 위험프리미엄의 존재

경험적 결과가 부정적으로 나온 데 대해 많은 학자들은, 효율적인 외환시장에서도 선물환율의 예측오차가 한 쪽으로 기울어질 수 있고 불편성 가설이 성립하지 않을 수 있다는 위험프리미엄(risk premium) 가설을 제시하고 있다. 이를 좀더 자세히 살펴보자. 앞에서 우리는, 위험중립적인 투자자의 경우, 선물환율이 미래의 현물환율에 대한 자신의 예측과 같아질 때까지 투기이익을 얻기 위한 거래를 계속할 것이라고 설명했었다. 그런데 투자자들이 모두 위험중립적이 아니라면 이러한 관계가 성립하지 않을 수도 있다. 즉, 투기이익이 투자자 스스로가 부담해야 하는 위험을 보상할 만한 최소한의 수준인 위험프리미엄을 초과해야만 투자자들은 거래를 할 것이다. 따라서 투자자들이 선물환계약 시 위험프리미엄을 요구하게 되면 식 (13-7)의 균형조건은 다음과 같이 바뀌게 된다.

$$f_t = E_t s_{t+1} + rp \quad \text{단, } rp : \text{위험프리미엄} \qquad (13-10)$$

식 (13-10)에 기초한 위험프리미엄의 해석에 따르면, 선물환율의 예측오차가 평균적으로 0이 되지 않고 한 쪽 방향으로 기울어진다고 하더라도 이를 외환시장의 비효율성의 증거로 보기 어렵다는 것이다. 만일 외환시장이 효율적이어서 정보가 시장에 신속히 전달되고 이 정보를 이용한 즉각적인 투기거래가 발생하더라도 위험회피적인 거래자들은 식 (13-10)에 나타난 것과 같이 투기거래에 따른 위험에 대한 보상을 요구할 것이다. 따라서 선물환율은 지속적으로 위험프리미엄만큼 미래현물환율과 편차가 발생할 것이고, 선물환율의 예측오차는 평균적으로 0과 달라질 것이다. 사후적으로 관찰한 위험프리미엄이 어떤 경우에는 지속적으로 양수가 되고 어떤 경우에는 지속적으로 음수가 될 수 있는데, 이렇듯 시간의 흐름에 따라 위험프리미엄이 변해 가는 것을 시간변동 위험프리미엄(time varying risk premium)이라고 부른다.

◉ 합리적 거품

위와는 달리 다른 그룹들은 경험적 연구에서 위험을 정확히 수량화하기가 상당히 어렵다는 점을 지적하면서, 위험프리미엄의 존재보다 예상 형성과 관련된 문제 때문에 선물환율이 미래현물환율의 불편추정치가 되지 못한다는 점을 강조하고 있다.[4] 이들은 외환시장 참가자들이 주어진 정보를 합리적으로 이용했음에도 불구하고 선물환율이 미래환율과 지속적으로 다르게 움직일 수 있다면서 대표적인 예로 합리적 거품 및 페소화 문제를 들고 있다.

우선 합리적 거품에 대해서 살펴보자. 시장가격이 균형가격으로부터 계속적으로 이탈해 있는 현상을 거품이라고 한다. 그런데 이와 같은 거품현상이 합리적인 투자행위와 부합된다는 것이 '합리적 거품'(rational bubble) 이론이다.

합리적 거품 이론을 정형화된 모형을 가지고 설명하기 위해 환율이 다음과 같이 표시된다고 하자.

$$s_t = s_t^n + b_t \tag{13-11}$$

여기서 s_t^n은 기초경제변수들의 움직임과 관련된 비거품(no-bubble)항목이고, b_t는 기초경제변수들과 아무런 관련이 없는 거품항목이다. 이 식에 따르면, 환율의 움직임에 거품현상이 있는 경우 관측된 환율은 기초경제변수들뿐만 아니라 거품의 전개과정에도 영향을 받게 된다. 거품에 대한 예상이 다음과 같이 현재의 거품에 의존한다고 가정하면,

$$E_t b_{t+1} = (1+\lambda) b_t, \text{ 단, } \lambda > 0 \tag{13-12}$$

미래의 환율에 대한 예상은

$$E_t s_{t+1} = E_t s_{t+1}^n + E_t b_{t+1} = E_t s_{t+1}^n + (1+\lambda) b_t \tag{13-13}$$

---

4. 선물환의 불편성 가설이 경험적으로 성립하지 않는 것이 시간변동 위험프리미엄의 존재 때문이라는 주장에 대해 맨큐와 서머스(N. Mankiw and L. Summers, 1984)는 시간변동 위험프리미엄이란 개념은 아무 의미도 없고 다만 이론을 고수하기 위한 동어반복적인 공허한 개념이라고까지 혹평하고 있다.

가 된다.

만일 투자자들이 식 (13-12)와 같은 예상을 한다면 현재 외환을 매입하고 다음기에 매도하는 경우

$$E_t s_{t+1} - s_t = (E_t s^n_{t+1} - s^n_t) + \lambda b_t \tag{13-14}$$

만큼의 이익을 얻을 수 있다고 예상할 것이다. 따라서 거품항목이 증대됨에 따라 충분히 이득을 얻을 수 있다고 판단하는 경우(즉, λb_t가 큰 경우), 기초경제변수들에 비추어 볼 때 외화가 다소 과대평가되어 있을지라도(즉, $E_t s^n_{t+1} - s^n_t < 0$일지라도) 외환을 매입하는 투자를 하게 되는 것이다. 거품현상이 전개되어 감에 따라 이처럼 기초경제변수들과 무관하게 이루어지는 투자는 지속될 것이고, 환율은 점점 더 기초경제변수들과 괴리되면서 상승하는 상황이 발생할 것이다.

우리는 1980년대를 통해서 환율이 균형환율로부터 계속적으로 이탈해 있는 현상을 보았다. 1980년대 초반 미달러화는 지나치게 고평가되어 있다고 모두들 믿었다. 그럼에도 불구하고 미달러화의 절상은 1985년 플라자 협정 때까지 계속되었다. 그 이유는 균형환율로 돌아가는 위험을 적절히 보상하고도 남을 정도로 미달러화의 절상이 자기가 달러화를 보유하고 있는 동안 계속될 것이라고 많은 사람들이 믿었고, 이와 같은 믿음이 달러화의 절상행렬을 지속시켰기 때문이다. 이와 같은 합리적 거품 이론은 "시장은 항상 균형상태로 곧 돌아간다"는 기존 견해와는 배치된다.

그러나 비록 이러한 투자행위가 기초경제변수들과 괴리되어 이루어졌을지라도 비합리적이라고는 할 수 없다. 예를 들어 냉해가 예상되기 때문에 미리 농산물을 구입하려 한다면 농산물가격이 상승할 것이다. 수확기가 다가옴에 따라 이러한 예상이 심화되면 될수록 가격은 더욱 가파르게 상승할 수도 있다. 만일 수확기가 되었는데 냉해가 발생하지 않았다면, 수확기 이전에 농산물가격이 급상승한 것을 비합리적이라고 할 수 있는가? 이런 경우에는 비합리적이라고 하기보다 미래에 대한 예상을 반영해 농산물가격이 형성된 것이므로 합리적인 것이라고 볼 수 있다. 이처럼 미래에 대한 예상 및 시장에서의 정서가 변화하게 되면 기초경제변수의 움직임과는 무관하면서도 합리적인 판단에 따라 거품이 발생할 수 있고, 따라서 가격도 기초경제변수들과 괴리되는 상황이 발생할 수 있다.

◉ 페소화 문제[5]

페소화 문제는 미래의 경제정책에 대한 예상변화가 현행환율 및 환율예상에 영향을 주어 환율을 불안정하게 한다는 것이다. 환율은 현재의 주요 경제변수들뿐만 아니라 미래의 경제변수에 의해서 영향을 받으므로 정책변화에 대한 예상은 환율을 불안정하게 하고 균형상태로부터 이탈시킨다는 것이다.

따라서 팽창금융정책에 대한 예상은 팽창정책을 택하기 이전에 인플레이션 압력을 야기시키고 현물환율의 상승을 가져온다. 반면에 긴축금융정책에 대한 예상은 물가하락 압력을 가져오고 환율의 하락을 가져온다. 이러한 사태를 경제정책적 차원에서 보면, 경제주체들이 미리 정책변화를 예상하게 될 때 정책당국은 더 이상 기존의 정책을 유지할 수 없음을 시사한다.

이와 같은 논의를 간단한 통화론자 모형을 가지고 설명하자. 앞에서 설명한 통화론자 환율결정이론에 따르면 환율은 기초경제변수와 예상환율변화의 합으로 표시할 수 있다. 기초경제변수는 통화량뿐이고 투자자들이 합리적 예상을 한다고 가정하면 환율은 다음과 같이 표시될 것이다.

$$s_t = m_t + \alpha(E_t s_{t+1} - s_t) \tag{13-15}$$

그런데 사람들이 다음 기부터 통화공급이 m_t가 아니고, $(1-\omega)$의 확률로 m_t가 되고 ω의 확률로 $m_t + x$가 될 것으로 예상한다고 하자. 이 경우 식 (13-15)를 풀면 환율은 다음과 같이 결정된다.

$$s_t = m_t + \frac{\alpha}{1+\alpha}\omega x \tag{13-16}$$

식 (13-16)에서 환율은 예상통화공급량에 의해서 결정됨을 알 수 있다. 이와 같은 정책변화에 대한 예상이 환율에 미치는 영향을 고려하면 외환시장의 효율성 가설인 불편성 가설이 기각되는 것을 설명할 수 있다.

예를 들어 예전 멕시코의 경우처럼 현재환율이 고정되어 있음에도 불구하고, 여

5. 페소화 문제는 원래 1976년 멕시코가 이전까지 달러화에 고정시켰던 환율을 포기하고 페소화를 대폭 평가절하시킨 상황을 일컫는 것이다. 그러나 이후 정책 또는 제도적인 변화 때문에 가격 또는 환율의 움직임이 점프(jump) 현상을 보이는 경우 페소화 문제라는 용어를 사용하고 있다.

러 가지 어려운 경제사정을 고려해 볼 때 정부정책이 조만간 변화될 수밖에 없을 것으로 생각된다고 하자. 시장에서는 페소화의 가치가 낮아질 것이라고 예상하고 따라서 페소화에 대한 선물환율도 그에 기초해 형성될 것이므로 페소화 선물환할인(forward discount) 상태가 지속될 것이다. 이런 경우 실제적으로 평가절하가 발생하기 전까지의 자료를 이용해 실증분석을 해보면 당연히 선물환율은 미래현물환율의 불편추정치가 되지 못한다. 즉, 급격한 변화가 발생하기 전까지의 기간만 고려하고 환율움직임을 살펴보면 특정한 추세를 보이고 예측오차들이 양의 자기상관관계(positive autocorrelation)를 가져 일정 기간 예측오차가 지속적인 양의 값 또는 음의 값을 나타낼 수 있다.

이와 유사한 경우는 고정환율제도뿐만 아니라 변동환율제도에서 정보가 비대칭적인 경우 발생할 수 있다. 즉, 시장과 정부 간에 정보의 비대칭성이 존재할 때 비록 시장참가자들이 주어진 정보를 합리적으로 활용하더라도 선물환율이 미래환율과 다르게 움직일 수 있다는 것이다. 예를 들어 기초경제여건을 고려할 때 외환시장 참가자들이 환율하락을 예상하고 있고 따라서 선물환율도 시장의 예상을 반영하고 있다고 하자. 그런데 중앙은행이 이러한 예상에 따른 환율변화가 바람직하지 못하다고 판단하고 예상되는 환율변화를 저지하기 위해 시장참가자들이 모르게 외환시장개입을 한다면, 선물환율의 예측오차가 주로 한 쪽 방향으로 발생하고 따라서 편의(bias)가 일정 기간 지속될 수 있는 것이다.

3. 환율예측방법

International Finance, ch. thirteen

미래환율의 움직임에 대한 예측은 국제금융거래의 모든 면에서 핵심적인 역할을 하고 있다. 이는 장기적인 투자 및 자금조달 계획을 세우기 위해서도 필요하며, 또한 급변하는 환율변동에 따른 위험에 대비하기 위해서도 필요하다. 더구나 환율예측은 투자를 통한 수익을 실현하는 데 있어서도 필수적이다.

현실적인 필요성에도 불구하고 환율은 무작위행보를 하므로 기본적으로 예측이 불가능하다는 회의론이 제기되기도 한다. 그러나 실제적으로 상황에 따라 기초경제변수들이 환율의 움직임을 잘 설명하는 경우도 많으며, 더욱이 비록 환율결정이론으로 정형화하기는 곤란하지만 많은 예측기법에 따른 외환거래가 초과수익을 가져다주는 경우도 흔히 있다. 이러한 예들은 외환시장이 효율적이든 아니든 환율예측은 실제 국제금융거래에서 중요한 역할을 하고, 따라서 환율을 올바로 예측하기 위한 수많은 기법들을 터득할 필요가 있다는 것을 의미한다.

환율예측방법(exchange rate forecasting techniques)은 크게 '기초적 분석방법'(fundamental forecasting approach)과 '기술적 분석방법'(technical forecasting approach)으로 나뉘어진다. 기초적 분석방법은 환율변동에 미치는 기초적 경제변수들을 선택하여 이들 변수와 환율과의 관계를 계량모형화하거나 체계화함으로써 미래의 환율을 예측하는 것이다. 앞 장의 환율결정이론을 이용하는 것은 기초적 분석방법에 속한다. 반면에 기술적 분석방법은 과거의 환율변동 형태의 추세적인 특징을 시각적 · 통계적으로 분석함으로써 장래의 환율을 예측하는 방법이다.

기초적 분석방법이 환율변동의 경제적 원인을 분석함으로써 환율변동을 예측한다면, 기술적 분석은 시장에 나타난 결과 자체를 중시하여 환율변동을 예측한다. 환율 및 이자율의 가변성이 높아지면서 단기예측에 있어서는 기술적 분석방법이 우세하지만, 장기예측에 있어서는 기초적 분석방법이 우세하기 때문에 상호 보완적으로 사용된다.

3.1 기초적 분석

기초적 분석방법은 이론적 체계를 기본으로 하고 있기 때문에 외환시장과 경제변수들 간의 관계를 이용해 환율을 예측하고 있다. 여기에는 외환시장 및 국제금융시장에서 나타나는 가격들 간의 균형관계를 이용하는 예측방법과 앞에서 설명한 환율결정모형을 이용하는 예측방법이 있다.

◉ 시장균형관계를 이용한 예측

이 중 가장 간단한 것은 선물환율을 이용하는 방법이다. 앞 장에서 설명했던 것과 같이 선물환율은 미래환율에 대한 시장의 예상을 의미하므로 외환시장이 위험중립적이고 효율적인 경우 미래의 현물환율에 대한 불편추정치가 된다. 따라서 선물환율 자체를 그대로 미래환율의 예측치로 이용할 수 있다.

선물환율을 이용하는 경우 선물환거래의 만기가 대부분 1년 이내이므로 환율예측기간도 1년 이내에 한정된다. 따라서 보다 장기적인 환율예측을 위해서는 유위험이자율평가(또는 국제피셔관계)를 이용할 수 있다. 즉, 유위험이자율평가에 따르면 예상 환율변화율은 이자율 차이와 같게 되므로 국내의 장기이자율이 외국의 장기이자율보다 높다면 장기적으로 환율이 상승할 것으로 예측하는 것이다.

장기적인 환율변화를 예측하는 데 널리 이용되는 또 다른 간단한 방법으로 구매력평가식을 들 수 있다. 절대적 구매력평가식에 따른 예측으로는 앞에서 소개한 빅맥지수(Big Mac index)를 들 수 있다. 한편, 상대적 구매력평가식에 따르면 환율변화는 국내인플레이션과 외국인플레이션 간의 차이가 되므로 국내의 인플레이션이 외국의 인플레이션보다 높다면 장차 환율이 인플레이션 차이만큼 상승할 것이라고 예측하는 것이다.

◉ 환율모형을 이용한 예측

그러나 대부분은 앞에서 예시한 것보다 훨씬 복잡한 모형들을 이용한다. 예를 들면 환율변화에 영향을 미칠 수 있는 주요 경제변수들을 선택해 이들 변수들과 환율 간의 관계를 체계화한 환율결정 모형을 설정하고 이를 이용해 미래의 환율변화를 예측한다. 즉, 국민생산, 소비, 투자, 저축, 국제수지, 통화량, 이자율, 인플레이션, 생산성 등과 같은 광범위한 경제변수들의 통계자료를 환율결정 모형에 따라 계량분석을 하고 이를 기초로 미래의 환율을 예측한다. 따라서 이러한 방법을 이용할 때는 환율과 관련된 이론들 중 어떤 이론에 기초해 예측하는가에 따라 결과가 달라질 수 있다.

기초적 분석방법은 계량모형을 이용해 장기적인 환율변동의 방향을 수식적으로 제시할 수 있다는 이점이 있으나, 방대한 자료를 수집하고 이를 처리하는 과정에서 상당한 비용과 시간이 소요된다. 또한 환율변동에 영향을 주는 예상치 못한 사태 발전을 환율예측에 즉시 반영할 수 없다는 문제점이 있다. 따라서 이와 같은 문제점을 보완하기 위해 아래에서 설명하는 기술적 분석에 의한 환율예측방법이 광범위하게 이용되고 있다.

3.2 기술적 분석

기술적 분석이란 간단히 말해 과거에 있었던 환율 움직임의 행태(pattern or behavior)를 보고 미래의 환율움직임을 예측하는 기법이다. 기술적 분석을 이용하는 사람들은, 시장가격은 모든 것을 반영하고, 시장가격 움직임에는 추세가 있으며, 시장가격패턴은 스스로 반복하는 경향이 있다는 것을 굳게 믿는다. 따라서 과거 행태를 면밀히 분석하면 이를 바탕으로 미래환율을 예측하는 것이 가능하다는 것이다.

기술적 분석은 워낙 종류가 많아 일률적으로 구분하기 쉽지 않지만 크게 차트패턴(chart pattern) 분석기법과 수리적 혹은 계량적(mathematical *or* econometric) 분석기법으로 나눌 수 있다.[6]

◉ 차트패턴 분석기법

차트패턴 분석기법은 비수학적이고 자의적인 방법이기는 하나 환율예측을 위한 방법으로 매우 유용하게 쓰이고 있다. 이는 환율변동을 시계열로 표시한 후 경험적 분석결과를 토대로 차트상에 나타나는 패턴이 시사하는 바에 따라 환율을 예측하는 기법이다.

차트의 종류에는 라인 차트(line chart), 바 차트(bar chart), 봉 차트(candlestick chart), 포인트 앤드 피겨 차트(point-and-figure chart) 등이 있다. 각자 나름대로 장 · 단점이 있는데, 어떤 종류의 차트가 좋은가 혹은 어떤 신호(signals)들을 사용할 것이냐는 딜러들의 개인선호에 따라 달라진다.

차트분석을 할 때 가장 중요한 개념 중의 하나가 추세 개념이다. 추세는 우선 방향에 따라 상승추세와 하향추세로 구분된다. 추세는 또한 방향 외에 시간에 따라 장기추세(major *or* long-term trends), 중기추세(medium-term *or* secondary trends) 혹은 단기추세(near-term *or* short term trends)로 구분한다. 추세선은 차트상에서 중요한 고점(high *or* peak)을 두 점 이상 연결하거나 중요한 저점(low *or* trough)을 두 점 이상 연결해 만드는데, 상승추세선, 하향추세선 및 횡보(보합)추세선으로 나눌 수 있다. 상승추세선(rising trendlines)이란 일련의 저점들을 연결한 것이 우상향인 경우를 말하고, 하향추세선(falling trendlines)은 일련의 고점들을 연결한 선이 우하향인 경우를 의미하며, 횡보(보합)추세선(sideways trendlines)은 뚜렷한 추세 없이 옆으로 움직일 때를 나타낸다.

차트패턴 분석에 있어서 또 다른 중요한 개념으로 저항선(resistance level)과 지지

6. 이 외에도 차트패턴 분석기법에 수리적 해석을 가미해 만든 기술적 예측방법으로 엘리엇파동기법이 있다. Luca(2000)를 참조할 것.

저항선과 지지선 그림 13-2

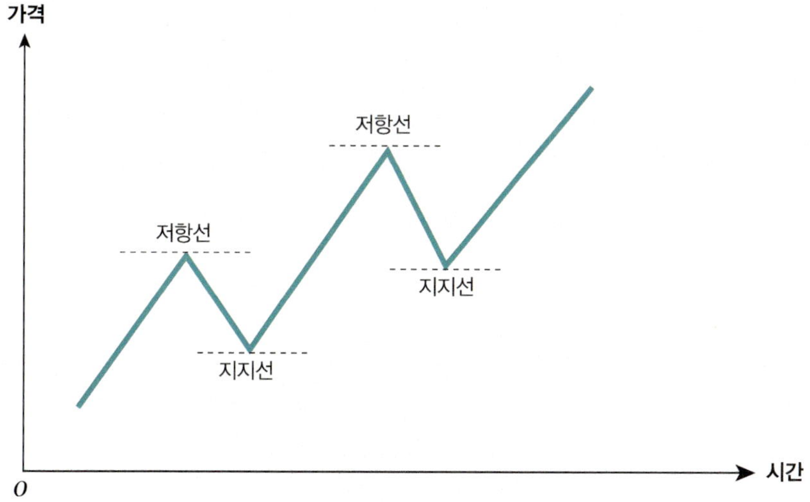

자료 : 김한수, 『외환 · 자금딜링』, 국제금융연구원, 1991.

선(support level)이 있다([그림 13-2]). '저항선'이란 환율이 일정 수준을 상회하여 계속 상승하려 할 경우 외환시장에서 외환의 매도세가 매입세를 압도하여 외환가격의 상승을 저지하는 가격수준을 말한다. 한편 '지지선'이란 외환가격이 그 이하로 하락할 경우 매입세가 매도세를 압도하여 환율의 하락을 억제하는 가격수준을 뜻한다. 이와 같은 환율변동의 저항점 또는 지지점의 형성은 중앙은행이 일정 환율 수준에서 외환시장에 개입을 하거나 외환시장 참여자가 환율변동이 일정한 범위 내에서 이루어질 것으로 전망할 경우에 나타나게 된다. 그러나 이러한 저항점 수준을 이탈하는 경우에 환율은 실세에 따라 다시 큰 폭으로 변동할 가능성이 크며, 이 경우 이전까지의 저항선이 이후에는 지지선으로 또 이전까지의 지지선이 이후에는 저항선으로 바뀌는 경우가 많다. 이와 같은 지지점 · 저항점 분석은 단기적 환율변동을 예측하기에는 유리하나 장기적 환율변동을 예측하기는 어렵다.

차트패턴을 분석해 구체적으로 환율의 움직임을 예측하기 위해서는 현재의 추세가 얼마나 계속될 것인가, 그리고 언제 반전될 것인가를 정확히 파악해야 한다. 이러한 목적을 위해 차트상에 나타나는 특징적인 패턴을 다양하게 분류해 놓는데, 이를 크게 반전패턴(reversal pattern)과 강화패턴(consolidation pattern)으로 구분할 수 있다.[7] 반전패턴이란 일정한 추세가 지속되다가 다른 추세로 전환되는 패턴을 말하고, 강화패턴은 현재의 추세가 지속되거나 강화되도록 하는 패턴을 말한다.

따라서 이들을 이용해 환율예측을 할 때는 현재의 환율움직임이 어떤 패턴에 부합되는가를 명확히 파악해야만 한다. 만일 그동안 환율이 상승해 오고 있었는데 반전추세가 나타나면, 조만간 지금까지와는 다른 추세로 전환되어 환율이 횡보 또는 하락할 것이라고 예측할 수 있다. 그러나 강화패턴이 나타나면 일시적인 조정과정이 지난 후에 다시 당초의 추세를 지속해 환율이 상승할 것이라고 예측할 수 있다.

◉ 계량적 분석기법

계량적 분석기법은 수리적 또는 통계적인 방법을 동원해 환율변동의 반복되는 추세 또는 변동의 방향을 파악하려는 방법으로, 통상 수량적인 컴퓨터 모형을 이용한다. 여기에는 이동평균(moving average)법과 오실레이터(oscillator)법이 있다.

이동평균이란 일정 기간의 평균을 산출하는 데 사용되는 표본데이터를 계속 바꾸는 것으로, 새로운 거래일의 데이터가 계속 추가되고 과거 거래일의 데이터는 하나씩 없어진다. 예를 들어 t시점에서의 5일이동평균($MA5$)은 다음과 같이 최근 5일의 종가를 합해 5로 나눈 값이다.

$$MA5 = \frac{S_{t-4} + S_{t-3} + S_{t-2} + S_{t-1} + S_t}{5} \qquad (13-17)$$

이동평균을 구하는 목적은 기본적으로 단기적인 환율의 급변동에 내재되어 있는 보다 장기적인 추세를 찾아내기 위한 것이다. 이동평균의 속성에 따르면, 상승세이든 하락세이든 단기이동평균(short-run moving average)이 장기이동평균(long-run moving average)보다 선행한다. 따라서 단기이동평균 곡선이 상승하면서 장기이동평균 곡선을 관통하면 환율상승이 예상되므로 외환을 매입하고, 반대인 경우에는 매도한다([그림 13-3]).

---

7. 반전패턴에는 헤드앤숄더(head and shoulder) 패턴, 더블탑/바텀(double top/bottom) 패턴, 라운드탑/바텀(rounded top/bottom) 패턴, 확장(broadening) 패턴, 다이아몬드(diamond) 패턴, 쐐기(wedge) 패턴 등이 있다. 한편 강화패턴으로는 대칭삼각형(symmetrical triangle) 패턴, 상승/하강삼각형(ascending/descending triangle) 패턴, 깃발(flag) 패턴, 페넌트(pennant) 패턴 등을 들 수 있다. 각각에 대한 자세한 설명은 Luca(2000)를 참조할 것.

이동평균법 그림 13-3

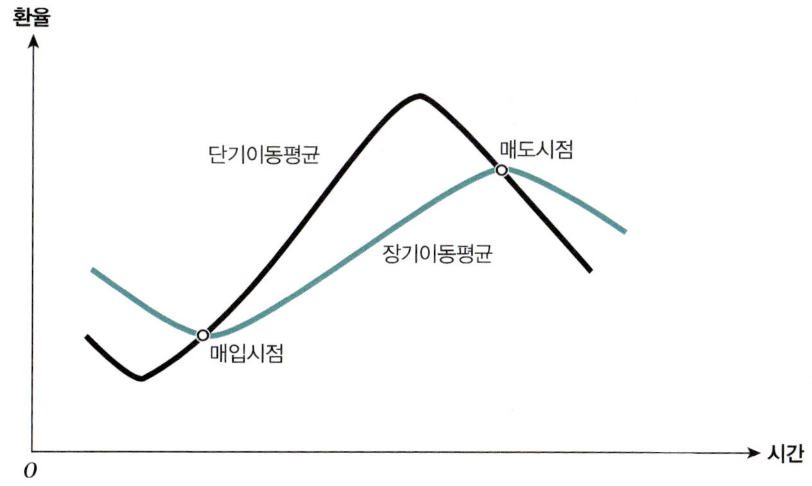

이 방법은 매우 간단하고 결과가 명확해 기술적 지표 가운데 가장 쉽게 추세를 파악하는 신호를 제공해 주며, 매입·매도시점을 분명하게 제공하는 장점이 있다. 그러나 실제적인 거래에서는 이 방법만을 이용해 의사결정을 내리지는 않으며, 주로 오실레이터(oscillator)와 겸용해서 많이 사용된다.

오실레이터는 매입초과(overbought) 상태와 매도초과(oversold) 상태를 포착해 향후 환율의 움직임을 예측하기 위해 고안한 지표이다. 주요 오실레이터로는 이동평균격차(moving average convergence-divergence ; MACD), 시장실제지수(index of market momentum ; IMM), 상대적 강세지수(relative strength index ; RSI), 스토캐스틱스(stochastics)[8] 등이 있다.

이동평균격차는 앞에서 설명한 이동평균법에 기초한 것으로, 단기이동평균으로부터 장기이동평균을 차감한 값으로 표시된다. 따라서 이 값이 0보다 크면 상승추세를 의미하고, 0보다 작으면 하락추세에 있음을 의미한다. 이를 이용하는 경우 거래자들은 이 값이 음(-)에서 양(+)으로 전환되는 시점을 매입시점으로 간주하고 반대로 양(+)에서 음(-)으로 전환되는 시점을 매도시점으로 간주하게 된다.

시장실세지수는 당일의 환율을 일정한 기간 이전의 환율로 나누어서 구한다.[9] 따

8. 스토캐스틱스에 대한 설명은 Luca(2000)를 참조할 것.

그림 13-4 시장실세지수

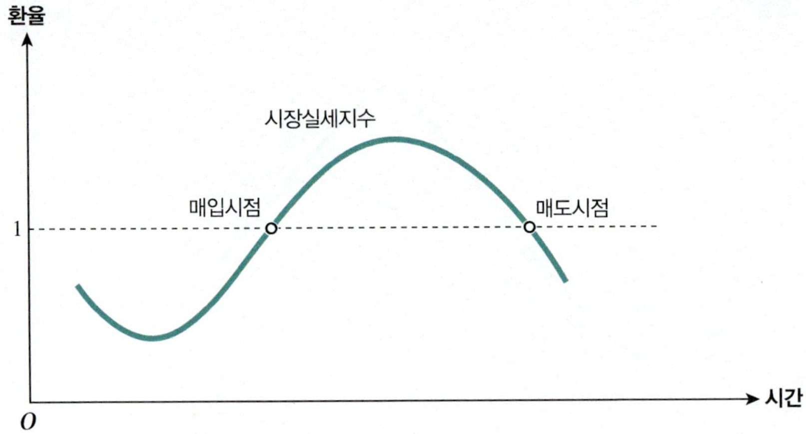

라서 환율이 오름세에 있다면 당일의 환율이 과거 환율보다 높을 것이므로 이 지수가 1보다 크게 되며, 반대로 환율이 내림세에 있다면 1보다 작게 된다. 따라서 이 지수가 1보다 작은 값에서 큰 값으로 전환하는 시점이 매입시점이 되고, 반대로 1보다 큰 값에서 작은 값으로 전환하는 시점이 매도시점이 된다([그림 13-4]). 시장실세지수를 이동평균격차와 함께 이용하는 경우 휩소(whipsaw)의 가능성을 줄여줄 수 있다.[10] 즉, 이동평균격차는 매입신호를 보내고 있으나 시장실세지수가 매입신호를 보내지 않고 있으면 매입을 하지 않음으로써 시장에서의 실패가능성을 줄이고 성공가능성을 높일 수 있게 된다.

보다 정확한 매매시점을 포착하기 위한 또 다른 방법으로 필터룰(filter rule)이 있다. 이는 일정한 범위의 필터(filter)를 정해 놓고 환율추세가 최근의 최저치보다 필터범위 이상 상승하면 향후 환율상승이 예상되므로 그 시점에서 외환을 매입하고, 반대

9. 일부에서는 당일의 환율로부터 일정한 기간 이전의 환율을 차감해서 시장실제지수를 만들기도 한다. 이 경우 상승추세에서는 지수가 0보다 크게 나타나고, 하락추세에서는 0보다 작게 나타날 것이다.

10. 시장에서 가격의 등락이 심할 때에는 기술적 신호가 매도(매수)신호를 보내다가 조금 뒤 매수(매도)로 돌변하는 경우가 있다. 기술적 신호들이 이처럼 호도된 신호(misleading signals)를 보내는 경우 그 신호에 따라 매매를 하게 되면 비싸게 사서 싸게 파는 (혹은 싸게 팔고서 비싸게 사는) 이중의 손해를 보게 되는데, 이러한 상황을 휩소(whipsaw)함정에 빠졌다고 한다. 싸게 팔았는데 다시 올랐으면 '곰덫'(bear trap)에 걸린 것이고, 비싸게 샀는데 다시 떨어진다면 '황소덫'(bull trap)에 빠진 것이다.

필터규칙 그림 13-5

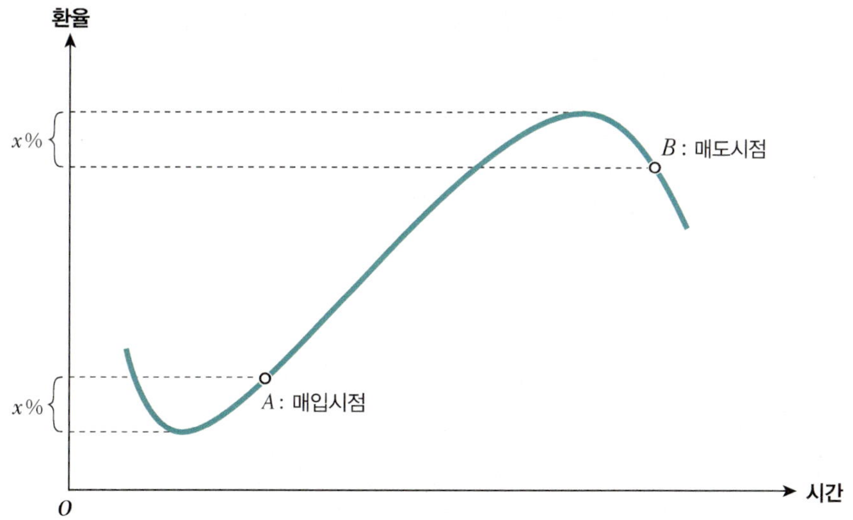

로 최고치보다 필터범위 이상 하락하면 향후 환율하락이 예상되므로 그 시점에서 외환을 매도하는 방법이다. 예를 들어 [그림 13-5]에서 필터의 크기를 x%라고 할 때, 환율이 최저점을 지나 x% 이상 상승하기 시작하는 A점에서 매입하고, 반대로 최고점을 지나 x% 이상 하락하기 시작하는 B점에서 매도하게 된다. 필터의 크기를 얼마로 하는가는 시장여건을 판단해 나름대로 결정하며, 시장에서의 추세가 분명한 경우에는 필터의 크기를 작게 할수록 매매차익(B에서의 환율 − A에서의 환율)을 크게 할 수 있다. 그러나 환율의 추세가 분명하지 않은 경우 필터를 크게 설정하게 되면 B에서의 환율이 A에서의 환율보다 낮아질 수 있어 휩소함정에 빠지게 된다.

상대적 강세지수(RSI)는 통계적 방법에 의해 고안된 시장의 매입초과 혹은 매도초과 상태를 보여주는 지표로, 단기적인 매매시점을 결정하는 데 유용한 지표로 널리 이용되고 있다. 상대적 강세지수는 시장의 포지션 상태를 0부터 100 사이에 나타낼 수 있도록 다음과 같이 계산된다.

$$RSI = 100 - \frac{100}{1 + RS} = \frac{A}{A + B} \times 100 \qquad (13-18)$$

단, $RS = \frac{A}{B} = \frac{\text{일정 기간 중(대개 14일) 외환가격 상승일의 평균가격상승폭}}{\text{일정 기간 중(대개 14일) 외환가격 하락일의 평균가격하락폭}}$

그림 13-6 *RSI* 도표

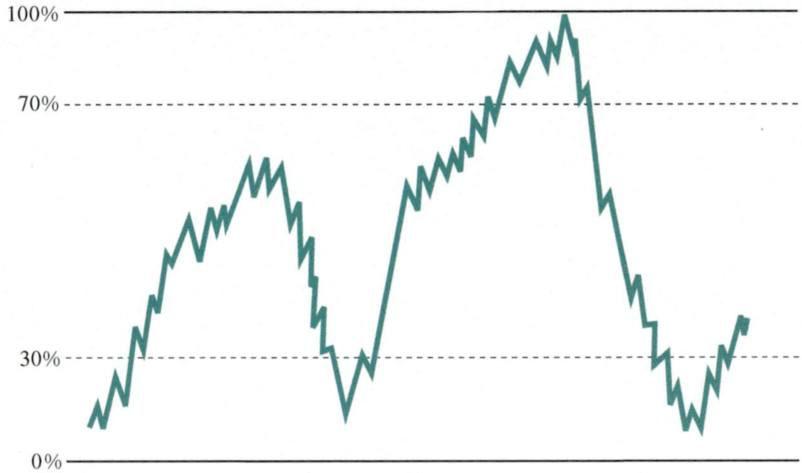

자료 : 김한수, 『외환 · 자금딜링』, 국제금융연구원, 1991.

대개 *RSI*의 값이 70 이상이면 매입초과(overbought) 상태임을 나타내는데([그림 13-6]), 이때는 포지션을 조정하기 위해 앞으로 사람들이 외환을 매도함에 따라 환율이 하락할 것으로 예상되므로 이 수준에서 외환 매도거래를 실행하게 된다. 반대로 *RSI*의 값이 30 이하이면 매도초과(oversold)의 상태로 판단되므로, 이는 외환을 매입할 기회가 된다.

3.3 환율예측의 평가

◉ 정확성 vs. 유용성

예측은 크게 두 가지 측면에서 평가할 수 있다. 하나는 '정확한 예측'(accurate forecasting)으로, 예측된 환율이 실제의 미래환율에 가까우면 가까울수록 뛰어난 예측이라고 평가한다. 따라서 환율예측의 정확성을 평가하는 기준으로 일반적으로 아래와 같은 평균자승제곱근오차(*RMSE*)를 이용한다.

$$RMSE = \sqrt{\frac{1}{n}\sum_{i=1}^{n}(\text{환율예측치} - \text{미래의 환율})^2} \qquad (13-19)$$

그러나 투자자 또는 헷저 입장에서는 특정 외환을 살 것인가 팔 것인가를 결정하는 것이 가장 중요하기 때문에 정확성보다는 예측에 따른 결정이 사후적으로 이득이 되었는가가 더 중요한 기준이 될 수 있다. 이처럼 투자결정 및 헤징결정에 이익을 가져다줄 수 있는 예측을 '유용한 예측'(useful forecasting)이라고 한다. 따라서 예측이 유용했는가를 판단하는 가장 좋은 기준은 외환거래자들의 수익률을 비교하는 것이다. 그러나 대부분의 경우 방향을 정확히 예측하는 경우 투자 및 헤징결정에 이득을 가져올 수 있으므로 유용한 예측기준으로 아래와 같이 변화방향을 정확하게 맞춘 비율을 이용한다.

$$Pr = \frac{\text{변화방향을 정확히 예측한 개수}}{\text{총예측개수}} \tag{13-20}$$

◉ 예측성과 평가

예측성과는 상황, 기법 등에 따라 상당한 차이를 보이지만, 대체적으로 기초적 분석방법은 단기적인 예측에 있어서 상당한 오차를 보이고 유용성이 높지 못한 것으로 나타나고 있다. 그러나 장기적인 관점에서 전략을 수립하기 위한 예측에는 기술적 방법보다 상대적으로 우월한 것으로 나타났다.

예측의 유용성 차원에서는 기술적 분석방법이 특히 단기적인 예측에서 우월한 것으로 나타났다. 단기적인 투자 및 헤징거래에 있어서 많은 경우 기술적 분석방법의 예측에 따른 결정은 사후적으로 이득을 가져다주는 것으로 나타나고 있다.

Box 13-1 동전던지기를 이겨라

금융시장에서는 많은 회사들이 미래의 가격변화에 대해 예측하고 투자자문을 함으로써 상당한 수입을 올리고 있다. 이들은 기초적 분석, 기술적 분석, 혹은 양자를 적절히 결합한 분석기법을 이용해 주가, 환율 등을 예측하고 있는데, 이들의 예측에 따라 투자를 하는 경우 당연히 충분한 수익률을 올릴 것이라고 흔히 생각하고 있다.

그러나 자산가격에 대한 예측은 생각보다 훨씬 어려워, 어떤 경우에는 예측기관들의 예측이 그런대로 잘 들어맞기도 하지만 다른 경우에는 형편없이 틀리기도 한다. 〈표 13-2〉는 8개 주요 국제통화에 대한 13개 예측기관의 환율예측 성과를 정확성 측면에서 평가한 것이다. 각각의 숫자는 예측기관의 예측오차(MSES) 대 선물환율의 예측오차(MSEF)의 비율, 즉 MSES/MSEF를 나타낸다. 만일 비교의 기준인 선물환율보다 예측기관의 예측이 정확하면 이에 따른 예측오차가 선물환율의 예측오차보다 작아질 것이고, 따라서 〈표 13-2〉에서 숫자가

1보다 작게 나타나게 된다. 이 표에 따르면 총 104개 경우 중에서 단지 25개 경우만이 1보다 작게 나타나 대부분의 예측이 선물환율보다 못하다는 것을 알 수 있다.

표 13-2 환율예측기관들의 성과 평가

예측기관 / 통화	A	B	C	D	E	F	G	H	I	J	K	L	M
캐나다달러	1.29	1.13	1.00	1.59	0.99	1.08	NA	1.47	1.17	1.03	1.47	1.74	0.80
영국파운드	1.11	1.24	0.91	1.44	1.09	0.98	1.05	1.09	1.27	1.69	1.03	1.22	1.01
벨기에프랑	0.95	1.07	NA	1.33	1.17	NA	NA	0.99	1.21	NA	1.06	1.01	0.77
프랑스프랑	0.91	0.98	1.02	1.43	1.27	NA	0.98	0.92	1.00	0.96	1.03	1.16	0.70
독일마르크	1.08	1.13	1.07	1.28	1.19	1.35	1.06	0.83	1.19	1.07	1.13	1.04	0.76
이탈리아리라	1.07	0.91	1.09	1.45	1.14	NA	1.12	1.12	1.00	1.17	1.64	1.54	0.93
네덜란드길더	0.80	1.10	NA	1.41	1.06	NA	NA	0.91	1.26	1.26	1.10	1.01	0.81
스위스프랑	1.01	NA	1.08	1.21	1.32	NA	NA	0.86	1.06	1.04	1.04	0.94	0.63
일본엔	1.42	1.05	1.02	1.23	1.08	1.45	1.09	1.24	0.94	0.47	1.31	1.30	1.79

자료 : Levich(1982); Eun and Resnick(2001), p.119에서 재인용.

유용성의 측면에서도 예측기관들의 성과는 열악하기 그지없었다. 비슷한 시기(1983년) 예측성과를 보면, 변화방향을 정확히 맞춘 비율은 겨우 44.9%로 동전던지기보다도 못한 수준이었다. 또한 이들의 예측에 따라 투자를 하는 경우 수익률은 평균적으로 4.5%에 불과했고, 단 1개의 기관도 무위험자산이라고 여겨지는 T-bill의 수익률보다 높은 수익률을 보여주지 못했다.

4. 환율예측을 어렵게 만드는 요인들

International Finance, ch. thirteen

4.1 제도적인 문제

실제적으로 환율예측을 할 때는 예측의 목적, 예측기간, 대상 환율 등 여러 가지 사항을 고려해야 한다. 예를 들어 단기트레이더들의 경우 초단기적인 예측이 필요하지만, 기업이 장기전략을 세우기 위해서는 장기예측이 훨씬 더 중요하다. 또한 외채가 많은 금융기관의 입장에서는 명목환율을 예측하는 것이 중요하지만 수출입업자의 경우에는 실질환율이 더 중요할 수도 있다. 그러나 이러한 요인들 외에도 환율예측을 어렵게 만드는 요인으로 환율예측이 기본적으로 환율제도에 따라 구조적인 제약을 받는다는 점을 지적할 수 있다.

예를 들어 고정환율제도인 경우 제도적 속성상 환율이 고정되어 있기 때문에 환율예측이 무의미할 수도 있다. 인플레이션 등 기초경제변수들에 큰 문제가 없다면 현재의 환율수준이 당연히 유지될 것이며, 따라서 미래환율에 대한 최선의 예측은 언제나 현재의 고정환율이 될 것이다.

그러나 현실에서는 고정환율제도에서도 환율예측이 중요해지는 경우가 자주 있다. 만일 기초경제변수들이 변화되어 기초경제여건과 현재의 고정환율 간에 심각한 불균형이 발생한다면 정책당국자들뿐만 아니라 투기자들도 환율예측에 관심을 기울이게 될 것이다. 고정환율제도에서의 심각한 불균형 상태에서 환율을 예측하는 것은 한편으로 쉬운 일일 수도 있다. 예를 들어 환율변화의 방향에 대해서는 거의 아무도 틀리지 않고 예측할 수 있을 것이다. 그러나 환율변화의 크기에 대해서는 어느 정도 예측이 가능하다 할지라도 정확한 규모를 예측하기는 어려울 수도 있다. 구매력평가를 기준으로 할 것인가 아니면 경상수지 균형을 기준으로 할 것인가 등에 따라 상당한 편차를 유발할 수 있기 때문이다.

이보다 더욱 어려운 것은 언제 환율변화가 발생할 것인가 하는 변화시기에 대한 예측이다. 많은 경우 외환보유액의 감소 정도를 보고 변화시기를 예측하고 있지만, 국제금융자본의 거래규모가 커지면서 때로는 이와는 무관하게 변화되는 경우도 많아 시기를 예측하기란 상당히 어렵다. 최근 일련의 국제금융위기가 발생하면서 이를 예측하기 위한 '위기예보지표'를 개발했지만, 실제적으로 얼마나 성과가 있을지는 좀더 두고 보아야 할 것이다. 더욱이 고정환율제도에서의 환율의 변화는 곧 고정환율제도의 붕괴를 의미해 정치적으로도 상당히 민감한 사항이기 때문에 경제적인 요인뿐만 아니라 정치적인 요인들도 예측에 중요한 역할을 할 것이다.

이러한 문제들은 엄격한 고정환율제도는 아닐지라도 일부 고정환율제도의 속성을 가지고 있는 다른 환율제도에서도 마찬가지로 적용된다.

4.2 환율의 과도한 변화

앞에서도 설명한 것과 같이 환율의 움직임을 설명하고 예측하는 데 가장 큰 어려움은 다른 어느 경제변수들보다도 환율이 과도한 움직임을 보이고 있다는 것이다. 환율의 움직임은 그 성격에 따라 '환율의 급변성'(volatility) 및 '균형상태로부터의 장기간 이탈 현상'(misalignment)으로 나눌 수 있다.

환율의 급변성은 환율이 산출이나 물가 같은 기초경제변수보다 그 변동이 훨씬 심해 금융자산적 성질을 가지고 있음을 말한다. 선진국들의 경우를 살펴보면 환율은 금융자산 가격에 비해서는 상대적으로 안정적이지만 산출과 물가수준에 비해서는 그 변동폭이 매우 크다. 그런데 통화론자 모형에서도 다루어진 것과 같이 미래환율변화에 대한 예상 자체가 현행환율에 커다란 영향을 끼치고 환율의 급격한 변화를 가져오게 하는 큰 요인이 된다. 환율의 급격한 변화는 무역거래자나 기업가 등 외환수요자에게는 불확실성과 위험을 증가시킨다. 물론 선물환시장이 발달되어 있는 경우에는 '헤징' 등을 통해 일부 피할 수 있지만 제거는 불가능하다. 환율의 급격한 변화는 수요와 공급 측면을 통해 물가와 산출에 직접적인 영향을 끼치면서 경제를 불안정하게 한다.

그러나 보다 심각한 문제는 환율이 균형상태로부터 장기간 이탈하는 현상이다. 이는 환율의 고평가나 저평가가 계속될 것이라고 믿는 데서 발생하는데, 이 현상은 대부분 수년간 지속되어 가격경쟁력을 변화시키면서 국제경쟁력과 산업구조 변화에 커다란 영향을 끼치게 된다. 예를 들어 미국의 경우 1980～1985년 기간 중 달러의 고평가현상 때문에 그만큼 미국의 국제경쟁력이 저하되었고 산업의 공동화 현상이 발생했다. 이후 1980년대 후반에는 일본의 엔화가 고평가되어 일본 산업의 공동화 및 1990년대 일본 장기침체의 한 원인이 된 것으로 평가되기도 한다.

그렇다면 왜 환율이 균형상태로부터 장기간 이탈하는 현상이 발생하는가? 만일 현행 제도가 고정환율제도라면 이 또한 앞에서 지적한 제도적인 요인으로 설명할 수도 있다. 그러나 이러한 장기적인 이탈 현상은 고정환율제도에서보다 오히려 변동환율제도에서 더욱 빈번하게 발생하고 있어, 이를 설명하기 위해 제도적 요인 외에도 다른 요인을 도입해야 한다. 이는 외환시장에서의 예상의 역할을 강조해 설명할 수 있는데, 대표적인 설명으로 앞에서 소개한 '합리적 거품 이론'(rational bubble theory)과 '페소화 문제'(Peso problem) 등이 있다.

요약

1. 외환시장의 효율성이란 환율이 외환시장에 입수된 모든 정보를 반영하고 있다는 것을 의미한다. 이는 정보의 양에 따라 약형효율성, 중강형효율성, 강형효율성으로 나눌 수 있다.

2. 외환시장의 효율성에 대한 실증적 검증은 위험중립성 가설과 합리적기대 가설이 결합된 불편성 가설에 대한 검증을 통해 이루어질 수 있다. 경험적 결과에 따르면 불편성 가설이 기각되는 것으로 나타나고 있다. 그러나 위험프리미엄의 존재 또는 합리적 거품 및 페소화 문제가 존재하는 경우 선물환율이 미래의 현물환율의 불편추정치가 되지 못한다.

3. 환율예측방법에는 크게 기초적 분석방법과 기술적 분석방법이 있다. 환율결정 모형을 이용해 분석한 연구는 기초적 분석방법의 대표적인 예이며, 기술적 분석방법에는 차트분석기법, 계량적 분석기법이 있다. 기초적 분석방법이 환율변동의 근원적 원인을 분석함으로써 환율변동을 예측한다면, 기술적 분석은 시장에 나타난 결과 자체를 중시하여 환율변동을 예측한다. 단기예측에서는 기술적 분석방법이, 장기예측에 있어서는 기초적 분석방법이 우세하기 때문에 상호보완적으로 사용된다.

4. 실제적으로 환율을 예측할 때는 많은 어려움이 수반된다. 하나는 환율제도의 속성에 따라 환율예측의 의미가 달라질 수 있다는 것이다. 따라서 단순히 환율의 변화만을 예측하는 것 외에도 제도에 따라 변화시기, 변화규모 등을 예측하는 것이 더 중요해지는 경우도 있다. 그러나 무엇보다도 큰 어려움은 환율이 과도한 움직임을 보인다는 점이다. 특히 1980년대 이후에 나타난 주요 환율문제, 즉 '환율의 급변성' 및 '균형상태로부터의 장기간 이탈 현상' 등의 심화는 환율예측을 더욱 어렵게 만들고 있다.

연습문제

01. 본문 중의 식 (13−16)을 유도하라.

02. 현재 우리나라의 경상수지 흑자가 감소하고 있는데 이러한 추세가 일시적인 것이 아니라 지속적인 것으로 예상된다는 뉴스가 나왔다고 하자. 이 뉴스는 원화에 어떤 영향을 미칠 것으로 생각하는가?

03. 다음은 3개월 후의 현행환율(S_{t+3}), 3개월 선물환율(F_t, 3) 및 기타 정보(Z_t) 간의 관계를 나타낸 식이다.

$$S_{t+3} = a + bF_{t,3} + cZ_t + \varepsilon_t$$

a. 외환시장의 효율성 가설에 따르면 계수 a, b, c는 어떤 조건을 만족해야 하는가?

b. 만일 $a = 0$, $b = 0.85$이고 구매력평가 Z_t의 계수 $c = 0.15$라고 한다면, 이는 외환시장의 효율성 가설을 뒷받침하는가 아니면 기각하는가?

c. $S_t = 1,200$원/$, $F_{t,3} = 1,160$원/$, $Z_t = 1,240$원/$라고 한다면, 원화에 대해 어떤 투기적 입장을 취하겠는가?

04. 정확한 예측과 유용한 예측의 차이는 무엇인가? 정확한 예측을 필요로 하는 사람은 누구인가?

05. 현재환율이 $1 = 100엔이고, 일본 및 미국의 연이자율은 각각 4%와 7%이다. 그러나 어떤 외환딜러가 독자적인 환율예측 모형을 이용해 1년 후 $1 = 103엔이 될 것으로 예상하고 있다.

a. 1년 선물환율은 얼마인가?

b. 이 외환딜러는 어떤 선물거래를 행하겠는가?

c. 만일 모든 사람들이 동일한 예측모형을 이용한다면 환율과 이자율에 어떤 변화가 발생하겠는가?

06. 남미의 어떤 국가가 미국 달러화에 대해 고정환율제도를 유지하고 있다. 그 국가의 정부는 0.9페소/$로 고정된 환율을 유지하기 위해 이자율정책만을 이용할 수 있으며 아무런 외환통제가 없다고 하자. 그런데 근래 들어 외환이 고갈되어 페소화에 대한 심각한 투기적 공격에 시달리고 있다. 현재 페소화에 대한 연이자율은 18%이고, 달러화에 대한 이자율은 6%이다.

a. 페소화가 절하되는 상황을 이용하려면 어떤 대차관계를 취해야 하는가? ($1,000를 거래한다고 가정하라.)

b. 만일 이 국가의 정부가 페소화에 대한 투기적 공격을 성공적으로 방어한다면 a.번의 대차관계는 얼마만큼 손실을 야기하는가?

c. 만일 환율이 1개월 내에 1페소/$로 상승한다면 얼마의 이득을 얻겠는가?

07. 환율예측과 관련해 기초적 분석보다 기술적 분석이 더 자의적(discretionary)이라고 하는데, 그 이유가 무엇인가?

08. 멕시코 페소화가 정상적인 상황일 때는 현물환율과 선물환율이 유사하게 움직이는 모습을 보인다고 하자. 지난 수년간 페소화가 지속적으로 평가절하되었다고 한다면, 선물환율은 그 기간 동안 미래의 현물환율을 과대평가하게 되었는가 아니면 과소평가하게 되었는가?

환위험 측정

International **Finance**
ch. fourteen

14

최근 급격한 금융환경 변화로 인해 기업이 당면하고 있는 위험이 커지고 있다. 과거에는 이러한 위험을 대내적인 측면에서 이해할 수 있었으나 오늘날 기업이 직면하는 금융위험은 거의 모두 국제적 맥락에서 이해되어야 한다. 국제금융에서의 의사결정자는 국내금융에서 발생하는 위험 외에 국제금융거래에서 발생할 수 있는 여러 위험들을 추가적으로 고려해 최적의 자본조달과 운용구조를 선택할 수 있어야 한다. 특히 환율변동위험은 국제적 환경 속에서 경영을 하고 있는 모든 기업들이 직면하고 있는 중대한 위험으로, 이를 어떻게 관리하느냐가 글로벌화하고 있는 국제금융환경에서 기업의 생사를 좌우한다고 해도 과언이 아니다.

우선 이 장에서는 환위험을 관리하기 위해 기초적으로 필요한 환위험의 측정에 대해 살펴보고, 다음 장에서 환위험 관리기법을 설명하기로 한다. 제1절은 전반적인 금융위험에 대한 소개와 환위험의 개념에 대해 소개한다. 이하 제2절부터 제4절은 환위험의 세 가지 종류에 대한 개념 및 측정방법에 대해 자세히 설명한다.

1. 환위험의 기초

International Finance, ch. fourteen

1.1 국제금융위험의 개념 및 종류

일반적으로 위험이란 실제적인 결과가 기대한 결과와 다르게 나타날 가능성을 의미한다. 따라서 금융위험 혹은 재무위험이란 여러 가지 상황변화로 인해 기업의 현금흐름 및 기업가치가 예상과 다르게 변화할 가능성을 의미한다.

국제금융거래에서 기업이 직면할 수 있는 위험은 위험발생 요인에 따라 크게 신용위험, 시장위험, 유동성 위험, 정치적 위험, 기타 위험(운영위험, 법률적 위험 등)으로 나누어 볼 수 있다(〈표 14-1〉).

표 14-1 국제금융거래에서의 위험

유형	원인
신용위험	거래상대방의 채무불이행
시장위험(금리위험, 환위험)	예상하지 못한 가격변화
유동성 위험	포지션청산과 자금결제상의 애로
정치적 위험	거래상대국 정부의 정치 · 경제적 사건
운영위험	내부통제와 정보시스템 결함
법률적 위험	법적 무효 또는 결함

신용위험(credit risk)이란 거래상대방이 매매계약상의 결제조건대로 지불을 하지 못함으로써 발생하는 위험을 총칭하며, 상대방위험이라고도 한다. 이는 대손위험(bad debts risk)과 지불거절위험으로 나눌 수 있다. 대손위험에는 구매자의 파산 또는 지불정지에 따른 파산위험과 전쟁, 천재지변 등과 같은 비상사태에 의한 비상위험이 있다. 지불거절위험에는 구매자의 부정이나 불법행위에 의한 지불거절과 판매자측의

계약위반이 원인이 되는 지불거절이 있다.

시장위험(market risk)이란 시장에서 거래되는 금융자산의 가격변동에 따라 기업 가치가 영향을 받음으로써 발생하는 위험을 말한다. 국제금융거래에서의 시장위험은 크게 금리위험(interest rate risk)과 환위험(foreign exchange risk)으로 구성된다. 금리위험은 이자율이 변동함에 따라 기업이 보유한 자산이나 부채의 가치가 변화될 가능성을 의미하는데, 일반적으로 단기보다는 장기금융상품이, 고정금리보다는 변동금리 상품이 더 큰 금리위험을 갖고 있다. 마찬가지로 환위험이란 환율이 변동함에 따라 기업의 수익성이나 순현금흐름 및 시장가치 등이 변화될 가능성을 말하는데, 이에 대한 보다 자세한 설명은 나중에 하기로 한다.

유동성 위험(liquidity risk)은 특정 자산을 현금화 또는 가용자산화하는 데 따른 불확실성으로, 예컨대 필요한 자금을 적정한 가격으로 금융시장에서 즉시에 조달할 수 없는 경우에 발생하는 위험을 말한다. 유동성 위험은 기본적으로 현금수지 형태가 일치하지 않거나, 예상치 못한 당국의 규제조치 실시 또는 차입자의 신용상태 악화 등으로 자금조달이 여의치 못할 경우 제기되는 위험을 말한다. 즉, 유동성 위험은 자산의 현금화 시점과 부채의 지급시점 사이, 외환시장에 대한 예상치 못한 법적 규제, 금리 변동 및 차입자의 신용상태 악화 등에 그 원인이 있다.

정치적 위험(political risk)이란 특정 국가에서 발생한 정치 · 경제적 사건으로 야기되는 차입자의 지급거절, 채무불이행, 차입조건의 재조정 및 일시 상환정지 등의 사태를 말한다. 이러한 사태를 초래하는 사건으로는 전쟁, 외침, 내란, 영토분쟁, 경제적 이해대립, 지역주의, 정치적 양극화의 심화 등이 있다. 정치적 안정은 외채상환의 능력보다는 상환의사의 지속을 가늠하는 것으로 일국의 국가위험도 평가에 있어서 국제수지 및 외채상환 부담보다 오히려 더 중요시되어야 할 항목이다. 일반적으로 국내정치 안정도와 국제정치 안정도로 대별할 수 있다.

운영위험(operation risk)이란 정보시스템이나 내부통제의 결함으로 인해 예상치 않은 손실이 발생할 가능성을 의미한다. 이는 담당자의 단순한 실수에 의해 발생할 수도 있고, 보다 근본적인 문제로 조직체계의 결함이나 위험관리 절차가 부적절해서 발생할 수도 있다. 운영위험은 크게 거래부서(front office)와 관련된 위험, 후선부서(middle and back office)와 관련된 위험, 그리고 기관 전체에 관련된 위험으로 나눌 수 있다.

법률적 위험(legal risk)이란 국제거래에서 국가 간 법률체계의 차이로 인해 예상

Box 14-1 국가위험

국가위험(country risk)이란 정치적 위험보다 더 포괄적인 개념으로 신용상태, 경제적 성과 등도 함께 고려한다. [그림 14-1]은 국가위험도 상위 및 하위 20개 국가들의 국가위험을 보여주고 있다. 이에 따르면 2018년 현재 남수단이 가장 위험하고 시리아 등도 매우 위험한 것으로 평가된다. 반면 북구를 포함한 유럽 국가들은 안전한 국가로 평가되고 있다.

그림 14-1 국가위험

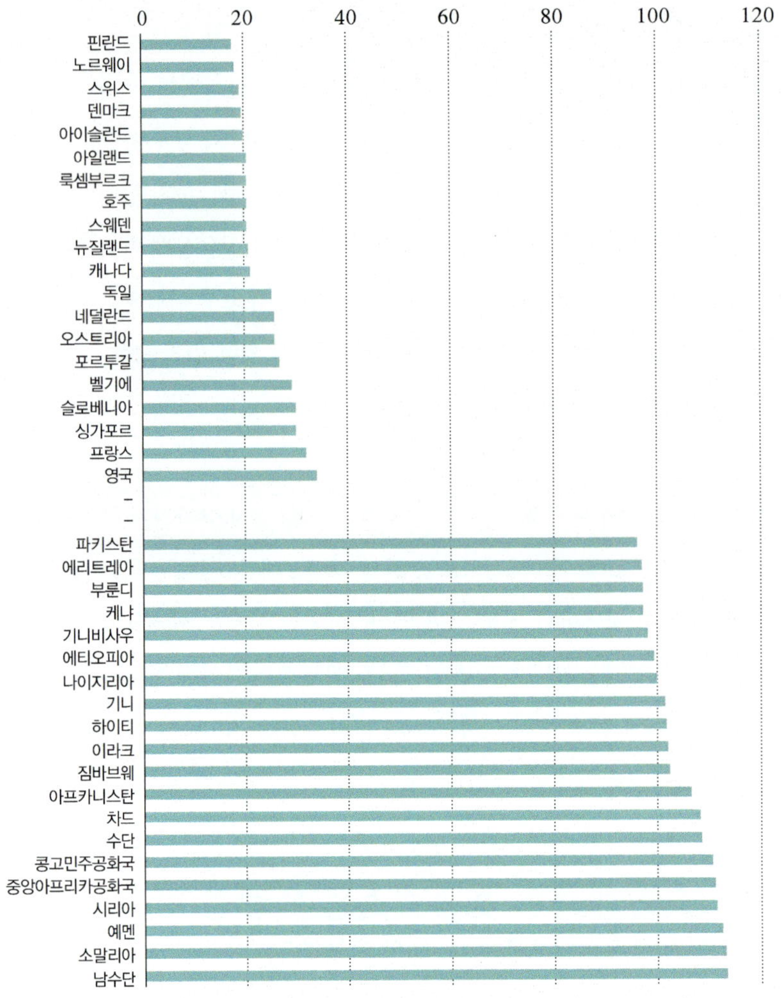

주 : 숫자가 작을수록 위험이 낮음을 나타냄.

자료 : http://fragilestatesindex.org/

치 못한 법률적 적용에 따라 계약의 법률적 효력이 보장되지 않는 사태가 발생하는 위험을 말한다. 이러한 위험은 거래에 있어서 문서조항의 미비, 적법성의 미비 또는 거래상대방의 거래권한 결여 등으로 인해 계약거래가 무효화되거나 거래상대방 간에 법적인 해석 차이가 유발됨으로써 발생할 수 있다.

1.2 환위험의 개념

◉ 환위험의 정의

환위험(foreign exchange risk)은 통화위험(currency risk)이라고도 부르는데, 예상하지 못한 환율변동으로 인해 기업이나 경제적 주체의 가치가 변화될 가능성의 정도를 말한다. 어떤 문헌에서는 환위험을 환율변동으로 인해 손실이 발생할 가능성으로 정의하기도 한다. 그러나 앞에서 정의한 것과 같이 위험이란 미래에 대한 예측의 불완전성에 기인한 불확실성으로 이해되어야 한다. 따라서 환위험도 단순히 손실의 가능성뿐만 아니라 이익의 가능성도 함께 고려해 어느 방향으로든 현재의 예상과 달라질 가능성을 포함하는 개념으로 보아야 할 것이다.

환위험은 다음과 같이 환노출(foreign exchange exposure)과 환율변동성(exchange rate volatility)의 두 가지 요인에 의해 결정된다.

$$\text{환위험} = \text{환율변동성} \times \text{환노출} \qquad (14-1)$$

여기서 환노출이란 환율변동에 의해 기업가치가 얼마나 민감하게 영향을 받는가 하는 민감도를 의미한다. 이는 외화로 표시된 자산 및 부채 보유상태, 그리고 외화의 현금흐름 등에 의해 그 크기가 달라지는데, 보다 구체적으로 환율의 변동에 의해 영향을 받는 정도는 다음과 같은 순노출(net exposure)에 의해 측정할 수 있다.

$$\begin{aligned}&\text{순노출} = \text{노출된 자산} - \text{노출된 부채}\\&\qquad\qquad \text{또는} \qquad\qquad\qquad\qquad (14-2)\\&\text{순노출} = \text{노출된 현금유입 예상액} - \text{노출된 현금유출 예상액}\end{aligned}$$

식 (14-1)은 환노출과의 관계를 통해 환위험의 개념에 대한 명확한 이해를 제공해 준다. 이 식에 따르면 환노출이 크거나 환율변동폭이 커지면 환위험이 커지게 된다. 예를 들어 A기업은 1억 달러의 순채무를 가지고 있고, B기업은 1백만 달러의 순채무를 가지고 있다. 만일 환율이 $당 10원 상승하면 A기업은 10억원만큼의 추가부담이 발생하는 반면, B기업은 1,000만원의 추가부담이 발생한다. 즉, 동일한 환율변동에 대해 환노출 정도가 100배 큰 A기업이 B기업에 비해 100배의 환위험이 발생하게 되는 것이다. 한편 환노출의 크기가 같을지라도 환율변동이 크면 클수록 환위험은 커지게 된다. 동일한 A기업에 대해서 만일 환율이 $당 10원 상승하면 외채부담은 10억원 추가되는 데 반해 환율이 100원 상승하면 100억원만큼의 외채상환 부담이 늘어나게 된다.

이처럼 환위험은 환노출의 크기와 환율변동이라는 두 가지 요인에 의해 결정되는데, 이 중 예상하지 못한 환율변동은 개별 기업이 통제할 수 있는 변수가 아닌 반면 환노출은 개별 기업이 통제할 수 있는 요인이다. 따라서 환위험을 줄이기 위해서는 환노출을 파악하고 이에 대한 적절한 관리가 중요하다. 이와 같은 이유 때문에 많은 경우 환위험 관리와 환노출 관리를 동일한 개념으로 혼용해서 사용하기도 한다.

◉ 환노출의 종류: 개념적 구분

환노출은 어떤 관점에서 보느냐에 따라 다양하게 분류될 수 있는데, 가장 일반적인 분류는 환산노출, 거래노출, 경제적 노출로 나누는 것이다.[1]

환산노출(translation exposure)은 흔히 회계적 노출(accounting exposure)이라고도 하는데, 외화로 표시된 자산, 부채, 수익, 비용 등의 재무제표를 자국통화로 환산할 때 가치변화를 발생시킬 수 있는 외환포지션을 말한다. 어느 한 기업의 경영성적과 재정상태를 종합적으로 파악하기 위해서는 그 기업의 모든 지사 및 자회사의 재무제표를 모기업의 재무제표와 연결시켜 보아야 한다. 만일 자회사(예를 들어 우리나라 기업의 미국 자회사)의 재무제표가 모기업의 보고통화(원화)와 다른 통화(달러화)로 작성되어 있는 경우 연결재무제표를 작성하기 위해서는 보고통화로 환산해야 한다.[2] 이 과정에

1. 문헌에 따라 약간씩 용어 사용에 차이가 있음을 주의하기 바란다. 어떤 문헌에서는 회계적 관점에서 이미 거래가 끝났고 외화표시 재무제표 환산에 수반되는 환노출인 회계적 노출과 거래가 끝나지 않은 경제적 노출로 구분해, 회계적 노출이라는 용어를 이 책에서의 환산노출과 거래노출을 포괄하는 개념으로 사용하기도 한다. 또 다른 문헌에서는 현금흐름의 관점에서 현금흐름이 수반되지 않는 환산노출과 현금흐름에 영향을 주는 경제적 노출로 구분해, 경제적 노출이라는 용어를 이 책에서의 거래노출과 경제적 노출을 포괄하는 개념으로 사용하기도 한다.
2. 보고통화의 개념에 대해서는 다음의 제2절을 참조할 것.

서 장부상 기재되어 있는 항목들에 대해 환율변화가 야기할 수 있는 가치의 변화 정도를 환산노출이라고 한다.

거래노출(transaction exposure)은 외화표시거래의 청산과정에서 환율의 변동으로 인해 외환차익 또는 차손이 발생할 수 있는 정도를 말한다. 거래는 이미 끝났으나 결제가 환율변동 시점 이후에 이루어지는 경우 해당 항목들에 대해 환율변화가 가치의 변화를 야기할 수 있기 때문에 거래노출이 발생한다. 이처럼 거래시점과 결제시점이 달라 거래노출을 야기할 수 있는 외환거래로는 상품 및 용역의 외상매입과 외상매출, 외화로 결제가 이루어지는 차입 및 대출, 그리고 미이행 선물환계약의 당사자가 되는 거래 등이 있다.

경제적 노출(economic exposure)은 흔히 영업노출(operating exposure)이라고도 하는데, 예상하지 못한 환율변동으로 인해 기대현금흐름의 순현재가치, 즉 기업가치가 변화할 수 있는 가능성을 의미한다. 환율의 변동은 장래에 있어 기업의 매출량, 제품가격, 원가 등 실질영업성과에 영향을 미치게 되고, 이는 장래 현금흐름의 변동을 통해 결국 기업의 수익에도 영향을 미치게 된다. 환산노출 및 거래노출과의 근본적인 차이는, 다른 환노출들이 경제활동 및 영업활동 자체에는 아무런 영향이 없고 회계상의 문제와 관련이 있는 반면 경제적 노출은 환율의 변동으로 인해 영업행위가 변화함으로써 발생하는 환노출을 의미한다는 것이다. 이와 같이 경제적 노출은 새로운 사업투자 및 환경변화 등에서 발생하는 불확실성과 관련이 있고, 미래 현금흐름의 변동으로 인한 기업가치의 변동가능성 그 자체를 인식대상으로 한다. 이러한 점에서 경제적 노출은 기입의 장기직인 경영 관짐에서 볼 때 환산노출이나 거래노출보다 중요한 개념이 된다.

2. 환산노출의 측정

International Finance, ch. fourteen

환산이익은 과세의 대상이 되고 환산손실은 세금공제의 대상이 되므로, 기업가치를 증대시키기 위해 환산노출에 대한 정확한 측정 및 관리가 중요하다. 우리나라에서도 모든 주식회사는 연결재무제표를 작성해야 하므로 환산노출의 문제가 더욱 중요해졌다.

환산노출을 측정하기 위해서 몇 가지 알아두어야 할 개념으로 현지통화(혹은 소재국통화), 보고통화, 기능통화라는 것이 있다. 현지통화(local currency)란 기업이 활동하는 그 지역의 통화로, 해외에서 활동하는 자회사들의 재무제표는 대부분 현지통화로 작성되어 있다. 보고통화(parent's currency)란 모회사의 재무제표 작성 시 표시된 통화를 말하는데, 해외 자회사의 현지통화와 모회사의 보고통화가 다른 경우 이를 환산하는 과정에서 환노출이 발생할 수 있다. 한편 미국의 재무회계기준 제52호(FASB No.52)는 기능통화(functional currency) 개념을 도입하고 외국 기업(foreign entity)의 재무제표는 기능통화에 의거해 작성토록 하고 있는데, 기능통화가 현지통화와 반드시 일치하는 것은 아니다.

2.1 환산노출 측정방법

외화표시 재무제표를 보고통화로 환산할 때, 노출된 항목에 대해서는 현행환율(current exchange rate)을 적용하고 노출되지 않은 항목에 대해서는 역사적 환율(historical exchange rate)을 적용해 환산한다.[3] 재무제표의 여러 항목 중에서 어느 항목에 대해 현행환율을 적용하고 어느 항목에 대해 역사적 환율을 적용하느냐에 따라 환산노출 측정방법을 네 가지로 분류할 수 있다.

◉ 현행환율법

현행환율법(current rate method)은 자산과 부채의 모든 항목을 현행환율(대차대조표 작성기준일의 환율)로 환산하는 방법이다. 다만 자본항목은 예외적으로 역사적 환율을 적용한다. 따라서 이 방법에 의한 대차대조표상의 순노출은

$$\text{순노출} = \text{총자산} - \text{총부채(자본계정 제외)}$$

가 된다. 한편 외화로 표시된 수익과 비용, 즉 손익계산서 항목들은 그 항목들이 인식된 시점에서의 환율로 환산하도록 하고 있으나, 편의상 기간 중 평균환율로 환산하는

3. 현행환율이란 재무제표를 작성한 시점의 환율로 결산일 환율이라고도 한다. 역사적 환율이란 외화로 표시된 자산 또는 부채항목이 발생했을 때의 환율을 말한다.

것이 보통이다. 현행환율법에서는 환산과정에서 발생하는 외화환산이익 또는 손실(translation gains *or* losses)은[4] 손익계산서에 포함시키지 않고 누적환산조정(cumulative translation adjustment ; CTA) 항목을 만들어 별도로 보고한다.

현행환율법의 이론적 배경은 해외 자회사의 영업활동을 모회사와는 다른 별개의 독립된 실체로 보고 해외사업과 관련된 해외 자회사의 재무제표는 자회사 자체의 재무상태와 경영성과를 반영할 수 있도록 평가되어야 한다는 것이다. 이 방법은 가장 단순하고 사용하기가 용이하다는 장점 때문에 미국, 영국, 일본 등 대부분의 선진국에서 광범위하게 사용되고 있다. 그러나 외화로 표시된 모든 항목이 환위험에 노출되어 있다고 보고, 모든 항목에 현행환율을 일률적으로 적용함으로써 재무관리자에게 정확한 정보를 제공하지 못해 재무상태의 파악을 어렵게 만든다는 단점이 있다. 또한 당기손익의 회계처리와 관련해서도 외화환산이익 또는 손실을 해당 자산 및 부채가 소멸된 시기의 손익으로 반영하지 않고 누적환산조정(CTA) 항목으로 누적시켜 해외사업을 정리할 때까지 이연하는 것은 기간손익계산을 왜곡하는 결과를 초래할 수 있다는 문제점을 안고 있다.

◉ 유동성/비유동성법

유동성/비유동성법(current/noncurrent method)은 기본적으로 유동적인 단기항목만이 환율변동에 노출되어 있다고 보고, 재무제표의 유동적인 항목에 대해서는 현행환율을 적용하고 비유동적인 항목에 대해서는 역사적 환율을 적용해 환산하는 방법이다. 대차대조표상의 유동성 자산은 현금, 시장성 있는 유가증권, 외상매출금, 재고자산 등을 말하며, 유동성 부채는 외상매입금, 단기차입금 등을 말한다. 따라서 이 방법에 의한 대차대조표상의 순노출은 결국

$$순노출 = 유동성\ 자산 - 유동성\ 부채$$

가 된다. 한편 손익계산서의 환산 시에는 대부분의 항목들에 대해 기간 중의 평균환율을 적용하지만, 비유동성 항목들과 관련된 수익과 비용, 예컨대 감가상각비 등에

4. 재무제표의 환산과정에서 발생하는 손익을 외화환산이익 또는 외화환산손실이라고 하는 반면, 외화표시 거래에서 실현된 손익은 외환차익 또는 외환차손(transaction gains *or* losses)이라고 부른다.

대해서는 역사적 환율을 적용한다. 유동성/비유동성법에서는 현행환율법과는 달리 환율변동에 따라 실현된 손익은 당기손익에 반영하고, 미실현된 손익은 이연처리한다.

이 방법은 가장 오래된 환산방법으로, 각 항목들을 만기에 따라 유동자산 및 부채와 고정자산 및 부채로 구분하는 전통적인 회계관습에 기초하고 있다. 비교적 계산이 용이하고 특히 해외 자회사의 재무유동성을 분석하는 데 유용하다는 이점 때문에 한때는 널리 이용되었었다. 그러나 유동성 항목과 비유동성 항목의 구분은 기업에 따라 자의적으로 행해질 수 있다는 점, 그리고 유동성 항목들의 환율변동에 대한 노출성격이 다를 수 있음에도 불구하고 모든 유동성 항목을 동등하게 환율변동에 노출되는 것으로 간주하고 있다는 단점 때문에 최근에는 별로 이용되지 않고 있다.

◉ 화폐성/비화폐성법

화폐성/비화폐성법(monetary/nonmonetary method)에서는 환율은 기본적으로 화폐적인 현상이므로 재무제표의 화폐적인 항목만이 환율변동에 노출되어 있다고 보고, 화폐성 항목은 현행환율로 비화폐성 항목은 역사적 환율로 환산하는 방법이다. 대차대조표상에서 화폐성 항목이란 일정 통화로 표시된 금액을 수취하거나 지급해야 할 계약상의 권리와 의무를 나타낸 항목으로 현금, 예금, 외상매출, 받을 어음 등의 자산항목과 외상매입, 지불어음, 회사채, 장·단기부채 등의 부채항목이 이에 해당한다. 비화폐성 항목에는 재고나 고정자산과 같은 자산항목과 선수금, 판매보증충당금 등과 같은 부채항목이 포함된다. 따라서 이 방법에 따른 대차대조표상의 순노출은

$$순노출 = 화폐성\ 자산 - 화폐성\ 부채$$

가 된다. 한편 손익계산서의 환산 시에는 회계기간 중의 평균환율이 적용되는데, 다만 감가상각비, 제품원가와 같은 비화폐성 항목과 관련된 수입·지출 항목들에 대해서는 역사적 환율을 적용한다.

화폐성/비화폐성법은 유동성/비유동성법과는 달리 각 항목들을 만기가 아니라 속성에 따라 구분하고 있다. 따라서 유동성 항목들 간 노출성격이 달라질 수 있는 점을 고려해 유동성 항목 중의 하나인 재고자산에 대해 역사적 환율을 적용하고 있다.

또한 외화장기부채를 자국통화로 표시할 때 발생하는 가치의 변화가 해당 기간에 바로 반영되어 환율변동의 효과가 누적되지 않는다는 점에서도 유동성/비유동성법의 단점을 보완하고 있다. 그러나 재고자산을 역사적 환율로 환산하는 것은 오히려 당기 손익을 왜곡시킬 우려가 있으며, 화폐성 항목과 비화폐성 항목을 구분하는 것이 현실적으로 어려운 경우가 많다는 문제점을 내포하고 있다.

◉ 시제법

시제법(temporal method)은 외형상 화폐성/비화폐성법과 거의 비슷하나, 이론적 배경에서는 커다란 차이가 있다. 화폐성/비화폐성법은 재무제표 항목의 속성에 따라 다른 환율을 적용하고 있으나, 시제법에서는 원가산정방법에 초점을 맞추어 각 항목이 취득원가로 산정되었느냐 아니면 현재 시장가치로 산정되었느냐에 따라 다른 환율을 적용하고 있다. 실제적으로 재무제표를 환산할 때 시제법이 화폐성/비화폐성법과 가장 다르게 나타나는 점은 재고자산의 처리 문제이다. 화폐성/비화폐성법에서는 재고자산을 항상 역사적 환율로 평가하나, 시제법에서는 대차대조표에 재고자산이 원가로 나타나 있는 경우에는 역사적 환율을 적용하고 시장가치로 나타나 있는 경우에는 현행환율을 적용한다. 한편 손익계산서의 환산 시 대차대조표상 역사적 환율이 적용되는 항목과 관련된 수입 및 지출에 대해서는 원칙적으로 역사적 환율을 적용하지만, 편의상 회계기간 중의 평균환율을 모든 항목에 적용하기도 한다. 환율변동에 따른 손익은 실현, 미실현을 불문하고 모두 당기손익에 포함시킨다.

시제법은 소재국 통화표시로 재무제표를 작성할 때 이미 결정된 속성이 변하지 않도록 한다는 측면에서 일률적으로 속성을 구분하는 화폐성/비화폐성법보다 일반적인 형태라고 할 수 있다. 그러나 이 방법에서는 환차손과 환차익을 손익계산서에 바로 기재하기 때문에, 외환손익이 영업손익보다 오히려 더 큰 영향을 미치는 경우가 많이 있어 지속적인 비판을 받아왔다.

2.2 환산노출 측정방법의 비교

앞에서 환산노출을 측정하는 다양한 방법에 대해 살펴보았는데, 이들 간의 차이점은 〈표 14-2〉와 같이 정리될 수 있다. 이들 중 어떤 방법이 가장 적합한가는 해당

표 14-2 **환산방법의 비교**(대차대조표)

	현행환율법	유동성/비유동성법	화폐성/비화폐성법	시제법
자산				
현금	C	C	C	C
외상매출	C	C	C	C
재고자산				
(원가평가)	C	C	H	H
(시가평가)	C	C	H	C
고정자산	C	H	H	H
영업권	C	H	H	H
부채 및 자본금				
외상매입	C	C	C	C
단기부채	C	C	C	C
장기부채	C	H	C	C
이연세	C	H	C	C
자본금	H	H	H	H

주 : C는 현행환율의 적용을 의미하고 H는 역사적 환율의 적용을 의미함. 손익계산서의 경우 대차대조표상의 항목과 관련된 수입 및 지출에 대해 원칙적으로 대차대조표에 적용하는 환율과 동일하게 적용함.

기업의 상황, 환율방향, 환산의 목적 등에 따라 달라질 수 있는데, 현재는 현행환율법이 가장 널리 이용되고 있다.

이제 구체적인 사례를 통해 앞에서 소개한 여러 가지 측정방법에 따른 환산노출의 크기를 비교해 보자. 〈표 14-3〉은 환율이 $1 = 1,000에서 $1 = 1,100으로 상승했을 경우 대차대조표에 대한 여러 가지 환산방법을 비교하고 있다. 해외 자회사는 우리나라 기업의 미국 자회사라고 가정한다. 따라서 자회사의 대차대조표와 손익계산서는 달러화로 작성되었으며, 이를 보고통화인 원화로 환산해야 한다.

우선 현행환율법에 따라 환노출을 측정하는 경우 자본금을 제외한 모든 항목에 현행환율을 적용하므로, 환율변동에 노출되어 있는 노출자산의 합은 $1,200(= 현금 + 외상매출 + 재고자산 + 고정자산)이고, 노출부채의 합은 $700(= 외상매입 + 단기부채 + 장기부채)이다. 따라서 순노출 = 노출자산 − 노출부채 = $1,200 − $700 = $500이 되므로 환율이 상승하는 경우 환산이익이 발생할 것이고, 반대로 환율이 하락하는 경우에는 환산손실이 발생할 것이다. 〈표 14-3〉에서 환율이 $당 100원만큼 상승했으므로, 환산이익 = 순노출($500) × 환율변동(100원) = 5만원이 된다. 반대로 환율이 $당 100원 하락하는 경우에는 5만원만큼의 환산손실이 발생할 것이다.

표 14-3 **환산노출의 측정사례**(대차대조표)

	환율변화 이전		환율변화 이후			
	$표시	원화표시	현행환율법	유동성/비유동성법	화폐성/비화폐성법	시제법
현금	200	200,000	220,000	220,000	220,000	220,000
외상매출	200	200,000	220,000	220,000	220,000	220,000
재고자산	300(원가)	300,000	330,000	330,000	300,000	–
	(시가 = 400)	(400,000)	–	–	–	440,000
고정자산	500	500,000	550,000	500,000	500,000	500,000
자산	1200	1,200,000 (1,300,000)	1,320,000	1,270,000	1,240,000	1,380,000
외상매입	200	200,000	220,000	220,000	220,000	220,000
단기부채	300	300,000	330,000	330,000	330,000	330,000
장기부채	200	200,000	220,000	200,000	220,000	220,000
자본금	300	300,000	300,000	300,000	300,000	300,000
이익잉여금	200	200,000 (300,000)	200,000	220,000	170,000	310,000
누적환산조정	–	–	50,000	–	–	–
부채 및 자본	1,200	1,200,000 (1,300,000)	1,320,000	1,270,000	1,240,000	1,380,000
환산순노출($표시) **= 노출자산 – 노출부채**			500	$200	–$300	$100
환산이익(원화표시) **= 순노출 × 환율변동**			5만원	2만원	3만원(손실)	1만원

주 : 환율이 $1=1,000원에서 $1=1,100원으로 상승했다고 가정함.

유동성/비유동성법의 경우 유동성 항목이 환율변동에 노출되므로 순노출 = 유동성 자산(현금 + 외상매출 + 재고자산) – 유동성 부채(외상매입 + 단기부채) = $700 – $500 = $200이 된다. 따라서 환율이 100원 상승하는 경우 2만원(= $200 × 100원)의 환산이익이 발생하게 된다.

마찬가지로 화폐성/비화폐성법을 이용하는 경우 화폐성 항목이 환율변동에 노출되므로 순노출 = 화폐성 자산(현금 + 외상매출원가) – 화폐성 부채(외상매입 + 단기부채 + 장기부채) = $400 – $700 = –$300으로 부채의 노출이 더 크다. 이때는 환율이 상승하면 오히려 손실을 입으므로, 환율이 100원 상승함에 따라 3만원(= $300 × 100원)의 환산손실을 입게 된다.

시제법에서는 재고자산을 시가로 산정해 현행환율을 적용해야 하므로 순노출 = $800(현금 + 외상매출 + 재고자산시가) – $700(외상매입 + 단기부채 + 장기부채) = $100이 된다. 따라서 환율이 100원 상승하면 1만원(=$100 × 100원)의 환산이익이 생긴다.

〈표 14-4〉는 손익계산서의 환산방법을 〈표 14-3〉의 대차대조표와 연계해 보여주고 있다. 현행환율법에서는 손익계산서의 모든 항목을 평균환율로 환산하므로 표를 따라 계산하면 세후 이익은 157,500원이 된다. 그런데 현행환율법에서는 환산손익(5만원)이 손익계산서에 당기손익으로 반영되지 않으므로 순이익은 세후 이익과 동일한 157,500원이 된다.

표 14-4 **환산노출의 측정사례**(손익계산서)

	환율변화 이전		환율변화 이후			
	$표시	원화표시	현행환율법	유동성/비유동성법	화폐성/비화폐성법	시제법
매출액	1,000	1,000,000	1,050,000	1,050,000	1,050,000	1,050,000
제품원가	650	650,000	682,500	682,500	650,000	682,500
감가상각	100	100,000	105,000	100,000	100,000	100,000
세전 이익	250	250,000	262,500	267,500	300,000	267,500
소득세(40%)	100	100,000	105,000	107,000	120,000	107,000
세후 이익	150	150,000	157,500	160,500	180,000	160,500
환산이익(원)	–	–	–	20,000	−30,000	10,000
순이익	150	150,000	157,500	180,500	150,000	170,500

주 : 환율이 $1=1,000원에서 $1=1,100원으로 상승했고 평균환율이 $1=1,050원이라고 가정함.

유동성/비유동성법에 따라 손익계산서를 환산하는 경우에는 감가상각비에 대해 역사적 환율을 적용해 주므로 세후 이익은 160,500원이 된다. 여기에 〈표 14-3〉에서 계산한 환산이익 2만원을 더해 주면 순이익은 180,500원이 된다. 한편 화폐성/비화폐성법에서는 감가상각비 및 제품원가 등에 대해 역사적 환율을 적용해 주므로 마찬가지의 계산과정을 거쳐 세후 이익이 180,000원이 되고, 환산손실 3만원을 고려하면 순이익은 150,000원이 된다. 시제법에서는 제품원가에 대해 평균환율을 적용해 세후 이익이 160,500원이 되고, 여기에 환산이익을 더하면 순이익은 170,500원이 된다.

Box 14-2 우리나라의 환산손실의 예

1997년 외환위기 이전 우리나라의 기업들은 환노출 및 환위험에 대한 개념이 거의 없었다고 해도 과언이 아니다. 〈표 14-5〉는 외환위기 직전인 1997년 6월의 시점에서 주요 기업의 달러화표시 외화부채와 1년 동안의 환율상승에 따른 외화환산손실 규모에 대한 추정치를 보여준다. 1997년 6월 말 현재 20개 주요 기업의 총부채는 40,780백만 달러로, 환율이 10원씩 상승함에 따라 환산손실은 4,078억원씩 증가하게 된다. 1996년 6월 말 환율이 $1 = 844.9원이었고 1997년 6월 말 당시의 환율이 $1 = 887.9원이었으므로, 만일 이에 따른 손익변화를 당기손익으로 반영했다면 환산손실의 규모는 무려 1조 7,535억원에 이른다. 그러나 이후 환율이 더욱 가파른 속도로 상승해 감에 따라 대규모의 외화부채를 보유하고 있던 기업들은 더더욱 큰 손실에 직면하게 되었다.

표 14-5 **주요 기업의 외화부채와 환산손실 추정**(1997년 6월 기준)

회사명	달러외화부채 (단위 : 백만 달러)	외화환산손실 규모(추정 : 백만원)		
		890원	900원	910원
한국전력	7,631	346,462	422,775	499,088
대한항공	5,585	253,536	309,381	365,226
삼성전자	5,272	239,333	292,050	344,767
유공	3,441	156,239	190,653	225,067
한진해운	2,651	120,348	146,856	173,365
포항제철	2,638	119,747	146,122	172,498
쌍용정유	1,933	87,761	107,092	126,422
대우중공업	1,816	82,444	100,603	118,763
현대상선	1,800	81,715	99,714	117,713
LG 전자	1,337	60,710	74,082	87,454
현대자동차	1,209	54,903	66,997	79,090
대우	1,209	54,894	66,985	79,076
LG 상사	974	44,229	53,971	63,714
LG 금속	907	41,155	50,221	59,286
한화에너지	891	40,438	49,345	58,252
기아자동차	710	32,215	39,310	46,406
현대종합상사	639	29,025	35,418	41,811
LG 화학	566	25,701	31,362	37,023
현대정공	391	17,773	21,687	25,602
아남산업	389	17,660	21,549	25,439

주 : 1996년 6월 말의 환율은 $1 = 844.9원이었고, 이 표의 숫자들은 1997년 6월 말의 환율이 각각 890원, 900원 및 910원이 되는 경우의 환산손실 추정액을 나타냄.

자료 : 매일경제신문, 1997년 8월 29일.

3. 거래노출의 측정

앞에서 설명한 것과 같이 거래노출은 결제시점의 환율이 계약체결 당시의 환율과 달라질 경우 발생할 수 있다. 결제되지 않은 거래 중에는 외화표시의 부채나 외상매출금 등과 같이 대차대조표에 기입되는 항목들도 있으나, 선물환의 매매 또는 차입금의 상환과 같이 외화로 수취 또는 지불할 것이 예상되거나 그렇게 계약되어 있음에도 불구하고 대차대조표에 기입되지 않는 항목들도 있다. 재무제표에 나타나지 않는 거래들은 환산노출에는 포함되지 않으나, 앞으로 이 거래를 결제할 때 현금흐름이 환율변동에 노출되기 때문에 거래노출에 포함된다.

국제거래에서의 실물거래 및 금융거래의 구체적인 예를 들어 거래노출의 측정에 대해 설명해 보자.

3.1 국제무역거래에서의 거래노출

우리나라 반도체 수출업체가 미국으로 100만 달러어치의 반도체를 수출하고 3개월 후에 대금을 결제받기로 했다. 현재환율을 $1=1,000원이라고 한다면 지금 당장 수출대금을 지급받는 경우 우리나라의 수출업자는 10억원(=$100만 × 1,000원)을 받을 수 있을 것이다.

표 14-6 국제무역거래에서의 거래노출

	환율변화 이전 : $1=1,000원		환율변화 이후	
	$표시	원화표시	평가절하 시 $1=1,100원	평가절상 시 $1= 900원
수출대금	100만	10억원	11억원	9억원
거래노출 = 수출대금 환차익(환차손) = 수출대금 × 환율변동			$100만 1억원 차익	$100만 1억원 차손

그러나 수출대금을 결제할 때까지의 3개월 동안 환율이 오를 수도 있고 내릴 수도 있으므로, 〈표 14-6〉에서와 같이 환율변동의 방향에 따라 수출업자는 이익 또는 손해를 보게 될 것이다. 예를 들어 3개월 후에 환율이 $1=1,100원으로 상승한다고 하

자. 이는 원화에 비해 달러가치가 커지는 것을 의미하므로, 3개월 후에 100만 달러를 수령하는 경우 현재에 비해 달러가치 상승폭만큼, 즉 1억원만큼 원화로 환전한 금액이 커지게 되므로 이익을 얻게 된다(= \$100만 × 1,100원 − \$100백만 × 1,000원). 이와는 반대로 환율이 \$1 = 900원으로 하락하면 이는 달러가치가 하락함을 의미하므로, 동일한 금액을 3개월 후에 받게 되면 원화로 바꾸었을 때의 수령액이 1억원만큼 감소한다. 따라서 손실을 입게 된다(= \$100백만 × 900원 − \$100백만 × 1,000원).

수입의 경우에는 수출의 경우와 정반대의 상황이 야기된다. 예를 들어 우리나라 수입업자가 미국으로부터 장비를 수입하고 수입대금 100만 달러를 3개월 후에 지급하기로 했다고 하자. 환율이 \$1 = 1,100원으로 상승함에 따라 100만 달러를 지불하기 위해 필요한 원화가 1억원 추가되므로 수입업자는 손실을 입게 되고 반대로 환율이 \$1 = 900원으로 하락하면 1억원만큼 이익을 얻게 된다.

3.2 국제금융거래에서의 거래노출

기업이 투자재원을 마련하고자 하는 경우 국내금융시장을 이용하는 대신에 국제금융시장을 이용해 외화표시로 자금을 마련할 수도 있을 것이다. 이런 경우 환율이 변함에 따라 원리금상환 부담이 달라지기 때문에 기업은 환율변동에 따른 위험에 노출되는 것이다. 마찬가지로 외국증권에 투자하는 경우에도 환율변동에 따라 투자수익률이 달라질 수 있으므로 거래노출이 수반된다.

국제금융거래에서의 환노출을 측정하기 위해, 국내의 어떤 투자자가 일본에서 1억 엔을 차입하고 1년 후 엔화로 원금을 상환하기로 했다고 가정하자. 차관도입 당시 환율은 100엔 = 1,000원이었고 엔화차입 이자율은 3%이다. 만일 1년 후 원/엔 환율이 상승하면 차입자의 입장에서는 상승폭만큼 원리금상환 부담이 가중되지만, 반대로 환율이 하락하면 상환 부담이 경감된다.

1년 후 차입자가 상환해야 할 총금액은 엔화로 1억 × (1 + 0.03)엔이 된다. 1년 후 환율이 현재와 동일한 수준이라면 원리금상환 금액이 원화로 1,030,000,000원(= 1억 × 1.03 × 10원)이 되지만, 환율이 변화하면 원화표시 부담이 증감할 수 있다. 예를 들어 원/엔 환율이 100엔 = 1,050원으로 상승하면 원리금상환 부담은 1,081,500,000원(= 1억 × 1.03 × 10.5원)이 되어, 환율상승 때문에 차입자에게는 51,500,000원의 환차손이 발생하게 된다. 반대로 환율이 100엔 = 950원으로 하락하는 경우에는 원리금상환 부담이 978,500,000원(= 1억 × 1.03 × 9.5원)이 되어, 환율변화 이전에 비해 차입자에게 51,500,000원만큼의 환차익이 발생한다.

표 14-7 국제금융거래에서의 거래노출

	환율변화 이전 : 100엔 = 1,000원		환율변화 이후	
	엔화표시	원화표시	평가절하시 100엔 = 1,050원	평가절상시 100엔 = 950원
원금	1억 엔	10억원	10억 5,000만원	9억 5,000만원
이자(이자율 = 3%)	300만 엔	3,000만원	3,150만원	2,850만원
원리금	1억 300만 엔	10억 3,000만원	10억 8,150만원	9억 7,850만원
거래노출 = 원리금			1억 300만 엔	1억 300만 엔
환차익(환차손) **= 원리금 × 환율변동**			5,150만원 차손	5,150만원 차익

처음에 우리나라의 투자자가 일본 엔화를 차입해 국내금융상품에 투자하려고 했다면, 투자자가 순익을 거두기 위해서는 국내투자에 따른 원리금의 총합이 1년 후 엔화차입자금에 대한 상환 부담보다 커야 한다. 따라서 환율상승(100엔 = 1,050원)의 경우, 국내투자수익률이 8.15% 이상 되어야만 엔화차입자금에 대한 원리금상환 금액(1,081,500,000원)을 충당하고도 투자이익이 남을 수 있다.

4. 경제적 노출의 측정

International Finance, ch. fourteen

4.1 경제적 노출의 결정요인

경제적 노출은 환율변동이 판매량, 판매가격, 제품원가 등 기업의 영업행위와 관련된 모든 부문에 영향을 미침으로써 발생한다. 따라서 경제적 노출은 생산, 구매, 판매, 재무 등 기업 경제활동 전 분야에 걸친 종합적인 분석결과의 산물이다. 환율변동이 기업의 실질영업에 미치는 효과는 회계장부상에서 바로 측정될 수 없기 때문에 경제적 노출의 측정은 다양한 요인들의 영업에 미치는 영향에 대한 주관적인 분석이 될 수밖에 없다.

경제적 노출을 결정하는 요인들로는 제품판매시장(수출 및 내수시장)의 구조, 원자재시장(국내시장 및 수입시장)의 구조, 기업재무구조, 환율변화의 거시경제변수(국민소득, 물가, 이자율, 실업률 등)에 대한 영향 등을 들 수 있다. 예를 들어 원/$ 환율이 상승한다면 달러화표시 수출가격이 낮아져 미국으로의 수출물량이 증가될 수 있다. 이와 동시에 수입가격이 높아져 수입원자재 비용이 상승할 뿐만 아니라 최종소비재수입품 가격도 상승해 국내인플레이션이 유발될 수 있고, 이것이 임금상승 요인으로 작용해 제조원가를 상승시킴으로써 기업의 현금흐름이 변화될 수도 있다.

환율변동이 기업의 현금흐름에 미치는 영향, 즉 경제적 노출은 일반적으로 상품의 판매가격 및 원가가 환율변동에 민감하게 반응할수록 커진다. 예를 들어 수출시장의 수요가 가격변화에 대해 탄력적인 경우, 다른 조건이 동일하다면 원/$ 환율의 상승(하락)은 국내기업의 수출품에 대한 수요를 크게 증대(감소)시켜 기업의 수익을 크게 증대(감소)시킬 것이다. 또한 내수시장에서 가격탄력성이 큰 경우 환율상승(하락)은 수입가격 증가(하락)를 통해 수요를 크게 감소(증대)시키므로 기업의 수익도 그에 따라 감소(증대)하게 될 것이다.

물론 현실에서는 환율변화가 그대로 수출가격 또는 수입가격으로 전가(pass-through)되지는 않는다. 특히 수출시장 혹은 내수시장에서 기업 간에 경쟁이 치열한 경우에는 상품가격이 조금만 변하더라도 시장점유율이 급변할 수 있는데, 기업들은 이와 같이 시장점유율이 급변하는 상황보다는 안정적인 가격을 통해 일정한 시장점유율이 확보되는 것을 선호한다. 따라서 환율이 상승할 때 이를 반영해 수입재의 국내가격을 상승시키기보다는 다소 손해를 보더라도 수입재의 국내가격 상승을 억제해 시장점유율의 상실을 방지하고자 한다. 한편 환율이 하락하는 경우에도 수입재의 국내가격을 낮추기보다는 가격변화는 거의 없게 만들고 이윤을 챙기고자 할 것이다. 이처럼 환율변화가 일시적인 경우에는 이를 가격변화로 대처하기보다 이윤의 변화로 흡수함으로써 국내통화표시가격을 가급적 일정하게 하고 소비자와의 안정적 관계를 유지하고자 하는 것이다.

4.2 경제적 노출의 측정사례

경제적 노출이 기업의 영업수지와 현금흐름에 미치는 영향을 살펴보기 위해 한국에 있는 전자회사 A가 미국에 자회사를 둔 경우를 가정해 보자. 미국에 있는 자회사는 우리나라의 모회사로부터 주요 전자부품을 수입한 후 현지에서의 인력 및 기타부품을 투입해 전자제품을 만들어 판매하고 있다. 미국 달러화와 우리나라 원화 간의 환율이 $1 = 1,000원일 때 자회사는 1대당 $1,000(= 100만원)에 연평균 10만 대의 전자제품을 판매한다. 이때 부품비 등을 포함한 직접원가는 1대당 $630(= 630,000원)이고, 연간 영업비용은 $1천만, 감가상각비는 $5백만이다. 현지법인세율을 50%라고 하면, 〈표 14-8〉에서 보는 것과 같이 현금유입액은 현지통화로 $1,600만이 되고, $1 = 1,000원의 환율로 환산하면 우리나라 원화로 160억원이 된다.

표 14-8 **A사의 손익 및 현금흐름**

매출액($1,000 × 10만 대)	$100,000,000
직접원가($630 × 10만 대)	$63,000,000
영업비용	$10,000,000
감가상각비	$5,000,000
세전 순이익	$22,000,000
법인세(50%)	$11,000,000
세후 순이익	$11,000,000
감가상각비 환입	$5,000,000
현금유입액($표시)	$16,000,000
현금유입액(원화표시 : $1 = 1,000원)	16,000,000,000원

이제 환율이 $1=900원으로 하락하는 경우 A사의 현금흐름은 환율변화로 인해 자회사의 경쟁력이 변화하는 효과(competition effect) 및 현지통화를 원화로 환산하는 비율이 변화하는 효과(conversion effect) 때문에 달라지게 될 것이다. 이를 보다 구체적으로 살펴보기 위해 다음과 같은 세 가지 상황, 즉 첫째, 수입중간재의 가격만이 변하는 상황, 둘째, 수입중간재 가격 및 제품가격이 변하는 상황, 셋째, 수입중간재 가격, 제품가격 및 판매대수가 모두 변하는 상황을 고려해 보자.

◉ 수입중간재 가격만이 변하는 경우

A회사의 미국 자회사는 우리나라로부터 전자부품을 수입하므로 원/$ 환율이 하락하는 경우 현지통화인 달러화표시 수입중간재 가격이 상승하게 된다. 즉, $1= 1,000원의 환율에서는 630,000원의 달러화표시 부품가격이 $630였지만, 환율이 $1 = 900원으로 하락하면 달러화표시 부품가격은 $700(= 630,000/900)가 된다. 판매대수와 제품가격이 불변이라고 가정했으므로 〈표 14-9〉에서 보는 것과 같이 달러화 현금유입액은 $12,500,000가 되고, 원화표시 현금유입액은 112.5억원이 되어,

환율변화 이전에 비해 47.5억원 감소하게 된다.

표 14-9　　A사의 손익 및 현금흐름 : 수입중간재 가격만 변하는 경우

매출액($1,000 × 10만 대)	$100,000,000
직접원가($700 × 10만 대)	$70,000,000
영업비용	$10,000,000
감가상각비	$5,000,000
세전 순이익	$15,000,000
법인세(50%)	$7,500,000
세후 순이익	$7,500,000
감가상각비 환입	$5,000,000
현금유입액($표시)	$12,500,000
현금유입액(원화표시 : $1 = 900원)	11,250,000,000원

◉ 수입중간재 가격 및 제품가격이 변하는 경우

A회사의 자회사가 환율이 $1 = 1,000원에서 $1 = 900원으로 하락했음에도 불구하고 보고통화(원화)표시 제품가격을 대당 100만원으로 일정하게 유지하고자 한다면, 달러화표시 제품가격을 $1,111(= 1,111 × 900원 ≒ 100만원)로 올려야 할 것이다. 미국시장 내에서 전자제품에 대한 경쟁이 치열하지 않아 A회사의 자회사가 가격을 올렸음에도 불구하고 여전히 10만 대를 판매할 수 있다고 하면, 수입중간재 가격과 제품가격의 상승을 고려한 후의 현금흐름은 〈표 14-10〉과 같이 나타난다. 환율변화 이전에 비해 달러화표시 현금유입액은 $18,050,000로 증가하고, 원화표시 현금유입액은 162.45억원으로 2.45억원이 증가한다.

표 14-10　A사의 손익 및 현금흐름 : 수입중간재 가격 및 제품가격이 변하는 경우

매출액($1,111 × 10만 대)	$111,100,000
직접원가($700 × 10만 대)	$70,000,000
영업비용	$10,000,000
감가상각비	$5,000,000
세전 순이익	$26,100,000
법인세(50%)	$13,050,000
세후 순이익	$13,050,000
감가상각비 환입	$5,000,000
현금유입액($표시)	$18,050,000
현금유입액(원화표시 : $1 = 900원)	16,245,000,000원

◉ 모두 변하는 경우

일반적으로 환율변화는 가격뿐만 아니라 판매수량도 변화시킨다. 특히 미국시장에서 경쟁이 치열하다면 제품가격을 조금만 변화시켜도 판매량에 커다란 영향을 미칠 것이다. 이런 상황을 고려해 A회사의 미국 자회사는 환율변화를 전부 제품가격에 전가시키지 못하고 50%만 전가시켜 제품가격이 $1,056(= 1,000 + 111/2)가 되었으며, 가격인상에 따라 판매량도 10% 감소해 9만 대가 팔렸다고 가정하기로 한다. 이처럼 수입재 가격, 제품가격 및 제품판매량이 모두 변화하는 경우 현금흐름은 〈표 14-11〉에 나타난 것과 같다. 달러화표시 현금유입은 $13,520,000로 환율변화 이전에 비해 $2,480,000만큼 감소하고, 원화표시 현금유입은 121.68억원으로 38.32억원만큼 감소한다.

표 14-11 **A사의 손익 및 현금흐름 : 모두 변하는 경우**

매출액($1,056 × 9만 대)	$95,040,000
직접원가($700 × 9만 대)	$63,000,000
영업비용	$10,000,000
감가상각비	$5,000,000
세전 순이익	$17,040,000
법인세(50%)	$8,520,000
세후 순이익	$8,520,000
감가상각비 환입	$5,000,000
현금유입액($표시)	$13,520,000
현금유입액(원화표시 : $1 = 900원)	12,168,000,000원

4.3 경제적 노출의 통계분석 추정법

앞에서 환노출에 대한 여러 측정사례를 보았는데, 이러한 측정방법들은 환율변화에 대해 수입재 가격 및 제품가격이 얼마만큼 반응할 것이며, 동시에 현지시장의 여러 정황상 판매량이 얼마나 변할 것인가에 대한 정확한 정보를 필요로 한다. 그러나 실제적으로 이러한 정보는 불확실하며, 더군다나 환율이 현금흐름에 미치는 경로는 복잡하게 얽혀 있어 더더욱 예측하기가 어렵다. 이러한 주먹구구식의 측정방법이 지닌 문제점을 회피하기 위해 많은 기업들은 과거의 데이터 혹은 현재 유사한 업종의 데이터를 이용한 통계분석방법에 기초해 환노출을 측정하고 있다.

◉ 회귀분석법

기업의 현금흐름과 환율 간의 관계는 양자 간의 상관관계를 통해 쉽게 파악할 수 있다. 이를 보다 체계화시킨 통계방법이 회귀분석인데, 이는 보통 다음과 같은 식을 데이터를 이용해 추정한 결과를 가지고 경제적 노출의 크기를 측정한다.

$$CF_t = \alpha + \beta S_t + \varepsilon_t \qquad (14-3)$$

여기서 CF_t는 현금흐름을, S_t는 환율을, 그리고 β는 환율변화에 대한 현금흐름의 민감도를 나타낸다.

식 (14-3)을 이용해 환노출을 측정하기 위해서는 β의 크기, β의 t-값, R^2값을 살펴보아야 한다. β가 크고 통계적으로 유의하다면(t-값의 절대값이 충분히 크다면) 이 회사의 현금흐름은 환율변화에 유의하게 노출되어 있음을 의미한다. 그러나 β가 크고 통계적으로 유의하더라도 R^2 값이 작다면, 이는 현금흐름이 환율변화에는 별로 영향을 받지 않고 기타 다른 요인들에 의해 커다란 영향을 받고 있음을 의미한다.

이 방법은 간단하다는 장점 외에도 여러 상황에 유연하게 적용될 수 있다는 장점도 가지고 있다. 예를 들어 식 (14-3)은 한 가지 통화에 대한 환율(예 : 원/$)변화가 현금흐름에 미치는 영향을 분석하기 위한 회귀식을 나타내고 있다. 이를 식 (14-4)와 같이 변형시키면 여러 가지의 다른 통화들에 대한 환율(예: 원/$, 원/엔, 원/€ 등)변화가 현금흐름에 미치는 영향을 일괄적으로 파악할 수 있다. 뿐만 아니라 측정기간을 필요에 따라 연장함으로써 장기적인 환노출도 측정할 수 있다.

$$CF_t = \alpha + \beta_1 S_{원/\$t} + \beta_2 S_{원/엔t} + \beta_3 S_{원€/t} + \varepsilon_t \qquad (14-4)$$

◉ *VaR* 분석기법

컴퓨터의 발달 및 금융이론의 발달에 힘입어 환위험에 대한 새로운 측정기법들이 개발되고 있는데, 최근 기업과 금융기관에서 환위험을 측정하는 수단으로 널리 이용되고 있는 대표적인 기법이 *VaR*(Value-at-Risk)이다.

VaR 분석기법이란 금리, 주가, 환율 등 시장가격에 대한 미래 분포를 가정 또는 예측하여 향후 불리한 시장가격변동이 발생하는 경우 해당 기관이 입을 수 있는 손실

의 최대 가능금액을 산출하는 기법이다. 미국 대형금융기관들은 채권 및 파생금융상품의 단기거래에 수반되는 위험을 효율적으로 관리하기 위해 *VaR* 분석기법을 사용하고 있다. 기업의 입장에서도 향후 간접금융의 축소와 직접금융의 확대에 따라 시장성 자산 및 부채의 보유 비중이 급증할 것이며, 또한 파생금융상품을 사용한 위험관리가 크게 활성화될 것으로 보고 *VaR* 분석기법을 적극적으로 도입하고 있다. 현재 국내 일부 대기업에서는 그룹 전체의 금융위험관리 차원에서 전통적인 ALM(asset and liability management) 기법을 뛰어넘어 바로 *VaR* 분석기법을 도입한 사례도 있다.

일반적으로 *VaR*을 측정하는 방법에는 델타분석(delta analysis), 역사적 시뮬레이션(historical simulation), 스트레스 검증(stress testing), 몬테카를로 시뮬레이션(structured Monte Carlo simulation) 등 여러 가지가 있는데, 이 중 델타분석법이 가장 널리 쓰이고 있다. 델타분석법이란 위험요인의 변동에 대한 자산가치의 민감도를 추정한 후 이를 잠재적인 가격변동에 반영시켜 위험의 크기를 측정하는 방법이다. 이 방법을 이용한 *VaR*의 크기는 다음과 같이 위험요인의 민감도에다 위험노출액을 곱하여 나타낼 수 있다.

$$\Delta V = \delta \times A \qquad (14-5)$$

여기서 ΔV는 자산의 잠재적 손실(potential loss), 즉 시장가격이 불리하게 변동할 경우에 입을 수 있는 최대의 손실규모를 의미한다. δ는 위험요인의 민감도(sensitivity)로 일정한 신뢰도에 따른 배수에 해당 요인의 변동성(표준편차)을 곱해 도출된다. A는 가격변동에 노출된 자산의 최대금액을 의미한다.

실제로 시장가격이나 민감도가 얼마나 변동할 것인가를 통계적으로 측정하기 위해서는 이들 분포에 대한 가정이 필요하다. [그림 14-2]에서는 현재가격을 중심으로 가격이 변동하게 될 가능성, 즉 확률을 보여주고 있는데, 정규분포 하에서는 현재가격으로 그대로 있을 가능성이 제일 크고 양쪽으로 크게 변동할 가능성은 점점 작아진다. 이때 일정한 신뢰구간을 설정하여[5] 현재수익보다 최대한 작아질 경우의 수익감소액을 위험이라고 측정하는 것이 *VaR* 모형이다.

이를 간단한 사례를 통해 설명하기 위해, 어떤 기업이 $10,000를 투자했는데 현

5. 정규분포라고 가정할 때 시장가격이 한쪽 방향으로 표준편차의 1.65배 이상 벗어날 확률은 5% 미만이고, 2.58배 이상 벗어날 확률은 1% 미만이 된다.

VaR 모형에서의 위험의 크기 그림 14-2

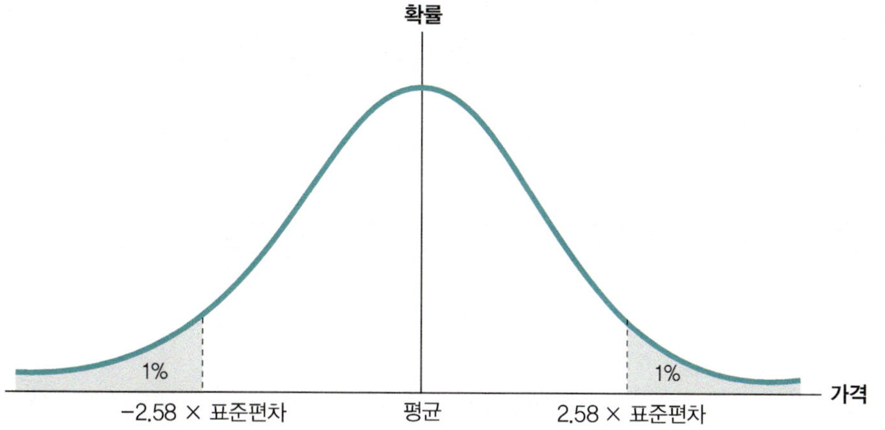

재환율이 \$1 = 1,000원이고 일별환율의 표준편차가 2%라고 하자. 환율변동의 확률분포가 정규분포를 따른다고 할 때 1일 기준으로 99% 신뢰구간 하에서의 환율변동위험(δ)은 표준편차의 2.58배인 0.0516(= 2.58 × 0.02)이 된다. 따라서 예상하지 못한 환율변화로 인한 최대 손실액인 *VaR*은 아래의 식에서처럼 516,000원이 된다.

$$\begin{aligned} VaR &= \text{환율변동민감도}(\delta) \times \text{환노출 금액}(A) \\ &= (2.58 \times 0.02) \times \$10{,}000 \times 1{,}000\text{원} = 516{,}000\text{원} \qquad (14-6) \end{aligned}$$

*VaR*은 확실한 과학적 근거에 입각해 시장위험의 크기를 파악할 수 있도록 하나의 숫자로 축약해 정보를 제공해 준다는 특징이 있다. 따라서 최고경영자나 재무의사결정자는 위험의 수준이 적정한지의 여부를 판단하기 위해 *VaR*의 결과를 쉽게 활용할 수 있다. 또한 *VaR*을 이용하면 거래상품의 가격결정과 거래전략 수립, 위험조정, 성과측정 등에 도움을 줄 뿐만 아니라 자산관리의 효율성을 증대시킬 수도 있다.

VaR 방법은 쉽게 위험의 크기를 파악할 수 있다는 장점이 있지만 몇 가지 방법상의 한계점을 갖고 있다. 우선 첫째로 과거자료를 가지고 미래를 정확하게 예측한다는 것은 사실상 불가능하다는 점이다. 과거의 결과들이 미래에도 똑같이 발생하게 된다고 가정하고 위험을 측정하는 것은 미래의 불확실성을 감안해 볼 때 신뢰하기 어렵다는 모형상의 한계점이 있다. 둘째, *VaR* 모형은 보유기간, 신뢰도, 관찰기간 같은 변

수뿐만 아니라 가격의 분포, 상관관계의 안정성(stability) 등과 같은 요인에 의해서 크게 좌우된다는 한계가 있다. 즉, 신뢰도를 95%에서 99%로 바꾸거나 측정기간을 2년에서 5년으로 변경하는 등 기본 가정의 조건에 변화를 주면 위험이 매우 다르게 나타난다.

요약

1. 환위험이란 예상하지 못한 환율변동으로 인해 기업가치가 변화될 가능성을 말한다. 환위험은 환노출과 환율변동성의 두 가지 요인으로 구성되어 있는데, 환노출이란 기업가치가 환율에 영향을 받는 민감도를 의미한다. 환노출은 환산노출, 거래노출, 경제적 노출로 구분된다.

2. 환산노출은 회계적 노출이라고도 하며, 재무제표를 자국통화로 환산할 때 가치변화를 발생시킬 수 있는 외환포지션을 말한다. 환산노출의 측정방법은 재무제표의 여러 항목 중에서 어느 것에 대해 현행환율을 적용하는가에 따라 현행환율법, 유동성/비유동성법, 화폐성/비화폐성법, 시제법 등으로 분류할 수 있다. 현행환율법은 모든 항목에, 유동성/비유동성법은 유동성 항목에, 화폐성/비화폐성법은 화폐성 항목에 현행환율을 적용한다. 그리고 시제법은 화폐성 항목 외에 시가로 표시된 재고자산에도 현행환율을 적용한다.

3. 거래노출은 계약을 체결했으나 결제시점까지 환율이 변함으로써 가치가 발생할 수 있는 정도를 말한다. 거래노출은 국제무역거래 및 국제금융거래에서 모두 나타날 수 있으며, 거래노출을 발생시키는 결제되지 않은 거래로는 외상매출금, 외화표시 부채, 선물환 매매 등이 있다.

4. 경제적 노출은 영업노출이라고도 하며, 환율변화가 영업행위에 영향을 미쳐 기업가치를 변화시키는 정도를 말한다. 경제적 노출은 회계장부상에서 바로 측정될 수 없으며 시장구조, 기업재무구조, 거시경제적 환경 등 다양한 요인들에 의해 영향을 받는다. 경제적 노출의 통계적 추정방법으로는 회귀분석법, *VaR* 등이 있다.

연습문제

01. 환노출 중 경제적 노출이 다른 노출보다 장기적인 관점에서 중요한 이유는 무엇인가? 미시경제이론의 매몰비용(sunk cost) 개념을 이용해 설명하라.

02. 대한주식회사의 미국 자회사인 US대한의 대차대조표가 2003년 12월 현재 다음과 같다. 환율이 $1=1,000원에서 1,100원으로 상승하는 경우 환노출의 다양한

측정방법을 이용해 환차손익이 얼마일지 계산하라(재고자산은 시가로 표시됨).

자산		부채	
현금 및 시장성 유가증권	$200	외상매입금	$300
외상매출금	$250	단기차입	$200
재고자산	$150	장기차입	$300
고정자산	$600	자본금	$400

03. 대한주식회사가 4개국에는 롱포지션을 갖고 1개국에는 숏포지션을 갖는 총 $100,000 규모의 포트폴리오투자를 했다. 각국에 투자한 규모 등 이 투자와 관련된 정보가 다음과 같다고 할 때 1% 유의수준에서 총 *VaR*(개별국 투자의 *VaR*의 합)을 구하라.

국가	포지션($환산규모)	비중(%)	표준편차(%)
캐나다달러	60,000	60	1.31
영국파운드	−20,000	−20	2.85
유로	25,000	25	2.97
일본엔	25,000	25	3.47
스위스프랑	10,000	10	3.32

04. 앞의 문제에서 각 시장 간의 상관관계가 아래의 표와 같다면 1% 유의수준에서 순 *VaR*(5개국분산투자 효과를 고려한 포트폴리오투자의 *VaR*)을 구하라. 참고로 포트폴리오투자의 변동성은 $\sum_{i=1}^{n}\sum_{i=1}^{n}\omega_i\omega_j\sigma_i\sigma_j\rho_{ij}$이다 ($\omega$ 및 σ는 각 자산의 비중 및 변동성, ρ_{ij}는 i자산과 j자산의 상관관계).

	캐나다달러	영국파운드	유로	일본엔	스위스프랑
캐나다달러	1.0	0.09	−0.03	−0.06	−0.07
영국파운드		1.0	0.71	0.32	0.65
유로			1.0	0.47	0.93
일본엔				1.0	0.51
스위스프랑					1.0

05. 어떤 미국 회사가 우리나라에 자산을 보유하고 있는데 향후 전망이 다음과 같다.

	상황 1	상황 2	상황 3	상황 4
확률(%)	25	25	25	25
현물환율(원/$)	1,000	1,050	1,100	1,150
자산가격(만원)	1,500	1,400	1,300	1,200

a. 이 미국 회사의 경제적 환노출 크기를 구하라.

b. 이 회사가 아무런 헤징을 하지 않는 경우 자산의 달러가격의 분산은 얼마인가?

06. 향후 우리나라 원화가 중국 위안화에 비해 강세가 될 것으로 예상된다고 하자. 이러한 변화는 중국에 자회사를 가지고 있는 우리나라 기업의 이익에 어떤 영향을 미칠 것인가?

환위험 관리

International **Finance**
ch. fifteen

15

국제통화제도가 변동환율제도로 이행한 이후 환율변동이 심화됨에 따라 세계 각국의 많은 기업들은 환위험에 초미의 관심을 보이게 되었다. 우리나라와 같이 전통적으로 대외거래의 비중이 큰 경제에서는 대부분의 기업들이 환위험에 크게 노출되어 있으므로 환위험 관리에 더욱 많은 관심을 기울여야 한다. IMF 위기 이후 우리 기업 및 금융기관들도 환위험을 관리하기 위한 노력을 증대해 오고 있으나 아직도 미흡한 측면이 많이 있다. 현재는 환율이 제한폭 없이 등락할 수 있고 자본이동도 자유로워졌으므로 환위험의 가능성이 과거보다 훨씬 증대했다고 볼 수 있다.

앞 장에서 언급한 것처럼 환위험의 두 가지 구성요인 중 개별 기업은 환노출만을 통제할 수 있다. 따라서 환위험을 줄이기 위해서는 환노출에 대한 적절한 관리가 중요하며, 이 장에서도 앞에서의 환노출 측정에 대한 내용을 기초로 환위험 관리방법에 대해 설명한다. 제1절에서는 전체적인 환노출 관리체계를 소개하고, 제2절부터 제4절까지 개별적인 환노출, 즉 환산노출, 거래노출 및 경제적 노출에 대한 관리방법을 설명한다.

1. 환위험 관리의 기초

International Finance, ch. fifteen

1.1 기본 개요

환위험 관리는 다양한 종류의 환노출을 방지하기 위한 방안들을 말하는데, 어느 노출을 중점적으로 관리해야 하는가는 기업의 목적 및 경제상황에 따라 달라진다.

만일 기업의 목적이 주주의 부를 극대화하는 것이라면 미래 현금흐름에 영향을 미치는 경제적 노출 관리가 가장 중요해진다. 그러나 특정 시점에 세후 당기순이익을 발표해야 한다면 경제적 노출보다도 거래노출 및 환산노출 관리가 더 중요하다.

또한 경제상황 파악과 관련해 현재의 환율은 균형수준이 아니므로 향후 변할 것이라고 예상한다고 하자. 이때 현재 외환시장의 불균형을 일시적 불균형으로 간주한다면 거래노출 및 환산노출을 중점관리해 일시적 불균형으로 인한 환율변동의 영향을 최소화하기 위해 노력하는 것이 바람직할 것이다. 그러나 외환시장의 불균형을 일시적인 현상으로 보기 어려운 경우 단기적 대응보다는 장기적 관점에서 경제적 노출 관리에 주력하면서 환율변동으로 인한 미래 현금흐름의 불확실성을 최소화하기 위해 노력하는 것이 바람직할 것이다.

한편 환노출을 관리하다 보면 경제적 노출과 거래노출 혹은 환산노출 간에 서로 상충되는 결과가 나타나는 경우가 있는데, 이때는 경제적 노출에 의거한 결정을 하는 것이 바람직하다. 그 이유는 미시경제이론에서의 매몰비용(sunk cost) 개념을 적용하면 쉽게 이해될 수 있다. 즉, 환산노출은 이미 지나간 과거 행위에 효과가 반영되고 있는 것이나 경제적 노출은 미래의 예측에 바탕을 둔 것이므로, 향후의 영업행위에 대한 의사결정은 경제적 노출을 고려하는 것이 바람직하다.

환위험 관리체계 그림 15-1

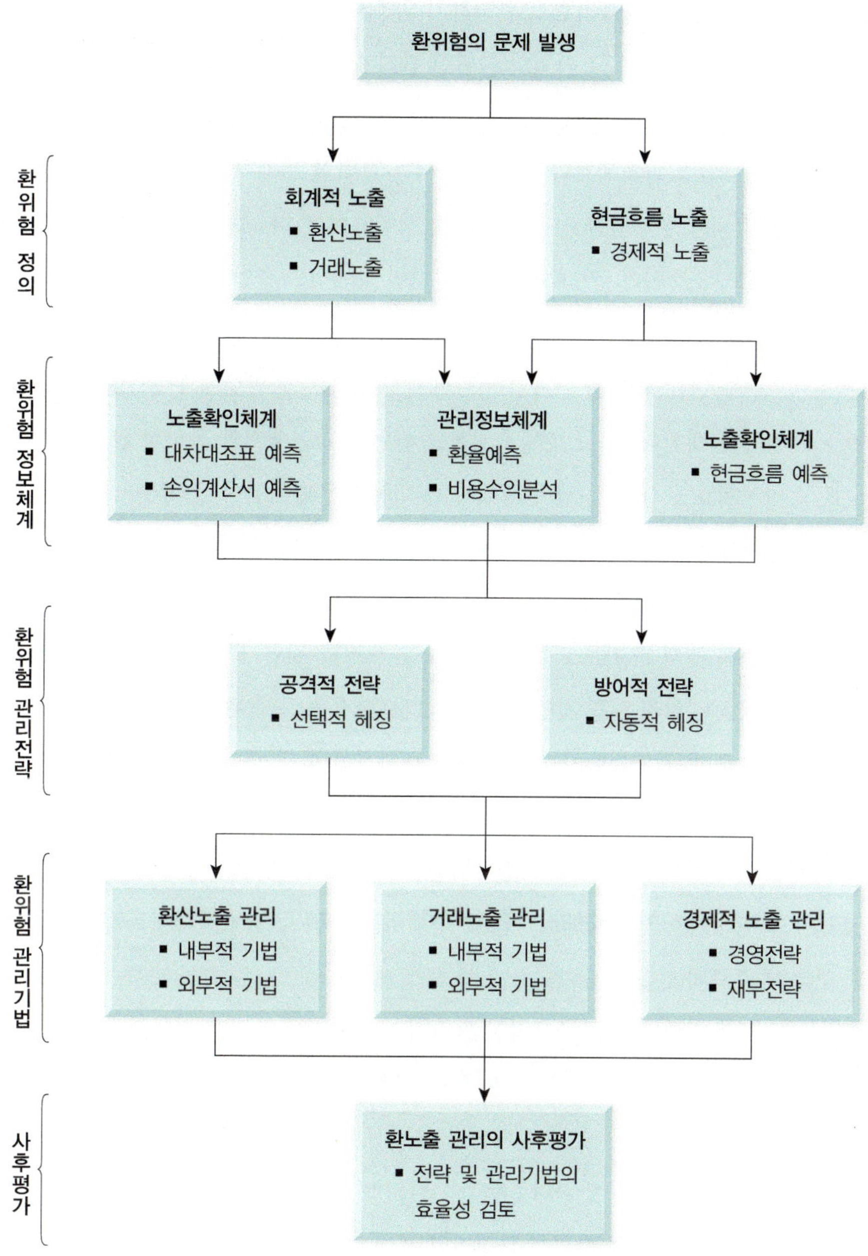

자료: 김철(1993), p.607, [그림 25-1]을 일부 수정.

1.2 환위험 관리체계

환위험을 효율적으로 관리하기 위해서는 합리적인 관리체계를 마련하는 것이 필요하다. 일반적으로 기업의 환위험 관리체계는 [그림 15-1]과 같은 여러 과정으로 구성되어 있다.

환위험 관리체계의 첫 단계에서는 환위험 문제가 발생할 소지가 있을 때 관리대상이 되는 환위험의 성격을 신속히 정립해야 한다. 즉, 환율변동의 위험에 대한 노출이 환산노출인가, 거래노출인가 아니면 경제적 노출인가를 신속하고 정확하게 구분해야 한다.

두 번째 단계는 환위험 정보체계를 활용해 환위험에 관한 정보를 수집하고 분석하는 단계이다. 환위험 정보체계는 환위험 확인체계와 환위험 관리정보체계의 두 하위체계로 구성된다. 앞 단계에서 관리해야 할 환위험이 정의되면, 이 단계에서 환위험 정보체계를 활용해 구체적으로 노출의 크기를 정확하게 파악해야 하고 또한 환위험을 제거하는 데 따른 득실을 계산해야 한다. 이와 같이 환위험 제거에 수반되는 비용·수익분석 결과를 기초로 모든 환노출을 헤징할 것인가, 부분적으로 할 것인가, 아니면 전혀 헤징하지 않을 것인가에 대한 의사결정을 하게 된다.

세 번째 단계에서는 환위험 정보체계에 의해 파악된 각종 정보와 장래의 영업환경을 고려한 후, 환위험에 대한 기본적인 관리전략을 정하게 된다. 환위험 관리전략은 기업이 환위험에 대해 어떤 자세를 갖느냐에 따라 달라지는데, 적극적 전략을 취하는 경우에는 이익을 극대화하는 데 주력하는 반면 소극적 전략에서는 손실을 극소화하는 데 주력하게 된다.

네 번째 단계는 구체적인 환위험 관리기법을 동원해 환위험 관리전략을 실현하는 단계이다. 환위험 관리기법은 헤징기법이라고도 하는데, 기업이 대외거래를 수행함에 있어서 발생할 수 있는 환위험의 가능성으로부터 기업의 이익을 보호하기 위해 수립하는 재무기법을 말한다. 각각의 환위험 관리기법에 수반되는 거래비용과 효율성은 환노출의 성격 및 환위험 관리전략 등에 따라 달라지므로, 다양한 기법들을 비교 검토해 보아야 한다. 환산노출, 거래노출 및 경제적 노출 등 각각의 환노출에 대해 내부적 관리기법 또는 외부적 관리기법을 동원할 수 있다.[1]

---

1. 내부적 관리기법이란 재무관리, 생산관리 등의 일환으로 기업 내부에서 사용할 수 있는 기법을 말하고, 외부적 관리기법이란 기업 외부, 즉 외환·금융시장에서의 다양한 상품을 이용하는 기법이다.

마지막으로 사후적 평가단계에서는 지금까지의 환위험 관리전략 및 관리기법의 성과를 종합평가한다. 이를 기초로 차후 환위험 관리의 효율성을 향상시킬 수 있는 새로운 환위험 관리전략을 수립하고 관리기법을 마련하는 것이다.

2. 환산노출의 관리

International Finance, ch. fifteen

환산노출을 관리하는 방법으로 첫째, 모회사와 자회사, 혹은 자회사와 자회사 간의 자산 · 부채 조정, 둘째, 각 자회사 내의 자산 · 부채 관리(대차대조표 헤징), 셋째, 파생금융상품을 이용한 헤징 등 크게 세 가지를 고려할 수 있다. 이 중 처음 두 가지 방법은 내부적 관리기법에 해당하고, 세 번째 방법은 외부적 관리기법에 해당한다.

2.1 다국적기업 내 자산 · 부채 조정

구체적인 설명을 위해 국내 모회사, 중국 자회사, 멕시코 자회사로 구성된 다국적기업 A의 외환포지션이 〈표 15-1〉과 같다고 하자. 이 표에서 미국 달러화 항목들은 모회사의 달러화 자산 및 부채로, 모회사는 미국 달러화 현금 $200,000를 보유하고 있다. 멕시코 페소화 항목들은 멕시코 자회사의 대차대조표이며, 이 중 외상매입금

표 15-1 다국적기업 A의 환산노출

	미국 달러	멕시코 페소	중국 위안	일본 엔
현금	200,000	1,800,000	105,000	0
외상매출	0	2,700,000	133,000	0
재고자산	0	4,500,000	210,000	0
고정자산	0	13,800,000	560,000	0
노출된 자산	200,000	22,800,000	1,008,000	0
외상매입	0	2,100,000	173,600	0
단기차입	0	5,100,000	119,000	525,000
장기차입	0	8,100,000	448,000	0
노출된 부채	0	15,300,000	740,600	525,000
순노출	200,000	7,500,000	267,400	−525,000

주 : 현행환율법에 따라 각 통화에 노출된 항목만을 표시함. 1위안 = 15엔이라고 가정함. (−)는 순부채를 의미함.

900,000페소는 모회사에게 지불해야 하는 것이다. 중국 위안화 항목들은 중국 자회사의 대차대조표로, 부채의 단기차입 항목은 일본 은행으로부터의 차입금 525,000엔을 포함하고 있다. 기타 다른 내용은 표에 나타난 것과 같다. 이같은 상황에서 A기업 전체로는 미국 달러화에 대해 $200,000, 멕시코 페소화에 대해 7,500,000페소, 중국 위안화에 대해 267,400위안, 그리고 일본 엔화에 대해 −525,000엔만큼 순노출이 발생하게 된다.[2]

만일 이 기업이 적극적 관리전략을 택한다면, 환율변화를 정확히 예측한 후 강세통화에 대해서는 순자산을 증대시키고 순부채를 감소시키며, 약세통화에 대해서는 순자산을 감소시키고 순부채를 증대시키고자 할 것이다.

그러나 이 기업이 소극적 관리전략을 택한다면, 순자산이든 순부채이든 각 통화에 노출된 크기를 줄여야 할 것이다. 이러한 순노출 중 상당 부분은 모회사와 자회사들 간의 거래를 통해 감소시킬 수 있다. 우선 모회사는 미국 달러화를 즉시 원화로 환전하고(달러 자산 $2,000 감소), 순자산의 규모가 더 큰 멕시코 자회사에 대해 900,000페소의 외상매출금을 즉시 지급받아 원화로 환전해 놓는다(페소 자산 900,000페소 감소). 또한 중국 자회사는 현금에 여유가 있으므로 일본 은행에 대한 차입금 525,000엔(= 35,000위안 × 15)을 즉시 상환하도록 조치를 취한다(위안 자산 35,000위안 및 엔 부채 525,000엔 감소).

표 15-2 다국적기업 A의 환산노출 : 모회사와 자회사들 간 자산 · 부채 조정 후

	미국 달러	멕시코 페소	중국 위안	일본 엔
현금	0	900,000	70,000	0
외상매출	0	2,700,000	133,000	0
재고자산	0	4,500,000	210,000	0
고정자산	0	13,800,000	560,000	0
노출된 자산	0	21,900,000	973,000	0
외상매입	0	2,100,000	173,600	0
단기차입	0	5,100,000	119,000	0
장기차입	0	8,100,000	448,000	0
노출된 부채	0	15,300,000	740,600	0
순노출	0	6,600,000	232,400	0

주 : 현행환율법에 따라 각 통화에 노출된 항목만을 표시함.

2. 편의상 현행환율법에 따라 순노출을 계산했다. 다른 방법을 이용하는 경우 순노출의 크기가 달라져 환노출 관리기법의 이용에 약간의 차이가 생길 수도 있지만, 기본적인 내용에는 큰 차이가 없다.

이와 같은 과정을 거치고 나면 〈표 15-2〉에 나타난 것과 같이 전체적인 환노출이 상당히 감소하게 된다. 즉, 달러화 및 엔화에 대한 순노출은 사라지고, 멕시코 페소화에 대한 순노출은 6,600,000페소, 그리고 중국 위안화에 대한 순노출은 232,400위안으로 줄어든다.

2.2 자산 · 부채 관리 : 대차대조표 헤징

모회사와 자회사들 간의 조정을 통해 환노출 중 일부분이 감소되기는 했지만 아직도 상당한 규모의 환노출이 남아 있다. 이에 대한 추가적인 관리는 각 회사별로 자산 · 부채 관리(대차대조표 헤징) 및 파생금융상품을 이용한 헤징을 통해 이루어질 수 있다.

자산 · 부채 관리(asset liability management ; ALM)는 환율전망에 따라 기업이 보유하고 있는 자산 · 부채의 포지션을 조정함으로써 환위험을 관리하는 방법이다. 이는 매우 포괄적인 의미의 관리기법이지만, 보통 기업의 재무제표상에서 노출자산의 금액과 노출부채의 금액을 동등하게 만듦으로써, 즉 스퀘어포지션(square position)을 유지함으로써 순노출액을 0으로 만드는 대차대조표 헤징전략을 의미한다. 그러나 적극적인 차원에서 환차익을 실현하는 방향으로 자산 및 부채를 조정하기도 한다.

앞의 〈표 15-2〉에서 멕시코 통화에 대한 잔여 순노출 규모는 6,600,000페소에 이른다. 따라서 순노출을 감소시키기 위해서는 순자산을 줄이든지 아니면 순부채를 증가시켜야 한다. 주어진 항목을 이용해 순자산을 줄이는 방법으로 페소화 현금을 당장 원화로 환전하거나, 외상매출금을 즉시 받아 원화로 환전하거나 혹은 고정자산을 매각해 현금을 원화로 환전하는 방법 등을 들 수 있다. 한편 페소화를 추가로 차입해 부채의 크기를 증대시킬 수도 있는데, 이 경우 차입자금을 페소화 현금으로 보유하게 되면 자산의 크기도 동시에 증가해 순노출의 크기가 변하지 않으므로, 순노출을 감소시키기 위해서는 추가로 차입한 현금을 원화로 환전해야만 한다.

2.3 파생금융상품을 이용한 헤징

파생금융상품을 이용한 헤징은 앞에서 설명한 다양한 파생금융상품을 이용해 환율변화에 따른 손실을 극소화하거나 이익을 극대화하기 위한 방법을 말한다. 하나의 구체적인 사례로, A기업이 〈표 15-1〉에 나타난 엔화 부채에 따른 환위험을 헤징하기 위해 선물환을 어떻게 이용할 수 있는지 살펴보기로 하자. 설명을 간단하게 하기 위해, 현재의 원/엔 환율은 100엔=1,000원이고 3개월 선물환율은 100엔=1,020원인데, A기업은 3개월 후 환율이 100엔=1,030원이 될 것으로 예상하고 있다고 하자.

만일 환율이 기업 A의 예상대로 100엔=1,030원으로 상승한다면, 아무런 헤징을 하지 않은 경우 이 기업은 157,500원(= 525,000엔×0.3원)만큼 손실을 입게 된다. 그런데 선물환율과 기업 A의 예상환율 간에 차이가 있으므로, 기업 A는 엔화 매입 선물환계약을 통해 이러한 손실을 보상받을 수도 있다. 즉, 3개월 엔화 선물환을 매입하면, 3개월 후 선물환계약에 따라 100엔=1,020원에 매입한 엔화를 현물시장에서 100엔=1,030원에 매각할 수 있을 것이므로 100엔당 10원(=1,030원-1,020원, 즉 1엔당 0.1원)의 이익을 얻을 것으로 예상할 수 있다. 따라서 157,500원의 예상손실을 정확하게 보상하기 위해서는 1,575,000엔(=157,000/0.1) 규모의 선물환계약을 체결해야 한다.

이상의 설명에 기초해 환손실을 헤징하기 위한 선물환계약의 크기는 일반적으로 다음과 같이 나타낼 수 있다.

$$\text{선물환계약의 규모} = \frac{\text{예상환손실의 규모}}{\text{예상미래현물환율} - \text{선물환율}} \qquad (15-1)$$

그러나 사후적으로 이와 같은 선물환헤징이 환손실을 얼마나 잘 헤징할 수 있는가는 환율예측이 얼마나 정확한가에 달려 있다. 실제적인 환율변화의 크기에 따라 선물환거래에 따른 이익(또는 손실)의 크기도 달라지므로, 미래환율에 대해 정확히 예측한 경우에만 환산노출이 완전히 제거될 수 있다. 따라서 선물환시장 헤징은 투기적 요소가 가미되어 있는 헤징방법이다.

3. 거래노출의 관리

환위험 관리와 관련해 주로 문제가 되는 것은 상대적으로 단기적인 관점에서 다루어야 할 거래노출과 환산노출을 어떻게 관리할 것이냐 하는 점이다. 거래노출을 관리하기 위한 방법은 앞에서 소개한 환산노출 관리기법에 비해 훨씬 다양한데, 이를 크게 기업 내부적으로 환위험을 관리하는 내부적 기법(internal technique)과 외환시장과 금융시장에서의 대응거래를 통해 환위험을 관리하는 외부적 기법(external technique)으로 나누어 설명하고자 한다.

3.1 내부적 관리기법

내부적 관리기법은 순노출의 크기를 줄이거나 더 이상 증가되는 것을 방지하기 위한 조치로, 여기에는 리딩과 래깅, 네팅, 매칭, 자산 · 부채 관리, 가격 조정, 결제통화 선택, 포트폴리오의 다양화, 환차손 적립제도 등이 있다.

◉ 리딩과 래깅

리딩과 래깅(leading and lagging : 선불 및 이연)은 외화표시자금수입의 결제기간을 인위적으로 조정하여 환위험을 감소시키기 위한 방법이다. 이는 주로 본사와 자회사 간의 결제 시에 많이 이용되며, 제3자와의 거래에서는 이해관계가 상충될 수 있어 크게 활용되지는 않는다. 예를 들어 모회사의 입장에서 통화가치의 하락이 예상되는 자회사로부터의 송금은 앞당기도록 하고(leading) 통화가치의 상승이 예상되는 자회사로부터의 송금은 이연시키도록 함으로써(lagging) 소극적 전략의 측면에서 손실을 방지할 수 있고 적극적 전략의 측면에서 외환이득을 극대화할 수도 있다.

구체적인 예로, 우리나라 모회사 A가 미국과 독일에 각각 자회사를 가지고 있다고 하자. 최근 미국의 누적적인 경상수지 적자로 인해 달러화가 점차 약세로 전환하고 있는 반면 유로화는 지속적인 강세를 유지할 것으로 전망되고 있다. 이때 모회사 A의 입장에서는 미국 자회사로부터의 송금수취는 촉진시키고 미국 자회사에 대한 지급은 이연시키는 것이 환차익을 증대시킬 수 있다. 반면 독일 자회사로부터의 송금은 이연시키고 그에 대한 지급은 촉진시키는 것이 바람직하다.

리딩과 래깅을 통해 환노출을 관리할 때 몇 가지 주의할 점이 있다. 첫째, 일반적으로 다국적기업은 중앙의 정보 및 통제센터가 존재해서 다국적기업 내 결제시점이 특정 자회사의 관점보다는 전체의 관점에서 효과적이 되도록 조절한다. 그러나 다국적기업 전체의 이익을 위해 리딩과 래깅을 할지라도 이는 해당 자회사의 환노출을 변화시키고 수익성에도 영향을 주게 된다. 따라서 리딩과 래깅으로 인해 해당 자회사나

그림 15-2 양자 간 네팅

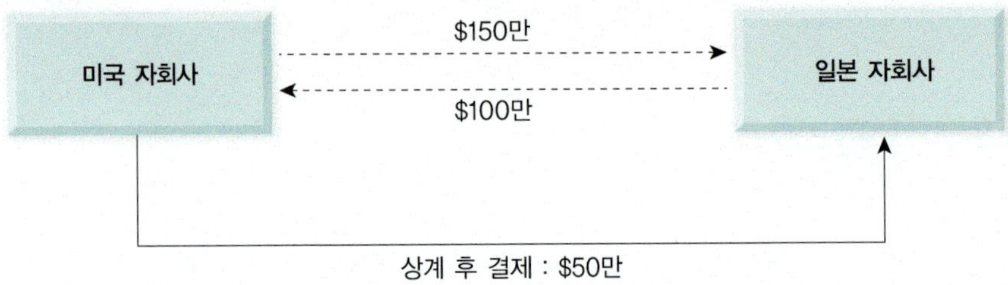

경영자의 실적평가에 불이익이 없도록 해야 할 것이다. 둘째, 리딩과 래깅은 향후 환율변화에 대한 예측을 근거로 행하는 것이므로 실제적으로 이익이 실현될 것인지 혹은 손실이 방지될 것인지는 사후적인 환율수준에 따라 결과가 달라질 수 있다. 사후적으로 실현된 환율이 사전적인 예측과 달라지는 경우에는 오히려 환위험이 더 커질 수도 있으므로, 리딩과 래깅은 위험이 수반되는 투기적 요소를 내포하고 있다.

◉ 네팅

네팅(netting : 상계)이란 다국적기업의 본사와 지사 또는 지사 상호 간에 발생하는 채권 · 채무관계를 개별적으로 결제하지 않고 일정 기간 경과 후에 채권 · 채무관계를 상쇄한 후 차액만을 결제하는 제도이다. 네팅의 형태로는 양자 간 네팅(bilateral netting)과 다자간 네팅(multilateral netting)이 있다.

양자 간 네팅은 두 회사 간에 서로 채권 · 채무를 상계하고 그 차액만을 결제하는 제도이다. 예를 들어 A회사의 미국 자회사는 일본 자회사에 대해 $100만의 채무를 가지고 있는 반면, 일본 자회사는 미국 자회사에 대해 $150만의 채무를 지고 있다고 하자([그림 15-2]). 양자 간 상계가 없는 경우에는 총 $250만($100만+$150만)의 현금거래가 발생하지만, 두 자회사 간에 채권 · 채무관계를 서로 상계하고 나면 일본 자회사가 미국 자회사에 대해 $50만(=$150만-$100만)의 순채무만 지급하면 된다. 따라서 상계 이전에 비해 거래금액이 1/5 수준으로 감소함으로써 거래비용이 크게 절감된다. 양자 간 상계를 할 때 고려해야 할 사항은 환위험 관리 측면에서 차액을 결제할 결제통화와 결제시점을 선정해야 한다는 것이다. 이 문제들은 보통 관련된 양 당사자들이 합의해 결정한다.

다자간 네팅은 3개 이상의 회사들 간에 채권 · 채무관계를 상계하는 제도이다. 양자 간 네팅과는 달리 다자간 네팅의 경우에는 그룹 내의 중앙결제센터가 자회사들의 채권 · 채무관계를 총괄 관리해 다각적으로 상계하고 순차액만을 개별 자회사들에게 통보해 주는 중요한 역할을 한다. 예를 들어 미국 자회사는 독일 자회사에 대해 $1,000를 지불해야 하고, 일본 자회사는 미국 자회사에게 $3,000를 지불해야 하며, 독일 자회사는 미국 자회사에게 $1,500를, 그리고 일본 자회사에게 $1,000를 지불해야 한다고 하자. 이러한 복잡한 채권 · 채무관계는 〈표 15-3〉과 같은 네팅매트릭스를 이용해 간단히 나타낼 수 있다.

표 15-3 네팅매트릭스 (단위 : $)

지급부문 / 수취부문	미국 자회사	일본 자회사	독일 자회사	총수취	순수취	상계액
미국 자회사		3,000	1,500	4,500	3,500	1,000
일본 자회사	0		1,000	1,000	0	1,000
독일 자회사	1,000	0		1,000	0	1,000
총지급	1,000	3,000	2,500	6,500		
순지급	0	2,000	1,500		3,500	
상계액	1,000	1,000	1,000			3,000

만일 다자간 상계가 없다면 해당 채권 · 채무관계를 모두 거래해야 하므로 총거래금액이 $6,500가 될 것이다. 그러나 중앙결제센터가 각 자회사들 간의 채권 · 채무관계를 정리해 보면, 미국 자회사는 총 $4,500를 받고 $1,000를 지급해야 하므로 $3,500의 순수취를, 일본 자회사는 $1,000를 받고 $3,000를 지급해야 하므로 $2,000의 순지급을, 그리고 독일 자회사는 $1,000를 받고 $2,500를 지급해야 하므로 $1,500의 순지급을 해야 한다. 따라서 중앙결제센터는 이를 정리해 [그림 15-3]과 같이 각 자회사들에게 해당 금액을 지급 및 수취하도록 통보를 하고, 이에 따라 결제가 이루어지면 총거래금액은 $3,500로 줄어들게 된다.

네팅은 교환수수료 등 은행비용의 절감과 환노출 금액을 줄임으로써 불필요한 환차손을 막을 수 있다는 장점이 있다. 또한 기업 내부의 결제기능을 강화할 수 있으며, 노출관리와 유동성 관리 및 조세관리가 용이해진다는 이점도 있다. 그러나 네팅에 따른 결제가 일정한 주기마다 이루어지므로 그때까지 수입과 지출이 지체될 수 있다는

그림 15-3 다자간 네팅

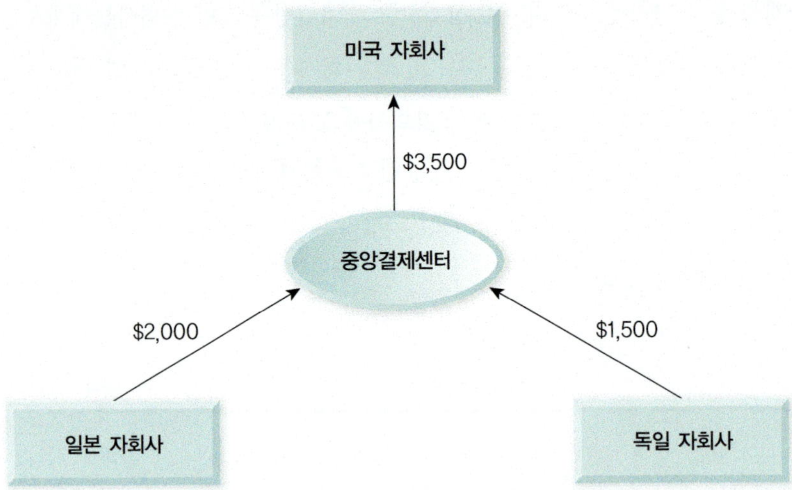

문제점이 있고, 또한 네팅에 따른 결제는 특정 통화로 이루어지므로 영업거래 시의 통화와 네팅결제기준이 되는 통화가 달라질 수 있다는 문제점을 내포하고 있다.

◉ 매칭

매칭(matching)이란 외화자금의 흐름을 일정하게 일치시키는 전략을 말한다. 즉, 외화자금의 유입과 지급을 통화별, 만기별로 일치시켜 외화자금 흐름의 불일치에서 발생할 수 있는 환위험을 원천적으로 제거하는 전략이다. 네팅과 매칭은 흔히 서로 구분하지 않고 사용되기도 하지만, 보통 네팅은 동일한 그룹 내에 적용되며 매칭은 동일한 그룹 내뿐만 아니라 제3자 간의 거래에도 자주 적용된다. 매칭을 이용하는 경우 기업은 외화자산의 운용 또는 향후의 외화자금수취에 따른 환차손(환차익)을 외화차입에 대한 원리금의 지급 등으로 발생하는 환차익(환차손)과 상쇄시킴으로써 환율변동이 초래하는 현금수지의 불확실성을 제거할 수 있게 된다.

예를 들어 미국에 자동차를 수출하는 우리나라 기업이 수출물량의 증가를 예상해 생산시설을 확장하고자 자금을 조달하려 한다고 하자. 이 기업은 국내, 혹은 국제금융시장을 이용해 자금을 조달할 수 있을 것이다. 이때 미국시장에서 달러로 차입하거나 유로시장에서 달러로 기채해 자금을 조달한다면, 차입자금의 이자지급으로 인한 달러

현금 유출과 수출물량 증대에 따른 달러현금 유입이 서로 상쇄됨으로써 환노출이 상당히 감소될 수 있을 것이다.

선물환, 선물, 옵션 등과 같은 파생금융상품은 주로 1년 이하의 단기적인 환위험 헤징에 이용되는 반면, 매칭은 보다 장기적인 관점에서 외국통화의 수취 및 지급을 조절함으로써 환위험을 관리하는 방법이다. 매칭을 통해 장기적으로 환위험을 관리하면 선물환 등을 이용해 수시로 환위험을 관리할 필요성이 절감된다.

매칭방법에는 크게 자연매칭(natural matching)과 평행매칭(parallel matching) 두 가지 방법이 있다. 자연매칭은 동일한 통화로 현금유입과 현금유출을 매치시키는 방법으로 환위험을 거의 대부분 헤징할 수 있는 가장 이상적인 형태이다. 평행매칭은 동일한 통화 대신 환율변화 방향이 유사한 통화들의 현금유출입을 매치시키는 방법이다. 만일 영국 파운드화가 미달러화와 유사한 방향으로 움직인다면, 앞의 예에서 달러화로 차입하는 대신 파운드화로 차입하는 방법이다. 그러나 평행매칭을 사용하는 경우 환율이 예상한 방향과 다르게 움직인다면 외환의 유출 및 유입 양쪽에서 모두 환차손익이 발생할 수도 있다.

한편 동일한 통화별 현금유출입이 단기적으로 매치되지 않는 경우에는 단기예치 운용 또는 일시차입 등으로 현금유출입 갭을 조정할 수 있다. 또한 최근에는 통화스왑이나 증권담보차입의 성격을 갖는 역RP(reverse RP)[3] 거래를 이용해 직접 매치되지 않는 현금유출입을 보다 용이하게 조정할 수 있다. 그러나 이와 같은 일시차입이나 통화 간 스왑거래에 의한 현금흐름조정거래에서는 양국 간의 금리차에 해당하는 헤징비용 등을 고려해야 한다.

매칭을 이용할 때 현실적으로 중요한 문제 중의 하나는 외화의 수취와 지불이 예정된 때에 이루어지느냐 하는 발생시점의 문제이다. 예정된 때에 이루어지지 못하고 지연되는 경우 매칭에 차질이 생기고 결과적으로 수취와 지불을 모두 환위험에 노출시키게 된다. 예를 들어 외화지불은 예정된 날짜에 이루어졌는데 수취가 연기되었다고 하면, 그 기업은 지불일의 환율과 수취일의 환율이 달라짐에 따라 그 기간 동안 환위험에 노출되는 것이다.

3. RP거래와 정반대로 일정 기간 후 다시 팔기로 하고 매입하는 증권을 말한다.

◉ 자산 · 부채 관리

자산 · 부채 관리(ALM)는 기업이 보유하고 있는 자산 · 부채의 구성을 종합적으로 관리함으로써 장래에 발생 가능한 금리, 환율 및 유동성 등 제반 위험을 최소화하거나 수익의 극대화를 도모하는 관리기법을 말한다. 이는 매우 포괄적인 의미의 관리기법이지만, 환위험 관리와 관련해서는 제2절에서 이미 설명한 것처럼, 보통 기업의 연결재무제표상에서 외화표시 자산과 외화표시 부채의 포지션을 조정해 환위험을 효율적으로 관리하고자 하는 방법이다. 자산 · 부채 관리는 앞 절에서의 환산노출관리뿐만 아니라 거래노출을 관리하는 데도 이용된다.

자산 · 부채 관리에도 환차익의 극대화를 도모하기 위한 적극적인 기법과 환차손을 극소화하기 위한 소극적인 기법이 있다. 적극적인 관리에 있어서는 강세가 예상되는 통화로 표시된 자산이나 현금유입을 확대하는 반면, 강세통화표시 부채나 현금유출의 포지션은 축소시키고자 한다. 이와는 반대로 약세통화표시 자산 및 현금유입 포지션은 축소시키고 약세통화표시 부채 및 현금유출은 확대시켜야 한다.

소극적인 관리에 있어서는 강세통화 또는 약세통화의 구분 없이 통화별로 환노출 자산의 금액과 환노출 부채의 금액을 동등하게 만듦으로써, 즉 스퀘어포지션(square position)을 유지함으로써 순노출액을 0으로 만드는 헤징전략을 취하게 된다. 한편, 자산 · 부채 관리에서도, 평행매칭과 마찬가지로, 동일 통화에 의거해 스퀘어포지션을 이룰 수 없는 경우에는 환율변화 방향이 유사한 통화를 이용해 환위험을 회피할 수 있다. 이러한 헤징기법을 평행헤징(parallel hedging)이라고 부른다.

◉ 가격조정

가격조정(price adjustment)이란 거래상대방에 대해 환율변동으로 인해 예상되는 환차손만큼(혹은 환차손의 일부만큼) 상품판매가격을 인상하거나 원재료 또는 상품구입가격을 인하시키는 것이다. 물론 이때에는 상품의 시장경쟁력, 가격탄력성, 소비자의 저항, 정부의 가격통제 등 제반사항을 고려해야만 한다.

환위험을 분담하기 위한 가격조정을 설명하기 위해, 우리나라의 A회사가 미국 자회사에 상품을 수출한 대금 $100만을 3개월 후에 받을 예정이라고 하자. 현재의 환율을 $1 = 1,000원이라고 하면, 환율이 변하지 않는 경우 A회사는 우리나라 원화로 10억원을 받을 것으로 기대할 것이다. 그런데 미래환율이 불확실하므로 환율변동을 고

가격조정에 따른 환위험 분담 그림 15-4

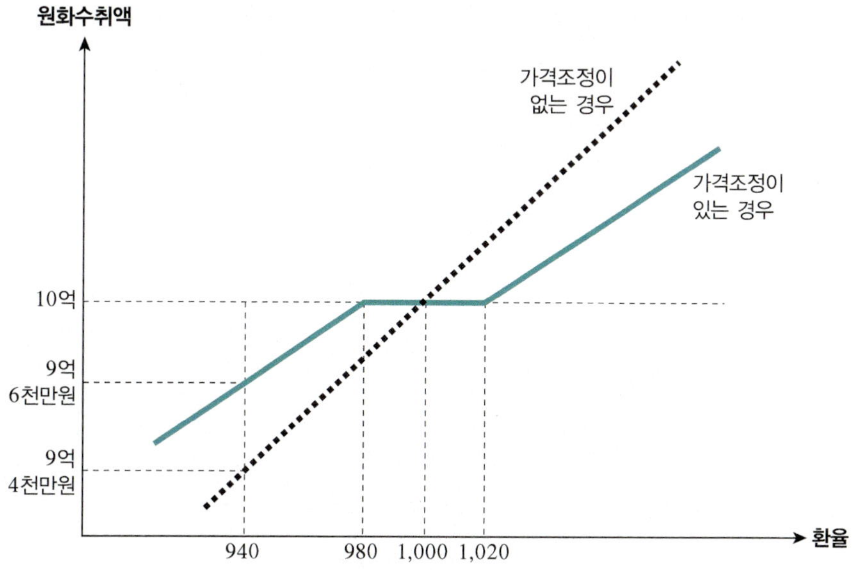

려해 A회사는 미국 자회사와 다음과 같은 계약을 맺었다. 환율이 현재 수준에서 상하 2%를 벗어나지 않으면 원화로 10억원(원래의 수출대금에 기준환율을 적용한 금액)을 보장한다. 하지만 일정한 한도 이상으로 크게 벗어나는 경우 한도이탈분의 1/2만큼만 고려한 환율을 원래 수출대금에 적용한 원화금액을 보장한다.

보다 구체적으로 숫자를 이용해 이 계약내용을 설명해 보면, 환율이 $1 = 980원부터 $1 = 1,020원 사이에서 움직이는 경우 미국 자회사는 원화로 10억원을 보장하는 수출대금을 지불해야 한다. 따라서 예를 들어 환율이 $1 = 990원으로 하락하면 수입업자는 약 $101만(= 10억원/990원)을 수출업자에게 지불하게 되므로, 약 1만 달러의 추가비용을 부담해야 한다. 반면 수출업자의 경우에는 계약이 없었더라면 9억 9천만원(= $100만 × 990원)을 받았을 텐데, 이 계약으로 인해 10억원을 보장받으므로 1천만원의 환손실을 회피할 수 있게 된 것이다.

만일 환율이 그 범위를 훨씬 벗어나 $1 = 940원이 되면 하한인 $1 = 980원보다 40원이 더 이탈하게 된다. 따라서 이탈분의 1/2, 즉 20원만큼의 하락만 추가로 고려한 환율 $1 = 960(= 980원 − 20원)원을 원래 수출대금에 적용했을 때의 원화금액인 9억 6천만원을 보장해야 한다. 외환시장에서 환율이 $1 = 940원이므로, 수입업자가 이 원화금액을 보장하기 위해서는 외환시장에서 약 $102만(≒ 9억 6천만원/940원)를 수출업자에게 지불해야 하기 때문에, 약 2만 달러의 추가비용이 발생한다. 이때 수출업자의 입장에서는 계약이 없는 경우 9억 4천만원(=$100만 × 940원)을 수취하는 데 반해 이 계약 덕분에 9억 6천만원을 받았으므로, 총환차손액 6천만원 중 2천만원을 감소시킬 수 있게 된 것이다.

지금까지와는 반대로 환율이 상승하는 경우에는 환차익을 A회사와 미국 자회사가 나누어 갖게 된다. 이와 같은 계약에 따라 A회사와 미국 자회사 간에 환위험을 분담하게 되는 체계는 [그림 15 - 4]와 같이 나타낼 수 있다.

◉ 결제통화선택

환위험 관리기법으로서의 결제통화선택(currency of invoicing)이란 수출입의 대금결제를 어떤 통화로 표시할 것인가를 결정하는 정책을 말한다. 적극적 전략 면에서는 강세통화로 수출대금을 결제하고 약세통화로 수입대금을 결제하는 방법을 이용할 수 있으며, 소극적 전략 면에서는 수출 및 수입거래를 자국통화로 체결하는 방법을 이용할 수 있다.

결제통화의 선택은 직접적으로 환위험을 감소시킬 수도 있고, 네팅이나 매칭을 할 수 있는 기회를 만들어 환위험을 감소시키기도 한다. 예를 들어 우리나라 A회사가 미국 자회사에게 달러화표시로 상품을 수출하고 유럽 자회사로부터는 유로화표시로 상품을 수입하고 있다고 하자. 이 기업이 유럽으로부터의 수입을 유로화 대신 달러화로 표시하는 결제통화선택을 하고 미국 자회사로부터의 달러화 유입과 유럽 자회사에 대한 달러화 유출을 네팅하게 되면 순현금흐름의 규모를 감소시킬 수 있게 된다.

그러나 결제통화선택의 전략을 수행할 때도 몇 가지 주의할 점이 있다. 우선 적극적인 전략 면에서 수행할 때, 환율에 대한 예상이 틀리면 그만큼 환위험이 더욱 커질 수도 있다는 점에서 공격적인 결제통화선택은 투기적 성격을 띠고 있다. 또한, 결제통화의 변동은 고객들 및 자회사의 경영자들까지도 설득을 시켜야 한다는 문제가 있다. 고객들은 결제통화 변경에 따른 가격변화를 좋아하지 않을 것이며, 자회사들은 약세통화로 결제하는 것이 마케팅활동에 유리하기 때문에 상황에 따라 반발할 수도 있다. 따라서 다국적기업의 경우에는 그룹 전체의 세후 순이익을 극대화할 수 있는 방향으로 그룹 내 각 부문 간의 수출입 결제통화를 적절히 조절해야 할 것이다.

결제통화선택과 관련된 또 다른 문제는, 동일한 그룹 내의 거래가 아닌 경우에는 수출업자와 수입업자 간에 이해관계의 대립이 발생할 수 있다는 점이다. 이러한 문제를 해결하기 위해 '50 대 50 방식'을 도입하는데, 이는 수출업자와 수입업자가 거래규모의 절반씩을 자국통화표시거래로 계약함으로써 환위험을 양자 간에 균등하게 배분하는 방식을 말한다.

이 외에도 결제통화선택과 관련해 환위험을 감소시킬 수 있는 방법의 하나로 이용할 수 있는 것이 복합통화결제(mixed-currency invoicing *or* composite currency invoicing)이다. 복합통화의 대표적인 예로 SDR(Special Drawing Rights)과 과거에 유럽에서 사용되었던 ECU(European Currency Unit) 등을 들 수 있다. 이러한 복합통화들은 여러 국가의 통화로 구성되어 있는데, 구성통화들의 가치가 서로 다르게 움직이는 경우 통화들 간의 환율이 서로 상쇄되기 때문에 복합통화의 환율은 단일통화의 환율에 비해 상대적으로 안정된다. 예를 들어 SDR을 구성하는 통화 중 일본 엔화가 달러화에 대해 강세인 반면 영국 파운드화는 달러화에 대해 약세인 경우 그 효과가 서로 상쇄되어 SDR환율은 변하지 않을 수도 있다. 따라서 이와 같은 복합통화로 결제하게 되면 특정한 단일통화로 결제하는 것에 비해 환율변동에 따른 위험이 감소될 것이다.

◉ 환차손준비금

장래의 환차손 발생에 대비해 영업이익의 일부를 환차손준비금(exchange loss reserve)으로 적립하고 실제 환차손이 발생하면 이 적립금을 환차손에 충당하는 전략을 환차손준비금 전략이라고 한다. 환차손준비금은 사전적인 환위험 관리방법이라기보다 환차손이 발생한 경우 사후적으로 이를 일정 기간에 걸쳐 이연분산시킴으로써 특정 기간의 이례적인 환차손익 발생에 의해 왜곡될 수 있는 경영성과를 평준화하는 회계제도이다.

3.2 외부적 관리기법

외부적 관리기법은 외환 · 금융시장의 상품들을 이용해 환위험을 관리하는 기법이기 때문에 수없이 다양한 방법이 가능하다. 특히 파생상품의 경우 상품의 종류가 무한하다고 볼 수 있을 정도이므로 이를 이용한 환위험 관리기법도 수없이 많다. 대표적인 외부적 기법으로 선물환거래, 단기금융거래, 옵션거래, 스왑거래 등을 이용한 방법이 있으며, 그 외에도 할인, 팩토링, 환율변동보험이 있다.

여기서는 여러 외부적 기법에 대한 이해를 목적으로, 특정한 상황을 설정하고 그 상황에서 발생하는 환위험을 방지하기 위한 선물환시장 헤징, 단기금융시장 헤징 및 옵션시장 헤징 등을 설명한 후 세 가지 방법을 비교하고자 한다.[4]

◉ 선물환시장 헤징

예를 들어 우리나라의 수출업체가 미국에 자동차를 수출하고 수출대금 $1백만을 3개월 후에 받기로 했다고 하자. 외환시장에서 현물환율은 $1=1,200원, 3개월 만기 선물환율은 $1=1,250원인데, 수출업자는 3개월 후 현물환율이 $1=1,260원까지 상승할 것으로 예상하고 있다. 현재 국내금리는 연리 8%이고 미국금리는 연리 4%이다.

수출업자가 아무런 헤징을 하지 않는 경우 확실하게 말할 수 있는 것은 이 수출업자가 미국 수입업자로부터 3개월 후에 $1백만을 받는다는 사실뿐이다. 우리나라의 수출업자가 3개월 후에 원화로 얼마를 수령하게 될지는 3개월 후의 환율에 달려 있다. 만일 수출업자의 예상이 정확하게 맞아 환율이 $1=1,260원이 된다면 12억 6천만원을 손에 넣게 되지만, 이는 확실하게 보장된 금액이 아니다. 수출업자의 예상과는 달리 우리나라 원화의 가치가 급상승해(환율이 하락해) $1=500원이 된다면 수출대금의 원화가치는 5억원이 되어 커다란 손해를 보게 된다. 반대로 달러화가치가 급상승해(환율이 상승해) $1=2,000원이 된다면 수출대금은 20억원의 원화가치를 갖게 되어 예상보다 훨씬 더 이익을 얻게 된다. 따라서 이 경우 비록 수출업자가 $1백만을 받는다는 것이 확실하더라도 그것이 원화로 얼마가 될지는 사전적으로 전혀 알 수 없다.

선물환거래를 이용한 헤징은 선물환계약을 통해 안정된 현금흐름을 지닐 수 있게 하는 전략이다. 이 예에서 수출업자는 미국 수입업자로부터 지불될 $1백만의 수출대금과 관련해 외환시장에서 달러선물환 매도를 할 수 있다. 외환시장에서 3개월 선물환율이 $1=1,250원이므로 이 경우 수출업자는 12억 5천만원을 확보할 수 있다.

---

4. 물론 이 외에도 통화선물, 통화스왑 등 기타 파생금융상품을 이용한 다양한 환위험 관리기법이 있다. 파생금융상품에 대해서는 제9장 및 제10장의 설명을 참조할 것.

여기서 제기될 수 있는 한 가지 문제는 3개월 후의 현물환율예상이 선물환율과 다르다면, 선물환시장 헤징(forward market hadging)을 하는 경우 헤징을 하지 않는 경우에 비해 손해를 본다고 느낄 수도 있다는 것이다. 예를 들어 수출업자는 3개월 후에 환율이 $1 = 1,260원이 될 것으로 예상하고 있으므로, 선물환계약을 하는 경우 예상보다 원화취득량이 1천만원 작아진다고 느낄 수도 있다. 이 경우 선물환계약을 맺을 것인가 아니면 예상에 따를 것인가는 환율예측의 정확성 및 예측오류로부터 발생하는 위험에 대한 태도 등이 고려되어 결정된다. 만일 3개월 후의 환율에 대한 예상이 $1 = 1,250원 이하라면 선물환계약을 맺는 것이 당연히 바람직하다. 왜냐하면 예상에 따른 최대의 결과가 선물환계약에 따른 결과와 동일하지만, 선물환계약의 경우는 전혀 위험이 없는 반면 예상에 따르는 경우는 위험이 내포되어 있기 때문이다. 또한 비록 예상환율이 $1 = 1,250원보다 높을지라도 미래에 확정적인 금액을 얻는 것이 목표라면, 예상에 따른 추가적인 이득의 가능성에 대해서 크게 고려하지 않고 선물환 계약을 체결하는 것이 바람직할 것이다.

◉ 단기금융시장 헤징

단기금융거래를 이용한 헤징은 다음과 같은 과정을 거쳐 이루어진다. 현재시점에서 수출업자는 미국은행에서 3개월 후 원리금의 합계가 $1백만이 되도록 달러를 빌린 후 이 금액을 원화로 바꾸어 우리나라 단기금융상품에 투자한다. 미국의 이자율이 연 4%(3개월간 1% = 4% × 3개월/12개월)이므로 3개월 후 $1백만이 되도록 하기 위해서는 $99만 99(= 1백만/1.01)를 차입해야 하고, 이는 현재의 환율 $1 = 1,200원에서 원화로 11억 8,812만원(= $99만 99 × 1,200원)이 된다.

3개월 후 수출업자는, 국내이자율이 연 8%(3개월간 2%)이므로, 국내 단기금융상품에 대한 투자로부터 12억 1,188만원(= 11억 8,812만 × 1.02)을 확보하게 된다. 한편 3개월 후 미국 수입업자로부터 받은 $1백만을 가지고 그대로 미국 은행에서 차입한 금액에 대해 원리금 $1백만(= $99만 99 × 1.01)을 상환하면 된다. 이상의 절차를 그림으로 나타내면 [그림 15-5]와 같다.

선물환시장 헤징과 단기금융시장 헤징(money market hedging)은 서로 유사한 점이 많은데, 선물환시장 헤징은 선물환율에 의해 결정되는 반면 화폐시장 헤징은 이자율 차이에 의해 결정된다는 차이점이 있다. 따라서 이자율평가가 성립하는 경우 두 가

그림 15-5 단기금융시장 헤징

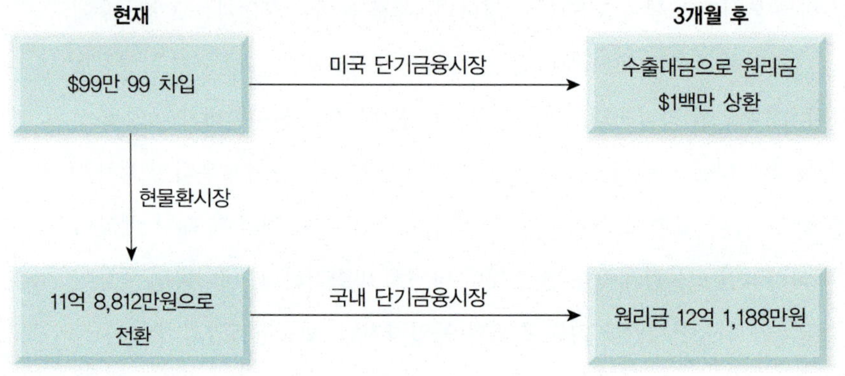

지 헤징방법은 동등한(equivalent) 것이 되고, 양자로부터 확보되는 금액은 같아진다.

앞의 예에서는

$$8\% \times \frac{3}{12} - 4\% \times \frac{3}{12} < \frac{(1,250 - 1,200)}{1,200} \times 100\% \qquad (15-2)$$

이 되므로 이자율평가가 성립하지 않고 선물환시장을 이용하는 것이 유리하다. 즉, 선물환시장을 통해 헤징하는 경우의 수령액은 12억 5천만원인 데 반해 단기금융시장을 통해 헤징하는 경우는 12억 1,188만원에 불과하다. 따라서 모든 기업들이 선물환을 매도하고자 하므로 국내외이자율이 주어져 있다면 균형선물환율이 $1=1,211.88원으로 하락할 것이고, 결국에는 이자율평가가 성립해 어느 시장을 통해 헤징하든 동일한 금액을 수취하게 될 것이다.

◉ 옵션시장 헤징

선물환시장 헤징과 단기금융시장 헤징은 환위험을 완전하게 제거하지만, 이로 말미암아 환율이 유리하게 변동하는 경우 누릴 수 있는 이익의 기회까지 사라지게 만든다. 이러한 이익의 기회를 잃지 않으면서 환손실위험에 대해 헤징할 수 있는 방법으로, 수출업자는 옵션시장 헤징(options market hedging)을 이용할 수 있다.

예를 들어 수출업자가 옵션시장에서 행사가격이 $1=1,200원이고 옵션 프리미엄이 달러당 10원인 달러화 풋옵션을 매입했다고 하자. 3개월 후 수출업자가 옵션을 행사할 것인가 여부는 3개월 후의 환율에 달려 있다. 따라서 옵션의 경우에는 확실한 원화금액을 보장하지는 않는다. 3개월 후의 환율이 $1=1,200원보다 낮은 1,150원이 된 경우, 옵션을 행사하지 않으면 수출업자는 $1백만을 수취했을 때 외환시장에서 달러당 1,150원을 받고 달러를 팔아야 하므로 총 11억 4천만원[=1백만×(1,150원－프리미엄 지급 10원)]의 원화를 얻게 된다. 그러나 옵션을 행사하면 달러당 1,200원을 받을 수 있으므로 프리미엄을 지급하고 난 후 11억 9천만원의 원화를 얻게 된다. 따라서 환율이 $1=1,200원 이하인 경우에는 옵션을 행사하는 것이 유리하다.

이와는 반대로 환율이 $1=1,200원 이상인 경우에는 옵션을 행사하지 않고 수출대금으로 받은 달러화를 그대로 외환시장에서 파는 것이 유리하다. 예를 들어 3개월 후 환율이 $1=1,240원이 된 경우 옵션을 행사하면 11억 9천만원밖에 수령하지 못하지만, 옵션을 행사하지 않으면 $1백만을 달러당 1,240원에 팔아 프리미엄을 지급하고 난 후 12억 3천만원을 취득하게 된다. 이상의 설명에서 알 수 있듯이 수출업자는 옵션시장 헤징을 통해 최소한 11억 9천만원을 확보할 수 있지만, 최대 금액이 얼마가 될지는 환율의 변화에 달려 있다.

옵션이 다른 방법보다 유리한가 아닌가는 옵션 프리미엄, 예상환율, 위험선호도 등 여러 가지 요소에 의해 좌우된다. 3개월 후의 예상환율이 $1=1,221.88원(=균형선물환율 1,211.88원 + 옵션프리미엄 10원)[5] 이하가 된다면 수출업자는 옵션시장 헤징이 선물환시장 헤징보다 불리하다고 판단하고 선물환시장 헤징(또는 단기금융시장 헤징)을 선택할 것이다. 그러나 3개월 후의 환율이 그 이상으로 상승한다고 예상하는 경우에는 옵션시장이 유리하다고 생각할 수 있다. 그러나 만일 예상이 틀려 환율이 그 이하로 떨어지면 불리해질 수도 있으므로 수출업자는 예상에 대한 확신도 및 위험선호도 등 기타 다른 요인들을 고려해 헤징방법을 선택해야 할 것이다.

지금까지 설명한 세 가지 환위험 관리전략, 즉 선물환시장 헤징, 단기금융시장 헤징 및 옵션시장 헤징을 비교하면 〈표 15-4〉와 같이 정리할 수 있다.

5. 여기서의 균형선물환율은 선물환시장 헤징이 단기금융시장 헤징과 동등해지도록 이자율평가가 성립했을 때의 선물환율을 말한다.

표 15-4 외부적 환위험 관리기법의 비교

관리기법	내용	효과
아무런 헤징을 하지 않는 경우	- 3개월 후 수출대금 $1백만을 현물 환시장에서 매각해 원화 수취 - 수출업자는 3개월 후 $1 = 1,260원이 될 것으로 예상	- 3개월 후의 환율에 따라 원화수령액의 크기가 달라짐 - 단지 예상만 할 뿐 사전적으로 전혀 알 수 없음
선물환시장 헤징주)	- 3개월 달러선물환 매도	- 3개월 후 원화로 수령할 금액이 12억 1,188만원으로 확정(선물환율이 $1 = 1,250원이라면 12억 5천만원으로 확정)
단기금융시장 헤징	- 미국금융시장에서 $99만 99 차입 : 3개월 후 원리금 $1백만을 수출대금으로 상환 - 달러차입금을 원화로 환전해 국내단기금융시장에 투자	- 3개월 후 국내금융투자에 따른 수령액이 12억 1,188만원으로 확정
옵션시장 헤징	- 행사가격 $1 = 1,200원에 달러풋옵션 계약 - 달러당 10원 프리미엄 지급	- 최소한 11억 9천만원 확보 - 최대 금액은 3개월 후 환율에 따라 달라짐

주 : 선물환시장 헤징의 경우 이자율평가가 성립해 단기금융시장 헤징과 동등해진 상황을 기준으로 함. 즉, 선물환율이 $1 = 1,211.88원으로 조정되었다고 가정함.

◉ 기타 외부적 관리기법

이 외에도 환위험을 관리하기 위한 외부적 기법으로 할인(discounting), 팩토링(factoring) 및 환율변동보험(exchange risk insurance) 등이 있다.

할인이란 수출대금이 환어음에 의해 결제되는 경우, 수출업자가 어음 만기까지의 기간 동안 환율변화로 인해 발생할 수 있는 위험을 회피하기 위해 환어음을 은행에 매각해 수출대금을 조기에 회수하는 방법이다. 이처럼 환어음을 어음 만기 이전에 매각하는 경우 할인료 등의 비용이 수반되기 때문에 수출업자는 이들 비용과 환율변동에 따른 예상환차손익, 그리고 자금사정 등을 고려해 할인 이용 여부를 결정한다. 할인은 앞서 설명한 단기금융시장 헤징기법과 유사한 방법이다. 다만 단기금융시장에서는 차입을 통해 환위험 관리가 이루어지지만 어음할인시장에서는 환어음의 매각을 통해 이루어진다는 차이가 있을 뿐이다.

팩토링이란 공급업자(supplier)가 구매업자(debtor)에게 물품 등을 외상으로 판매한 후 발생되는 외상매출채권을 팩토링회사(factor)에게 일괄 양도하고 팩토링회사로부터 양도채권금액 범위 내에서의 금융지원, 구매업자에 관한 신용조사 및 신용위험

인수, 채권의 관리 및 대금회수, 기타 사업처리 대행 등의 서비스를 제공받는 금융기법을 말한다. 팩토링의 어원은 위탁매매인을 의미하는 팩토(factor)에서 유래했는데 오늘날의 팩토링은 14세기 후반 영국 모직물업계의 위탁매매인제도에서 발전한 것이다. 우리나라의 팩토링은 1979년 아세아종합금융에 의해 처음 도입되었다. 이후 은행이 1983년부터 서비스를 제공하기 시작했으며 1992년에는 팩토링 전문회사가 설립되는 등 빠른 속도로 발전해 왔다.

국제팩토링(international factoring)이란 무신용장방식의 신용조건부(open account credit terms) 무역거래와 관련해 팩토링 서비스를 제공받는 것을 말한다. 수출대금이 환어음으로 지급되는 대신 외상매출금계정에 남아 있는 경우, 수출업자들은 외상매출채권을 팩터에게 매각함으로써 외상수출로 인한 대금회수 불안 및 결제기간 동안의 환율변동위험을 제거하면서도 대금회수 전에 수출대금을 자금화할 수 있다는 장점이 있다. 물론 팩토링을 이용할 때도 비용이 수반되므로, 팩토링비용과 환율변동에 따른 예상환차손익 등을 비교해 팩토링 이용 여부를 결정하게 된다.

환율변동보험은 결제기간이 대체로 1년 이상의 중·장기 수출입과 관련해 초래되는 환율변동에 의한 환차손을 보상하기 위한 보험제도이다. 일반적으로 결제기간 1년 미만의 단기 수출입거래에 수반된 환위험은 선물환거래를 이용해 쉽게 헤징할 수 있으나 중·장기 수출거래에서는 환율예측의 불확실성이 증대됨으로써 단기선물환거래의 이용이 어렵게 된다. 이러한 문제점을 해결하기 위해, 1970년대 초 국제통화제도가 변동환율제도로 이행된 이후 독일, 프랑스, 벨기에, 스페인 등에서 결제기간이 1년 이상인 중·장기 수출의 환위험을 헤징하기 위한 수단으로 환율변동보험이 이용되어 왔다. 일본의 경우에는 1974년부터 이 제도를 도입했는데 보험대상 수출품, 연지급 수출기간, 그리고 대상통화를 한정해 운용하고 있다.

앞에서 설명한 환차손준비금이 환차손이 발생할 것을 우려해 이익잉여금으로 준비금을 설정한 기업 내부적인 대비책인 반면, 환율변동보험은 보험료를 부담하다가 일정 수준 이상의 환차손이 발생한 경우 이를 보전하기 위해 보험료를 청구하는 기업 외부적인 대비책이라고 할 수 있다.

4. 경제적 노출의 관리

경제적 노출은 환율변동이 판매량, 판매가격, 원자재가격, 자금조달 및 운용 등 기업의 전반적인 경제활동에 영향을 미침에 따라 발생하게 된다. 따라서 거래노출과 환산노출은 재무적인 기법을 동원해 전략적인 관리가 가능했던 반면, 경제적 환노출 관리를 위해서는 보다 장기적인 관점에서 구조적인 대응전략을 세워야만 할 것이다. 즉, 경제적 노출 관리는 기업의 장기전략과 함께 영업전략 및 재무전략 등이 효과적으로 연계되어야만 한다.

경제적 노출 관리전략도 위험에 대한 태도에 따라 적극적 전략과 소극적 전략으로 그 특성을 구분할 수 있다. 적극적 전략을 취하는 경우 환율변화를 보다 능동적으로 이용하기 위해 선택적인 전략이 이루어지기 때문에 관리기법이 다양한 형태로 나타날 수 있다. 반면 소극적 전략을 취하는 경우 기본적인 관리방법은 다변화(diversification)라는 형태로 나타나는 것이 일반적이다.

4.1 기업의 장기전략

환율변동은 기업의 모든 활동에 영향을 미칠 뿐만 아니라 향후 국제시장에서의 경쟁력에 결정적인 영향을 미친다. 따라서 기업의 새로운 전략적 투자 등 기업의 장기전략의 기본 방향을 설정하는 데 반드시 고려해야 하는 요소가 되고 있다.

새로운 산업으로의 진출, 기존 산업에서의 퇴출 등 기본적인 기업전략 차원에서 경제적 노출방안을 고려하기 위해서는 환율변동과 경쟁력 간의 관계에 대한 다음과 같은 특성을 염두에 두어야 한다. 첫째, 동일한 환율변화에 대해서도 기업들 간의 경쟁포지션과 경쟁기업들의 전략에 따라 경제적 노출이 다르게 나타날 수 있다. 경쟁기업들 간에는 노동과 원자재를 조달하는 시장, 기술과 경영의 수준, 생산입지의 선정, 판매시장 등이 서로 다르기 때문에 동일한 환율변화에 대해서도 어떤 기업은 유리하게 느끼는 반면 다른 기업은 불리하게 느낄 수도 있다. 따라서 특정 원자재 공급시장 혹은 특정 판매시장만을 고려해 경제적 노출을 파악할 수는 없고 경쟁환경의 분석이 중요하다. 이런 점에서 볼 때 개별 기업의 경제적 노출에 대한 관리는 기업의 경쟁포

경제적 노출 관리체계 그림 15-6

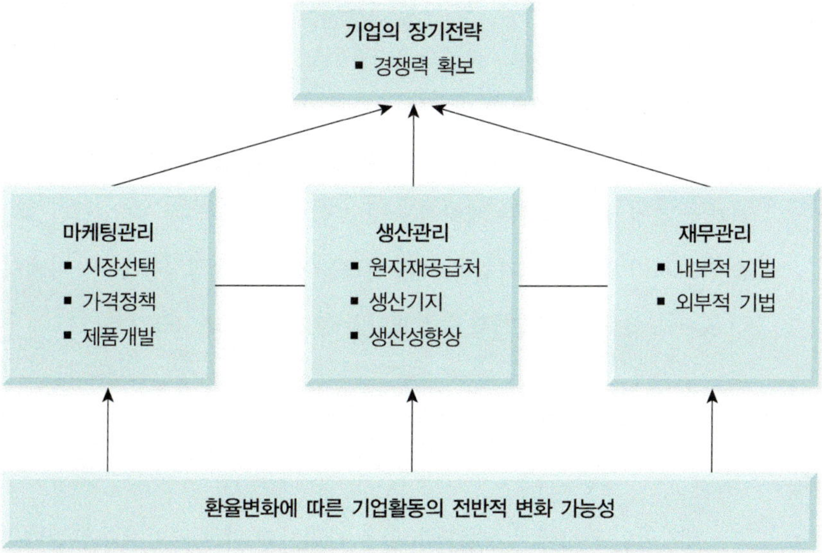

지션과 경쟁기업들의 전략변화에 따라 수시로 달라지게 된다.

둘째, 동일한 산업에 속한 기업들이 모두 동일한 환위험 관리전략을 취하는 것은 아니라는 점이다. 위에서 설명한 것처럼 동일한 산업 내에서도 각 기업이 당면하고 있는 경쟁환경이 서로 다르고 기업들의 철학도 다를 수 있기 때문이다. 그러나 비록 각 기업에 적합한 환위험 관리전략이 차이가 날 수 있을지라도, 환위험 관리의 효율성 정도가 장기적인 경쟁력에 중요한 영향을 미친다는 점을 고려해, 각 기업은 경쟁기업들의 헤징전략을 관심있게 지켜보고 그보다 뛰어난 헤징전략을 마련할 수 있도록 해야 할 것이다.

셋째, 국제경쟁시장에서 최우량의 상품을 통해 산업을 선도하고 있는 세계적인 기업은 경제적 노출이 가장 작아진다. 이는 크게 두 가지 이유 때문이다. 하나는 독점적인 기술력을 바탕으로 한 상품은 상대적으로 가격탄력성이 작기 때문에 환율변화를 가격에 반영시켜 현금흐름 유입에 큰 변화가 발생하지 않도록 할 수 있다는 것이다. 이에 반해 기술력보다 가격경쟁을 하는 경우에는 시장에서의 가격탄력성이 크기 때문에 가격조정을 할 수 있는 여지가 거의 없다. 따라서 환율이 변하는 경우 기업들은 커다란 경제적 환노출에 직면하게 된다. 또 다른 이유는 세계적인 기업의 경우 영업활동 및 자본조달의 기반이 전 세계에 걸쳐 있기 때문에 그만큼 위험이 잘 분산되어 있고 또한 위험을 관리하기 위해 선택할 수 있는 대안이 다양하고 신축적으로 된다는 것이다. 이러한 사실은 기업의 장기전략 관점에서 경제적 노출을 관리하고자 하는 경우 가격경쟁력보다는 세계시장을 선도할 수 있는 제품개발로 기술경쟁력을 확보하는 것이 더욱 효과적이라는 것을 의미한다.

이처럼 기업의 장기전략은 환율변화추세에 의해 상당한 영향을 받고 있지만 단기적으로 조정될 수 없다는 제약성을 갖고 있다. 따라서 중·장기적인 관점에서 경쟁력을 확보하기 위해서는 기업의 기본 전략을 전반적인 경영활동, 즉 마케팅관리, 생산관리 및 재무관리 등과 연계해 추진해야만 한다([그림 15-6]).

4.2 마케팅관리전략

장기적인 관점에서 경제적 노출을 관리하기 위한 영업전략은 판매와 관련된 마케팅관리전략과 생산과 관련된 생산관리전략으로 나누어 살펴볼 수 있다. 그중 마케팅관리전략으로는 시장선택, 가격정책, 제품개발 등이 있다.

◉ 시장선택

시장선택(market selection)이란 환율변화와 관련해 판매시장을 어디로 할 것인가를 선택하는 것이다. 적극적인 전략에서 보면 환율변화로 인해 기업경쟁력이 강화될 수 있는 지역에 마케팅활동을 집중시켜 시장점유율을 높일 수 있도록 하는 것이다. 예를 들어 미국 달러화가 강세로 되면 미국 기업들이 자국 내 시장 및 해외시장에서 외국 기업에 비해 경쟁력이 약화될 것이므로, 미국 기업들과 경쟁하는 외국 기업들은 달러화 강세를 적극적인 마케팅전략을 통해 판매를 확대할 수 있는 기회로 삼을 것이다.

이와 관련해 고려해야 할 것은 개별 국가 내에서의 시장분할(market segmentation)전략이다. 예를 들어 소품종 대량생산의 경우에는 상대적으로 가격변화에 민감하지만, 다품종 소량생산의 경우에는 상대적으로 가격에 덜 민감하게 반응한다. 따라서 자국통화가 장기적으로 강세가 될 것으로 예상되면 여유 있는 계층을 대상으로 한 차별화된 상품을 개발하는 것이 필요할 것이다. 반면 자국통화가 약세 추이를 유지할 것이라고 예상되면 가격경쟁력을 십분 이용할 수 있는 대량생산품을 판매하기 위한 마케팅활동을 강화시키는 것이 유리할 것이다.

한편 소극적인 전략에서는 특정 시장에 대한 지나친 의존도를 줄이고 판매시장을 다변화시키는 전략을 취하게 된다. 이를 통해 환율변동에 따라 일부 시장에서 입게 되는 손실을 다른 시장에서 발생하는 이익으로 상쇄시킴으로써 미래 현금흐름의 변동성을 안정화시킬 수 있다. 즉, 판매시장의 다변화는 경제적 노출을 중화(neutralization)시키게 된다.

◉ 가격정책

경제적 노출을 관리하기 위한 가격정책과 관련해 기업들이 고려해야 할 사항은 가격정책의 주안점을 시장점유율과 이익 중 어디에 둘 것인가 하는 점이다.

환율이 변하게 되면 국제시장에서 각국 기업의 가격경쟁력이 영향을 받게 된다. 예를 들어 우리나라 원화가 달러화에 대해 강세를 나타내 환율이 $1=1,000원에서 $1 = 900원으로 하락했다고 하자. 환율이 상승하기 전에는 원가 100만원인 국내수출품의 달러화표시가격이 $1,000(원가기준)였었는데, 환율이 하락한 이후에는 약 $1,111(=100만/900)가 됨으로써 미국 및 기타 해외시장에서 가격상승압력으로 작용하게 된다. 이와 같은 상황에서 기업은 가격상승압력을 그대로 해외시장가격에 반영할 것인지, 아니면 가격을 인상하지 않고 이익의 감소를 감내할 것인지를 결정해야 한다. 만일 기업이 단위수출의 이익성 제고에 주안점을 둔다면 환율변화를 최대한 가격에 반영시키려 할 것이지만, 시장점유율에 주안점을 둔다면 가급적 가격을 변화시키지 않고 이윤폭을 조정하려 할 것이다.

환율변화가 가격에 반영되는 정도를 환율의 가격전가(pass-through)라고 하는데, 이는 기업의 주안점, 상품의 가격탄력성, 소비자의 기호, 규모의 경제 등에 의해 영향을 받는다. 일반적으로 수출시장에서 수요의 가격탄력성이 크고 경쟁이 치열한 경우에는 조그마한 가격상승에도 판매가 급감할 수 있으므로 가격을 변화시키는 대신 이윤마진 조정을 통해 환율변화의 영향을 흡수하려 할 것이다. 또한 규모의 경제가 크고 이윤마진이 컸던 기업들은 이윤마진이 다소 감소하더라도 시장점유율을 유지하는 것이 바람직하므로 환율변화를 가격상승으로 전가시키려 하지 않을 것이다.

Box 15-1 환율변화의 가격전가 효과

환율의 가격전가(pass-through)란 환율변화로 인해 수입재의 국내통화표시가격(혹은 수출재의 경우 외국통화표시가격)이 변화하는 정도를 말한다. 예를 들어 환율전가율이 1이라면, 외국가격(P^*)이 고정되어 있는 경우 수입재의 국내가격은 환율과 외국가격의 곱한 형태, 즉 SP^*로 나타난다.

그러나 실제적으로 환율전가율이 1보다 작은 경우가 많다. 환율이 바뀔 때마다 이를 반영해 국내가격을 바꾸는 경우 시장점유율이 급변할 수 있는데, 시장점유율이 일단 감소되면 다시 회복하기가 상당히 어렵다. 따라서 기업들은 변화가 심한 환율 움직임에 따라 가격을 변화시키기보다 이윤폭을 조정해 시장점유율을 가급적 안정적으로 유지하려고 한다. 특히 시장에서 경쟁관계가 치열할수록 기업들은 더욱더 시장점유율을 유지하기 의해 환율변화가 가격에 전가되는 정도를 작게 만들고자 할 것이다. [그림 15-7]은 달러가치의 변화가 미국 수입재 가격에 미치는 영향을 보여주고 있는데, 국제경제가 통합되면서 경쟁이 치열해짐에 따라 모든 산업분야에서 환율전가의 크기가 감소하고 있다. 따라서 환율과 경상수지 간의 관계도 점점 더 미약해지고 있다.

그림 15-7 환율전가의 크기

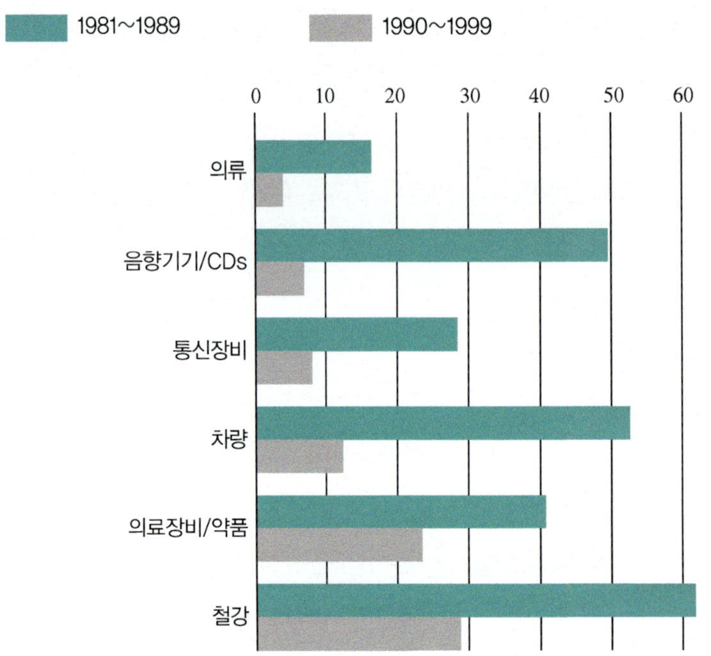

주 : 달러가치의 변화가 미국 수입재가격에 전가되는 정도(%).
자료 : *Economist*, 2003년 12월 4일.

◉ 제품개발

환율의 급격한 변화는 기업들의 제품개발계획이나 판매촉진전략 등에 변화를 가져오는 계기가 되기도 한다. 일반적으로 환율변화가 심한 시기에 기업들은 단기적으로 새로운 제품의 개발에 소극적인 입장을 취하게 되는데, 이는 신제품의 생산 및 판매에 수반되는 위험이 상대적으로 크기 때문이다. 그러나 장기적인 측면에서는 환율변화에 의한 이익감소를 극복하기 위해 부가가치가 보다 높은 고급제품으로 전환하거나 가격변화에 민감하지 않은 차별화된 제품 및 판매전략을 개발해야 할 것이다.

4.3 생산관리전략

생산관리 측면에서 경제적 노출에 대처하는 적극적인 방법으로 원자재 공급처 이전, 생산기지 이전, 생산성 향상 등을 들 수 있으며, 소극적인 전략으로는 원자재 공급처 및 생산기지의 다변화 전략을 들 수 있다. 여기서는 적극적인 전략을 중심으로 설명하고자 한다.

◉ 원자재 공급처 이전

환율이 변화하게 되면 제품의 판매가격뿐만 아니라 부품과 원자재의 가격도 변화해 기업의 경쟁력이 영향을 받게 된다. 환율변화의 충격에 대해 상대적으로 단기적인 관점에서 탄력적으로 이용할 수 있는 방법은 원자재 공급처를 변경하는 것이다. 즉, 환율변화로 인해 부품 및 원자재의 상대가격이 변화할 때 비용이 저렴해지는 지역으로 공급처를 전환하는 것이다. 예를 들어 국내통화가치가 강세로 되면 국내에서 부품 및 원자재를 조달하는 것보다 해외에서 조달하는 것이 유리할 것이고, 외국통화들 간의 환율이 변화하면 지금까지의 조달원이던 지역보다 약세통화지역에서 조달하는 것이 비용을 절감할 수 있을 것이다.

◉ 생산기지 이전

만일 환율변화가 일시적인 것이 아니고 구조적인 경우에는 보다 장기적인 관점에서 생산관리전략을 마련해야 한다. 이와 관련해 가장 많이 사용되는 전략은 해외직접투자를 통해 생산기지를 해외로 분산시키거나 장기적으로 통화가치가 약세인 지역으로 생산기지를 이동하는 것이다. 생산기지의 이전은 두 가지 측면에서 환위험을 관리할 수 있다. 하나는 부품 및 원자재 생산기지를 약세통화지역으로 옮겨 조달받게 되면 전체 비용에서 약세통화의 비중이 높아짐에 따라 결과적으로 현금유출이 작아져 순현금유입을 증대시키게 된다.

또 다른 측면은, 수출상품의 생산기지를 현지화하는 경우 비용구조와 수익구조를 동일한 통화로 구성함으로써 환율변화의 영향을 상쇄시킬 수 있을 것이다. 물론 수출상품의 생산기지 이전과 관련해, 비용이 보다 저렴한 제3국에서 생산해 수출시장에 우회적으로 접근할 수도 있을 것이다. 이러한 경우 현금흐름의 매칭효과는 사라지지만, 비용절감을 통한 순현금유입의 증대 가능성은 여전히 제고시킬 수 있을 것이다.

이미 세계 각처에 광범위한 생산시설을 가지고 있는 다국적기업의 경우에는 새로운 생산기지로 이전하는 것이 아니라 각국에 위치한 생산시설의 생산 비중을 조절하는 전략을 탄력적으로 사용할 수 있다. 예를 들어 한국과 미국에 생산시설을 가지고 있는 기업의 경우, 원화가치가 커지면 미국에서의 생산 비중을 늘리고 원화가치가 작아지면 한국에서의 생산 비중을 늘리는 식으로 보다 유리해진 지역에서의 생산을 증가시키는 전략을 사용할 수 있다.

그러나 이와 같은 해외생산기지의 운용에 있어서는 현지 경제여건의 불리한 변동으로 인해 생산비용절감 효과가 사라질 수도 있다는 점을 고려해야 한다. 일반적으로 약세통화국에서는 상대적으로 높은 인플레이션이 진행되는 경우가 많은데, 이에 따라 현지에서의 생산비용이 현지통화가치 하락보다 더 빨리 상승하는 경우에는 오히려 생산여건이 불리해질 수도 있다. 또한 현지통화의 지나친 평가절하로 인해 해외 자회사의 수익이 모회사의 입장에서 봤을 때(자국통화로 표시했을 때) 오히려 감소하게 될 수도 있다.

◉ 생산성 향상

앞에서 제시한 생산기지 이전 전략은 기업의 부담과 위험이 크고 일단 이전하면 철수가 쉽지 않은 만큼, 생산기지의 입지적 우위가 얼마나 오래 유지될 수 있는가를 신중히 검토한 후 결정되어야 한다. 환율이 장기적인 추세를 갖는다고 하더라도 일정 기간 후에는 장기적인 추세가 전환되는 경우가 자주 있으므로, 입지적 우위의 지속성이라는 측면에서 볼 때 환율변동만을 고려해 생산기지를 이전시킨다는 것은 오히려 기업에게 더 큰 위험을 초래할 수 있다. 더구나 지속적으로 통화가치가 하락하는 지역은 대체적으로 생산성이 낮은 지역인 경우가 많은데, 환율변화의 이점만을 노리고 약세통화국에 직접투자했을 때 생산성이 하락하게 되면 기업의 경쟁력은 더욱 악화될 수도 있다.

따라서 장기적인 관점에서 가장 바람직한 대처방안은 기업의 경쟁력을 환율변화에 따른 가격경쟁력 변화에 무관하도록 만드는 것이다. 즉, 원자재 공급처 변경, 생산기지 이전 등과 같이 가격경쟁에 대처하는 방안보다는, 경영혁신, 기술혁신 등을 통해 생산성을 향상시키고 새로운 제품개발을 통해 수요를 창출함으로써 기업의 경쟁력을 확보하는 것이 더 바람직하다.

4.4 재무관리전략

재무적인 측면에서 경제적 노출을 방지하기 위해 제3절에서 설명한 다양한 내부적 기법 및 외부적 기법을 원용할 수 있을 것이다. 즉, 경제적 노출을 예측하고 그에 준해 최선의 헤징전략들을 마련할 수 있을 것이다. 그러나 경제적 노출은 아직까지 기업의 영업활동이 이루어지지 않은 상태에서 예측해야 하므로, 이미 거래가 끝난 환산노출 및 거래노출보다 훨씬 예측하기가 어렵다.

따라서 보다 장기적인 관점에서 경제적 노출을 감소시키기 위해 많이 이용되는 소극적인 재무관리전략은 자본조달 및 자본운용을 다변화시키는 것이다. 예를 들어 자본조달을 분산시키면 차입통화의 구성과 영업활동으로 유입되는 통화의 구성을 매칭시킴으로써 통화불일치에 따른 채무불이행위험(default risk)을 방지할 수 있을 것이다. 또한 국내 경제상황과 해외 경제상황이 동일하게 움직이지 않는다면, 다양한 지역의 다양한 위험이 서로 상쇄됨으로써 국내 경제상황 변화에 따른 불확실성을 상당히 완화할 수도 있다. 즉, 개별 국가의 입장에서 볼 때는 정치적 위험에 따른 특정 시장의 부침이 기업의 현금흐름에 큰 영향을 미치는데, 다변화를 통해 포트폴리오 분산효과를 유도해 냄으로써 이러한 위험을 어느 정도 중화시킬 수 있을 것이다.

그러나 이러한 다변화 전략은 이득을 취할 수 있는 기회를 포기해 버릴 뿐만 아니라 규모의 경제로부터 발생하는 이득을 감소시킨다는 결점이 있다. 따라서 적극적인 전략에서는 환율변화와 같은 미래의 불확실성을 차익거래 및 투기거래 등을 통해 이득을 획득할 수 있는 기회로 이용할 수 있다. 간단한 예로, 장래에 환율이 상당히 변화할 것으로 예상하는 경우 이자율평가가 성립하지 않는다고 판단될 수도 있으므로, 기업들은 투자대상을 변화시킴으로써 이윤을 증가시키거나 자본비용을 감소시킬 수 있을 것이다.

요약

1. 환위험 관리는 다양한 종류의 환위험을 방지하기 위한 방안들을 말한다. 기업차원에서는 환위험의 두 가지 구성요인 중 환노출만을 통제할 수 있으므로 환위험 관리는 기본적으로 환노출 관리를 의미한다.

2. 환산노출을 관리하는 방법은 첫째, 다국적기업 내 자산·부채 조정, 둘째, 각 회사 내 대차대조표 헤징, 셋째, 파생금융상품을 이용한 헤징 등이 있다. 이 중 처음 두 가지 방법은 기업 내에서 사용할 수 있는 내부적 기법이고 세 번째는 금융시장에서의 다양한 상품을 이용하는 외부적 기법이다.

3. 대부분의 환위험 관리방법은 거래노출에 대한 관리 방법이다. 내부적 기법으로는 리딩과 래깅, 네팅, 매칭, 자산·부채 관리, 가격조정, 결제통화 선택, 포트폴리오 다양화, 환차손적립제도 등이 있다. 외부적 기법으로는 선물환시장 헤징, 단기금융시장 헤징, 옵션시장 헤징, 할인, 팩토링, 환율변동보험 등이 있다.

4. 경제적 노출은 환율변동이 기업의 전반적 경제활동에 영향을 미쳐 발생하기 때문에, 경제적 노출관리는 기업의 장기전략과 함께 영업전략 및 재무전략 등이 효과적으로 연계되어야 한다. 환위험 관리와 관련해 기업의 장기전략은 환율변동이 향후 국제시장에서의 경쟁력에 결정적인 영향을 미친다는 전제하에 설정되어야 한다. 경제적 노출을 관리하기 위한 영업전략은 시장선택, 가격정책, 제품개발 등과 관련된 마케팅관리전략과 원자재공급처 선택, 생산기지 선택, 생산성 향상 등과 관련된 생산관리전략으로 나눌 수 있다. 재무적인 측면에서 경제적 노출을 관리하기 위한 방법은 거래노출관리의 다양한 내부적 기법과 외부적 기법을 원용할 수 있을 것이다.

연습문제

01. 제3절에서 설명한 선물환시장 헤징과 단기금융시장 헤징의 예에서 선물환율 및 미국의 이자율이 본문의 예와 같이 주어져 있다면 국내이자율은 얼마가 될 것인가?

02. 제3절에서 설명한 옵션시장 헤징을 이용하는 경우 수출업자가 취득하게 되는 원화의 금액을 그림으로 나타내 보아라.

03. 제14장의 연습문제 2.에서 환위험을 방지하기 위해 대차대조표 헤징방법을 이용하고자 한다면 어떻게 해야 하는지 예를 각각 보여주어라.

04. 제14장의 연습문제 5.에서 선물환시장 헤징을 하는 경우 헤징한 자산의 달러가격의 분산은 얼마가 되는가?

05. 변동금리채의 장기차입조건이 LIBOR + 100bp라고 하자. 이 채권에 장기투자하려는 거래자가 금리하락 위험에 대한 노출을 없애기 위해 금리플로어 계약을 매입하고 수수료를 0.7% 지불하는 경우 실제적으로 취득하는 수익률은 어떻게 나타나는지 그림으로 보여라.

06. 대한주식회사가 일본 사쿠라금융으로부터 1억 엔을 1년 만기로 차입했다. 현재 환율은 100엔 = 1,000원이지만 1년 동안 상당히 변할 것으로 기대되는데, 일본의 이자율은 연 1%이고 우리나라의 이자율은 연 6%이다. 통화옵션의 행사가격이 100엔 = 1,050원이고 수수료가 100엔당 10원이라면, 선물환시장 헤징과 옵션시장 헤징 중 어느 방법이 유리한가?

07. 일본 사무라이항공은 새로운 비행기를 구입하기 위하여 미국 양키은행으로부터 1억 달러를 1년 만기로 차입했다. 현재환율은 $1 = 100엔이고, 미국의 이자율은 연 5%, 일본의 이자율은 연 1%이다. 미래환율의 불확실성 때문에 헤징을 하려고 하는데, 선물환시장에서 1년 만기 선물환율이 얼마이면 일본 사무라이항공은 선물환시장 헤징보다 화폐시장 헤징을 선택하겠는가? (범위를 표시해 줄 것)

08. 6개월 후 차입대금 1억 달러를 지불하기로 되어 있는 우리나라 기업이 미국 은행과 다음과 같은 계약을 했다고 하자. 현재환율이 $1 = 1,000원인데 5% 이내의 환율변동에 대해서는 환율을 그대로 적용하고 5%를 넘어서는 환율변동에 대해서는 이탈분에 따른 환위험을 2 : 1(채무자 2 : 채권자 1)로 분담하기로 했다. 6개월 후에 환율이 $1 = 1,100원이 되었다면 이자를 무시하는 경우 우리나라 기업이 지불하는 대금은 얼마인가?

09. 우리나라 기업은 매월 중국에 수출을 하고 있으며 그 대금은 중국 위안화로 표시된다. 그런데 수출품을 만들기 위한 부품들은 일본 혹은 중국에서 수입될 수도 있고, 아니면 국내에서 조달될 수도 있다. 수입품에 대해서는 해당 국가의 통화로 가

격이 표시된다고 할 때, 환위험을 최소화하기 위해서는 어떤 선택이 바람직한가?

개방거시경제

IV

International **Finance**
part four

개방경제이론

International **Finance**
ch. sixteen

16

앞에서 우리는 국제금융거래, 환위험 관리 등을 이해하기 위해서는 국제금융시장뿐만 아니라 전반적인 경제의 흐름을 파악하는 것이 필수적이라고 배웠다. 오늘날과 같이 국내경제가 해외경제와 불가분의 관계를 가지고 있는 상황에서 경제흐름을 파악하기 위해서는 개방경제적인 시각으로 접근할 필요가 있다. 특히 최근 들어 급속히 증대되고 있는 국제자본이동은 국내경제문제와 해외경제문제에 대한 구분을 사실상 무의미하게 만들고 있다. 이와 같은 현실을 반영하기 위해 이 장에서는 지금까지의 논의를 바탕으로 개방경제의 운영원리를 설명하고 정책효과를 논의하고자 한다.

제1절에서는 개방경제이론의 가장 대표적인 먼델-플레밍 모형을 소개한다. 제2절에서는 변동환율제도 하에서 재정 · 금융정책의 효과를 살펴보고, 제3절에서는 고정환율제도 하에서 재정 · 금융정책의 효과를 살펴본다.

1. 개방경제의 기본 모형 : 먼델–플레밍 모형

International Finance, ch. sixteen

자본이동을 고려한 가장 대표적인 개방경제이론은 케인즈의 *IS–LM* 모형을 개방경제로 확장한 먼델–플레밍(Mundell–Fleming) 모형이다.[1]

1.1 재화부문의 균형 : *IS*곡선의 유도

한 경제에서 재화에 대한 총수요는 경제를 구성하는 각 경제주체들이 지출하고자 하는 수요의 합으로 나타난다. 경제주체들의 수요는 크게 소비자들의 소비, 기업들의 투자, 정부의 정부지출, 그리고 해외부문의 순수출(수출 – 수입)로 구분할 수 있다. 소비(C)와 수입(IM)이 소득(Y)의 함수이며 투자(I)는 이자율(r)과 역의 관계에 있고, 수출(X)과 수입이 실질환율(SP^*/P)의 함수이며 정부지출(G)은 외생적으로 주어졌다고 가정하면 재화부문의 균형식은 아래와 같다.[2]

$$Y = C(Y) + I(r) + \overline{G} + X\left(\frac{SP^*}{P}\right) - IM\left(\frac{SP^*}{P}, Y\right) \qquad (16-1)$$

$$\text{단, } I_r\left(\equiv \frac{dI}{dr}\right) < 0,\ 0 < C_Y\left(\equiv \frac{dC}{dY}\right) < 1,\ IM_Y\left(\equiv \frac{dIM}{dY}\right) > 0$$

*IS*곡선은 재화시장을 균형되게 만드는 이자율과 소득의 조합으로 식 (16–1)이

---

1. *IS–LM* 모형에 대한 자세한 소개는 거시경제론 교과서를 참조할 것. 본래의 먼델–플레밍 모형은 완전한 자본이동의 경우를 상정하고 있으나 이 장에서는 이를 보다 일반적인 경우에까지 확장해 설명하고자 한다. 일부 문헌에서는 먼델–플레밍 모형 대신에 *AA–DD* 모형을 이용해 개방경제이론을 설명하기도 하는데, 이에 대한 자세한 설명은 제17장에서 다룬다.
2. 아래의 설명에서 $\frac{dF}{dx}$는 F라는 변수를 x에 대해 미분한 것으로 x가 변할 때 F가 변화하는 정도를 나타내 준다.

개방거시경제에서의 *IS*곡선의 도출 그림 16-1

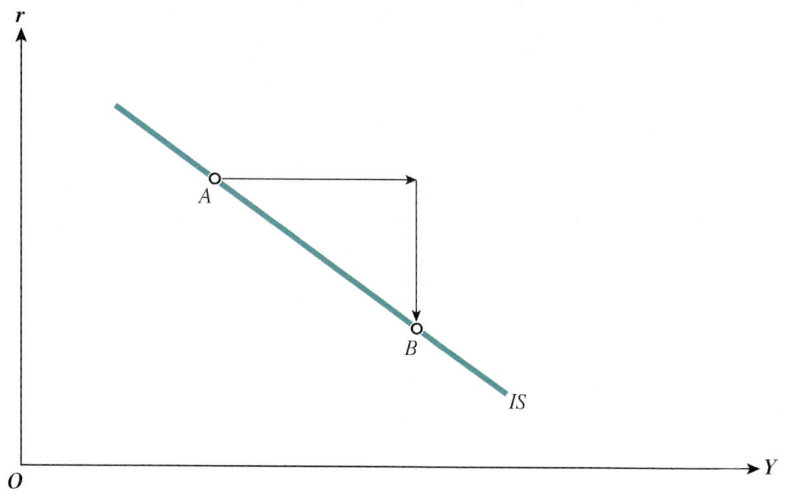

바로 개방경제 하에서의 *IS*곡선의 방정식이다. 이제 가로축에 소득을, 세로축에 이자율을 놓은 (Y, r) 평면상에 *IS*곡선을 그려보자.

먼저 [그림 16-1]에서와 같이 최초에 *A*점에서 재화부문이 균형을 이루었다고 가정하자. 그런데 또 다른 균형점 하나를 찾아내면 *IS*곡선을 그을 수 있으므로 소득이 증가할 경우 이자율이 어떻게 변해야 할지를 살펴보자.

소득의 증가는 식 (16-1) 등호의 우변과 좌변을 모두 증가시킬 것이다. 그러나 한계소비성향(C_Y)은 1보다 작고 더구나 소득증가에 따라 수입도 증가하므로 등호 우변의 증가폭은 좌변의 증가폭보다 상대적으로 작을 것이다.

따라서 소득의 증가 후에 식 (16-1)의 양변이 균형을 유지하기 위해서는 정부지출과 수출의 변화가 없는 상태에서 투자가 증가해야 할 것이다. 그런데 투자의 증가는 이자율이 하락해야 가능하므로 결국 소득이 증가한 상태에서 식 (16-1)을 만족시키기 위해서는 이자율이 하락해야 할 것이다. 소득이 증가할 때 재화부문이 균형을 이루는 또 하나의 점은 이자율이 하락한 *B*점이 될 것이다. 우리는 *A*점과 *B*점을 연결함으로써 우하향하는 *IS*곡선을 (Y, r) 평면상에 그릴 수 있다.[3]

---

3. 이제 *IS*곡선의 기울기를 알아보기 위해 식 (16-1)을 전미분해 보면,

$$dY = C_Y\, dY + I_r\, dr + d\overline{G} + d\overline{X} - IM_Y\, dY$$

*IS*곡선의 이동은 정부의 재정정책 등에 의해 나타날 수 있다. 예를 들어 정부가 재정지출을 늘리면 식 (16-1)의 우변에서 $\overline{G}$가 증가해 초과수요가 발생하므로 *IS*곡선이 오른쪽으로 이동한다. *IS-LM* 모형을 개방경제로 확장하는 경우 환율의 변화로 인해 *IS*곡선이 이동할 수도 있다. 만일 환율이 상승해 경상수지가 개선되면 식 (16-1)의 우변에서 $X-IM$이 증가하므로 *IS*곡선이 오른쪽으로 이동하게 된다.

1.2 통화부문의 균형 : *LM*곡선의 유도

통화부문의 균형은 통화에 대한 수요와 공급이 일치하는 수준에서 이루어진다. 이를 식으로 나타내 보면 다음과 같다.

$$\frac{M^S}{P} = \frac{M^D}{P} \tag{16-2}$$

여기서 M^S, M^D, 그리고 P는 각각 통화공급량, 통화수요량, 그리고 물가수준을 의미한다.

그런데 케인즈(J.M. Keynes)에 의하면 통화수요의 동기는 크게 '거래적 동기'(transaction motive), '예비적 동기'(precautionary motive), 그리고 '투기적 동기'(speculative motive)로 나눠어진다. 여기서 거래적 동기와 예비적 동기에 의한 통화수요는 소득의 증가함수이고, 투기적 동기에 의한 통화수요는 이자율의 감소함수이다. 통화에 대한 수요가 소득의 증가함수인 것은 소득이 증가할수록 더 많은 거래의 편의와 예기치 못한 지출을 대비하기 위해 보다 많은 통화가 필요하기 때문이다. 반면에 이자율의 감소함수인 것은 이자율이 낮으면 금융자산을 통화형태로 보유하는 데 있어서의 기회비용이 유가증권형태로 보유할 때의 그것보다 낮기 때문이다. 즉, 이자율이 낮을 때 유가증권의 형태로 보유한다면 이자율의 상승에 따라 증권가격이 떨어지면서 '자본손실'(capital loss)을 볼 가능성이 크므로, 이자율이 낮을수록 통화의 형태로 금융자산을 보유하려는 경향이 늘어날 것이다. 이러한 통화수요함수는 개방경제의 경우라고 해서 달라질 이유가 없다.

와 같이 된다. 정부지출과 수출에는 변화가 없으므로 $d\overline{G} = d\overline{X} = 0$이라 놓고 $\frac{dr}{dY}$를 구하면

$$\left.\frac{dr}{dY}\right|_{IS} = \frac{1 - C_Y + IM_Y}{I_r} < 0$$

이 된다. 즉, 개방경제 하에서의 *IS*곡선은 폐쇄경제 하에서와 마찬가지로 우하향하게 된다.

개방경제에서의 *LM*곡선의 도출 그림 16-2

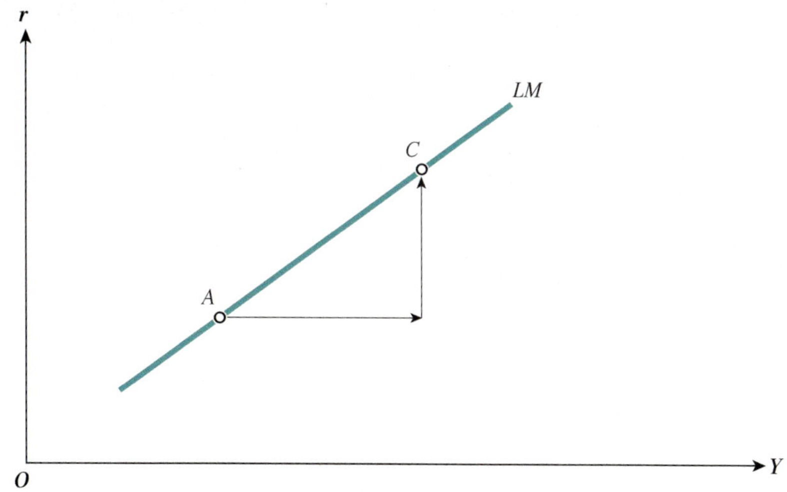

한편, 통화공급은 정부의 정책변수로서 외생적으로 주어진다. 그렇지만 국제수지 불균형은 중앙은행이 불태화정책을 쓰지 않는 한 통화공급에 영향을 준다. 제2장에서 언급한 것과 같이 국제수지가 균형을 이루면 통화공급에는 변화가 없으나 국제수지 흑자는 통화공급을 늘리고 반대로 적자는 통화공급을 줄인다.

앞의 내용을 포함한 통화부문의 균형식은 다음과 같이 된다.

$$\frac{\overline{M}}{P} = L(Y, r), \quad \text{단}, L_Y > 0, L_r < 0 \qquad (16-3)$$

여기서 $L(Y, r)$은 실질통화수요함수인데, 거래적 동기와 예비적 동기로 인해 소득(Y)의 영향을 받고 투기적 동기로 인해 이자율(r)의 영향을 받는다.

*LM*곡선은 통화부문을 균형되게 만드는 소득과 이자율의 조합으로 식 (16-3)을 (Y, r) 평면상에 그린 곡선이다. 이제 *LM*곡선을 [그림 16-2]에 그려보자.

먼저 [그림 16-2]의 *A*점에서 통화부문이 균형을 이루었다고 가정하자. *LM*곡선을 그리기 위해서 소득이 증가할 때 통화부문이 다시 균형을 이루기 위한 이자율의 변화를 살펴보자.

소득의 증가는 거래적 · 예비적 동기에 의한 통화수요를 늘릴 것이며, 통화공급에 변화가 없는 한 이는 투기적 동기에 의한 통화수요의 감소로 상쇄되어야 균형을 이룰 것이다. 그런데 이자율이 상승하면 통화에 대한 투기적 수요가 감소하므로 소득이 증가할 때 이자율이 적정하게 상승하면 식 (16-3)은 다시 균형을 이루게 될 것이다. 따라서 이러한 조건을 만족시키는 *C*점은 통화부문의 균형을 보장하는 점이 되며, *A*점과 *C*점을 연결함으로써 *LM*곡선을 그릴 수 있다. [그림 16-2]에서와 같이 *LM*곡선은 우상향하게 된다.[4]

마찬가지로 *LM*곡선의 이동은 통화금융정책 등이 변할 때 나타날 수 있다. 예를 들어 중앙은행이 통화량을 늘리면 식 (16-3)의 좌변이 커지므로 통화공급이 수요에 비해 커지게 된다. 이때 균형을 회복하기 위해서는 통화수요가 증대해야 하는데, 이를 위해서는 소득이 더 커지거나 아니면 이자율이 낮아져야 하므로 *LM*곡선이 우측으로 이동하게 된다.

1.3 국제수지부문의 균형 : *BP*곡선의 유도

다음으로 국제 간 자본이동이 있을 경우, 국제수지의 균형에 대해서 살펴보자. 재화부문과 통화부문의 균형이 이루어졌다 해서 국제수지 균형이 달성되는 것은 아니다. 이러한 국제수지 불균형은 조만간 재화부문과 통화부문의 교란요인으로 작용해 기존의 균형을 잠정적인 것으로 만들 것이다. 따라서 국제수지가 균형되지 않고서는 장기적인 거시경제균형이 달성되었다고 말하기 힘들다.

국제 간 자본이동이 존재할 경우 국제수지 균형은 경상거래뿐만 아니라 자본거래를 포함한 종합수지 균형의 입장에서 살펴보아야 한다. 국제 간 자본이동이 자유로울 경우 자본수지는 양국 간의 이자율의 함수라고 할 수 있다. 물론 국제적으로 투자를 할 경우 위험에 대한 고려 등 이자율 이외의 여러 가지 요인들을 복합적으로 고려해야 하겠지만 여기서는 이런 조건들이 같다고 보고 자본이동이 이자율의 영향을 받는다고 가정한다.[5]

---

4. *LM*곡선의 기울기를 알아보기 위해 식 (16-3)의 양변을 전미분하면,

$$d\left(\frac{\overline{M}}{P}\right) = L_Y dY + L_r dr$$

를 얻는다. *LM*곡선상에서는 실질통화공급량에 변화가 없어 $d\left(\frac{\overline{M}}{P}\right) = 0$이므로

$$\left.\frac{dr}{dY}\right|_{LM} = -\frac{L_Y}{L_r} > 0$$

의 결과를 얻게 된다. 즉, *LM*곡선은 (Y, r) 평면에서 우상향하게 된다.

5. 이자율평가 관계에 따르면, 자본이동은 국가 간 이자율 차이 및 예상환율변화에 영향을 받는데, 먼델-플

국내이자율이 해외이자율보다 높다면, 외국투자자들은 국내의 금융자산을 보유하려고 할 것이고 국내투자자들도 낮은 이자율로 외국의 자본을 빌려 쓰려고 할 것이다. 이 경우 자본의 국내유입이 일어나게 되고 자본수지는 흑자가 된다. 반면에 국내이자율이 외국이자율보다 낮다면, 국내의 거주자들은 외국자산을 구입하려 할 것이고 외국투자자들은 이자율이 낮은 국내에서 자금을 차용하려 할 것이다. 그 결과 자본의 해외유출이 발생하고 자본수지는 적자가 된다.

경상수지 *CA*와 자본수지 *KA*의 합인 종합수지 *BP*를 식으로 표시하면 다음과 같다.

$$BP = CA + KA = CA\left(\frac{SP^*}{P}, Y\right) + K(r - r^*) \qquad (16-4)$$

단, $CA_Y < 0$, $CA_S > 0$, $K_r > 0$, $K_{r^*} < 0$

식 (16-4)에서 경상수지는 실질환율과 소득의 함수이며, 자본수지는 국내와 해외이자율의 차$(r - r^*)$에 의해 결정된다. 만약 해외이자율 r^*가 일정 수준에서 외생적으로 주어져 있다고 가정하면 종합수지 균형을 나타내는 *BP*곡선의 식은 다음과 같게 된다.

$$BP = CA + KA = CA\left(\frac{SP^*}{P}, Y\right) + K(r) = 0 \qquad (16-5)$$

이제 종합수지가 균형을 이루는 소득과 이자율의 조합인 *BP*곡선을 (Y, r) 평면상에 도출해 보자.

*BP*곡선을 그리기 위해, 최초에 [그림 16-3]의 임의의 *A*점에서 종합수지가 균형을 이루고 있었는데 소득이 증가하면 식 (16-5)를 만족시키는 이자율이 어떻게 변해야 하는지를 생각해 보자.

식 (16-5)에서 소득증가는 수입을 증가시켜 경상수지의 적자를 가져온다. 수출에 변화가 없는 한 경상수지 적자는 자본유입을 통한 자본수지 흑자로 상쇄되어야 국제수지 균형이 회복될 수 있을 것이다. 그런데 자본유입이 증가하기 위해서는 국내이자율 r이 상승해야 한다. 따라서 국제수지 균형을 이루기 위해서는 소득이 증가할 때 이자율이 상승해야 하므로 *BP*곡선은 우상향함을 알 수 있다. 이때 *BP*곡선의 기울기

레밍 모형에서는 그중 이자율 차이만을 고려하고 있다. 이 장에서는 설명의 편의를 위해 먼델-플레밍 모형의 가정을 따르고 있지만, 일반적인 경우를 고려해도 기본적인 설명에는 큰 차이가 없다.

그림 16-3 개방경제에서의 *BP*곡선의 도출

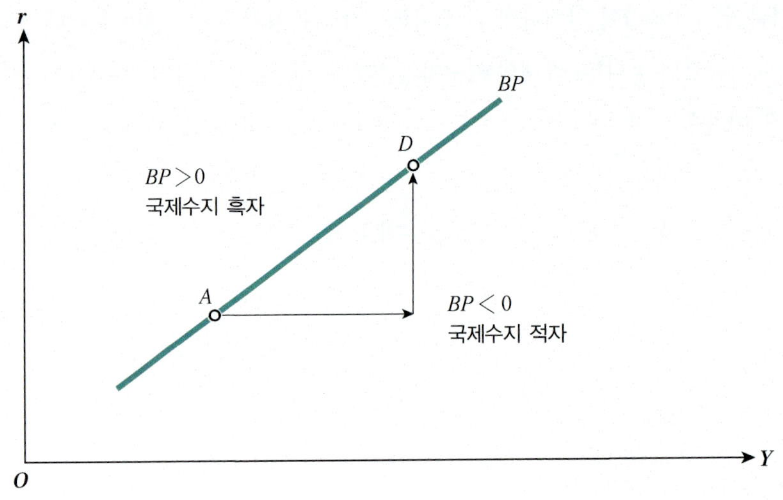

는 자본이동이 얼마만큼 이자율의 변화에 민감하게 작용하는가에 달려 있다. 만약에 금융자산이 완전대체적이고 국제 간 자본이동이 완전할 경우 *BP*곡선은 가로축에 평행할 것이며, 반면에 자본이동이 완전히 제약되어 이자율 변화에 반응하지 못할 경우 *BP*곡선은 수직선이 될 것이다.

*BP*곡선의 우측에서는 국제수지가 균형을 이루는 (Y, r)의 조합보다 소득수준이 높거나 이자율이 낮아서 국제수지는 적자를 기록하며, 반면에 좌측에서는 국제수지 흑자를 기록한다. 한편 환율의 변화나 본국 및 해외 가격의 변화 등 외생적 요인들의 변화는 *BP*곡선을 이동시킨다. 예를 들어 식 (16-5)에서 환율이 상승하거나 해외가격이 상승하게 되면 경상수지가 개선되어 국제수지가 흑자로 된다. 이때 국제수지가 균형을 회복하기 위해서는 소득이 상승해 경상수지 흑자가 조정되거나 이자율이 하락해 금융계정에서 적자가 발생해야 하므로 *BP*곡선은 우측으로 이동하게 된다.

1.4 국제수지 균형과 균형소득 결정

개방경제로 확장한 *IS*-*LM* 모형에서 거시경제균형은 재화부문, 통화부문, 그리고 국제수지부문이 균형을 이루는 점, 즉 *IS*, *LM*, *BP*곡선이 일치하는 점에서 달성된

국제수지 균형과 국민소득의 결정 그림 16-4

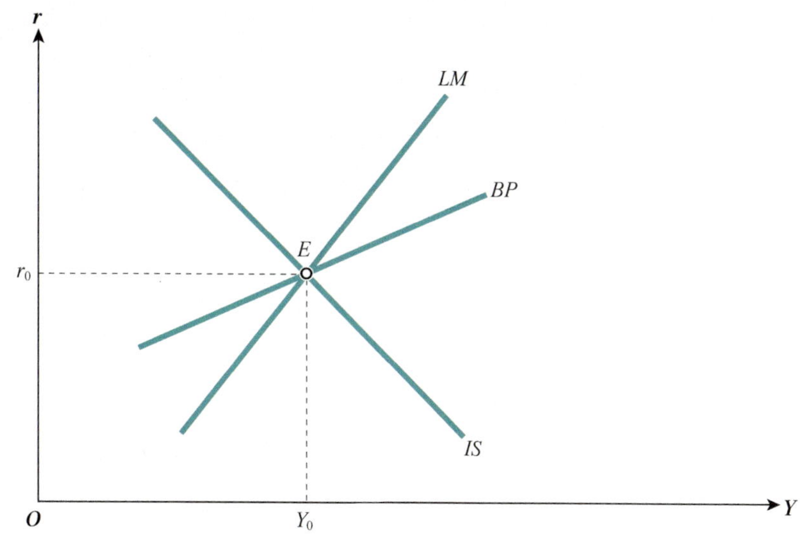

다. [그림 16-4]의 경우 E점에서 거시경제균형이 달성됨을 알 수 있다. 물론 재화부문과 통화부문이 균형을 이룬다고 해서 국제수지부문이 균형을 이룬다는 보장은 없다. 그렇지만 국제수지 불균형에 따른 통화공급의 변화로 장기적으로는 재화부문, 통화부문, 그리고 국제수지부문의 균형이 달성된다.

2. 변동환율제도 하에서 재정·금융정책의 효과

International Finance, ch. sixteen

원래의 먼델-플레밍 모형은 자본이동이 완전히 자유로운 경우를 가정하였다. 이 장에서는 우선 전통적인 먼델-플레밍 모형을 따라, 자본이동이 완전해 BP곡선이 수평인 경우 재정 및 금융정책의 효과를 살펴보고, 다음 장에서 자본이동의 정도를 일반화시키고자 한다.

재정 및 금융정책의 효과는 환율제도에 따라 달라지는데, 이는 대외적인 불균형이 발생할 때 이를 해소하기 위해 조정되는 메커니즘이 다르기 때문이다. 변동환율제도에서는 환율이 국제수지가 균형되도록 내생적으로 결정된다. 따라서 만일 대외불균형이 발생한다면 환율이 자유롭게 조정되어 이를 해소할 것이므로, 국제수지는 언제나 균형상태에 머무르게 되고 국내통화공급에는 아무런 변화가 없게 된다. 따라서 *LM*곡선은 이동이 없으며, 환율변화에 따른 *IS*곡선 및 *BP*곡선의 이동을 고려해 정책의 효과를 판단해야 한다. 반면 고정환율제도에서는 환율이 고정되어 있으므로 국제수지 흑자 또는 적자가 발생할 수 있는데, 이에 따른 환율변화 압력을 중앙은행이 외환시장개입을 통해 해소해야 한다. 이러한 개입은 통화량에 영향을 주게 되므로 통화량 변화에 따른 *LM*곡선의 이동을 고려해 정책의 효과를 판단해야 한다.

2.1 재정정책의 효과

[그림 16-5]에서 *IS*곡선과 *LM*곡선은 재화부문과 통화부문의 균형식을 (Y, r) 평면상에 보여주고, *BP*곡선은 국제수지가 균형을 이루는 소득과 이자율의 조합을 보여준다. *IS*곡선과 *LM*곡선이 만나는 점에서 재화부문과 통화부문의 균형, 즉 대내균형이 이루어진다. 그런데 이 점에서 국제수지가 균형을 달성하리라는 보장은 없다. 즉 *IS*곡선과 *LM*곡선이 만나는 점을 *BP*곡선이 꼭 통과해야 할 이유는 없다. 그렇지만

그림 16-5 변동환율제도 하에서 재정정책의 효과

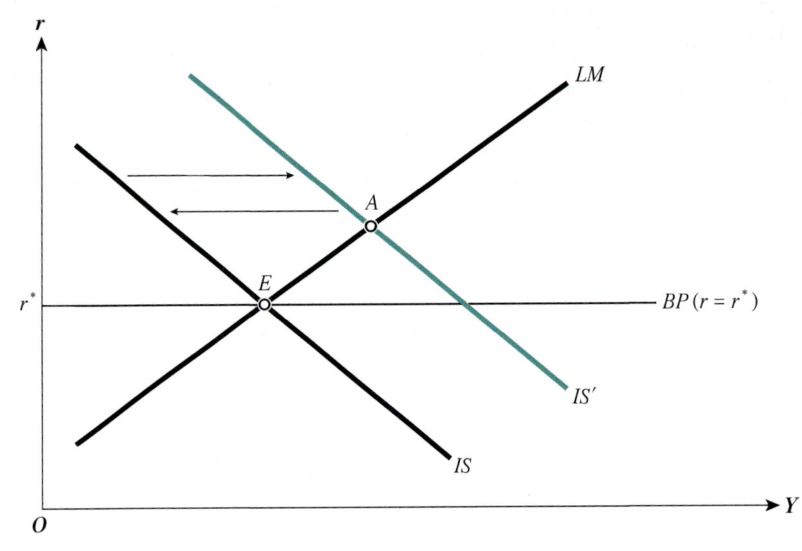

분석의 편의를 위해 재화부문과 통화부문뿐만 아니라 국제수지부문도 균형을 이루는, 다시 말하면 세 곡선이 교차하는 *E*점에서 경제가 출발한다고 가정하고 이때의 재정정책의 효과를 분석하여 보자.

[그림 16-5]는 자본이동이 완전한 경우 변동환율제도에서 재정정책의 효과가 어떻게 나타나는지 보여주고 있다. 자본이동이 완전히 자유롭다고 가정하므로 *BP*곡선은 수평선으로 나타나 있다. 정부의 재정지출 확대는 *IS*곡선을 우측으로 이동시켜 *IS'*곡선과 *LM*곡선이 만나는 *A*점에서 대내균형이 이루어진다. 그러나 *A*점에서의 이자율 수준은 수평한 *BP*곡선으로 나타나는 해외이자율보다 높으므로 자본이 즉각적으로 다량 국내로 유입되며, 그 결과 외환의 초과공급이 생기면서 환율이 하락하게 된다. 환율의 하락은 순수출을 감소시키고 *IS'*곡선을 다시 좌측으로 이동시키게 되므로 최종균형점은 종전의 *E*점으로 되돌아간다.[6] 이처럼 환율하락에 따른 순수출의 감소가 정부지출의 증가를 완전히 상쇄하게 되므로 재정정책의 효과는 없게 된다.

그런데 여기서 한 가지 주의할 점은 정부가 확대 재정정책을 사용한 이후의 경제와 그 이전의 경제가 동일한 상태가 아니라는 것이다. 최종균형점에서 종합수지는 균형을 이루지만 그 구성 면에서는 최초의 균형상태와 차이가 있다. 만일 재정정책 확대 이전 최초의 균형상태에서 경상수지 및 금융수지가 모두 균형을 이루어 종합수지가 균형을 이루었었다면, 재정정책 확대 이후 최종균형점에서는 경상수지가 적자를 기록한 반면 금융수지는 흑자를 기록해 종합수지가 균형을 이루게 된다. 또한 소득에 변화가 없지만 구성상에 변화가 있게 된다. 즉, 순수출이 차지하는 비중이 낮아지며 정부지출이 차지하는 비중이 커지게 된다. 이때 만일 재정팽창이 조세감면의 형태로 이루어졌다면 민간소비의 비중이 증가하게 될 것이다. 한편 투자는 이자율의 변화가 없으므로 이전과 동일할 것이다.

2.2 금융정책의 효과

[그림 16-6]은 자본이동이 완전히 자유로울 때 변동환율제도에서의 금융정책의 효과를 나타내고 있다. 우선 경기부양을 위해 통화량이 확대되면 *LM*곡선이 우측으로 이동해 *A*점에서 대내적인 균형을 이루게 된다. 이 경우 국내이자율 수준이 수평한

6. 환율하락은 *BP*곡선도 우측으로 이동시키지만 *BP*곡선이 수평한 경우 그림에서는 나타나지 않게 됨을 유의하라.

그림 16-6 변동환율제도 하에서 금융정책의 효과

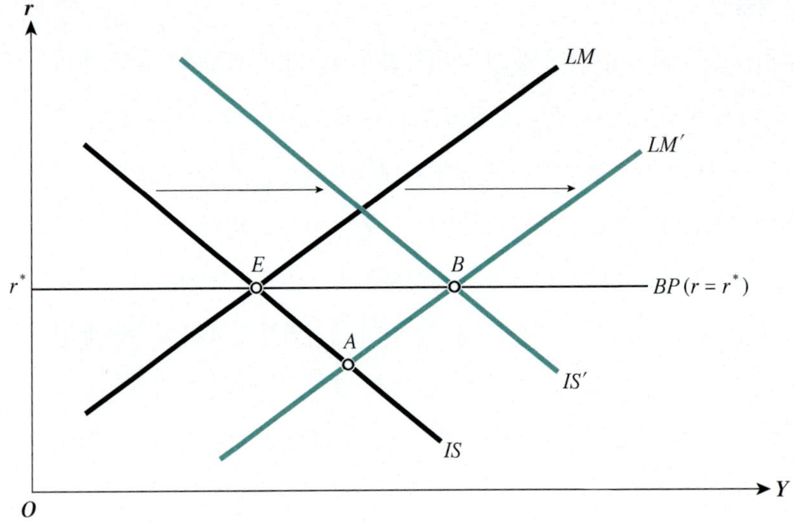

*BP*곡선의 해외이자율 수준보다 낮아지므로 자본은 즉시 해외로 다량 유출된다. 따라서 외환의 초과수요가 발생하게 된다. 변동환율제도 하에서 외환의 초과수요는 환율을 상승시키므로 수출이 증가하게 되어 *IS*곡선이 우측으로 이동하게 된다. 결국 경제는 *IS*′과 *LM*′곡선이 *BP*선상에서 만나는 *B*점에서 최종균형을 달성하게 되고 소득은 증대된다.

여기서도 한 가지 주의할 점은 통화정책 이후의 최종균형점에서 종합수지는 균형을 이루지만 앞서와 마찬가지로 그 구성 면에서는 변화가 있다는 것이다. 소득이 증가하는 과정에서 국내이자율이 해외이자율보다 낮아서 자본이 계속 유출되고, 또한 환율이 상승하면서 순수출은 계속 증가하게 된다. 따라서 새로운 균형점 *B*에서 금융수지는 악화되고 경상수지는 개선되어 종합수지가 균형을 이루게 된다.

3. 고정환율제도 하에서 재정·금융정책의 효과

International Finance, ch. sixteen

앞에서 설명한 것처럼 고정환율제도에서는 국제수지 흑자 또는 적자가 발생할 수 있다. 이로 인해 통화량이 증가 또는 감소하게 되지만 환율은 변하지 않음을 주지하기 바란다.

3.1 재정정책의 효과

[그림 16-7]은 자본이동이 완전히 자유로운 경우 고정환율제도에서 재정정책의 효과가 어떻게 달라지는지 보여주고 있다. 정부의 재정지출 확대는 *IS*곡선을 우측으로 이동시켜 *IS′*곡선과 *LM*곡선이 만나는 *A*점에서 새로운 대내균형이 이루어진다. 그런데 새로운 대내균형점 *A*는 *BP*곡선보다 위에 있으므로 국제수지는 흑자를 이루게 된다.

변동환율제도에서는 국제수지 불균형이 환율변화를 통해 신속히 해결되었다. 그

고정환율제도 하에서 재정정책의 효과 **그림 16-7**

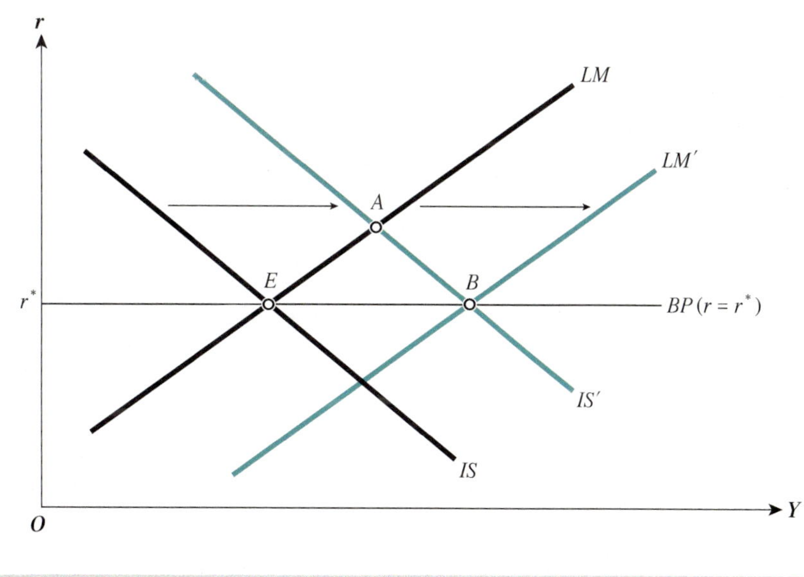

런데 고정환율제도에서는 환율이 고정되어 있으므로 국제수지 불균형에 따른 환율변화 압력을 해소하기 위해 외환시장에 개입해야 한다. 따라서 외환보유액을 변화시켜 통화공급의 변화를 가져오게 되는데, 이와 같은 통화공급의 변화에 따라 경제는 새로운 조정과정을 거치게 된다. 즉, 팽창재정정책의 채택 이후 새로운 균형점 *A*에서는 국제수지가 불균형을 이루므로 다시 조정과정을 거치게 된다.

물론 정부가 불태화정책(sterilization policy)을 채택하면 *A*점에서 당분간 머무를 수 있다. 불태화정책이란 외환보유액의 변화를 국내여신 조정으로 상쇄시켜 통화공급을 일정하게 유지하는 정책이다.[7] 정부가 불태화정책을 사용한다면, 국제수지가 불균형상태에서 재화 · 통화부문의 균형상태를 얼마간 유지할 수 있다. 여기서는 정부가 불태화정책을 채택하지 않는 경우를 가정하고, 이러한 경우에 재화 · 통화부문의 균형뿐만 아니라 국제수지 균형을 이루는 새로운 균형점은 어떻게 결정되는지, 그리고 이때 재정정책의 효과는 어떠한지 살펴보자.

만일 [그림 16-7]에서와 같이 재정정책이 *IS*곡선을 우측으로 이동시켜 *A*점에서 새로운 대내균형이 이루어지면, 국제수지 흑자가 발생하고 통화량이 증가하게 된다. 따라서 *LM*곡선이 오른쪽으로 이동하게 될 것이고, 자본이동이 완전히 자유로운 경우에는 *LM*곡선이 충분히 우측으로 이동해 *IS′*곡선과 *LM′*곡선이 만나는 점, 즉 이자율이 종래의 수준으로 되는 *B*점에서 최종균형을 이루게 된다. 즉, 재정정책의 소득증대 효과는 크게 나타나게 된다.

3.2 금융정책의 효과

[그림 16-8]은 자본이동이 완전히 자유로운 경우 고정환율제도에서 금융정책의 효과를 보여주고 있다. 통화공급이 증가하는 경우 *LM*곡선이 오른쪽으로 이동하게 되므로 새로운 대내균형은 *A*점에서 이루어진다. 그런데 *A*점은 *BP*곡선보다 아래 있으므로 국제수지는 적자를 이루게 된다. 위에서와 마찬가지로 중앙은행이 불태화정책을 쓰지 않는다고 가정하면, 국제수지가 적자를 보이는 경우 통화량이 감소하게 되므로 *LM*곡선이 계속 좌측으로 이동하게 될 것이다. 따라서 *LM*곡선이 최초의 출발점으로 돌아오게 되면 이러한 조정과정은 멈추게 된다. 고정환율제도에서는 팽창금융

7. 이와 관련된 설명은 제18장 제2절을 참조할 것.

고정환율제도 하에서 금융정책의 효과 그림 16-8

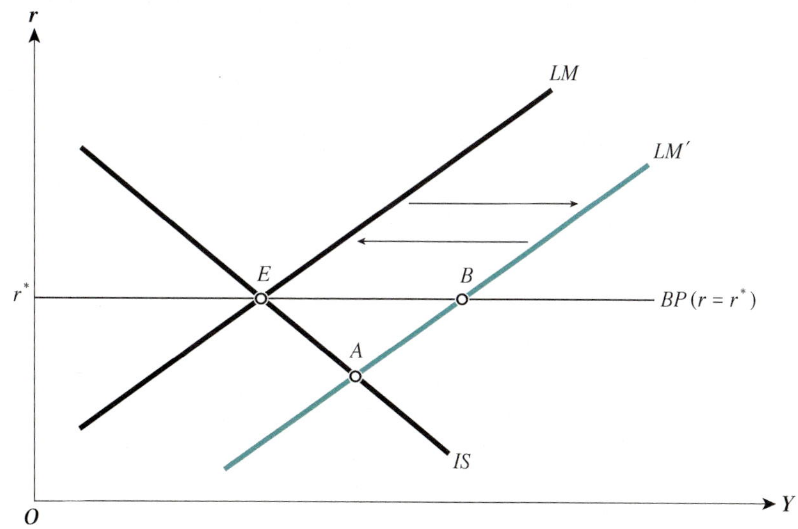

정책의 효과가 국제수지의 조정과정을 통해 상쇄되어 버림으로써 최종적으로 경기를 부양시키는 데 아무런 효과를 갖지 못한다.

Box 16-1 국제 간 자본이동과 저축 및 투자

본문의 설명에 따르면, 자본이동이 완전히 자유로울 경우 국내이지율은 국제이사율과 같아지게 된다. 따라서 투자는 국제이자율 수준에 의해 결정된다. 이로부터 우리는, 한 나라의 저축이 감소하더라도 외국으로부터 자본이 유입될 것이므로, 국내저축의 감소는 투자에 아무런 영향을 주지 않을 것이라고 생각할 수 있다. 그러나 실증분석에 의하면 저축의 감소는 대개 상당 부분 투자의 감소를 초래한다. 그렇다면 이를 어떻게 설명할 수 있을까? 국제 간의 자본이동이 그만큼 자유롭지 못하다는 것을 의미하는가? 그렇다고만 볼 수는 없다.

이를 구체적으로 설명해 보자. 지금까지의 분석에서 우리는 가격이 주어져 있다고 가정해 실질이자율과 명목이자율을 구분하지 않았다. 그러나 인플레이션이 존재할 경우 명목이자율과 실질이자율은 구분된다. 여기서 실질이자율과 명목이자율을 구분하는 이유는 투자를 결정하는 것이 실질이자율이고, 자본이동이 완전히 자유로운 경우에도 양국 간에 실질이자율이 다를 수 있기 때문이다.

자본이동이 자유로울 경우 양국의 투자에 따른 수익률이 같아질 것이므로 무위험이자율평가(covered interest rate parity)가 성립된다. 그러나 이러한 경우에도 실질이자율이 같다는 보장은 없다. 자본이동이 완전히 자유로워도 투자에 따른 위험이 존재하거나 구매력평가가 성립되지 않으면 양국의 실질이자율은 다를 수 있다. 따라서 실질이자율의 차이는 자본이동이 자유로운 것과 병존할 수 있다.

이를 알아보기 위해 식 (4-23)을 이용해 실질이자율의 차이를 분석해 보자.

$$z - z^* = (r - \pi) - (r^* - \pi^*)$$
$$= (r - r^* - fp) + (fp - \pi + \pi^*)$$
$$= (r - r^* - fp) + (fp - \Delta s^e) + (\Delta s^e - \pi + \pi^*)$$

여기서 z와 z^*는 각각 국내 및 해외의 실질이자율, r과 r^*는 국내 및 해외의 명목이자율, fp는 외환에 대한 선물환할증, Δs^e는 예상환율변화율, π, π^*는 본국과 외국의 물가상승률을 나타낸다. 앞의 식은 무위험이자율평가가 성립되어 $r - r^* - fp = 0$을 만족하더라도 위험프리미엄(risk premium)이 존재해서 $fp - \Delta s^e \neq 0$이 되든지, 혹은 상대적 구매력평가가 성립되지 않아서 $\Delta s^e - \pi + \pi^* \neq 0$이면 양국 간의 실질이자율은 일치하지 않음을 보여준다.

따라서 국제적으로 아무리 자본시장이 잘 결합되어 있어도 한 나라의 저축감소에 따라 그 나라의 실질이자율이 외국의 실질이자율 수준보다 높아지면 투자가 감소하게 된다.

요약

1. 국제 간 자본이동이 있는 경우에 국제수지 균형은 경상거래뿐만 아니라 자본거래까지를 포함한 종합수지 균형으로 파악되어야 한다. 자본이동을 고려하더라도 *IS*곡선의 기울기는 (*Y*, *r*) 평면에서 우하향하고, *LM*곡선의 기울기는 우상향하게 나타난다. (*Y*, *r*) 평면에서 국제 간 자본이동이 있는 경우에 국제수지 균형선($BP = CA + KA = 0$)은 자본이동 정도에 따라서 달라지는데, 자본이동이 완전한 경우에는 수평선이 되며 불완전한 경우는 우상향하는 형태를 띤다.

2. 변동환율제도 하에서 국제수지 불균형은 환율의 자유로운 변동에 의해 항상 조정된다. 또한 국제수지 불균형에 따른 국내통화량의 변화가 없게 되므로 통화정책의 독자성이 보장된다. 변동환율제도 하에서의 재정정책의 효과를 살펴보면 팽창재정정책의 결과 이자율이 상승하게 되는데, 이자율 상승은 자본유입에 따른 환율하락을 가져와 순수출을 감소시킨다. 변동환율제도 하에서의 팽창금융정책은 이자율을 하락시키고, 이자율 하락은 환율상승을 가져와 순수출을 증가시키므로 소득이 증가한다.

3. 고정환율제도 하에서 재정정책의 효과를 살펴보면, 자본이동이 자유로운 경우 소득에 미치는 영향력이 커진다. 금융정책은 이와는 달리 소득에 미치는 효과가 없다. 즉, 통화공급의 증가 시 국제수지의 조정과정을 거쳐서 늘어난 통화량이 모두 해외로 유출되어 소득수준에 아무런 영향을 주지 못한다.

연습문제

01. "국내수출품에 대한 외국의 수요가 감소하는 경우 국내소득은 고정환율제도보다 변동환율제도에서 더 큰 영향을 받는다." 이 주장에 대해 어떻게 생각하는가?

02. 가속도원리에 따라 투자가 소득에도 영향을 받는다고 하면 자본이동이 자유로운 개방경제에서 팽창금융정책의 효과는 가속도원리를 고려하지 않은 경우에 비해 어떻게 달라지는지 그림을 이용해 설명하라.

03. 자본이동이 상당히 자유로운 상황에서 변동환율제도를 택하고 있는 경제의 정부가 소득을 증대시키려고 한다. 그런데 이 정부는 환율이 변하는 것을 원하지 않는다고 할 때 어떻게 재정 및 금융정책을 이용해야 하는지 *IS*, *LM*, *BP*를 이용해 설명하라.

04. 고정환율제도 하에서 외국이자율이 상승했다고 하자. 완전자본이동의 경우 이러한 변화가 국내경제에 어떤 영향을 미치는지 먼델–플레밍 모형을 이용해 설명하라.

05. 고정환율제도, 완전자본이동, 그리고 통화정책의 독립성의 세 가지 목표는 동시에 달성될 수 없다는 것을 불가능의 삼각정리(impossible trinity), 불가능성의 정리(impossibility theorem) 또는 부정한 삼각관계(unholy trinity)라고 부른다. 아래의 내용은 모두 불가능성의 정리와 동일한 것임을 설명하라.

a. 자본이동 하에서 통화당국은 금융정책과 환율정책을 분리해 운용할 수 없다.
b. 자본이동 하에서 불태화정책을 동반한 외환시장개입은 아무런 효과가 없다.

06. 고정환율제도에서 국내소비자들이 국내상품으로부터 외국상품으로 수요를 전환하는 경우 대내 및 대외 균형을 위해 재정 및 금융정책이 어떻게 이용되어야 하는지 설명하라.

개방경제이론의 응용

International **Finance**
ch. seventeen

17

앞 장에서 개방경제이론의 기본적인 원리에 대해 설명했다. 이와 같은 개방경제이론은 보다 다양한 형태로 확장되고 응용될 수 있는데, 이 장에서는 그중에서 대표적인 사례를 몇 가지 소개하고자 한다.

제1절에서는 자본이동의 정도에 따라 정책효과가 어떻게 달라지는지 살펴본다. 이어 제2절에서는 앞 장의 논의를 미국, 일본, EU 등과 같은 대규모 경제로 확장시켜 2국 개방경제 모형에서의 재정 · 금융 정책 효과 및 가격변화의 경제적 효과를 설명한다. 마지막으로 제3절에서는 개방경제를 먼델-플레밍 모형과 약간 다른 방식으로 설명한 *AA-DD* 모형을 소개한다.

1. 자본이동의 정도와 정책 효과

International Finance, ch. seventeen

1.1 자본이동의 정도와 *BP*곡선

먼델-플레밍 모형에서 자본이동의 정도는 *BP*곡선의 기울기로 나타낼 수 있다. 일반적으로 *LM*곡선의 기울기와 비교해 자본이동의 정도를 표시하는데, [그림 17-1]은 이를 크게 네 가지로 나누어 보여주고 있다.

우선 *BP*곡선 1(BP_1)은 국제 간 자본이동이 철저하게 통제되어 대내외 이자율 차

그림 17-1 자본이동의 정도와 *BP*곡선의 기울기

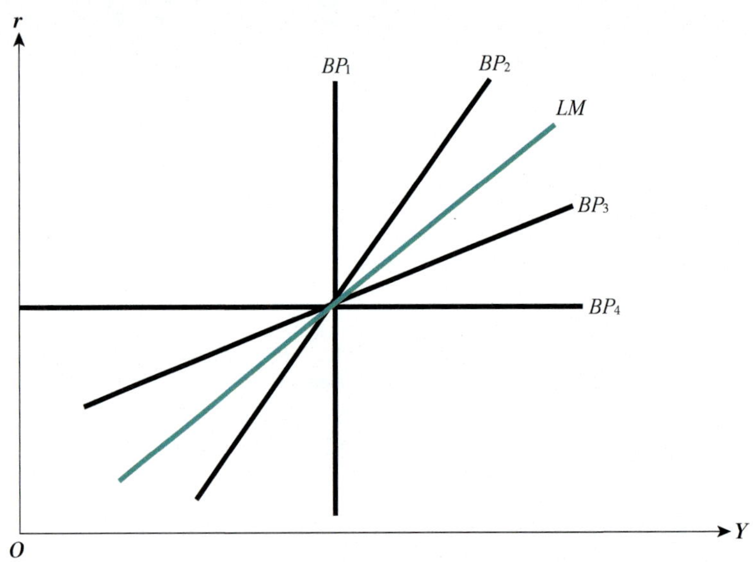

이에 전혀 영향을 받지 않는 경우로 *BP*곡선은 수직으로 나타난다. BP_2는 국제 간 자본이동이 존재하지만 이자율 차이에 상대적으로 둔감한 경우로, *BP*곡선의 기울기는 *LM*곡선의 기울기보다 가파르게 나타나고 자본이동이 낮다(low capital mobility)고 부른다. 반면에 BP_3은 국제 간 자본이동이 국제 간 이자율의 차이에 민감하게 작용하는 경우로, *BP*곡선의 기울기가 *LM*곡선의 기울기보다 더욱 완만하게 나타나고 자본이동이 높다(high capital mobility)고 부른다. 마지막으로 BP_4는 자본이동이 완전히 자유로운 경우로 *BP*곡선이 수평선으로 나타난다.

그렇다면 현실세계에서 각국들은 이상의 자본의 이동 정도에 따른 네 가지 분류 중 어떠한 범주에 속할까? 자본이동에 대한 규제가 거의 없는 선진국들의 경우는 [그림 17-1]에서 BP_3 내지 BP_4에 가깝다고 볼 수 있다. 그러나 아직도 많은 개발도상국들의 경우에는 국제 간 자본이동이 제약을 받을 뿐만 아니라 국내금융시장 또한 제대로 발달되어 있지 않아 국가 간 이자율 차이에 따라 자본이 크게 움직이지 않는다. 따라서 이 경우는 [그림 17-1]에서 BP_2가 타당하다고 할 것이다.

1.2 변동환율제도 하에서 재정 · 금융정책의 효과[1]

변동환율제도에서는 국제수지가 균형되도록 환율이 신속히 조정되기 때문에 국제수지 불균형으로 인한 통화량 변화가 수반되지 않음을 다시 한 번 주지하기 바란다.

◉ 자본이동의 정도와 재정정책의 효과

[그림 17-2]는 변동환율제도 하에서 재정정책의 효과가 자본이동의 정도에 따라 어떻게 달라지는지 보여주고 있다. 우선 [그림 17-2](a)는 자본이동이 완전히 제약된 경우의 재정정책 효과를 보여준다. 최초에 *E*점에서 재화, 통화, 국제수지 부문에서 경제가 균형을 이루고 있다고 가정하자. 정부가 팽창재정정책을 택하면 *IS*곡선은 우측으로 이동하여 *IS′*곡선이 되고, 경제는 *IS′*곡선과 *LM*곡선이 만나는 *A*점에서 새로운 대내균형을 이룰 것이다. 그런데 *A*점에서 소득수준이 최초에 국제수지 균형을 이루는 소득수준보다 크므로 경상수지 적자를 보게 된다. 이와 같은 경상수지 적자는 환

---

1. 자본이동이 완전한 경우는 제16장에서 설명한 내용과 동일하지만 다른 경우와 비교를 편하게 하기 위해 여기에도 포함시켰다.

그림 17-2 변동환율제도 하에서 자본이동의 정도와 재정정책의 효과

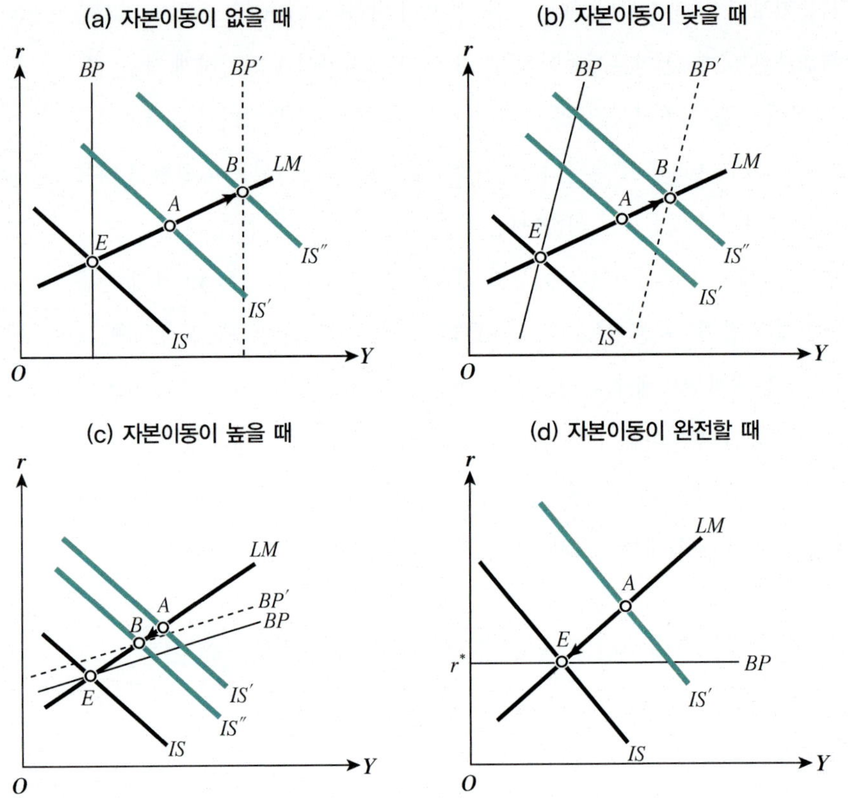

율의 상승(본국통화의 가치하락)을 가져온다. 환율상승은 수출을 증가시키게 되고, 따라서 *IS*′곡선을 더욱더 우측으로 이동시켜 *IS*″곡선이 된다. 또한 수출이 증가해 더 높은 소득수준에서 국제수지 균형을 유지할 수 있게 되므로 *BP*곡선은 우측으로 이동하여 *BP*′곡선이 된다. 따라서 최종균형은 *IS*′, *LM*, *BP*′곡선이 만나는 *B*점에서 이루어진다.

[그림 17-2](b)는 국제 간의 자본이동은 있으나 국제 간 이자율 차이에 그리 민감하게 작용하지 않는 경우를 보여준다. 팽창재정정책의 결과 새로운 대내균형점 *A*에서의 이자율 수준은 최초의 균형점 *E*보다 높다. *A*점은 *BP*곡선의 우측(또는 아래)에 위치하므로 종합수지는 적자를 이루지만, 이자율 수준이 최초의 균형점 *E*보다 높아서 금융수지는 흑자를 보게 되므로 환율의 상승폭이 국제 간 자본이동이 존재하지 않는 경우보다 상대적으로 작게 된다. 따라서 *IS*′곡선 및 *BP*곡선이 우측으로 이동하여 *IS*″

곡선 및 BP'곡선이 되지만 그 이동폭은 [그림 17-2](a)보다 작다. 그리고 새로운 균형점은 BP', IS'', LM곡선이 만나는 B점에서 이루어지고, 이때의 소득증가폭은 [그림 17-2](a)의 경우보다 작다.

[그림 17-2](c)는 자본이동이 국제 간 이자율 차이에 민감한 경우의 재정정책 효과를 보여준다. 팽창재정정책의 결과 새로운 균형점 A는 BP곡선의 좌측에 위치하므로 A점에서 종합수지는 흑자를 보인다. 소득증가에 따른 수입증가로 경상수지는 적자를 보지만 이자율 상승에 따른 금융수지의 흑자폭이 경상수지의 적자폭을 상쇄하고도 남기 때문이다. 종합수지 흑자에 따라 환율이 하락하고 순수출이 줄어든다. 그 결과 IS'곡선과 BP곡선이 모두 좌측으로 이동하게 되므로 새로운 균형점은 IS'', LM, BP'곡선이 만나는 B점에서 이루어진다. 이 경우 소득이 최종적으로 증가하기는 하지만 증가폭이 대내균형점 A보다 줄어들게 된다.

[그림 17-2](d)의 경우는 자본이동이 완전할 때 재정정책의 효과가 어떻게 나타나는지 보여주고 있다. 정부의 재정지출 확대는 IS곡선을 우측으로 이동시켜 IS'곡선과 LM곡선이 만나는 A점에서 대내균형이 이루어진다. 그러나 A점은 BP곡선 위에 있으므로 종합수지가 흑자로 되고 환율이 하락하면서 IS'곡선이 다시 좌측으로 이동하게 되므로 최종균형점은 종전의 E점으로 되돌아간다. 따라서 자본이동이 완전한 경우 재정정책의 효과는 없어지게 된다.

위의 분석을 토대로 살펴보면, 변동환율제도 하에서 재정정책은 국제 간 자본이동이 존재하지 않는 경우에 그 효과가 크다. 자본이동이 이자율에 민감해 크게 나타날수록 그 효과가 줄어들며, 국제 간 자본이동이 완전히 자유롭고 금융자산이 완전대체적일 때는 그 효과가 사라진다.

◉ 자본이동의 정도와 금융정책의 효과

[그림 17-3]은 변동환율제도 하에서 금융정책의 효과가 자본이동의 정도에 따라 어떻게 달라지는지 보여주고 있다. [그림 17-3](a)는 국제 간 자본이동이 존재하지 않는 경우를 나타낸다. 팽창금융정책이 사용됨에 따라 LM곡선은 우측으로 이동하여 LM'곡선이 되고 새로운 대내균형은 A점에서 이루어진다. 그러나 A점에서는 경상수지 적자에 따라 국제수지가 악화되고 그 결과 환율이 상승하게 된다. 환율의 상승은 그만큼 순수출을 증가시켜 IS곡선을 IS'곡선으로 이동시키고, 한편 BP곡선은 BP'곡

그림 17-3 변동환율제도 하에서 자본이동의 정도와 금융정책의 효과

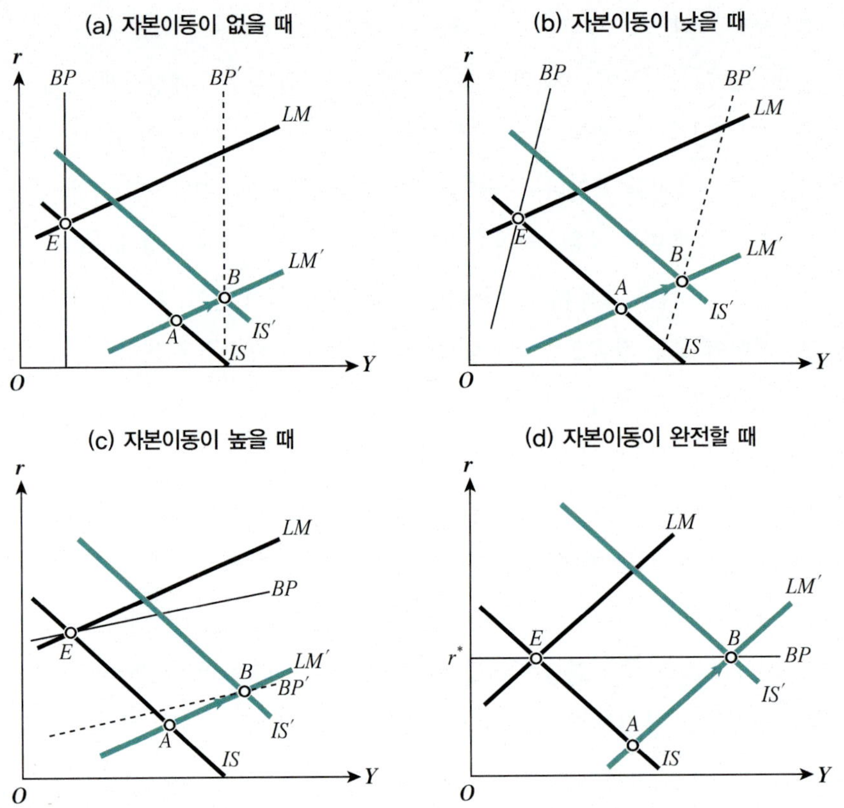

선으로 이동하여 새로운 최종균형은 BP', IS', LM'곡선이 교차하는 B점에서 이루어진다.

한편 [그림 17-3](b)처럼 국제 간의 자본이동이 존재하나 이자율 차이에 크게 민감하지 않은 경우에도 팽창금융정책이 채택되면 새로운 대내균형 A점은 BP곡선보다 우측(또는 아래)에 있게 된다. A점에서의 이자율 수준은 최초의 E점에서의 이자율 수준보다 낮기 때문에 자본이 해외로 유출되며 그 결과 국제수지 적자폭은 더욱 커진다. 그렇다면 이와 같은 큰 폭의 국제수지 적자가 발생하지 않기 위해서는 환율이 그만큼 더 크게 상승해야 한다. 큰 폭의 환율상승(본국의 통화가치 하락)은 순수출을 그만큼 늘리게 되므로 [그림 17-3](a)보다 IS곡선과 BP곡선을 더욱 우측으로 이동시켜 IS'곡선과 BP'곡선이 된다. 새로운 균형은 BP', IS', LM'곡선이 만나는 B점에서 이루어지며, 이 점에서의 소득수준은 [그림 17-3](a)보다 크다.

[그림 17-3](c)는 자본이동이 이자율에 민감하게 작용하여 *BP*곡선의 기울기가 *LM*곡선의 기울기보다 더욱 완만한 경우이다. 이때 이자율 하락에 따른 자본유출의 크기가 더 크므로 환율의 상승폭과 소득의 상승폭이 더 커진다. 따라서 *BP*곡선과 *IS*곡선의 이동폭이 더 크며 최종균형점 *B*에서의 소득수준도 더 높다.

[그림 17-3](d)는 자본이동이 완전할 때 금융정책의 효과를 나타내고 있다. 통화량 증대로 *LM*곡선이 이동해 *A*점에서 대내균형을 이루게 되면 국내이자율 수준이 해외이자율 수준보다 낮아지므로 자본은 즉시 해외로 다량 유출되며, 그 결과 환율이 상승하고 *IS*곡선이 우측으로 이동하게 된다. 결국 경제는 *IS*′, *LM*′, *BP*곡선이 만나는 *B*점에서 최종균형을 달성하게 되고 소득은 더욱 증대된다.

이상의 결과는 변동환율제도 하에서 금융정책은 재정정책과는 달리 자본이 국제간 이자율 차이에 따라 민감하게 움직일수록 그 정책적인 효과가 커진다는 것을 보여준다. 이는 팽창금융정책을 사용하면 이자율이 하락해 자본유출을 가져오는데, 자본이동이 이자율에 민감할수록 자본유출의 폭이 커지고 그 결과 환율상승폭도 커져 순수출을 늘리고 소득을 증가시키기 때문이다.

1.3 고정환율제도 하에서 재정 · 금융정책의 효과

다음으로 고정환율제도 하에서 재정 및 금융정책이 경제에 미치는 효과를 살펴보고자 한다. 고정환율제도에서는 국제수지 흑자 또는 적자가 발생할 수 있으며 이에 따라 통화량이 증가 또는 감소할 수 있음을 주지하기 바란다.

◉ 자본이동의 정도와 재정정책의 효과

[그림 17-4]는 고정환율제도에서 자본이동의 정도가 다를 때의 재정정책 효과를 보여주고 있다. 그림 [17-4](a)는 자본이동이 전혀 없는 경우인데, 정부가 재정지출을 늘리면 통화부문에는 아무런 영향을 끼치지 않고 재화부문의 수요를 증대시킨다. 같은 이자율 수준에서 팽창재정정책은 재화에 대한 수요를 늘려서 소득을 증가시키므로 *IS*곡선은 우측으로 이동하여 *IS*′곡선이 된다. 그 결과 새로운 대내균형점은 *IS*′곡선과 *LM*곡선이 만나는 *A*점에서 이루어진다. *A*점은 *BP*곡선의 우측에 있으므로 국제수지는 적자를 이루게 되는데, 이 경우 국제 간 자본이동은 존재하지 않으므로 국제수

그림 17-4 고정환율제도 하에서 자본이동의 정도와 재정정책의 효과

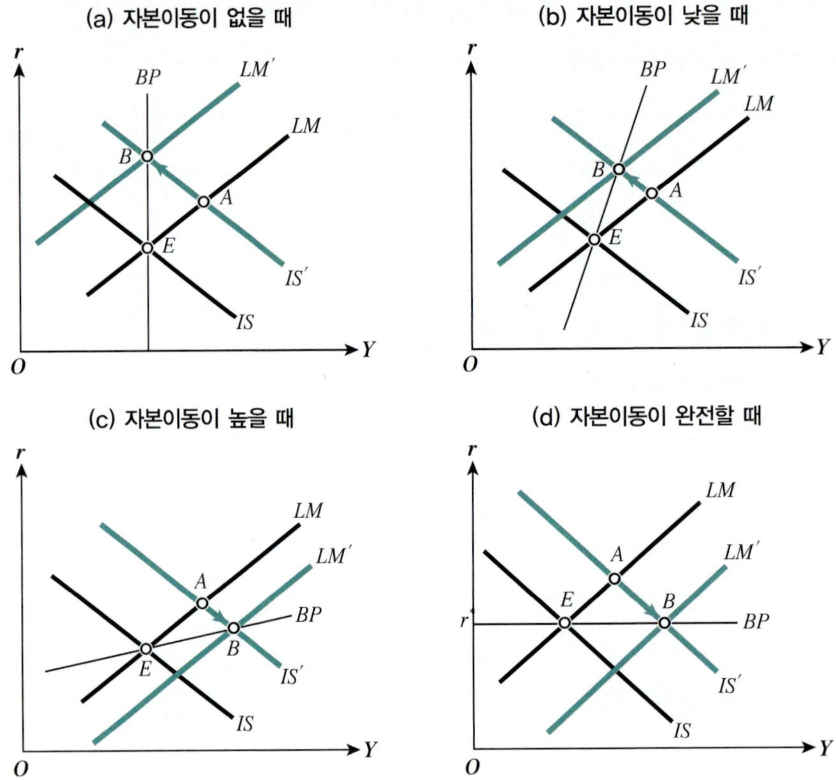

지 적자는 소득증가에 따른 수입증가로 인한 경상수지 적자이다. 앞에서와 마찬가지로 불태화정책을 사용하지 않는다고 가정하면, 이와 같은 국제수지 적자는 외환보유액의 감소를 가져오고 통화공급을 줄일 것이다. 통화공급의 감소는 *LM*곡선을 좌측으로 이동시키면서 결국 *LM′*곡선과 *IS′*곡선이 교차하는 *B*점에서 최종균형을 이루게 될 것이다. 이 경우 정부지출의 증대는 결국 이자율 상승에 따른 민간투자의 감소로 정확히 상쇄되면서 소득수준에는 아무런 영향을 주지 못할 것이다. 이를 구축효과(crowding out effect)라고 부른다.

국제 간 자본이동의 정도가 낮은 [그림 17-4](b)의 경우에도 팽창재정으로 *IS*곡선이 우측으로 이동하면 새로운 대내균형이 *A*점에서 이루어지게 되고, *A*점은 *BP*곡선의 우측에 있으므로 국제수지는 적자가 된다. 비록 *A*점에서의 이자율이 기존의 이자율보다 높아서 국내로 자본이 유입되지만, *A*점에서 소득증대에 따른 경상수지의 적

자규모가 금융수지의 흑자규모보다 크므로 종합수지는 적자를 기록한다. 그렇지만 [그림 17-4](a)의 경우보다 국제수지 적자규모는 작게 나타난다. 국제수지 적자로 인해 통화공급은 감소하고 *LM*곡선은 좌측으로 이동하며, 결국 *LM′*곡선과 *IS′*곡선이 교차하는 *B*점에서 새로운 균형이 이루어지며 소득은 다소 증가하게 된다.

한편 [그림 17-4](c)의 경우는 자본이동의 정도가 클 때 재정정책의 효과를 보여주고 있다. 팽창재정에 따라 *IS*곡선이 우측으로 이동하게 되는데, 앞에서와는 달리 새로운 대내균형점 *A*는 *BP*곡선의 좌측에 위치하므로 종합수지는 흑자를 보게 된다. 팽창재정정책의 결과 소득이 증가하여 경상수지는 적자를 기록하지만 이자율 상승에 따른 자본유입이 경상수지 적자를 상쇄하고도 남기 때문에 국제수지는 흑자를 이루게 된다. 국제수지 흑자에 따라 *LM*곡선이 우측으로 이동하면서 *LM′*곡선과 *IS′*곡선이 교차하는 *B*점에서 새로운 종합균형을 이루게 된다. 자본의 국내유입에 따라 통화량이 증가되면서 이자율이 낮아지므로, 투자증대에 따른 소득증대가 이루어진다.

[그림 17-4](d)의 경우처럼 자본이동이 완전한 경우에도 팽창재정에 따른 새로운 균형점 *A*에서 종합수지는 흑자를 기록하게 된다. 이 경우 [그림 17-4](c)와 동일한 방향으로 효과가 나타나지만 (c)에 비해 자본유입이 더욱 확대되므로 흑자폭이 커지게 된다. 국제수지 흑자는 통화량을 증대시켜 *LM*곡선이 우측으로 이동하게 되므로 *IS′*곡선과 *LM′*곡선이 만나는 점, 즉 이자율이 종래의 수준으로 되는 *B*점에서 최종균형을 이루게 된다. 이때의 소득증가는 다른 어느 경우에 비해서도 크게 나타난다.

이상의 설명에 따르면, 고정환율제도 하에서 재정정책의 효과는 자본이동이 클수록(*BP*곡선의 기울기가 완만할수록) 더욱더 커짐을 알 수 있다. 반면에 자본이동이 제약된 상태에서는 소위 말하는 구축효과에 의해서 그 효과가 전혀 나타나지 않게 된다.

◉ 자본이동의 정도와 금융정책의 효과

여기서는 고정환율제도에서 자본이동의 정도에 따른 금융정책의 효과를 살펴보자. [그림 17-5]는 각기 다른 정도의 자본이동 상황에서 금융정책의 효과가 어떻게 달라지는지 비교하고 있다. 우선 [그림 17-5](a)는 자본이동이 없는 경우를 보여주고 있다. 통화공급이 증가할 경우 *LM*곡선은 우측으로 이동하여 *LM′*곡선이 된다. 통화공급이 증가하면 이자율이 일정한 상태에서 소득이 증가해야 금융부문의 균형이 이루어지므로 *LM*곡선이 우측으로 이동하게 되는 것이다. 새로운 대내균형점 *A*는 *BP*곡

그림 17-5 고정환율제도 하에서 자본이동의 정도와 금융정책의 효과

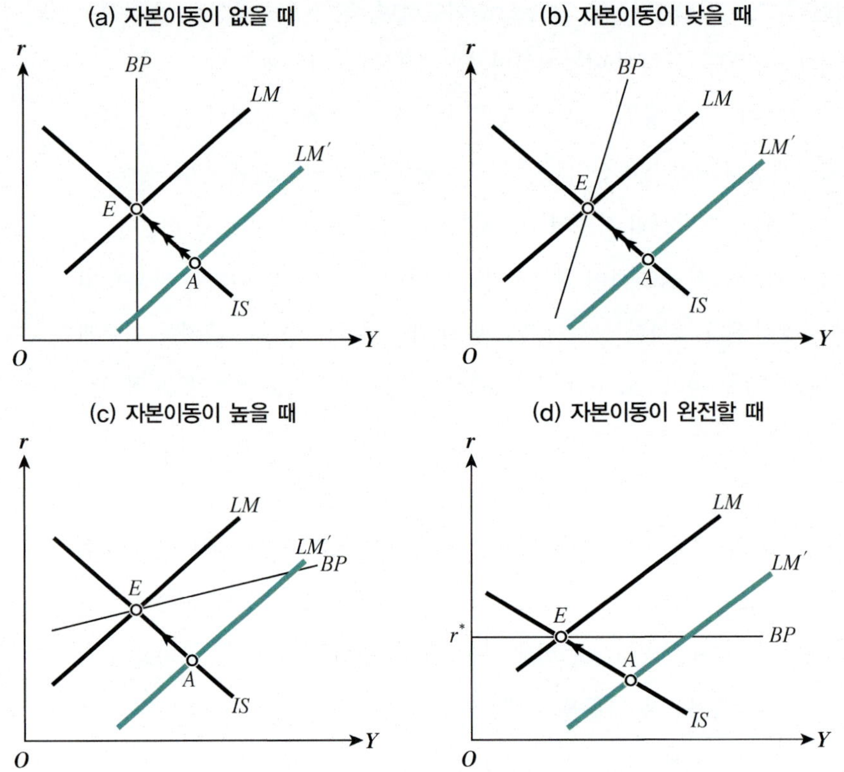

선의 우측에 위치하고 있으므로 국제수지는 적자를 보게 되는데, [그림 17-5](a)와 같이 자본이동이 없을 경우 국제수지 적자규모는 경상수지 적자규모와 일치하게 된다. 팽창금융정책의 결과 소득이 증가하고 수입이 증가하므로 경상수지 적자만큼 종합수지가 적자를 기록하게 된다. 새로운 대내균형점 *A*에서 국제수지는 적자를 기록하므로 경제는 새로운 조정과정을 거친다. 고정환율제도에서 국제수지 적자는 외환의 유출 및 통화공급 감소를 가져오므로 *LM*곡선이 계속 좌측으로 이동하여 최종균형점은 최초의 출발점으로 돌아오게 된다. 따라서 처음의 통화공급 증가는 국제수지의 조정과정을 통해서 모두 해외로 유출되며, 최종적으로 소득수준에는 아무런 영향을 주지 않는다.

[그림 17-5](b)는 자본이 국제 간의 이자율 차이에 따라 움직이지만 이자율 차이는 크지 않은 경우를 보여준다. 팽창금융정책이 채택되면 (a)와 마찬가지로 *LM*곡선

이 우측으로 이동해 이자율이 하락하고 자본이 해외로 유출된다. 그 결과 경상수지뿐만 아니라 금융수지도 적자를 기록하므로 국제수지의 적자규모는 [그림 17-5](a)보다 커진다. 따라서 국제수지 적자에 따른 통화감소폭도 커질 것이므로 *LM*곡선이 좀 더 빠르게 좌측으로 이동해 원래의 출발점에서 다시 최종균형을 이루게 된다.

[그림 17-5](c) 및 (d)의 경우도 마찬가지이다. 팽창금융정책은 이자율을 하락시켜 자본이 해외로 유출되게 된다. 다만 국제 간의 자본이동이 이자율의 차이에 따라 앞의 경우보다 민감하게 반응하므로 금융수지의 적자폭은 더욱 커진다. 결국 국제수지 적자규모는 자본이동이 국제 간의 이자율 차이에 얼마만큼 민감하게 반응하느냐에 달려 있다. 따라서 자본이동 정도가 클수록 국제수지 적자폭이 커지고 통화감소폭도 커지므로 *LM*곡선이 더욱 빠르게 좌측으로 이동하게 될 것이다.

이상을 종합해 보면, 고정환율제도에서 금융정책의 효과는 자본이동의 정도와 상관없이 전혀 나타나지 않는다. 팽창금융정책 직후 일시적으로 경기부양 효과가 나타나지만, 국제수지 적자로 인해 통화량이 감소하면서 초기의 효과가 상쇄된다. 자본이동의 정도는 국제수지 적자폭에 영향을 미치며, 자본이동이 클수록 국제수지 적자폭이 크므로 출발점으로 되돌아가는 속도가 보다 빠르다는 차이가 있을 뿐이다. 따라서 자본이동의 유무에 관계없이 장기적으로 금융정책의 효과는 없으며, 다만 국제수지가 회복되는 속도는 자본이동이 이자율에 얼마만큼 민감하게 반응하느냐에 비례하게 된다.

2. 2국 개방경제 모형에서의 재정·금융정책의 효과

제16장에서는 한 나라의 경제가 소규모 개방경제임을 가정했기 때문에 국제시장의 이자율을 주어진 것으로 받아들였다. 여기서는 한 나라의 경제가 미국, 일본, EU 등과 같이 대규모 경제임을 가정하고, 앞 장에서의 논의를 확장시켜 먼델-플레밍 2국 모형에서 한 나라의 정책변화가 타국에 미치는 효과를 살펴보기로 한다. 논의의 편의상 변동환율제도에서 국제 간 자본의 이동이 완전한 경우만 고려하고 금융자산은 완전대체적이라고 가정한다. 완전대체성을 가정하는 경우 이자차익거래(interest arbitrage)로 인해 균형점에서 양국 간의 이자율 수준이 같아지므로 $r = r^*$가 된다.

그림 17-6 먼델-플레밍 2국 모형에서 팽창재정정책의 효과

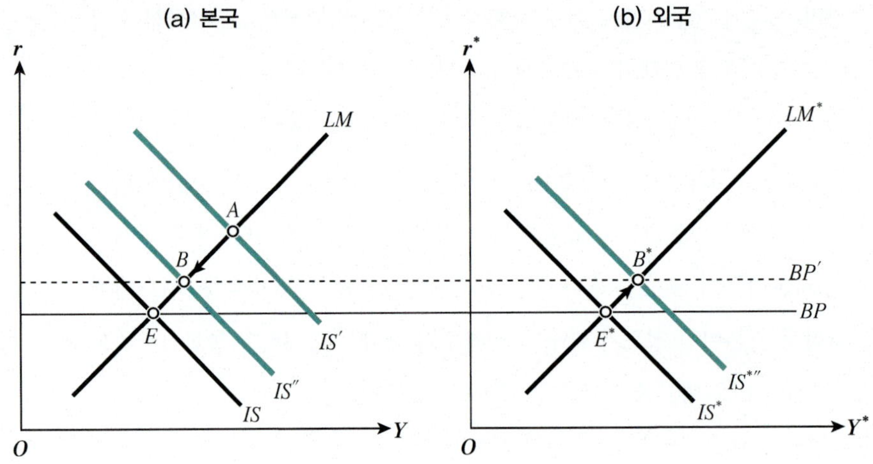

2.1 재정정책의 효과

먼저 본국의 팽창재정정책이 양국에 미치는 효과를 살펴보자. [그림 17-6]에서 보듯이 본국의 팽창재정정책은 재화부문의 수요를 늘리기 때문에 (Y, r) 평면에서 IS곡선을 우측으로 이동시켜 IS'곡선이 되게 한다. 그런데 IS'곡선과 LM곡선이 만나는 A점에서 국내이자율이 해외이자율보다 높게 되고 그 결과 해외자본이 국내로 유입되면서 본국의 통화가치가 상승하고 환율이 하락한다. 이와 같은 환율하락은 순수출을 저하시켜 재화부문의 수요를 줄이므로 IS'곡선은 다시 좌측으로 이동하게 된다. 그렇지만 순수출의 저하는 최초의 팽창재정정책의 효과를 상쇄할 만큼 크지는 않다.

반면에 외국의 경우는 자국의 통화가치가 하락하므로 순수출이 증가하게 되며, 그 결과 IS^*곡선은 우측으로 이동하게 된다. 본국의 통화가치 상승과 외국의 통화가치 하락은 양국의 이자율 수준이 같아질 때까지 계속된다. 그 결과 새로운 균형점에서 양국의 이자율 수준은 같아지며, 본국은 LM곡선과 IS''곡선이 만나는 B점에서 외국은 LM^*곡선과 $IS^{*''}$곡선이 만나는 B^*점에서 균형을 이루게 된다. 결국 일국의 팽창재정정책은 본국뿐만 아니라 외국의 소득을 상승시키며 세계적으로 이자율 수준을 올리게 된다. 반대로 긴축재정정책이 채택되면 양국의 소득수준이 낮아지고 이자율도 떨어지게 된다.

먼델-플레밍 2국 모형에서 팽창금융정책의 효과 그림 17-7

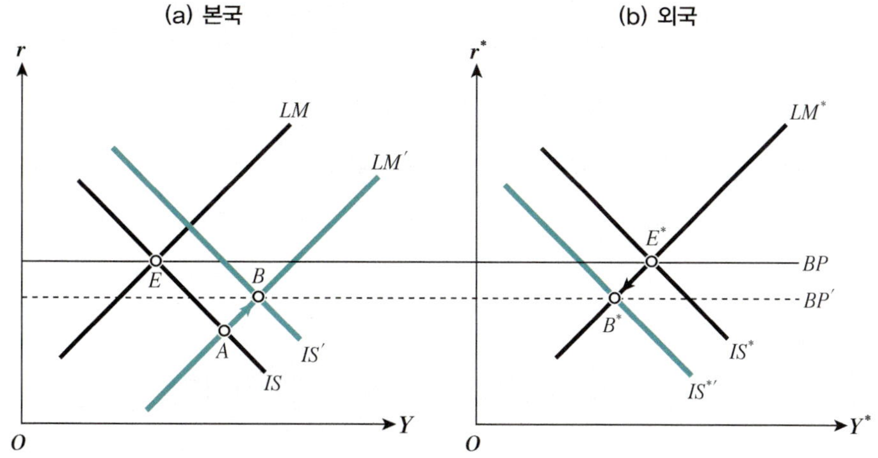

2.2 금융정책의 효과

본국 정부가 팽창금융정책을 택하게 되면 일정한 이자율 수준에서 통화부문의 균형을 유지하기 위해서는 소득이 증가해야 한다. 그 결과 *LM*곡선은 [그림 17-7]에서와 같이 우측으로 이동하게 되어 *LM′*곡선이 된다. 그런데 *IS*곡선과 *LM′*곡선이 만나는 *A*점에서 국내이자율은 해외이자율보다 낮기 때문에 자본이 해외로 유출되면서 본국의 통화가치가 떨어져 환율이 상승한다. 환율상승은 본국의 순수출을 증가시키면서 *IS*곡선을 우측으로 이동시킨다.

한편 외국의 경우는 자본의 유입에 따라 통화가치가 상승하게 되고 환율이 하락한 결과 순수출이 감소하게 된다. 이와 같은 순수출의 감소는 외국의 IS^*곡선을 좌측으로 이동시키게 된다. 본국의 통화가치 하락(환율상승)과 외국의 통화가치 상승(환율하락)은 양국 간 이자율 수준이 같게 될 때까지($r = r^*$) 계속된다. 결국 본국은 *IS′*곡선과 *LM′*곡선이 만나는 *B*점에서, 그리고 외국은 LM^*곡선과 $IS^{*\prime}$곡선이 만나는 B^*점에서 각각 새로운 균형이 이루어진다.

앞의 분석결과 중 재미있는 점은 본국의 팽창금융정책은 본국과 외국의 이자율 수준을 모두 낮추지만 본국의 소득을 증가시키는 반면 외국의 소득은 감소시킨다는 것이다. 그렇다면 재정정책과는 달리 금융정책의 효과가 외국에 대해서는 본국과 반대방향으로 작용함을 알 수 있다. 물론 본국의 소득증가가 외국의 수출을 증가시키기는 하지만, 이 모형에서 최초의 통화가치 상승(환율하락)에 따른 순수출의 하락을 충분히 상쇄시키지는 못한다.

2.3 가격변화의 경제적 효과

지금까지 자본이동에 따른 환율변화가 무역을 통해서 경제에 미치는 효과를 중심으로 살펴보았다. 그런데 이와 같은 환율은 무역을 통해서 뿐만 아니라 이 모형에서는 제대로 다루어지지 않은 가격변화를 통해서도 경제에 영향을 끼치게 된다.

먼저 환율상승은 수입재의 가격을 상승시켜 통화수요에 영향을 준다. 우리는 지금까지 국내물가가 일정하게 고정되어 있다고 가정했다. 그렇지만 국내물가수준을 보다 현실적으로 국내물가와 수입재물가를 반영하는 소비자물가지수로 대체할 경우 환율변화는 수입재가격 변화를 통해서 소비자물가지수에 직접적인 영향을 끼친다.

환율이 상승하면 그만큼 수입재의 국내가격이 올라가게 되어 소비자물가가 상승하게 된다. 그 결과 통화부문에서 실질통화공급을 줄이게 되므로 이자율을 올리고 소득을 감소시킨다. 따라서 환율변화가 무역을 통해 미치는 효과와 통화공급을 통한 효과는 상반된다.

다음으로 환율상승에 따른 소비자물가 상승은 부(富)의 실질가치를 줄이게 된다. 우리는 보통 부가 증가할 때 소비지출을 늘리게 되고 부가 감소할 때 소비지출을 줄인다. 수입재가격 상승에 따른 소비자물가 상승은 그만큼 민간보유 정부증권의 실질가치를 떨어뜨려 부를 감소시키므로 소비지출과 소득이 줄어든다.

지금까지는 환율상승이 가격을 통해 경제에 미치는 효과를 수요 측면을 중심으로 살펴보았다. 그런데 환율상승에 따른 수입재가격 상승은 다른 한편으로 공급 측면에서 그만큼 생산비용을 높인다. 특히 임금이 소비자물가에 연동되어 있는 경우에는 환율상승은 임금상승에 따른 비용상승을 가져와 재화의 공급을 줄이게 된다. 그렇다면 평가절하가 공급 측면을 통해 소득에 미치는 효과는 최초에 환율상승이 순수출을 증가시켜 소득을 높이는 효과를 억제하는 방향으로 작용하게 된다.

3. 개방경제의 균형소득-환율결정 모형

이 절에서는 또 다른 개방경제 모형인 균형소득-환율결정 모형(*AA*-*DD* 모형)을 소개하고자 한다. 이 모형은 제16장의 먼델-플레밍 모형에서 이자율과 소득 대신 환율과 소득을 두 축으로 하여 장·단기 금융 및 재정정책이 소득, 환율, 이자율, 그리고 국제수지에 미치는 효과를 분석하고 있다.

3.1 *AA*곡선 및 *DD*곡선의 유도와 균형환율 및 소득 결정

우리는 통화에 대한 수요가 소득과 이자율의 함수일 때 통화부문의 균형이 다음과 같이 결정됨을 이미 다루었다.

$$\frac{\overline{M}}{P} = L(Y, r) \quad \text{단, } L_Y > 0,\ L_r < 0 \qquad (17-1)$$

국내이자율이 이자율평가식에 따라 결정된다고 할 때 이를 식 (17-1)에 대입하면 통화부문의 균형식은 다음과 같이 쓸 수 있다.

$$\frac{\overline{M}}{P} = L(Y, r^* + \frac{S^e - S}{S}) \quad \text{단, } L_Y > 0,\ L_S > 0 \qquad (17-2)$$

이 경우 해외이자율과 미래환율에 대한 예상(S^e)이 일정하다면 통화에 대한 수요는 소득과 환율에 의해 결정됨을 알 수 있다. 환율이 상승하면 국내이자율을 하락시키는 것과 같은 결과를 가져오므로 통화에 대한 수요는 환율이 상승하면 커짐을 알 수 있다. 다시 말하면, 환율이 상승하면 국내이자율이 떨어지고 그 결과 통화에 대한 수요가 증가한다. 그렇다면 통화량에 변화가 없는 경우 통화부문의 균형을 유지하기 위해서는 소득감소에 따른 통화수요의 감소가 환율상승에 따른 통화수요의 증가로 상쇄되어야 한다. 결국 통화부문의 균형조건을 (Y, S) 평면상에 그리게 되면 [그림 17-8]에서와 같이 우하향하는 *AA*곡선을 얻게 된다.[2]

그림 17-8 환율과 소득 결정

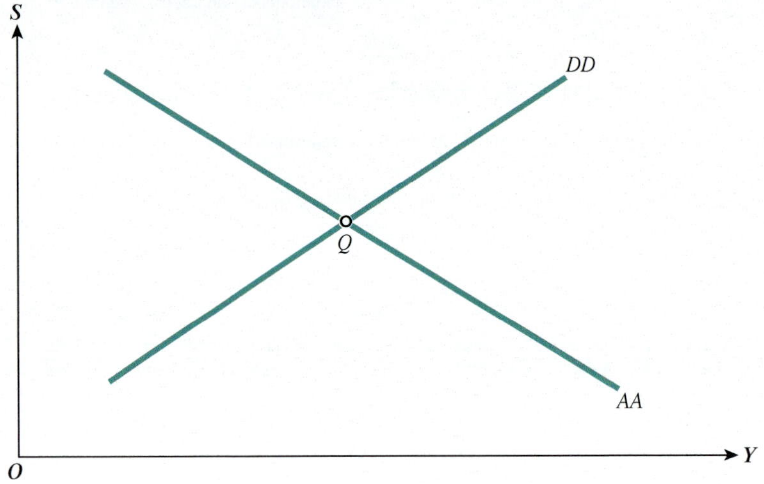

한편, 변동환율제도 하에서 재화부문의 균형식은 아래와 같이 표현될 수 있다.

$$Y = C(Y) + \bar{I} + \bar{G} + CA\left(\frac{SP^*}{P}, Y\right) \quad \text{단, } CA_S > 0,\ CA_Y < 0 \qquad (17-3)$$

여기서 CA는 경상수지를 의미하는데, 경상수지는 실질환율과 국내소득에 의해서 결정된다. 실질환율이 상승하면 가격경쟁력이 높아져 국제수지가 개선되고, 소득증가는 수입증가를 가져와 국제수지를 악화시킨다. 양국의 가격수준 P와 P^*가 일정하다는 가정을 한다면 환율상승은 경상수지를 개선시켜 소득을 증가시키게 된다. 결국 식 (17-3)에서 환율이 상승할 경우 소득이 증가해야 재화부문의 균형조건이 유지된다.[3] 이를 만족시키는 Y와 S의 조합을 (Y, S) 평면상에 그리게 되면 [그림 17-8]에서 DD

---

2. 식 (17-2)를 Y, S에 대해 전미분하면

$$L_Y dY + L_r \frac{-S^e}{S^2} dS = 0$$

$$\frac{dS}{dY} = \frac{L_Y S^2}{L_r S^e} < 0 \ (\because L_Y > 0,\ L_r < 0)$$

3. 원래 $IS-LM$ 모형과 같이 $Y = C(Y) + I(r) + G + CA(\frac{SP^*}{P}, Y)$라 해도 큰 차이가 없다. 이 경우 $I = I[r^* + \frac{S^e - S}{S}]$가 되어 환율상승은 국내이자율 하락 및 투자증가를 가져온다. 따라서 환율상승이 투자증대를 통해 소득을 더욱 증가시키는 소득상승 효과를 가져온다. (Y, S) 평면상에서 재화부문의 균형을 만족시키는 (Y, S)의 조합을 그릴 때, 기울기는 다르지만 양의 기울기를 가지는 데에는 변함이 없다.

곡선과 같이 우상향하는 곡선이 된다.[4] 따라서 균형환율과 소득은 AA곡선과 DD곡선이 만나는 점 Q에서 결정된다.

이상에서 자본이동이 자유로운 상황에서 단기적으로 해외이자율과 예상환율이 일정하고, 국내물가와 해외물가가 경직적인 경우를 가정하여 균형소득과 균형환율을 구했다. 여기에서의 모형을 바탕으로 경제정책의 변화가 소득과 환율에 어떠한 영향을 미치는가에 대해, 정책변화가 일시적인 경우와 영구적인 경우로 구분하여 이하에서 논의한다.

3.2 일시적 경제정책의 변화와 환율 및 소득 변화

경제정책의 변화가 일시적으로 채택되어, 민간부문은 경제의 장기변수에 대한 기존의 예상치를 수정하지 않는 상황을 고려해 보자. 이 경우 민간부문의 환율예상에는 아무런 변동이 없으며, 예상환율 S^e는 가격이 완전신축적이고 완전고용이 달성되는 장기균형 상태의 환율, 즉 장기균형환율과 동일하다고 가정한다. 한편 국내경제정책의 변화는 해외변수, 즉 해외이자율 r^*와 해외물가 P^*에는 영향을 미치지 못하며, 일시적인 정책변화가 수행되는 동안 국내물가 P는 고정되어 있다고 가정한다.

◉ 일시적인 금융정책의 변화

먼저 팽창금융정책의 효과에 대해 살펴보자. 팽창금융정책을 택해 화폐공급이 늘어나면 국내이자율이 하락하게 되고 그 결과 자본이 해외로 유출된다. 화폐공급 증가가 일시적이라 예상환율에 아무런 영향을 끼치지 않는다면 자본의 해외유출은 본국의 화폐가치를 떨어뜨려 환율을 상승시키고 그 결과 순수출을 늘리게 된다. 따라서 새로운 균형점에서 환율은 상승하고 소득은 증가하게 된다.

이를 그림으로 분석하면 팽창금융정책의 결과 [그림 17-9]에서 AA곡선은 우측으로 이동해 AA'곡선이 된다. 재화부문에는 아무런 영향을 주지 않으므로 DD곡선은 변화가 없다. 따라서 새로운 균형은 AA'곡선과 DD곡선이 만나는 Q'점에서 이루어져 환율은 상승하고 소득은 증가한다.

---

4. 식 (17-3)을 Y, S에 대해 전미분하여 기울기를 구하면 다음과 같다.

$$\frac{dS}{dY} = \frac{1 - C_Y - CA_Y}{CA_S} > 0 \quad (\because CA_S > 0,\ 1 - C_Y > 0,\ CA_Y < 0)$$

그림 17-9 일시적인 팽창금융정책과 환율 및 소득 변화

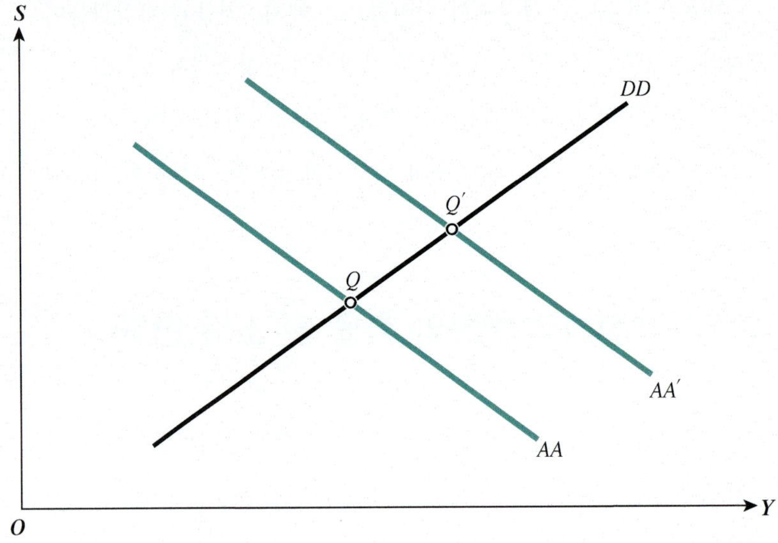

새로운 균형점에서는 환율상승에 따라 경상수지가 개선될 것이다. 원래 Q점에서 경상수지가 균형을 이루었다면 환율상승에 따라 경상수지는 흑자가 되지만 이자율 하락에 따라 자본수지는 적자가 된다. 이러한 분석에서 환율변화에 따라 경상수지는 변화하지만 이를 상쇄하는 국제자본이동에 따라 종합수지는 항상 균형을 이룬다. 이자율평가가 성립한다는 가정은 종합수지가 항상 균형을 이룸을 의미한다.

◉ 일시적인 재정정책의 변화

다음으로 팽창재정정책이 채택될 경우 단기균형환율과 소득에 어떠한 영향을 미치는지 살펴보자. 팽창재정정책은 정부지출의 증가를 통해 총수요를 증가시킬 것이다. 이와 같은 총수요증가는 소득을 증가시키고 통화에 대한 수요를 증가시킨다. 통화공급에 변화가 없는 한 통화에 대한 수요증가는 이자율을 상승시킨다. 국내이자율의 상승은 해외이자율과 예상환율에 대한 변화가 없는 한 자본의 국내유입을 가져와 국내통화의 가치를 상승시키고 환율을 하락시키게 된다. 이와 같은 환율하락은 순수출을 감소시키면서 수요증가에 따른 소득증가의 일부분을 상쇄하게 될 것이다. 그렇지만 원래의 재정지출증가에 따른 수요증가를 완전히 상쇄시키지는 못할 것이다. 결

일시적인 팽창재정정책과 환율 및 소득 변화 그림 17-10

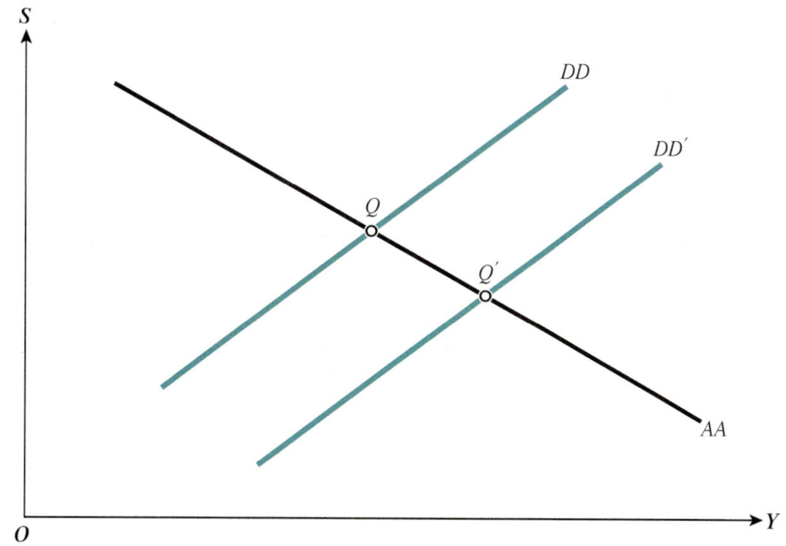

국 팽창재정정책은 소득상승과 환율하락을 가져온다.

한편 새로운 균형점에서는 환율이 하락함에 따라 경상수지가 악화된다. 그러나 자본유입에 따라 종합수지는 균형을 이룬다.

이를 그림을 가지고 설명하면 다음과 같다. 정부지출증가에 따른 팽창재정정책은 통화부문에는 아무런 영향을 끼치지 못하고 재화부문에만 영향을 미친다. 재화에 대한 수요가 증가하므로 [그림 17-10]에서 DD곡선이 우측으로 이동하여 DD'곡선이 된다. 새로운 균형은 AA곡선과 DD'곡선이 만나는 Q'점에서 이루어진다. Q'점에서 환율은 하락하고 소득수준은 증가함을 알 수 있다.

3.3 영구적 경제정책의 변화와 환율 및 소득 변화

경제정책의 일시적인 변화와 영구적인 변화를 논의할 때, 이것들의 가장 큰 차이점은 바로 예상환율 S^e에 대한 처리방법이다. 정책변화가 일시적으로만 채택되는 경우, 민간부문은 정책변화와는 상관없이 여전히 장기균형 수준으로 환율을 예상했다. 그러나 변화된 정책이 영구적으로 유지된다고 한다면, 민간부문은 예상환율을 정책변

그림 17-11 영구적인 팽창금융정책의 단기효과

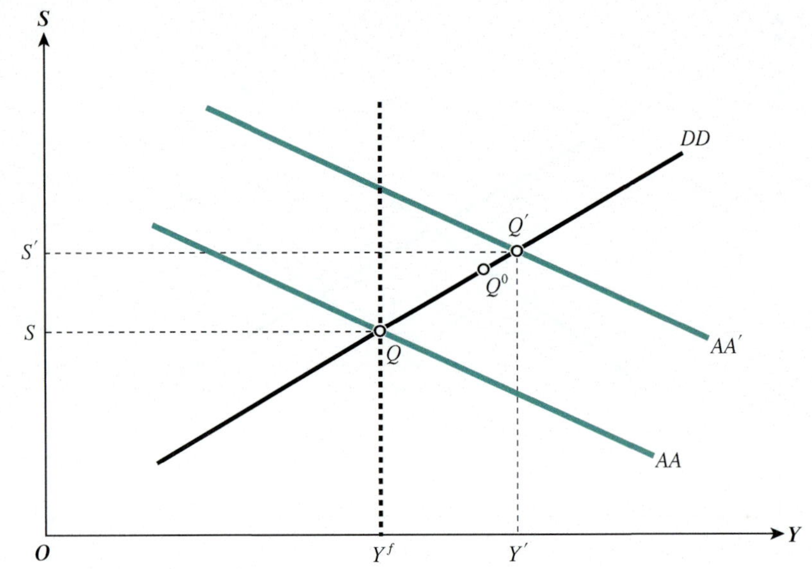

화의 내용에 따라 수정할 것이다. 이는 영구적인 정책변화에 대해 장기적인 조정과정을 마친 최종효과(장기효과)뿐만 아니라, 정책변화가 시행될 당시의 효과(단기효과)도 역시 일시적인 정책변화의 경우와는 다른 양상을 보인다는 것을 의미한다. 따라서 이러한 예상환율의 변동은 정책의 효과를 분석하는 데 중요한 의미를 갖는다.

이하에서는 영구적인 팽창금융정책과 팽창재정정책의 단기효과를 먼저 분석한 다음 장기효과를 분석한다. 그런데 정책효과를 쉽게 파악하기 위해 경제가 최초에는 장기균형 상태[5]에 존재한다고 가정하며, 이는 경제가 장기균형환율과 완전고용이 달성된 상태에 있음을 의미한다.

◉ 영구적인 팽창금융정책

영구적으로 통화공급이 증가한다고 할 때, 이것이 최초 완전고용 소득수준 Y^f에 있는 경제에 미치는 단기효과는 [그림 17-11]에 나타나 있다. 통화공급의 증가는 국내이자율을 하락시켜 자본이 유출된다. 이에 따라 환율이 인상되며 순수출과 소득은

5. 이와 같은 상황에서는 이자율평가에 의해 국내이자율과 해외이자율이 동일한 수준이다.

영구적인 팽창금융정책의 장기조정과정 그림 17-12

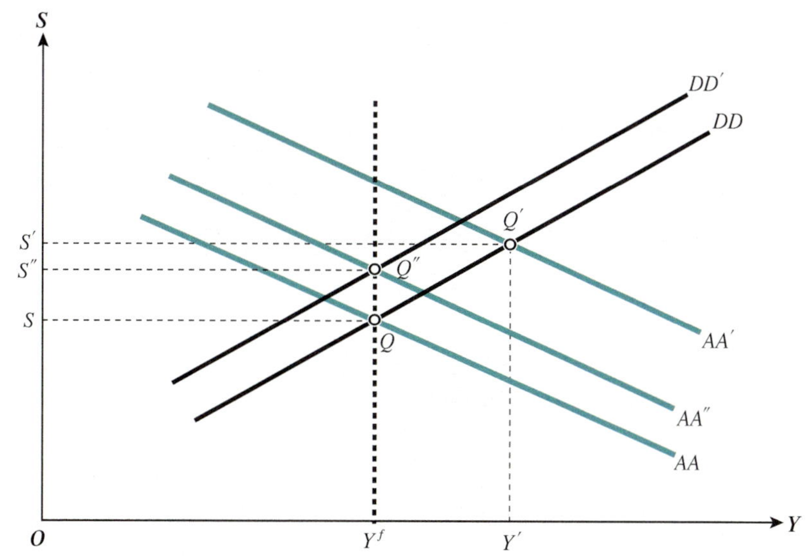

증가한다. 이러한 사실은 통화공급 증가에 의해 발생한 통화부문의 불균형을 해소하기 위해, [그림 17-11]의 AA곡선이 우측으로 이동하여 새로운 균형점이 성립됨을 의미한다. 여기서 중요한 점은 일시적인 통화공급 증가에 비해 영구적인 통화공급 증가의 경우 AA곡선이 어느 정도 이동하는가이다. 통화공급의 영구적 증가는 예상환율 S^e에도 영향을 미친다. 즉, 통화공급이 영구적으로 증가했으므로 통화공급이 증가한 비율만큼 장기균형환율이 상승한다. 이에 따라 장기균형환율과 동일한 예상환율 S^e도 역시 통화공급이 증가한 비율만큼 상승할 것이다. 그러므로 AA곡선이 우측으로 이동하는 정도는 동일한 크기의 일시적 통화팽창의 경우보다 더 크다.

AA'곡선과 DD곡선이 만나는 Q'점이 이러한 영구적 정책변화의 단기균형을 의미하며, Q^0점은 통화공급이 일시적으로 증가하는 경우의 단기균형을 나타낸다. 영구적으로 통화공급이 증가하는 경우 소득과 환율이 더 높은 수준에서 단기균형이 달성됨을 알 수 있다.

이러한 단기균형은 시간이 지남에 따라 장기조정과정을 거쳐 새로운 장기균형에 도달하게 된다. 이것을 [그림 17-12]를 이용해 설명하면 다음과 같다. 완전고용 소득수준보다 높은 소득수준 Y'에서는 통화공급의 증가로 발생한 인플레이션 압력 때문에 물가수준은 시간이 지남에 따라 상승하게 된다. 이에 따라 DD곡선과 AA'곡선은 모두 좌측으로 이동한다. 즉, 물가상승으로 인해 국내재화의 가격경쟁력은 감소하기 때문에 수출은 감소하고 수입은 증가한다. 따라서 재화부문의 균형을 반영하는 DD곡선은 좌측으로 이동한다. 또한 물가상승은 실질통화공급을 감소시키기 때문에 통화부문의 균형을 반영하는 AA'곡선을 좌측으로 이동시킨다. 이러한 장기조정과정은 DD곡선과 AA'곡선이 완전고용 수준 Y^f에서 교차할 때까지 진행될 것이다. 따라서 장기균형은 DD'곡선과 AA''곡선이 교차하는 Q''점에서 달성된다.

여기서 한 가지 유의할 점은 물가상승에 따라 AA'곡선이 좌측으로 이동하지만 최초의 상태 AA곡선으로는 되돌아가지 않는다는 사실이다. 그것은 통화공급의 영구적인 증가에 따라 물가와 예상환율 S^e가 최초의 상태에 비해 영구적으로 증가했기 때문이다.

결론적으로 이 장기균형점인 Q''점에서 환율과 물가수준은 통화의 장기중립성(the long-run neutrality of money)이 의미하는 것과 같이 통화공급 증가의 비율만큼 상승할 뿐이며, 소득이나 상대가격 체계 및 실질이자율에는 아무런 영향을 미치지 못한다.

한편 이러한 장기조정과정은 물가의 단기경직성에 근거한 환율변동의 오버슈팅 현상을 보여주고 있다. 즉, 영구적인 통화공급 증가의 결과, 물가가 경직적인 단기에는 환율이 급격히 상승하고($S \rightarrow S'$), 물가상승에 따라 단기균형(Q')에서 장기균형(Q'')으로 조정되는 장기조정과정에서는 환율이 다시 하락($S' \rightarrow S''$)하고 있다.

◉ 영구적인 팽창재정정책

만일 정부가 영구적인 재정팽창을 실시한다면, 이는 일반적으로 총수요를 진작시켜 소득을 증가시키기 위함이다. 이러한 정부의 정책이 과연 소득과 환율 수준에 어떠한 영향을 미치는지 알아보자.

확장적인 재정정책의 결과 총수요는 증가한다. 이것은 DD곡선이 우측으로 이동하는 것을 의미한다. 그렇다면, 일시적인 재정팽창의 경우처럼 DD'곡선과 AA곡선이 만나는 Q'는 단기균형이 될 수 있는가? 그렇지 않다. 팽창재정정책이 영구적으로 유지되는 상황에서는 이러한 정책변화가 민간부문의 예상환율을 변동시켜 통화부문에서의 조정이 즉각 이루어지기 때문이다. 완전고용 상태에서 재화와 서비스에 대한 정

영구적인 팽창재정정책의 효과 **그림 17-13**

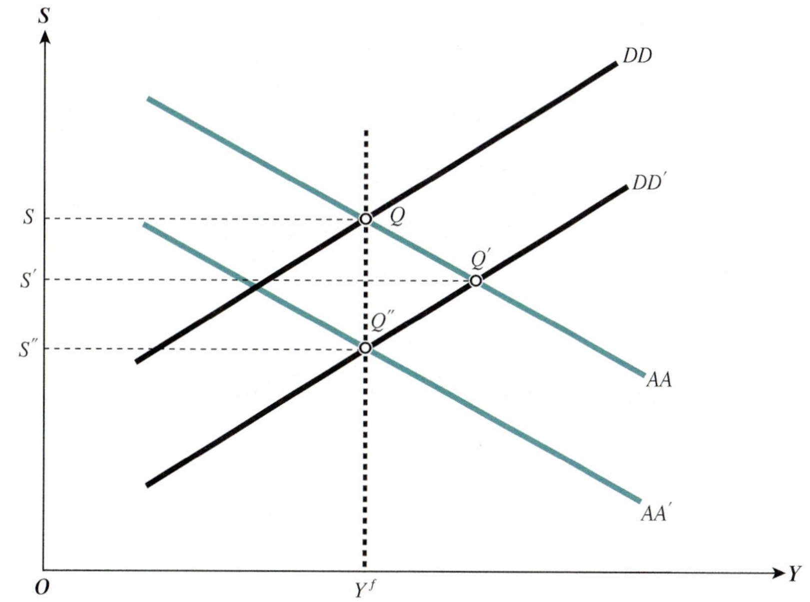

부의 수요증가가 영구적이라면, 사람들은 자국의 통화가치가 상승해 소득이 장기균형 상태에서 균형을 이루리라 믿게 될 것이다. 이와 같은 자국통화의 평가절상에 대한 예상은 [그림 17-13]에서 보듯이 AA곡선을 좌측으로 이동시켜 AA'곡선이 된다.

따라서 경제는 Q점으로부터, 완전고용 소득수준에서 AA'곡선과 DD'곡선이 만나는 Q''점으로 즉각 이동하게 된다. Q''점에서는 완전고용소득이 유지되며, 환율과 예상환율은 일치하며 국내이자율은 국제이자율과 같게 된다. 다시 말해 경제는 Q''점에서 균형을 이루게 되는데, 이는 곧 장기균형을 의미하며, Q''점에 해당하는 환율수준 S''는 재화부문을 완전고용 수준으로 만들면서 동시에 통화부문의 균형조건도 만족시키게 된다.

결론적으로, 만일 처음에 경제가 장기균형 상태에 있었다면, 영구적인 팽창재정정책의 경우 소득수준, 물가수준, 통화공급 등에 아무런 영향을 미치지 못한다. 대신 이 정책은 즉각적이며 영구적인 환율의 점프를 초래하고, 이러한 환율의 조정은 총수요에 대한 재정정책의 직접적인 효과를 완전히 상쇄한다.

금융정책과 재정정책의 영구적인 변화로 발생한 경제의 장기조정과정을 간단히 비교하면 다음과 같다. 영구적 팽창금융정책의 경우, 통화부문의 균형을 나타내는 AA

곡선의 우측이동이 단기균형이 된다. 이때 완전고용 소득수준 이상의 소득수준은 장기균형이 될 수 없으며, 시간이 지남에 따라 물가가 상승하고 소득수준이 완전고용 수준으로 감소된다. 즉, 재화부문의 균형을 의미하는 *DD*곡선과 이것의 움직임과 연계되어 있는 *AA*곡선이 동시적으로 이동하는 장기조정과정을 거치는 것이다. 그 결과 최종적으로 소득수준에는 변화가 없고 국내통화의 평가절하만을 가져올 뿐이다.

영구적 팽창재정정책의 경우, 정부지출의 직접적인 증가로 인해 *DD*곡선이 우측으로 이동한다. 그런데 이러한 이동의 결과 *AA*곡선과 *DD′*곡선이 만나는 점은 장기균형은 물론 단기균형도 될 수 없다. 왜냐하면 이 점에서는 민간부문이 장기균형환율의 변동을 예상하여, *AA*곡선을 즉각 이동시키기 때문이다. 따라서 장기적인 조정과정이 필요하지 않으며, 완전고용 소득수준에서 즉각적으로 장기균형이 성립된다. 그 결과 소득수준은 변동이 없으며, 국내통화는 평가절상된다.

요약

1. 먼델-플레밍 모형에서 자본이동의 정도는 *BP*곡선의 기울기로 나타낼 수 있다. 국제 간 자본이동이 철저하게 통제되어 대내외 이자율 차이에 전혀 영향을 받지 않는 경우 *BP*곡선은 수직으로 나타난다. 국제 간 자본이동이 존재하지만 이자율 차이에 상대적으로 둔감한 경우 *BP*곡선의 기울기는 *LM*곡선의 기울기보다 가파르게 나타난다. 국제 간 자본이동이 이자율의 차이에 민감하게 작용하는 경우 *BP*곡선의 기울기는 *LM*곡선의 기울기보다 더욱 완만하게 나타난다. 자본이동이 완전히 자유로운 경우에는 *BP*곡선이 수평선으로 나타난다.

2. 자본이동의 정도에 따라 재정정책 및 통화정책의 효과도 변하게 된다. 변동환율제도에서 재정정책의 효과는 자본이동이 클수록 작게 나타나며, 자본이동이 완전히 자유로운 경우에는 효과가 사라지게 된다. 반면 변동환율제도에서 금융정책의 효과는 자본이동이 클수록 더욱더 크게 나타난다. 한편 고정환율제도에서 재정정책의 효과는 자본이동이 클수록 더욱 크게 나타나는 반면, 금융정책의 효과는 자본이동의 정도와 상관없이 전혀 나타나지 않는다.

3. 변동환율제도 하에서 자본이동이 완전한 경우 대규모 경제의 재정정책은 본국과 외국에 동일한 방향으로 영향을 미치는 반면 금융정책은 외국에 대해서 본국과 반대방향으로 작용한다. 한편 환율변화가 국내물가에 미치는 영향을 고려해 보면 환율변화가 무역을 통해 미치는 효과와 통화공급을 통해 미치는 효과는 상반되게 나타난다.

4. 균형소득-환율결정 모형을 이용해 변동환율제도 하에서의 일시적인 정책의 효과와 영구적인 정책의 효

과의 차이를 비교할 수 있다. 팽창금융정책은 일시적인 경우 환율 및 소득의 증대를 가져오는 반면, 영구적인 경우에는 실질변수들은 변화가 없고 환율만 통화의 장기 증가율만큼 상승시키나 그 과정에서 환율의 오버슈팅 현상이 나타난다. 한편 팽창재정정책은 일시적인 경우 환율을 하락시키고 소득을 증가시키는 반면, 영구적인 경우에는 환율을 더욱 하락시키고 소득 등 실질변수들은 아무런 변화가 없게 된다.

연습문제

01. 자본이동이 상당히 자유로운 경우(완전히 자유롭지는 않은 경우) 재정정책의 효과가 변동환율제도와 고정환율제도에서 어떻게 달라지는지 그림을 이용해 비교 · 설명하라.

02. 고정환율제도에서 자본이동의 정도에 따라 평가절하정책의 효과가 어떻게 나타나는지 설명하라.

03. 변동환율제도에서 해외경기가 좋아져 수출이 증대된 경우 그 효과가 자본이동 정도에 따라 어떻게 달라지는지 설명하라.

04. 변동환율제도 및 상당히 제한된 자본이동을 가정하는 경우, 2국 모형에서 재정정책 및 금융정책의 효과를 먼델-플레밍 모형을 이용해 설명하라.

05. 정부가 긴축재정정책을 실시할 때, 정책이 일시적인 경우와 정책이 영구적인 경우 효과가 어떻게 달라지는지 균형소득-환율결정 모형을 이용해 설명하라.

06. 영구적인 팽창재정정책을 사용하는 경우 환율을 제외한 다른 모든 변수가 원래의 수준으로 되돌아오는데, 환율을 무시한다면 이것이 정책실시 이전과 동일한 상태임을 의미하는가?

07. 또한 정부가 긴축금융정책을 실시할 때, 정책이 일시적인 경우와 정책이 영구적인 경우 효과가 어떻게 달라지는지 균형소득-환율결정 모형을 이용해 설명하라.

08. 영구적인 팽창금융정책을 사용하는 경우 환율을 제외한 다른 모든 변수가 원래의 수준으로 되돌아 오는데, 환율을 무시한다면 이것이 정책실시 이전과 동일한 상태임을 의미하는가?

09. 변동환율제도를 택하고 있고 높은 인플레이션에 시달리고 있는 국가에서 대통령 선거가 있었는데, 인플레이션을 억제하겠다는 공약을 내세운 당의 후보가 대통령으로 선출되었다.

a. 만일 새로운 정부가 변동환율제도를 유지한다면 이 정부는 어떻게 선거공약을 실천할 수 있겠는가?

b. 인플레이션을 억제하기 위한 방안 중의 하나로 고정환율제도를 택할 수도 있는데 그 이유는 무엇인가?

외환시장개입과 경제정책 운용

International **Finance**
ch. eighteen

18

외환시장개입은 일반적인 경제정책 운용뿐만 아니라 환율예측 및 환위험 관리와 관련해서도 관심의 대상이 되고 있다. 앞에서 환위험 관리에 대해 설명할 때, 환율변화는 기업이 통제할 수 있는 것이 아니므로 기업은 환노출 관리에만 집중하면 된다고 설명했다. 그러나 정부의 입장에서 볼 때 환율변화가 기업 및 경제에 주는 충격이 엄청나기 때문에, 환율변화를 그냥 놓아두고 싶어하지 않는다. 따라서 고정환율제도에서는 물론이고 이론상 정부개입이 전혀 없는 변동환율제도에서도 현실적으로는 정부가 환율의 움직임에 변화를 주고자 외환시장에 개입하고 있다. 또한 정부정책의 방향은 향후 환율의 움직임에 중요한 영향을 미치고 있으므로, 환율예측에 있어 외환시장의 주요 참가자인 정부의 정책에 대한 예측은 필수불가결하다. 따라서 이 장에서는 외환시장개입에 관한 이론과 실제에 대해 좀더 자세히 살펴보고자 한다.

제1절에서는 외환시장개입의 의의 및 목적에 대해 살펴보고, 제2절에서는 외환당국이 시장에 개입하는 메커니즘을 태화개입과 불태화개입으로 나누어 설명한다. 제3절에서는 외환시장개입의 전달경로에 관한 다양한 이론과 실제적인 효과에 대한 경험적 연구들의 결과를 소개한다. 그리고 제4절에서는 외환시장개입 정책이 다른 경제정책의 운용과 어떤 관련이 있는지를 설명한다.

1. 외환시장개입의 의의 및 목적

International Finance, ch. eighteen

1.1 외환시장개입의 의의

외환시장개입은 좁은 의미에서는 중앙은행(또는 정부)[1]이 특정한 정책목표를 달성하기 위해 민간부문의 외환거래에 인위적으로 개입하는 조치를 의미한다. 이러한 외환거래는 중앙은행의 정책적인 판단에 의해 발생하지만, 경우에 따라 자국 정부, 비은행금융기관 또는 외국의 외환당국의 요청에 따라 발생하기도 한다.

한편, 넓은 의미에서 외환시장개입은 환율에 직·간접적으로 영향을 미치는 경제정책을 모두 포괄하는 것으로 해석할 수도 있다. 일반적으로 일국의 금융정책이나 재정정책은 국내금리의 변동을 통해 국가 간 자본이동을 야기하는 과정에서 외환수급의 변동을 초래함으로써 환율에 영향을 미치게 된다. 또한 정책당국의 민간부문에 대한 경상거래나 자본거래 규제도 외환수급의 변동을 초래함으로써 환율에 영향을 미치게 된다. 이와 같이 일국의 제반 경제정책은 정도의 차이는 있으나 직·간접적으로 환율에 영향을 미치기 때문에 넓은 의미에서는 외환시장개입정책으로 파악될 수도 있다.

1.2 외환시장개입의 목적

◉ 개입 목적

외환시장개입 목적은 정책당국이 외환시장이나 경제여건을 어떻게 파악하고, 어

1. 대부분의 국가에서 외환시장개입은 중앙은행에 의해 집행된다. 그러나 외환시장개입 결정은 재무부에 의해 이루어지기도 하고, 중앙은행에 의해 이루어지기도 하는 등 국가에 따라 다르다. 우리나라는 재정경제부의 위탁을 받아 한국은행이 이를 수행해 왔다.

느 정책목표에 비중을 두느냐에 따라 달라진다. 중앙은행의 개입목적으로는 외환시장의 안정화, 경제적 목표의 달성, 외환보유액 조정, 외환거래의 활성화 등을 들 수 있다.

첫째, 중앙은행은 외환시장이 불안해지는 경우 환율의 안정적 운용을 위해 외환시장에 개입하고자 한다. 환율은 현재나 미래 상황의 변화에 민감하게 반응하기 때문에 주가와 같이 단기에 급격히 변동하는 속성을 지니고 있다. 이러한 환율의 급등락은 실물경제를 교란시켜 경제적 손실을 초래함으로써 국민경제에 부정적인 영향을 미친다. 따라서 중앙은행은 외환거래에서 발생할 수 있는 비정상적인 시장조건을 완화해 환율의 지나친 변동을 억제하고자 외환시장에 개입하게 된다.

둘째, 중앙은행은 현재환율을 대내외적 경제균형에 부합하는 균형환율(또는 적정환율)로 접근시키기 위해 외환시장에 개입하기도 한다. 이러한 외환시장개입은 중앙은행이 민간부문보다 균형환율에 대해 우월한 정보를 갖고 있으며, 현재환율을 균형환율로 접근시킬수록 물가안정 및 완전고용과 같은 국내경제의 안정화나 국제수지 균형을 달성하기에 유리하다는 전제 하에서 출발하고 있다. 그러나 이러한 외환시장개입의 성공 여부는 균형환율을 어떻게 정의하고 산출하느냐에 달려 있다. 오히려 잘못 산출된 균형환율에 의한 외환시장개입은 환투기를 불러일으킬 뿐만 아니라 경제의 안정화를 해치거나 국제수지 불균형을 심화시켜 국민경제 전반에 악영향을 초래할 수 있다.

셋째, 중앙은행은 또한 공적 외환보유액의 크기나 구성을 변화시키기 위해 외환시장에 개입하는 경우도 있다. 중앙은행은 국내외 경제동향이나 금융시장의 변동에 맞추어 공적 외환보유액을 늘리거나 줄이게 되며, 공적 보유외환의 수익률을 제고하기 위해 그 구성을 변화시키는 과정에서 외환시장에 개입하게 된다. 그러나 이러한 외환시장개입은 현재환율을 균형환율로부터 지나치게 이탈시키는 문제가 발생하지 않는다는 것을 전제로 하고 있다.

넷째, 중앙은행은 무역업자, 자국 정부, 외국 정부 또는 외국중앙은행 등의 요청에 따라 필요한 외환거래를 행하기 위해서도 외환시장에 참여한다. 이러한 수동적인 의미에서의 외환시장개입은 선진국의 경우에는 거의 중요하지 않지만 국제금융시장에 대한 접근이 쉽지 않은 개발도상국의 경우에는 상당히 중요한 역할을 하기도 한다. 예를 들어 경상수지 적자를 외환보유액을 통해 충당할 때 중앙은행은 외환시장에 참여하게 되며, 또한 자국 정부가 외국으로부터 외화차관을 들여오는 경우 중앙은행은 자국 정부와의 외환거래를 통해 외환시장에 참여하게 된다. 또 다른 예로 외국의 중앙은행과 통화스왑형식의 긴급융자제도를 체결한 경우, 긴급상황 때 지원받은 외환을 일정 기간 후 돌려줄 때도 수동적인 외환시장개입이 발생하게 된다.

◉ 개입동기에 관한 실증결과

이상에서 논의된 외환시장개입의 목적 중 어느 것이 중요한가는 그 국가의 환율제도, 외환 및 금융시장의 발전정도, 그리고 여타 정책들과의 상호관계에 의해 결정된다. 보다 구체적으로 각국의 중앙은행이 어떤 목적을 달성하기 위해 그리고 어떤 개입률을 가지고 외환시장에 개입하고 있는가를 살펴보기 위해, 일반적으로 다음과 같은 외환시장개입반응함수를 추정하고 있다.

$$I_t = \gamma_0 + \gamma_1(s_t - s_t^T) + \gamma_2 \Delta s_t + \gamma_3 \Delta X_t + \varepsilon_t \tag{18-1}$$

여기서 I_t는 현재의 외환시장개입 규모, s_t는 현재환율, s_t^T는 목표환율, $\Delta s_t (\equiv s_t - s_{t-1})$는 현행환율의 변화를 나타낸다. $s_t - s_t^T$는 중앙은행이 장기적으로 목표로 하는 환율수준을 상정하고 현행환율이 장기목표환율로부터 이탈되었을 때 이를 시정하기 위해 개입하는 것을 반영하고 있다. 이 항은 외환시장개입의 목적이 단순히 환율안정을 위해 매기의 환율변동을 감소시키는 것뿐만 아니라 장기적으로 경제균형과 일치해 가도록 한다는 것을 의미하고 있다. 이와 관련해 제기할 수 있는 문제는 과연 목표환율의 기준이 무엇인가 하는 것이다. 일반적으로 가장 널리 이용되고 있는 것은 구매력평가(PPP)에 따른 환율수준이고 또 다른 기준으로 널리 이용되는 것은 대내균형과 대외균형을 달성하게 하는 환율수준이다.[2] $\Delta s_t (\equiv s_t - s_{t-1})$는 중앙은행이 환율의 안정을 주목적으로 개입하고 있는지를 고찰하기 위한 것이다. 이 항의 계수 γ_2의 부호는 중앙은행의 외환시장개입정책이 역풍정책(부호가 −)인지 순풍정책(부호가 +)인지를 알려주는데,[3] 만일 환율안정을 목적으로 개입하는 경우에는 역풍정책을 취하게 되므로 부호가 음(−)으로 나타나야 한다. 마지막으로 X_t항은 중앙은행이 이 외에도 여러 가지

---

2. 이와 관련해서는 Wiliamson(1994)을 참조할 것.

3. 역풍개입방식(lean against the wind)이란 최근 추세와는 반대방향으로 환율이 변화하도록 하는 외환시장개입을 말한다. 즉, 단기에 환율이 급격히 상승(하락)하는 경우, 중앙은행이 외환매도(매입)를 통해 환율의 하락(상승)을 유도하고자 하는 개입을 말한다. 이와는 달리 현재의 환율추세를 뒷받침하기 위해, 환율이 하락하는 경우 외환매도를 통해 더욱 하락시키고 환율이 상승하는 경우 외환매입을 통해 더욱 상승시키고자 하는 외환시장개입을 순풍개입방식(lean with the wind)이라고 한다.

다른 이유 때문에 외환시장에 개입할 수 있음을 고려하기 위한 것이다.

많은 문헌들의 실증분석 결과에 따르면, 대부분의 중앙은행들은 외환시장에 개입할 때 환율의 안정성을 중요하게 고려하고 있다. 즉, 환율이 불안하게 움직이면 중앙은행들은 이에 민감하게 반응하고 이를 억제하고자 역풍정책을 취하고 있는 것으로 나타나고 있다. 그러나 중앙은행이 특별한 목표환율 수준을 정하고 개입하는지는 명확하지 않다. 우리나라의 경험은 경상수지가 악화될 때 환율을 상승시키기 위해 외환시장에 개입하는 경우가 많은 것으로 나타나고 있다.

2. 외환시장개입 메커니즘

중앙은행의 외환시장개입 메커니즘은 중앙은행의 자산과 부채가 기록된 대차대조표를 이용하면 쉽게 설명될 수 있다. 구체적인 메커니즘을 설명하기 위해 제2장에서 보여주었던 중앙은행 대차대조표를 조금 달리 〈표 18-1〉과 같이 나타내 보자. 〈표 18-1〉의 자산 측면에는 주로 외화표시채권 및 금 보유 등으로 구성된 외화자산(FA)과 국내여신(대정부 및 대민간은행여신), 국공채, 기타자산으로 구성된 국내자산(DA)이 기입되어 있다. 반면 부채 측면에는 현금 및 지불준비금으로 구성된 본원통화(H)와 국내부채(DL) 및 외화부채(FL)가 기입되어 있다.[4] 국내부채는 이자를 지급하는 부채라는 점에서 본원통화와 구별되는데, 우리나라와 같이 아직 국공채시장이 발달하지 못한 나라에서는 통화정책의 중요한 수단이 되며, 따라서 큰 비중을 차지하는 항목이다.

표 18-1 중앙은행 대차대조표

자산	부채
국내자산(DA) 외화자산(FA)	본원통화(H) 국내부채(DL) 외화부채(FL)

4. 우리나라의 중앙은행인 한국은행의 통계에 따르면 본원통화는 예금은행지급준비금과 현금통화를 합친 것이며, 이때 예금은행지급준비금은 시제금(은행이 보유한 현금)과 예금은행지준예치금을 합친 것이다. 그러므로 본원통화는 현금통화 + 예금은행지급준비금 또는 화폐발행액 + 예금은행지준예치금으로 정의된다. 한편 우리나라의 경우 〈표 18-1〉은 한국은행계정과 외국환평형기금을 합친 것이기 때문에 실제로는 한국은행의 대차대조표가 아니고 통화당국의 대차대조표이다. 우리나라의 외국환평형기금에 대해

이와 같은 중앙은행의 대차대조표를 순자산(≡자산 − 부채) 형태로 변형하면, 다음과 같은 본원통화와 순자산(국내 및 외화) 변동 간의 관계를 도출할 수 있다.[5]

$$\text{순국내자산}(NDA) + \text{순외화자산}(NFA) = \text{본원통화}(H) \qquad (18-2)$$

중앙은행의 외환시장개입은 민간부문과의 거래를 통해 이루어지기 때문에 외환의 매매에 대한 반대급부로 이루어지는 국내통화의 매매를 통해 본원통화에 영향을 미칠 수도 있다. 본원통화에 대한 영향의 유무에 따라 외환시장개입을 크게 태화(non-sterilization)외환시장개입과 불태화(sterilization)외환시장개입으로 나눈다.[6]

2.1 태화외환시장개입

태화외환시장개입이란 중앙은행의 외환시장개입에 의한 외화자산 변화가 동일한 크기만큼의 본원통화 변화를 수반하는 것을 말한다. 예를 들어, 중앙은행이 환율을 상승시키기 위해 외환시장에서 외환을 매입하는 경우, 〈표 18-2〉의 중앙은행 대차대조표에서 외화자산 항목이 외환매입액만큼 증가하게 될 것이다. 그런데 대차대조표의 자산 및 부채 항목의 합은 항상 일치하므로, 이러한 자산 항목의 변화는 동일한 액수만큼 부채 항목의 변화를 수반하게 된다. 만일 통화당국이 외환을 매입하는 대가로 현금을 지불했다면 〈표 18-2〉에서 보는 것과 같이 대차대조표의 부채 항목에 현금 증가를 통해 본원통화 항목이 외화자산 증가와 같은 액수만큼 증가하게 될 것이다. 한편, 태화외환시장개입은 외화자산을 이용해 통화량을 조절한 것과 결과적으로 동일하기 때문에 통화정책의 하나로 간주되기도 한다.

표 18-2 태화외환시장개입

자산	부채
국내자산 외화자산 ↑	본원통화 ↑ 국내부채 외화부채

서는 부록을 참조할 것.

5. 식 (18-2)는 제2장의 식 (2-12)에 순기타자산까지 고려한 것이다.
6. 태화외환시장개입 및 불태화외환시장개입은 각각 비중화외환시장개입 및 중화외환시장개입이라고 부르기도 한다.

이와 같은 태화외환시장개입을 식 (18-2)를 이용해 나타낼 수 있다. 외환시장개입으로 외화자산이 변화할 때 순외화자산이 변화(ΔNFA)하게 되는데, 태화외환시장개입은 이러한 순외화자산의 변화가 바로 본원통화의 변화(ΔH)로 이어지는 것을 의미하므로 다음과 같이 표시될 수 있다.

$$\Delta NFA = \Delta H \tag{18-3}$$

2.2 불태화외환시장개입

그러나 대부분의 통화당국은 통화량변화가 물가 등에 미치는 영향을 염려해 외환시장개입과 동시에 통화량을 일정 수준으로 유지하기 위해 공개시장조작을 행한다. 이처럼 본원통화에 대한 영향을 상쇄하면서 외환시장에 개입하는 것을 불태화외환시장개입이라고 한다.

예를 들어, 환율상승을 유도하기 위해 외환을 매입한다고 하자. 이 경우 앞에서 설명한 것과 같이 자산 측면에서 외화자산이 증가하고 부채 측면에서 본원통화가 증가하게 된다. 만일 본원통화의 증가를 상쇄하고자 중앙은행이 공개시장조작을 통해 국내자산을 매각하고 통화량을 흡수한다면, 중앙은행 대차대조표의 자산 항목에서 국내자산이 감소함과 동시에 부채 항목에서 본원통화량이 동일한 액수만큼 감소하게 된다. 따라서 불태화외환시장개입에 따른 중앙은행의 대차대조표가 〈표 18-3〉과 같이 나다나게 되고 본원통화는 변하지 않게 된다. 즉, 통화당국의 부채 항목은 아무런 변화가 없고 자산 항목에서만 국내자산이 외화자산으로 대치된다. 반대로 중앙은행이 환율하락을 위해 외환시장에서 외환을 매각한다면, 위에서 설명한 것과 마찬가지의 과정을 거쳐 최종적으로 〈표 18-3〉과는 반대로 외화자산이 감소한 만큼 국내자산이 증가하고 본원통화는 아무런 변화도 없게 된다.

표 18-3 불태화외환시장개입

자산	부채
국내자산 ⬇	본원통화
외화자산 ⬆	국내부채
	외화부채

우리나라의 경우 불태화외환시장개입 방식은 이와 약간 다르다. 한국은행은 본원통화를 일정한 수준으로 유지하기 위해 국내자산을 매각하는 것이 아니라 통화당국의 부채 중 국내부채를 증가시킨다.[7] 국내부채 항목의 대표적인 예로는 통화안정증권을 들 수 있는데 외환매입으로 현금이 증가하게 되면 바로 통화안정증권을 발행해 현금을 흡수하고 반대로 외환매도로 현금이 감소하게 되면 통화안정증권을 매입해 현금을 유통시킨다. 이러한 개입방식은 통화당국의 대차대조표를 〈표 18-4〉와 같이 나타나게 하는데, 외환매입 시 자산 항목에서 외화자산이 증가하고 부채 항목에서 국내부채가 증가하는 것으로 나타나 본원통화에는 변화가 없게 된다.

표 18-4 **불태화외환시장개입**(우리나라)

자산	부채
국내자산 외화자산 ⬆	본원통화 국내부채 ⬆ 외화부채

〈표 18-3〉 및 〈표 18-4〉에 설명한 불태화외환시장개입도 앞의 식 (18-2)를 이용해 수식으로 간단히 나타낼 수 있다. 불태화외환시장개입은 외환시장개입에 따른 순외화자산의 변화(ΔNFA)가 통화량에 미치는 영향을 국내자산 또는 국내부채를 통해 상쇄하는 것이다. 따라서 〈표 18-3〉에서와 같이 국내자산 변화를 통하든 아니면 〈표 18-4〉에서와 같이 국내부채 변화를 통하든 순국내자산의 변화(ΔNDA)가 순외화자산의 변화를 상쇄해 버려 본원통화에는 아무런 변화를 주지 않으므로 다음과 같이 표시될 수 있다.

$$\Delta NFA + \Delta NDA = \Delta H = 0 \qquad (18-4)$$

7. 구체적인 불태화외환시장개입방법에는 여러 가지가 있다. 중앙은행이 외환시장에서 외화자산을 매입함과 동시에 이에 해당하는 규모의 ① 중앙은행 보유 국내자산을 감소시키는 방법, ② 국내부채인 중앙은행 채권을 발행해 매각하는 방법, ③ 그리고 외화부채인 외국통화표시채권을 발행해 조달하는 방법 등이 있다. 우리나라의 경우에는 이 중 주로 중앙은행의 부채인 통화안정증권을 발행해 매각하는 방식의 불태화외환시장개입을 실시하고 있다.

Box 18-1 선물환을 이용한 외환시장개입

중앙은행이 선물환을 이용해 외환시장에 개입하는 경우 공개시장을 이용한 불태화외환시장개입과 동일한 효과를 거둘 수 있다. 예를 들어, 중앙은행이 환율을 끌어내리기 위해 미래의 일정 시점에 외환을 매각하는 선물환계약을 맺었다고 하자. 이때 선물환계약의 상대방인 민간부문에서 보면 이러한 계약은 미래의 동일 시점에 만기가 되는 외화표시채권을 구입하고 국내통화표시채권을 매각한 것과 동등하다고 느끼게 된다. 즉, 민간부문은 보유하고 있던 국내자산을 외화자산으로 대체했다고 간주하게 된다. 이는 곧 중앙은행이 현물환시장에서 외환을 매각한 후 통화량을 다시 민간에 공급하는 것과 동일한 효과를 갖게 된다.

이처럼 중앙은행이 선물환 또는 옵션 등과 같은 파생금융상품을 이용해 외환시장에 개입하는 경우 불태화개입에 따른 부작용을 회피할 수 있으며, 또한 높은 레버리지로 인해 보유 외환 이상으로 외환시장에 개입할 수 있다는 장점이 있다. 또한 불태화외환시장개입이 외환시장에서의 거래 및 공개시장에서의 거래로 구성되어 있는 반면 선물환을 이용한 개입은 외환시장에서의 거래 하나만으로 구성되어 간단하다는 장점도 있다. 그러나 우리나라 외환위기 당시의 선물환시장개입 경험에서 볼 수 있었듯이, 중앙은행이 외환시장 상황을 잘못 판단하는 경우에는 막대한 손실이 발생해 외환시장개입정책의 신뢰성이 크게 손상되고 외환시장이 더욱 불안해질 우려도 있다.

3. 외환시장개입의 효과

3.1 외환시장개입의 경험

[그림 18-1]~[그림 18-3]은 각국의 외환시장개입 사례를 보여주고 있다. 1980년대 미국의 경우([그림 18-1]) 1985년 이전에는 외환시장개입이 많지 않았으나 1985년 9월에는 달러화를 집중적으로 매각(그림에서 '-' 방향)해 달러화 약세를 유도하고 있다. 이후 1987년까지 거의 개입이 없다가 1987년에 또다시 적극적으로 개입을 하고 있으나 1985년과는 달리 이번에는 달러화를 적극 매입(그림에서 '+' 방향)해 달러화가치 상승을 도모하고 있다. 그러나 1989년 이후에는 다시 달러화 매각으로 전환했다.

[그림 18-2]는 일본의 외환시장개입 경험을 보여주고 있다. 일본의 경우는 1990년대 들어 경기침체에도 불구하고 엔화 강세기조가 지속되자 고평가된 엔화의 일본경제에 대한 부정적인 영향을 방지하기 위해 달러화를 매입했다. 그러나 1998년 들어

그림 18-1 미국의 외환시장개입 추이

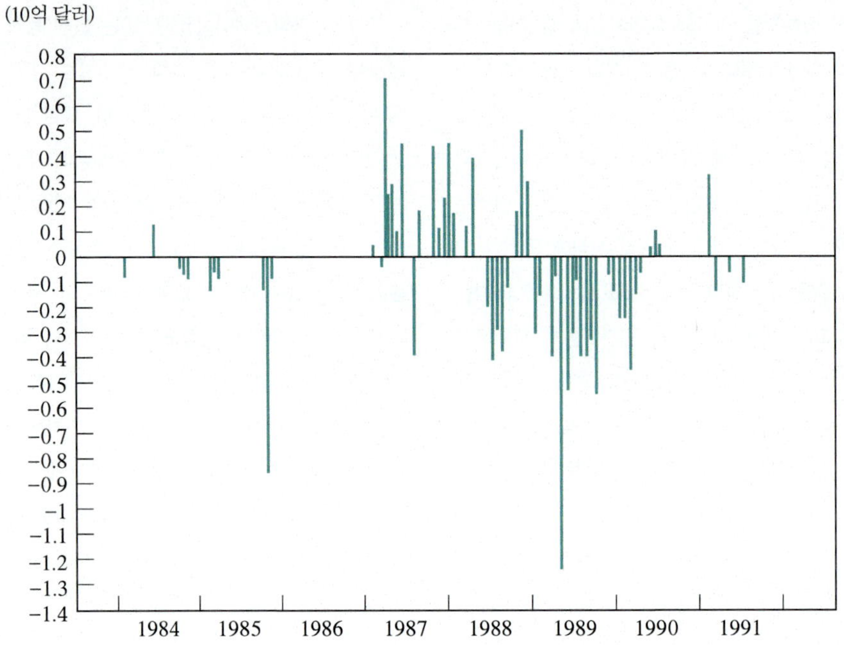

자료: Levich(2001), P.665.

그림 18-2 일본의 외환시장개입 추이

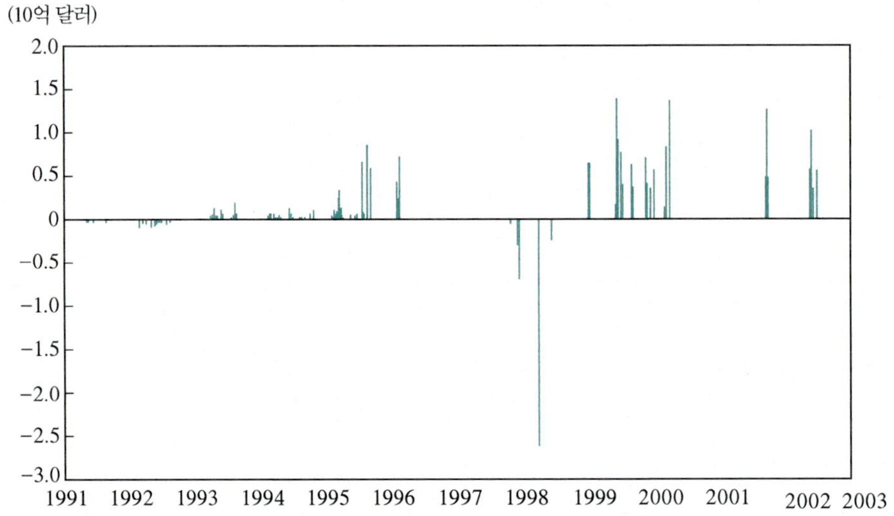

자료: 일본 재무성 홈페이지 (www.mof.go.jp).

우리나라의 외환시장개입 추이, 1997년 그림 18-3

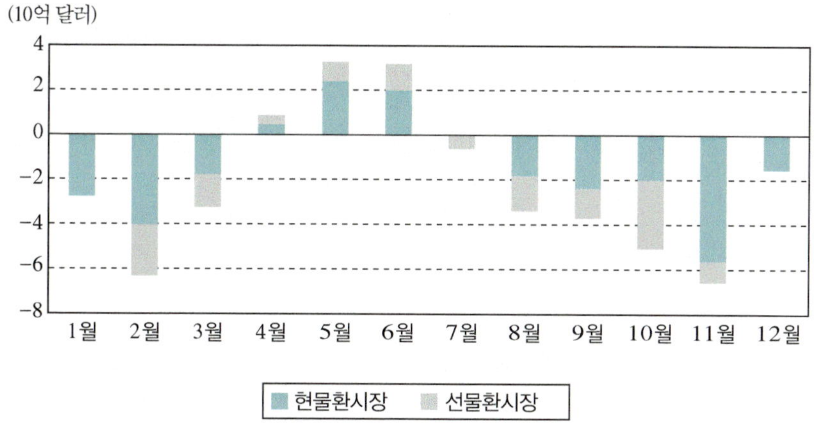

자료 : Moon and Rhee(2003).

엔화가 너무 급속도로 하락하자 일시적으로 대규모로 달러화를 매각하기도 했다.

우리나라의 경우에는 외환시장개입 자료를 공표하지 않기 때문에 앞에서 소개한 미국이나 일본의 경우와는 달리 외환시장개입에 대한 추이를 알기 어렵다. 그러나 일부 자료에 비추어 보면 우리나라의 경우도 상당히 적극적으로 외환시장에 개입하는 것으로 알려지고 있다. [그림 18-3]은 외환위기가 발생한 1997년의 추이를 보여주고 있다. 한 가지 특징은 당시 원화의 가치가 불안하게 움직였던 1997년 초 및 9월 이후의 기간에, 원화가치 하락을 방지하고자 달러화에 대한 매각이 집중적으로 이루어졌었다는 것이다. 또 다른 특징은 현물환시장뿐만 아니라 선물환시장에서도 상당한 개입이 이루어졌다는 점이다. 특히 외환위기가 발생하기 직전인 8월부터 10월까지의 기간 중에는 전체 외환시장개입의 49.2%가 선물환시장개입으로 이루어졌었다.

3.2 외환시장개입의 전달경로

앞에서 본 것처럼 세계 각국의 중앙은행들이 외환시장에 개입을 하고 있음에도 불구하고 외환시장개입의 효과에 대해서는 논란이 많다. 1970년대 초 국제통화제도가 현재의 변동환율제도로 이행한 이후 초기에는 많은 학자들이 외환시장개입의 효과에 대해 회의적인 태도를 보였었다. 특히 1980년대 초에는 학계뿐만 아니라 중앙은행 및 외환거래자들까지도 외환시장개입의 무용론에 대해 동조하는 입장을 취했었다.

◉ 외환시장개입 무용론

외환시장개입이 효과가 없다는 주장은 크게 세 가지를 들 수 있다. 먼저, 현실적으로 볼 때 전체 외환시장거래 규모에 비해 외환시장개입 규모가 지나치게 왜소하다는 주장이 있다. 예를 들어 최근 세계외환시장 일일거래규모가 1.5조 달러에 달하는 반면 외환시장개입 규모는 미국의 경우 1980년대 일일최고액이 약 13억 달러에 그치고 있다. 즉, 가장 적극적으로 개입했을 때조차 그 규모가 외환거래 규모의 0.1% 수준에 불과한 실정이다. 외환시장개입 규모를 이론상 외환시장에 유입 가능한 저량변수인 총금융자산 규모와 비교해 보면 외환시장개입은 더욱 왜소하게 느껴진다.

외환시장개입이 효과가 없다는 또 다른 두 가지 주장들은 불태화외환시장개입과 관련이 있다. 많은 연구들이 태화외환시장개입은 통화량을 변화시키기 때문에 환율에 유의한 영향을 미칠 수 있다고 공감하면서도, 불태화외환시장개입의 효과에 대해서는 현실적으로뿐만 아니라 이론적으로 볼 때도 환율에 거의 영향을 미칠 수가 없다고 주장하고 있다. 그중 하나는 리카도 동등성(Ricardian equivalence)에 근거하고 있다. 정부채권은 언젠가는 조세징수를 통해 지불되어야 하는데 만일 투자자들이 멀리 미래를 바라볼 수 있고 미래세대의 복지까지 자신들의 효용함수에 포함시켜 최적화된 결정을 내린다면, 정부채권은 더 이상 외부자산(outside assets)이 아니라 내부자산(inside assets)으로 여겨진다. 정부채권이 진정한 외부자산이 아닌 경우 채권통화표시 구성에 있어서의 변화는 투자자들의 결정에 아무런 영향을 미치지 않을 것이고, 따라서 외환시장균형 및 환율에 아무런 영향을 주지 않을 것이다.

다른 하나는 금융자산들 간의 대체성에 근거하고 있다. 만일 국내채권과 해외채권이 완전대체제인 경우 투자자들은 국내채권과 외국채권에 대해 무차별해지므로, 이들의 상대적인 공급변화는 투자자들의 행위에 아무런 영향을 미치지 못하고 따라서 환율에도 아무런 영향을 주지 않게 된다.

◉ 태화외환시장개입의 효과

그러나 또 다른 많은 연구들은, 현실적으로 중앙은행이 외환시장에 개입하는 것은 위에서의 주장과 달리 어떤 경로로든 개입의 효과가 있기 때문이라고 주장하고 있다. 중앙은행의 외환시장개입의 효과는 개입의 규모, 기간, 유형 등에 따라 크게 달라지는데, 이를 태화외환시장개입과 불태화외환시장개입으로 나누어 살펴보자.

태화외환시장개입은 앞에서 설명한 것과 같이 외환수급의 직접적인 변동을 통해 환율에 영향을 미칠뿐만 아니라 통화량의 변동을 통해 국내금리의 변동을 초래함으로써 환율에 영향을 미친다. 예를 들어, 중앙은행이 원화환율의 하락을 방지하고자 시장개입을 통해 외환을 매입하는 경우를 생각해 보자. 중앙은행의 외환매입은 즉각적으로 외환수요를 증가시킴으로써 원화환율을 상승시킨다. 또한 태화외환시장개입은 통화량을 증가시켜 국내금리를 하락시키는 과정에서 자본유출로 인한 외환수요의 증가를 유발해 원화환율을 상승시킨다.

외환시장개입은 위에서 설명한 것과 같이 단기적으로 통화량변동 또는 국내금리의 변동을 통해 환율에 영향을 미치기도 하지만, 인플레이션 기대를 변화시켜 환율에 지속적인 영향을 미치기도 한다. 태화외환시장개입은 통화량의 증가를 수반함으로써 기대인플레이션을 증대시킨다. 구매력평가설에 의하면 이렇게 높아진 기대인플레이션은 장기적으로 환율을 상승시키는 요인으로 작용한다.

◉ 불태화외환시장개입의 효과

불태화외환시장개입이 효과가 없다는 주장에 대응해 불태화개입을 행하더라도 환율에 유효한 영향을 미친다는 주장들의 이론적 근거는 크게 포트폴리오효과(portfolio effect)와 신호효과(signalling effect)를 들 수 있다.

첫째로, 포트폴리오효과는 외환시장개입의 환율에 대한 직접적인 경로를 강조하고 있다. 포트폴리오-밸런스 모형에 따르면 투자자들은 자산의 기대수익 및 위험을 고려해 자산보유를 다변화한다. 중앙은행의 불태화외환시장개입은 민간부문이 보유하는 포트폴리오의 구성을 변동시킴으로써 환율에 영향을 미친다. 중앙은행이 외환매입과 동시에 원화채권매각을 통해 불태화시키는 경우 민간부문의 외화자산 보유량이 줄어드는 반면 원화자산의 보유량은 늘어난다. 만약 민간부문이 외화자산과 원화자산을 완전대체적인 금융자산으로 인식한다면 앞에서 설명한 것과 같이 포트폴리오의 구성을 변동시킬 필요가 없기 때문에 불태화된 외환시장개입이 당초의 환율이나 국내금리에 영향을 미치지 않는다.

그러나 외화자산과 원화자산이 서로 불완전대체적인 성격을 갖는다면 중앙은행의 불태화외환시장개입은 환율변동에 영향을 미치게 된다. 앞의 예에서, 중앙은행이 외환을 매입하고 동시에 공개시장에서 원화자산을 매각해 통화량에 대한 영향을 불태화시키고자 한다면 외화자산은 수요가 늘고 원화자산은 공급이 늘 것이다. 따라서 외화자산 가격이 상승하고 국내자산 가격이 하락할 것이며 외화자산의 상대적 가치인 환율이 상승하게 된다. 즉, 포트폴리오-밸런스 모형에 따르면 투자자들은 비록 자본이동이 자유로울지라도 주변에서 쉽게 접할 수 있는 친숙한 자산을 보다 선호하게 되고, 따라서 자산구성에 있어 국내자산과 해외자산을 불완전대체제로 간주한다. 그러므로 이들 자산의 상대적인 수급변화는 상대기대수익에 변화를 가져오고 그 결과 환율의 변화를 유발하게 된다.

둘째, 외환시장개입이 중앙은행은 알고 있으나 시장에는 알려지지 않은 경제변수의 미래값에 대한 내부정보를 시장에 신호하는 수단으로 이용된다면 외환시장개입은 신호효과를 통해 환율에 영향을 미칠 수 있다. 만일 시장참가자들이 중앙은행개입이 신호하는 바를 믿는다면, 비록 외환시장개입이 현재의 경제변수들을 변화시키지는 않을지라도 미래 경제변수들에 대한 예상을 변화시킨다. 시장참가자들이 미래경제변수들에 대한 예상을 재고할 때 또한 미래환율에 대해 재고하게 되고, 따라서 현재환율이 변하게 된다.

예를 들어, 중앙은행이 환율을 상승시키기 위해 외환시장에서 외화자산을 매입했다고 하자. 만일 외환시장이 중앙은행의 환율상승 의지가 확고하다고 믿는다면 추후 팽창통화정책을 통해서 이를 뒷받침할 것이라고 예상하게 된다. 따라서 외환시장 참가자들은 향후 통화량 증가로 환율이 상승했을 때 외환을 매입하는 것보다 현재 저가로 매입하고 미래에 고가로 매각하는 것이 유리하다고 생각하게 된다. 이에 따라 현물시장에서 외환에 대한 수요가 증가하고 환율이 상승하게 된다. 즉, 중앙은행이 외환을 매입하는 경우 이를 미래의 팽창통화정책에 대한 신호로 받아들이고 그에 대응하고자 함으로써 현재환율이 영향을 받게 된다는 것이다.

한편 외환시장의 거래규모가 그리 크지 않은 경우 신호효과를 이용해 단기적으로 외환시장개입 효과를 더욱 크게 만들 수 있는 경로로 노이즈거래(noise trading) 경로를 들 수 있다. 환율은 단기에 있어서 한계적인(marginal) 수요와 공급에 의해 결정되기 때문에 중앙은행은 외환시장의 거래규모가 크지 않고 불확실할 때 시장에 개입하면 의도한 바대로 환율을 변화시킬 수 있다. 예를 들어 외환시장이 기초경제변수들(fundamentals)의 지배적인 영향을 받고 있을 때 시장개입을 하면 환율에 대해 특별한 영향을 미칠 수 없을지도 모른다. 그러나 원화가 과대평가되어 있다는 인식이 확산되어 있음에도 불구하고 환율이 특별한 추세를 보이고 있지 않을 때 중앙은행이 일련의 지속적인 개입으로 은밀히 달러를 매입하면 미약하나마 환율이 상승할 것이고, 외환시장의 추세분석가(chartist)들이 이를 추세분석에 반영하게 된다. 추세분석가들은 환율예측을 하는 데 있어 일반적으로 가장 최근의 움직임에 보다 큰 가중치를 부여하기 때문에 앞에서와 같은 개입에 따른 환율변화를 추세 자체의 변화로 감지하고 외환시장이 다른 방향으로 전환될 것이라고 예측하게 될 것이다. 이러한 예측을 근거로 달러에 대한 매입주문을 내게 될 것이고, 따라서 환율은 이후 추가적인 개입이 없어도 중앙은행이 의도한 방향으로 움직이게 될 것이다.

이러한 신호효과가 현재환율에 영향을 미치기 위해서는 중앙은행의 외환시장개입동기가 뚜렷이 나타나고 정책목표가 상호 간에 상충되지 않아야 한다. 만약 중앙은행의 외환시장개입이 다른 정책과 혼재되어 개입동기가 시장참가자들에게 명백히 인식되지 못한다면 신호효과에 의한 환율변동은 기대할 수 없게 된다.

3.3 외환시장개입의 효과에 대한 검증

중앙은행의 외환시장개입은 개입유형, 개입시기, 개입통화 등에 따라 상이한 결과를 나타내기 때문에 그 유효성에 대해 단정을 내리기는 어렵다.[8]

현행 변동환율제도로 이행한 이후 상당 기간 동안 학계에서는 일반적으로 중앙은행의 외환시장개입이 환율추세를 전환시키는 데 별로 효과가 없으며, 있더라도 극히 미미하고 일시적인 효과밖에 없다는 견해를 제시했다.[9] 이러한 분위기가 확산되었던 것은 1970년대 말 당시 외환시장이 효율적이라고 주장하는 연구결과들이 발표되었고, 실증연구들이 외환시장개입의 유효성을 밝혀줄 만한 근거를 거의 찾아내지 못했기 때문이다. 이에 미국 정부는 1980년대 초반 내내 외환시장에 대해 방임주의 정책으로 일관했고 적극적인 개입을 행하지 않았다.

그러나 1985년 플라자 협정 이후 이러한 인식이 급격하게 바뀌었다. 미국 정부는 1980년대 전반 동안 환율이 경제상황과 동떨어지게 움직였고 이것이 미국의 경상수

8. Dominguez and Frankel(1993), Edison(1993), 이영섭(1997) 등은 외환시장개입의 유효성에 대해 실증분석한 연구들을 서베이하고 있다.

9. 대표적인 문헌으로 Jurgenson(1983)을 들 수 있다.

지를 악화시켰다고 생각했다. 이에 따라 미국 정부는 1985년 플라자 협정, 1987년 루브르 협정을 맺고 외국 정부와의 상호 협조 하에 외환시장에 개입하기로 결정했다. 이후 환율은 외환시장개입 방향에 따라 움직였고 대부분의 외환거래자들도 외환시장개입이 중요한 영향을 미치고 있다는 사실을 믿게 되었다. 특히 1980년대 후반 이후 이론적으로도 신호효과 경로라는 새로운 경로가 부각되기 시작했고, 또한 1980년대 말 이후 주요 국가들의 중앙은행들이 일별 외환시장개입 자료를 공개하기 시작하면서, 외환시장개입이 환율에 상당한 영향을 미치고 있다는 실증분석 결과들이 속속 제시되고 있다.

외환시장개입과 관련된 최근의 실증분석 결과들이 모두 일치하는 것은 아니지만, 대체적으로 다음과 같은 결론을 내리고 있다. 외환시장개입은 환율을 변화시키는 데 있어서 비록 장기간 지속되는 효과는 없을지라도 적어도 단기적으로는 효과가 있는 것으로 나타난다. 이러한 효과는 특히 다른 국가의 중앙은행과 협조 하에 개입할 때 더욱 커지며, 외환시장개입이 환율에 영향을 미치는 여러 경로 중 신호효과 경로가 중요한 역할을 하고 있다.

Box 18-2 외환시장개입과 환율반응

그림 18-4 외환시장개입과 환율반응

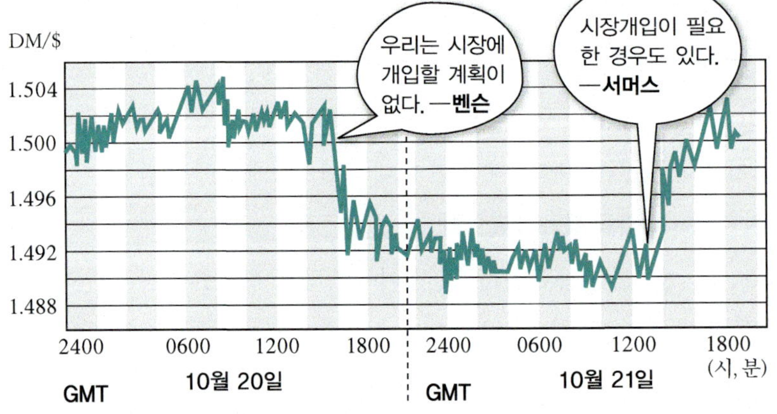

자료 : Solnik(1996), p.67.

[그림 18-4]는 외환시장개입의 신호효과에 대한 사례를 제시하고 있다. 이 그림은 1994년 10월 20~21일의 환율움직임을 나타낸 것인데, 특히 초단기환율이 실제 개입 여부와는 상관없이 외환시장개입 신호에 얼마나 민감하게 반응하는지를 생생하게 보여주고 있다. 당시 달러화에 대해 절하압력이 존재하고 있었는데, 10월 20일 오후 미국 재무장관 벤슨(L. Bentsen)이 미국은 달러화를 방어하기 위해 외환시장에 개입할 계획이 없다는 돌출발언을 하자 외환시장이 혼란에 빠지면서 달러화가 급락하기 시작했다. 이에 미국 정부는 사태를 수습하고자, 당시 재무차관이었던 서머스(L. Summers)가 벤슨의 발언을 정정하면서 시장개입이 필요한 경우에는 개입하는 것도 바람직하다는 요지의 발언을 했다. 이후 달러화는 즉시 재반등했다.

4. 외환시장개입과 거시경제정책 운용

International Finance, ch. eighteen

개방경제 하에서 대내외적 정책목표를 달성하기 위한 경제정책의 운용은 국가 간 자본이동의 정도가 높아짐에 따라 크게 제약을 받게 된다. 국가 간 활발한 자본의 유출입은 환율에 직접적으로 영향을 미칠 뿐만 아니라 국내금리와 외국금리 간의 연계성을 증내시키게 된다. 중앙은행이 이러한 환율과 국내외 금리변동에 대응하여 경제의 안정화를 도모하고자 외환시장에 개입하는 경우 통화량의 변동과 궁극적으로는 물가의 변동을 수반하게 된다. 뿐만 아니라 자국에게 유리한 방향으로의 외환시장개입은 상대방 국가의 대응을 불러일으킬 수 있다. 이처럼 외환시장개입은 대내외적 상황과 긴밀히 연계되어 있기 때문에 중앙은행이 외환시장개입을 통해 의도하는 방향으로 환율을 변화시키는 데는 현실적으로 많은 제약이 뒤따른다.

4.1 외환시장개입과 다른 경제정책과의 상충

자본이동성이 증대하는 경우 환율, 금리, 통화량 등 경제변수들의 국제적 연계성이 증대되어 경제정책목표를 달성하고자 하는 과정에서 환율정책과 금융정책 간 상충관계가 나타나게 된다. 예를 들어, 국내금리가 국제금리보다 높아 자본이 유입되면서 원화가 절상되는 상황을 가정해 보자. 원화의 과도한 절상을 방지하고자 태화외환시장개입을 하는 경우 중앙은행은 원화환율의 안정화를 도모할 수 있으나 외환시장개입

그림 18-5 환율정책과 금융정책의 상충관계

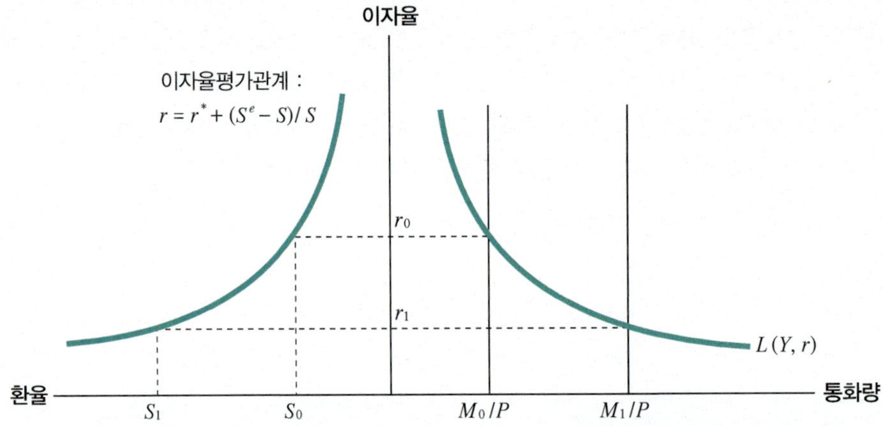

의 결과 통화량을 증가시키게 된다. 이 상황에서 중앙은행이 통화량 증가로 인한 물가 불안을 해소하기 위해서는 불태화정책을 이용해 통화량의 증가를 억제해야만 한다.

그러나 자본이동이 활발한 경우 불태화외환시장개입을 적극적으로 구사하는 것은 많은 어려움을 수반한다. 예를 들어, 환율을 상승시키기 위해 외환매입을 하고 이를 불태화시키고자 채권을 발행해 공개시장에서 매각한다고 하자. 중앙은행은 발행한 채권에 대해 이자지급부담을 지게 되는 만큼 이러한 이자지급은 또 다른 통화증발 요인으로 작용한다. 게다가 채권공급의 증가는 국내금리를 상승시켜 추가적인 자본유입을 초래하기 때문에 불태화정책 자체가 다시금 통화증발 요인으로 작용하는 악순환을 낳을 수 있다. 나아가 자본유입으로 인해 원화가 절상됨으로써 원화환율을 의도하는 수준에서 유지하기가 더욱 어렵게 될 수 있다. 특히 불태화정책은 채권공급의 증가가 국내금리에 미치는 영향과 국내금리의 상승이 자본유입에 미치는 영향이 크면 클수록 그 유효성에 제약을 받게 된다.

이러한 환율정책과 금융정책 간의 상충관계는 환율결정에 관한 통화론적 모형에 의해 쉽게 설명될 수 있다. 예를 들어, 중앙은행이 경상수지 적자를 해소하고자 외환시장개입을 통해 환율의 인상(원화의 절하)을 유도하는 경우를 생각해 보자. [그림 18-5]에서 보는 것과 같이 중앙은행이 외환의 매입을 통해 원화환율을 S_0에서 S_1으로 절하시키는 과정에서 국내통화량이 $\frac{M_0}{P}$에서 $\frac{M_1}{P}$으로 증가하며, 국내금리는 r_0에서 r_1으로 하락하게 된다. 그러나 중앙은행이 통화량 증가에 따른 물가불안을 우려해 공개시장조작을 통해 통화량을 종전 수준으로 줄인다면 국내금리는 다시금 원래의 수준 r_0로 상승하며 자본유입으로 환율이 원래의 수준 S_0로 하락함으로써 환율은 경상수지 적자의 해소에 적정 수준인 S_1을 유지할 수 없게 된다. 이와 같이 국가 간 자본이동이 자유로운 경우 환율정책과 통화금융정책 간에 상충관계가 존재하기 때문에 중앙은행은 환율과 통화량 중 어느 하나만을 선택하거나 또는 환율과 통화량의 최적조합을 모색하지 않으면 안 된다.

4.2 시장 및 외국의 반응

비록 불태화외환시장개입을 시행한다 하더라도 이러한 개입이 최종적으로 환율에 영향을 미치는 데는 현실적으로 많은 한계가 있을 수 있다. 우선, 중앙은행이 시장참가자들의 예상을 의도하는 방향으로 전환시키기가 용이하지 않다. 이는 환율정책에 대한 정책의지가 명확히 인식될 만큼 오랜 기간 대규모로 개입하는 데는 한계가 있을 수 있기 때문이다.

또한, 본국의 외환시장개입에 대해 외국의 외환당국이 어떠한 반응을 보이느냐에 따라 외환시장개입 효과는 크게 달라진다. 환율은 두 통화 간의 교환비율을 나타내기 때문에 외국이 반대방향으로 개입을 한다면 외환시장개입 효과는 크게 줄어들거나 상쇄된다. 이를 종합해 볼 때 중앙은행의 외환시장개입이 효과적으로 수행되기 위해서는 경제정책에 대한 신뢰성 제고, 경제정책들 간의 조화, 그리고 국가 간의 일관성 있는 정책협조가 필요하다.

요약

1. 외환시장개입이란 중앙은행(또는 외환당국)이 특정한 정책목표를 달성하기 위해 은행 간 외환시장에 참여해 행하는 적극적인 외환거래를 의미한다. 중앙은행의 외환시장개입 목적으로는 외환시장의 안정, 경제목표의 달성, 외환보유액 조정, 외환거래의 활성화 등이 있다.

2. 외환시장개입은 중앙은행이 보유하는 순외화자산의 변동을 가져오는데, 이러한 과정에서 본원통화의 변동을 수반하느냐의 여부에 따라 태화외환시장개입과

불태화외환시장개입으로 구분된다. 태화외환시장개입은 외환시장개입이 본원통화의 변동을 수반하는 경우를 말한다. 반면에 불태화외환시장개입은 외환시장개입으로 초래되는 본원통화의 변동을 중앙은행이 국내여신 등의 변동을 통해 부분적으로 또는 완전히 상쇄하는 것을 말한다.

3. 외환시장개입의 효과는 개입의 규모, 기간, 유형 등에 따라 크게 달라진다. 개입이 환율에 전달되는 경로는 포트폴리오 경로 및 신호경로가 있는데, 경험적 연구에 따르면 그중에서도 신호경로가 더 중요한 역할을 하는 것으로 나타나고 있다. 외환시장개입은 비록 장기간 지속되는 효과는 없을지라도 적어도 단기적으로는 효과가 있는 것으로 나타난다. 이러한 효과는 특히 다른 국가의 중앙은행들과 협조 하에 개입할 때 커진다.

4. 국가 간 자본이동이 활발한 경우 외환시장개입 정책은 다른 경제정책과 상충될 우려가 있다. 따라서 중앙은행의 외환시장개입이 효과적으로 수행되기 위해서는 경제정책에 대한 신뢰성 제고, 경제정책 간의 조화 및 국가 간의 일관성 있는 정책협조가 필요하게 된다.

부록 우리나라의 외국환평형기금제도

International Finance, ch. eighteen

외국환평형기금이란 외환관리당국이 외환시장에 직접 개입해 자국통화의 대외가치를 적정 수준으로 유지시키는 한편, 계절적 또는 투기적 요인 등에 의한 외화자금의 수급불균형을 조절함으로써 국내외환시장의 안정을 도모하고 나아가 해외부문을 통한 통화교란을 방지해 효율적으로 통화를 관리하기 위해 설치된 기금을 말한다.

우리나라의 외국환평형기금은 1968년 12월 한 · 일청산계정 잔액의 승계분과 한국외환은행 도쿄지점에 예치되었던 재무부장관 명의의 엔화별단예금의 전입분을 재원으로 처음 설치되었다. 이 기금제도의 도입은 외환거래를 활발하게 하는 한편, 1965년 이래 활발한 외자도입과 경상수지의 호전으로 인한 해외부문에서의 통화증발 압력을 자체 내에서 효과적으로 흡수함으로써 민간신용의 안정적 공급을 도모하는 데 주요 목적이 있었다.

이 기금의 재원은 정부출연금, 원화표시 또는 외화표시 평형기금채권의 발행자금, 그리고 한국은행, 외국환은행 또는 외국 금융기관으로부터의 예수금이나 차입금 등으로 조달하도록 되어 있다. 이 기금은 원칙적으로 외환시장에 개입해 외환을 매입하는 경우에 사용하도록 되어 있다. 그러나 필요한 경우 기금을 한국은행, 외국환은행 또는 외국 금융기관에 예치, 예탁, 대여 또는 임차할 수 있으며, 국회의 동의를 얻어 한국은행, 외국환은행 또는 외국 금융기관의 외환거래에 수반되는 채무의 보증에도 이용할 수 있다.

연습문제

01. 통화량을 정책목표로 삼는 경우 외환시장개입이 미래의 통화정책에 대한 역신호를 제공할 수도 있는 가능성을 설명하라.

02. 외환시장개입의 성공 여부를 외환시장개입에 따른 손익을 가지고 평가하기도 한다. 이러한 평가의 타당성 및 문제점을 설명하라.

03. 선물환을 이용한 외환시장개입이 불태화외환시장개입과 동일함을 이자율평가식을 이용해 증명하라.

04. 우리나라의 불태화외환시장개입은 일반적인 경우와 다른 방식을 취하고 있는데, 이러한 외환시장개입방식이 효과를 거둘 수 있는 경로를 설명하라.

05. 외환시장개입이 포트폴리오효과와 신호효과 중 어떤 경로를 거쳐 환율에 영향을 주는지 파악하고자 한다면, 실증분석을 할 때 어떤 점에 착안해 살펴보아야 하는가?

국제금융제도와 국제금융위기

V

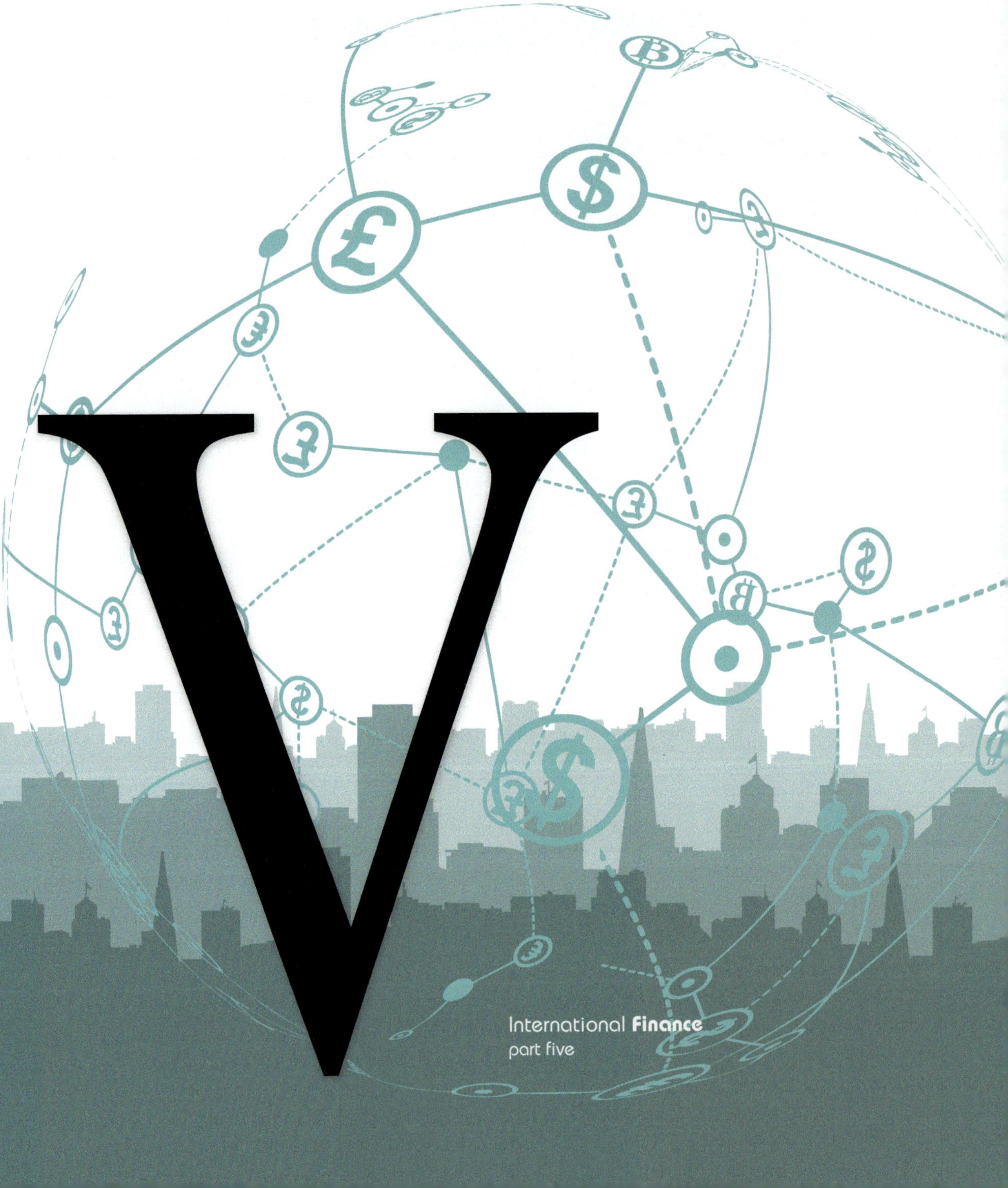

International **Finance**
part five

국제통화제도의 변천과 통화 · 금융협력

International **Finance**
ch. nineteen

19

지금까지 살펴본 국제금융시장의 구조 및 기능, 환위험 관리, 개방경제정책 운용 등은 제도에 따라 상당히 달라진다. 각각의 제도는 나름대로 장 · 단점이 있기 때문에 각 상황에 따라 제도적인 요인이 때로는 긍정적으로 작용하고 때로는 제약으로 작용하기도 한다. 따라서 각 국가마다 제도의 선택이 다르고, 국제금융제도도 시대에 따라 변천해 오고 있는 것이다. 이 장에서는 그러한 제도적인 요인들의 특징 및 영향을 살펴보고 지역적인 차원에서의 통화 · 금융협력 노력을 살펴보고자 한다.

우선 제1절에서는 역사적으로 국제통화제도가 어떻게 변해오고 있는지 살펴본다. 제2절에서는 지역통화협력의 가장 대표적인 이론인 '최적통화지역'(optimum currency area) 이론을 다룬다. 제3절에서는 유럽통화제도의 생성배경과 그것이 EMU로 전개되어 온 과정을 살펴본다.

1. 국제통화제도의 변천

이 절에서는 국제통화제도의 선택과 관련해 환율제도의 장 · 단점이 어떻게 작용했는지 역사적 과정을 보면서 설명하고자 한다. 국제통화제도의 변천은 기존의 제도가 새로운 환경에 부합하지 않기 때문에 변화를 모색하는 과정에서 이루어져 왔으므로, 변천과정을 특히 대내외적인 여건변화와 국제통화제도 간의 상호작용을 중심으로 살펴보고자 한다.

1.1 금본위제도

국제통화제도는 제1차 세계대전 이전의 금본위제도, 제1, 2차 세계대전 사이의 급격한 환율의 변동, 제2차 세계대전 후 IMF를 중심으로 한 금환본위제도 등을 거쳐 최근에는 변동환율제도를 중심으로 한 국제통화제도로 다양하게 변모해 왔다.

금본위제도(gold standard system)란 통화단위를 순금의 일정한 중량으로 정해 놓고 금화의 자유주조를 허용하며, 지폐나 예금통화 등은 항상 아무런 제한 없이 금화와 교환할 수 있게 하는 제도를 말한다. 이 제도는 19세기와 20세기 초에 걸쳐 세계 주요국에서 채택되었던 제도인데, 이 제도 하에서 각국 통화는 금의 중량을 기준으로 그 가치가 정해져 있었으므로 각국 통화 간의 교환비율은 금을 통해 고정되어 있었다.

따라서 금본위제도는 전형적인 고정환율제도이다. 이러한 금본위제도가 나름대로의 성숙한 모습을 나타낸 것은 1870년대경이다. 영국의 주도 하에 성립된 이 제도는 그후 제1차 세계대전 직전인 1914년까지 국제금융 및 국제경제의 발전에 공헌해 왔다. 그러나 제1차 세계대전을 치르면서 사태는 일변했다. 1914년 이전의 금본위제도 시기가 국제통화질서의 건전성을 대표하는 고전적인 모범이라고 한다면, 제1, 2차 세계대전 사이의 경험은 다시 되풀이하고 싶지 않은 악몽이었다고 할 수 있다. 이 시기에는 환율과 국제수지가 비정상적으로 변화했는데, 특히 1919~1923년 사이의 국제경제의 혼돈과 1930년대의 대공황은 이 시기의 난맥상을 잘 나타내 주고 있다.

제1차 세계대전 이후 각국은 그동안의 과다했던 전비지출의 유산인 인플레이션과 정치적 불안정 등 경제내외의 문제에 직면하고 있었다. 이 상태에서 영국은 파운드화의 가치를 전쟁 전의 금평가로 되돌리는 결정을 했다. 그러나 파운드화의 과대평가 정책은 막대한 실업과 교역재산업의 경기침체를 가져오게 되었다.

한편 대륙의 여러 나라들은 인플레이션에 시달리고 있었는데, 독일의 경우에는 특히 심해 극심한 '초인플레이션'(hyper-inflation)의 양상을 보이고 있었다. 제1차 세계대전을 종식시키는 베르사이유 조약에 따라 패전국인 독일은 연합국들에게 배상금을 지불해야만 했는데, 전쟁에 패한 독일 정부로서는 조세증대가 불가능했기 때문에 통화를 증발할 수밖에 없었다. 따라서 독일에서 초인플레이션이 극심하게 발생한 것이다.

이러한 초인플레이션은 1923년 절정에 달했다. 당시 프랑스는 독일이 베르사이유 조약을 충실히 이행하지 않는다는 이유로 루르 지방에 군대를 파견했다. 이에 독일 노동자들이 프랑스 점령에 반대해 파업을 했고 독일 정부는 이들 노동자들을 지원하기 위해 보다 많은 통화를 발행해 임금을 지속적으로 지불했다. 그 결과 1919년 1월부터 1923년 12월까지 약 5년만에 물가가 자그마치 4,815억 배나 올라 독일통화는 휴지조각이 되어버렸고 실제적으로 차 1대분의 지폐를 가지고도 1주일분의 채소를 구입하기 어려운 지경에까지 이르렀다.

독일의 초인플레이션은 연합국들이 전쟁배상금을 경감해 주고 독일 정부도 화폐개혁을 단행해 균형예산을 달성하기 위한 노력을 기울이면서 사라지게 되었다.

그러나 이어 발생한 1930년대의 대공황은 국제통화질서에 회복하기 어려운 결정타를 가했다. 미국 월가(Wall Street)의 붕괴는 급속히 전 세계로 파급되어 오스트리아와 독일의 연쇄적인 파산을 불러일으켰고 독일에 막대한 자금을 대부해 주었던 영국은 1931년 급기야 금본위제도를 포기하고 파운드화의 평가절하를 단행했다. 그후 미국마저 달러화의 평가절하를 단행해 주요 선진제국은 일시적인 변동환율제도를 채택하게 되었고, 국제적인 금본위제도는 결국 붕괴하고 말았다.

이 시기의 쓰라린 경험은 훗날 IMF의 창설에 지대한 영향을 미쳤다. 환율의 극심한 변동이 경제불안의 원인이라고 생각한 주요 선진국들은 전후 새로운 통화제도를 구상함에 있어 환율안정에 중점을 둔 통화제도를 지지하게 되었다. 고정환율제도를

근간으로 하는 브레튼우즈 체제는 이러한 맥락 하에서 출범하게 된 것이다.[1]

1.2 금환본위제도와 브레튼우즈 체제

제2차 세계대전이 끝날 무렵인 1944년 새로운 국제통화질서의 확립을 위해 미국 브레튼우즈(Bretton Woods)에서 44개국의 대표들이 모인 가운데 국제통화기금(International Monetary Fund ; IMF)이 창설되었는데, 이와 함께 출범한 새로운 국제통화제도를 '브레튼우즈 체제'라고 한다.

브레튼우즈 체제 하에서의 국제통화제도는 미국의 달러화를 '기축통화'(vehicle currency)로 하는 금환본위제도(gold-exchange standard system)였다. 이는 미국의 달러화만이 금과의 일정 교환비율을 유지하고 각국의 통화는 기축통화와의 기준환율(par value *or* central rate)을 설정 · 유지함으로써 환율을 안정시키고자 했던 제도이다.

금환본위제도가 제대로 기능을 다하기 위해서는 기축통화의 금평가(gold parity)가 고정되어야 하고 다른 통화들의 경우에도 기준환율의 조정이 최대로 억제되어야 한다.

따라서 브레튼우즈 체제 하에서는 일시적인 국제수지 불균형이 생길 경우에는 IMF 각 회원국이 출자한 자금을 공여함으로써 불균형을 해소하고자 했고, 국제수지의 구조적 불균형(fundamental disequilibrium) 상태에서만 환율의 변동이 허락되었다. 결국 브레튼우즈 체제는 '조정가능 고정환율제도'(adjustable pegged exchange rate system)를 통해 환율을 안정시키고 국제수지의 불균형을 해소시킴으로써 국제무역을 증진시키는 것을 그 목적으로 했다.

이러한 브레튼우즈 체제는 1960년대에 이르기까지 그런대로 환율의 안정을 유지하면서 세계무역 증진에 기여해 왔으나 근본적으로 몇 가지 문제점을 안고 있었다.

첫째로 각국의 경제성장속도가 각각 다르고 인플레이션율이 각각 다른 상황 하에서 고정환율제도를 유지하기가 쉽지 않다는 점이다. 예를 들어 1970년대 초에 1차 오일파동이 일어났을 때, 각국 경제에 미친 여파는 각각 달랐고 이에 대응하는 정부의 정책도 상이했다. 그 결과 국가 간에는 격심한 인플레이션율의 차이가 발생하게 되었고, 이와 같은 상황 하에서 고정환율제도를 유지한다는 것은 용이하지 않았다. 또한

1. 그러나 오늘날에는 변동환율제도가 그 당시 경제불안정의 원인이었다는 데 대해 의견이 일치하지 않고 있다. 오히려 무리하게 환율을 유지시키려던 영국 등의 노력이 경제에 더 큰 혼란을 초래했다고 보는 견해도 있다.

장기적으로 국제수지 적자가 지속된 후에야 비로소 환율의 변경이 허용됨으로써 환투기가 성행했고, 이에 따라 환율의 변동폭은 더욱 커지게 되어 경제에 커다란 부작용을 가져오게 되었다.

둘째는 국제유동성 확보와 달러화의 신뢰도(confidence)문제이다. 국제유동성이란 국제적으로 보편적인 통용력을 갖는 지불수단을 말하는데, 초기의 브레튼우즈 체제 하에서는 금이나 달러화가 이 역할을 수행했다. 이러한 유동성은 국제무역 증대에 따라 적정하게 공급되어야 하는데 브레튼우즈 체제 하에서 유동성 공급은 금의 생산증대나 미국의 국제수지 적자를 통한 방법밖에 없었다. 금의 생산량 증가에는 한계가 있기 때문에 주로 미국의 국제수지 적자를 통해 유동성이 공급되었는데, 이 경로를 통한 유동성 증대는 달러화의 신뢰도를 떨어뜨리는 부작용을 가져왔다. 이와 같이 브레튼우즈 체제는 '유동성 증대'와 '신뢰도 확보'라는 상호 모순되는 과제를 안고 있었는데, 이를 유동성 딜레마(liquidity dilemma) 또는 '트리핀의 딜레마'(Triffin's dilemma)라 한다.

Box 19-1 International Monetary Fund(IMF)

국제통화기금으로 불리며, 가맹국들의 출자로 공동기금을 만들어 각국이 이용하도록 해 회원국의 환율안정과 국제유동성 확대, 자유무역의 안정적인 성장 등 세계경제의 번영을 가져오도록 하는 것을 목적으로 한다. 본부는 미국의 워싱턴에 있으며, IBRD(세계은행)와 함께 국제금융기구의 축으로 꼽힌다. 1944년 브레튼우즈 협정에 설립 근거를 두고 1947년 3월에 설립되어 현재 187개국이 가입해 있다. IMF 총 출자액은 400억 달러의 금보유금을 포함해 약 1,450억 SDR이다.

가맹국은 크게 14조국과 8조국으로 나뉜다. 우리나라는 1955년 8월에 14조국에 가입한 뒤 1988년 11월에 8조국(article 8 nation of IMF)으로 옮겼다. 8조국의 일반적 의무는 ① IMF 승인 없이는 국제수지의 경상적 지급에 대한 외환규제를 하지 않고 ② 타국에 대한 차별적 통화조치(이중 환율제)를 취하지 않고 ③ 통화의 자유교환성을 확대할 것 등이다.

국제금융시장에서 IMF의 위기관리자로서의 역할은 지난 1982년 중남미국가들의 채무불이행 때 크게 강화되었고, 1995년 멕시코 페소화 위기 수습에 적극 개입하면서 중요성이 부각되었다. 돈을 출자한 비율에 따라 의결권을 갖기 때문에 돈을 가장 많이 낸 미국의 입김이 가장 크게 작용한다. 회원국은 일시적인 국제수지 불균형에 직면할 경우 그들이 필요로 하는 외환을 IMF로부터 공급받을 수 있다. 이러한 인출로 인해 발생하는 국제유동성 확대는 인출액을 상환할 때 다시 사라진다. IMF 차관(credit)은 단기적인 융자 중심이었으나 오일쇼크 이후에는 중기적 융자도 가능하게 되었다. 우리나라는 1997년 외환위기를 맞아 12월 3일 IMF의 구제금융양해각서(Korea-Memorandum on the Economic Program)에 합의하고 210억 달러(SDR 155억 달러)의 지원자금을 받은 바 있다.

자료 : www.imf.org

실제로 제2차 세계대전 직후의 국제금융시장은 달러화 부족상태에 놓여 있었으나 1960년대 월남전을 통해 미국의 국제수지가 계속 악화됨에 따라 미국의 대외 유동성 부채가 증가하고 달러화는 오히려 공급과잉 상태에 빠지게 되었다. 특히 미국의 금준비가 대외 유동성 부채를 밑돌게 되자, 달러화의 국제적 가치가 의심받게 되어 국제통화위기가 발생했다.

결국 1960년과 1968년을 각각 전후해 일부 국가들은 미국에 대해 달러화의 금태환을 요구했고, 또 일부 국가들은 런던의 금시장을 통해 달러화를 금으로 전환했으며, 민간부문에 의한 달러화와 금과의 투기적 거래가 유발됨에 따라 국제통화질서가 흔들리기 시작했다.

이러한 통화위기를 해결하기 위해 IMF는 특별인출권(Special Drawing Rights ; SDR)을 창출해 유동성을 공급하고, 국가 간 협력을 통한 금풀제(1961년)와 금의 이중가격제 등을 실시해 달러화의 국제신뢰도를 회복하려고 노력했다.

'금풀제' (International Gold Pool)는 런던의 금시장에서 투기를 목적으로 이루어지는 금거래를 막기 위해 주요국들이 금을 지원해 금시세를 1온스당 35달러선에서 유지시키려던 조치였다. 1966년까지 금풀제는 금에 대한 민간부문의 투기를 억제하는 데는 성공적이었으나 본질적으로 투기의 발생원인을 완전히 제거할 수는 없는 조치였다.

'금의 이중가격제' (Two-Price System for Gold)는 1967년 이래 수차에 걸친 국제적인 골드러쉬(gold rush, 금매입)에 따른 국제통화위기를 극복하기 위해 1968년 3월에 취해진 조치로, 사실상 1961년 이래 유지되어 온 금풀제를 대체한 제도였다.

금의 이중가격제는 각국 중앙은행 간의 금거래에서 종전과 같이 1온스당 35달러의 공정가격을 적용하고, 반면 일반 거래에서는 그 가격이 자유금시장에서 결정되게 한 조치였다. 또한 자유금시장에서 금융당국의 금거래를 중단시킴으로써, 금의 자유시세가 금의 공정가격을 능가할 경우 금융당국의 차익거래에 의한 수익도모를 방지했다.

그러나 이런 조치들에도 불구하고 달러화가 끝내 국제적 신뢰도를 회복하지 못한 채, 1971년 8월 닉슨행정부는 '금태환중지선언' 을 하기에 이르렀다.

닉슨행정부의 금태환중지선언이 있던 해 12월, 다시 고정환율제도를 회복하고자 달러화를 8.57% 평가절하(금 1온스당 35달러에서 38달러로 달러의 금평가 조정)하고, 과거 기준환율의 1% 수준에서 제한되었던 환시세의 변동폭을 2.25%로 확대하는 이른바 와이더밴드환율제(wider band exchange rate system)의 채택을 골자로 하는 '스미소니언 협정' (Smithsonian Agreement)이 체결되었다.

스미소니언 체제가 출범한 지 6개월 만인 1972년 6월에 영국은 잇따른 파운드화 파동을 견디지 못하고 변동환율제도를 채택함으로써 동 체제를 이탈했으며, 뒤이어 프랑스, 벨기에, 이탈리아 등도 이중환율제도를 택하게 되었다. 또한 투기자본이 마르크화와 엔화에 집중되어 달러화의 시세는 계속 하락하게 되었다. 결국 미국은 1973년 2월에 금 1온스당 38달러에서 42.22달러로 다시 10%의 평가절하를 단행하지 않을 수 없었고 EC 제국은 동년 3월에 '공동변동환율제도'(European System of Narrower Exchange Rate Margins : Snake System)로 이행하게 되었다.

스미소니언 체제가 달러화의 재평가절하로 와해된 이후 각국은 자국의 경제여건과 필요성에 따라 다양한 환율제도를 유지하게 되었으며, 이에 대처해 IMF는 1974년 6월 '변동환율운용지침'(Guidelines for the Management of Floating Rates)을 설정 · 운영하기에 이르렀다. 결국 브레튼우즈 협정의 양대 지주인 '달러화와 금의 태환'과 '고정환율제도'는 완전히 붕괴되었고, 국제통화제도도 크게 변모하게 되었다.

1.3 변동환율제도로의 이행

◉ 킹스턴 체제

1976년 1월 자메이카의 킹스턴(Kingston)에서 새로운 국제통화질서가 수립되어 국제통화제도는 지금까지의 브레튼우즈 체제에서 킹스턴 체제로 넘어가게 되었다. 킹스턴 체제는 브레튼우즈 체제의 붕괴 이후 현존하는 통화체제를 인정한 것이며, 새로운 국제통화체제를 향한 과도기적 체제라 할 수 있다. 킹스턴 체제의 기본 내용은 다음과 같다.

첫째, 회원국에게 그 경제여건에 적합한 '독자적인 환율제도'를 선택할 수 있는 재량권을 부여함으로써 오늘날 대부분의 선진국이 실시하고 있는 변동환율제도를 인정했다. 그리하여 환율변동이 국제수지 불균형의 조정기능을 상당한 정도까지 담당하게 되었다.

둘째, 금의 공정가치가 폐지됨으로써 가치척도로서의 금의 역할이 사라지게 되었다. 대신 그 기능을 일명 '페이퍼 골드'(paper gold)라고 불리는 SDR이 맡게 됨으로써 브레튼우즈 체제 하의 금 · 달러본위가 킹스턴 체제에서는 'SDR 본위'로 바뀐 것이다.

셋째, SDR의 국제통화로서의 기능과 위치를 강화하기 위해 그 사용범위를 크게 확대했다. SDR의 적절한 창출과 관리에 의해 국제유동성 부족 문제와 특정 통화에 대한 지나친 의존에서 오는 국제통화 신뢰도의 문제를 해결해 나가고자 한 것이다. 그러나 SDR의 사용이 아직은 주로 중앙은행 간의 공적 거래에 국한되어 있고 SDR의 과도한 창출은 세계적인 인플레이션을 야기시킬 우려가 있어 이의 적극적인 활용에는 한계가 있었다. 따라서 이후 달러화, 마르크화 등 주요국 통화의 국제통화로서의 역할은 계속되었다. 그리고 금의 국제통화로서의 기능 폐지와 변동환율제도의 실시로 인해 SDR 자체의 가치기준을 어디에 연결시키느냐 하는 문제도 계속 남아 있었다.

넷째, 킹스턴 체제는 회원국의 국제수지 불균형 문제를 국제통화체제의 안정을 저해하는 가장 큰 요인 중의 하나로 보았다. 따라서 킹스턴 체제는 IMF의 국제수지조정 지원기능을 확대하기 위해 IMF 신용을 크게 확대했으며, 이용조건 또한 완화했다.

◉ 석유파동과 달러화 상승

1970년대 초 변동환율제도로 이행한 직후 세계경제는 두 차례의 혹독한 시련을 거치게 된다. 제1차 석유파동이 닥쳤을 때 미국은 경기침체를 우려해 팽창정책기조를 취한 반면 다른 국가들은 인플레이션을 우려해 대부분 팽창정책을 주저했다. 그러나 제2차 석유파동이 발생했을 때 미국은 제1차 석유파동 때와는 달리 인플레이션을 억제하기 위한 긴축금융정책과 함께 조세감면정책을 택함으로써 이자율이 급등하고 그 결과 달러가치가 급상승하게 되었다.

일본과 같은 일부 선진국들은 이와 같은 결과에 비교적 만족했다. 즉, 이들 국가는 인플레이션이 큰 문제가 되지 않는 상황 하에서 엔화가치 하락에 따른 순수출 증가는 그만큼 자국 경제를 활성화하는 데 도움이 된다고 믿었기 때문이다.

그렇지만 인플레이션 때문에 어려움을 겪던 국가들은 이와 같은 미국의 경제정책이 바람직하지 않다고 생각했다. 달러가치의 상승은 이들의 경기회복에는 도움을 주었지만 이들 국가의 인플레이션을 더욱 악화시켰다. 달러가치의 상승에 따른 수입재 가격 상승은 인플레이션을 악화시켰고 그 결과 노동자들도 높은 임금을 요구했기 때문이다. 그리고 이와 같은 물가상승은 수요부문에서 실질통화잔고의 감소와 실질 부(富)의 감소를 초래했고, 그에 따른 소비둔화를 가져와 그만큼 순수출 증가에 따른 소득증가 효과를 감소시켰다.

제2차 석유파동으로 미국과 마찬가지로 인플레이션의 어려움을 겪고 있던 이들 국가는 달러가치의 상승을 완화시키기 위해 외환시장에 개입해 달러를 팔고 자국통화를 사들이게 되었다. 또한 자본의 해외유출을 막고 달러가치의 상승을 완화시키기 위해 이들 선진국들도 국내이자율을 올리고 긴축금융정책을 채택한 결과, 이들 국가의 경기침체현상이 계속되었다.

한편 1980년대 초 미국의 레이건정부는 공급경제학(supply-side economics)을 신봉하여 개인의 일할 인센티브를 높이기 위한 조세감면정책을 실행에 옮겼다. 미국의 조세감면정책은 세계경제를 회복시키는 효과는 있었다. 그러나 조세감면정책은 미국의 이자율을 높이고 달러가치를 더욱 상승시켰다. 달러가치의 상승은 미국의 경상수지를 더욱 악화시켰고 소득증대 효과를 반감시켰다. 더구나 조세감면정책에 따른 재정적자는 경상수지 적자로 이어져 미국 경제를 더욱 어렵게 만들었다. 조세감면에 따른 재정적자가 민간의 저축증가로 많은 부분 상쇄되었다면 경상수지가 크게 악화되지는 않았겠지만 실질적으로 민간저축의 증가현상은 별로 나타나지 않아 미국의 재정적자는 경상수지 적자로 이어졌다.

달러가치의 상승은 수입재의 가격을 하락시켜 미국 국내 인플레이션을 낮추는 데는 크게 기여했다. 그러나 다른 한편으로 달러가치의 상승은 미국 수출재의 가격을 비싸게 만들고 수입재의 가격을 싸게 해 국제재화시장에서 미국재화에 대한 수요를 크게 줄였다. 특히 농산물, 섬유, 강철 그리고 자동차 등에서 미국은 가격경쟁력을 잃고 어려움을 겪게 되었다.

또한 달러의 가치가 오랫동안 고평가됨으로 말미암아 미국은 제조업분야에서 경쟁력을 잃고 산업공동화 현상을 보이기 시작했다. 그 결과 미국에서 보호무역주의에 대한 요구가 거세게 일어나게 되었다.

◉ 정책공조와 환율안정

미국 정부는 경상수지 적자가 계속되고 국제경쟁력을 잃어감에 따라 강한 달러가 미국의 강한 경제력을 의미한다는 종래의 생각을 버리게 되었고 더 이상 달러의 고평가현상이 바람직하지 않다는 생각을 갖게 되었다. 한편 일본, 독일 등도 계속해서 국제수지 흑자를 누적시킬 경우 미국과의 무역마찰이 증가할 것을 우려해 미달러의 평가절하가 필요하다는 생각을 하게 되었다. 이에 미국, 독일, 일본, 프랑스, 영국 등 선진 5개국(Group of Five ; G-5)의 재무장관들이 1985년 9월에 미국 뉴욕시의 플라자 호텔에서 회의를 열고 플라자 협정(Plaza Accord)을 발표하기에 이르렀다. 이 플라자 협정의 주요 내용은 미달러의 가치 하락을 유도하기 위해서 G-5의 중앙은행들이 외환시장에 동시에 개입해 보유외환(달러)을 매각하겠다는 것이다.

플라자 협정을 계기로 달러의 가치는 급격히 하락하기 시작했다. 사실 각국이 외환시장에 개입할지라도 그 규모는 자본거래량에 비하면 상대적으로 적은 것이다. 그럼에도 불구하고 플라자 협정이 성공할 수 있었던 이유는 이 협정이 달러의 고평가현상이 더 이상 계속될 수 없다는 생각을 투자자들에게 확고히 심어주었기 때문이다.

그런데 미달러의 계속된 평가절하에도 불구하고 미국의 경상수지 적자는 개선되지 않았다. 이에 미국 정부는 미국의 수출확대를 통한 국제수지개선을 꾀하기 위해 일본과 독일 등에 대해서 팽창수요관리정책을 택할 것을 종용하기에 이르렀다. 그러나 인플레이션을 우려한 독일과 일본은 이러한 팽창수요관리정책을 채택하지 않고 미국에 대해서 재정적자를 줄여 경상수지를 개선할 것을 요구했다. 한편 계속되는 미국의 경상수지 적자로 말미암아 달러가치의 하락은 계속되었다.

달러의 가치가 계속 하락함에 따라 1987년 2월 선진 6개국(G-5+캐나다)의 재무장관과 중앙은행장들은 파리의 루브르 박물관에 모여 환율안정을 위한 루브르 협정을 체결하기에 이르렀다. 이들 선진국은 목표환율대(target zone)를 설정하고 외환시장 개입을 통해 이 환율대 안에서 환율을 안정시키자는 데 합의를 보았다. 이 당시 목표환율대는 공표되지 않았지만 그 당시 환율인 달러당 1.825마르크와 1달러당 153엔을 기준으로 환율변동을 5% 내에서 유지하려 했다는 견해가 지배적이다. 그러나 이와 같은 환율대는 미국의 경상수지 적자가 계속 누적됨에 따라 지켜지지 못했고 엔화와 마르크화의 절상이 계속되었다. 결국 경제적인 상황과 괴리되는 환율대의 설정이라는 것은 지켜질 수 없었다. 이들 선진국은 환율안정을 달성하기 위해 직접적으로 외환시장에 개입하기보다는 오히려 이를 위한 재정정책과 금융정책을 조화롭게 사용하는 것이 보다 효율적이라는 결론을 얻게 되었다.

◉ 국제금융위기와 국제금융체제의 불안

1990년대 들어와서도 달러, 엔, 마르크 등 주요 국제통화들 간의 환율이 때때로 불안하기는 했지만 각국의 외환시장개입은 1980년대에 비해 많지 않았다. 이는 외환시장개입이 근본적으로 환율을 안정시키는 데 한계가 있었고 또한 국제자본이동 규모가 커짐에 따라 외환시장개입이 더욱 어려워졌기 때문이다. 그럼에도 불구하고 1995년 달러화가 사상 최저치를 기록하자 시장개입을 합의하는 등 필요한 경우 협의해 외환시장개입을 해오고 있다.

그런데 1990년대 국제금융체제의 불안은 주요 국제통화들 간의 환율불안정보다는 일련의 외환 · 금융위기에서 초래되었다. 국제자본이동이 자유로워진 상황에서, 대내적인 경제여건과 환율 등 대외적인 경제여건 간에 괴리가 발생하자, 투기자들은 이를 기회로 삼아 급격하게 자본을 이동시켰고 이에 따라 세계 도처에서 외환 · 금융위기가 발생해 오고 있다. 1992~1993년의 유럽통화체제의 위기가 발생한 이래 1994년 멕시코 위기, 1997년 동아시아 위기, 1998년 러시아 위기, 1999년 브라질 위기, 2002년 아르헨티나 위기, 2008년 글로벌 금융위기 등 수많은 국제금융위기가 이어져 오고 있다.

1.4 국제통화제도의 개편 방향

1970년대 초 변동환율제도로 이행한 이후 환율의 움직임은 기초경제여건과 너무 동떨어져 움직이는 불안정상태를 지속해 왔고 게다가 자본이동이 활발해지면서 이와 같은 환율의 불안정은 국제금융위기의 빌미를 제공하게 되었다. 이전까지는 이러한 문제들을 해당국의 개별적인 문제라고 인식했으나, 국제금융위기가 빈번해지자 이제는 국제통화체제에도 구조적인 문제가 내포되어 있다고 판단하고 이를 개선하기 위한 노력이 활발히 진행되고 있다.

◉ 효율적 국제통화제도의 조건

국제통화제도가 효율적이고 성공적인 제도로 정착되기 위해서는 기본적으로 안정성과 유동성을 확보할 수 있어야 한다.

환율의 불안정은 국제무역 및 투자를 저해함으로써 각국의 경제에 부정적인 영향을 미칠 수 있으며, 또한 최근과 같이 자본거래가 활발한 시대에는 쉽게 위기를 야기할 수도 있다. 환율불안정 문제는 변동환율제도이건 고정환율제도이건 어떤 통화제도에서도 발생할 수 있다.

변동환율제도의 경우 예를 들어 외환시장에서 어떤 국가의 화폐가 평가절하되고 있는 것을 외환거래자들이 인식하기 시작했다고 하자. 통화제도의 운영에 커다란 문제가 없었다면 장기적으로 평가절하 압력이 사라지고 원상복귀가 이루어질 것이다. 그러나 만일 통화제도에 대한 신뢰성에 문제가 있어 거래자들이 초기의 평가절하를 추후 계속되는 평가절하의 전주곡으로 인식한다면 보다 많은 거래자들이 평가절하된 화폐를 매각하려 할 것이고 이러한 매각행위는 그 화폐를 더욱 평가절하시키는 악순환을 가져올 것이다. 따라서 일시적인 교란요인이 장기적인 교란으로 실현되게 된다.

한편 고정환율제도의 경우 어떤 국가의 경상수지가 누적되었다고 하자. 이때 중앙은행이 어느 정도까지는 외환보유액을 줄여 해소할 수 있지만 중앙은행이 보유한 외환보유액이 감소해 감에 따라 사람들은 경상수지 적자를 해소하기 위해 정부가 통화를 평가절하시킬 것이라고 예상하게 된다. 통화가 평가절하되는 경우 국내자산 가치가 하락할 것이므로 사람들은 국내자산을 조기에 매각하려 할 것이고 이러한 국내자산의 매각행위로 인해 실제적으로 통화가 평가절하되는 결과를 낳게 될 것이다. 즉, 일시적인 교란을 치유하기 위한 노력이 통화제도에 대한 신뢰부족 때문에 실효를 거두지 못하는 경우 교란요인의 불안정이 더욱 가속될 것이다. 따라서 어떤 제도가 되든 환율의 움직임이 기초경제변수들의 움직임과 크게 다르지 않고 안정적인 행태를 유지할 수 있는 바탕을 제공해야 한다.

한편 국제통화제도가 안정적으로 운영되더라도 때로는 여러 가지 충격으로 인해 불가피하게 불안정이 초래되는 경우가 있을 것이다. 이런 경우 신속히 충격을 해소하고 안정을 회복하기 위해서는 긴급사태에 대비할 수 있는 조정메커니즘이 필요하다.

이러한 조정메커니즘으로 환율조정을 고려할 수도 있으나, 일련의 국제금융위기 경험에서 보았듯이 급박한 위기상황에서는 환율조정만으로는 해결되지 못하고 긴급유동성을 제공하는 것이 훨씬 더 절실히 요구된다.

유동성을 확보하기 위해서는 국제무역, 국제수지 조정 및 적절한 외환보유액 유지에 필요한 국제통화를 공급할 수 있는 메커니즘이 마련되어야 한다. 유동성은 외환보유액, IMF 지원, 국가들 간의 긴급융자 협조, 민간금융기관으로부터의 차입 등 다양한 방법을 통해 조달될 수 있는데, 이러한 메커니즘이 어떻게 작동하는가는 국제통화제도 및 금융체제에 따라 달라진다.

흔히들 국제유동성의 문제는 고정환율제도 및 국제 간 자본이동이 활발하지 않은 상황에서만 중요한 관심사라고 생각하고 있으나, 이는 변동환율제도 및 자본이동이 활발한 상황에서도 마찬가지로 중요한 문제가 된다. 변동환율제도에서도 국제금융자본의 뱅크런 현상 및 이로 인한 일시적인 유동성 부족에 따라 기초경제여건과는 무관하게 발생하고 있는 외환 · 금융위기는 긴급유동성의 필요성을 강조하고 있다.

◉ 국제통화제도 개선논의

최근 전개되고 있는 국제통화제도의 개선논의는 크게 두 가지 측면에서 설명할 수 있다. 하나는 통화적인 측면에서 환율제도를 어떻게 개선해 나갈 것인가에 대한 논의이고 다른 하나는 점증하고 있는 국제금융거래를 고려해 어떻게 국제금융협력을 개선시켜 나갈 것인가에 대한 논의이다. 양자는 서로 분리될 수 없고 대부분의 국제회의에서도 함께 논의되고 있지만 설명을 명확히 하기 위해 따로따로 다루고자 한다.

통화적인 측면에서의 개선논의는 현재의 국제통화제도인 변동환율제도를 다른 환율제도로 변경할 것인가 말 것인가로 압축될 수 있다. 이와 관련해서는 극단적으로 과거의 브레튼우즈 체제와 같은 고정환율제도로 돌아가자는 주장부터 현재의 변동환율제도보다 더 나은 대안은 없다는 주장까지 다양한 의견이 대립되고 있다.

현재의 제도를 개편하고 고정환율제도로 돌아가자는 견해들은 과거 브레튼우즈 체제 하에서 국제경제가 효율적으로 작동했고 아울러 최근 유럽에서의 경험도 좋은 사례가 된다는 것이다. 그러나 이러한 주장들이 상정하고 있는 제도는 과거의 국제통화제도와 한 가지 크게 다른 점이 있다. 과거 브레튼우즈 체제가 달러화를 기축통화로 했다면 최근의 개선안들은 여러 통화가 조합된 통화바스켓을 기축통화로 하는 복수통화 기축통화안이다.

브레튼우즈 체제의 붕괴 이후 무엇보다도 커다란 변화는 세계경제에서 미국이 차지하는 비중이 감소하고 달러화의 역할이 축소되었다는 것이다. 따라서 세계물가 안정이나 경제성장에 대한 미국 경제의 영향이 과거와는 달리 한계가 있으며, 따라서 세계경제질서를 유지하기 위한 미국의 영향력도 한계를 가지게 되었다. 또 다른 변화는 사회주의체제가 붕괴하고 자본주의 내에서 유럽이 통화통합을 이루고 아시아가 부상함으로써 세계정치 및 경제의 질서가 양극체제에서 미국, 유럽 및 아시아의 삼극체제로 전환했다는 것이다. 따라서 이제는 명실공히 세계경제의 안정을 유지하기 위한 국제통화질서의 확립은 삼극체제의 협조와 임무분담을 통해서만 가능하게 되었다. 게다가 이들 3대 경제블럭은 상호 간에 환율을 고정시킨다는 약속이 없음에도 불구하고 저인플레이션을 유지하는 데 상당히 성공해 왔다. 이러한 국제상황의 변화는 향후 국제통화제도가 개선된다면 이들 3대 경제블럭의 통화들을 포함시키는 복수통화 기축통화제도 형태로 개선되어야 한다는 것을 시사한다.

현재의 제도를 개편하자는 또 다른 논의는 변동환율제도 또는 고정환율제도와 같은 극단적인 제도보다는 양자가 적당히 결합된 중간적인 제도로 이행하자고 제안하고 있다. 대표적인 제안으로는 목표환율대제도를 들 수 있는데, 환율이 평상시에는 자유로이 변동할 수 있으나 한계수준을 벗어나는 경우 정부가 외환시장에 개입해 환율의 움직임을 한도 내에 머물도록 한다는 것이다. 이 안을 옹호하는 사람들은 기본적으로 대부분의 경우 정부가 통화정책을 국내경제를 위해 자유로이 사용할 수 있다는 변동환율제도의 장점과 환율변화를 일정한 목표환율대로 국한시킴으로써 안정적인 환율을 유지할 수 있다는 고정환율제도의 장점을 살릴 수 있다고 주장하고 있다.[2]

앞에서와 같은 주요국 통화 간의 관계뿐만 아니라 지역적인 차원에서도 유사한 논의가 전개되고 있다. 그러나 다음 장에서 보듯이 지역에 따라 일부 차이가 나타나기도 하지만, 지역 내에서의 주요 통화와 기타 통화 간의 관계에 대해서는 아주 커다란 의견차이는 없다. 즉, 국제통화제도는 현재 세계경제의 추세를 반영해, 아시아, 북미, 유럽 각각의 경제권을 대표하는 통화들 간에는 느슨한 환율관계를 유지하되 각각의 경제축 내에서의 환율관계는 상대적으로 견고하게 유지되는 다통화블럭 제도의 모습을 보일 것으로 기대된다.

금융협력 차원에서의 논의는, 오늘날의 대규모 자본이동을 고려해 볼 때, 환율안정은 금융안정이 수반되지 않고는 불가능하다는 인식에서 출발하고 있다. 따라서 국제통화제도의 개선논의는 단순히 통화적인 측면뿐만 아니라 반드시 금융체제의 개선을 위한 논의가 수반되어야 한다는 것이다.

이에 따라 각국의 금융체제 및 국제금융체제를 효율적이고 안정적으로 기능하도록 만들기 위해, BIS(Bank for International Settlements) 자본규제를 통해 금융기관들의 재무구조를 개선시키고, 자본시장에 대한 규제 및 감독기능을 강화하며, 회계의 투

2. 이들의 주장과는 달리, 오늘날의 대규모 국제자본이동을 고려할 때 중간적인 형태의 제도는 지속 불가능하고 단지 극단적인 고정 또는 극단적인 변동만이 유지 가능하다는 주장도 최근에는 많은 지지를 얻고 있다. 이러한 주장을 공동화(空洞化) 이론(hollowing out theory)이라고 부른다.

명성 및 정책의 투명성을 제고시키고, 기업지배구조를 개선하는 방안들이 제시되고 있다.

아울러 긴급한 상황이 발생했을 때 이를 방지하기 위한 방안으로 범세계적 차원에서 IMF 및 기타 국제금융기관의 융자제도를 개선하기 위한 방안도 마련되었으며 각 지역별 차원에서도 각국 중앙은행들 간의 긴급융자제도 협정 체결 등과 같은 노력이 진행되고 있다.

지금까지 국제통화제도 개선에 대해 논의해 왔다. 그러나 국제통화 및 금융질서를 정립하고 국제통화제도가 성공적으로 유지되기 위해 무엇보다도 필수적인 요건은 국가들 간에 상호 협조체제가 공고해져야 한다는 것이다. 과거의 경험에 비추어 얻을 수 있는 가장 큰 교훈은 국제통화제도는 각국의 협조 하에 잘 기능할 수 있고 각국이 개별적으로 자국의 이익을 좇아 행동하는 경우 여지없이 붕괴했다는 것이다. 각 국가들 간의 정책협조가 원활하다면 변동환율제도이든 고정환율제도이든 기능을 잘하지 않을 이유가 없다. 과거 금본위제도 및 초기의 브레튼우즈 체제, 그리고 관세인하에 합의한 GATT 제도에서 보듯이 각국이 노력하면 국제적인 협조를 도출해내기가 어려운 것만은 아니다. 이러한 성공적인 경험과 국제통화제도 붕괴의 원인을 돌이켜 볼 때 향후 국제통화질서를 유지하기 위해서는 국제적인 협력을 도출하는 것이 필수적이며, 이러한 국제적인 협조는 각국의 국내이익을 증진하기 위한 수단으로서가 아니라 그 자체가 목적으로 추구되어야 할 것이다.

2. 최적통화지역

2.1 최적통화지역 이론

최적통화지역(optimum currency area)이란 단일통화가 통용되기에 가장 이상적인 크기의 지역을 의미한다. 보통 국가 단위로 단일통화가 사용되지만, 환율을 고정시킨다는 사실은 결국 단일통화를 사용하는 것과 같은 효과를 가지게 되므로 국제경제에서 최적통화지역이란 고정환율제도의 유지에 가장 적당한 크기의 지역을 의미한다. 최적통화지역 이론의 입장에서 본다면, 고정환율제도의 주장은 전 세계를 하나의 최적통화지역으로 보는 것이며 변동환율제도의 주장은 일국의 경제를 최적통화지역으로 보는 것이라고 생각할 수 있다.

최적통화지역 이론은 노벨경제학상 수상자인 먼델(R. Mundell)에 의해 처음 제시되고 맥키논(R. McKinnon), 케넨(P. Kenen) 등에 의해 발전되었다. 이 이론의 기본적인 아이디어는 다음과 같다. 어떤 지역에서 각각 개별적인 통화를 이용하던 국가들이 고정환율제도를 도입하거나 단일통화를 도입하는 경우 거래비용 감소 등에 따른 편익과 환율정책수단 상실에 따른 비용이 발생하게 되는데, 편익이 비용보다 크면 그 지역은 환율을 고정시키거나 통화를 통합하는 것이 바람직하다는 것이다.

그렇다면 고정환율제도의 장점을 살리면서 국제수지 불균형에 따라 야기되는 문제를 커다란 경제적 비용을 지불하지 않고 해소할 수 있는 최적통화지역의 성립요건은 무엇인가?

먼델은 최적통화지역 여부를 판단하기 위해 충격의 비대칭성 문제와 다양한 조정경로의 문제를 고려하고 있다. 만일 일군의 국가들이 유사한 경제구조를 가지고 있고 유사한 충격을 경험한다면, 즉 경제에 대한 충격이 대칭적으로 느껴진다면, 이러한 충격은 비슷한 통화정책을 통해서 해소될 수 있을 것이다. 따라서 독자적인 통화정책에 대한 필요성이 작아질 것이고 최적통화지역을 형성하기에 유리할 것이다. 반대로 각국의 경제구조가 상이하고 비대칭적인 충격에 노출된다면, 이러한 충격은 각 경제에 상이한 영향을 미치게 될 것이다. 이러한 상황에서 독자적인 통화정책을 통해 이자율 또는 환율을 변화시킬 수 없다면 각 경제는 상당한 비용을 치르게 될 것이다. 평가절하정책을 통한 충격흡수가 불가능한 상황에서 충격에 대한 조정은 임금절하 또는 실업 등 노동시장의 조정을 통해서만 가능할 것이다. 따라서 충격이 비대칭적인 경우 국가들은 독자적인 통화정책에 대한 필요성을 크게 느낄 것이고 최적통화지역 구성을 통해 통화정책을 포기하고자 하는 유인이 작아질 것이다.

맥키논 및 케넨 등은 먼델이 고려하지 못한 다른 요인들의 중요성을 강조하면서 최적통화지역 이론을 발전시키고 있다. 맥키논은 한 국가의 경제가 상대국에 대해 개방정도가 높으면 경제적 연관성이 높아지기 때문에 환율이 충격조정수단으로 활용될 수 없을 것이라는 점을 강조했다. 따라서 경제적인 상호 개방도가 큰 국가들 간에는 환율이 조정수단으로 이용될 여지가 적으므로 통화를 통합시켜도 문제가 되지 않는다고 생각했다. 크루그만(P. Krugman)도 이와 유사한 맥락에서 역내의 무역 비중이 증대함에 따라 통화통합의 비용은 감소하고 이득은 증가한다고 주장하고 있다.

한편 케넨은 상품의 다변화 정도를 강조하고 있는데, 상품다변화 정도가 낮은 국가는 특정 상품에 가해지는 외부적인 충격을 흡수하기 위해 환율변동을 유지할 필요가 있고, 반대로 상품다변화 정도가 높은 국가는 특정 상품에 가해지는 충격이 경제 전체적으로는 완화될 가능성이 크므로 최적통화지역을 구성하기에 유리하다고 주장하고 있다.

이상의 전통적인 최적통화지역 이론에 따르면 최적통화지역을 구성하기에 유리한 조건을 다음과 같이 도출할 수 있다. 첫째, 각국의 경제구조가 유사하면 충격이 대칭적으로 느껴질 가능성이 크므로 최적통화지역을 구성하기에 유리하다. 둘째, 비록 비대칭적인 충격이 발생하더라도, 노동 및 자본을 포함한 역내 요소이동이 자유로우면 고정환율에 따른 충격흡수장치를 요소이동이 대신할 수 있으므로 최적통화지역을 구성하기에 유리하다. 셋째, 개방도가 커지면 환율변동에 따른 물가불안이 가중될 우려가 더 커지므로 환율안정에 대한 필요성이 커지고, 따라서 최적통화지역 구성에 대한 유인이 커진다. 넷째, 역내국가들 간에 경제연관성이 클수록 노동 및 자본의 이동이 더 자유로워질 것이고, 따라서 최적통화지역 형성의 이득이 커질 것이다. 다섯째, 역내 각국의 산업구조가 다변화된 구조를 가지고 있는 경우 충격이 분산되어 통화통합에 따른 비용이 감소될 것이므로 최적통화지역 구성에 유리하다.

최근의 신최적통화지역 이론(new theory of optimum currency area)[3]에서는 기존 최적통화지역 이론에서 명확히 고려하지 못한 정책신뢰성의 중요성을 강조하고 있다. 이들은 정책에 대한 신뢰성이 없으면 변동환율제도에서의 통화정책 독자성이 반드시 바람직한 것만은 아니며, 이런 경우에는 오히려 고정환율제도를 통해 신뢰성이 큰 다른 통화당국의 신뢰성을 차입하는 것이 더 바람직할 수도 있다고 주장하고 있다.

최적통화지역 이론 및 신최적통화지역 이론에서 고려하고 있는 통화통합의 이득 및 비용은 크게 첫째, 거래비용 등과 관련된 미시적 효과와 둘째, 물가안정, 정책규율성(policy discipline), 통화주조차익(seigniorage)[4] 등과 관련된 거시적 효과를 고려한 것이라고 볼 수 있다.

그러나 통화통합은 정치적인 요소의 개입이 불가피하므로 경제적 요인 외에도 사회적인 심볼리즘 및 외부적인 효과 등 정치적인 요인을 함께 고려해야만 한다. 전통적으로 통화는 국기, 언어 등과 함께 한 국가의 정체성(identity)을 대변하는 심볼로 중요

3. 이들에 대한 설명은 De Grauwe(1997), Emerson et al.(1997) 등을 참조할 것.
4. 통화주조차익이란 정부가 통화발행을 통해 얻게 되는 수입을 말한다.

한 역할을 해왔다. 따라서 국제적으로 전혀 경쟁력이 없는 통화일지라도 자국 내에서는 상당한 생명력을 유지하는 것이 다반사이며 이러한 감정적인 정체성이 강할수록 통화통합은 어렵게 된다. 또한 통화는 대외관계에 있어서도 중요한 역할을 할 수 있다. 독자적인 통화를 보유하지 않은 경우 불가피하게 유동성을 공급하는 기축통화국에 의존할 수밖에 없는데, 이는 경제적인 차원뿐만 아니라 외교적인 차원에서도 대외종속적인 결과를 야기할 수 있다. 이와는 반대로 통화통합을 이루는 경우 대외적인 영향력이 강화될 수 있다는 측면도 있다. 개별국 차원에서는 국제경제에서의 발언권이 미미하지만 통화통합에 동참하는 국가들이 한 목소리를 내는 경우 국제통화질서에서의 발언권이 훨씬 강화될 수도 있다.

2.2 최적통화지역 이론에 따른 환율제도 비교

이상의 최적통화지역 이론의 조건 및 정치적 요인을 고려해 통화통합의 이득과 비용을 변동환율제도와 비교해 볼 수 있다. 우선 변동환율제도에서는 환율이 과도하게 변동하기 때문에 미시적 효율성에 있어서 가격신호 기능을 저하시킬 우려가 있고 불확실성을 증대시켜 무역 및 투자에 부정적인 영향을 미치게 된다. 게다가 환율변화에 대한 조정비용이 큰 경우에는 사회적인 손실도 초래하게 된다. 그러나 금융기관들과의 경쟁, 환율변동에 대한 대책 등을 강화시켜 금융부문의 효율성은 커질 수 있다.

거시적인 차원에서 변동환율은 비대칭적인 충격에 대한 흡수기능을 수행한다. 반면, 대칭적인 충격, 특히 공급충격에 대해서는 오히려 인플레이션 및 실업을 타국에 전가하고자 하는 근린궁핍화 환율정책(beggar thy neighbor exchange rate policy)이 조장될 우려가 크다. 또한 변동환율제도에서의 국제적인 정책공조 실패에서 발생하는 환율불안정은 또 다른 불안요인으로 작용할 수 있다.

정책규율성 차원에서는 변동환율제도가 특별히 우월하거나 열악한 특성을 보이지는 않을 것으로 생각되며, 통화주조차익은 자국 내에서의 독점적인 통화발행권을 유지하므로 변동환율제도에서 유리할 것으로 보인다. 한편 정치적인 요인 중 국가정체성의 심볼리즘은 독자적인 통화정책의 유지로 인해 변동환율제도에서 높게 나타날 것이지만 대외적인 영향력은 국가의 상대적인 지위에 따라 다르게 나타날 것이다.

반면 통화통합의 미시적인 효과는 기본적으로 환율변동에 따른 불확실성을 제거하고 통화교환에 따른 거래비용을 감소시킨다는 것이다. 아울러 이러한 효과에 따라 거래가 증진됨으로써 역내 경쟁이 가열되어 효율성이 증대될 것이고, 이와 더불어 요소이동이 증대되는 경우 장기적인 성장률이 증대될 수도 있다.

그러나 거시적인 차원에서 가장 큰 비용은, 통화통합에서는 독자적인 환율정책 및 통화정책을 사용할 수 없으므로, 비대칭적인 충격이 발생하는 경우 이를 흡수할 조정수단을 상실한다는 데 있다. 하지만 대칭적인 충격이 발생하는 경우 공동의 통화정책을 통해 충격을 흡수할 수 있으므로 오히려 이득이 증가할 수 있다. 또한 통화통합에서는 시장의 실패 및 정책공조 실패에 따른 환율불안정을 방지할 수 있다는 이득도 있다.

정책규율성 면에서도 통화통합은 상당한 이득을 가져올 것이다. 통화통합은 일반적으로 역내의 가장 안정적인 통화를 바탕으로 이루어지는 경향이 있는데, 이럴 경우 안정된 통화를 운용해 온 통화당국의 정책규율성을 따르게 되므로 전체적으로 통화정책의 규율성은 강화된다. 그러나 재정정책 면에서는 다소 유보적인 상황이 발생할 수도 있는데, 예를 들어 EMU처럼 재정정책을 각국의 통제 하에 놓아두게 되면 각국의 사정에 따라 영향을 받을 것이다.

통화주조차익과 관련해서는 통화통합에 따른 이득이 커질 수도 있고 작아질 수도 있다. 개별국 차원에서 보면 아무런 통화주조차익이 없는 것으로 느낄 수도 있지만, 통합지역 전체적으로 보면 오히려 공동 단일통화의 대외적인 사용이 증가되어 통화주조차익이 더 커질 수도 있다. 따라서 통화주조차익 배분이 정당하게 이루어진다면 결과적으로는 개별국 차원에서 볼 때도 통화주조차익이 커질 수 있다. 정치적인 측면에서도 이득이 커질 가능성이 크다. 통화통합에 참여하는 각국은 자국통화의 상실로 심볼리즘에 타격을 받을 수도 있지만 개별국의 정체성이 아니라 통화통합지역의 역내 정체성이 강화되면 오히려 심볼리즘이 더 커질 수도 있다. 또한 외부적인 효과 면에서도 통화통합지역의 공동 노력을 통해 국제통화질서에 참여하는 경우 대외적인 영향력이 강화되어 상대적으로 이득이 커질 수 있다.

이상의 논의를 표로 정리하면 〈표 19-1〉과 같다.

표 19-1 통화통합의 이득과 비용 : 변동환율제도와 통화동맹의 비교

		변동환율제도	통화동맹
경제적 요인	미시적 효율성		
	실물부문	낮음/중간	높음
	금융부문	높음	높음
	거시적 안정성		
	충격의 종류		
	비대칭적 충격	높음	낮음
	대칭적 충격	낮음	높음
	환율불안정	낮음	높음
	정책규율성		
	통화정책	국가에 따라 다름	높음
	재정정책	중간	국가에 따라 다름
	통화주조차익	높음	낮음/높음
정치적 요인	심볼리즘	높음	낮음/높음
	외부적 효과	국가에 따라 다름	높음

주 : 표에서 '높음', '중간', '낮음'은 각각 이득의 크기를 나타내고, 비용의 크기는 이와 반대로 나타난다. '낮음/높음'은 상황에 따라 이득이 작아질 수도 있고 커질 수도 있다는 것을 의미한다.

Box 19-2 남북한은 최적통화지역인가?

최적통화지역 이론에 따르면, 임금 및 기타 가격이 비신축적인 국가가 통화통합에 참여하는 경우 비대칭적 충격이 발생하면 생산감소 등 경제적 손실을 입게 된다. 이러한 국가가 만일 통합에 참여하지 않았다면 비대칭적 충격이 발생했을 때 평가절하를 통해서 생산에 대한 부정적 효과를 해소할 수 있었을 것이고, 따라서 경제적인 손실을 감소시킬 수 있었을 것이다. 그러나 비록 이러한 부정적인 효과가 발생할지라도 경제적 손실을 보상할 수 있는 방안이 존재한다면 단일통화로 인해 얻어질 수 있는 혜택, 즉 거래비용감소와 규모의 경제 등에 따른 긍정적인 효과가 우월해지므로 최적통화지역 구성이 가능하다.

그렇다면 남북한 간의 통화통합에 있어서는 최적통화지역 이론이 주장하는 성공적인 통합조건을 충족시킬 수 있을까? 통화통합이 성공적으로 추진되기 위해서는 비대칭적 충격에 대해 보상을 해줄 수 있는 재정지원이 필수적이다. 그런데 남북한 통화통합의 경우 통합 이후 남한정부가 북한지역에 대해 재정지원을 해줄 수 있다면 보상조건이 충족될 것이다. 따라서 보상조건을 충족시킬 수 있는 경우 남북한 간의 통화통합은 최적통화지역 이론에서 주장하는 것처럼 불확실성 해소에 따른 거래비용 감소 및 통화권역 확대에 따른 규모의 경제 효과가 우월해지는 최적통화지역을 구성할 수 있을 것이다.

3. 유럽통화통합

International Finance, ch. nineteen

3.1 통화통합의 의미

유럽국가들은 전통적으로 비슷한 정치 · 경제 · 문화환경을 가진 여러 국가들로 나뉘어져 있었고 역사적으로 보아도 전쟁이 끊이질 않았다. 제2차 세계대전 이후 세계경제의 주도권을 미국과 일본에 넘겨주면서 유럽국가들은 연대의 필요성을 절감하게 되었고, 경제통합을 통해 규모의 경제를 달성하고 국제경제에서의 주도권을 회복하고자 하는 정책을 꾸준히 추진하게 되었다. 그 결과 1951년 유럽석탄철강공동체(ECSC)에서 출발한 유럽의 경제통합논의는 1999년 통화통합으로 마무리 단계에 들어갔고 이제는 정치적 동맹을 제기하는 상황으로까지 진전되었다. 1999년 유럽의 통화통합에 따른 단일통화체제의 출범으로 유로경제권과 단일통화인 유로(Euro)의 위상은 궁극적으로 크게 높아질 것으로 예상된다. 또한 유로권과 직 · 간접으로 밀접한 경제 및 외교관계를 맺고 있는 주변국들도 유로권으로 흡수되면서 유로경제권은 외연적으로 큰 성장을 보일 것이다. 이 과정 중 지금까지 미국 달러화 주도로 이루어져 왔던 국제통화질서도 재편될 것으로 예상된다.

3.2 통합논의의 진전

◉ 브레튼우즈 체제의 붕괴와 스네이크제도

1960년대 후반부터 달러의 금태환과 고정환율제도를 양대 축으로 하는 브레튼우즈(Bretton Woods) 체제가 위기를 맞게 되자 국제통화제도에 대한 불안이 심화되면서 유럽은 통화금융통합의 필요성을 인식하게 되었다. 이에 따라 1969년 헤이그 정상회담에서는 경제 · 통화동맹의 형성에 합의하고 베르너 보고서(Werner Report)를 작성하기에 이르렀다. 1970년 작성된 베르너 보고서에는 1980년까지 3단계에 걸쳐 경제통합을 완성하고 공동의 통화정책을 실시하도록 되어 있었지만, 오일파동 등에 따른 인플레이션과 환율급변에 대응한 각국의 독자정책 사용으로 인해 달성되지 못했다.

표 19-2 유럽의 통화통합 과정

연도	주요 내용
1957	– 로마 조약(EEC 조약) : 공동시장의 창설
1972	– 바젤협정 : 스네이크 제도 도입
1973	– 브레튼우즈 체제 붕괴 : 공동변동환율제도 도입
1979	– EMS 창설
1986	– 단일유럽의정서 채택 : EC1992 계획의 추진
1992~1993	– ERM 위기
1993	– 마스트리히트 조약 발효
1995	– Euro 명칭 채택
1996	– 재정건전화, 안정 및 성장에 관한 협약 ; ERM2 합의
1999	– 단일통화 출범
2002	– 통화통합 완료

1971년 미국 정부가 금태환중지를 선언한 이후 국제통화제도가 더욱 불안정해지자, 선진 주요 국가들은 금에 대한 미달러화를 평가절하시키고 대미 달러 환율변동폭을 1%에서 2.25%로 확대한 스미소니언 협정을 체결했다. 유럽국가들은 환율안정의 필요성을 인식하고 1972년 바젤협정을 통해 스네이크 체제(snake in the tunnel)를 출범시켰다. 이 체제를 통해 가맹국 통화의 대미 달러 환율변동폭은 스미소니언 협정에 따라 상하 2.25%에서 운용하고, 역내통화 간의 환율변동폭은 대미 환율변동폭의 $\frac{1}{2}$로 한정함으로써 환율안정을 꾀했다. 하지만 1973년 스미소니언 체제의 붕괴로 국제통화제도가 자유변동환율제도로 이행하면서 스네이크 체제는 공동변동환율제도로 바뀌었다. 이는 역내통화 간 환율변동폭은 그대로 유지하면서 대미 달러 환율변동제한을 폐지한 제도였지만 영국, 아일랜드, 이탈리아 등 가맹국들이 이탈 · 복귀를 계속하는 가운데 그 결속력이 크게 약화되었다.

◉ 유럽통화제도

이에 따라 유럽 각국들은 보다 실효성 있고 강력한 환율안정화장치의 필요성에 대한 공동의 인식을 하고, 이러한 인식을 바탕으로 1979년 환율조정 메커니즘(Exchange Rate Mechanism ; ERM)의 운영과 유럽통화단위(European Currency Unit ; ECU)[5]의 창출을 근간으로 하는 유럽통화제도(European Monetary System ; EMS)가 출범하게

5. 1995년 마드리드 정상회담을 통해 Euro로 바뀌었다.

되었다.

ECU는 가맹국의 경제력을 가중치로 하여 가맹국 화폐로 구성된 통화바스켓의 단위로서 가맹국 통화에 대한 가치척도의 기능을 수행하며, 역내정부 간, 그리고 역내정부와 EC 기구와의 거래 시 공식적인 계산단위 및 결제수단으로서의 기능을 수행한다.

ERM은 가맹국 합의를 통해 각국 통화의 대(對) ECU 중심 환율과 각 통화 간의 기준환율을 설정한다. 환율의 변동폭을 기준환율의 상하 2.25% 이내로 제한하고 환율이 이 한계수준에 도달할 경우 통화당국은 외환시장에 개입해 환율변동을 방어하도록 되어 있다. ERM은 시행 초기에 환율의 재조정이 있었지만, 전반적으로 역내환율의 안정을 도모하는 데 기여했다.

3.3 유럽경제통화동맹

◉ 마스트리히트 조약

1980년대 들어 유럽의 경기침체가 장기화되자 유럽국가들의 시장분할이 미국이나 일본 및 아시아 신흥공업에 대한 경제력 열세의 한 원인이 된다는 인식을 하게 되면서 유럽경제통화동맹(European Economic and Monetary Union ; EMU)에 대한 논의가 시작되었다. 그 결과 1985년 단일시장의 창출을 도모하는 '1992년 계획'을 발표하고, 1986년 단일유럽의정서(Single European Act)가 채택되었다. 이 의정서에는 1992년 말까지 각종 무역장벽을 제거하여 상품, 서비스 및 노동, 자본의 자유로운 이동을 가능게 하는 역내시장통합을 완성할 것을 목표로 했나.

그러나 단일시장을 완성하고 자본이동을 완전자유화하는 과정에서 환율조정 메커니즘을 유지하기 위해서는 회원국들의 통화정책에 대한 자율성 침해가 불가피해졌고, 이에 따라 EMS 체제로는 시장통합에 대한 이익을 극대화하는 데 한계가 있다는 인식을 하게 되었다. 그 결과 1970년 작성된 베르너 보고서에서 제시했던 통화통합 논의가 다시 대두되면서 1989년에 들로르 보고서(Delors Report)가 작성되었다. 이 보고서를 근거로 1991년 단일통화의 창출과 단일통화정책을 중심내용으로 하는 EMU와 정치동맹에 대한 합의가 이루어져 마스트리히트 조약의 탄생을 보게 되었다.

마스트리히트 조약에서는 EMU를 3단계로 나누어 추진하는 것으로 되어 있다. 제1단계는 1990년 7월에서 1993년 12월까지로 정해져 있었다. 이 단계에서는 역내시장통합에 따라 단일유럽법에 의한 총 282항목에 대해 시장을 자유화하고 시장장벽(통관절차 등 물리적 장벽, 제품규격 및 기술면허 등 기술적 장벽, 조세제도 차이 등 조세장벽의 3대 시장장벽)을 제거했다. 또한 EMU에 참가하려는 국가들은 각국에서의 비준절차를 걸쳐 마스트리히트 조약을 발효하고, EMS의 효율적 운용을 위해 EU의 회원국 모두가 ERM에 가입해 가입국 간에 통화 · 환율정책의 협조를 강화하고자 했다.

제2단계는 1994년부터 시작되었는데, 이 기간은 제3단계를 시작하기 위한 여건을 준비하는 기간으로, 이 기간 내에 물가, 금리, 환율, 재정적자 등에서 경제수렴조건을 충족해야 한다. 또한 유럽중앙은행의 전단계로 유럽통화기구(European Mone-tary Institute ; EMI)를 설립해 회원국들의 중앙은행 간 통화정책의 협조를 강화하고, 유럽중앙은행의 설립과 단일통화창출 등 제3단계 이행을 위한 준비작업을 하며, 단일통화에 대한 안정성을 유지하고자 했다. 한편 유럽중앙은행제도의 독립성을 보장하기 위해 각국의 중앙은행은 독립성이 제도적으로 보장되도록 각국의 중앙은행법을 개정했다.

제3단계는 빠르면 1997년 1월, 늦어도 1999년 1월부터 시행되는 통화통합을 완성하는 단계로 유럽중앙은행제도(European System of Central Banks ; ESCB)가 유럽통화기구의 업무를 이어받고, 참가국으로부터 통화주권을 이양받아 단일통화(Euro)를 창출하고 단일통화정책을 수립해 집행한다.

마스트리히트 조약 비준을 거치면서 유럽통화통합이 대세로 굳어지는 듯했으나 독일 통일을 기점으로 해 외환시장에서 약세통화의 투매현상과 함께 ERM이 흔들리기 시작해 통합의 전망이 불투명해지기도 했다. 독일 통일에 따라 구동독지역을 지원하기 위한 재정지출로 재정적자가 누적되고, 인플레이션에 대한 압력이 커져 독일은 1991년 초부터 고금리정책을 취하게 되었다. 그 결과 다른 ERM 국가들은 경기침체의 상황 속에서도 독일을 따라 금리를 계속해서 인상하지 않을 수 없게 되었고, 이 과정에서 각국 간 경제력 차이와 그로 인한 정책입장 차이에 따라 국가 간 정책협조체제가 약화되었다. 결국 영국과 이탈리아가 ERM을 탈퇴하고 환율변동폭이 상하 15%로 확대되면서 단일통화체제의 도입을 목표로 한 EMU에 대한 회의론이 제기되기도 했다.

그렇지만 이러한 회의론은 1995년 마드리드 정상회담에 참석한 회원국 정상들의 강력한 통합의지 표명에 따라 사그러들었다. 이 회담에서 EMU의 1차 참가국들을 1997년도의 경제여건에 근거해 1998년 초에 결정하고 마스트리히트 조약에서 결정된 경제의 수렴조건을 충족시키지 못하는 국가는 EMU 참여에서 배제한다고 선언했다. 또한 단일통화의 명칭을 유로(Euro)로 정하고 2002년 상반기 내에 각국 지폐의 법화로서의 지위를 박탈하고 유일한 법화로서의 지위를 유로(Euro)에 부여함으로써 EMU를 완료하도록 했다.

◉ 통화통합의 경제수렴조건

EMU의 완성단계인 제3단계에 진입하기 위해 충족시켜야 하는 경제수렴조건[6]이란 단일통화정책이 효율적으로 운용될 수 있는 바탕을 마련하기 위해 각 회원국의 거시경제 운용환경을 동질화하려는 것이다. 각국의 물가, 장기금리, 재정적자, 환율의 4가지 거시경제변수들에 대해 일정한 목표수준을 설정하고 있는데, 그 내용은 다음과 같다.

첫째, 물가는 최근 1년간 소비자물가상승률이 가장 낮은 3개 회원국의 평균상승률 +1.5% 수준 이내로 유지되어야 한다.

둘째, 장기금리 수준은 최근 1년간 소비자물가상승률이 가장 낮은 3개 회원국의 평균 명목장기금리 +2% 수준 이내에서 유지되어야 한다.

셋째, 재정적자는 경상 GDP의 3% 이내여야 하고, 정부부채가 경상 GDP의 60% 이내로 유지되어야 한다.

넷째, 환율은 자국통화와 다른 회원국통화 간의 환율을 ERM의 환율변동 허용폭 범위 내에서 유지하되 최근 2년간 회원국 통화 간에 설정된 기준환율을 유지해야 한다.

원래의 EMU 일정에 따르면 1997년 혹은 늦어도 1999년 제3단계로 이행할 때, 그 전년도의 회원국의 경제수렴조건의 충족 여부를 근거로 통화통합의 최종단계에 진입하는 회원국을 선정하도록 되어 있었다.

1996년을 기준으로 볼 때 물가, 이자율, 환율의 경우 일부 국가를 제외한 주요 회원국들이 이 기준을 충족시키고 있다. 그렇지만, 재정적자가 1996년 경상 GDP의 3% 미만으로 내려간 나라는 네덜란드, 룩셈부르크, 아일랜드, 덴마크 등 4개국에 그치고, 정부부채의 경우도 프랑스와 룩셈부르크만이 경상 GDP의 60% 이내에서 유지되고 있었다. 따라서 경제수렴조건 네 가지를 모두 충족시키고 있는 국가는 룩셈부르크 한 나라밖에 없는 실정이었다.

---

6. 마스트리히트 조약의 제2단계 과정인 경제수렴조건의 타당성에 대한 반대의견도 만만치 않았다. 즉, 수렴조건을 무리하게 충족시키는 과정에서 과다한 비용을 치르게 할 수 있고, 회원국 간에 비대칭적인 충격이 발생할 경우 궁극적 목표인 통화통합에 오히려 방해가 될 수도 있다는 논리이다.

표 19-3 회원국별 경제수렴조건 달성 현황 (단위 : %)

분류 / 국가	물가 1996	물가 1997[1)]	장기금리 1996	장기금리 1997[2)]	재정적자/GDP 1996	재정적자/GDP 1997[3)]	정부부채/GDP 1996	정부부채/GDP 1997[4)]	환율충족 여부('96)
벨기에	1.8	2.0	6.5	5.9	3.3	2.9	130.6	127.0	○
덴마크	1.9	2.5	7.2	6.5	1.4	0.3	70.2	67.8	○
독일	1.2	1.8	6.2	5.8	4.0	2.9	60.8	61.9	○
그리스	7.9	6.9	14.8	10.3	7.9	6.5	110.6	109.3	×
스페인	3.6	2.5	8.7	7.1	4.4	3.0	67.8	67.1	×
프랑스	2.1	1.6	6.3	5.7	4.0	3.0	56.4	58.1	○
아일랜드	1.6	2.2	7.3	6.3	1.6	0.9	74.7	70.0	○
이탈리아	4.0	2.4	9.4	7.6	6.6	3.3	123.4	122.3	○
룩셈부르크	1.2	2.0	6.3	6.1	0.9	−0.5	7.8	8.8	○
네덜란드	1.5	2.7	6.2	5.7	2.6	2.5	78.7	76.8	○
오스트리아	1.8	1.9	6.3	5.7	4.3	3.0	71.7	72.2	○
포르투갈	2.9	2.5	8.6	6.9	4.0	2.9	71.1	69.0	○
핀란드	0.8	1.3	7.1	6.1	3.3	2.2	67.8	61.5	○
스웨덴	1.5	2.3	8.0	7.1	3.9	2.9	78.1	77.6	×
영국	2.9	2.6	7.9	7.5	4.6	3.5	56.2	57.0	×
평가기준	2.6미만	3.1미만	8.5미만	7.9미만	3%미만	3%미만	60%미만	60%미만	±15%
전체 평균	2.4	2.2	7.5	6.6	4.4	3.0	73.5	73.7	–

주 : 1), 2) IMF 전망치.
3), 4) EU 집행위원회 전망치.
5) 청색 숫자체는 기준을 충족시키지 못한 경우를 의미.
자료 : EU 집행위원회 (http://europa.eu.int/comm/) ; IMF (www.imf.org).

당시 IMF와 EU 집행위의 1997년 전망치를 보더라도 재정적자 개선과 정부채무 축소조건을 모두 충족시킬 것이라고 전망되는 국가는 프랑스, 룩셈부르크 두 국가밖에 없었다. 이에 따라 EU 회원국 정부는 이 재정기준을 충족시키기 위해 재정지출을 줄이고 조세를 늘리는 긴축재정을 운용하고 있었다. 하지만, 불경기와 실업을 유발하는 긴축정책에 대한 일부 정파와 국민들의 반대가 심하고 주요 회원국들이 재정기준을 모두 충족시킬 가능성이 높지 않았다. 이러한 상황에서 재정기준에 관한 조항을 좀 더 유연하게 해석해[7] 상당수의 국가들이 재정적자와 정부채무의 기준을 충족시킨 것으로 처리되었고, 결국 1999년 1월 11개국이 통화통합의 3단계로 이행했다. 그리스

7. 마스트리히트 조약 104조에서는 "… GDP에 대한 재정적자비율이 기준치에 가까운 수준으로 접근 …, … GDP에 대한 정부부채비율이 충분히 감소하여 만족스러운 속도로 기준치에 접근…"으로 규정하여 재정기준을 유연하게 해석할 여지를 남겨 놓았다.

는 2001년 수렴기준을 충족시킨 후에 뒤늦게 합류했다.

◉ ERM2

1999년 EMU가 출범하면 EMU 참가국 그룹과 비참가국 그룹 간에 경제적 여건은 상당한 차이를 보이게 되고 통합의 제3단계에서 배제되는 국가들이 환율변동에 따라 겪게 될 경제적 혼란이 클 것으로 예상되었다. 따라서 EMU 참가국과 비참가국 간의 환율안정을 도모하고 비참가국이 추후 금융통합에 쉽게 참여할 수 있도록 비참가국 통화와 유로화 간의 기준환율 및 변동환율폭을 조정할 필요성이 인식되었다. 그 결과 1996년 기존의 ERM을 조정한 새로운 환율체제인 ERM2가 출범하게 된다.

그 내용을 보면 환율변동폭은 1993년 이후 전개된 ERM과 동일한 폭인 상하 15%까지 허용해 환율변동에 대해 상당한 유연성을 그대로 부여했다. 한편 기존의 ERM에서는 환율이 변동폭의 한계치에 이를 경우 중앙은행이 강력히 개입하도록 했으나, ERM2에서는 유럽중앙은행의 인플레이션 억제정책 기조와 상충될 경우에는 개입중단이 가능하도록 해 중앙은행의 외환시장개입 의무를 완화했다. 또한 경제여건 변화에 따라 기준환율을 재조정해야 할 필요가 있는 경우 좀더 신속한 조정을 허용해 유연성을 부여했다.

ERM2는 EMU의 제3단계 참여를 원하는 국가를 위한 일시적 장치로 기존의 ERM에 비해 탄력적이고 유연한 정책운용이 가능하도록 한 것이 그 특징이라고 할 수 있다.

3.4 유럽중앙은행제도

마스트리히트 조약에서는 유럽중앙은행제도(European System of Central Banks; ESCB)의 목표를 물가안정으로 규정하고 있다. 각국 정부의 일반 경제정책에 대한 지원은 물가안정을 저해하지 않는 범위 내에서만 가능하다.

유럽중앙은행제도의 구성은 유럽중앙은행(European Central Bank ; ECB)과 EMU 참가국의 중앙은행(National Central Banks ; NCBs)으로 이루어지고 유럽중앙은행이 단일통화정책의 수립 및 집행과정에서 핵심적인 역할을 담당한다.

유럽중앙은행 내의 조직을 보면 정책이사회(Governing Council), 집행위원회

(Executive Board), 일반이사회(General Council) 등 3개의 의결기구로 구성되어 있다.

정책이사회는 유럽중앙은행제도의 최고의결기구로 단일통화정책과 관련된 제반 사항을 결정한다. 이사회는 유럽중앙은행 총재, 부총재, 이사 4인 등 임원 6인과 EMU 참가국의 중앙은행 총재로 구성된다. 집행위원회는 이사회의 결정사항의 집행에 필요한 세부사항을 결정하고 필요한 조치를 참가국 중앙은행에 지시한다. 일반이사회는 유럽중앙은행의 연차보고서를 발간하고, 통계자료 수집, 회계기준 정립, 유럽중앙은행 직원들의 인사 등 일반 업무에 관한 사항을 심의 · 의결하는 업무를 맡는다.

이와 같이 구성된 유럽중앙은행의 기능은 첫째, 물가안정이라는 정책목표를 달성

그림 19-1 유럽중앙은행제도

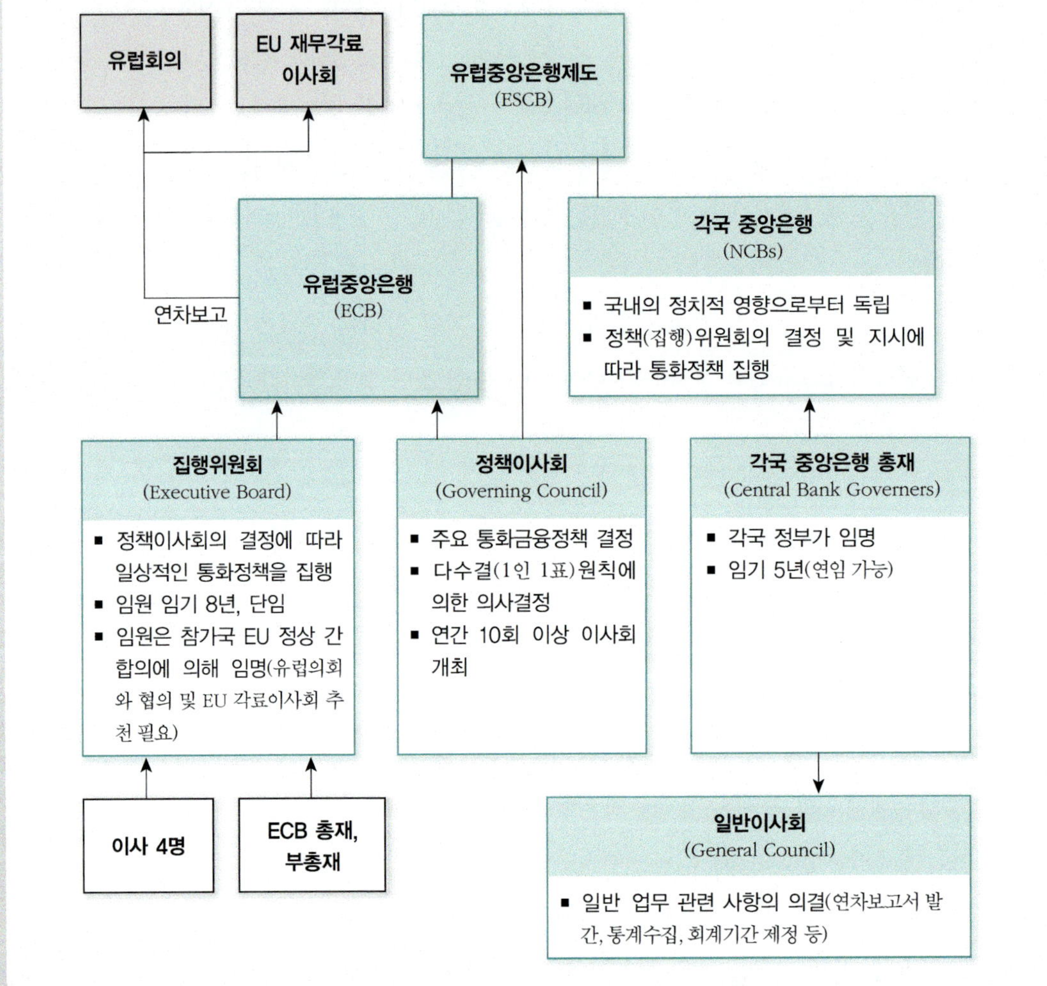

하기 위해 단일통화정책을 수립하고 집행한다. 둘째, EU 재무각료이사회가 수립한 환율정책에 따라 외환관리, 지급결제시스템 관리, 대외준비자산의 관리 및 운용 등의 기능을 수행한다. 셋째, 단일유럽통화인 유로를 발행한다. 넷째, EU 재무각료이사회 또는 EU 집행위원회의 결정을 얻어 보험기관을 제외한 모든 금융기관의 건전성에 대한 감독업무를 하고, 이에 대한 자문을 한다.

한편, 유럽중앙은행은 단일통화정책의 수립 · 집행과정에서 EU와 참가국 정부 등의 간섭을 받지 않도록 인사, 제도, 재정적 측면에서 독립성을 보장받고 있다. 대신 연간 활동내용에 대해 연차보고서를 만들어 유럽의회, 재무각료 이사회 및 집행위원회에 제출해 활동 및 통화정책에 관한 보고를 해야 한다.

이상에서 설명한 유럽중앙은행제도의 구성을 정리하면 [그림 19-1]과 같다.

요약

1. 국제통화제도는 금본위제도, 제1, 2차 세계대전 사이의 다양한 제도, 1944년부터 1970년대 초까지의 브레튼우즈 체제를 거쳐 현재의 변동환율체제로 이행되었다. 이처럼 국제통화제도가 고정 및 변동을 반복하는 까닭은 환경이 변화되면서 기존의 제도가 새로운 환경에 부합되지 않기 때문이다. 국제통화제도가 성공적으로 정착되기 위해서는 기본적으로 안정성과 유동성을 확보할 수 있어야 한다. 최근에는 국제통화제도 개선을 위해, 통화적인 관점에서 환율제도를 개선하기 위한 노력과 아울러 금융질서를 정립하기 위한 금융체제 개선 노력이 함께 진행되고 있다.

2. 최적통화지역이란 단일통화가 통용되기에 가장 이상적인 크기의 지역을 의미한다. 국가 간에 금융시장이 잘 통합되어 있고 경제정책상의 협조가 잘 이루어지며, 생산요소의 이동이 활발한 국가 간에는 최적통화지역이 성립되기 쉽다. 그러나 그렇지 못한 경우에 고정환율을 유지하면서 대외불균형을 해소하기 위해서는 실업이나 인플레이션이라는 대가를 지불해야 한다.

3. 유럽통화제도(EMS)는 '유럽통화단위'(ECU)와 '환율조정메커니즘'(ERM)을 골격으로, 가맹국들의 환율안정과 통화통합을 그 목표로 하였다. 이후 마스트리히트 조약에 따라 단계별로 통화통합을 추진한 결과 1999년 EMU를 출범시키고 단일통화인 유로를 도입했다.

4. 단일통화인 유로의 등장으로 국제금융질서는 상당한 변화를 보일 것으로 예상된다. 국제실물 및 금융거래에서 유로의 사용이 증대됨에 따라 유로는 궁극적으로 달러에 버금가는 국제통화로 정착할 것으로 예상되고, 유럽 역내에서도 금융시장의 통합을 가속화시킬 것으로 보인다.

부록 동아시아 통화 · 금융협력

그동안 동아시아 지역에서도 경제협력에 대한 논의가 간간히 제기되어 왔었다. 이러한 논의는 대부분 무역, 투자 등 실물경제와 관련된 것이었고 통화 및 금융협력에 관한 논의는 많지 않았다. 또한 경제협력에 관한 노력은 동아시아 지역의 경제발전과 더불어 자연스럽게 나타난 것이었으며 어떤 제도적인 노력이 기울여진 것은 아니었었다. 그러나 앞에서 소개한 유럽의 경제통화통합과 1997년 동아시아를 강타한 외환 · 금융위기 이후, 동아시아에서도 실물뿐만 아니라 통화 · 금융분야에서 지역협력 노력이 진행되고 있고, 과거와는 달리 제도적인 장치를 마련하기 위한 다양한 협의가 추진되고 있다.

1. 동아시아 통화 · 금융협력의 필요성

◉ 외환 · 금융위기의 방지

최근 동아시아 통화 · 금융협력의 필요성을 본격적으로 부각시킨 가장 직접적인 계기는 물론 동아시아 외환 · 금융위기이다. 동아시아 위기의 원인에 대해 다양한 주장들이 제기되고 있는데, 그중 중요한 요인 중의 하나는 금융시장 통합에 따른 불안정한 국제자본이동이었다. 그러나 막상 위기가 터졌을 때 동아시아 국가들은 IMF와 같은 국제기구로부터 당장의 위기를 진정시키기 위한 도움을 받을 수 없었다. 뿐만 아니라 국제기구 및 국제금융자본의 뒤늦은 개입이 위기를 해소하기는커녕 오히려 더욱 확대 · 심화시키기에 이르자 동아시아 국가들은 불안정한 국제자본으로부터 스스로를 보호해야 한다고 믿게 되었다. 그런데 오늘날과 같이 대규모로 자본이 이동하는 상황에서 각국이 독자적으로 방어노력을 취하는 데는 한계가 있고 또한 위기는 일단 발생하면 급속히 주변국으로 전염되는 특성을 가졌기 때문에, 위기를 방지하기 위해서는 지역적인 공동의 노력이 필요함을 절실하게 인식하게 된 것이다.

동아시아 위기가 동아시아의 내부적인 취약성 때문에 발생했다 하더라도 동아시아 통화 · 금융협력은 소위 말하는 원죄론(original sin)에 따른 외환금융위기를 방지하는 효과를 가질 수 있다. 아이켄그린과 하우스만(B. Eichengreen and R. Hausmann,

1999)의 원죄론에 따르면, 금융시장이 발전되지 못한 국가 또는 지역은 자국통화표시로 해외에서 장기로 기채하는 것이 불가능하기 때문에 통화불일치(currency mismatch) 및 만기불일치(maturity mismatch)의 구조적인 취약성을 안고 있을 수밖에 없다. 실제적으로 1997년의 동아시아 위기는 달러화표시 부채에 따른 구조적인 문제점 때문에 기인한 바가 크다. 만일 동아시아 지역의 통화 · 금융협력의 진전으로 자본시장이 통합되고 그에 따라 역내 경쟁을 통해 시장의 효율성이 제고된다면, 이러한 원죄는 상당부분 면죄될 것이고 또 다른 외환 · 금융위기의 가능성도 상당히 낮아질 것이다. 더욱이 자본시장 통합은 역내 금융시장을 통해 경상수지 적자를 보전하기 위한 단기적 자본유입을 용이하게 하며 포트폴리오의 분산을 통해 비대칭적 충격에 대한 완충장치로 작용하는 등 최적통화지역 형성에도 유리한 환경을 조성하는 효과를 가진다.

◉ 지역주의 확산에 대한 대응 블럭

지금까지 국제금융시장 구조는 미국 달러화를 기축통화로 하는 국제통화기금(IMF) 체제에 의해 운영되어 왔다. 그러나 유럽국가들이 유로화를 공동의 단일통화로 도입하면서 세계의 금융구조가 크게 달라지고 있다. 유로화를 사용하는 지역의 경제 및 인구 규모를 보면 달러화를 사용하는 지역의 규모에 충분히 필적하고 있어 국제금융시장이 점차 미국 달러화와 유로화의 양대 통화권으로 분리되어 가고 있다. 양대 통화가 주조차익(seigniorage) 획득을 위해 경합을 하든 아니면 타협을 통해 통화권을 분리하든 아시아 지역의 통화들과 금융시장은 이러한 변화에 수동적으로 적응할 수밖에 없다.

그러나 이러한 양대 통화권이 형성하는 새로운 국제금융 구조는 아시아 지역의 이익이 전혀 고려되지 않을 가능성이 높다. 그동안 미국만이 달러화의 독점적 지위를 이용해 다른 국가에 대한 고려 없이 국내정책목표에 전념하는 '무해한 무시'(benign neglect) 환율정책을 써 왔는데, 유로화 출범 이후 미국뿐만 아니라 유럽도 '무해한 무시' 정책을 취하게 되면 동아시아 통화 및 금융시장이 더욱 불안해져 또 다른 위기가 발생할 수도 있다. 현재 G-7 국가들의 합의에 의해 일본 엔화 가치의 등락이 결정되고 그에 따라 아시아 국가들의 통화가치가 함께 등락하는 상황, 그리고 동아시아 금융시장이 역내 요인보다도 글로벌 요인에 의해 큰 영향을 받고 있는 상황은, 향후 양대 통화권이 아시아 국가들의 통화 및 금융시장에 미칠 영향을 여실히 보여주고 있다. 뿐만 아니라 달러블럭과 유로블럭이라는 통화블럭이 무역블럭과 불가피하게 연계되므로 동아시아 지역은 무역에 대한 타격을 통해 손실을 입을 수도 있다. 따라서 새로운 국제금융질서에서 아시아 국가들의 이익을 반영시킬 수 있기 위해서는, 혹은 적어도 양대블럭 형성으로 아시아 국가들이 입을 수도 있는 손실을 방지하기 위해서는, 아시아 지역에서도 공동의 목소리를 낼 수 있는 지역적인 통화·금융협력 장치를 마련해야 한다는 주장이 커지고 있다.

◉ 동아시아의 성장잠재력 확대

그동안 동아시아 지역은 가장 빠른 속도로 성장하면서 전 세계의 경제성장을 이끌어왔다. 그 결과 북미, 유럽과 더불어 세계경제 3대 축의 하나로 간주되고 있지만, 아직까지는 독자적으로 지속가능한 성장을 해나갈 수 있는 지역으로 충분히 인정받지는 못하고 있다. 동아시아 지역이 경제성장 잠재력을 더욱 확대시켜 명실공히 하나의 독립적인 경제성장축이 되고 세계경제의 리더가 되기 위해서는 지역경제가 자체적으로도 충분히 지속가능한 경제능력을 갖추고 있어야 한다. 현재 동아시아의 상황을 보면 GDP 규모, 역내무역 규모 등 실물적인 측면에서는 충분히 자체지속성이 가능하지만, 통화·금융 측면에서는 거의 조건을 구비하지 못하고 있다. 만일 동아시아 국가들 간에 통화·금융협력을 통해 역내 통화가치가 안정된다면 동아시아 지역에서 이루어지고 있는 역내교역 및 투자규모가 더욱 크게 신장되어 성장잠재력이 확대될 수 있을 것이다.

또한 역내 통화·금융협력은 금융시장의 유동성을 높여 자금수요자의 조달비용을 낮추고 투자기회를 확대시킴으로써 자원배분의 효율성을 높이고 동아시아 지역의 경제성장을 더욱 촉진하는 효과를 갖는다. 동아시아 지역은 다른 어느 지역보다도 성장이 빠르고 세계경제 성장에 기여하는 바가 크기 때문에[8] 새로운 투자가 활성화되고 있으며 그에 따라 투자자금 수요도 크게 나타나고 있다. 그러나 지역적인 차원에서의 자본시장이 발달하지 못하고 있어 이러한 투자자금을 주로 글로벌 금융시장을 통해 조달하고 있다. 이로 인해 실물부문은 지역화 현상을 보이는 반면 금융부문은 글로벌화 현상을 보이고 양자 간 연계성이 부족해 금융시장의 비효율성이 병목현상으로 작

8. Economist지에 따르면 일본을 제외한 동아시아 지역이 1995~2002년 기간 동안 세계경제 성장에 있어서 43%를 기여했다. The Economist(2003. 11. 13).

용해 왔는데, 통화 · 금융협력을 통한 자본시장의 발달은 양자 간의 연계성을 강화시켜 역내 경제성장을 촉진하는 효과를 가질 것이다.

뿐만 아니라 동아시아 통화 · 금융협력을 통해 동아시아 지역의 자본시장이 점차 통합되어 간다면, 현재 잉여상태에 있는 동아시아 지역의 자금이 역내에서 환류되도록 함으로써 하나의 독립적인 경제축이 되기 위한 실물 및 금융 측면에서의 자립성을 완비하게 되는 효과를 낳는다. 따라서 통화 · 금융협력은 동아시아 지역이 국제무역에서뿐만 아니라 국제금융에서도 독자적인 목소리를 내는 주도적인 세력이 되는 것을 가능케 할 것이다.

2. 동아시아 통화 · 금융협력 현황

그동안 무역 및 투자분야에서는 양자 간 자유무역협정 혹은 역내 일부 국가들 간의 국지적인 협력형태를 띤 제안들이 많았던 반면, 통화 · 금융분야에서의 협력구상은 국지적인 형태보다, 많은 경우 동아시아 지역 전체 또는 동아시아 지역을 넘어서는 초동아시아적 협력형태를 띠고 있다는 특징이 있다. 또한 무역 및 투자협력에 대한 논의는 상대적으로 오래 전부터 논의되어 온 반면, 동아시아 지역에서의 통화 · 금융협력과 관련된 구상들은 주로 1990년대 이후 나타난다. 이 중 금융협력과 관련해서는, 동아시아 외환금융위기 이후 구체적인 협력방안을 마련해 추진하는 등 다양한 노력이 진행되어 오고 있다. 반면, 통화협력은 국가의 통화정책주권과 관련되어 있기 때문에 아직까지 별다른 진전이 없이 다양한 아이디어에 대한 논의를 제시하는 차원에 머물러 있다.

◉ 금융협력 추진 현황

1990년대 이후 제기되었던 통화 · 금융협력 아이디어들은 처음에는 동아시아 지역에 국한된 협력을 위한 것이라기보다 국제협력 차원에서의 구상들이었다. 예를 들어 1991년 시작된 EMEAP(Executives' Meeting of East Asia Pacific Central Banks), 호주 중앙은행 총재인 프레이저(B. Fraser)가 제안한 Asian BIS, 동아시아 위기가 발발하자 이에 대한 대응으로 1997년 11월 APEC 재무장관 회의에서 창설된 마닐라 그룹(Manila Framework Group ; MFG) 등과 같이 위기 이전에는 대부분 아 · 태통화협력의 구상들이 제안되었다.

그러나 동아시아 위기 이후에는 지역에 국한된 협력구상들이 많이 제시되고 있다. 가장 널리 알려진 것으로는 1997년 9월 일본 정부에 의해 제안된 AMF(Asia Monetary Fund) 구상을 들 수 있는데, 동아시아 지역에서 IMF의 기능을 수행하려고 하던 이 구상은 IMF 및 미국의 강력한 반대에 의해 무산되고 말았다. 비록 AMF 구상이 무위로 끝났지만, 이후 1998년 10월 일본 미야자와 재무장관(미야자와 플랜), 1999년 말레이시아 마하티르 수상 및 필리핀 에스트라다 대통령 등에 의해 꾸준히 AMF와 유사한 기구의 필요성이 반복 제기되었고, 동아시아 국가들은 금융협력을 강화하기 위한 다방면의 노력을 계속해 왔다. 이러한 노력의 일환으로 동아시아 지역에서 금융문제를 해결하고 공동협력방안을 모색하는 가장 중요한 협의체로 자리잡아 가고 있는 것이 ASEAN + 3회의이다.

ASEAN + 3회의는 1997년 12월 말레이시아 콸라룸프르에서 개최된 ASEAN 창립 30주년 기념 정상회의에 한국, 중국, 일본 등 3국 정상이 초청되어 ASEAN 10개국[9]과 극동지역의 3개국이 결합함으로써 최초로 형성되었다. 이어 1998년 12월 베트남 하노이에서 개최된 ASEAN + 3국 정상회의에서는 역내 의견교환 및 협력강화를 위해 재무장관회의 및 대표자(deputies)회의를 정기적으로 개최키로 합의했다. 1999년 11월의 마닐라 정상회의에서 포괄적인 역내 금융협력을 강화키로 합의하는 공동성명을 천명함에 따라 동아시아 금융협력은 새로운 전기를 맞이하기 시작했다. 정상회담 후속조치의 하나인 역내 유동성지원장치를 수립하기 위한 방안으로 결실을 맺은 것이 2000년 5월 태국 치앙마이 재무장관회의에서 채택된 챵마이 합의(Chiang Mai Initiative ; CMI)이다.

CMI의 주요 내용은 기존 ASEAN 국가 간의 통화스왑협정을 확대하고 한 · 중 · 일과 ASEAN 중앙은행 간에 스왑 및 환매조건부거래(Repo) 네트워크를 구축해 외환위기 시 약정금액 한도 내에서 상대국으로부터 달러화를 지원받을 수 있도록 하자는 것이다.[10] ASEAN + 3국은 이어 수차례에 걸친 재무차관 및 중앙은행 부총재급 회의에서 CMI의 세부적인 내용을 구체화하고 2000년 11월 싱가포르에서 열린 정상회의

9. ASEAN(동남아시아국가연합) 회원국은 1967년 결성 당시 인도네시아, 말레이시아, 싱가포르, 태국, 필리핀 등 5개국이었으나 이후 브루나이(1984년), 베트남(1995년), 라오스, 미얀마(1997년), 캄보디아(1999년) 등이 가입해 현재의 10개국으로 확대되었다.

10. 이에 앞서 미 국채를 담보로 한 환매조건부(Repo) 금융지원 계약체결은 1995년부터 시작되었다. 현재 동아시아 8개국이 안정적인 재원확보 및 외환시장 안정 도모를 위해 미 정부채 Repo 계약에 참여하고 있으나, 실제 자금지원이 이루어진 사례는 없다. 이후 보다 체계화된 금융지원 형태를 도입할 필요성이 커짐에 따라 ASEAN+3 협의체에서 CMI 합의에 의한 양자 간 통화스왑계약을 추진하게 된 것이다.

에서 이를 추인한 다음 개별적인 협상을 통해 쌍무적인 통화스왑계약을 추진해 왔는데, 2009년까지 총 900억 달러 규모의 계약이 체결되었다.[11]

CMI는 동아시아 금융협력의 추진과정에 있어 중요한 진일보로 평가할 수 있다. 그러나 CMI 통화스왑은 양자 간 계약이라는 점에서 제약이 있기 때문에, 금융지원체제를 보다 효과적으로 운영하고 역내 금융협력을 더욱 강화하기 위해서는 추가적인 조치가 수반되어야 한다. 이에 ASEAN + 3 회원국들은 2007년에 CMI를 다자간 형태로 전환하기로 합의하고, 지속적인 회의를 거친 후 2010년 3월 CMIM(CMI Multilateralization) 체제가 공식 출범하였다. 그리고 이와 더불어 2003년에는 동아시아 금융발전을 위한 인프라의 구축을 위해 역내채권시장의 발전방안인 ABMI(Asian Bond Market Initiative)를 채택하고, 신용보증제도, 결제제도 등 6개 실무팀을 운영 중이다. 한편 ASEAN + 3 체제와는 별도로 EMEAP 회원국들은 Asia Bond Fund(ABF)를 통한 지역 채권시장 발전을 모색하고 있다.

◉ 통화협력을 위한 구상

금융협력이 일부 추진되어 오고 있는 것과는 달리 통화협력에 대해서는 다양한 구상들만 난무하고 있는 실정이었으나, 2006년 아시아개발은행(ADB) 회의에서 지역통화단위(Regional Monetary Unit ; RMU) 도입문제를 정부차원에서 본격 논의하기로 합의했다. 이에 따라 ASEAN + 3 리서치그룹에서 지역통화단위 구성, 감시감독체계와의 연계, 지역통화단위 활용방안 등에 대해 지속적인 연구가 이루어지고 있다. 궁극적으로 경제협력을 완성하기 위해서는 실물분야, 금융분야의 협력과 함께 통화협력도 보다 장기적인 관점에서 모색되어야 한다.

이상적인 국제통화제도가 되기 위해서는 기본적으로 안정성과 유동성을 확보할 수 있어야 한다. 동아시아 통화협력을 위한 구상을 제시할 때는 이러한 조건을 충족시키기 위해 세 가지 이슈, 즉 환율제도의 형태, 기축통화의 선정 및 긴급유동성 지원방안에 대한 해결책을 제시해야만 한다. 이를 염두에 두고 변동환율제도로부터 통화동맹에 이르기까지 수많은 동아시아 통화협력 방안들 중 대표적인 것들을 간단하게 설명하고자 한다.[12]

---

11. 이와는 별도로 ASEAN 국가 간에는 총 10억 달러 규모의 스왑협정이 발효되었다.
12. 통화협력 방안들에 대한 보다 포괄적인 소개는 International Economy(1999), 전승철(2003) 등을 참조할 것.

첫째, 일부 학자들은 과연 동아시아 국가들이 고정환율제도를 택하는 것이 바람직한가에 대한 본질적인 질문을 던지면서 동아시아 통화협력체에 대해 회의적인 태도를 취하고 있다. 이들은 1997년 동아시아 위기가 고정된 환율 때문에 초래되었으므로, 기업이나 투자자들이 환위험을 고려한 신중한 결정을 내리도록 하기 위해서는 변동환율제도를 택해야 한다고 주장하고 있다. 만일 외환시장이 합리적으로 움직이고 또한 동아시아 위기가 고정환율제도 때문에 파생된 것이라면 이러한 주장이 타당할 수도 있다.

그러나 외환시장을 포함해 국제자본이동과 관련된 자산시장은 합리적 예상보다 군집행동에 따라 움직이는 경향이 있다. 또한 동아시아 위기가 고정환율제도 그 자체보다는 엔-달러 환율의 불안정 때문에 발생한 측면도 있으며, 게다가 개발도상국들의 환율변동은 국제자본의 흐름에 따라 급격히 변동할 수밖에 없는 구조를 가지고 있다. 따라서 이와 같은 위험을 방지하기 위해서는 지역적 통화협력을 통해 환율을 안정시키는 것이 바람직하다.

둘째, 이 방안보다 조금 더 협력을 도모하는 방안은 동아시아 각국이 환율제도는 각자 선택하되 외환시장에 개입할 때 상호 정책협력을 추진하는 방안이다. 이 방안의 기본적인 아이디어는 1985년 플라자 협정을 통해 주요 선진국들이 상호협조 하에 환율안정을 도모했던 것과 유사하다. 이 방안의 큰 장점은 현재 각국이 택하고 있는 환율제도를 그대로 인정하고 통화정책협력을 모색한다는 것이다.

그러나 동아시아 각국이 상호보완관계보다도 경쟁관계에 있는 현실을 고려해 볼 때, 한 국가에게 유리한 환율변화는 다른 국가에게 불리한 근린궁핍화정책이 될 우려가 있다. 또한 동아시아 지역 전체를 고려하면 각국 간에 경제정책 목표가 상이하기 때문에 환율공조가 쉽게 이루어지지 않을 것으로 보인다. 예를 들어, 일본 엔화의 평가절하에 대해 한국의 원화 및 말레이시아의 링깃트화가 민감하게 반응하고 있고, 반면 싱가포르의 달러화는 일본 엔화의 평가절상에 대해 민감하게 반응하고 있다. 이는 한국 및 말레이시아의 경우 경상수지에 환율정책의 목표를 두고 있어 자국 상품의 가격경쟁력이 약화되지 않도록 일본 엔화의 평가절하에 대해 반응하고 있고, 싱가포르는 물가안정에 목표를 두고 있어 일본 엔화강세에 따른 인플레이션 수입을 우려해 일본 엔화의 평가절상에 대해 민감하게 반응하고 있다는 것을 의미한다. 이와 같은 상이한 정책목표는 동아시아 국가들이 통화정책 협력을 도모하는 데 장애요인으로 작용할 가능성이 크다.

셋째, 앞에서 소개한 두 방안들과는 달리 동아시아 역내 공동의 통화협력체제를 구축하기 위한 방안들은 고정환율제도의 형태를 도입하는 방안과 변동-고정의 중간 형태를 취하는 방안으로 대별할 수 있다. 우선 중간형태의 통화협력 방안으로 가장 대표적인 것은 목표환율대제도이다. 이 방안은 윌리암슨(J. Williamson, 1997 ; 2000)을 바탕으로 하고 있는데, 기본적인 아이디어는 역내 통화 간에 기준환율(parity)을 중심으로 일정한 변동허용폭(band)을 설정하고 허용폭 내에서는 환율이 자유롭게 변동하도록 하되 폭을 벗어나려고 하는 경우 개입을 통해 벗어나지 못하도록 한다는 것이다.

이 방안과 관련해 구체적으로 변동폭을 얼마나 크게 할 것인가, 기준환율은 어떻게 정할 것인가, 기준환율의 변경은 얼마나 자주 할 것인가, 기축통화는 무엇으로 할 것인가 등에 따라 다양한 아이디어들이 제시되고 있다. 변동폭과 관련해서는 대체적으로 동아시아 경제의 다양성 및 발전격차를 고려해 다소 넓게 하자고 주장하고 있으나, 기타 다른 이슈들, 특히 기축통화와 관련해서는 다양한 의견이 제시되고 있다. 목표환율대제도 방안은 고정환율제도의 장점과 변동환율제도의 장점을 혼합할 수 있다는 점에서 매력적인 것으로 보일 수도 있으나, 유럽의 ERM 체제 붕괴에서 볼 수 있듯이 가맹국들 간의 협조체제가 전제되지 않으면 오히려 양 제도의 결점만이 부각될 수도 있다. 그러나 현실적인 측면에서 동아시아 국가들 간에 여건 차이가 너무 심하고 또한 동아시아 위기 이후 대부분의 국가들이 변동환율제도로 이행했다는 점을 고려할 때, 동아시아 지역에서는 목표환율대제도라는 심리적인 완충기를 거친 후 점차 고정환율제도로 이행하는 것도 한 가지 방안이 될 수 있을 것이다.

넷째, 실제적으로 동아시아 국가들은 환율안정에 대해 상당한 관심을 기울이고 있으므로 동아시아의 환율제도로 고정환율제도를 도입하자는 주장이 많이 제기되고 있다. 여기서는 어느 통화를 기준으로 하느냐에 따라 크게 단일통화기준 고정환율제도와 복합통화기준 고정환율제도로 나눌 수 있다. 단일통화에 고정시키자는 방안 중 미국 달러화를 기준으로 하자는 방안은 동아시아 국가들이 달러화에 대한 환율을 안정시키는 방향으로 실질적인 통화정책을 운용하고 있고 또한 대부분의 국제거래가 달러화로 이루어지고 있으므로 달러화 블럭을 형성하는 것이 자연스런 대안이라고 강조한다. 이에 대해 일본 엔화에 고정시키자는 학자들은, 1997년 동아시아 위기의 원인 중 하나가 동아시아 통화가치를 지나치게 달러화에 고정시켰기 때문이라는 점을 환기시키고 있다. 또한 동아시아 지역의 경제가 일본 등 역내경제와 더욱 밀접해지고 있는 반면 미국 경제와의 연관성은 약해지고 있고 엔화 가치의 증감에 따라 동아시아 경제가 상당히 영향을 받고 있으므로, 동아시아 통화의 가치를 엔화에 대해 안정시키는 것이 더 바람직하다고 주장하고 있다.

이들과는 달리 복합통화에 고정시키자는 주장은 특정 통화에 고정시키는 경우 기준통화의 가치변동에 따라 동아시아 국가들의 통화가치도 함께 변동하므로 오히려 환율이 각 경제사정과 무관하게 움직일 수 있다는 문제점을 지적하고 있다. 따라서 환율을 안정시키기 위해서는 특정 통화에 고정시키는 것보다 주요 통화로 이루어진 통화바스켓에 고정시킬 것을 제안하고 있다. 복합통화에 고정시키는 경우 어떤 바스켓에 고정시키느냐에 따라, 주요 국제통화인 달러화, 유로화 및 엔화 바스켓에 고정시키자는 방안과 역내통화로만 구성된 아시아 통화단위에 고정시키자는 방안이 있다. 전자는 현재 동아시아 국가들의 대외거래 비중을 고려해 봤을 때 주요 국제통화를 바스켓으로 하는 것이 현실적으로 환율의 움직임을 안정화시킬 수 있다는 점을 강조하고 있다. 그러나 후자는 역외통화를 기준으로 하는 경우 예기치 못한 유동성 위기가 발생했을 때 역외국가들(미국, 유럽 등)이 동아시아 역내문제를 위해 능동적으로 대처하지 않을 우려가 있으므로, 동아시아 통화협력체는 기본적으로 역내국가들 간에 이루어져야 한다는 점을 강조하고 있다.

다섯째, 마지막으로 동아시아 통화협력체의 궁극적인 형태로 동아시아 통화동맹(East Asian Monetary Union)을 제시하기도 한다. 이 방안은 고정환율제도에서 발생할 수도 있는 기준환율 변경의 문제를 해결하고자 동아시아 지역에 단일통화를 도입하자는 것이다. 고정환율제도의 경우 아직까지 각국이 통화발행권을 보유하고 있기 때문에 상황이 여의치 않은 경우 기준환율을 변경할 여지가 남아 있고, 이에 따라 경쟁적 평가절하가 발생할 우려가 있다. 그러나 단일통화를 도입하는 경우에는 이러한 문제가 사라지게 된다.

단일통화를 도입하는 방안은 크게 달러화, 엔화 등 기존의 국제통화를 도입하는 달러화 방법(dollarization)과 새로운 통화를 창설해 도입하는 방법 등이 있다. 기존의 통화를 도입하는 방법은 이미 널리 통용되고 있는 국제통화를 이용하기 때문에 통화동맹으로의 이행과정에 있어서 이전비용이 다소 작을 수 있을 것이다. 그러나 동아시아 통화협력체 구성과 관련해서는 두 가지 중요한 문제가 해결되지 않는다. 하나는 통화정책의 주권이 기축통화국에 전적으로 이양되는 비대칭적 결정구조를 갖기 때문에 동아시아 국가들의 경제사정을 반영한 정책결정이 이루어질 가능성이 작다는 것이다.

Box 19-3 세계 각 지역의 통화협력

유럽과 동아시아 외에도 세계 각 지역에서 다양한 통화협력 노력이 진행되어 오고 있다. 〈표 A19-1〉은 아프리카 및 중남미지역에서 이루어지고 있는 통화협력의 예를 보여주고 있다.

표 A19-1 **세계 각 지역의 통화협력의 사례**

명 칭	성립시기	가맹국	공동통화	환율제도
서아프리카 경제통화동맹 (West Africa Economic and Monetary Union ; WAEMU)	1994년	프랑스의 식민지였던 서아프리카의 7개국 (Benin, Burkina Faso, Côte d'Ivoire, Mali, Niger, Senegal, Togo)	CFA franc	프랑스 프랑화에 페그시키다가 1999년 1월 이후에는 유로화에 페그
중앙아프리카 경제통화동맹 (Central Africa Economic and Monetary Community ; CAEMC)	1964년 창설된 중부아프리카관세경제동맹(UDEAC)이 1994년 해체되고 그 대신 설립	카메룬, 중앙아프리카공화국, 콩고, 가봉, 차드, 적도 기네 등 6개국	CFA franc	프랑스 프랑화에 페그시키다가 1999년 이후 유로화에 페그
공동통화지역 (Common Monetary Area ; CMA) (일명 rand zone)	1986년	남아프리카공화국, 스와질란드, 레소토, 나미비아	각국 통화가 존속하는 가운데 남아프리카공화국 통화인 rand를 공동 이용	각국은 rand에 페그(통화위원회제), rand는 역외통화에 대해 자유변동
동카리브해 통화동맹 (Eastern Caribbean Currency Union ; ECCU)	1981년 동카리브해국가기구(Organization of the East Caribbean States) 창설, 1983년 단일 중앙은행인 동카리브해중앙은행(Eastern Caribbean Central Bank) 설립	카리브해의 8개 소국 (Anguilla, Antigua and Barbuda, Dominica, Grenada, Montserrat, St. Kitts and Nevis, St. Lucia, St. Vincentand Grenadines)	Eastern Caribbean dollar	미달러화에 페그
유럽통화동맹 (European Monetary Union ; EMU)	1999년	EU 소속 12개국(벨기에, 독일, 스페인, 프랑스, 아일랜드, 이탈리아, 룩셈부르크, 네덜란드, 오스트리아, 포르투갈, 핀란드, 그리스) 동구권 10개국으로 확대 예정	유로(euro)	역외통화에 대해 자유변동

자료 : 한국은행(www.bok.or.kr).

다른 하나는 통화주조차익 또한 기축통화국에 귀속되는데, 이를 어떻게 보상해 줄 것인가 하는 문제이다.

이러한 문제를 해결하기 위한 대안이 유로화와 같은 새로운 단일통화를 도입해 통화동맹을 형성하는 방안이다. 동아시아 중앙은행을 설립하게 되면 각국은 중앙은행에 자국의 대표단을 파견함으로써 통화정책의 결정권을 공유할 수 있게 된다. 이처럼 역내의 각국이 정책의 결정권, 부담 및 혜택을 공유함으로써 이러한 형태의 통화동맹은 보다 대칭적인 구조를 가질 수 있다. 물론 여기서도 통화주조차익을 어떻게 배분할 것이냐 하는 문제가 남아 있기는 하지만, 기존 통화에 귀속되는 통화주조차익을 보상받는 문제보다는 갈등의 소지가 크지 않을 수 있다.

연습문제

01. 브레튼우즈 체제에서 각국의 달러 보유액 증가가 세계경제 성장에 따른 각국의 기축통화준비금 요구로 인해 증가되었다는 수요결정설과 미국 국내상황 변화에 따른 미국 통화량 확대로 인해 증가되었다는 공급결정설 중 어느 주장에 동의하는가? 그 주장에 근거해 브레튼우즈 체제에서의 세계 총달러량과 세계 인플레이션 간의 관계에 대해 설명하라.

02. 브레튼우즈 체제에서 미국의 대외적자가 미국이 적자를 해소하기 위해 적절한 조치를 취하지 않아 발생했다는 공급결정설과 외국이 흑자 해소를 위해 적절한 조치를 취하지 않았다는 수요결정설 간의 논쟁이 치열하게 전개되었다. 다음과 같은 상황은 어떤 주장을 뒷받침하는지 설명하라.

a. 1960년대 초반 및 중반 미국의 경상수지가 개선되었지만 종합수지는 계속 적자였다.

b. 1970년대 초 IMF가 각국에 새로운 준비자산을 할당했음에도 불구하고 미국의 적자는 급증했다.

03. 2002년 유로화의 도입은 많은 사람들의 우려와는 달리 큰 문제 없이 진행되었다. 아직까지 유로화를 도입하지 않고 있는 영국에 대해 EMU에 가입하도록 설득하고자 한다.

a. 영국에게 가입하라고 주장하는 근거는 무엇인가?

b. 반면 영국인이 계속 가입하지 않겠다고 주장할 수 있는 근거는 무엇인가?

04. EMS는 투기적 공격을 억제하고자 1993년 환율변동 범위를 2.25%에서 15%로 확대했다. 이러한 조치가 효과를 거둘 수 있다면 어떤 이유에서인지 설명하라.

05. 1997년 외환 · 금융위기 이후 동아시아 지역에서도 통화통합에 대한 논의가 전개되고 있다. 동아시아 지역의 통화통합 여건은 유럽지역에 비해 상대적으로 열악하다고 평가되는데 이를 설명하라.

06. "유럽은 최적통화지역이 아니었으며, 유럽국가들이 통화통합을 추진할 때 실질적으로 중요한 것은 최적통화지역 이론에서 강조되었던 조건들이 아니었다." 이 주장에 대해 어떻게 생각하는가?

07. 우리나라는 여러 경제지역들로 구성되어 있다. 각 경제지역을 하나의 독립된 경제단위라고 하자.

a. 각 경제단위는 매년 다른 경제단위에 대해 일종의 국제수지가 균형을 이루고 있는가?

b. 이들 경제단위가 똑같이 동일한 통화인 원화를 사용하는 단일통화지역인데 여기서 생기는 문제들은 무엇이고, 또 그 문제들이 어떻게 해결되는지 설명해 보아라.

08. "동아시아 지역에서 통화 · 금융협력체를 구성하기 위한 조건은 유럽에 비해 불리하다." 이러한 주장의 근거는 무엇인가?

자본자유화와 국제금융위기

International **Finance**
ch. twenty

오늘날 국제금융시장은 자유로운 자본이동을 통해 급속히 통합되어 가고 있다. 자유로운 자본이동은 금융산업의 효율성 제고, 자금조달비용 감소 등 긍정적인 측면도 수반하지만, 동시에 빈번한 자본이동에 따른 국내경제의 불안, 과도한 자본유입에 따른 거품현상 등 부정적인 측면도 유발하고 있다. 특히 1990년대 들어 빈발하고 있는 국제금융위기는 자본이동의 자유화와 직결되어 있다. 따라서 향후 재발할 수 있는 국제금융위기에 대해 적절히 대처하기 위해서는 자본자유화의 본질이 무엇이며 그것이 어떻게 국제금융위기와 연계되어 있는지 잘 이해해야만 한다.

이 장에서는 자본자유화의 개념과 국제금융위기의 이론을 설명하고 1990년대 이후 국제금융위기의 경험을 소개한다. 우선 제1절에서는 자본자유화의 개념 및 영향을 설명한 후 제2절에서는 다양한 관점에서의 국제금융위기 이론을 소개한다. 제3절에서는 외환위기와 금융위기의 관계 및 외환위기 과정 중에 나타나는 특징을 설명한다. 제4절에서는 1990년대 이후 발생했던 주요 국제금융위기 사례를 소개한 후 제5절에서는 1997년 우리나라에서 발생했던 IMF 위기에 대해 살펴본다.

1. 자본자유화 이론

International Finance, ch. twenty

1.1 자본자유화의 개념

자본자유화란 기초경제변수들(fundamentals)의 변화로 인해 발생되는 금융계정상의 변화, 즉 자본이동에 대해 아무런 제약을 가하지 않고 사부문 및 공부문의 자산구조가 경제여건 변화에 따라 내국인과 외국인 간의 자유로운 거래를 통해 조정되도록 하는 것을 의미한다. 앞에서 보았듯이 금융계정상의 변화는 크게 경상거래를 보전하기 위한 자본이동과 수익률 차이 등 금융적 거래동기에 따른 자본이동에 의해 발생되는데, 통상적으로 언급되고 있는 자본자유화는 금융적 거래동기에 의한 자본이동을 자유화한다는 것을 의미한다.

자본자유화에 대한 인식은 국제수지에 있어서 균형의 개념을 어떻게 보는가와 관련이 있다. 제2장에서 설명했듯이, 만일 한 국가가 생산능력만큼 지출하고 있는지의 여부에 관심이 있다면 경상수지만을 자율적 거래로 간주하게 되므로 경상수지의 균형을 곧 국제수지 균형으로 간주하게 되고 금융수지는 경상수지의 보조 개념이 된다. 이러한 경우 경상거래를 보전하기 위해 발생하는 자본거래만을 바람직한 것으로 보고 그 외의 동기에 의해 발생하는 자본거래는 불필요한 것으로 간주해 경상거래와 무관한 동기에 의한 자본거래를 제한하려고 할 것이다. 반면 한 국가의 경제능력은 그 국가의 금융자산 가치에 반영될 것이므로 가치를 결정해 주는 그 국가 금융자산의 전체적인 수요와 공급에 관심이 있다면 경상수지와 금융수지를 포함한 종합수지를 국제수지 균형으로 간주하게 되어 경상계정 거래뿐만 아니라 금융계정 거래도 자율적 거래로 간주된다. 따라서 금융수지는 더 이상 경상수지의 보조 개념이 아니라 별도의 거래동기를 갖는 계정이 되므로 금융적 동기에 의한 자본거래 자체도 불필요한 것으로 취급되지 않고 자본이동에 대한 제한은 바람직하지 않은 것으로 보일 수도 있다.

1.2 자본자유화가 국내경제에 미치는 영향

자본자유화에 따른 긍정적인 효과 중의 하나는 금융자원배분에 있어서 시장메커니즘의 역할을 강화시켜 자원배분의 효율성을 높일 뿐만 아니라 경쟁을 촉진함으로써 금융기관 및 금융제도의 효율성을 높일 수 있다는 것이다. 자본이동이 자유롭게 되는 경우 국내기업이나 개인이 자본조달 대상을 국내자본시장뿐만 아니라 해외시장에까지 확대시킴으로써 국내에서 이용하던 자본보다 낮은 이자율로 자본조달을 가능하게 한다. 따라서 비용을 절감할 수 있는 효과가 있다. 또한 투자당사자로서는 자본이동의 자유화로 보다 유리한 투자기회를 활용할 수 있게 됨으로써 수익성을 증대시켜 자원을 보다 효율적으로 이용할 수 있다는 긍정적인 효과가 있다. 한편 국내금융시장과 같이 비경쟁적으로 운영되던 금융시장에 경쟁이 촉진되고 새로운 금융혁신이 수용되게 되며 아울러 직접투자 활성화를 통한 기술이전의 촉진으로 경제효율성과 경제발전 잠재력이 크게 확대될 수 있다.

자본이동의 자유화는 또한 소비를 고르게 함으로써(consumption smoothing) 사회후생을 증진시켜 준다. 이러한 사회후생증진 효과는 기본적으로 현재소비와 미래소비 간의 시점적 교환을 통해 발생하는데 현재소비와 미래소비 간의 교환이란 곧 자본이동을 의미한다. 자본이동에 따른 또 다른 효과는 자산과 자산 간의 거래에서 발생하는데 이미 지적한 것과 같이 국제자본시장이 동일하게 움직이지 않는 한 자산거래를 통해 투자를 분산시킬 때 기대수익을 희생시키지 않으면서도 위험을 감소시킬 수 있는 효과를 거둘 수 있다. 투자자들이 국내투자에만 분산투자를 하더라도 위험감소 효과를 얻을 수 있으나 국제금융시장에 분산투자하는 경우 위험감소 효과가 더욱 커진다.

자본자유화는 위에서 지적한 긍정적인 효과뿐만 아니라 부정적인 효과도 나타낼 수 있다. 일반적으로 개도국의 경우 자본시장개방은 해외자본의 국내유입을 가져온다. 고정환율제도를 택하고 있는 경우 자본유입은 국내통화공급을 증가시키고 국내통화공급 증가로 인해 인플레이션이 유발된다. 인플레이션이 발생하면 명목환율이 고정되어 있는 경우에도 실질환율은 절상하게 된다. 이와 같은 실질환율 절상은 그만큼 국제재화시장에서 국내상품의 가격경쟁력을 약화시키고 국제수지를 악화시킨다.

그런데 이와 같은 국내통화공급의 증가는 물가상승뿐만 아니라 주가상승, 부동산가격 상승도 함께 유발하는 것이 일반적이다. 결국 과도한 자본유입은 거품경제로 연결되어 인플레이션, 주식과 부동산의 급격한 가격상승, 경상수지 적자, 저축감소 등을 가져올 가능성이 크다. 그렇지만 이러한 거품경제 현상은 장기간 지속될 수 없으므로 결국 주가하락, 부동산가격 하락, 경기침체로 이어지고 심한 경우에는 외환 · 금융위기로까지 전개된다.

자본이동은 변동환율제도에서도 문제를 야기할 수 있다. 여건이 성숙되지 않은 상황 하에서 자본자유화가 추진될 경우, 단기투기성자금(핫머니, hot money)의 대폭적 이동은 환율과 국제수지를 교란시킬 가능성이 크기 때문이다. 환율의 급격한 변화는 무역종사자나 기업가 등 외환수요자에게는 불확실성과 위험을 증가시킨다. 또한 환율의 급격한 변화는 수요와 공급 측면을 통해 물가와 생산에 직접적인 영향을 끼치면서 경제를 불안정하게 한다.

2. 국제금융위기 이론

International Finance, ch. twenty

동아시아 위기 이전에 외환위기를 설명하는 주요 이론으로는 국내정책 간의 기본적인 불일치에 의해 위기를 설명하는 크루그만(P. Krugman)의 제1세대 위기모형과 환율제도 유지의 비용-편익 간 상충문제에 따른 자기실현적(self-fulfilling) 위기라는 점에서 접근한 옵스펠트(M. Obstfeld)의 제2세대 위기모형이 있었다.

그러나 1997년 한국을 비롯해 동아시아 전반에 걸쳐 발생한 위기는 기존의 위기모형으로는 설명이 안 되는 새로운 양상을 보였기 때문에 이를 설명하기 위한 새로운 여러 가지 시도가 있었다. 대표적인 것으로 정부의 금융기관에 대한 암묵적 지급보증이 가져오는 도덕적 해이에서 그 원인을 찾고 있는 크루그만의 도덕적 해이(moral hazard) 모형과 한 국가의 대외부채와 대외자산 간의 유동성 불일치가 존재하는 상태에서 외부적 충격으로 인해 국제적인 예금인출사태(bank run)가 발생한다고 보는 삭스(J. Sachs)의 현대화된 금융공황(financial panic) 모형이 있다. 한편 신흥경제국가들의 경우 자본자유화와 붐-버스트 사이클 과정에서 국내 금융시스템의 부실과 금융감독 · 규제의 미비가 외환위기를 불러올 수 있다는 붐-버스트 사이클(boom-bust cycle) 모형도 제시되고 있다.

2.1 기존의 외환위기 이론

◉ 제1세대 외환위기 모형

크루그만(1979)에서 유래하여 플로드와 가버(R. Flood and P. Garber, 1984)에 의해 발전된 제1세대 위기모형은 남미의 경제위기를 잘 설명하고 있는데 통화팽창에 의한 재정적자의 유지와 고정환율제도의 유지 같은 국내정책 간의 기본적인 불일치에 의해 위기가 발생한다고 설명한다. 제1세대 위기모형은 많은 외환위기에서 나타나는 국내경제정책과 환율정책의 기본적인 불일치를 간단한 이론적 모형으로 설명하고 있다.

중앙은행이 목표환율을 유지하기 위해 외환보유액이 완전히 소진될 때까지 외환을 거래하고, 정부는 재정적자를 유지하기 위해 제한 없이 지속적으로 통화 발행을 한다는 것을 가정한다. 환율이 더 이상 안정되지 않으면 본국통화를 가지고 있는 것이 손해가 되는 상황에서 고정환율유지정책은 통화에 대한 갑작스런 대규모 투기적 공격에 의해 실패하고 외환위기가 발생한다는 것이다.

다시 말하면 전통적 외환위기 1세대 모형에서는 외환위기의 원인을 과도한 재정적자와 고정환율제도의 유지라는 정책의 일관성 결여에서 찾고 있다. 그 결과 환율이 기존 수준에서 유지될 수 없다고 생각되면 외환에 대한 투기적인 공격이 일어나면서 외환위기가 발생한다는 것이다. 특히 공식적 외환보유액이 환투기를 막기에 부족하다고 생각되면 환투기가 가속화된다는 것이다.

그런데 이 모형은 정부의 경제정책을 너무 기계적인 것으로 가정한 점에서 한계가 있다. 실제로는 환율안정을 위한 정부정책의 범위가 더 넓어서 중앙은행은 외환시장개입 이외에도 긴축통화정책과 같은 환율방어를 위한 다양한 수단을 보유하고 있다는 점을 간과하고 있다.

◉ 제2세대 외환위기 모형

옵스펠트(1994)에 의해 발전된 이론으로 1990년대 초반 유럽의 ERM 위기를 설명하는 모형이다. 제2세대 모형은 선진국들의 외환위기를 설명하는 모형이므로 국제유동성의 부족을 외환위기의 원인으로 보지는 않는다. 환율방어를 위해 외환을 매각함으로써 환투기와 외환위기가 발생한다고 보는 대신에 예상되는 정부 경제정책의 변화가 환투기를 가져오면서 외환위기가 발생한다고 본다.

제2세대 외환위기 모형에서는 평가절하를 고용과 물가안정이라는 상충관계(trade-off) 하에서 경제비용을 극소화하기 위한(효용을 극대화하기 위한) 정부의 선택이라고 본다. 예를 들어 정부는 실업이 경제현안으로 등장한 상황에서 실업률이 상승하면 고정환율제도를 포기하고 경기부양책을 쓸 유인이 생길 것이다. 반면에 환율안정이 국제무역과 투자촉진에 유리하고 외국투자자들에 대한 신뢰유지의 수단이 될 수 있다는 점에서 정부는 고정환율제도를 계속 유지할 유인도 있다. 이러한 상황에서 고정환율제도를 유지하는 비용이 포기하는 비용보다 더 커질 경우 정부는 투기적 공격이 없이도 고정환율제도를 포기하고 평가절하를 실시할 것이다.

그런데 그 과정에서 정부가 고정환율제도를 포기할 것이라고 사람들이 예상하게 된다면 그 예상 자체가 환율방어의 비용을 증가시키게 된다. 현명한 투기자들이라면 평가절하 이전에 자국통화를 매각하려 할 것이고, 그 결과 기초경제변수가 적절한 수준으로 조정되기 전에 투기적 공격으로 인해 고정환율제도가 붕괴되고 외환위기로 발전할 것이다. 환율안정을 유지할 수 있는 경제의 기초여건과 의지를 가지고 있는 국가라 할지라도 환율유지의 비용을 크게 증가시키는 투기적 공격에 의해 환율안정을 포기하게 될 수도 있다는 것이다. 즉, 평가절하를 예상한 투기적 공격은 그것 자체만으로도 평가절하의 주요 원인이 된다.

2.2 동아시아 외환 · 금융위기 이론

◉ 도덕적 해이 모형

크루그만(1998b)은 아시아 외환위기를 제1, 2세대 모형으로는 설명할 수 없다고 보면서 정부의 암묵적 지급보증이 가져오는 도덕적 해이(moral hazard)에서 그 원인을 찾고 있다. 투자를 하는 데 가장 중요한 고려사항은 기대수익과 위험에 대한 평가이다. 그런데 아시아 금융기관들은 기업에 대한 정부의 암묵적 지급보증을 믿어서 자유시장경제에서보다 기업들의 파산가능성을 낮게 평가한다는 것이다. 그 결과 위험에 대한 고려를 제대로 하지 않고 기대수익만 높은 자산에 투자를 하게 된다. 이런 왜

곡된 상태가 자산가격을 기초경제변수들에 의해서 정당화될 수 없는 수준으로 상승시켰고, 과잉투자와 이중투자를 가져왔다는 것이다. 그런데 이런 상황은 은행에 대한 정부의 암묵적 지급보증이 유효하다고 믿어질 수 있을 시점까지만 지속이 가능한데 동아시아 위기와 같이 그런 유효성이 상실될 때 자산가격의 하락과 함께 위기가 발생한다는 것이다.

그런데 자산과 증권 가격의 거품 붕괴는 은행부실을 가져온다. 중앙은행이 이 문제를 부실은행에 대한 통화공급으로 해결하리라 믿을 때 통화가치 하락에 대한 자기실현적(self-fulfilling) 기대가 발생한다. 또한 외국투자자들이 단기자본을 철수하고 자산과 증권 가격의 하락으로 자본이 해외로 빠져나가면서 큰 폭의 환율 평가절하가 필요하리라 예상된다. 크루그만에 따르면 이러한 환율의 평가절하에 대한 예상이 환투기로 이어지면서 외환위기가 발생한다는 것이다.

이러한 크루그만의 외환 · 금융위기에 대한 분석은 그 원인을 금융부실을 가져오는 도덕적 해이(moral hazard)라는 대내적인 요인에서 찾고 있다. 크루그만 분석의 미래에 대한 정책적 함의는 다음 네 가지로 요약될 수 있다. 첫째, 동아시아 외환 · 금융위기의 주원인이 정부부문의 방만함이 아니므로 IMF 처방에 따른 단기해결(quick fix)은 어렵다. 따라서 멕시코식의 빠른 회복은 가능하지 않다. 둘째, 자산가격의 거품은 정부의 보호에 대한 그릇된 기대에 기초한 것이므로 자산가격은 회복되더라도 이전보다는 낮은 수준에 머물 것이다. 셋째, 통화가치 역시 은행부문에 대한 중앙은행의 통화공급 증대 가능성과 경상수지 흑자를 위한 환율정책을 택할 가능성을 고려할 때 위기 이전보다 낮은 수준에서 균형이 이루어질 것이다. 현재의 환율수준에서는 큰 폭의 경상수지 흑자가 가능하므로 대외신인도와 국제유동성이 회복되기만 하면 위기국들의 통화가치는 회복될 것이다. 마지막으로 위기를 해결하는 중요한 요소는 은행과 기업의 부실을 하루빨리 해소하는 것이다.

◉ 현대화된 금융공황 모형

삭스(1998)는 아시아 외환위기의 원인을 현대화된 금융공황(financial panic) 이론에서 찾고 있다. 금융공황의 가능성은 단기로 자금을 빌려와 장기로 대출을 하는 금융중개기관의 기능에서 그 이유를 찾을 수 있다. 금융중개기관들은 다수의 자금을 모아 대부분의 자금을 비유동적인 장기투자에 사용하고 일상적인 인출수요에 대비하여 일부만 유동적인 자산으로 보유하고 있다. 일정 시점의 예금과 인출의 차액은 그리 크지 않아서 평균의 법칙에 따라 금융중개기관들은 그 차액만큼을 유동자산으로 보유하여 인출에 대비한다. 그런데 이러한 부분준비금제도는 자기실현적 금융공황에 따른 예금인출사태의 위험에 항상 노출되게 된다. 다시 말하면 외부적인 충격에 접해서 모든 예금자들이 남보다 먼저 예금을 인출하려 할 경우에는 자기실현적인 예금인출사태를 가져와 건전한 금융기관도 파산위기에 빠지게 된다.

삭스는 이러한 금융공황 이론을 개방경제에 적용해 동아시아 위기를 설명하고 있다. 그동안 동아시아 지역에 과도하게 투자했던 해외투자자들이 기존 자금에 대한 회전(roll-over)을 중지시키고 일시에 자금을 회수해 나가는 과정에서 외환위기가 심화되었다는 것이다. 다시 말하면 국제투자자들의 돌발적인 대규모 자금회수현상이 금융위기를 가져오는 촉발제가 되었다는 것이다. 삭스는 동아시아 외환·금융위기의 원인으로 대외적인 요인을 강조하고 있으며 해외투자자들도 동아시아 외환·금융위기에 대한 책임이 있음을 지적하고 있다. 높은 금리를 노려 대규모로 투자했던 자금을 미래에 대한 전망이 흐려지자 일시에 회수해 나간 해외투자자들의 도덕적 해이 문제도 함께 지적하고 있다.

만약 삭스의 견해를 따른다면 국제유동성 문제를 해결해 주는 것이 문제해결의 본질이며 내부적 요인에 초점을 맞추어 산업부실과 금융부실을 일시에 해결하려는 노력은 오히려 사태를 악화시킬 가능성이 있다고 본다.

◉ 자본자유화와 붐-버스트 사이클 모형

동아시아의 외환위기는 대내적 요인뿐만 아니라 대외적 요인 모두에 기인하는 것이 사실이다. 크루그만의 논의는 왜 한국의 산업과 금융기관의 부실이 급속히 가속화되었는가, 그리고 주식과 부동산시장의 거품경제현상을 설명하는 데 도움이 된다. 반면에 삭스는 해외자본이 일시에 빠져나감으로 인해 국제유동성 위기가 발생했음을 설명해 준다.

그러나 이와 더불어 동아시아 외환·금융위기에 대해서 설명이 필요한 점은 어떻게 단기간에 외채가 큰 폭으로 누적이 되었는가, 그리고 어떻게 해외에서 자금을 조달해 운영한 규모가 국내에 들여온 외채규모만큼 커서 외환·금융위기를 증폭시켰는가 하는 점이다. 또한 경제가 순환하는 과정에서 환율움직임과 외채누적과의 상관관계를 설명해야 할 것이다.

동아시아 경제가 붐-버스트 사이클(boom-bust cycle)을 보이는 가운데 외채가 급격히 증가한 현상에 대한 설명은, 국내외 이자율에 큰 격차가 있고 자본자유화가 이루어진 가운데 환율이 단기에는 금리격차에 따른 자본이동에 영향을 받지만 장기적으로는 가격경쟁력에 영향을 받는 경제를 상정하면 얻을 수 있다.

자본자유화가 이루어지면 자본은 이자율이 낮은 곳에서 높은 곳으로 이동할 것이다. 그 결과 이자율이 높은 국가의 경우 자본시장개방에 따라 자본이 유입되면서 환율이 하락하고 경제가 활성화된다.

물론 자본자유화의 효과는 어떤 환율제도를 택하느냐 하는 데에 따라 다르다. 이론적으로는 고정환율제도 하에서의 자본유입은 통화팽창으로 나타난다. 반면에 변동환율제도 하에서는 통화가치의 상승으로 나타난다. 현실적으로는 통화팽창과 환율하락으로 나타날 것이다.

자본유입에 따른 통화공급 증가는 먼저 지가와 주가 등을 상승시키면서 거품경제를 가져올 것이다. 그리고 이러한 거품경제의 생성과 소멸과정에서 붐-버스트 사이클이 더욱 두드러질 것이다. 그렇지만 거품경제현상이 붐-버스트 사이클의 필요조건은 아니다. 붐-버스트 사이클은 이자율 격차가 존재하는 상태에서 자본자유화에 따른 자본유입이 궁극적으로 국제수지 불균형을 발생시킴으로써 자본이 다시 유출되는 과정에서 나타난다.

이자율이 높은 나라로의 자본유입은 이 나라의 환율을 하락시키고 그 결과 가격경쟁력이 악화되어 경상수지가 적자로 될 것이다. 또한 자본유입에 따른 경기활성화도 경상수지를 악화시키는 한 요인이 될 것이다. 물론 어느 기간까지는 경상수지 적자가 자본유입으로 보전되기 때문에 이 나라 통화의 고평가현상이 유지될 수 있다.

그런데 환율의 고평가로 경상수지 적자가 상당 기간 누적되면 외국투자자들이 이 나라 경제의 기본 건전성에 회의를 갖게 되고 자본을 회수해 나가려 할 것이다. 이제 고금리는 더 이상 자본유입의 유인이 되지 못하고 따라서 환율에도 영향을 주지 못할 것이다. 이때부터 누적된 경상수지 적자가 환율에 주로 영향을 끼치게 되고 경상수지 악화로 인해 환율은 상승할 것이다. 한편 누적된 경상수지 적자를 우려해 자본이 해외로 빠져나가려 함에 따라 환율은 더욱더 상승할 뿐만 아니라 경기침체도 가속화될 것이다.

외채가 자본시장 개방 후 급격히 늘어난 데에는 국내투자자들이 자본시장 개방

당시의 자본도입 비용을 과소평가한 데에 그 원인이 있다. 붐-버스트 사이클에 따라 경상수지 적자가 누적될 때 환율이 다시 크게 상승할 수 있다는 점을 간과했기 때문이다. 개방 당시 외국자본에 대한 국제금리가 낮았고 환율도 계속 하락하리라 믿어서 과도한 차입을 하게 된 것이다. 한편 자본시장이 단계적으로 개방되었기 때문에 금융기관과 대기업들은 해외에서 차입한 자금을 국내에 들여오지 못하고 해외에서 운영한 결과 해외에서의 자금운용 규모가 크게 증가한 것이다.

3. 국제금융위기의 특징

3.1 외환위기와 금융위기의 관계

1970년대 후반과 1980년대 초반의 라틴아메리카 위기의 경우에는 크루그만(1979)에서 강조된 것과 같이 국가가 재정적자를 통화 발행으로 충당함으로써 신용이 과다하게 증가했고 결국 고정환율제도가 붕괴하게 되었다. 그러나 유럽 ERM의 붕괴, 멕시코의 페소화 위기, 동아시아 위기가 발생하면서 외환위기에 대한 주요 관점이 재정 및 금융정책과 고정환율제도의 불일치에서 국제금융시장에서의 자기실현적 기대(self-fulfilling expectations)로 이동했다.

그러나 외환위기의 원인이 무엇이든 간에 〈표 20-1〉에서 볼 수 있는 것과 같이 역사적으로 외환위기를 겪은 많은 국가들이 대내적으로 심각한 금융위기를 겪었다. 금융위기와 외환위기가 함께 발생하는 것을 '쌍둥이 위기'(twin crises)라고 하는데, 이런 쌍둥이 위기는 태국, 인도네시아, 한국의 동아시아 위기에서 처음 나타난 것이 아니라 역사적으로 칠레, 핀란드, 멕시코, 노르웨이, 스웨덴 등 많은 전례를 가지고 있다. 이러한 역사적 사실에서와 같이 쌍둥이 위기의 존재는 외환위기와 금융위기 간에 상호관계가 있음을 나타내고 있다고 볼 수 있다.

이러한 금융위기와 외환위기의 상호관계에 대해 카민스키와 라인하트(G. Kaminsky and C. Reinhart, 1998)는 1970년대 이후 76번의 외환위기와 26번의 금융위기를 연구대상으로 하여 금융위기와 외환위기 사이에 서로를 더욱 악화시키는 악순환이 존재한다는 것을 실증적 연구를 통해 보여주고 있다. 이 연구에 의하면 금융위기 및 외환위기가 금융자율화와 밀접한 관계가 있으며, 일반적으로 외환위기 이전에 금융위기가 발생함을 보여주고 있다. 그리고 금융위기와 외환위기가 동시에 발생할 경우 그 피해가 더욱 심각한 것으로 나타났다. 또한 금융위기와 외환위기 모두에서 금융자율화와 자본자유화 등이 붐-버스트 사이클을 더욱 심화시키는 것으로 나타났다.

표 20-1 **1970년대 이후의 각국의 금융위기와 외환위기**

국가	금융자율화	금융위기(발생)	금융위기(절정)	외환위기
아르헨티나	1997	1980. 3.	1982. 7.	1981. 2.
		1985. 5.	Not Available	1986. 9.
		1994. 12.	1995. 3.	1990. 2.
볼리비아	1985	1987. 10.	1988. 6.	1985. 9.
브라질	1975	1985. 11.	1985. 11.	1985. 11.
		1994. 12.	1996. 3.	1991. 10.
칠레	1974	1981. 9.	1983. 3.	1982. 8.
콜롬비아	1980	1982. 7.	1985. 6.	1983. 3.
덴마크	1980년대 초	1987. 3.	1990. 6.	1983. 8.
핀란드	1982	1991. 9.	1992. 6.	1991. 11.
인도네시아	1983	1992. 11.	1992. 11.	1986. 9.
이스라엘	1985	1983. 10.	1984. 6.	1983. 10.
말레이시아	1978	1985. 7.	1986. 8.	1975. 7.
멕시코	1974	1982. 9.	1984. 6.	1982. 12.
	1991	1992. 10.	1996. 3.	1994. 12.
노르웨이	1980	1988. 11.	1991. 10.	1986. 5.
페루	1991	1983. 3.	1983. 4.	1987. 10.
필리핀	1980	1981. 1.	1985. 6.	1983. 10.
스페인	1974	1978. 11.	1983. 1.	1977. 7.
스웨덴	1980	1991. 11.	1992. 9.	1992. 11.
태국	1989	1979. 3.	1979. 3.	1978. 11.
		1983. 10.	1985. 6.	1984. 11.
터키	1980	1991. 1.	1991. 3.	1994. 3.
우루과이	1976~1979	1971. 3.	1971. 12.	1971. 12.
		1981. 3.	1985. 6.	1982. 10.
베네수엘라	1981, 1989	1993. 10.	1994. 8.	1994. 5.

자료 : Kaminsky and Reinhart(1998).

한편 금융위기와 외환위기 간의 상호관계에 대해 다양한 이론적 설명들이 있다. 스토커(J. Stoker, 1995)는 외환위기가 금융위기로 발전하는 과정을 다음과 같이 설명한다. 외국이자율의 상승과 같은 외부충격과 고정환율제도의 유지가 외환보유액의 손실을 발생시키고, 이는 불태화정책이 수반되지 않을 경우 신용경색을 초래해 기업

부도를 증가시키고 금융위기를 초래하게 된다는 것이다. 더욱이 미시킨(F. Mishkin, 1996)은 평가절하가 발생하면 은행부채의 많은 부분이 외국통화로 표시되어 있는 경우 은행의 경영상태가 더욱 악화되어 금융위기가 발생한다고 주장한다.

반대로 벨라스코(A. Velasco, 1987)는 금융위기가 외환위기로 발전하는 과정을, 중앙은행이 위기에 처한 금융기관을 통화를 발행하여 구제할 경우 통화의 초과공급으로 인해 외환위기가 발생하는 것으로 설명하고 있다.

또한 골드판과 발데스(I. Goldfajn and R. Valdes, 1997)는 대규모의 외국자본이 직접투자가 아닌 금융기관의 간접금융 형태로 유입되었다가 갑자기 유출되면서 금융위기와 외환위기가 함께 발생하는 과정을 보여주고 있다. 이 모형은 금융기관을 통한 외화자금의 중개기능(intermediation of capital inflows)을 중시하는 모형으로, 내용을 요약하면 다음과 같다.

첫째, 금융기관이 자본도입의 주체가 됨에 따라 기업이 직접 자본을 도입하는 경우와 비교해 자본유입 규모가 커지게 된다. 이것은 금융기관들이 기업들에 비해 대외신인도가 높고 국제금융업무에도 비교우위를 가지고 있어 외국투자자들에게 상대적으로 유리한 투자유인을 제공해 줄 수 있기 때문이다. 둘째, 금융기관들은 이미 개설되어 있는 신용공여한도 등을 이용해 국제상업은행들로부터 외화자금을 조달하기 때문에 조달 면에서는 단기자금이 주종을 이루게 되는 반면, 금융기관들은 기업들을 상대로 대출하기 때문에 기업자금수요가 반영되어 운용 면에서는 장기자금이 대부분을 차지하게 된다. 따라서 금융기관들의 외화자금 조달과 운용에 대한 감독이 제대로 이루어지지 않을 경우 금융기관들의 자금조달 · 운용에 유동성 불일치 문제가 생기기 쉽다. 셋째, 외국인투자자들이 갑자기 자금을 회수하게 되면 이러한 유동성 불일치 문제 때문에 은행은 유동성 부족에 빠질 수 있으며 그 결과 금융위기가 발생할 수 있다. 넷째, 외국인투자자들이 어느 나라 은행으로부터 자금을 회수하기 시작하면 다른 외국인투자자들도 해당국 은행들의 도산가능성이 높아진 것으로 판단해 경쟁적으로 자금회수에 나서게 됨으로써 대규모의 자본유출이 유발된다. 즉, 갑자기 금융위기와 외환위기가 함께 발생하게 되는 것이다.

여기서 중요한 것은 금융중개기능(intermediation)이 두 가지의 상반된 효과를 가진다는 것이다. 한편으로는 자국으로의 자본유입을 증가시키며, 다른 한편으로는 예금인출사태를 발생시켜 대규모의 자본유출을 유발할 수 있다. 또한 환율의 붕괴와 금융중개기관에 대한 예금인출사태의 발생은 서로 영향을 미친다. 즉, 금융중개기관에 대한 예금인출사태는 외환보유액에 대한 수요를 갑자기 증가시켜 국내통화에 평가절하 압력을 발생시킬 수 있는 반면, 예상된 국내통화의 평가절하는 국내투자에 대한 수익에 영향을 주어 국내금융기관에 대한 예금인출사태의 확률을 증가시킨다.

3.2 외환위기 당시 나타난 현상[1]

◉ 자기실현적 위기

해외투자자들의 공포가 자금회수로 이어져 외환위기가 발생한다면, 이것이 자기실현적 위기(self-fulfilling crisis)의 대표적인 한 예가 될 것이다. 이 경우 외환위기가 경제의 기초여건과 관련 없이 발생할 수 있다. 앞의 예와 같은 외환위기는 많은 투자자들이 자기실현적인 비관론에 의해 돈을 회수할 때 구체화되기 때문에 위기국 입장에서는 기초경제여건과 관련 없이 불필요한 위기를 겪을 수 있다.

그렇지만 일반적으로 자기실현적 위기는 통화가 투기적 공격에 취약하거나 경제기초가 취약할 때 발생하기 쉽다. 외환보유액, 정부의 재정상태, 고정환율제도 유지에 대한 정부의 의지 등이 취약할 때 국가가 투기적 공격에 잠재적으로 취약하다. 자기실현적 위기 모형이 의미하는 것은 위기가 발생하거나 그렇지 않을 중간영역이 존재하는데, 기초경제여건이 취약할수록 자기실현적인 투기에 의해 위기가 발생할 수 있다는 것이다.

본국통화를 매각해 외환을 획득할 경우 만약 환율제도가 붕괴되면 투기자들은 자본이득을 보게 되고 붕괴되지 않는다고 해도 그 이득만큼의 손실을 보지 않는 상황은 투기자들에게 일방적인 선택권이 있는 상황이다. 이러한 상황에서 위기의 징후에 투기자들로 하여금 반응하지 못하게 만드는 요인은 거래비용 등 미시경제적인 마찰비용이다. 그렇다면 금융시장의 기술적 발전으로 인한 거래비용의 하락이 1990년대의 잦은 외환위기 발생원인의 하나가 될 수 있을 것이다.

◉ 패거리 행동

환율시장은 때로는 비정상적인 양상을 보이는 경우가 있다. 이러한 비정상적인 환율움직임을 패거리 행동(herding behavior)으로 설명할 수 있다. 쉴러(R. Shiller)는

1. 이 소절과 다음 소절의 내용은 크루그만(1998b)에서 논의된 내용임을 밝힌다.

1987년 주식시장붕괴 연구에서 허위정보를 통해 투매현상이 심화될 수 있다는 사실을 보여주고 있다.

이와 같은 패거리 행동의 발생원인은 두 가지가 있다. 먼저, 시류편승효과(band-wagon effects)이다. 이것은 각 투자자들마다 사적 정보를 가지고 있다는 사실의 인식에서 발생한다. 키호와 채리(P. Kehoe and V. Chari, 1997)는 이러한 시류편승효과가 일종의 핫머니를 창출하기도 한다고 주장한다. 다음으로 내부적 투자자-대리인문제(internal principal-agent problem)로 설명한다. 투자대리인들이 다른 대리인들과의 비교를 통해 보수가 결정되는 한 비록 시장의 판단이 사실과 다르다는 정보를 개인적으로 가지고 있다 하더라도 다른 대리인들과 같이 행동할 유인이 강해서 패거리 행동이 나타난다는 것이다.

한편 반패거리 행동(reverse herding)도 생각해 볼 수 있다. 이 경우는 위기의 가능성이 충분하다고 생각되더라도 시장은 위기 발생의 바로 직전까지 아무 반응이 없을 수 있다는 것이다. 이 현상도 투자자-대리인문제로 설명이 가능하다. 대리인들은 같이 행동하기 때문에 그렇지 않을 때보다 위기에 주의를 덜 기울이므로 이러한 현상이 나타난다는 것이다.

◉ 위기의 전염효과

외환위기가 발생했을 때 나타나는 가장 중요한 현상 중의 하나는 위기가 급속하게 주변국으로 전염된다는 것이다. 위기의 전염효과에 대한 가장 간단한 설명은 이들 국가들이 실물경제적인 측면에서 서로 밀접하게 연결되어 있다는 점이다. 다시 말하면 무역과 직접투자 측면에서 이들 지역이 밀접하게 연결되어 있다는 주장이다.

국가들 간의 실질적 연계가 강하면 한 국가의 외환위기가 경쟁적 평가절하의 형태로 주변국으로 전염된다는 것이다. 그러나 1990년대에 발생한 유럽이나 아시아 위기의 경우 무역을 통한 연계가 미미했으며 라틴아메리카의 경우는 거의 없었다.

또 다른 설명은 투자자들이 이들 국가들을 하나의 그룹으로 인식할 경우 위기의 전염효과가 나타난다는 것이다. 그룹의 한 국가가 외환위기에 직면해 고정환율제도를 포기한다면 투자자들은 고정환율제도를 유지하고 있는 그룹 내의 다른 국가들도 뒤따를 것으로 예상함으로써 위기가 전파된다는 것이다.

고정환율제도에 대한 정치적 공약 자체가 패거리 행동에 취약하므로 한 나라의 외환위기가 경쟁적인 평가절하를 가져와 다른 나라로 위기가 전염되기도 한다. 1990년대 유럽 위기 때 영국과 이탈리아가 유럽통화제도에서 탈퇴함으로써 스웨덴도 부담감을 덜 가지면서 평가절하를 한 것은 하나의 좋은 예이다.

물론 전염효과에는 부정적인 것 외에 긍정적인 것도 있다. 1990년대 초반 멕시코와 아르헨티나의 개혁에 따른 낙관론으로 인해, 브라질과 같이 거의 개혁을 하지 않은 국가도 개혁한 나라와 비슷하게 평가되기도 했다.

◉ 시장조작

1992년 소로스(G. Soros)에 의한 영국 파운드화에 대한 공격이 시장조작(market manipulation)의 대표적 예이다. 그런데 그 외에 시장조작에 부합하는 그와 같은 명확한 사례는 찾기가 쉽지 않다. 그것은 많은 외환위기가, 시장조작보다는 통화가 투기적 공격에 취약한 상태에서 발생하기 때문이다.

물론 소로스와 같은 대규모 투기자의 존재 자체가 투기적 공격을 앞당길 수 있다. 즉, 한 국가가 자기실현적 공격에 취약할 때 대규모 투기자에게 이익실현의 기회가 된다는 것을 일반 투자자들이 알고 있으므로 그들도 같은 입장을 취하기 때문이다.

3.3 외환위기와 대외신인도의 관계

개방경제 하에서는 재화와 자본의 자유로운 이동, 통화정책의 독립성 유지, 그리고 환율의 안정이라는 세 가지 목표를 달성할 수 없다. 선진국들은 이들 세 가지 목표 중 보통 재화와 자본의 자유로운 이동, 그리고 통화정책의 독립성 유지를 목표로 한다. 반면 유럽통화제도 하에서 각국들은 재화와 자본의 자유로운 이동, 그리고 환율안정을 그 목표로 택하곤 했다.

그런데 신흥경제국들의 경우에는 환율변동이 잘못되면 그 나라 경제의 취약성을 나타내는 것으로 비추어지기 때문에 선진국들보다 환율안정에 보다 신경을 써야 한다. 따라서 단기자본 이동에 따른 환율변화를 방치할 수 없는 어려움에 처해 있다.

1990년대 들어 신흥경제국들의 자본자유화로 인해 선진국의 자금이 신흥경제국들로 대규모로 유입되었다. 이렇게 국제금융시장이 선진국과 신흥경제국 간에 통합되는 과정에서 특히 대규모의 단기자본이동이 자유롭게 발생하게 되었다. 이렇게 신흥경제국으로 유입된 선진국의 자본은 신흥경제국의 고성장에 핵심적 역할을 수행해 왔다.

그러나 해외투자자들의 선진국과 신흥경제국에 대한 이중적 기준에 의해 신흥경제국 경제의 기초여건과 직접적인 관계가 없는 대외신인도(market confidence)의 변화로 대규모 단기자본이 이동할 경우, 신흥경제국들의 위기를 심화시킬 뿐만 아니라 위기의 전염효과(contagion effect)로 인해 세계경제는 전례 없는 불안정성에 노출되게 된다.[2]

선진국의 투자자와 신흥경제국들 사이에는 정보의 비대칭성(information asymmetry)이 존재한다. 즉, 선진국의 투자자들은 신흥경제국의 기업과 금융기관들의 경영상태에 대한 정보, 회계기준, 국가의 외환보유액 및 외채에 관한 정보 등과 정치적 · 사회적 안정성을 정확하게 알지 못한다. 따라서 투자자들은 선진국과는 다른 기준으로 신흥경제국을 평가하게 되고 이러한 이중적 기준이 대외신인도의 형태로 나타나게 된다.

선진국의 경우 정보의 비대칭성이 상대적으로 작아 대외신인도가 경제의 기초여건을 반영하는 반면, 신흥경제국의 경우 정보의 비대칭성이 상대적으로 크기 때문에 투자자들이 경제의 기초여건에 관한 정보를 제대로 얻지 못하거나 얻는다고 하더라도 그대로 받아들이지 않게 된다.[3] 대신 신흥경제국에 대한 여러 가지 불확실성을 환율에 의존하여 평가하게 된다. 즉, 투자자들의 이중적 기준으로 인해 신흥경제국의 평가절하는 국제수지 등 경제의 기초여건을 반영하는 것 등으로 제대로 인식되지 않고 그동안 불확실성 하에서 드러나지 않은 문제점이 노출되는 것으로 확대 해석되면서 자기실현적인 투기적 공격을 유발하게 된다는 것이다.

이와 같이 신흥경제국의 대외신인도가 환율에 의해 평가될 경우 심각한 문제가 발생한다. 특히 신흥경제국 중 대규모의 자본유입이 직접투자와 장기차입보다는 단

---

2. Krugman(1998c)을 참조할 것.

3. 1998년 10월의 브라질을 예로 들면, 많은 경제학자들이 브라질의 통화가 고평가되어 있다고 생각했다. 그러나 아시아에서 발생한 외환위기의 양상을 고려할 때 브라질의 평가절하는 환율을 경제의 기초여건에 부합하도록 유도하는 정책으로 비치기보다는 브라질 통화에 대한 대규모 투기적 공격의 신호로 받아들여져 위기가 발생한 것이다. 반면 선진국의 경우 1992년 영국이 평가절하를 통해 빠른 경제회복을 이룩했다. 이 경우 투자자들이 영국의 평가절하를 파운드화에 대한 투기적 공격으로 인식한 것이 아니라 경제의 기초여건에 부합하는 정책으로 인식해 대규모 자본유출이 발생하지 않았다. 이와 같이 평가절하 자체가 위기를 발생시키는 것은 아니지만, 투자자들이 자기실현적 위기가 가능하다고 믿는다면 평가절하로 인해 위기가 발생할 수 있다.

기차입으로 이루어진 국가들의 경우 대규모의 단기자본이동에 취약한 상태에 놓이게 된다. 즉, 신흥경제국이 단기자본이동에 취약한 상태에 놓이게 되면 대외신인도 상실에 의한 자기실현적 투기적 공격에 의한 위기가 발생하게 된다.

IIF(1998)에 의하면 외환위기를 겪었던 아시아 5개국[4]의 경우, 1996년에 총 930억 달러에 달하던 민간자본유입이 1997년에는 오히려 121억 달러의 민간자본유출로 바뀌어 그 변동폭이 무려 1,051억 달러에 이르렀다(〈표 20-2〉). 특히 상업은행들에 의한 자본이동은 555억 달러의 자본유입에서 213억 달러의 자본유출로 전환되어 768억 달러의 변동폭을 기록했다. 이렇게 갑작스런 큰 폭의 자본흐름의 변화는 이들 국가들의 경제적 기초여건의 변화로는 설명할 수 없으며, 대외신인도 하락에 의한 자기실현적 위기로써 설명이 가능할 것이다. 이렇게 대규모의 자본이 급격하게 신흥경제국에서 이탈함으로써 외환위기는 강력한 전염효과를 나타내며 아시아를 휩쓸었고 브라질을 비롯한 라틴아메리카에까지 퍼져나갔으며, 그로 인해 당시에는 세계적인 경기침체에 대한 경고까지 나왔었다.

환율의 불안이 대외신인도 저하와 직결되는 상황에서는 급격한 단기자본이동에 대한 규제논의는 중요한 정책이슈로 계속 등장할 것이다.

표 20-2 아시아 5개국의 자본흐름

	1994	1995	1996	1997	1998
순자본이동(합계)	47.4	80.9	92.8	15.2	15.2
민간부문	40.5	77.4	93.0	−12.1	−9.4
주식투자	12.1	15.5	19.1	−4.5	7.9
직접투자	4.7	4.9	7.0	7.2	9.8
증권투자	7.6	10.6	12.1	−11.6	−1.9
민간차입	28.2	61.8	74.0	−7.6	−17.3
은행	24.0	49.5	**55.5**	**−21.3**	−14.1
비은행기관	4.2	12.4	18.4	13.7	−3.2
공공부문	7.0	3.6	−0.2	27.2	24.6
국제금융기구	−0.4	−0.6	−1.0	23.0	18.5
양자적 공적자금	7.4	4.2	0.7	4.3	6.1

자료 : Institute of International Finance(1998).

4. 한국, 인도네시아, 말레이시아, 태국, 필리핀.

4. 국제금융위기의 사례

국제금융거래와 관련된 위기는[5] 외환위기(currency crisis), 금융위기(banking crisis), 체계적 금융위기(systemic financial crisis), 외채위기(foreign debt crisis)로 크게 나눌 수 있다. 먼저 외환위기는 하나의 통화에 대한 투기적 공격이 그 통화의 평가절하를 유발시키거나, 정부가 외환보유액의 사용 또는 국내이자율의 상승을 통해 환율을 방어하게 하는 경우를 지칭한다. 한편 금융위기는 실제적 혹은 잠재적 예금인출쇄도가 은행부채의 태환성을 보장하지 못하거나, 정부가 이를 막기 위해 대규모의 개입을 하는 경우를 지칭한다. 또한 체계적 금융위기는 효율적 기능을 수행하는 시장의 기능을 손상시킴으로써 실물경제에 큰 역효과를 나타낼 수 있는 금융시장의 잠재적 혼란상태이다. 마지막으로 외채위기는 한 국가가 공공부문 혹은 민간부문의 대외채무를 이행하지 못하는 상태를 가리킨다.

국제금융위기는 때때로 동아시아 위기 및 라틴아메리카 위기와 같이 외환, 금융, 외채위기의 요소들이 동시에 나타날 수도 있다. 게다가 하나의 위기형태에서 다른 위기형태로 발전할 수도 있다. 다음에는 1990년대 이후에 발생한 유럽 ERM 위기, 라틴아메리카 위기, 동아시아 위기, 러시아 위기에 관해 알아보자.

4.1 유럽 ERM 위기

먼저 유럽 ERM 위기는 1992년 대규모 자본의 공격에 의해 영국, 이탈리아, 스페인이 ERM을 탈퇴하면서 발생했다. ERM 위기는 그 이전의 제1세대 위기모형으로는 설명하기 어려운 성격을 가졌다. 즉, 투기적 공격을 받은 정부들이 국제금융시장에서 자유롭게 자본조달이 가능했기 때문에 재정적자를 통화 발행으로 유지할 필요가 없었으며, 국내신용의 급격한 증가도 없었다. 또한 위기 전·후를 통해 낮고 안정된 인플레이션을 보였다. ERM 위기는 제2세대 위기모형의 전형적인 예로 수요 부족으로 인한 실업이 팽창적인 통화정책에 압력을 가중시킴으로써 실업으로 인한 정치적 비용과 ERM 탈퇴로 인한 정치적 비용 사이에 상충관계가 발생했다. 여기에 통독 이후 독일

5. IMF(1998)는 이를 포괄적으로 경제위기(economic crisis)라고 부르고 있다.

의 팽창재정정책 실시와 이에 따른 인플레이션 압력을 해소하기 위한 긴축통화정책 실시로 인해 독일 마르크에 환율이 고정되어 있는 나머지 유럽국들이 팽창재정정책 없이 긴축통화정책을 실시해야 했다. 이로 인한 경기후퇴가 ERM 유지의 비용을 더욱 증가시킴으로써 ERM 위기가 발생했다.

이러한 ERM 위기는 다음과 같은 특징을 보였다. 먼저 소로스와 같은 대규모 투기자들이 영국 파운드화에 대해 약 150억 달러 정도의 숏포지션(short position)을 구축한 후 투기적 공격을 개시해 위기의 촉발시점을 앞당기는 역할을 수행했다. 또한 대규모 자본이동 하에서 한 국가의 외환보유액은 별 의미가 없었다. 예를 들면 영국의 경우 약 500억 달러 정도의 파운드화 매입을 통한 개입을 시도했으나 결국 실패했다. 한편 인플레이션 없이 실업률이 급감한 영국의 경우와 같이 고정환율을 포기하고 ERM에서 탈퇴한 국가들이 통화방어에 성공한 국가들에 비해 위기 이후에 더욱 경제가 호전되는 현상이 나타났으며, 위기의 발생이 시장에 의해 거의 예측되지 못했다.

4.2 라틴아메리카 위기

라틴아메리카 위기는 1980년대 외채위기, 1994～1995년 데킬라 위기, 1999년 브라질 위기, 2002년 아르헨티나 위기 등 여러 번 발생했다. 1990년대 들어 처음 발생한 데킬라 위기는 멕시코에서 치아파스(Chiapas) 지방의 농민폭동, 집권당 대통령 후보의 암살로 인한 정치적 불확실성이 증대되고, 대통령선거로 인한 정부의 방만한 재정운영과 외국자본의 유입 정지로 외환보유액이 급격히 감소해 달러로 표시된 테소본드(Tesobond)를 더 이상 회전시킬 수 없게 되면서 발생했다. 위기에 직면하자 멕시코 정부는 15% 규모의 페소화에 대한 평가절하를 실시했다. 그러나 평가절하 규모가 불충분하다고 여겨졌고, 평가절하 이전에 자국 기업에게만 정보를 주어 외국인투자자들의 정부정책에 대한 신뢰가 완전히 상실되었다. 이로 인해 페소화는 급격히 평가절하되었고 물가가 급등했으며, 이를 막기 위해 정부는 80% 이상에 달하는 고금리정책을 실시하게 되었다. 그러나 위기 발생 이후 미국의 적극적인 대규모 개입으로 사태는 곧 진정되었다.

한편 아르헨티나는 위기 이전에 통화위원회제도(currency board)를 채택하고 있었기 때문에 멕시코발 위기로부터 방어될 것으로 생각되었다. 그러나 투기자들은 아르헨티나가 높은 실업률로 인해 통화위원회제도를 포기할지도 모른다고 생각하고 투기적 공격을 감행했고, 통화위원회제도 하에서의 자본유출은 본원통화의 감소를 의미하므로 금융시스템의 위기를 초래했다. 그러나 과거 초인플레이션에 시달렸던 아르헨티나는 이후에도 통화위원회제도를 계속 유지했으며, 데킬라 위기가 진정되면서 다시 성장을 이루었다.

ERM 위기에서는 고정환율을 포기한 영국이 ERM에서 탈퇴하지 않은 프랑스보다 위기 이후에 더 나은 모습을 보였으나, 데킬라 위기에서는 환율제도를 포기한 멕시코와 환율제도를 유지한 아르헨티나 모두 심각한 경기후퇴를 겪었으며, 오히려 환율제도를 포기한 멕시코가 적어도 처음에는 더 큰 어려움을 겪었다.

그러나 라틴아메리카의 위기는 한 번으로 끝나지 않았다. 브라질은 1994년 이후 '헤알계획'(Real Plan)을 실시해 초인플레이션을 억제하는 데 상당한 성공을 거두었다. 그러나 경제는 충분히 회복되지 않았고 정부부채는 여전히 심각한 수준이었다. 이로 인해 헤알화에 대한 평가절하 압력이 지속되었고 이를 억제하기 위해 브라질은 높은 이자율을 유지할 수밖에 없었기 때문에 재정적자는 더욱 악화되어 갔다. 1998년 외환보유액이 고갈되자 IMF는 위기의 파급을 우려해 금융지원을 제공했으나 실패했고, 1999년 들어 브라질에서 주정부들이 연방정부에 대해 채무지불유예를 잇달아 선언하면서 외자유출이 가속화되고 헤알화는 폭락하게 되었다.

브라질의 위기는 3년 후 아르헨티나 위기로 이어진다. 브라질 위기 여파, 재정긴축에 따른 내수위축 및 이에 따른 투자저하, 그리고 페소화의 상대적인 고평가에 따른 산업경쟁력 약화 등으로 지속적인 경기침체를 벗어나지 못했던 아르헨티나는 결국 부채상환능력을 상실하게 되었다. 이에 2001년 12월 모라토리엄을 선언했고 2002년 통화위원회제도를 폐지하면서 페소화 가치가 70% 이상 폭락했다.

4.3 동아시아 위기

동아시아 위기는 1997년 7월 2일 태국의 바트화가 폭락하면서 시작되었다. 태국의 외환위기는 이웃나라인 인도네시아, 말레이시아, 필리핀으로 전파되었고 마침내 10월에는 우리나라에까지 파급되었다.

태국과 인도네시아 등이 외환 · 금융위기를 겪게 된 근본적 요인으로 1994년에 단행된 40%에 달하는 중국 위안화의 평가절하에서 그 원인을 찾는 시각도 있다. 중국의 위안화 평가절하에 따라 이들 국가들이 가격경쟁력을 잃었기 때문이라는 것이다.

태국과 인도네시아의 통화들이 외환 · 금융위기 전 수년간 고평가된 것은 사실이다. 1990년대 들어 이들 국가들의 경상수지 적자의 대 GDP 비율이 계속해서 6～7% 선에서 유지되었음에도 환율에는 별 변화가 없었다. 단기간에는 자본유입에 따라 경상수지 적자에도 불구하고 환율이 안정적으로 유지될 수 있지만 이러한 상황은 장기적으로 계속될 수 없었고 결국 외환 · 금융위기로 치닫게 되었다. 이런 점에서 태국과 인도네시아의 외환 · 금융위기는 예견된 것이었다고 볼 수도 있다.

그렇지만 동아시아의 경제상황은 라틴아메리카보다 훨씬 양호했고 위기를 유발할 만큼 나쁜 편은 아니었다. 동아시아 위기의 경우, 현대적인 공황이론(panic theory)에서 지적하듯이 외국투자자들이 위기 발생에 앞서 국제유동성 공급을 별안간 회수하면서 이 지역의 외환 · 금융위기를 심화시킨 측면도 있다. 이러한 주장은 과연 1년 사이에 1,051억 달러의 자금흐름을 바꿀 만한 경제적인 변화가 이 지역에 있었는가 하는 질문과도 연결된다. 만약 이들이 동아시아 외환 · 금융위기를 예상하고도 이 지역에 대해서 그동안 자금공급을 과도하게 했다면 도덕적 해이 문제를 피할 수 없고, 만약에 예상을 하지 못했다면 이 지역 외환 · 금융위기에 대한 공동책임이 있는 것이다.

4.4 러시아 위기

소련 붕괴 이후 다른 동구권 국가들과 마찬가지로 러시아는 1990년대 내내 심각한 경기침체 및 인플레이션에 시달렸다. 1997년 들어서야 IMF 지원으로 루블화 가치를 안정시키고 인플레이션을 일부 진정시키기 시작했다. 그러나 재정적자 문제는 여전히 해결되지 못했고, 따라서 정부부채는 지속적으로 급증해 갔다. 이러한 상황에서 1997년 동아시아 위기로 석유를 비롯한 러시아의 주요 수출품에 대한 수요가 감소하면서, 투자자들은 루블화의 가치도 절하될 것이라는 우려를 하기 시작했다. 러시아 정부의 차입에 대한 이자비용은 증대했고, 따라서 정부재정 문제는 더욱 악화되어 갔다.

러시아의 붕괴가 미칠 파장을 염려해 IMF는 루블화 가치를 유지하기 위해 대규모로 지원을 했으나, 1998년 8월 러시아 정부는 환율목표를 포기하고 동시에 부채에 대한 채무불이행 및 외자지급 동결을 선언했다. 이후 1개월도 채 안돼 루블화 가치는 반으로 떨어졌고 인플레이션이 급등했으며 경기는 심한 침체에 빠져들었다.

그림 20-1 국제금융위기 충격 비교

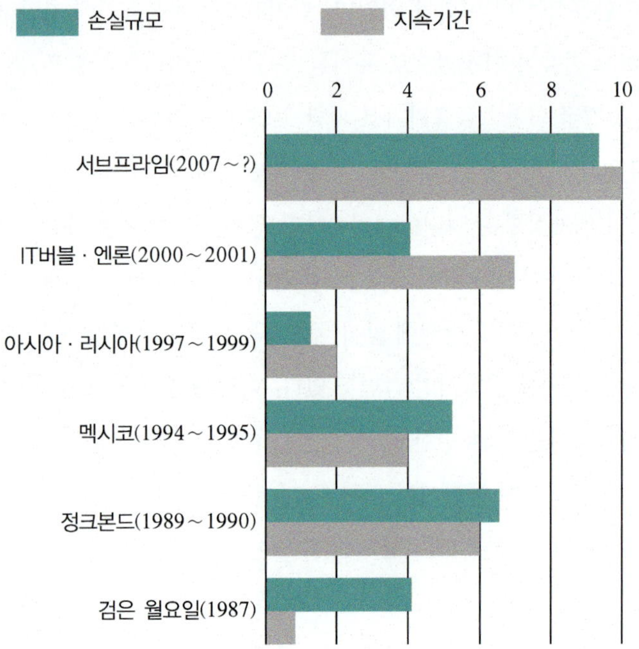

주 : 미국 기업들의 이득(earnings)에 대한 충격. 지속기간은 위기 직전 분기의 이득 수준으로 회복될 때까지의 분기 수. 손실규모는 위기 직전 분기이득(A) 대비 지속기간(B) 중 총손실규모의 배율($=B/A$).

자료 : *Economist*, 2008. 5. 17.

4.5 글로벌 금융위기

2000년대 이후 미국의 부동산시장이 호황을 맞으면서 은행들은 서로 앞다투어 부동산 관련 대출을 증대시켜 왔다. 지속적인 부동산 가격 상승으로 인해 사람들은 주택에 대한 투자가 높은 수익률을 보장할 것이라고 생각했고, 또한 은행들도 부실위험이 없다고 믿고 신용이 열악한 사람들에게도 대출을 확대했다. 서브프라임 모기지 대출은 신용조건이 가장 낮은 사람들을 상대로 집 시세의 거의 100% 수준으로 대출을 해주는 대신 금리가 높은 미국의 대출 프로그램이다. 이처럼 신용이 최악인 사람들에게까지 대출이 확대되었을 뿐만 아니라, 이를 기초로 한 다양한 파생상품에 국제금융시장의 헤지펀드 및 금융기관들이 막대한 금액을 투자했다.

그런데 미국의 집값이 하락하면서 서브프라임 모기지 대출을 받은 사람들이 차입금을 상환하지 못하게 되었고, 연체율이 급등하면서 결국 2007년 4월에 미국 2위의 서브프라임 모기지 회사인 뉴센튜리파이낸셜사가 부도처리되었다. 이후 부실대출에 따른 손실 및 관련 파생금융상품 투자손실 등으로 미국을 비롯한 세계의 헤지펀드, 은행, 보험사 등이 연쇄적으로 붕괴되었다. 2008년 들어 금융시장 불안은 더욱 심해졌으며 급기야 9월에 리먼브라더스사가 파산하면서 미국 서브프라임 모기지 시장에서 시작된 위기는 본격적인 글로벌 금융위기로 확산되었다. 미국 정부는 위기의 확산을 차단하고자 금리를 파격적으로 인하하고 긴급 구제금융을 제공하는 등 과거에는 전례가 없을 정도로 적극적으로 개입했다. 그러나 위기는 실물경제로까지 확대되고 또한 전 세계로 파급되어 글로벌 금융위기의 충격은 근래의 국제금융위기 중에서 가장 큰 것으로 평가되고 있다(〈그림 20-1〉).

4.6 유로존 위기

미국발 위기는 유럽에도 큰 영향을 미쳤다. 유럽의 부동산시장도 동반 하락해 많은 금융기관들의 대출이 부실화되었고 또한 금융경색으로 실물경제도 상당한 침체를 수반하였다. 이는 유럽 각국의 재정을 크게 악화시켰는데, 금융위기를 극복하고자 부실은행에 대한 자금지원 및 경기부양책으로 재정지출이 확대된 반면 경기침체로 인해 세수가 감소했기 때문이다.

글로벌 금융위기를 극복하기 위한 국제적인 공조 및 유럽 각국의 적극적인 대처로 2009년 중반에 들어서는 유럽 경제가 안정되는 듯이 보였다. 그러나 시장에서는 유럽국가들의 악화된 재정수지를 염려하고 있었으며, 특히 그리스, 포르투갈, 스페인, 이탈리아, 아일랜드 등 소위 PIIGS 5개국을 재정적자와 정부부채 비율이 모두 높은 재정취약국으로 지목하고 예의주시하고 있었다. 그러던 중 2009년 12월 그리스의 새 정부는 재정적자 및 정부부채가 이전에 발표된 것보다 훨씬 크다고 고백했으며, 이를 계기로 시장의 신뢰가 폭락하면서 그리스는 위기에 직면하게 되었다. 그리스 정부는 재정지속성에 의구심을 품은 시장의 압력을 견디지 못하고 결국 2010년 EU 및 IMF에 구제금융을 요청하였다.

그리스에서 시작된 유로존 위기는 곧 포르투갈 및 아일랜드로 파급되었다. 금융시장에서 투자자들이 재정취약국으로 지목된 국가들의 국채 매입을 꺼리게 되면서,

포르투갈 및 아일랜드도 자금조달에 어려움을 겪게 되었다. 결국 아일랜드는 2010년 11월, 그리고 포르투갈은 2011년 4월에 EU 및 IMF에 구제금융을 요청하게 되었다.

EU, IMF, ECB 트로이카의 유동성 지원으로 진정 기미를 보이던 위기는 2011년 중반을 넘어서면서 다시 확산되었다. 그리스의 재정적자가 줄어들기는커녕 오히려 확대되면서 그리스의 디폴트 위기감이 고조되었고 그에 따라 유로존 지속가능성에 대한 우려도 커져갔다. 또한 국제 신용평가기관들은 이미 구제금융을 받고 있는 그리스, 포르투갈, 아일랜드 외에도 재정이 취약한 이탈리아와 스페인에 대한 국가신용등급도 잇달아 강등 조치했다. 이로 인해 이탈리아와 스페인의 국채금리도 감당하기 어려운 수준으로 치솟아 이들 정부들은 자금을 조달하는 데 심각한 어려움을 겪게 되었고, 결국 스페인은 2012년 6월 구제금융을 신청하게 되었다.

그런데 이탈리아와 스페인의 경제규모는 유로존의 3위 및 4위에 해당하는 큰 규모였으므로 이들이 붕괴하면 유로존 전체가 붕괴될 수 있다는 우려가 급속히 확산되었다. 또한 이들 국가들에 대한 투자규모가 컸던 프랑스 및 유로존 핵심국 은행들의 손실이 증가하면서 주변국에서 시작된 유로존 위기는 이후 중심국으로까지 파급되어 유로존 전체의 위기로 확산되었다. 이후 유럽 경제는 재정악화를 극복하기 위한 재정긴축 및 금융불안으로 인한 신용경색 등으로 소비 및 투자심리가 급냉하면서 본격적인 침체국면에 빠지게 되었다.

Box 20-1 최근의 주요 금융사고 손실규모

금융시장의 붐-버스트 특성 때문에 거품이 꺼지는 과정에서 대형 사고가 발생하곤 한다. 최근에는 파생상품 거래에 깊숙이 관여하면서 금융사고에 따른 손실규모가 천문학적으로 커져가고 있는데, 2008년 1월 발생한 프랑스 2위 은행인 소시에테제네랄의 금융사고도 파생상품에 투자했다가 엄청난 손실을 입은 것으로 드러났다. 〈표 20-3〉은 1990년대 이후 대규모 금융사고의 예를 보여주고 있다.

표 20-3 대규모 금융사고 사례

사건	손실규모 (억 달러)	발생연도	내용
Enron	318	2001	에너지중개업으로 급성장했으나 에너지선물 등 신종 파생상품에 투자하면서 엄청난 손실을 입었고, 더욱이 분식회계로 이를 감추고자 해 몰락을 초래함
Parmalat	170	2003	다국적 낙농업체로서 손실에 따른 과도한 부채를 조작한 회계부정 사건으로 정부의 파산보호조치를 받음

BCCI	160	1991	한때 급성장했던 BCCI는 돈세탁과 의심스러운 고객, 대출 등으로 인해 고전하다 금융사기에 휘말리면서 파산. 이는 당시 세계 최대규모의 은행파산
WorldCom	110	2002	IT 거품이 꺼지면서 손실이 발생했음에도 회계부정을 통해 주가를 조작하려다 결국에는 파산
Société Generale	71	2008	제롬 케르비엘은 은행 안에 비밀 사업체를 세우고 선물상품에 투자하다가 실패해 회사측에 엄청난 피해를 입힘
Amaranth	66	2006	95억 달러 가량의 자산규모를 가진 견고한 회사였는데 천연가스 선물에 투자했다가 불과 3주 만에 무려 60억 달러 이상을 날림
LTCM	40	1998	아시아 위기로 확대된 이자율 스프레드가 향후 축소될 것으로 예상하고 투자했으나 러시아 위기 이후 안전자산을 선호하면서 오히려 스프레드가 축소되어 손실 초래
Sumitomo Copper	26	1996	구리 선물거래에 투기한 후 가격상승을 조작하려 했으나 결국 실패하고 보유한 현물을 대량 매각하면서 엄청난 손실을 입음
Barings	17	1995	닉 리슨은 싱가포르 국제통화거래소에서 니케이지수 선물거래를 했으나 예측오류 및 여러 실수로 손실이 발생했는데도 이를 숨기고 손실을 만회하기 위한 무모한 거래로 결국 은행의 파산을 가져옴
Allied Irish Bank	7	2002	AIB의 미국 볼티모어 소재 현지법인인 Allfirst의 직원 루스낙은 외환거래에서 발생한 손실을 감추기 위해 가상의 옵션거래를 이용함으로써 손실을 초래
Refco	4	2005	미국 최대 선물회사였는데 CEO가 기업공개 당시 부채은닉 등 회계부정 사건이 적발되면서 위기에 몰림

자료 : *Financial News* (www.efinancialnews.com)를 이용해 정리.

요약

1. 자본자유화란 자본이동에 대해 아무런 제약을 가하지 않고 사부문 및 공부문의 자산구조가 경제여건 변화에 따라 내국인과 외국인 간의 자유로운 거래를 통해 조정되도록 하는 것을 의미한다. 자유로운 자본이동은 금융산업의 효율성 제고, 자금조달 비용 감소 등 긍정적인 측면도 수반하지만, 동시에 빈번한 자본이동에 따른 국내경제의 불안, 과도한 자본유입에 따른 거품현상 등 부정적인 측면도 유발하고 있다. 특히 1990년대 들어 빈발하고 있는 국제금융위기는 자본이동의 자유화와 직결되어 있다.

2. 국제금융위기를 설명하는 이론으로는 제1세대 위기모형, 제2세대 위기모형, 도덕적 해이 모형, 현대화된 금융공황 모형, 자본자유화와 붐-버스트 사이클 모형 등이 있으나 하나의 모형으로 모든 국제금융위기를 설명할 수는 없다. 신흥경제국의 경우 투자자들의 이중적 기준에 의해 환율상승이 대외신인도 상실로 이어진다면 단기자본이 대량유출되면서 자기실

현적 위기가 가능해진다.

3. 금융위기와 외환위기 사이에는 서로 위기를 더욱 악화시키는 악순환이 존재하며 금융자율화와 밀접한 관련이 있다. 금융위기와 외환위기가 함께 발생하는 쌍둥이 위기의 경우 그 피해가 더욱 심해진다. 위기가 발생하면 패거리 행동이 나타나고 한 국가의 위기는 주변국가로 급속히 전이되는 특징을 가지고 있다.

4. 국제금융위기는 외환위기, 금융위기, 외채위기 등으로 나눌 수 있으나, 때에 따라서 각 위기의 요소들이 동시에 나타날 수 있으며, 하나의 위기형태가 다른 위기형태로 발전할 수도 있다. 1990년대 이후 발생한 유럽 ERM 위기, 라틴아메리카 위기, 동아시아 위기, 러시아 위기, 글로벌 금융위기, 유로존 위기 등에서는 여러 가지 위기의 형태가 복합적으로 나타나고 있다.

부록 민간신용평가기관의 국가신용평가

International Finance, ch. twenty

국가신용도에 대한 평가는 1970년대 이후 국제민간대출이 크게 증대되면서 활성화되기 시작했다. 1970년대까지의 국가신용도 평가방법은 기업의 대차대조표와 유사한 국가의 국제수지분석에 초점이 두어졌으며, 1980년대의 개도국의 외채위기 이후에는 외채 관련 지표가 국가신용도 분석의 주요 요소로 첨가되었다. 그러나 1990년대에 들어와 은행차관의 비중은 감소하고 주식 및 채권투자가 더욱 늘어나면서 종래의 재무분석 위주의 평가에서 벗어나 포괄적인 경제분석에 중점을 두게 되었다.

국가신용도평가는 국제금융시장에서 국제투자자들에 의한 투자에 있어 매우 중요한 신호로 받아들여지고 있다. 더욱이 점차 국제적인 자본자유화에 따라 과거 상업은행과 같은 전통적인 투자자들이 개도국에 대한 추가적인 자금 제공을 억제하는 대신 국제적인 주식 및 채권 투자에 중점을 두게 되었다. 이러한 투자자들에게 자체적인 신용검증 수단과 능력의 부재로 인해 민간신용평가기관에 의한 국가신용도 평가의 영향이 매우 큰 것이 현실이다.

그러나 이러한 신용평가기관들은 [그림 A20-1]에서 보는 것과 같이 동아시아 위기의 경우 위기 발생 이전에 위기를 국가신용도에 반영해 경고하지 못했을 뿐만 아니라, 위기 발생 이후 뒤늦게 위기국들의 국가신용도를 급락시킴으로써 오히려 위기를 더욱 심화시키는 결과를 초래했다는 비판을 받고 있다.

IMF 위기 전후의 한국 국가신용등급의 변화 그림 A20-1

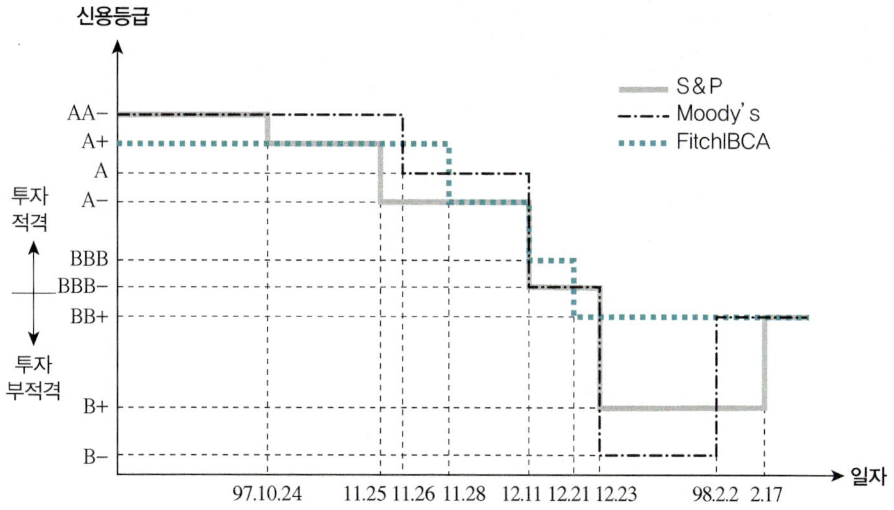

주: Moody's의 경우 A1 = A+, A3 = A−, Baa2 = BBB, Ba1 = BB+.

연습문제

01. "외국투자자들이 채무연장을 거부해 위기에 직면한 국가가 IMF에 대규모 구제금융을 신청하는 경우, IMF는 이를 거부해야 한다. 대신 그 국가의 정부로 하여금 외채지불을 유예하고 채권단들과 외채 조정 및 감면에 대한 재협상을 하도록 유도해야 한다." 이 주장에 대해 어떻게 생각하는가?

02. 다음의 상황들은 개발도상국에서의 외환 · 금융위기 발생에 어떤 영향을 미칠 수 있는가?

a. 달러표시 단기외채의 급증
b. 주변국에서의 외환 · 금융위기 발생

03. 다음의 사항들은 어떻게 외환 · 금융위기의 발생가능성을 감소시킬 수 있는가?

a. 개발도상국의 외채 및 외환보유액 정보에 대한 신속하고 정확한 공개

b. 개발도상국으로의 자본유입에 대한 통제

04. 어떤 정부가 자국통화의 가치가 급락하는 것을 방지하기 위해 가능한 모든 수단을 동원해 외환을 통제했다고 하자. 이러한 조치는 어떤 효과를 가지며 향후 어떤 양상이 전개될 수 있는가?

05. 1990년대 발생한 유럽 ERM 위기, 라틴아메리카 위기, 동아시아 위기의 공통점과 차이점을 논하라.

06. 미국발 글로벌 금융위기를 초래한 원인 중 하나로 미국과 다른 지역, 특히 동아시아의 국제수지 불균형의 악화를 들기도 한다. 글로벌 불균형이 어떻게 미국발 글로벌 금융위기를 야기할 수 있는지 설명하라.

07. 유로존 위기의 경우 결과적으로는 재정위기의 특성을 나타내고 있지만, 국가별로 위기 원인은 상당히 다르게 설명된다. 예를 들어 아일랜드와 그리스 두 국가가 어떻게 위기에 빠져들게 되었는지 비교해 설명하라.

우리나라의 국제금융위기

International **Finance**
ch. twenty one

21

1990년대 중반까지만 해도 남미국가들은 고질적인 위기에서 벗어나지 못하고 외환위기의 단골손님으로 치부된 반면, 우리나라는 수십 년간의 지속적인 경제성장을 이룩한 대표적인 모델국가로 칭송을 받았다. 그러나 1997년 동남아 국가뿐만 아니라 우리나라도 위기에 빠지게 되면서, 국제금융위기의 원인 및 특성에 대한 새로운 시각이 요구되었다. 과거에는 대내정책과 대외정책의 괴리에 따른 문제가 누적되어가다 궁극적으로 외환위기로 표출되었기 때문에 그에 따른 처방도 주로 위기가 발생한 국가의 대내경제 문제 해결에 초점이 맞추어졌었다. 그러나 우리나라를 비롯한 아시아 위기는 대내적인 문제 외에도 국제금융자본의 행태로 인해 위기가 발생할 수 있다는 점을 보여주어 위기 원인 및 처방에 대한 근본적인 인식의 전환을 가져왔다.

따라서 이 장에서는 우리나라에서 국제금융위기가 왜 발생했는지, 그리고 어떤 영향을 미쳤는지 살펴보면서 최근 빈발하고 있는 국제금융위기에 대한 보다 본질적인 이해를 제고시키려 한다. 제1절에서는 1997년 아시아 위기 중 우리나라에서 발생한 위기의 전개과정, 원인 및 대응책을 살펴본다. 이어 제2절에서는 2008년 글로벌 금융위기 중 우리가 겪었던 위기의 전개과정, 원인 및 대응책을 설명한다. 마지막 제3절에서는 두 위기를 비교하면서 공통점과 차이점을 살펴본다.

1. 1997년의 IMF 위기[1]

International Finance, ch. twenty one

1.1 위기의 전개과정

1980년대 이후 자본자유화 정책을 추진해 온 정부는 1990년대 들어 보다 본격적으로 자본시장을 개방해 왔다. 자본시장 개방은 한국 경제에 여러 모로 긍정적인 역할을 할 것으로 기대되었으나, 정부는 우리보다 먼저 자본시장을 개방한 다른 국가들에서 나타난 부작용을 고려해 일정한 여건이 성숙된 후에야 추가적인 조치를 취하는 상당히 신중한 자세를 견지해 왔다. 이와 같은 조심스런 자본시장 개방정책은 어느 정도 성공적인 결과를 가져온 듯이 보여, 1990년대 우리 경제의 전반적인 추세는 큰 문제없이 진행되어 왔다.

〈표 21-1〉은 1990년부터 1997년까지의 거시경제 활동 추이를 보여주고 있다. 우선 물가는 1990년대에 전반적으로 안정화되는 추이를 보여왔다. 또한 1996년까지의 실질경제성장률은 평균 7.5%에 달해 1980년대의 실질경제성장률 평균 9.7%에 비해서는 다소 감소했지만 여전히 높은 수준이다. 전반적으로 여전히 고성장을 유지하고 있는 가운데 1990년대에는 두 번의 경기변동이 진행되었다. 1990년대 초에는 1980년대 후반의 삼저호황에 따른 여파가 아직 남아 있고 석유화학 산업의 호황으로 10%에 가까운 높은 성장률을 기록하였다. 그러나 1980년대 말 이후 지속되어 온 원화의 절상효과가 나타나기 시작해 수출이 둔화되고 또한 석유화학 산업의 호황이 다소 진정되면서 1992~1993년 기간 동안에는 5% 정도의 성장추세를 보였다.

이와 같이 성장추세가 둔화되는 현상을 보고 많은 사람들은 우리 경제도 이제는

1. 이 장에서는 용어의 혼동을 피하기 위해 아시아 위기 중 우리가 겪은 국제금융위기는 IMF 위기라고 표현하고 미국발 글로벌 금융위기 중 겪은 위기는 그냥 글로벌 금융위기라고 표현하고자 한다.

안정적인 저성장단계에 진입한 것이 아니냐는 분석을 하기도 했다. 그러나 1990년대 중반 반도체 산업이 급격한 호황으로 접어들면서 수출이 엄청난 규모로 증가하게 되고 아울러 경제성장도 다시 거의 9%에 가까운 급성장세로 회복되었다. 이와 같은 급성장세는 오래 지속되지 못하고 1996년 이후 전 세계적으로 반도체, 조선, 자동차 등의 중화학공업 분야가 침체기에 빠져들면서 실질경제성장률도 다시 둔화되기 시작했다. 비록 등락이 있기는 했지만 경제성장이나 물가 면에서는 특별한 문제가 없었고, 유일하게 문제가 되는 것처럼 보였던 것은 경상수지였다. 경상수지는 1993년을 제외하고는 1990년대 이후 줄곧 적자를 기록했으며, 1996년에는 적자폭이 크게 증가했다. 그럼에도 불구하고 해외자본이 꾸준히 유입되어 종합수지는 흑자를 기록했으며, 그에 따라 외환보유액도 지속적으로 증가해 왔다.

표 21-1 **우리나라의 주요 거시경제지표**(아시아 위기 이전) (단위 : %, 억 달러)

연도	실질경제 성장률	소비자물가 상승률	실업률	회사채 수익률	재정수지/GDP	경상수지/GDP	외환보유액
1990	9.3	8.6	2.4	16.5	0.3	−0.5	148.2
1991	9.7	9.3	2.4	18.9	−0.8	−2.4	137.3
1992	5.8	6.2	2.5	16.2	−0.7	−0.7	171.5
1993	6.3	4.8	2.9	12.6	0.3	0.8	202.6
1994	8.8	6.3	2.5	12.9	0.5	−0.8	256.7
1995	8.9	4.5	2.1	13.8	0.3	−1.5	327.1
1996	7.2	4.9	2.0	11.9	0.2	−4.0	332.4
1997	5.8	4.4	2.6	13.4	−1.4	−1.5	204.1

자료 : 한국은행.

비교적 안정적인 추세를 유지해 오던 한국 경제는 1997년에 접어들면서 불안정한 조짐을 보이기 시작했다. 1996년 12월 노동법 파동을 둘러싸고 한 차례 홍역을 치른 후, 1997년에 들어서자마자 1월 23일 한보철강의 부도를 시작으로 3월 중에는 우성과 삼미가 도산하는 등 재벌들이 줄줄이 무너졌다. 이에 따라 외환시장에서도 전반적인 한국 경제에 대한 신뢰감이 상실되었다. 원화기피 현상이 발생해, 그동안 별다른 변화가 없던 환율이 1월 하순 이후 빠른 속도로 상승하였고 이러한 추세는 3월까지 계속되었다. 정부는 원화가치의 급격한 상실을 방지하고자 적극적으로 외환시장에 개입해 2월 및 3월 두 달 동안 95억 달러의 외환을 매도했다.

표 21-2 1997년 재벌 부도내용

일자	내용
1월 23일	한보철강 부도
3월 8일	우성 부도
3월 20일	삼미 5개사 부도
4월 18일	진로 부도유예
5월 19일	건영 부도
5월 20일	대농 부도유예
6월 2일	한신공영 부도
7월 15일	기아 부도사태
8월 25일	대농 법정관리
10월 15일	쌍방울 화의; 태일정밀 부도유예
11월 25일	해태 부도
12월 5일	한라 부도
12월 -	극동, 청구 화의신청; 고려증권 부도

자료 : 일간신문.

정부의 적극적인 환율방어 노력으로 원화의 급격한 하락추세는 곧 진정되었다. 4월 이후에도 진로, 건영, 대농, 한신공영 등의 대기업이 퇴출되었으나, 외환시장은 비교적 안정적으로 움직였고 환율도 몇 달 동안 890대에 머물렀다. 내부적인 불안요인이 잠잠해져 특별한 위기 조짐이 감지되지 않고 있었지만, 태국, 인도네시아 등 동남아 외환위기가 본격적으로 진행되면서 한국에서도 위기 조짐이 나타나기 시작했다. 7월 2일 태국 바트화의 폭락을 시작으로 인도네시아 루피아, 필리핀 페소 등이 연이어 폭락하면서 외환위기는 동남아 전역으로 확대되었다. 이처럼 국제금융시장의 불안이 확대되고 있는 가운데, 국내에서도 7월 중 기아가 최종적으로 부도를 내는 등 불안이 가중되었다. 동남아 위기는 전혀 진정될 기미를 보이지 않았으며, 오히려 건실하다고 여겨졌던 타이완달러가 10월 17일 대규모로 평가절하되고 10월 23일에는 홍콩증시가 10.4% 폭락하면서 한국의 외환시장도 걷잡을 수 없는 혼란에 빠져들었고 IMF 위기가 시작되었다. 원화의 폭락을 방지하고자 정부는 9월부터 11월까지 3개월 동안 154억 달러를 매도하는 등 모든 수단을 동원해서 외환시장에 개입했으나 연초와는 달리 아무런 성과를 거둘 수 없었다. IMF 위기가 심각해져 감에 따라 외환이 고갈되면서 국가부도의 위기상황에 직면하게 되자, 한국 정부는 결국 1997년 11월 21일 IMF에 구제금융을 신청했고 그 해 12월 3일 구제금융양해각서를 체결해 IMF로부터 자금을 지원받게 되었다.

1997년 원-달러 환율 추이 그림 21-1

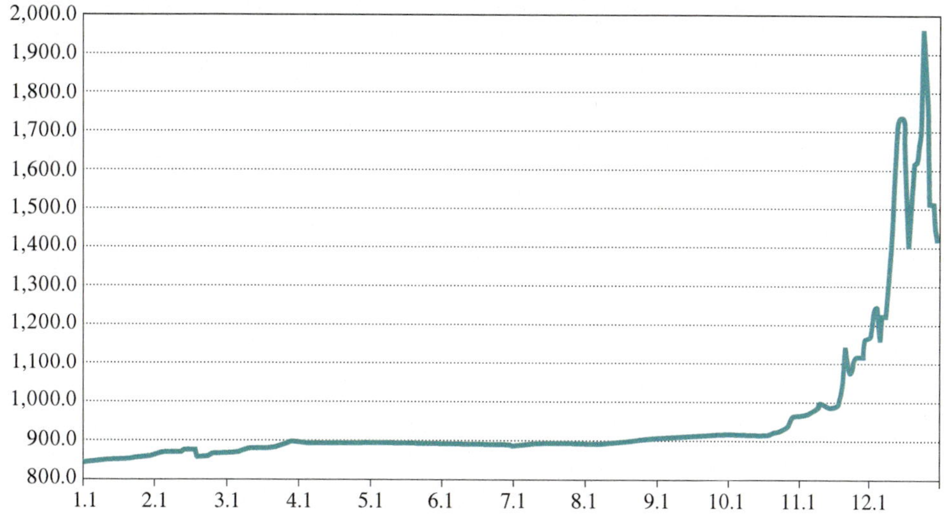

자료 : 한국은행.

1.2 위기의 원인

우리나라의 IMF 위기의 발생은 대내적 · 대외적 요인 모두에 영향을 받았을 뿐만 아니라 자본자유화에 따라 붐-버스트 사이클이 발생한 상황에서 이에 대한 정책대응을 제대로 하지 못한 데에도 그 원인이 있다. 여기서는 위기의 원인과 특징을 위기 전염과 투자자 패닉(creditor panic) 등 대외적 요인, 도덕적 해이에 따른 산업 · 금융 부실 등 대내적 요인, 그리고 자본자유화 과정에서 외채관리와 외환보유액 관리 등 정책의 실패로 나누어서 살펴보자.

◉ 대외적 요인 : 전염 및 투자자 패닉

대외적인 요인으로는 무엇보다도 태국과 인도네시아 등의 IMF 위기가 우리에게 전염된 것을 들 수 있다. 태국과 인도네시아 등 동남아시아에서 위기가 발생함에 따라 선진국들은 그들의 자산구성에서 동아시아의 비중을 갑자기 크게 줄였다. 그 결과 우리나라에 투자된 자본을 회수해 나가면서 우리의 IMF 위기를 가져온 것이다.

제20장에서 설명했듯이 한국을 포함해 아시아 위기를 겪은 동아시아 5개국의 경우, 그 이전까지 이 지역의 높은 수익률을 노린 자본유입의 규모가 매년 크게 늘어났었다. 이와 같이 이 지역의 자본유입이 급격히 증가한 것은 직접투자나 포트폴리오투자보다 상업은행들의 이 지역 대출이 크게 증가했기 때문이다.

그런데 문제는 이와 같이 급격히 늘어나던 이 지역에 대한 자본유입이 아시아 위기 직전에 급격히 빠른 속도로 빠져나간 것이다. 민간부문의 자금움직임을 보면 그 주체는 주로 상업은행들로, 이들은 단기자본의 대출연장을 거부하면서 자본을 급속히 회수해 나갔다.

우리나라의 경우 객관적인 거시경제지표가 태국 등 동남아시아 국가들보다 훨씬 좋았음에도 불구하고 이들과 거의 동시에 위기를 맞이하게 되었다. 이는 외국투자자들이 동남아 국가들의 위기로 인해 패닉 상태에 들어가 우리나라에 대한 자금을 갑자기 회수하면서 우리나라도 위기에 빠지게 되었음을 의미한다.

한편 태국의 외환위기가 발생하면서 타이완이 자국통화를 두 차례에 걸쳐 15.8% 평가절하한 것도 우리의 IMF 위기를 발생시킨 한 요인이다. 당시 800억 달러에 달하는 외환보유액을 갖고 있고 경상수지 흑자를 기록하고 있던 타이완이 큰 폭의 평가절하를 할 경우 상대적으로 경상수지 적자를 겪고 있었고 외환보유액이 급격히 줄고 있었던 우리나라의 평가절하폭은 훨씬 더 클 것이라는 기대감이 우리의 IMF 위기를 가속화시킨 한 요인으로 작용한 것도 사실이다.

◉ 대내적 요인 : 구조적 산업 · 금융부실

우리가 겪은 IMF 위기는 대기업의 연이은 도산에 따른 산업부실이 금융부실을 가져오고 금융부실이 외환 · 금융위기로 발전했다는 점에서 다른 나라의 경우와 구별된다. 한국의 경우 거시경제의 기본 변수는 다른 외환 · 금융 위기를 겪은 개발도상국가들에 비해서 상대적으로 건실했다. 그렇지만 미시적인 차원에서는 대재벌 중심의 실물부문과 대기업의 도산, 부실증권 투자에 따라 부실채권을 누적시킨 금융부문에서 구조적인 문제를 가지고 있었다.

오랫동안 한국 정부는 금융을 산업정책의 수단으로 사용해 왔고, 그 과정에서 한국 산업구조는 소수의 재벌에 의해서 지배되는 불균형적인 발전을 보였다. 재벌들의 과다한 차입결과 30대 재벌기업들의 재무구조는 악화되어 평균 부채-자본비율이

400%를 초과하게 되었다. 그 결과 재벌들은 경기변동과 외부의 충격에 보다 취약하게 되었다. 이와 같은 대기업의 과다차입으로 인하여 한국 경제는 차입경제라고 특징지어졌다.

한국의 재벌들은 팽창위주의 정책을 버리지 않은 반면 기업의 수익성은 악화되었다. 수익성이 악화된 원인으로는 과다차입에 따른 과잉투자와 중복투자, 경기후퇴, OECD 가입 후 격화된 국제경쟁, 한국 경제의 고도성장기에서 안정성장기로의 진입 등을 들 수가 있다. 물론 생산성을 상회하는 높은 임금상승률도 한 원인이 되었다. 그런데 이와 같이 수익성이 악화되었음에도 불구하고 재벌들이 과거와 같은 과도한 팽창정책을 계속 추구한 결과 산업부실이 발생하게 되었다.

표 21-3 **우리나라 재벌들의 부채-자본 비율 및 수익률** (단위 : %)

	1994	1995	1996	1997
부채-자본비율	355.7	347.5	386.5	518.9
수익률(ROE)	7.28	11.77	1.69	-

1995년 경제가 호황을 누릴 때에는 재벌들이 커다란 이익을 누렸고 산업구조의 취약성도 감춰질 수 있었다. 그러나 1996년 반도체경기 침체와 엔화의 평가절하로 경기가 하락하면서 우리 산업구조가 가지는 취약성이 그대로 노출되었다. 기업의 투자수익률이 급격히 떨어지면서 부채-자본비율도 급격히 악화되었다. 부채-자본비율이 높을 경우 투자수익률이 차입금리를 상회할 때에는 자기자본수익률을 높이지만 반면에 하회할 때에는 빠른 속도로 자기자본을 잠식하면서 산업부실을 가속화시킨다.

한편 정부의 금융시장 개입은 산업과 금융 부문에서 도덕적 해이 문제를 크게 가져왔다. 정부의 지시에 순응하는 대가로 금융기관들은 정부의 암묵적인 지급보증이라는 안전망을 누리게 되었다. 그 결과 금융기관들은 정부가 재벌들을 도산시키지 않을 것이라고 믿었고 차입자들에 대한 대출심사를 제대로 하지 않았다. 1996년 말부터 재벌들이 도산하기 시작함에 따라 재벌들이 그동안 누적시킨 부실대출 규모가 예상했던 규모보다 훨씬 더 크다는 사실이 판명되었다.

정부의 암묵적인 지급보증에 따른 안정망에 대한 믿음은 금융기관들로 하여금 위험을 제대로 고려하지 않고 수익이 높은 부문에 무분별하게 투자를 하게 만들었고 그 결과 금융기관의 건전성은 크게 훼손되기에 이르렀다. 특히 자본자유화 과정에서 자본의 국내유입은 단계적으로 개방되었지만 유출에는 아무런 제약이 없었던 결과 금융기관들의 해외투자가 무분별하게 이루어지면서 금융기관의 부실을 가속화시켰다. 동남아 증권시장에 대한 과도한 투자와 무분별한 파생상품에 대한 투자가 대표적인 경우이다.

◉ 정책적 요인 : 외채관리 및 외환보유액 관리 실패

1990년대에 들어와서 경상수지 악화와 자본자유화로 인해 총외채가 빠른 속도로 누적되었다. 세계은행 편재기준에 의한 총외채 규모는 1992년 428억 달러에서 IMF 금융지원이 이루어지기 직전인 1997년 11월 말에는 1,161억 달러로 늘어났다.

이와 같이 총외채가 빠른 속도로 증가한 중요한 원인 중의 하나는 OECD 가입 등에 따른 자본자유화 과정에서 자본유입에 따라 원화가 고평가된 점이다. 원화의 고평가에 따라 경상수지가 악화되었을 뿐만 아니라 기업들과 금융기관들은 자본비용을 과소평가하게 되었다. 그런데 문제는 이와 같은 고평가현상이 자본자유화 과정에서 나타난 일시적인 현상임에도 불구하고 이러한 환율추세가 계속될 것으로 믿게 되었고 이러한 믿음과 도덕적 해이 현상이 겹치면서 과잉투자와 중복투자를 낳아 총외채가 빠른 속도로 누적되었다.

Box 21-1 OECD에 대한 이해

OECD(Organization for Economic Cooperation and Development, 경제협력개발기구)는 제2차 세계대전 후 Marshall Plan의 효과적인 집행을 통해 서유럽국가들의 경제발전을 도모하기 위해 설립된 유럽경제협력기구(OEEC, 1948년 4월)로부터 비롯되었다. 이후 유럽의 경제가 발전하고, 보다 광범위한 경제협력체가 필요하다는 인식 하에 1961년 9월, 기존의 OEEC를 개편하여 유럽국가들(독일, 프랑스, 영국, 이탈리아, 벨기에, 네덜란드, 룩셈부르크, 스페인, 스위스, 덴마크, 노르웨이, 스웨덴, 아이슬란드, 오스트리아, 아일랜드, 포르투갈, 그리스, 터키 등 총 18개국)과 미국, 캐나다 등의 20개 정회원국으로 OECD가 설립되었다. 이후 일본(1964), 핀란드(1969), 호주(1971), 뉴질랜드(1973), 멕시코(1994), 체코(1995), 헝가리(1996), 폴란드(1996), 한국(1996), 슬로바키아(2000) 등이 차례로 가입하여 현재 총회원국이 30개국에 이르고 있다. 선진국들의 모임으로 불리는 OECD는 회원국의 전체 인구가 전 세계 인구의 약 18%를 차지하지만, GDP는 약 85%, 수출입액은 약 70% 이상을 차지하고 있다.

OECD의 설립목적은 설립협정문 제1조에 잘 나타나 있듯이, 첫째로 회원국들의 경제성장을 도모하고 세계경제의 발전을 추구하며, 둘째로는 개발도상국에게 원조를 하며, 셋째로 자유무역의 확대를 추구한다는 것이다. OECD는 회원국 간의 상호 관심분야에 대하여 정부

차원에서 토론, 협조 및 조정을 하는 기구로 WTO, EU, NAFTA 등과 달리 강제성보다는 회원국들 간의 합의를 기초로 운영된다. 그리고 합의된 행동규칙은 간접적인 회원국 간의 상호압력(peer pressure)을 통하여 이행토록 하는 것이 원칙이다.

OECD는 1961년 출범 이후 회원국들의 안정적이고 지속적인 경제성장을 위해 회원국 간의 상품 · 서비스의 교역자유화 및 자본이동의 자유화를 추구해 왔다. 서비스교역 및 자본이동의 다자간 자유화를 규범화한 것이 경상무역외거래 자유화규약과 자본이동 자유화규약이다. 이 규약들은 회원국들이 의무를 이행하는 것에 대한 효과적인 감시를 위해 통보, 심사, 협의 절차를 각각 규정하고 있으며, 또한 자유화조치의 진전을 평가하는 기준이 되고 있다. 양대 자유화 규약은 첫째, 점진적 자유화 원칙, 둘째, 내국민대우원칙, 셋째, 무차별원칙을 기본 원칙으로 하고 있다.

자료 : www.oecd.org

그런데 보다 큰 문제는 우리 경제가 짊어지고 있는 총대외차입에 대한 규모를 정확히 알지 못하고 있었다는 점이다. 막연히 우리 기업과 민간부문이 해외에서 자금을 많이 조달해 운용한다고 생각했을 뿐 구체적인 규모파악을 제대로 하지 못하고 있었다. 해외금리가 낮은 상태에서 자본자유화가 부분적으로 허용되고 있었기 때문에, 상대적으로 해외에서 운영되고 있었던 자금규모가 매우 컸었고, 그로 인해 우리의 실제적인 대외지불 부담이 세계은행 편재기준에 따른 공식적인 총외채 수준을 훨씬 상회했다는 점을 인식하지 못했던 것이다.

금융기관 역외차입금과 국외점포의 해외차입금을 합산하여 산출한 총대외지불부담(total external liabilities)은 1997년 11월 말 1,618억 달러로 공식적인 외채규모의 1.5배가 되는 실정이었다. 여기에 기업부문의 외국은행으로부터의 현지금융을 더할 경우 총대외차입 규모는 훨씬 더 컸다.[2] 이와 더불어 우리 기업 현지법인들의 본사 지급보증이 없는 외화자금의 조달과 운용규모, 금융기관들의 파생금융상품에 투자한 장부외거래 규모 등은 제대로 파악되지 않은 상태였다. 특히 해외에서 조성된 자금은 역외펀드 형태로 국내 주식시장 등에 투자되었을 뿐만 아니라, 동남아 등의 고수익 · 고위험 유가증권에도 투자되었고 상당 부분은 해외 직접투자에 충당되었다. 그런데 이

2. 정부는 1997년 12월부터 IMF와의 합의 하에 총대외지불부담(= 세계은행 기준 외채 + 국내은행 역외차입 + 국외점포 차입)이라는 이름으로 외채통계를 작성해 왔으나, 2003년 9월부터 새로운 편제기준 하에 총대외채무라는 이름으로 외채통계를 작성해 공표하고 있다. 총대외채무에는 기존의 외채 외에도 원화표시 채무, 외은지점 역외계정 조달, 국내기업 본사의 현지금융, 국제금융리스 등 기타 외채성 항목이 포함되며, 국내은행 국외점포의 차입은 제외된다.

그림 21-2 총외채와 단기외채 추이, 1990년대 (10억 달러, %)

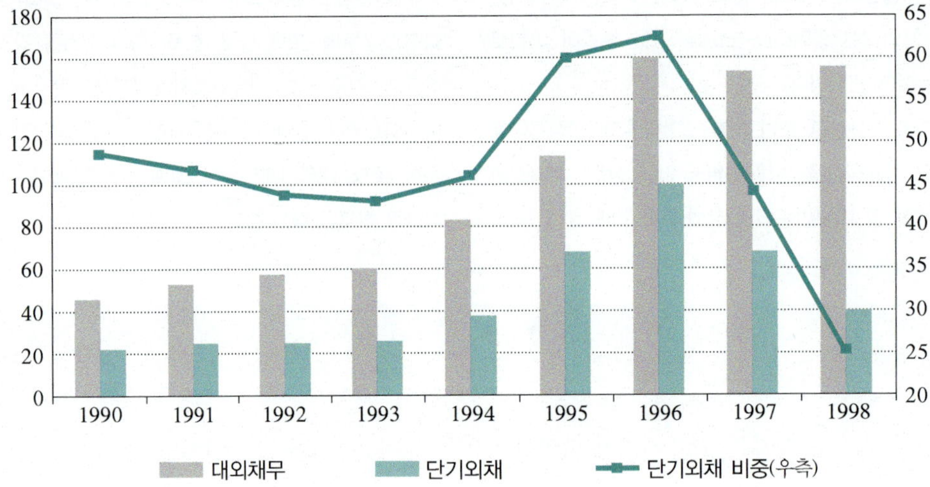

자료 : World Bank (www.worldbank.org).

러한 투자들이 부실화되면서 외환 · 금융위기를 가속화시켰다. 결국 그동안 우리가 외화자금 조달 · 운용규모를 정확히 파악하지 못하고 있었다는 점이 IMF 위기에 적절히 대응하지 못한 가장 중요한 이유 중의 하나이다.

우리나라는 외자를 금융기관을 중심으로 차입해 필요한 기업들에게 배분하는 형식을 주로 택했다. 그 결과 외채에서 금융기관의 차입 비중이 외국에 비해 높은 수준이다. 이러한 방식은 먼저 전체적으로 필요한 자금규모를 결정하고 다음 단계로 금융기관을 통해 자금을 배분하는 방식이다. 그런데 문제는 IMF 위기에 직면하여 정부가 금융기관의 해외부채에 대해 지급보증을 함으로써, 해당 기업들이 직접 빌렸을 경우 민간위험(private risk)으로 간주될 것이 국가위험으로 전가되었다는 것이다. 이는 IMF 위기의 해결을 더욱 어렵게 만든 측면이 있다.

한편 총외채에서 단기부채가 차지하는 비중이 과도하게 높다는 것도 문제였다. 단기외채가 총외채에서 차지하는 비중은 같은 외환위기를 겪었던 태국이나 멕시코에 비해서 우리가 훨씬 높았다. 단기외채의 비중이 높은 데에는 정부의 책임도 컸다. 정부는 장기 해외차입의 경우에는 신고의무를 부과한 반면, 단기차입은 무역금융과 관련된 것으로 보아 특별히 규제를 하지 않아서 단기차입의 유인을 그만큼 높였다.

많은 금융기관과 기업들이 외화자금을 단기로 조달해 장기로 운용한 관계로 만기구조에 불일치를 보였다. 상대적으로 금리가 낮은 단기로 자본을 들여와 장기설비 · 시설에 투자함으로써 자금의 조달과 운용상의 만기구조에서 심각한 불일치를 보였다. 만기구조의 불일치는 금융경색 현상이 일어나면서 국제 유동성위기를 심화시킨 원인이 되었다. 한국 경제에 대한 신뢰도 하락으로 금융기관들이 해외에서 새로운 자금을 확보하고 기존의 대출을 재연장(roll-over)시키는 데 어려움을 겪으면서 IMF 위기가 시작되었던 것이다.

그런데 IMF 위기를 직접적으로 촉발시킨 또 다른 큰 요인 중의 하나는 정부가 적정 외환보유액을 확보하는 데 실패한 점이다. 우선 공식적으로 발표된 외화유동성 규모도 부족했을 뿐만 아니라 이 중 상당 부분은 사용 가능한 외화유동성이 아니었다.

공식 외환보유액은 1996년 말 332.4억 달러에서 외환시장개입으로 IMF 구제금융 신청 직전인 1997년 11월 244.0억 달러로 줄었다. 그런데 동년 3월의 중앙은행의 국내은행 해외지점에 대한 예치금 80.1억 달러 및 11월의 164억 달러를 제외하면 실질적인 가용 외환보유액은 겨우 73억 달러로 2개월치 수입분에도 채 못 미치는 수준이었다. 이와 같이 해외지점 예치금이 큰 폭으로 증가한 이유는 해외지점들이 유동성을 확보하지 못해서 파산위기에 직면했기 때문인데, 이는 환율관리를 위한 적극적인 외환시장개입과 더불어 외환보유액을 바닥나게 만들었다.

외환위기 조기경보지표 중의 하나로 (외환보유액)/(단기총외채 + 경상수지적자) 비율이 종종 사용된다. 외환위기를 예방하기 위해서는 단기부채와 경상수지 적사를 충당할 만큼의 외환보유액 확보가 필요하다는 시각에서이다. 외환위기 직전, 단기외채의 규모는 급격히 늘어난 반면 외환보유액은 급격히 줄어들어 이 비율이 급격히 감소했다. (가용 외환보유액)/(단기총외채 + 경상수지 적자) 추이를 살펴보면 1996년 12월 말 29.4%로 그 비율이 매우 낮았는데, 구제금융 직전인 11월 말에는 11.8%까지 내려갔다. 총외채 대신 단기 총대외지불부담금을 사용하면 그 비율은 8.2%로 더욱 내려가고 있다. 이는 외환위기 직전 외환보유액이 적정 수준에 훨씬 못 미치고 있었음을 나타낸다.

결국 총외채뿐만 아니라 민간부문의 해외에서의 자금조달 · 운용규모가 예상 외로 큰 반면 가용 외환보유액은 적은 상태에서 산업부실과 금융부실로 국가신인도가 급격히 하락하자 국제금융시장에서 새로운 자금 확보와 기존의 대출에 대한 재연장에 실패했고 IMF 위기로 치닫게 되었다. 특히 한국 경제에 대한 신뢰를 잃은 외국투자자들이 빠른 속도로 투자자금을 회수해 나가면서 외환 · 금융위기가 본격화되었다. 자본유출로 인해 주식가격은 떨어지고 환율은 급격히 상승하는 가운데, 추가 환율상승에 대한 두려움으로 외국투자자들이 더욱 주식시장을 떠나 추가적인 주가 하락과 환율상승의 악순환이 계속되면서 외환·금융위기로 급속히 발전했던 것이다.

표 21-4 외채와 외환보유액 (단위 : 10억 달러, %)

	1996월 12월	1997년 11월	1997년 12월
총외채(A)	104.7	116.1	120.8
장기 외채(B)	43.7	54.5	69.6
단기 외채(C)	61.0	61.6	51.2
총대외지불부담(D)	160.7	156.9	154.4
장기 대외지불부담(E)	60.7	64.7	86.0
단기 대외지불부담(F)	100.0	92.2	68.4
공적 외환보유액(G)	33.2	24.4	20.4
가용 외환보유액(H)	29.4	7.3	8.9
H/C (%)	48.2	11.8	17.3
H/F (%)	29.4	8.2	13.0

주 : 총외채는 1997년 이전 세계은행 기준에 따른 외채통계를 나타내고, 총대외지불부담은 1997년 12월 IMF와 합의한 기준에 따른 외채통계를 나타냄.

자료 : 한국은행.

1.3 위기의 대응책

◉ IMF 금융지원과 정책합의

외환·금융위기에 처한 국가가 IMF에 구제금융을 요청하는 경우, IMF는 지원을 대가로 수혜국에게 위기극복을 위한 요구조건, 즉 IMF 프로그램을 실천하도록 의무화한다. 1997년 IMF 위기에 처한 정부가 IMF에 구제금융을 요청함에 따라 우리나라에도 IMF 프로그램이 실시되었다.

삭스(J. Sachs)에 의하면, IMF 프로그램은 외채지불 불이행 방지, 통화가치 하락폭 제한, 인플레이션의 급속한 진전 예방, 외환보유액 확보, 균형재정의 유지, 은행부문의 개혁, 비금융부문의 개혁, 신뢰 확보, 소득하락 축소 등 9개의 공언된 목적을 가지고 있다. 또한 이러한 목적을 달성하기 위해서 IMF 프로그램은 환율방어와 금융부문에 투입할 재원 마련을 위한 긴축재정정책, 확고한 개혁의 신호를 보내고 신뢰회복을 위한 은행폐쇄 조치, 금융건전화를 위한 BIS 자기자본비율 확보, 환율 방어를 위한 긴축신용정책, 외채를 갚기 위한 외환보유액 확보, 비금융부문의 구조조정 등 6개의 주요 정책처방을 한다.

1997년 12월 3일 발표된 IMF와의 합의서는 경제상황의 변화에 따라 수차례에 걸쳐 거시경제 목표와 정책방향에 대한 보완작업을 했지만, 기본적으로 긴축재정 · 금융정책 채택, 자유변동환율제도 채택, 전반적인 금융구조조정과 개혁, 산업구조와 기업지배구조 개혁, 전면적인 자본자유화, 그리고 수입다변화정책의 폐지 등의 정책처방을 포함했다. 이러한 내용들을 종합적으로 고려할 때 한국에 대한 IMF 프로그램은 결국 세 가지 측면에서 처방을 내놓았다고 볼 수 있다. 첫째, 환율안정과 국제수지 개선을 위한 처방이다. IMF의 역할을 국제금융시장에서 최종대부자라고 정의할 때 이는 외환위기 시 IMF 본연의 임무이며, 1980년대 남미의 외환위기 시 IMF 처방은 주로 이 분야에 국한되었다. 외환 안정과 국제수지 개선을 위해서 IMF는 긴축재정과 긴축금융 정책을 요구하였다. 둘째, 구조조정에 대한 처방이다. 외환위기의 근본적인 원인을 금융과 산업 부실로 보아 이 분야에서 구조조정이 필요하다는 시각이다. IMF 프로그램이 구조조정을 포함하기 시작한 것은 IMF가 구소련과 동구권의 구조조정에 본격적으로 개입하기 시작하면서부터이다. 마지막으로 자유화 조치를 요구하였다. 당시 IMF의 자유화 조치 요구는 자본자유화 조치뿐만 아니라 수입선다변화 조치 폐지를 포함한 무역자유화 조치를 포함하고 있었다.

◉ 정부의 정책대응

우리나라에서 IMF 위기의 극복과정은 기본적으로 IMF의 프로그램을 따라 이루어졌다고 할 수 있다. 그렇지만 우리 정부도 나름대로 최선의 노력을 기울여 당초 예정보다 훨씬 빠르게 2001년 8월 23일 IMF로 받은 지원금액 전액을 상환하고 IMF 관리체제로부터 벗어나게 되었다. IMF 프로그램 및 우리 정부가 위기극복을 위해 시행한 정책대응을 크게 분류해 보면, 유동성 확보를 통한 거시경제 안정, 경제체질을 개선하기 위한 구조개혁, 위기 충격을 완화하기 위한 사회안전망 확충의 세 가지 방향으로 나눌 수 있다.

① 거시경제 안정

IMF가 구제금융을 지원하면서 우리 정부에게 환율안정과 국제수지 개선을 위해 강력하게 요구한 것은 고강도 긴축수요관리정책이었다. IMF는 초기 정책협의에서 환율이 뚜렷하게 안정세를 보일 때까지 콜금리를 30% 이상의 높은 수준에서 유지할 것을 요구했다. 이는 고금리정책이 해외자금의 유입을 촉진시킬 뿐만 아니라 소비 · 투자 감소와 저축증대를 통해 단기간 내에 경상수지를 개선시킬 수 있다는 논리에 기초를 둔 것이다. 즉, 내외금리차 확대로 외자유입이 확대되고 긴축경제 운영으로 경상수지가 개선되면 환율이 하락한다는 것이다.

우리 정부는 단기외채 상환불능으로 유동성 위기에 처한 상황에서 IMF 구제금융 신청과 더불어 JP모건을 위시로 한 해외채권단과 외채만기 연장 협상을 벌였다. 1998년 1년 뉴욕에서 열렸던 협상에서 국채발행 방식이 아닌 정부보증을 통해 총 217.4억 달러의 단기외채를 1~3년 만기로 연장하는 데 합의했다. 외채협상 때 특히 중요했던 문제는 금리결정 문제였는데, 1년 만기에 대해서는 LIBOR + 2.25%, 2년 만기에 대해서는 LIBOR + 2.50%, 3년 만기에 대해서는 LIBOR + 2.75%를 적용하기로 했다. 이처럼 단기외채를 중장기외채로 전환했으며, 또한 6개월 후부터는 2년 및 3년 만기의 외채에 대해 채무자인 우리나라의 은행들이 조기 상환하더라도 범칙금을 부과하지 않기로 하는 합의도 아울러 이끌어냈다.

고금리정책의 유효성 여부에 대해서는 논란이 많으나 경상수지를 적자에서 흑자로 급반등시켜 국제유동성을 확보하는 데 일조를 기한 것은 사실이다. 이와 더불어 외채협상 타결은 국제투자자들의 불안을 완화시켜 긴급한 유동성 위기를 벗어나는 데 기여를 한 것으로 평가된다. IMF 긴급구제금융과 함께 외채협상으로 은행 및 종금사는 긴급한 외환위기 상황을 모면했으며, 이를 통해 당시 직면하고 있었던 국가부도 위기에 대해서도 최악의 상황을 벗어나는 계기가 마련되었다. 단기외채 만기연장에 따라 국제신용평가기관인 Fitch IBCA사(현 Fitch사)는 1998년 2월 2일 우리나라 국가신용등급을 5단계 상향조정했고, S&P도 3단계 상향조정했다. 이에 따라 급격하게 치솟았던 환율도 1,300원대로 하락했고 외환시장 안정의 전기가 마련되었다.

초기의 유동성 위기가 해결되는 기미를 보이자 정부는 경기회복을 도모하고자 고강도 긴축정책을 완화하고 금리를 인하하기 시작했다. 초기의 고금리정책 여파로 기업의 도산과 실업이 급증하면서 1998년 -6.9%의 성장률을 기록할 정도로 과도하게 위축되었던 우리 경제는 1999년 이후 다시 (+) 성장을 회복하게 되었다.

② 구조개혁

당시 IMF 위기의 원인에 대해 논란이 있기는 했지만, 우리 경제의 고질적인 병폐도 중요한 원인이었음은 부정할 수 없었다. 따라서 정부는 초기의 유동성 확보를 위한 노력을 진행하면서도 중·장기적으로 우리 경제 전 분야에 대한 개혁이 위기의 근본적인 원인을 해결하는 데 필수적이라고 인식하고, 기업·금융·노동·공공부문 등 4대 분야에 대한 구조개혁을 추구했다.

기업부문의 구조개혁은 단기적으로 기존 채무를 담당할 수 없는 부실기업을 처리하면서 동시에 중·장기적으로 위기의 재발을 방지하기 위해 시장규율을 강화하고 효율성을 제고하는 방향으로 이루어졌다. 단기적인 면에서 기존 부실기업 처리는 대기업 간의 사업교환(빅딜)과 금융기관의 협약에 기초한 기업개선작업(워크아웃)을 양축으로 추진되었고, 이와 더불어 부실징후기업 평가, 회사채신속인수제, 기업구조조정촉진법 등의 비상대책도 도입되었다. 중·장기적인 차원에서 시장규율 및 효율성 제고를 위한 기업부문 구조개혁은 '5 + 3' 원칙을 중심으로 추진되었다.[3] 이와 동시에 도덕적 해이의 혁파, 기업지배구조의 개선, 경쟁압력의 제고 등을 통해 시장규율을 강화하고자 노력했다.

금융부문의 구조개혁은 구조조정을 통한 금융시스템 정상화와 금융안전망의 정비 및 개선을 추구하는 방향으로 진행되었다. 금융구조조정을 위해 정부는 금융시스템 전반에 위험을 야기하지 않을 소규모 부실은행들은 폐쇄하고, 대형은행들은 금융시스템 위기를 방지하고자 공적자금을 투입해 자본확충을 시도했다. 그 결과 1996년 25개이던 은행이 2003년 14개로 대폭 감소되었고, 보험회사도 동 기간 동안 41개에서 33개로 축소되었다. 한편 금융안전망의 정비 및 개선을 위해 은행, 증권, 보험 등을 포괄하는 통합감독기구가 설립되었고, 적기시정조치도 도입되었다. 이와 더불어 부실자산 기준이 대폭 강화되었고, 부실채권정리기구로서 자산관리공사가 설립되었다.

IMF 위기 이후 노동시장의 구조개혁은 노동시장의 유연성을 확보하는 방향으로 시도되었다. 그러나 기업부문과 금융부문의 구조조정 과정에서 대규모의 정리해고가 불가피했다. 따라서 정부로서는 노동자의 극심한 반발을 완화시킬 수 있는 대안을 모

3. '5 + 3' 원칙이란 기업경영의 투명성 제고, 상호지급보증(채무보증) 해소, 재무구조의 획기적 개선, 핵심주력사업으로의 역량 집중 및 중소기업과의 협력 강화, 지배주주와 경영자의 책임성 강화 등의 5대 원칙과 제2금융권 지배구조 개선, 계열사 간 순환출자의 억제 및 부당내부거래 차단, 변칙적인 상속·증여의 방지 등 3대 원칙을 말한다.

색할 수밖에 없었고, 이를 위해 노사정위원회를 구성하여 사회협약에 기초한 제도개선을 추진하였다. 그러나 노사정위원회는 1998년 2월 법 개정 이후 파행만을 거듭하고 실질적인 역할을 수행하지는 못했다. 그럼에도 불구하고 노동시장에 정리해고와 파견제 등 일부 변화가 나타난 것은 제도적 변화보다는 경제여건의 변화 때문이라고 할 수 있다.

공공부문의 구조개혁은 정부조직 개편, 공기업의 민영화, 기타 공기업 경영혁신 및 자체 구조조정을 중심으로 추진되었다. 즉각 민영화 대상 기업이었던 포항제철을 비롯한 5개 공기업은 모두 민영화되었고, 단계적 민영화 대상이었던 6개 공기업 중 일부도 민영화되었다. 이와 더불어 보다 중·장기적인 차원에서 시장친화적 정부기능 확립 및 정부역량 강화를 위한 노력도 이루어졌다.

이와 같은 구조개혁 노력은 경제 전체적으로 부실을 감소시키고 건전성을 강화하는 데 기여를 한 것으로 평가된다. 예를 들어 기업의 부채비율은 이전보다 반 이상 낮아졌고, 은행들의 BIS 자기자본비율도 1997년 7.0% 수준에서 최근에는 12.0% 이상으로 높아졌다. 그러나 노동시장의 유연성이 제도적으로 개선되지 못하고 공공부문 비중이 여전히 비대하게 남아 있다는 것은 향후 추가적인 노력이 필요한 부분이다.

③ 사회안전망 확충

IMF 위기에 따른 충격으로 많은 기업 및 금융기관들이 도산하고 아울러 구조조정 과정에서 대규모 정리해고가 발생해 실업자가 양산되면서 빈곤층이 크게 확대되었다. 이에 대비하기 위한 노력은 고용을 확대하기 위한 정책과 생계비 지원을 위한 정책 두 방향으로 진행되었다.

고용을 확대하기 위해 정부는 우선적으로 직업훈련사업을 대폭 강화했다. 이어서 정부가 직접 고용을 창출해 실직자에게 단기 일자리를 제공하고자 공공근로사업을 추진했다. 공공근로사업은 IMF 위기 직후 실업대책 중 핵심적인 내용을 차지하고 있었는데, 구조적 실업을 줄이려는 본래적 의미보다는 생계비 지원을 위한 긴급구호사업의 성격을 가지고 있었다. 공공근로사업은 실제적으로 실업감소에 거의 기여하지 못하고 효율성이 매우 낮았던 것으로 평가된다. 이와 더불어 청년실업 증가에 대처하기 위한 정부지원 인턴제도가 단기 일자리 창출사업의 일환으로 대거 추진되기도 했었다.

일자리 대신에 생계비를 지원했던 정책으로는 고용보험 적용범위 확대, 국민기초

생활보장제도 도입 등을 들 수 있다. 고용보험제도는 1998년 초기에 실업급여 수혜율이 10% 정도에 불과해 대량실업에 대처하는 데는 한계가 있었으며, 2000년 이후에나 어느 정도 실업자 소득보전에 역할을 할 수 있었다. 국민기초생활보장제도는 공공근로, 노숙자 보호, 한시적 생활보호, 생업자금 융자 등 일시적 성격의 사회안전망 사업을 제도화하여 국민의 기본적인 생활을 제도적으로 보장한다는 취지로 2000년 10월부터 시행되었다. 이 제도의 도입은 대상자 규모와 급여 면에서 공공부조의 대폭적인 확대를 가져와, 그 이전의 정책적 흐름을 획기적으로 전환시킨 것으로 평가받는다. 그러나 수급자들이 빈곤에서 탈출하기 위해 노력할 동기가 미약하여 궁극적인 빈곤문제 해결책이 되지 못한다는 문제점도 내포하고 있다. 아울러 이러한 정책에도 불구하고 IMF 위기 이후 소득 및 임금 격차가 확대되고 있다는 점에서 경제구조 변화에 따른 새로운 빈곤대책을 모색하는 것도 필요하다고 생각된다.

2. 2008년의 글로벌 금융위기

2.1 위기의 전개과정

아시아 위기를 신속하게 극복한 이후 2000년대 들어 한국 경제는 다시 양호한 안정적인 경제성과를 보여주었다. 글로벌 금융위기가 발생하기 이전인 2007년까지 경제성장률은 연평균 5%를 상회했으며, 인플레이션율은 평균 3%대 그리고 실업률도 3% 초반에 머물러, 물가안정 속에 지속적인 성장추세를 유지해 왔다. 금융시장도 이자율이 5%를 하회하는 수준에 머물 정도로 안정적인 기조를 유지했으며, 정부재정도 IMF 위기를 극복하기 위한 일시적인 재정지출이 정상화되면서 다시 흑자 기조를 회복하였다. IMF 위기 이전에 다소 문제가 되었던 경상수지도 그 이후에는 단 한 번도 적자를 기록하지 않고 지속적으로 흑자를 유지했으며, 외환보유액도 급속하게 증가해 2,000억 달러를 훨씬 상회했다. 물론 2003년 신용카드 위기 등과 같은 충격이 다소 있기는 했지만, 〈표 21-5〉에서 보는 것처럼 2000년대 들어 전반적인 경제추세는 오히려 IMF 위기 이전보다 더 안정적인 모습을 보이고 있었다.

표 21-5 **우리나라의 주요 경제지표**(아시아 위기 이후) (단위 : %, 억 달러)

연도	실질경제 성장률	소비자물가 상승률	실업률	회사채 수익률	재정수지/GDP	경상수지/GDP	외환보유액
1998	−5.7	7.5	7.0	15.1	−3.7	11.9	520.4
1999	10.7	0.8	6.3	8.9	−2.4	5.3	740.5
2000	8.8	2.3	4.1	9.4	1.1	2.8	962.0
2001	4.0	4.1	3.8	7.1	1.1	1.7	1,028.2
2002	7.2	2.8	3.1	6.6	3.1	1.3	1,214.1
2003	2.8	3.5	3.4	5.4	1.0	2.4	1,553.5
2004	4.6	3.6	3.5	4.7	0.7	4.5	1,990.7
2005	4.0	2.8	3.5	4.7	0.6	2.2	2,103.9
2006	5.2	2.2	3.3	5.2	0.7	1.5	2,389.6
2007	5.1	2.5	3.0	5.7	3.8	2.1	2,622.2
2008	2.3	4.7	3.0	7.0	1.5	0.3	2,012.2
2009	0.3	2.8	3.4	5.8	−1.7	3.9	2,699.9
2010	6.3	3.0	3.4	4.7	1.4	2.9	2,915.7
2011	3.7	4.0	3.0	4.4	1.5	2.3	3,064.0
2012	2.0	2.2	2.8	3.8	1.5	3.8	3,269.7

자료 : 한국은행.

그러나 전반적인 양호한 추세를 보여왔던 한국 경제는 2007년 후반 이후 다소 불안정한 모습을 보이기 시작했다. 미국 서브프라임 모기지 시장이 부실화되면서 촉발된 국제금융시장의 불안이 우리나라에까지 영향을 미치기 시작한 것이다. 2007년 초 미국 서브프라임 모기지 회사인 New Century Financial사가 파산신청을 하면서 드러난 부실문제가 기타 금융부문으로 확산되면서 국제금융시장이 불안정한 모습을 보였다. 이에 따라 우리나라 금융시장도 영향을 받아 2007년 후반 들어서는 주가가 하락하고 환율이 상승하는 추세로 반전되었다. 2008년 들어서도 금융시장 불안이 지속되어 3월에는 미국 투자은행 Bear Sterns가 부도 처리되면서 미국 정부의 주도 하에 JP Morgan Chase에 인수되었다. 금융시장의 불안을 해소하고자 미국 정부가 모기지 안정대책, 경기부양대책 등을 발표하고 공적자금을 투입했지만 금융기관의 연쇄도산이 이어졌고, 급기야는 2008년 9월 미국 4대 투자은행의 하나인 리먼브라더스가 파산신청을 하기에 이르렀다.

리먼브라더스의 파산신청을 계기로 서브프라임 모기지 부실에서 촉발된 금융불안이 글로벌 금융위기로 확산되면서 우리 경제도 큰 충격을 받게 되었다. 금융시장에서는 주가가 261.19까지 폭락하고 환율은 1500까지 급등했으며, 신용경색 현상이 나타나면서 실물경기도 빠르게 침체되는 등 글로벌 금융위기의 영향이 우리나라 금융시

주가지수와 원-달러 환율, 2007~2009년 그림 21-3

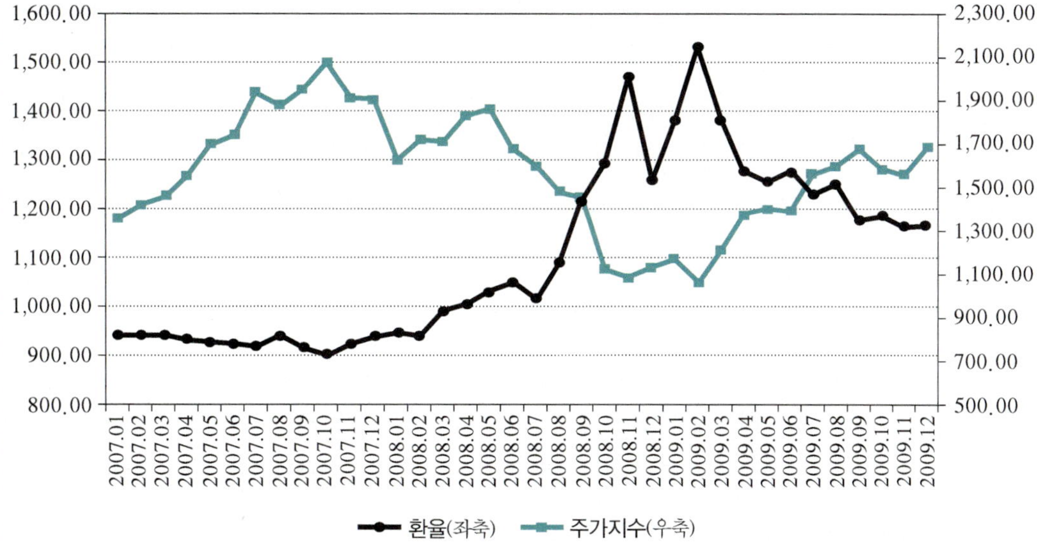

자료 : 한국은행.

장과 실물경제로 급속히 파급되었다. 정부와 한국은행은 이러한 충격이 확산되는 것을 방지하기 위해 금리를 인하하고 원화 및 외화 긴급유동성을 공급하는 등 선제적인 금융시장정책을 실시하고, 또한 환율을 안정시키고자 대규모의 외환시장개입을 실시했다.[4] 이러한 정책들에도 불구하고 계속되던 금융시장 불안은 미국 연방은행과 통화스왑을 체결하면서 어느 정도 안정되기 시작했다. 그러나 2009년 말 유럽위기가 디지면서 또다시 금융시장이 불안해졌으며, 이후 한국 경제는 오랜 기간 경기침체와 금융불안이 반복되는 고통을 겪어야 했다.

4. 2011년 2월 미국 재무성이 의회에 보고한 주요 교역국의 외환정책 보고서에 따르면, 우리나라의 경우 2008년 7월에서 2009년 2월까지 외화보유액이 570억 달러(전체의 22%)가 줄어들었다. 이는 대부분 리먼브라더스 파산신청 직후 환율이 급등하는 것을 막기 위해 달러를 매도한 외환시장개입 때문에 기인한 것이다.

2.2 위기의 원인

◉ 대외적 원인

미국발 서브프라임 모기지 위기가 당시 한국 경제에 위기를 촉발시킨 원인은 무엇보다도 갑작스런 자본유출, 특히 은행대출자금의 회수 때문이었다. 리먼브라더스 파산신청 이전까지 매년 400억 달러 이상씩 유입되던 차입자금이 파산신청 직후 단 수개월 만에 500억 달러 이상 급속히 유출되면서 외환시장 및 금융시장을 혼란에 빠뜨리고 유동성 경색을 불러왔던 것이다.

우리나라의 경우 미국 은행들의 급속한 대출자금 회수뿐만 아니라 유럽 은행들의 자금회수 때문에 더욱 큰 충격을 받았다. 유럽 은행들의 경우 미국 부동산시장과 금융거래가 긴밀하게 얽혀진 관계로 미국발 위기는 유럽에도 직접적인 충격을 주었고 미국 못지않게 유럽 금융시장이 붕괴하면서 금융기관들도 파산위기에 몰리게 되었다. 이에 1997년 IMF 위기 때 아시아 지역에 대한 투자가 불안해지자 대출자금을 급속히 회수해 간 것과는 달리, 2008년 글로벌 금융위기 때는 미국 및 유럽지역 금융시장의 붕괴로 자금여력이 상실된 구미은행들이 자금충당을 위해 타 지역에 투자했던 자금을 급속히 회수했던 것이다.

금융시장을 통한 직접적인 영향 외에도 실물부문에 대한 영향도 미국발 위기가 우리나라에 전이되도록 만들었다. 금융시장 붕괴에 따른 금융기관의 중개기능 약화, 자산가격 하락에 따른 가계의 구매력 감소 및 소비심리 위축, 금융부문을 중심으로 진행되어 오던 디레버리징의 경제 전 부문으로의 확대 등은 글로벌 금융위기를 실물경제로까지 파급시켰다. 이에 우리나라는 미국 및 유럽 투자자금의 이탈, 대외차입여건 악화 등으로 자금사정이 나빠지면서 내수가 위축되는 한편 주요 수출대상 지역인 미국 및 유럽의 경기침체로 수출이 둔화되고 성장세도 크게 둔화되었다.

특히 우리나라의 경우 미국 및 유럽시장에 대한 수출의 위축에 따른 1차적인 영향뿐만 아니라 아시아 지역에 대한 수출의 위축에 따른 2차적인 영향도 크게 받았다. 현재 우리나라의 가장 큰 수출대상국은 중국이며, 중국의 가장 큰 수출대상 지역은 유럽 및 미국이다. 따라서 유럽 및 미국시장이 위축되어 중국의 대미 및 대유럽 수출이 타격을 받는다면, 우리의 중국에 대한 수출 또한 타격을 받아 위기의 충격이 전이될 수 있는 것이다. 중국 외에도 동남아의 구미 지역에 대한 수출이 위축됨으로써 간접적으로 우리나라의 전체적인 수출에 영향을 미쳤다.

◉ 대내적 원인 : 외채관리 실패, 외환시장개입 실패, 금융기관 취약

글로벌 금융위기는 우리나라뿐만 아니라 전 세계에 커다란 충격을 주었다. 그런데 우리나라가 특히 더 큰 충격을 받게 된 데에는 대외적인 위기 전염효과뿐만 아니라 대내적인 취약성도 중요한 원인이 되었다. 한국 경제는 1997년 IMF 위기 이후 꾸준한 구조조정을 통해 기초경제여건이 강화되었고, 서브프라임 대출 부실과 연관된 투자액이 크지 않았다. 그럼에도 불구하고 우리나라가 위기상황에 이르게 된 것은 다음과 같은 세 가지 중요한 대내적인 원인 때문이었다.

첫째, IMF 위기 이후 부채비율이 그 이전에 비해 낮아지긴 했으나, 은행의 차입구조가 건전하지 못하였고, 특히 예금 대비 대출 비중을 의미하는 예대율(대출/예금)은 100%를 훨씬 상회하였다. 한국은행이 발표한 통계에 따르면 IMF 위기 이후 예대율이 상당히 낮은 수준을 유지했었는데, 2002년 이후 대출 증가세가 예금 증가세를 크게 추월하면서 총부채 대비 시장성 수신 비중이 확대되고, 총부채 대비 전통적 예수금 비중이 감소하면서 2007년 말에는 예대율이 135%에까지 이르렀다. 예대율이 높다는 것은 예금의 증가를 훨씬 넘어서서 대출이 증가하는 상황을 나타내는데, 이는 곧

표 21-6 예금은행의 예금/대출 통계

연도	예금은행 총예금 (10억원)	예금은행 총대출 (10억원)	총대출/총예금 (%)
1995	154,136	152,477	98
1996	181,720	177,184	97
1997	198,197	200,401	101
1998	251,794	200,289	79
1999	323,411	250,240	77
2000	404,660	310,804	76
2001	455,630	357,383	78
2002	512,419	471,684	92
2003	548,098	538,260	98
2004	540,726	565,655	104
2005	561,945	613,922	109
2006	592,720	699,430	118
2007	593,171	803,724	135
2008	675,205	917,110	136

자료 : 한국은행.

그림 21-4 총외채와 단기외채 추이, 2000년대 이후(백만 달러, %)

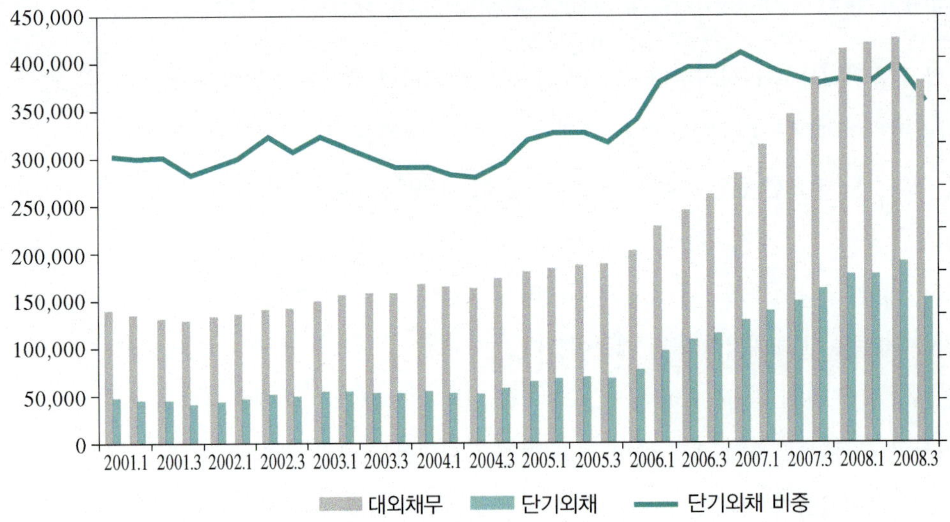

자료 : 한국은행.

자금조달을 예금 이외에 시장성 수신과 외국자본과 같은 도매금융에 높이 의존했다는 것을 의미한다. 도매금융에 대한 의존도가 높아지면 금융경색 상황에서 자금조달 비용이 높아질 뿐만 아니라 자금조달 자체에 어려움을 겪을 수 있다. 글로벌 금융위기의 씨앗이 유사금융시스템을 중심으로 자본시장의 중계 과정에서 발생하였고, 글로벌 금융위기가 진행되는 과정에서 부각된 뱅크런이 주로 예금이 아닌 도매금융에서 발생함에 따라 외국인 투자가들은 우리나라 금융기관들의 높은 예대율을 구조적 취약성으로 간주하고 있었다.

둘째, 단기외채가 급증하였다는 것도 대내적인 구조적 취약성으로 부각되었다. [그림 21-4]는 총외채와 단기외채의 추이를 보여주는데, 전체적으로 2005년 말까지는 그 증가세가 미미하였다. 그러나 2006년과 2007년 2년 동안에 총외채는 1,878억 달러에서 3,821억 달러로 1,950억 달러 가까이 급등하였다. 특히 단기외채는 더욱 빠른 속도로 659억 달러에서 1,602억 달러로 950억 달러 이상 급등하여, 그 기간 동안 총외채에서 차지하는 단기외채의 비중이 10%p 이상 증가하였다. 이렇게 외채가 급등한 원인은 크게 두 가지를 들 수 있다. 하나는, 외화자금에 대한 비용을 과소평가한 결과이다. 국내 금리가 해외 금리보다 상당 수준 높은 상태에서 원화가치의 상승추세가 계속될 것으로 믿었기 때문이다. 그러나 이것은 경제가 boom-bust cycle을 보이는 과정에서 해외자본이 급격히 빠져나갈 경우 환율이 급상승하고 환차손을 보면서 외국자본의 실질비용이 훨씬 높아질 수 있다는 사실을 간과한 결과였다. 다른 하나, 특히 단기외채가 급등한 원인은 은행들이 금융시장에서의 단기차익을 노리기 위한 단기 외화차입이 급증했기 때문이다. 당시 금융시장에서 통화스왑금리(CRS)는 급락하는 한편 국채, 통안채 등 채권금리는 급등하여 스왑시장 베이시스가 크게 확대되었다. 이는 외화만 확보할 수 있으면 통화스왑을 통해 국채 및 통안채에 투자함으로써 무위험차익을 획득할 수 있음을 의미한다. 따라서 이 기회를 포착하고자 은행, 특히 외은지점들의 본점으로부터의 단기 외자차입이 급등함으로써 단기차입이 크게 증가했던 것이다.

그런데 은행의 외화차입은 외국인직접투자나 주식투자에 비해 위기를 더욱 악화시킨다. 외국인직접투자는 실물투자 형태로 이루어지는 것이 보통이므로 위기상황에서 바로 환수하기가 쉽지 않다. 실제로 위기 시 빠져나간 외국인직접투자는 거의 없었다. 주식투자는 원화 형태로 이루어지기 때문에 위기상황에서 주식가격이 폭락하고 환율이 절하된 상황이라면 외국인 투자자 입장에서는 이중의 손해를 보고 있으므로 주식을 처분하기 쉽지 않다. 글로벌 금융위기에서도 외국인의 주식처분은 본격적인 금융위기가 시작되기 전인 2007년과 2008년 전반기에 집중되었으며, 위기가 시작된 2008년 10월 이후에는 오히려 국내인이 해외에 투자한 주식을 처분한 덕분에 주식투자 부문에서는 순유입이 이루어졌다. 반면, 외화차입은 외화 형태로 차입되므로 환율이 절하되더라도 외국인 입장에서는 전혀 손실을 입지 않는다. 실제로 2008년 9월 이후 4개월간 한국에서 빠져나간 외국인 주식투자와 채권투자는 각각 74억 달러와 134억 달러인 반면, 은행의 외화차입에서 빠져나간 외국자본은 502억 달러로 압도적으로 많았다. 위기로 인해 환율이 급등한 후에 외화차입이 빠져나가게 되면 국내은행 입장에서는 원화 부담이 훨씬 늘어나게 되고 국내은행의 수익성이 크게 악화되어 부실위험에 빠지게 된다. 따라서 은행들의 외화차입, 특히 단기외채가 증대한다는 것은 국내금융시장이 취약하게 되었다는 중요한 시그널을 주었던 것이다.

셋째, 부동산시장에서의 거품 누적도 한국 경제의 취약성을 증대시킨 요인이 되었다. 2000년대 들어서면서 IT거품이 꺼지면서 경기가 침체되자 은행들은 수익 확보를 위해 신용카드를 남발해 가계여신을 급증시켰는데, 이로 인해 많은 가계들이 소득의 증가 없이 과소비를 할 수 있는 여건이 조성되었다. 그러나 신용카드 남발로 인해 신용불량자가 급증하는 문제가 발생하면서 가계여신에 제동이 걸리자 은행들은 이번

그림 21-5 주택 매매가격 추이 및 증감률 (%)

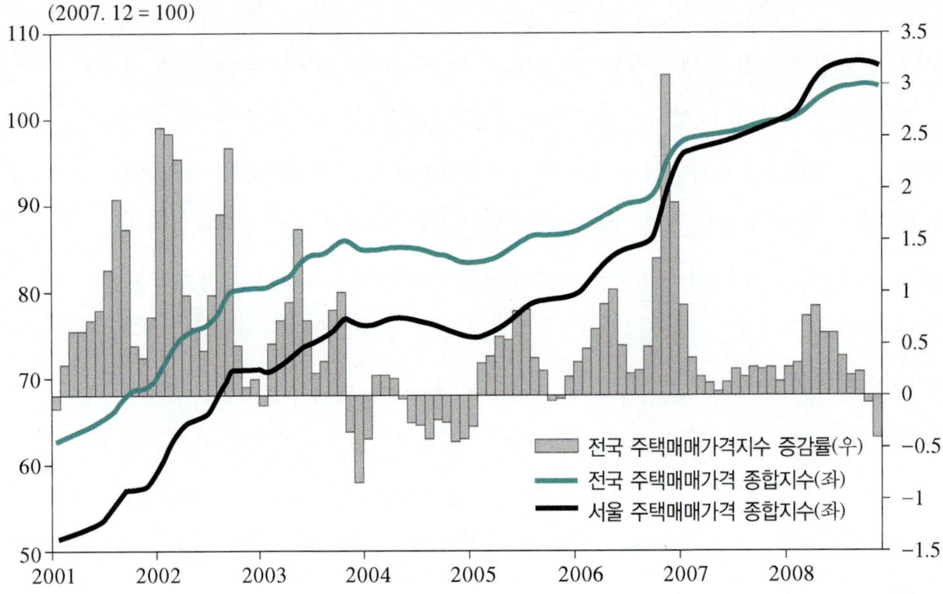

자료 : 국민은행.

에는 건설, 부동산 관련 중소기업에 여신을 급증시켰다. 이로 인해 부동산시장이 과열되기 시작했는데, [그림 21-5]를 보면 2000년대 중반 이후 우리나라 주택 가격은 버블을 우려할 만큼 큰 폭으로 상승했음을 알 수 있다. 부동산경기가 활성화되면서 아파트 건설도 급증했지만, 2007년 들어서면서부터는 미분양 아파트가 증가하기 시작했고, 특히 2007년부터 2009년까지 분양가 상한제를 피하기 위해 급증한 주택분양 물량이 부동산 경기침체와 맞물리면서 미분양 아파트가 급증했다. 미분양 아파트의 급증은 금융시장의 또 하나의 불안요인으로 작용했다. 과도한 주택담보대출, 건설업과 부동산업에 대한 과다대출 등은 미분양 아파트가 급증하면서, 특히 중소건설사를 중심으로 부실이 누적되었고 급기야는 금융권의 부실까지 초래할 수 있다는 위기감이 조성되었던 것이다. 만일 부동산시장의 거품이 붕괴된다면 금융기관의 부실을 더욱 가속화시킬 뿐만 아니라 소비침체로 인한 국내 경기 또한 악화될 것이 우려되었다.

2.3 위기의 대응책

우리나라는 재정 · 통화 · 금융 · 외환정책 전 부문에 걸친 정책수단을 활용하여 경제위기를 극복하기 위한 노력을 기울였다. IMF 위기 때와는 달리 IMF에 구제금융을 요청하지는 않았지만, 한국 정부는 크게 유동성을 확보하기 위한 노력, 경기를 활성화하기 위한 노력, 그리고 부실을 해소하기 위한 구조조정 노력을 동시에 진행했다.

◉ 유동성 확보

금융시장에 대한 충격으로 갑작스럽게 신용경색이 발생하자 한국 정부가 가장 먼저 취한 정책은 경제에 대한 유동성을 확보하기 위한 것이었다. 한국은행은 적극적으로 금융기관의 신용공급여력을 확충하고자 장기 · 비정례 RP 매입을 통하여 16.8조원의 유동성을 공급하였고, 통안증권 중도환매와 국고채 단순매입 등을 통해 1.7조원을 공급하였다. 중소기업 자금사정 완화를 위하여 총액한도대출규모를 10조원으로 증액하고 총액한도대출금리를 연 1.25%까지 낮추었다. 그 외에도 은행 지준예치금 이자지급, 채권시장안정펀드 및 은행자본확충펀드 도입 등을 통해 금융시장의 자금흐름을 개선하기 위해 노력하였다.

이와 더불어 다각적인 방법으로 외화유동성 확보에 노력하였다. 리먼브라더스 파산신청 이후 2008년 4/4분기에 자본수지에서 418억 달러가 유출되는 등 외화유동성 경색이 심화되자 외환보유액을 활용하여 무역금융을 중심으로 550억 달러의 외화유동성을 시장에 지원하였다. 또한 은행권 외화차입에 대해 3년간 1,000억 달러에 달하는 정부의 지급보증(2008. 10. 19)도 실시해 글로벌 신용경색으로 외화자금 조달에 어려움을 겪는 시중은행을 지원하였다. 정부 및 한국은행의 적극적인 외화유동성 공급에도 불구하고 국내금융시장에 대한 해외 언론의 부정적 시각과 우려가 계속 표출되자, 보다 근본적인 방안을 모색한 결과 미국, 중국, 일본 등 주요국 중앙은행과의 통화스와프계약 체결을 추진하였다.

Box 21-2 통화스왑협정

리먼브라더스 파산 이후 국내금융시장이 패닉상태에 빠져버리자 정부는 다양한 정책을 통해 이를 진정시키기 위한 노력을 기울였다. 특히 상당한 정도의 외환보유액을 확보해 놨음에도 불구하고 외화유동성에 심각한 문제가 발생하자 정부는 IMF 구제금융을 다시 요청하는 방안, 각국 중앙은행과 통화스왑을 체결해 일시적으로 외화를 빌려 쓰는 방안 등 여러 대안을 모색하였다. 그러나 정부는 IMF 구제금융을 요청하는 대신에 각국 중앙은행과 통화스왑을 체결하기로 했다. 그 첫 번째 결실로서 2008년 10월 30일 미 연준과 300억 달러 규모의 통화스와프계약을 성공적으로 체결했다. 미 연준과의 통화스와프에 연이어 한국은행은 아시아 역내 중앙은행과의 협력을 확대 · 강화하기 위해 2008년 12월 12일 중국 및 일본과도 통화스와프계약을 체결 · 확대하였다. 중국인민은행과 계약기간 3년의 1,800억 위안/38조원 규모의 원/위안 통화스와프계약을 신규로 체결했으며, 일본은행과 2005년 5월 체결한 30억 달러 상당의 기존 원/엔 통화스와프계약 규모를 200억 달러 상당액으로 확대했다. 미국 등 주요국과의 통화스왑 체결 등 외교적 노력을 통해 국제적 정책협력체제를 강화한 결과 이후 외환시장 및 금융시장에서 안정효과가 뚜렷이 나타나기 시작했다.

한국 정부가 IMF 구제금융을 회피하고 통화스왑협정을 선택한 이유는 여러 가지가 있을 수 있으나 무엇보다도 IMF 구제금융의 트라우마 효과(trauma effect)와 낙인효과(stigma effect)가 커다란 작용을 했다. 트라우마 효과란 한국 정부가 외환 · 금융위기 당시 IMF에 구제금융을 신청했다가 모든 정책주권을 IMF에 넘겨주고 IMF의 과다한 긴축정책 요구 때문에 한국 경제가 폭락했던 경험을 아직도 생생히 기억하고 있는 것을 의미한다. 따라서 다시는 정책주권을 이양함으로써 오히려 경제 전체를 침체에 빠뜨리는 우를 범하고 싶지 않아 IMF의 간섭을 받는 구제금융을 회피했던 것이다. 낙인효과란 IMF에 구제금융을 신청하면 신청했다는 그 자체가 한국 경제에 문제가 있음을 자인한 셈이 되고, 국제사회에서 그런 평가를 받게 되는 현상을 말한다. 따라서 정부로서는 낙인효과로 국가의 경제적 위상이 추락하는 것을 원하지 않아 IMF 구제금융을 요청하지 않았던 것이다.

◉ 적극적인 경기부양책

1997년 IMF 위기 때는 IMF의 강요로 인해 경기부양책보다는 고금리 및 재정축소와 같은 긴축거시정책을 실시함으로써 위기의 충격이 훨씬 심화 · 확대되었었다. 이러한 쓰라린 경험이 아직도 생생한 한국 정부는 리먼브라더스의 파산으로 글로벌 금융위기의 충격이 본격적으로 확산되기 시작하자마자 즉각적으로 확장통화정책 및 확장재정정책을 동원해 경기를 부양하고자 노력했다.

우선 통화정책 면에서 한국은행은 강력한 시장안정 의지를 표명함으로써 금융위기로 불안해진 시장심리를 안정시키고 금융불안이 신용경색 및 실물경기 침체로 파급되는 것을 조기에 차단하고자 과거에 비해 과감하게 기준금리를 인하했다. 2008년 10월부터 2009년 2월까지 단기간에 6차례에 걸쳐 기준금리를 3.25%p 인하했으며, 특히 2008년 12월에는 일시에 1.0%를 인하하기도 했다. 그 결과 기준금리는 정책금리 목표치를 공표하기 시작한 1999년 5월 이후 최저 수준인 연 2.0%로 낮아졌으며, 총액한도대출금리도 연 3.5%에서 1.25%로 하향 조정되었다.

재정정책 면에서도 정부는 주요 선진국에 비해 상대적으로 충분했던 재정여력을 바탕으로 2008년 말부터 재정지출 확대와 세제지원 등의 확장적 거시재정정책을 추진했다. 특히 신용경색으로 금융시스템이 정상적으로 작동하지 못하는 상황에서 금리인하 등 통화정책만으로는 한계가 있을 수 있다는 판단에 따라 재정정책을 적극 활용했다. 2008년 11월 약 10조원 규모의 수정예산 편성을 시작으로 2009년 4월에는 민생안정과 일자리 유지 · 창출에 역점을 둔 사상 최대규모(28.9조원)의 추경예산을 편성했으며, 동시에 재정정책의 효과를 극대화하고자 재정의 60% 이상을 상반기에 조기집행했다. 정부의 투자 확대는 재정지출 확대뿐만 아니라 일부분은 공기업들의 투자 확대로도 이어졌다. 세제지원의 경우도 한시적인 비과세와 세금감면 조치를 택했다. 경제활성화를 위해 소득세와 법인세를 인하했으며, 고유가 극복을 위해 도입되었던 유가환급금과 유가보조금도 내수부문 위축을 완화하는 데 공헌했다. 자동차 부문에 대한 세율 인하도 2009년 내수부문 침체를 막는 데 상당히 기여한 것으로 평가된다.

◉ 구조조정

IMF 위기 때는 우리나라의 기업들과 금융기관들이 줄도산함으로써 이들을 정리하기 위한 구조조정이 불가피했고, 또한 IMF도 구제금융의 조건 중 하나로 강력한 구조조정을 요구했다. 그러나 글로벌 금융위기 중에 일부 부실화된 기업 및 금융기관도 있지만, 그러한 부실이 표면화됨으로써 파산에까지 이른 기관들은 거의 없었다. 따라서 IMF 위기 때와 비교해 훨씬 소극적으로 구조조정이 추진되었다.

금융구조조정과 관련해서는 금융기관의 부실이 표면화되지 않은 상황에서 금융기관의 자본을 확충하고 부실에 대비하면서 대출여력을 늘리는 방향으로 계획을 세웠다. 또한 금융기관의 부실자산 정리와 관련해서는 우선 눈에 띄는 건설과 주택 금융의 부실자산 일부를 자산관리공사와 주택금융공사가 매입해 주는 쪽으로 정부가 방향을 잡았다. 따라서 금융구조조정과 관련해서는 은행자본확충펀드를 마련하고 한국자산관리공사에 구조조정기금을 설치하는 등 금융회사 자본확충과 부실채권 정리를 통해 금융구조조정의 틀을 마련했다.

기업구조조정과 관련해서는 세 가지 방향을 설정했다. 먼저 상시적 구조조정을 추진하되 건설 · 조선업과 같이 부실이 현재화해 구조조정 중인 산업분야에 대해서는 구조조정을 신속히 완료한다. 둘째, 향후 경기악화에 따라 나타날 부실기업의 효율적인 구조조정을 위해 필요한 제도적 장치와 재원을 사전에 준비한다. 셋째, 유망기업이 경기회복 때까지 견디고 향후 우리 경제의 성장을 견인할 수 있도록 산업경쟁력 강화, 자금흐름의 개선 등 거시적 · 산업적 측면의 정책지원을 확충한다. 이렇게 설정된 방향에 따라 정부의 기업구조조정 원칙은 채권금융기관 주도로 기업의 자금지원과 구조조정을 단행하는 것이었다. 즉, 채권은행들이 기업들 간 옥석을 가려 회생불가 기업은 퇴출시키고 부실징후 기업은 구조조정을 하며, 건전하나 유동성 위기에 직면한 기업에 대해서는 금융지원을 강화한다는 것이다. 따라서 채권은행들은 신용위험평가를 통해 거래기업을 분류하여 워크아웃 등 구조조정을 추진했다. 2009년 들어 두 차례에 걸쳐 건설 · 조선업종 기업에 대한 기업신용위험을 평가하여 7개사를 퇴출하고 29개사에 워크아웃 등 경영정상화계획을 수립토록 함으로써 우선적으로 구조조정을 실시했다.

금융시장의 불안요인을 제거하여 신용경색 현상을 완화하기 위해 추진된 금융 및 기업 구조조정정책도 시장의 불안심리를 해소하는 데 기여했다. 특히 금융위기가 실물경제로 파급되면서 업황이 악화된 건설 및 조선업에 대한 구조조정의 추진은 실물부문의 부실이 다시 금융부문의 부실로 전이되는 악순환을 막는 데도 도움이 되었다. 금번의 구조조정정책은 외환위기 당시와는 달리 경기민감업종이나 중소기업, 일부 대기업그룹 등에 대한 선별적이며 예방적 차원의 구조조정이었다는 점도 주목할 만한 부분이다. 그런데 기업구조조정의 경우 대손충당금 부담과 경기에 미치는 충격 등을 우려해 소극적으로 추진되었으며, 금융구조조정의 경우에도 저축은행 등의 부실요인을 선제적으로 제거하지 못했다는 비판도 있다.

3. IMF 위기와 글로벌 금융위기의 비교

우리나라에서 경험한 두 차례의 커다란 위기를 비교해 보면 유사한 점도 많지만 여러 면에서 차이점도 발견할 수 있다.

3.1 위기 원인

위기 원인과 관련해 우리나라의 기초경제여건은 IMF 위기 때나 글로벌 금융위기 때나 모두 양호했던 것으로 평가된다. 물론 IMF 위기 때는 경상수지가 다소 악화된 상태였으나, 그것이 남미에서처럼 위기를 초래할만한 그런 상황은 아니었다.

또한 위기의 대외적인 측면에서 IMF 위기 때는 동남아에서 위기가 시작돼 파급되었고, 글로벌 금융위기 때는 미국에서 시작돼 파급되었다는 위기의 전염효과도 유사한 측면으로 평가할 수 있다. 물론 지역적인 차원에서 IMF 위기의 진원지가 아시아 지역이므로 전자는 역내에서 발생했고, 후자는 역외에서 발생했다고 할 수도 있다. 그렇지만 국가단위로 본다면 위기의 전염성 면에서 공통점을 갖고 있다고 볼 수 있다.

또 다른 중요한 공통점은 우리나라에서 위기를 본격적으로 촉발한 가장 중요한 요인인 자본이동의 급격한 변화가 두 위기에서 모두 나타나고 있다는 것이다. 특히 자본이동의 구성요소 중 주식자본이나 채권자본의 변화보다는 은행차입자본의 변화가 결정적인 역할을 하고 있다. [그림 21-6]은 이러한 특징을 잘 보여주고 있다. 1997년 IMF 위기 이전에는 주식, 채권 및 은행차입자금이 모두 유입되었으나, 1997년 10월 이후 위기가 발발하면서 특히 은행차입자금이 대규모로 유출되고 있다. 마찬가지로 2008년 글로벌 금융위기 때도 주식이나 채권에 비해 가장 큰 흐름의 변화를 보이는 것은 은행차입자금이다. 앞에서 설명한 바와 같이 은행차입자금은 위기가 발생해 국내금융시장이 붕괴하고 환율이 급등하더라도 아무런 손실을 입지 않으면서 환수할 수 있기 때문에, 위기를 전후해 이러한 대규모의 반전을 야기하는 것이다. 그러나 여기서 한 가지 주의할 것은, IMF 위기 때 국제금융자본이 급속도로 빠져나간 것은 아시아 지역 전체가 위기에 빠지는 경우 투자자금을 회수할 수 없어 손실을 입을지 모른다는 우려 때문이었다. 반면 글로벌 금융위기 때 자본이 급속도로 빠져나간 것은 미국 및 유

그림 21-6 위기 전후 자본흐름의 변화

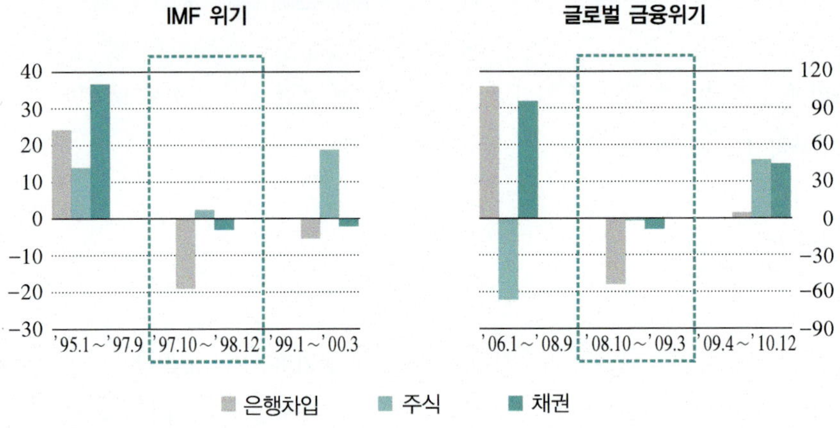

자료 : 한국은행.

럽에서 금융시장이 붕괴하고 있어 자금이 경색되었기 때문에 이를 보충하기 위해 가능한 모든 자금을 최대한 급속하게 회수하려고 했기 때문이다. 즉, 급격한 자본이동의 변화를 가져온 배경이 IMF 위기 때는 상대적으로 수요측 동인이 컸던 반면 글로벌 금융위기 때는 공급측 동인이 더 컸다.

한편 위기가 촉발되기 전에 외채가 급격히 확대되고, 특히 단기외채의 비중이 빠른 속도로 증가했다는 점도 공통적으로 관측된 특징이다. IMF 위기 때는 그 이전까지 안정세를 보이던 외채규모가 위기가 발발하기 수년 전인 1995년부터 크게 증가하고 있다. 특히 이러한 증가는 대부분 단기외채의 증가에 기인해 위기 발발 직전에는 단기외채의 비중이 장기외채의 비중보다 훨씬 높은 60% 수준까지 확대되었다. 마찬가지로 글로벌 금융위기 때도 특별한 변화가 없던 외채가 2005년부터 갑작스럽게 증가세를 보였는데, 단기외채의 급증이 이러한 증가세를 주도하였다. 두 경우 모두 차익기회를 포착하기 위한 거래가 단기외채 급증의 주요 원인이었다. 그러나 한 가지 차이라고 하면, IMF 위기 때는 환율이 거의 고정되어 있어 국내외 이자율 격차가 그대로 차익기회를 만들어 준 반면, 글로벌 금융위기 때는 환율이 변동적이었을지라도 통화스왑금리가 이자율 격차 및 환율변화를 제대로 반영하지 못해 차익기회가 발생했었다.

위기 원인과 관련해 두 위기 간에 눈에 띄게 커다란 차이도 발견할 수 있다. 그중 하나는 IMF 위기 이전 국내의 실물 및 금융부문에서 심각한 수준까지 부채비율이 높았었던 반면, 글로벌 금융위기 때는 부채비율이 양호한 수준이었다는 점이다. 이는 IMF 위기 이후 진행된 구조조정을 통해 기업 및 금융기관들의 재무구조가 상당히 개선되었기 때문이다. 또 다른 차이점은 IMF 위기 때는 외채규모에 비해 외환보유액이 형편없을 정도로 낮은 수준이었는데, 글로벌 금융위기 때는 상당한 규모의 외환보유액을 확보해 놨었다. 그러나 비록 외환보유액이 10배 가까이 증대되었을지라도 급격한 자본이동의 충격을 흡수하기에는 여전히 역부족이었다.

3.2 위기 대응책

위기에 대응하기 위한 정부의 노력에서도 공통점과 차이점이 함께 나타나고 있다. 위기가 발발하면 정부차원에서 노력하는 것은 크게 당장의 위기를 진화하기 위한 유동성 확보, 실물경기 침체를 방지하기 위한 경기부양, 그리고 위기의 빌미를 제공한 취약성을 개선하기 위한 구조개혁이다.

IMF 위기 및 글로벌 금융위기 때 모두 정부는 당장 필요한 원화 및 외화유동성을 확보하기 위해 가능한 모든 수단을 동원했다. 그중 한 가지 대표적인 공통점은 외환시장개입을 통해 외환시장에 달러를 공급함으로써 환율급등을 방어하려 했다는 점이다. 하지만 기대와는 달리 두 경우 모두 이러한 정책은 실패로 끝나고 말았다. 유동성 확보를 위한 노력에서 두 위기 간 커다란 차이는, IMF 위기 때는 IMF에 구제금융을 요청해 외화를 공급받으려고 한 반면 글로벌 금융위기 때는 미국 연방은행을 비롯해 주요국 중앙은행과 통화스왑협정을 체결함으로써 유동성을 확보하려고 했다는 것이다.

두 위기를 비교할 때 가장 크게 차이를 느낄 수 있는 것은 경기부양과 관련된 거시경제정책이다. 1997년 IMF 위기 당시 IMF는 우리에게 무리한 긴축 금융정책과 재정정책을 요구했다. 그 당시 한국 정부는 IMF의 요구로 위기 발생 초기 정책금리를 30% 이상으로 높이지 않을 수 없었으며, 또한 과감한 확대재정정책을 시행할 수 없었는데, 이것이 그 당시 금융과 산업의 부실을 가속화시킨 측면이 컸다. 반면 글로벌 금융위기 때는 한국 정부가 적극적인 경기부양책을 실시해 정책금리를 단기간 내에 신속히 급락시키고 특별한 재정정책을 마련해 내수를 촉진시키고자 하였다.

이런 맥락에서 미국 및 IMF가 IMF 위기 때 우리나라 및 동아시아 국가에게 처방한 경제정책과 글로벌 금융위기 때 각국에 제시한 경제정책을 비교해 보면 너무나도 다르다는 것을 알 수 있다. 글로벌 금융위기 발생 이후 미국의 경제정책 방향을 보면 미국은 유동성 공급을 위해 금리수준을 제로수준까지 내리고 정부지출을 확대하면서 경기활성화 정책을 폈다. 반면에 1997년 IMF 위기 당시 IMF 및 미국은 우리에게 긴축금융정책과 긴축재정정책을 강력히 요구했다. 또한 글로벌 금융위기 이후 미국 및 IMF는 금융시장 안정을 위해 규제와 감독의 필요성을 강조하고 있는 반면, 1997년 IMF 위기 당시 IMF와 미국 정부는 금융 감독과 규제 완화의 필요성을 역설하면서 자본자유화와 환율자유화를 즉각적으로 실시할 것을 요구했다. 이러한 상반된 정책권고는 전형적인 두 가지 가치 기준(double standard)이 적용된 예가 될 것이다.

구조개혁 측면에서도 한국 정부는 두 가지 위기에서 다른 정책대응을 보인다. IMF 위기 때는 거의 모든 부분에 걸쳐 대대적인 구조개혁을 단행했다. 기업부문에서만 보더라도 재계의 순위가 확 바뀔 정도로 대대적인 개편이 이루어졌으며, 금융부문에서도 기존의 5대 시중은행 대부분이 사라져버릴 정도로 획기적인 변화가 나타났다. 그러나 글로벌 금융위기 때는 비록 일부 구조조정의 노력이 진행되기는 했지만, 그 이전의 위기와 비교하면 구조개혁 측면에서 정부가 커다란 노력을 기울였다고 보기는 어렵다.

마지막으로 한 가지 추가할 것은 경기회복에 대한 영향에서 두 위기 간에 차이가 있다는 점이다. IMF 위기의 경우 우리나라를 비롯한 아시아 지역은 큰 충격을 받았지만, 우리의 주요 수출대상 지역인 북미, 유럽, 중국 등은 별다른 영향을 받지 않아 상대적으로 빠른 시일 내에 경기회복이 이루어졌었다. 그러나 글로벌 금융위기의 경우 전 세계 모든 경제가 충격을 받았고, 더욱이 유럽위기로 이어지면서 경기침체가 장기화되고 있다. 이로 인해 한국 경제에 대한 충격도 이전의 위기에 비해 상대적으로 오랜 기간 지속되고 있다.

표 21-7 IMF 위기와 글로벌 금융위기의 비교 : 한국 경제의 입장

	IMF 위기	글로벌 금융위기
원인	– 진원지 : 아시아 – 한국 경제의 대내적 원인 ■ 기초경제여건 양호 ■ 실물 · 금융 부문 과다 부채 ■ 단기외채 급증 ■ 외환보유액 미미 – 대외적 원인 ■ 위기 동남아에서 전염 ■ 자본흐름(특히 은행차입자금)의 급격한 변화 : 수요측 동인이 큼	– 진원지 : 미국 – 한국 경제의 대내적 원인 ■ 기초경제여건 양호 ■ 실물 · 금융 부문 재무구조 개선 ■ 단기외채 급증 ■ 상당한 정도 외환보유액 확보 – 대외적 원인 ■ 위기 미국에서 전염 ■ 자본흐름(특히 은행차입자금)의 급격한 변화 : 공급측 동인이 큼
대응책	– 유동성 확보 ■ IMF 구제금융 요청 : 효과 의문 ■ 외채만기 연장 협상 : 효과적 – 거시경제정책 ■ 초강력 긴축정책 – 구조개혁 ■ 전 부문 구조개혁 ■ 신용위기 및 유동성 위기	– 유동성 확보 ■ IMF 구제금융 요청 않음 ■ 통화스왑협정 : 효과적 – 거시경제정책 ■ 대대적 경기부양책 – 구조개혁 ■ 극히 일부 구조개혁 ■ 유동성 위기 측면 강함
영향	– 기업, 금융기관 줄도산 – 빠른 회복 ■ 위기 충격 아시아에 한정 – 워싱턴 컨센서스 강화 ■ 이후 규제 및 감독 완화 추이	– 기업, 금융기관 도산 거의 없음 – 회복 느려지고 침체 장기화 ■ 위기 충격 전 세계로 확대 – 워싱턴 컨센서스에 대한 회의 ■ 이후 규제 및 감독 강화 추이

요약

1. 우리나라 경제상황은 1990년대 전반적으로 안정적인 추세를 보였으나 1997년 들어 대기업이 연이어 도산하는 등 불안하게 움직이기 시작했다. 그러던 중 동남아 위기 이후 외환시장 기능이 마비되면서 심각한 위기에 처하게 되자 결국 정부는 1997년 11월 IMF에 구제금융을 신청하게 되었다.

2. 우리나라의 IMF 위기는 대외적인 측면에서 동남아에서 발생한 위기가 전염되었고 대내적인 측면에서 대기업의 연이은 도산에 따른 산업부실 및 도덕적 해이에 따라 부실채권을 누적시킨 금융부실이 위기로 발전한 것이다. 그러나 IMF 위기를 직접적으로 촉발시킨 가장 큰 요인 중의 하나는 정부가 적정 외환보유액을 확보하는 데 실패했다는 점이다.

3. IMF에 구제금융을 신청하는 경우 IMF는 지원에 대한 대가로 상당히 강도 높은 요구조건을 강요하는데, 이에 따라 우리나라에서도 환율과 국제수지 개선을 위한 처방, 구조조정에 대한 처방, 자유화 조치를 골자로 한 IMF 프로그램이 실시되었다. IMF 위

기의 충격에서 벗어나기 위해 우리 정부는 IMF 프로그램과 더불어 유동성 확보를 통한 거시경제 안정, 경제체질을 개선하기 위한 구조개혁, 위기 충격을 완화하기 위한 사회안전망 확충의 세 가지 방향으로 정책을 추진해 왔으며, 힘겨운 노력을 기울인 끝에 예상보다 훨씬 빨리 2001년 8월 IMF 관리체제를 벗어날 수 있었다.

4. IMF 위기 이후 전반적으로 안정세를 유지하던 한국 경제는 미국의 서브프라임 모기지 시장 붕괴에서 초래된 글로벌 금융위기의 충격을 벗어날 수 없었다. 특히 2008년 9월 리먼브라더스 파산 이후 위기가 확대·심화되면서 우리나라의 금융시장도 붕괴되고 신용경색 현상이 다시 나타나기 시작했다.

5. 글로벌 금융위기가 한국 경제에 또다시 위기를 초래한 배경에 미국발의 대외적인 원인이 크게 작용했지만, 예대율 확대 등 은행의 차입구조 취약성 증대, 단기외채의 급증, 부동산 거품 등 대내적인 문제도 위기의 충격을 더 크게 받도록 하는 데 일조했다.

6. IMF 위기 때와는 달리 한국 정부는 IMF 구제금융을 요청하는 대신에 미국 등 주요국 중앙은행과 통화스왑협정을 체결함으로써 유동성을 확보하려고 했다. 또한 긴축거시정책 대신에 초저금리 및 재정지출 확대 등 모든 수단을 동원해 강력히 경기부양을 실시했다. 반면 기업 및 금융부문의 구조조정은 상대적으로 미미하게 진행되었다.

7. IMF 위기와 글로벌 금융위기를 한국 경제 입장에서 비교해 보면, 양호한 기초경제여건, 단기외채 급증, 급격한 은행 차입자금흐름 변화 등에서는 유사한 특징을 보인 반면, 위기 이전 기업 및 금융기관의 부채비율, 외환보유액 규모, 위기 중 유동성 확보를 위한 정부정책, 거시경제정책, 위기 이후 회복속도 등에서는 상당한 차이를 보이고 있다.

연습문제

01. 우리나라 IMF 위기의 원인과 관련해 국내경제의 본질적인 문제점에 기인한다는 내인론과 국제금융자본의 속성에 따른 외인론이 대립하고 있다. 각각의 주장이 어떤 면에서 나름대로 타당성을 가질 수 있는지 설명하라.

02. 1997년 위기가 시작되면서 외환보유액이 급격히 고갈되었는데, 단순히 환율 급등을 방지하기 위해 외환시장에 개입했기 때문에 외환이 소진된 이유 외에도 사후적으로 밝혀진 다른 이유들이 있다. 어떤 이유들이 있는지 설명하라.

03. 외환위기가 발생할 때 IMF의 처방 중 대표적인 것이 고금리정책이다. 이러한 처방이 어떤 경제상황에서 효과를 거둘 수 있으며, 우리나라의 위기 처방에는 어떤 점에서 기대했던 효과가 충분히 나타나지 못했는지 설명하라.

04. IMF 위기 이후 금융산업을 발전시키기 위한 대표적인 조치로 자본시장통합법의 제정을 들 수 있다. 그 법의 핵심적인 내용은 무엇인가?

05. 1997년 발생한 아시아 위기가 기존에 발생했던 위기와 다른 특징을 보였고 그 여파도 더 심각하게 나타났다고 하는데, 그 이유는 무엇인가?

06. IMF 위기 이후 다양한 노력을 통해 체질개선을 해왔음에도 불구하고 글로벌 금융위기의 충격에서 벗어날 수 없었는데, 어떤 원인이 주로 작용했는지 자본이동 측면에서 설명하라.

07. 글로벌 금융위기의 한국 경제에 대한 충격은 크게 실물경로와 금융경로가 있다. 이러한 경로를 통해 어떻게 영향을 미치는지 설명하라.

08. 글로벌 금융위기가 유럽위기로 연장됨에 따라 한국 경제에 대한 영향도 달라질 수 있다. 특히 자본이동 측면에서 어떤 면이 달라질 수 있는지 설명하라.

국제금융규제

International **Finance**
ch. twenty two

22

국제금융의 발달과 통합에 따라 국제거래가 확대되고 효율성이 증진되는 긍정적인 효과도 있지만 동시에 국제금융위기가 점증하는 부정적인 효과도 발생하고 있다. 국제금융시장은 다른 어느 시장보다도 변화에 민감하고 세계경제에 미치는 영향이 크기 때문에 각국 정부 및 국제기구들은 적절한 규제를 통해 시장이 안정되고 보다 효율적으로 작동하도록 노력하고 있다. 그러나 때로는 이러한 규제가 금융산업에 일종의 제약조건으로 작용하기 때문에 금융기관들은 규제를 회피하는 수단을 찾게 되며, 이 과정에서 금융혁신이 발생하고, 또한 정부도 시장의 새로운 변화에 대응해 새로운 규제 · 감독을 추구하게 된다. 이처럼 국제금융의 발전과 국제금융규제의 변화는 상호 연계되어 있는데, 이 장에서는 국제금융규제의 핵심적인 내용과 지금까지의 변화과정에 대해 설명한다. 제1절에서 전반적인 금융규제의 필요성을 설명한 후 제2절에서는 금융규제의 다양한 유형에 대해 소개한다. 제3절에서는 특히 국제금융규제가 필요한 이유에 대해 설명하고 국제금융규제의 변화과정 및 현황에 대해 살펴본다. 그리고 부록에서는 우리나라에서의 금융규제 및 감독 현황에 대해 소개한다.

1. 금융규제의 필요성[1]

규제[2]란 개인 혹은 조직의 자유재량이 규칙에 의해 제한되는 것을 말한다. 따라서 금융규제는 개인 혹은 기관의 금융활동을 제한하는 규칙들을 포괄하는 개념으로 이해할 수 있다.

금융시장도 다른 어느 시장과 마찬가지로 다양한 규제를 받고 있다. 금융규제가 필요한 이유는 간단히 말해 시장의 실패를 시정하기 위한 것이다. 만일 금융시장이 자원을 적재적소에 배분하고 효율적인 의사결정이 이루어지도록 완전하게 기능을 한다면 규제가 전혀 필요없을 것이다. 그러나 시장이 완전하지 못해 자원이 비효율적으로 배분되는 시장의 실패 현상이 종종 나타나는데 정부의 규제는 이러한 시장의 실패를 시정하기 위해 요구된다. 특히 금융시장은 다른 어느 시장보다 불완전한 측면이 크고 외부충격에 쉽게 노출될 수 있기 때문에 더욱 규제가 요구된다. 금융시장에서 시장의 실패가 일어나도록 만드는 중요한 요인들로는 외부효과, 규모의 경제, 정보의 비대칭성 등을 들 수 있다.

1.1 외부효과

어떤 한 사람의 행동이 제3자에게 의도하지 않은 이익이나 손해를 가져다주면서 이에 대한 대가를 지불하지도 받지도 않을 때 외부효과(externalities)가 발생했다고 한다. 예를 들어 과수원 주인이 과일 나무를 더 심었을 때 인근 양봉업자의 꿀 생산량이

---

1. 이 절의 일부 내용은 정운찬(2000)을 참조했음.
2. 이 장에서는 '규제'와 '감독'이라는 용어를 구분하지 않고 포괄적으로 '규제'라는 용어를 사용한다. 그러나 필요한 경우 '감독' 또는 '규제감독'이라는 용어도 사용하고 있다.

늘어나는데, 이때 양봉업자가 과수원 주인에게 그 대가를 치러야 하는 것이 아니기 때문에 외부효과가 발생했다고 할 수 있다. 또한 차를 운전하고 다니는 사람이 배기가스를 방출해 주위 사람들에게 의도하지 않은 손해를 끼치게 되는 것도 외부효과의 좋은 예이다. 이처럼 외부효과는 이로운 것과 해로운 것이 있을 수 있는데, 전자를 외부경제(external economies), 후자를 외부불경제(external diseconomies)라고 한다.

다른 산업에서와 마찬가지로 금융산업에서도 외부효과가 발생하기 때문에, 한 금융기관의 파산은 사적인 비용보다 훨씬 더 큰 사회적 비용을 유발할 수 있다. 예를 들어 한 은행이 파산하는 경우 다른 은행의 경영상태에 대한 신뢰를 악화시켜 다른 은행에서도 예금인출사태(bank run)가 야기될 수 있다. 외부효과를 금융산업 전체의 관점에서 보면 전염효과(contagion effect) 때문에 더욱 심각한 문제를 일으킨다. 예금인출사태에 직면하면 예금주들은 건전한 은행들까지 파산하지 않을까 우려하여 일단 예금을 회수하게 된다. 또한 예금인출사태를 막기 위한 은행의 자산급매(fire sale)가 증가하면 자산가격이 급락해 결국 순자본가치가 음(-)으로 떨어지고 은행은 파산하게 된다. 한편 당장의 예금인출사태에서 살아남더라도 기업들이 파산하기 시작하면 대출채권을 갖고 있는 은행들로서는 부실채권이 누적되어 파산의 위험이 증가하게 된다. 따라서 한 은행이 예금인출사태에 직면하게 되면 외부효과 때문에 전반적인 금융제도의 안정성이 무너질 수 있다.

금융산업에서의 외부효과는 그 여파가 금융산업에만 국한되는 것이 아니라 경제 전반에 파급될 수 있는 위험도 있다. 이는 금융기관이 지불 및 결제과정, 그리고 자금중개과정에서 특수한 역할을 하고 있기 때문이다. 예금인출사태가 발생하면 은행은 기업들로부터 단기간에 대출금을 회수하려 할 것이다. 그런데 기업의 투자는 장기에 걸쳐 이루어지기 때문에 그 수익을 단기간에 회수하는 것은 불가능하다. 따라서 기업들은 보유하고 있는 자산을 매각해 대출금을 상환하거나 다른 곳에서 새로운 자금을 차입해야 한다. 그러나 예금인출사태가 발생한 상황에서는 다른 은행들도 예금주들의 인출요구에 대응하기 위해 현금을 확보하려 할 것이므로 신규 대출을 억제할 것이다. 또한 유동성이 낮은 자산의 경우 매각도 쉽지 않을 것이다. 결국 금융부문의 실패는 새로운 자금을 구할 수 없는 기업들의 파산을 초래해 장기적으로 실물부문에까지 파급된다.

이처럼 외부효과로 인한 예금주와 은행의 손실, 실물부문으로의 손실 파급, 금융제도의 안전성 상실 및 경제위기의 우려 문제는 금융규제를 정당화하는 근거가 된다.

1.2 규모의 경제

일반적으로 생산량이 일정한 수준 이상으로 증가하면 단위당 생산비용이 증가하게 된다. 그러나 경우에 따라서는 생산량이 증가할 때 단위당 생산비용이 감소하는 현상이 나타나기도 하는데, 이를 규모의 경제(economies of scale)라고 한다. 이는 한 마디로 클수록 유리하다는 것을 의미한다.

그런데 어떤 산업에서 규모의 경제가 충분히 크고 지속적으로 나타나면, 그 산업에서는 두 개 이상의 기업이 살아남기 힘들게 된다. 한 기업이 생산량을 증대시키게 되면 규모의 경제에 의해 경쟁기업에 비해 비용상의 이점을 얻게 되므로 다른 기업들을 모두 도태시킬 수 있기 때문이다. 결국 이 산업은 자연스럽게 독점체제로 변해버리게 되는데, 이러한 독점을 자연독점(natural monopoly)이라 부른다.

금융시장에서는 자연독점이 존재하는 경우가 극히 드물어 금융규제에 대한 연구에서 자연독점은 상대적으로 큰 관심을 끌지 못했다. 그러나 금융시장에서도 지불시스템(payment system)은 자연독점의 성격을 띠고 있다. 예컨대 일정 지역 내에서는 한 개의 청산소(clearing house)만 운영되는 것이 효율적이다. 하지만 청산소의 소유주는 독점적 지위를 남용해 경쟁자들의 진입을 배제하거나 불리한 조건을 강요할 수 있다. 따라서 효율적인 경쟁을 저해하는 요소를 제거해 시장의 효율성을 높이기 위해서는 정부의 규제가 필요하다.

1.3 정보의 비대칭성

정보의 불완전성은 그 자체가 금융의 존재이유가 된다. 따라서 금융기관의 중요한 기능 중의 하나는 자금의 공급자와 수요자 사이에 존재하는 정보의 비대칭성 문제를 해결해 주는 것이다. 그러나 금융기관이 존재한다고 해서 정보의 비대칭성 문제가 완전히 해결되는 것은 아니다. 금융기관이 존재하는 상황에서도 정보의 비대칭성 문제가 여러 단계에서 발생한다. 정보의 비대칭성에서 야기되는 대표적인 문제로 역선택(adverse selection)과 도덕적 해이(moral hazard)가 있다.

◉ 역선택

역선택이란 정보의 부족으로 인해 알려진 정보보다 못한 상대방과 거래할 가능성을 말한다. 즉, 시장에서 거래하다 보면 평균적인 질을 기준으로 가격을 정하고 거래할 수밖에 없는데, 상대방에 대한 정보가 완전하지 않으면 평균 이하의 질을 가진 사람과 거래하게 될 수 있으며 이와 같은 경우를 역선택이라고 부른다. 예를 들어 건강보험에 가입하려는 경우 일정한 기준에 따라 동일한 그룹으로 분류된 사람들에 대해서는 동일한 보험료를 부과한다. 그런데 보험회사에 비해 개인들이 자신의 건강상태에 대해 더 많이 알고 있으므로 자신만이 알고 있는 건강문제를 가진 사람들은 동일한 보험료를 지불하고 보험에 가입하면 이익이 된다. 반면 건강한 사람들은 같은 보험료를 지불한다는 것은 손해라고 느끼므로 이 보험에 가입할 유인이 적게 된다. 결국 보

Box 22-1 역선택인가, 아닌가?

평범한 교통사고로 보험업계가 시끄럽다. 지난 달 14일 경남 진해시 국도에서 중앙선 침범 사고로 사망한 이모 씨(39)에 대한 보험금 지급 논란이 그것. 이씨가 생명·손해보험사 등 18개 금융기관의 39개 보험상품에 무더기로 가입한 사실이 사건처리 과정에서 드러났기 때문이다. 보험료만도 46억여 원으로 국내 최고액수다. 문제는 사건 정황상 보험금 지급을 노린 역선택(보험사기)일 가능성이 높다는 것.

손보사들은 이번 사건을 보험금을 노린 사기극이라고 단정짓고 보험금 지급을 거부키로 결정했다. 이씨가 손보 약관상 타사 보험상품에 가입할 경우 미리 가입한 보험사에 알리도록 하는 고지의무를 위반했다는 것이 이유. 반면 단순자살이라는 사실을 입증하지 못할 경우 보험금을 지급해야 할 처지에 놓인 생보사는 뚜렷한 결정을 내리지 못한 상태다. 유족들은 "가입보험 가운데 1년 이상 보험료를 납입한 장기계약이 절반을 넘는다"며 법적 대응까지 불사하겠다는 입장을 보이고 있다.

과연 이씨는 보험금을 지급받을 수 있을까. 서울 지법의 한 판사는 "일단 쟁점은 사건의 고의성 여부가 될 것"이라고 밝혔다. 고의성이 입증될 경우 이씨의 사고는 당연히 보험사의 면책사유가 돼 이씨는 한푼도 지급받지 못하게 된다. 그러나 문제는 이씨가 숨진 상황에서 보험사가 이를 입증하기 쉽지 않다는 점.

보험사는 이씨의 보험가입시기와 사고발생 시점과의 관계, 사고지점에서 이전에 중앙선 침범사고가 있었는지 여부, 사건 당시의 교통량과 기상 등에 비춰 중앙선 침범 사고가 발생할 가능성이 있었는지 여부, 이씨가 자신의 월수입을 훨씬 넘는 월 4백만원을 보험금으로 내면서까지 중복가입할 필요가 있었는지 여부 등을 포괄적으로 추적해 고의성을 입증해야 한다. 더구나 이씨는 휴일 재해사고 시 2~3배의 보험금을 지급받는 주말상해 특약에 가입했으며 사고를 당한 시기가 토요일로 주말인 점도 고의성을 뒷받침할 수 있는 사유가 될 수 있다는 것이다.

자료 : 한국경제신문, 1997년 7월 9일자, "39개 보험 가입 후 차사고로 사망" 기사 중 일부.

험금을 받을 가능성이 높은 병자들이 주로 보험에 가입하게 되는 역선택의 문제가 발생하게 되는 것이다.

이러한 역선택의 문제는 예금자들이 예금을 할 때도 나타날 수 있다. 즉, 예금자들은 은행들의 재무건전성 등에 대해 충분한 정보를 갖고 있지 않기 때문에 유사한 수준의 이자율을 지급하는 예금상품을 거의 동일하다고 간주할 것이다. 이 경우 다른 은행에 비해 건전성이 열악한 은행은 위험에 대한 추가적인 보상을 하지 않아도 되므로 적극적으로 예금상품을 판매하고자 할 것이다. 그러나 건전성이 뛰어난 은행은 위험을 줄이기 위한 자신들의 노력이 반영되지 않고 다른 은행들과 똑같이 취급되므로 이 예금상품을 판매할 유인을 갖지 못할 것이다. 따라서 예금시장에는 상대적으로 건전성이 열악한 은행들의 예금상품이 활개하는 역선택의 문제가 발생하게 되는 것이다.

◉ 도덕적 해이

정보의 비대칭성으로 인해 야기되는 또 다른 문제인 도덕적 해이는 정보가 완전하지 않은 거래 및 계약에 있어서 각 주체가 약속된 역할에 최선을 다하지 않고 자기에게 이익이 되는 방향으로 행동하는 것을 말한다. 이 개념은 보험이론에서 처음 등장했는데, 설명을 위해 어떤 사람이 보험에 들었다고 하자. 보험에 드는 사람은 가입 당시 사고의 예방을 위해 최선의 노력을 하겠다는 암묵적 약속을 한다. 그러나 일단 가입한 다음에는 그 약속을 지킬 유인이 없어진다. 사고예방을 위한 노력에는 비용이 드는데, 사고가 나도 어차피 보상을 해주기 때문에 그 노력에서 얻을 수 있는 이득이 없기 때문이다. 이와 같은 보험가입자의 도덕적 해이는 보험에 의한 피해보상이 완벽할 때 특히 심하게 나타날 것으로 예상할 수 있다. 만일 화재가 나도 모든 피해에 대해 보상을 받을 수 있다면 구태여 화재를 예방하기 위해 노력하지 않을 것이 뻔하다. 공연히 돈을 들여 가며 화재경보기를 설치할 필요도 없거니와, 신경을 써서 가스불이 잘 꺼졌나 확인할 필요도 없다.

도덕적 해이의 또 다른 예는 주인-대리인 모형(principal-agent model)을 통해 제시될 수 있다. 주인-대리인 모형에는 주인(principal)과 주인으로부터 의사결정 권한을 위임받은 대리인(agent)이 등장한다. 예를 들어 주주-경영자, 국민-공무원 등의 관계는 전형적인 주인-대리인 관계로 볼 수 있다. 여기서 주목해야 할 사항은 대리인과 주주 사이에는 정보의 비대칭성(information asymmetry)이 존재한다는 점이다. 대리인은 자기의 경영능력이나 지식 등에 있어서 주인보다 무언가를 더 많이 알고 있고 바로 그 이유로 인해 대리인의 문제가 발생하게 된다. 즉, 대리인은 합리적으로 행동하기 때문에 주어진 계약 하에서 자기가 얻고자 하는 것을 극대화할 유인이 생기게 된다. 이 과정에서 만약 주인의 이해와 자기의 이해가 서로 상충될 때 자기의 사적 정보를 이용해 주인의 이익을 희생시키고 자기의 이익을 추구하게 되는 도덕적 해이가 발생한다.

도덕적 해이는 은행의 예금보험에서도 발생한다. 은행이 예금보험에 가입하면 큰 손해를 볼 위험이 사라지게 된다. 따라서 과거에는 위험하다고 대출을 꺼리던 투자에 대해서도 보다 높은 이자를 받는 조건으로 대출을 승인하는 등 은행이 위험선호적인 행동을 하게 될 것이다. 이처럼 은행이 대출심사를 철저히 하지 않음으로써 부실대출이 만연하게 되면 자원배분이 비효율적으로 이루어질 것은 뻔한 일이다. 한편 예금보험에 따른 도덕적 해이는 예금주들에게서도 발생할 수 있다. 예금보험이 존재하면 예금주들은 자신들이 거래하는 금융기관이 부실한 경영으로 파산하더라도 예금보험기구가 자신들의 예금을 모두 보전해 줄 것으로 믿는다. 따라서 거래은행의 경영상태에 대해 신경을 쓸 필요 없이 무조건 고수익을 제공하는 은행에 예금을 하고자 할 것이다.

이처럼 정보의 비대칭성으로 인해 역선택이나 도덕적 해이와 같은 문제가 발생하게 되면 금융시장의 효율성이 저하될 뿐만 아니라 심각한 체제위험이 야기될 수도 있다. 따라서 금융거래를 활성화시키면서도 금융산업의 안정성을 제고시키기 위해서는 정보의 비대칭성 문제를 제거하기 위한 규제가 필요하게 된다.

2. 금융규제 유형

금융규제의 목적은 이와 같은 시장실패의 여러 원천을 시정 또는 완화함으로써 금융부문의 경쟁 제고, 금융서비스 소비자의 보호, 그리고 금융시스템의 안정을 달성하는 것이다. 이를 위한 금융규제 유형은, 금융기관의 도산과 금융제도의 불안정을 미연에 방지하고자 하는 예방적 규제와 실제로 금융기관이 도산한 경우 예금자를 보호하고 금융시장 안정을 유지하고자 하는 보호적 규제로 대별된다(〈표 22-1〉 참조).

표 22-1 금융규제감독의 이론적 구조

<table>
<tr><th colspan="2">규제감독의 목적</th><th>규제감독종류</th><th>규제감독의 내용</th><th>감독권한</th></tr>
<tr><td rowspan="17">예방적 규제
(금융기관 도산 방지 및 금융제도 안정성 유지를 위한 규제)</td><td rowspan="6">경제적 규제 :
■ 구조규제(한 나라의 경제구조에 적합한 금융시장 구조 유지)
■ 자원배분규제(우선지원부문에 대한 금융자원 배분)
■ 거시경제 규제 (총량 경제활동 규제와 독과점 등 내외 불균형 시정)</td><td>진입규제</td><td>■ 금융기관의 신설 인가
■ 금융기관의 점포설치 및 폐쇄 인가
■ 금융기관의 합병 및 해산 인가</td><td rowspan="2">사전적
감독권
(인가권)</td></tr>
<tr><td>업무영역규제</td><td>■ 비은행업무의 겸영 인가(신용카드업무, 신탁업무 등)
■ 부수업무의 판정(증권업무, 팩토링업무 등)
■ 은행의 다른 회사에 대한 출자 제한</td></tr>
<tr><td>소유와 지배구조에 대한 규제</td><td>■ 동일인의 주식소유한도</td><td rowspan="11">사전적
감독권
(규제권)</td></tr>
<tr><td>여신규제</td><td>■ 신용한도제 ■ 지시금융
■ 우대금융 ■ 이자율규제</td></tr>
<tr><td>지급준비규제</td><td>■ 지급준비제도</td></tr>
<tr><td>기타 규제</td><td>■ 외국환관리규제
■ 금융거래규제</td></tr>
<tr><td rowspan="7">건전성 규제(광의) :
■ 건전성 규제(협의) (개별 금융기관의 건전성과 금융제도 안전성에 대한 일반 국민의 신뢰 유지)
■ 조직규제 (금융시장조직의 기능 원활화 및 통합성(intergrity) 유지)</td><td>자기자본규제</td><td>■ 최저자본금규제
■ 자기자본비율규제
■ 내부유보비율규제</td></tr>
<tr><td>유동성 규제</td><td>■ 자산 및 부채 기간대응
■ 주식 및 장기 유가증권 등에의 투자제한과 업무용 부동산 소유 제한
■ 비업무용 부동산 소유 금지 등</td></tr>
<tr><td>여신관리 및 규제</td><td>■ 동일차주 여신규제
■ 계열기업군 여신관리
■ 부실채권 발생 예방 및 정리 지도</td></tr>
<tr><td>자산건전성 분류 및 대손충당금 적립 규제</td><td>■ 자산건전성 분류기준 규제
■ 최저 대손충당금 적립 규제</td></tr>
<tr><td>예금보험제도주)</td><td>■ 예금보험제도</td></tr>
<tr><td>자기거래 및 이해상충 규제</td><td>■ 금융기관 내부자 대출제한
■ 자사발행 주식매입용 대출 금지
■ 내부자의 타금융기관 겸직 금지
■ 내부자의 타영리법인 종사 금지</td></tr>
<tr><td>정보규제</td><td>정보공시제도</td><td>■ 재무제표 공표 의무화
■ 특정 금융상품 또는 서비스 관련 정보의 제공 의무화</td><td rowspan="2">사후적
감독권
(규제권)</td></tr>
<tr><td>금융분쟁 조정</td><td>불공정행위 규제</td><td>■ 민원업무 처리
■ 금융기관과 고객 간 금융분쟁의 조정</td></tr>
<tr><td rowspan="2">금융기관 검사(금융기관 경영상태 점검과 법규 준수 여부 확인)</td><td>서류검사</td><td>■ 법정 보고서, 필요 자료의 징 · 청구, 분석</td><td rowspan="2">사후적
감독권
(검사권)</td></tr>
<tr><td>임점검사</td><td>■ 정기업태검사 및 특별검사</td></tr>
</table>

	금융기관 제재	시정조치	■ 검사결과 비위사실에 대한 조치권 ■ 은행 임직원의 문책처분 요구 ■ 은행 임원의 업무집행정지 및 해임 권고	사후적 감독권 (제재권)
보호적 규제 (금융기관이 실제로 도산한 경우, 예금자 및 금융제도 안정성 유지를 위한 규제)	금융기관 제재	시정조치	■ 금융기관설립 인가 취소 및 영업정지 ■ 도산금융기관 구제(합병, 영업양도, 주식 취득 등)	사전적 감독권 (규제권)
	예금자 보호	예금보험제도[주)]	■ 예금보험금 지급	-
	금융제도 안정성 보호	최종대부자 기능	■ 직접 자금 지원 ■ 예금보험기구에 자금 지원 ■ 부실채권정리기구에 자금 지원	-

주 : 예금보험제도는 금융안정성에 대한 일반 국민의 신뢰를 사전적으로 제고하는 동시에 예금자에 대한 사후적 보상장치가 되므로 예방적 규제와 보호적 규제에 모두 포함된다.

자료 : 김홍범(2001)을 일부 수정.

2.1 예방적 규제

예방적 규제는 경제적 규제, 건전성 규제, 정보규제, 금융분쟁 조정, 금융기관 검사 및 제재로 구성된다. 예방적 규제를 행사하는 감독당국의 권한은 기능적 관점에서 사전적 감독권과 사후적 감독권으로 구분된다. 사전적 감독권은 금융제도의 건전성 유지와 통화신용정책의 수행과 밀접한 관련을 가지며, 사후적 감독권은 사전적 감독을 통해 부과된 법률이나 규정의 준수 여부를 확인하고, 위반사항에 대해 제재하는 준사법기능이다. 사전적 감독권은 다시 인가권 및 규제권으로, 사후적 감독권은 검사권과 제재권으로 각각 구분된다. 과거에는 금융기관의 진입과 일상적인 업무에 대한 규제가 많았으나, 최근에는 금융의 효율성을 제고하기 위하여 이러한 경제적 규제를 완화하는 반면 건전성 규제를 강화하는 추세이다.

◉ 경제적 규제

경제적 규제는 한 국가의 경제구조에 적합한 금융시장구조를 유지해 시장의 안정성을 확보하기 위한 규제를 총칭하는 것으로 경쟁제한적 규제라고도 부른다. 여기에는 크게 진입규제, 업무영역규제, 소유와 지배구조에 대한 규제, 여신규제 등이 있다.

진입규제는 금융업에 대한 신규 설립 규제와 지점설립에 대한 규제 등 금융산업으로의 진입에 대한 규제를 말한다. 이러한 규제를 도입하는 이유는 금융업에 필요한 전문지식이나 자금을 충분히 보유하지 못한 사람들이 금융업을 영위하면 금융부실이 속출하고 금융에 대한 불신감이 커져 금융제도 전체가 불안해질 수 있기 때문이다. 즉, 진입규제는 은행을 포함한 금융기관을 경쟁으로부터 보호해 금융기관의 부실화를 사전에 방지하면 이들의 건전성이 확보되어 금융시장이 안정되고 예금자가 보호된다는 논거를 바탕으로 한다.

업무영역규제는 금융산업의 업무영역을 구분해, 개별 금융기관이 고유업무 이외의 업무를 겸영하고자 할 때는 인가를 받도록 한 규제이다. 이는 개발초기단계에 있는 일부 금융기관들을 경쟁으로부터 보호·육성하고 영역확대를 둘러싼 금융기관들 간의 갈등을 방지하는 것을 목적으로 도입되고 있다. 그러나 최근에는 업종 간 겸업화가 확산되는 추세여서 업무영역규제는 점차 의미를 잃어가고 있다.

소유와 지배구조에 대한 규제는 금융기관의 지분을 분산시켜 특정인의 이해관계가 일방적으로 관철되지 못하도록 은행 등에 대한 동일인의 주식소유한도를 규제하는 것이다. 금융산업이 독과점적으로 되는 경우 금융기관 소유주는 독과점적 지위를 이용해 자신의 이익만을 고려한 행동을 할 우려가 있다. 따라서 소유와 지배구조에 대한 규제는 이러한 불공정거래에 따른 폐해를 방지함으로써 예금자를 보호하는 한편 경쟁적이고 안정적인 금융제도를 유지하기 위해 필요하다.

여신규제는 우선지원부문 등에 대한 자원배분 혹은 원하지 않은 자금이동의 차단 등 정부가 자금의 흐름을 인위적으로 조절하기 위해 규제하는 것을 말한다. 예를 들어 금융시장의 수요·공급에 따라 이자율 및 자금흐름이 결정되도록 맡기는 경우 이자율이 급변하고 자금흐름이 불안정해짐으로써 경제전반에 바람직하지 못한 결과를 초래할 수도 있다. 이러한 부정적인 효과를 방지하기 위해 여신규제가 도입되는데, 구체적인 규제수단으로는 신용한도제, 우대금융, 지시금융 및 이자율 규제 등이 있다.

◉ 건전성 규제

건전성 규제는 금융기관의 건전성을 제고하기 위해 경영활동에 대해 이루어지는 다양한 규제를 말한다. 대표적인 건전성 규제로는 자기자본비율규제, 유동성 규제, 편중여신규제, 자산건전성규제 등이 있다.

자기자본비율규제는 은행의 건정성과 안정성을 확보할 목적으로 은행으로 하여금 위험자산에 대해 일정 비율 이상의 자기자본을 보유토록 하는 것이다. 1988년 국제결제은행(BIS)은 'BIS기준 자기자본비율규제안'을 발표했는데, 이는 은행의 신용위험을 중심으로 한 자기자본비율규제안이다. 이 규제안에 따르면, 은행이 거래기업의 도산 등으로 부실채권이 갑자기 늘어나 경영위험에 빠져들게 될 경우 이에 대처해 나가기 위해서는 최소한 8%의 자기자본을 가지고 있어야 한다는 것이다. 그러나 금융시장의 급변으로 인해 은행보유자산의 시장위험이 점점 커지자 BIS는 시장위험 등 다른 위험도 자기자본비율의 규제대상에 포함시켜야 한다는 인식 하에 다양한 위험을 고려하는 규제안을 마련해 오고 있다.[3]

유동성 규제는 자기자본비율규제를 보완해 금융기관의 건전성을 유지하기 위한 규제이다. 유동성이란 보유하고 있는 자산이 정상적인 가격으로 즉시 현금화될 수 있는 정도를 나타낸다. 보유자산의 유동성이 낮으면 부채에 대한 지급요구가 있을 때 부채를 쉽게 상환할 수 없어 금융기관의 안정성이 상실될 수 있다. 금융기관이 지속적으로 영업을 영위하기 위해서는 적절한 자기자본을 보유하는 것만으로는 부족하다. 자기자본은 금융기관이 파산하는 경우에만 사용할 수 있기 때문이다. 따라서 정부는 금융기관이 자금을 운용함에 있어서 평상시 충분한 지불능력을 가질 수 있도록 유동성 규제를 가하고 있다.

Box 22-2 국제결제은행(BIS)

BIS(Bank for International Settlements)는 1930년 헤이그 협정을 모체로 설립된 세계에서 가장 오래된 국제금융기구로 각국 중앙은행 간 정책협력을 주요 기능으로 하고 있으며, 현재 44개 중앙은행이 회원은행으로 참여하고 있다. BIS는 회원은행 간 금융협력을 증진하고 국제통화 및 금융시장의 안정을 도모하며 국제금융거래의 편의 제공, 국제결제업무와 관련한 수탁자 및 대리인으로의 역할을 설립목적으로 하고 있다. BIS의 조직은 의사결정기구인 총회 및 이사회와 집행기구인 사무국으로 구성되어 있으며, 국제통화협력센터의 역할 수행을 위해 총재회의, 특별회의, 각종 산하위원회회의 등을 수시로 개최하고 있다.

한국은행은 1975년 연차총회에 옵서버 자격으로 참석한 이래 국제협력을 위해 노력한 결과 1997년 1월 14일 정식회원으로 가입했다.

자료 : www.bis.org

◉ 기타 예방적 규제

앞에서 설명한 경제적 규제 및 건전성 규제와 같은 사전적 감독권 외에도 예방적 규제의 사후적 감독권으로서 정보규제, 금융기관 검사 및 금융기관 제재조치가 있다.

3. BIS 자기자본비율규제에 대한 보다 자세한 설명은 제3절을 참조할 것.

정보규제는 재무제표 공표의 의무화, 특정 금융상품 또는 서비스 관련 정보 제공의 의무화 등과 같은 정보공시제도를 통해 이루어진다. 이는 이해관계자들이 정보를 이용해 각종 의사결정을 할 때 합리적으로 판단할 수 있도록 경영 관련 정보를 적시에 제공하게 하는 것이다. 금융기관 검사는 서류검사 혹은 임점검사를 통해 이루어지는데, 이는 금융기관의 경영상태를 점검하고 법규 준수 여부를 확인하기 위한 것이다. 한편 검사결과 금융기관의 비위가 드러나는 경우 금융감독기관은 해당 금융기관에 대해 제재를 가할 수 있다. 이러한 제재조치에는 비위사실에 대한 조치권, 은행 임직원의 문책처분 요구, 은행 임원의 업무집행정지 및 해임 권고 등이 포함된다.

2.2 보호적 규제

가장 대표적인 보호적 규제로는 예금보험제도와 최종대부자 기능을 들 수 있다. 이 외에도 금융기관설립 인가 취소 및 영업정지, 도산금융기관 구제(합병, 영업양도, 주식취득 등) 등을 통해 금융시장 안정을 도모하기 위한 규제조치가 있다.

◉ 예금보험제도

예금보험제도(deposit insurance system)는 예금업무를 취급하고 있는 금융기관으로부터 일정 요율의 보험료를 납입받아 적립해 둠으로써 경영부실 등으로 금융기관이 예금을 상환할 수 없는 사태가 발생했을 때 이에 따른 예금자의 손실을 보전해 주도록 하는 제도이다. 예금자보호법에 의해 설립된 예금보험공사가 평소에 금융기관으로부터 예금보험료를 받아 예금보험기금을 적립한 후, 금융기관이 예금을 지급할 수 없게 되면 금융기관을 대신해 예금을 지급하게 된다. 또한 예금보험은 예금자를 보호하기 위한 목적으로 법에 의해 운영되는 공적 보험이기 때문에 금융기관이 납부한 예금보험료만으로 예금을 대신 지급할 재원이 부족할 경우에는 예금보험공사가 직접 예금보험기금채권을 발행하는 등의 방법을 통해 재원을 조성하게 된다.

예금보험제도는 금융기관이 예금주의 예금을 돌려줄 수 없는 상황이 도래하더라도 예금보험기구가 예금을 보장해 준다는 사실을 사전에 공표하고 유사시 이를 실제 준수함으로써 불필요한 외부효과를 차단하게 된다. 이 제도는 소극적으로는 정보 열등자인 예금주를 보호하고, 적극적으로는 금융기관이 불필요한 외부효과의 위험에 노출되는 것을 막아 금융거래가 효율적으로 이루어질 수 있도록 건전한 금융시장 환경을 조성하는 효과가 있다.

이처럼 예금보험제도는 한편으로 금융시장을 안정화시켜 금융시장의 효율성을 제고시키고 다른 한편으로는 정보수집에 있어 열등한 위치에 있는 소액 예금주들을 보호함으로써 사회적 형평성을 제고할 수 있는 장점이 있다. 그렇지만 예금보험제도의 도입은 도덕적 해이를 유발할 수 있다는 문제점을 수반하고 있다. 이미 앞에서 지적한 것과 같이 예금보험제도의 도입은 예금주의 입장에서 자신들이 거래하는 금융기관의 경영상태에 대한 감시를 소홀히 하게 만든다. 뿐만 아니라 금융기관의 입장에서도 예금보험제도가 도입되면 위험에 대한 고려를 소홀히 하고 무분별한 대출을 할 유인이 커지므로 부실대출을 유발할 가능성이 커지게 된다.

예금보험제도 도입에 따른 이와 같은 도적적 해이를 해결하기 위해 금융감독기관은 금융기관의 위험노출 정도를 인위적으로 낮추기 위한 건전성 규제조항을 설정하고 지속적으로 감시·감독하고 있다. 또한 금융기관이 파산할 때 전액을 보상하는 대신 일부만을 보상해 금융기관 파산의 책임을 예금주도 분담하도록 하는 부분보상제도를 도입하기도 한다.

현재 미국, 캐나다, 노르웨이 등 여러 나라에서 예금보험제도가 실시되고 있는데 미국의 예금보험제도가 가장 체계적인 것으로 알려져 있다. 우리나라도 1995년 12월 예금자보호법을 제정하고 1996년 6월 예금보험공사를 설립해 예금보험제도를 처음 실시했을 때 금융기관별로 1인당 2천만원까지만 보상을 해주었다. 그러나 1997년 말 IMF 위기 이후 금융산업 구조조정에 따른 사회적 충격을 최소화하고 금융거래의 안정을 도모하기 위해 2000년 말까지 한시적으로 예금 전액을 보장하기도 했지만, 2001년 이후에는 원금과 이자를 포함해 금융기관별로 1인당 최고 5천만원까지만 예금을 보장하고 있다.

◉ 최종대부자 기능

최종대부자(lender of last resort)란 금융시장에 위기가 발생했을 때 최종적으로 자금을 공급해 주는 기관으로 흔히 중앙은행을 가리킨다. 역사적으로 주요 선진국에서는 수많은 금융위기를 경험해 왔으며 그때마다 시장에 충분한 유동성을 공급해 위기를 진정시켜야 한다는 요구가 발생하게 되었다. 이러한 요구에 부응해 독립적인 발권력을 가지고 있는 중앙은행이 최종대부자의 책임을 맡게 된 것이다. 중앙은행의 최종대부자 기능이 필요한 이유는 한 금융기관의 파산이 은행의 연쇄도산 등을 일으켜 국민경제적으로 매우 큰 파급효과를 가져올 수 있기 때문이다. 중앙은행은 은행파산 등의 금융위기가 발생할 경우 충분한 자금을 공급해 줌으로써 사람들의 심리를 안정시키고 위기의 확산을 방지해 전체 금융시장의 안정을 도모한다.

최종대부자로서의 자금지원은 크게 직접적인 경로와 간접적인 경로를 통해 이루어진다. 직접적인 경로는 유동성 부족으로 인한 예금인출사태 조짐을 보이는 금융기관에 직접 자금을 지원하는 것이다. 간접적인 경로는 예금보험기구 및 부실채권정리기구에 자금을 지원함으로써 예금보험기구가 금융기관 지원에 만전을 기할 수 있도록 뒷받침하거나 부실채권정리기구가 부실채권 매입에 적극적으로 임할 수 있도록 하는 것이다.

최종대부자 기능은 금융위기 확산 방지 및 금융시스템 안정에 도움을 준다는 면에서 순기능을 하지만, 몇 가지 비용을 수반하기도 한다. 첫째는 앞에서 설명한 예금보험제도에서와 마찬가지로 도덕적 해이를 야기할 수 있다는 것이다. 즉, 금융위기가 발생했을 때 최종대부자가 금융기관들을 도와줄 경우 금융기관들이 고수익-고위험 자산을 더욱 선호함으로써 불건전한 경영전략을 택하게 되는 문제가 발생할 수 있다. 이러한 도덕적 해이를 방지하기 위해 최종대부자에게 금융기관의 건전경영 여부에 대한 감독기능을 부여하기도 한다. 둘째, 중앙은행의 중요한 미시적 기능으로서의 최종대부자 기능은 중앙은행의 또 다른 중요한 거시적 기능으로서의 통화가치 안정이라는 목표와 상충될 가능성이 있다. 따라서 중앙은행의 본연의 임무를 완수하기 위해서는 금융위기 상황 시 일시적으로 공급된 유동성을 신속히 환수할 수 있어야만 한다.

3. 국제금융규제 현황

3.1 국제금융규제의 필요성

앞 절에서 금융규제는 시장의 실패를 시정하기 위해 요구된다는 점을 강조했다. 그렇다면 국제금융규제와 관련해 다음과 같은 질문이 제기될 수 있다. 국제금융거래는 각국 내에서의 금융규제로 충분히 시정할 수 없는 새로운 시장실패를 발생시키며 따라서 이를 시정하기 위해 또 다른 초국가적인 감독기구를 필요로 하는가? 이 질문에 대해서는 간단하게 노!(No!)라고 대답할 수 있다. 그렇다면 국제금융규제가 필요한 이유는 무엇인가? 이는 각국이 경쟁적으로 다른 국가에 비해 유리한 금융거래 여건을 조성하려는 과정에서 공정경쟁이 훼손되는 것을 방지하고 국제표준을 도입해 동등한 경쟁여건을 마련할 필요가 있기 때문이다. 이를 좀더 자세히 살펴보자.

◉ 순규제부담

각국의 금융규제완화 경쟁에 따른 불공정행위를 이해하기 위해서는 순규제부담(net regulatory burden; NRB)이라는 개념을 도입할 필요가 있다. 순규제부담이란 규제에 따른 비용과 편익의 차이를 말한다. 예를 들어 금융기관의 입장에서 볼 때, 규제를 통해 금융시스템이 안정되고 신규 진입이 제한되며 기타 예금보호와 같은 여러 보호장치가 마련되면 편익이 증대될 것이다. 반면 지급준비금, 유동성비율규제, 자기자본비율규제 등과 같은 규제는 그에 따라 수익을 취득할 기회가 손실되기 때문에 비용을 증대시키기도 한다. 이와 같이 규제는 비용을 수반하기도 하고 동시에 편익을 증대시키기도 하는데, 양자 간의 차이, 즉 비용 – 편익의 크기를 순규제부담이라고 부른다.

한 국가 내에서는 주어진 금융규제 및 감독체계 내에서 금융기관들 간에 순규제부담을 줄이기 위한 경쟁이 치열하게 전개된다. 순규제부담을 감소시키기 위한 경쟁의 결과는 흔히 금융혁신(product innovation)으로 나타난다. 그런데 새로운 금융혁신은 금융환경을 변화시켜 다시 새로운 금융규제의 필요성을 증대시키는 경향이 있다. 금융혁신으로 실효성이 상실된 규제는 폐지되기도 하지만 금융환경 변화에 따른 새로운 성격의 규제가 고안되기도 하는 것이다.

◉ 각국의 규제완화 경쟁

국제금융시장에서는 각국마다 규제가 조금씩 다르고 각국 간에 유리한 금융거래 여건을 조성하기 위해 경쟁을 하기 때문에 금융혁신 외에도 규제완화를 통해 금융시장 참가자들이 순규제부담을 줄일 수 있는 여지가 추가적으로 존재한다.

국제금융거래가 활발해지면 금융시장 참가자들은 자신들에게 가장 유리한 지역에서 거래를 행하기 위해 각국의 금융시장 여건을 비교할 것이다. 따라서 각국은 금융시장의 활성화에 따른 세수 증대, 금융산업에서의 고용 및 생산 확대, 금융규제권역의 확대 등을 목적으로 자신들의 금융규제권역에서 금융거래가 이루어지길 원할 것이다.

이와 같이 각국 간에 금융거래를 유치하기 위한 경쟁이 시작되면, 각국은 더 이상 임의적으로 금융규제를 설정하기 어렵게 되고 항상 다른 국가와 비교해 유리한 여건을 조성할 수 있는 규제기준을 제시하게 된다.

실제적으로 각국의 금융자유화 및 개방화 과정을 살펴보면 국제금융시장에서의 생존을 위한 경쟁의 결과라는 것을 알 수 있다. 국제금융시장은 금융기관들뿐만 아니라 금융규제당국 간에도 경쟁이 치열한 시장이다. 만일 어떤 국가에서 다른 국가보다 엄격한 금융규제를 적용한다면, 금융기관들은 보다 느슨한 규제를 실시하는 지역을 찾아 이동하게 될 것이다. 예를 들어 미국에서 Regulation Q, 외국인에 대한 이자세, 이자평형세 등과 같은 규제를 적용하자 금융시장 참가자들이 역외시장 등 미국의 규제영역을 벗어난 지역으로 이동했다. 이로 인해 유로커런시시장 및 유로채 시장이 활성화되는 등 미국 금융시장이 상대적으로 위축되자 미국 정부는 금융규제 면에서 자국 시장이 다른 시장에 비해 불리하지 않도록 1980년대 이후 규제를 완화하기 시작한 것이다.

그러나 국가 간 자본이동이 증대하고 국제금융시장이 통합되어 가는 상황에서 이처럼 금융규제를 각국의 자율적 결정에 맡겨두는 경우 기본적으로 두 가지 문제가 발생하게 된다. 하나는 금융시장에서도 국가 간 공정경쟁이 붕괴된다는 것이다. 각국이 독자적으로 금융규제안을 적용하다 보면 어떤 국가에서는 규제기준이 느슨한 반면 다른 국가에서는 상당히 엄격한 수준의 규제를 받게 될 수 있다. 이런 규제기준의 격차는 금융기관 간 경쟁력에 상당한 영향을 미치게 될 것이다. 즉, 느슨한 규제 하에서 영업을 하고 있는 금융기관은 엄격한 규제를 받고 있는 금융기관에 비해 순규제부담이 작을 것이므로, 훨씬 낮은 가격에 금융서비스를 제공할 수 있게 된다. 따라서 금융시장 간 공정경쟁이 이루어지지 못하고 금융기관들은 규제가 작은 지역을 찾아 이동하게 될 것이다.

다른 하나는 국가 간 경쟁적인 규제완화는 금융기관의 건전성을 위태롭게 만들고 결국 국제금융시스템 전체의 안정을 위협할 우려가 있다는 것이다. 비록 각국의 금융규제당국이 자기자본비율과 같은 건전성 규제를 시행하고 있었지만, 국제금융시장에서의 경쟁은 자기자본비율을 낮추어 레버리지비율을 높게 만들었다. 더욱이 규제를 회피하기 위한 파생금융상품 등의 출현은 금융기관의 위험규모에 대한 자본비율인 실효레버리지비율을 더욱 높게 만들었다. 이처럼 다른 국가에서의 금융활동 여건보다 유리한 영업여건을 제시하기 위해 각국의 금융당국이 경쟁적으로 우호적인 규제완화를 실시한 결과 금융기관의 건전성이 저해되고 금융위기의 가능성이 고조되어 온 것이다.

따라서 각국의 금융규제 및 감독당국은 이러한 문제점을 인식하고, 금융규제의 국제표준을 도입해 국제금융시장에서의 공정한 경쟁여건을 마련하고 금융시스템의 안전성을 강화하고자 국제금융규제에 대한 합의를 도출하기 위해 노력하고 있는 것이다.

3.2 국제금융규제의 추이

1970년대 이후 주요 선진국에서 금리자유화를 비롯한 금융규제완화, 자금조달 및 운용에 있어 증권화 및 탈은행화(disintermediation)가 전개됨에 따라 은행 간 경쟁이 치열해지고 은행의 수익성이 악화되었다. 이러한 환경 하에서 은행이 수익확보를 위해 고위험, 고수익 자산운용을 확대해 자산의 질이 저하되고 도산하는 은행이 늘어나게 되자 금융시스템 안정을 위한 은행의 경영건전성 확보가 중요한 문제로 부각되었다. 또한 금융의 개방화, 국제화로 국제적인 자본거래가 확대되면서 체계위험(systemic risk)에 대한 대비가 요구되었다.

영국과 미국에서는 각각 1970년대와 1980년대에 은행의 고위험자산 확대로 금융시스템의 불안정성이 고조됨에 따라 은행에 대한 자기자본비율규제를 실시했다. 그러나 자기자본규제를 받지 않았던 일본 은행이 국제금융시장에서 자산을 급속하게 확대하고 시장점유율을 높여감에 따라 국제금융시장에서 활동하는 은행들 간에 경쟁조건의 불공정성을 시정해야 한다는 요구가 나타났다.

이처럼 국제금융시장에서의 공정한 경쟁여건을 마련하고 국제금융시스템의 안정성을 도모하기 위해 1980년대 중반부터 주요 선진국들은 은행자본의 적정성에 관한 논의를 중심으로 국제적 표준을 마련하기 위한 노력을 활발히 전개했다. 그 결과로 나타난 것이 국제결제은행(BIS)의 은행규제감독위원회가 1988년 7월 제정 · 발표한 '자기자본의 측정과 기준에 관한 국제적 통일기준'(International Convergence of Capital Measurement and Capital Standard)이다.

'바젤협약'이라고도 불리는 이 기준의 핵심은 바젤위원회 회원국 은행에 대해 1992년 말부터 위험가중자산의 8% 이상을 자기자본으로 보유하도록 의무화하는 자기자본비율규제이다. 'BIS기준 자기자본비율규제'는 단순자기자본비율(총자산 대비 자기자본비율) 규제방법과는 달리 은행의 자산을 거래상대방의 신용도, 채권의 만기, 담보 및 보증 유무 등을 기준으로 분류하고 위험이 높을수록 높은 가중치를 적용함으로써 은행들이 가급적 우량자산을 많이 보유하고 자기자본을 충실히 유지하도록 하기 위한 것이다. 구체적으로 BIS기준 자기자본비율은 다음과 같이 계산된다.

$$\text{BIS기준 자기자본비율} = \frac{\text{BIS기준 자기자본}}{\text{위험가중자산}} \times 100 \qquad (22-1)$$

BIS기준 자기자본 = (기본자본 + 보완자본 - 공제항목)
위험가중자산 = (대차대조표자산 × 자산별 위험가중치)
+ (부외자산 × 자산별 신용환산율 × 자산별 위험가중치)

그러나 이렇게 산출되는 자기자본비율은 은행의 제반 경영위험 중 신용위험(credit risk)만을 반영함으로써 시장위험(market risk)과 유동성 위험(liquidity risk) 증대에 대응력이 미흡하다는 평가를 받았다. 또한 미국을 비롯한 일부 선진국 은행은 이미 시장위험을 측정하기 위해 내부모형을 이용하고 있기 때문에 바젤위원회가 제시한 표준모형에 의한 시장위험 측정을 의무화할 경우 이중적인 비용을 요구하는 것이라는 의견이 제시되었다. 따라서 바젤위원회는 1995년 4월 일정한 조건을 충족시키는 경우 은행이 내부모형을 시장위험 측정에 사용할 수 있는 수정안을 제시했고, 수정안에 대한 각국의 의견을 수렴해 1996년 1월 '시장위험을 반영한 바젤협약 개정안'(Amendment to the Capital Accord to Incorporate Market Risks)을 발표했다. 이 개정안은 1997년 12월부터 바젤위원회 회원국에 적용되었다.[4]

1996년의 개정안은 시장위험을 고려하는 데까지 합의가 이뤄졌지만 그리 큰 성공을 거두지는 못했다. 이 개정안은 각 은행들로 하여금 자신들의 내부적인 *VaR* 모형에 기초한 위험평가를 용인하고 있는데, 이는 여러 가지 부작용을 수반했기 때문이다. 즉, 내부모형에 따른 위험평가는 시장에서 내리는 평가와 크게 벗어난 위험평가를 내리고 있었고, 다원화로 인한 위험감소 혜택을 반영하지 못했으며, 단기채에 대한 위험을 일괄적으로 낮게 평가했다.

4. 새로운 BIS기준 자기자본비율 산정 시 기본자본과 보완자본은 이전 기준과 같으나 만기 2년 이상 5년 미만인 단기후순위채무를 일정 범위까지 자기자본으로 인정하고 있다. 한편 자산은 신용위험 측정대상 자산과 시장위험 측정대상 자산으로 구분해 위험가중 자산가액을 산출한다. 주식, 채권 등 유가증권이나 단기매매 목적 파생상품 등 매매 목적의 자산, 부채에 대해서는 시장위험을 측정해 위험가중 자산가액을 산출하는데, 전반적인 시장상황 변화에 따른 손실위험인 일반 시장위험과 개별 기업의 신용도 변화 등에 따른 손실위험인 개별 위험을 합산해 시장위험을 산출한 후 12.5를 곱해 시장위험가중 자산가액을 산출한다. 그리고 시장위험 측정대상 자산 이외의 자산에 대하여는 일반적인 BIS기준 자기자본비율 산출방법에서와 같이 자산 종류별로 위험가중치를 곱해 신용위험가중 자산가액을 산출하도록 하고 있다.

바젤위원회는 이러한 한계점을 극복하기 위한 새로운 협정인 바젤2(Basel2)를 만드는 데 노력해 왔다. 그 결과 각국 중앙은행 및 감독기구의 합의를 거쳐 2004년 6월 26일 바젤II를 공식 발표했다. 바젤II의 주요 내용은 최저자기자본규제(Pillar I), 감독당국의 점검(Pillar II), 시장규율(Pillar III) 등 3대축으로 구성되어 있다. 최저자기자본규제와 관련해 기존 규제안은 자기자본 산정 시 대출채권의 신용위험만을 감안하도록 되어 있으나, 바젤II는 신용위험과 운영위험 및 시장위험을 동시에 감안해 자기자본을 쌓도록 하고 있다. 바젤위원회는 또 두 번째 항목을 통해 감독당국으로 하여금 금리, 유동성 등 다양한 위험요소를 함께 고려해 금융회사들을 감독하도록 했다. 시장규율 항목은 은행들로 하여금 매분기 자기자본의 세부내역을 공시하도록 규정한 것이다. 바젤II는 규범적 · 통일적인 체계를 전제로 하는 금융기관의 감독방식에 커다란 변화를 가져와 기존의 지시통제방식이 유인제공병행방식으로 전환될 것으로 기대되었다.

바젤II는 2005년부터 적용되기 시작해 금융기관들의 자본 수준을 높이는 데 기여했다. 그러나 2008년 글로벌 금융위기가 발발했을 때 일부 은행들의 BIS자본비율이 충분히 높았음에도 한 금융기관의 위험이 타 금융기관으로 전파되어 시스템 위기를 초래했다. 글로벌 금융위기 이후 미흡한 규제 및 감독 체계가 위기를 초래했다는 비판이 거세짐에 따라 규제강화의 필요성이 확산되었으며 금융규제 및 감독에 대한 정책기조도 확 바뀌었다.

기존 금융규제 및 감독 체계의 문제점은 크게 네 가지로 요약할 수 있다. 하나는 기존 규제가 미시적인 관점에 초점을 맞추고 있어 한 기관의 위험관리에만 신경을 쓴 나머지 거시적인 관점에서 시스템 위기로 확산되는 것을 방지하는 데는 아무런 역할을 하지 못한다. 둘째, 기존의 체계는 호황기에는 적은 자본을, 그리고 불황기에는 많은 자본을 요구해 붐-버스트 사이클을 완화시키기보다는 증폭시킬 위험이 더 크다. 셋째, 그동안 국제금융시장의 발전으로 인해 새로운 여러 가지 상품 및 관행들이 생겨났음에도 불구하고 기존의 규제 및 감독 체계는 이에 대처할 수 있는 수단이 마련되어 있지 않다. 넷째, 이미 자본이동에는 국경이 없어졌으므로 위험에 대처하기 위해서는 각국의 협조가 요구되는데 기존 체계는 국제공조를 끌어내기에 미흡하다.

이에 글로벌 금융위기 이후 G20을 정점으로 각국 및 국제기구들은 글로벌 금융규제의 새로운 방향을, 시장의 안정성 강화, 미시건전성과 함께 거시건전성 강화, 대마불사(大馬不死, too big to fail) 관행 불식 및 SIFIs(systemically important financial

그림 22-1 바젤Ⅱ와 바젤Ⅲ의 자본규제 비교 (%)

		바젤Ⅱ	바젤Ⅲ	비고
최저필요자본	Total Capital	≥ 8.0	≥ 8.0	▪자본의 質 제고 : 무형자산 등을 자본에서 공제
	① Tier1	≥ 4.0	≥ 6.0	
	보통주자본	≥ 2.0	≥ 4.5	
	② Tier2	② + ③ ≤ ①	Tier3 폐지	
	③ Tier3			
완충자본	자본보전용	없음	≥ 2.5	▪평상시 : 일정 수준 이상 유지 ▪위기 시 : 동 자본으로 손실 흡수
	경기대응용	없음	0 ~ 2.5	
레버리지비율	Tier1/총자산	없음	≥ 3.0	▪과도한 레버리지 증가 억제

자료 : 한국은행(2012).

institutions)의 규제·감독 강화에 두고 금융규제개혁을 추진하고 있다.

가장 대표적인 성과는 2010년 말 바젤은행감독위원회(BCBS)가 금융위기 시 은행부문의 복원력 및 손실흡수력 제고를 통해 금융시스템의 안정성을 유지하고 금융의 경기순응성을 완화해 금융부문 위기의 실물경제에 대한 파급 영향을 줄이고자 마련한 바젤Ⅲ이다. 바젤Ⅲ의 주요 내용은 크게 자본규제와 유동성 규제로 이루어져 있다.

자본규제는 기본적으로 자본의 손실흡수력을 높이고 경기순응성을 완화하기 위해 최저필요자본(minimum capital requirements) 규제를 강화하고, 완충자본(capital conservation buffer and countercyclical buffer) 및 레버리지비율(leverage ratio) 규제를 새롭게 도입하는 것을 주요 내용으로 한다. 즉, 자본 수준을 높이기 위해 보통주 및 Tier 1 자기자본 비율을 상향 조정하고 일반 상황이 아닌 위기상황을 반영하여 자본을 부과하는 등 위험관리 기준을 강화하였다. 또한 호황기에 축적한 자본을 활용하여 경기침체기에 발생하는 손실을 흡수하도록 경기순응성에 대하여 0~2.5%의 완충자본을 도입하도록 했다. 금융시스템과 경제 전반에 큰 영향을 미치는 G-SIFIs(global SIFIs)에 대해서는 보통주자본 기준 1~3.5%p의 자본을 추가적으로 적립하도록 했다. 뿐만 아니라 은행들의 과도한 레버리지 축적이 글로벌 금융위기 촉발 원인으로 지적됨에 따라 기존의 위험만을 고려한 자본규제를 보완해 명목금액 기준으로 자본을 규제하는 레버리지비율 규제를 도입하였다.

한편 유동성 규제 차원에서는 유동성리스크 관리의 국제적 통일성을 도모하고 유동성 위기 시 은행의 복원력 제고를 위해 두 개의 규제 기준(유동성커버리지비율 및 순안정자금조달비율)을 새롭게 도입하였다. 유동성커버리지비율(liquidity coverage ratio ; LCR)은 은행의 단기 현금인출 사태에 대한 대응력 확보를 위해 도입되었다. 순안정자금조달비율(net stable funding ratio ; NSFR)은 중·장기적 위기에 대한 은행의 대응능력 제고를 위해 도입되었다. 이들의 구체적인 내용은 다음과 같이 표현된다.

$$LCR(\equiv \frac{\text{고유동성자산}}{\text{순현금유출}}) \geq 100\% \qquad (22-2)$$

$$NSFR(\equiv \frac{\text{안정자금 인정금액}}{\text{안정자금 필요금액}}) \geq 100\% \qquad (22-3)$$

Box 22-3 바젤위원회

바젤위원회(Basel Committee on Banking Supervision)는 1974년 9월 독일의 Bankhaus Herstatt가 파산하자 1975년 BIS의 G-11 중앙은행 총재들이 국제적인 신용불안을 진정시키기 위해 설립했다. 이 상설위원회는 국제업무를 영위하는 은행의 활동 및 각국의 감독정책이나 관행에 관한 정보교환, 국제적 은행감독에 대한 새로운 기법개발, 국제적으로 활동하는 은행을 감독함에 있어서 국가간 상이점 조정 및 각국 은행감독기관의 국제적 협조를 목적으로 한다. 회원국은 미국, 일본, 독일, 프랑스, 영국, 이탈리아, 캐나다, 네덜란드, 벨기에, 스웨덴, 스위스 등 G-11과 룩셈부르크의 중앙은행 및 감독당국 대표자로 구성되며 연 4회 바젤에서 회합을 가진다.

주요 기능으로는 국제금융감독을 위한 각국 감독당국 간의 협력지침 및 통일기준 마련, 각국 감독제도의 상재적 애로요인에 대한 조기경보, 상업은행의 지급능력 및 유동성 확보를 지원하기 위해 은행감독 및 외환시장 담당자 간의 협력증대 도모 등을 꼽을 수 있다.

자료 : https://www.bis.org/bcbs/

요약

1. 금융규제는 금융시장의 기능을 비효율적으로 만드는 시장의 실패를 시정하기 위한 것이다. 금융시장에서 시장의 실패는 외부효과, 규모의 경제, 정보의 비대칭성 때문에 발생한다. 금융시장은 다른 어느 시장보다 불완전한 측면이 크고 외부충격에 쉽게 노출될 수 있어 시장의 실패에 따른 영향이 더욱 크게 나타나기 때문에 규제가 더욱 필요하다.

2. 금융규제의 목적은 금융부문의 경쟁제고, 금융서비스 소비자의 보호, 금융시스템의 안정을 달성하는 것이다. 이를 위한 규제유형은 예방적 규제와 보호적 규제로 대별된다. 예방적 규제는 금융기관의 도산과 금융제도의 불안정을 미연에 방지하고자 하는 것인데, 경제적 규제, 건전성 규제, 정보규제, 금융분쟁 조정, 금융기관 검사, 금융기관 제재 등이 여기에 속한다. 보호적 규제는 금융기관이 도산할 경우 예금자를 보호하고 금융시장의 안정을 유지하고자 하는 것인데, 금융기관 제재, 예금자 보호, 금융제도 안정성 보호(최종대부자 기능) 등이 있다.

3. 국제금융규제는 국제금융시장에서 공정한 경쟁여건을 마련하고 국제금융시스템의 안정성을 강화하고자 하는 것이다. 은행분야에서 국제적 표준을 마련하기 위해 노력한 결과 나타난 것이 바젤협약이다. 이 협약의 핵심은 은행들에 대해 1992년 말부터 위험가중자산의 8% 이상을 자기자본으로 보유하도록 의무화하는 'BIS자기자본비율규제'이다. 이후 위험측정에 대한 문제점을 개선하기 위해 노력한 결과 2004년 6월 바젤Ⅱ를 공식 발표하기에 이르렀다. 바젤Ⅱ의 주요 내용은 최저자기자본규제, 감독당국의 점검, 시장규율 등 3대 축으로 구성되어 있다.

4. 그러나 글로벌 금융위기 이후 미흡한 규제 및 감독 체계가 위기를 초래했다는 비판이 거세짐에 따라 규제강화의 필요성이 확산되었으며, 금융규제 및 감독에 대한 정책기조도 확 바뀌었다. 글로벌 금융위기 이후 G20을 정점으로 각국 및 국제기구들은 글로벌 금융규제의 새로운 방향을, 시장의 안정성 강화, 미시건전성과 함께 거시건전성 강화, 대마불사(大馬不死, too big to fail) 관행 불식 및 SIFIs의 규제 · 감독 강화에 두고 금융규제개혁을 추진하고 있다. 가장 대표적인 성과는 2010년 말 바젤은행감독위원회(BCBS)가 마련한 바젤Ⅲ이다. 바젤Ⅲ의 주요 내용은 크게 자본규제와 유동성 규제로 이루어져 있다.

부록 우리나라의 금융규제 및 감독체계

International Finance, ch. twenty two

우리나라의 현행 금융감독체계는 1997년 6월 대통령 직속 자문기구였던 금융개혁위원회가 제시했던 안(案)을 모태로 성립되었다. 원래 금융개혁위원회의 안은 당시 한국은행법 개정안과 함께 정치쟁점으로 부각되어 국회에서 표류하고 있었다. 그러나 1997년 말 경제위기의 발발을 계기로 금융개혁이 전격 추진되면서 금융개혁위원

현행 금융감독체계 그림 A22-1

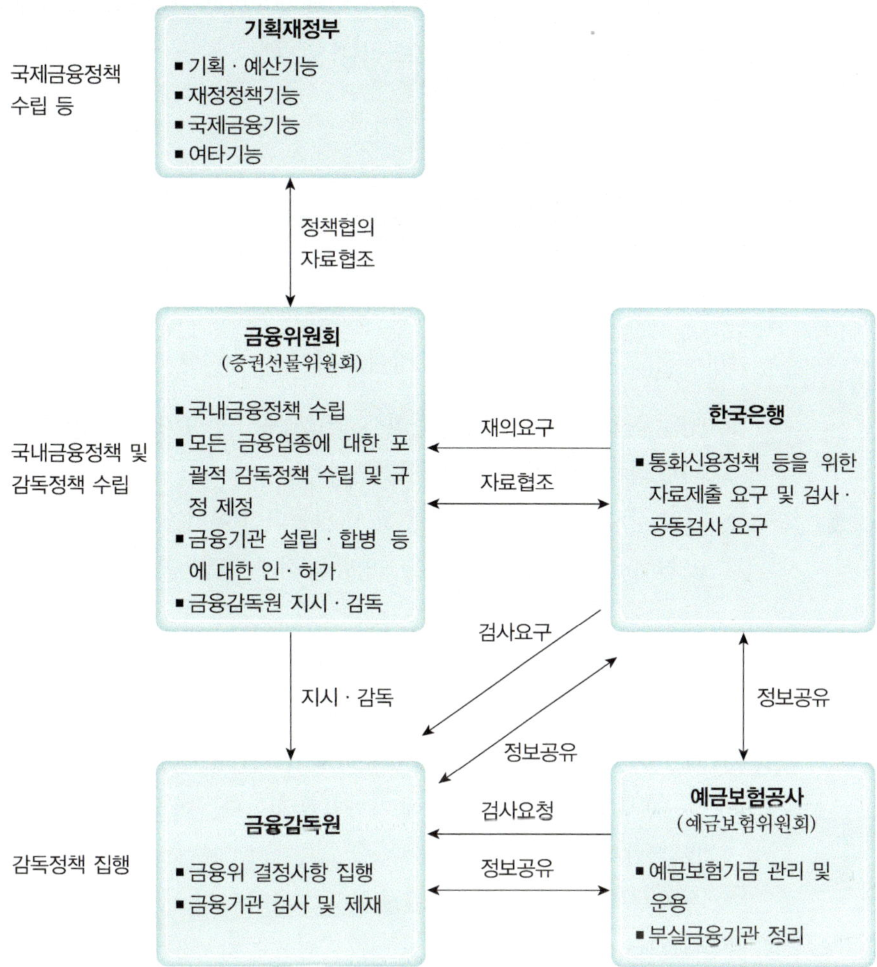

자료 : 한국은행.

회안(案)의 상당 부분을 반영한 새로운 통합금융감독체계가 성립되었다.

초기의 통합금융감독체계는 금융감독위원회와 금융감독원으로 구성된 수직적 2층구조였는데, 2001년 2월에 단행된 금융감독위원회의 직제개편을 통해 수직적 3층구조(금융감독위원회→사무국→금융감독원)로 변경되었다. 2008년 새 정부가 출범하면서 신설된 금융위원회는 기존 금융감독위원회의 기능에 재경부의 금융정책기능, 금융정보분석기능을 통합하고, 금융기관 감독을 집행하는 기관인 금융감독원을 산하에 두고 있다. 따라서 기존의 금융감독권은 물론이고 예전 재경부가 가졌던 국책금융회사 감독권뿐만 아니라 금융정책, 인허가, 법령 제정 및 개정 권한 모두를 갖게 된 것이다.

현행 금융감독체계에서 금융규제 및 감독을 담당하고 있는 대표적 기관인 금융위원회의 업무내용을 정리하면 [그림 A22-1]과 같다.

연습문제

01. 동북아 금융중심지가 되기 위해 경쟁하고 있는 서울과 상하이 간에 서울이 10bp 정도 순규제부담(NRB)이 작다고 하자.

a. 만일 서울이 규제를 더욱 완화해 순규제부담을 추가로 10bp만큼 감소시킨다면 상하이는 어떤 대응을 하겠는가?

b. 만일 상하이가 아무런 대응을 하지 않는다면 어떤 일이 벌어지겠는가? 어떤 조건에서 상하이가 상대적으로 영향을 적게 받겠는가?

02. 금융서비스 수요자 입장에서 규제의 편익과 비용을 설명하라.

03. "국제금융거래가 자유화되고 각국이 금융거래를 유치하기 위해 경쟁을 하게 되면 순규제부담은 장기적으로 0에 가까워질 것이다." 이러한 주장에 대해 어떻게 생각하는가?

04. 우리나라의 경우 금융안정책무가 한국은행의 목적조항으로부터 사라졌다. 그럼에도 불구하고 금융안정을 위해 중앙은행의 역할이 중요하다는 주장은 어떻게 정당화할 수 있는가?

05. 국제금융시장 참가자들의 행태를 관찰해 보면 다음과 같은 특징을 발견할 수 있다. 이러한 행태는 각국의 금융규제 및 국제금융규제에서 어떤 의미를 갖는가?

- 규제를 덜 받을수록 빠르게 움직인다.
- 민간부문이 공공부문보다 빠르게 움직인다.
- 피규제대상자가 규제기관보다 빠르게 움직인다.
- 국제규제기구는 모든 참가자들 중에 가장 느리게 움직인다.

06. 글로벌 금융위기 이후 미시적인 차원에서 뿐만 아니라 거시적인 차원에서도 규제를 강화하기 위한 노력이 이루어지고 있다. 그 배경과 주요 내용을 설명하라.

참고문헌

International **Finance**
fourth edition Reference

주요 참고문헌

국제금융연구회, 『글로벌시대의 국제금융론』, 제5판, 시대가치, 2018.

김인준 · 이영섭, 『국제경제론』, 제7판, 다산출판사, 2013.

김 철, 『국제외환금융론』, 법문사, 1993.

민상기 · 정창영, 『글로벌 재무전략』, 명경사, 1998.

박정식 · 박종원 · 조재호, 『현대재무관리』, 제6판, 다산출판사, 2003.

이강남, 『국제금융론』, 법문사, 1995.

정운찬 · 김홍범, 『화폐와 금융시장』, 제5판, 율곡출판사, 2018.

한국외환은행, 『국제금융외환용어사전』, 홈페이지.

한국은행, 『우리나라의 금융시장』, 홈페이지.

Eun, C.S. and B.G. Resnick, *International Financial Management*, 2nd ed., Irwin McGraw-Hill, 2001.

Giddy, I.H., *Global Financial Markets* (박순풍 · 정대환 · 박동원 역, 『글로벌시대의 국제재무전략』), 경문사, 1994.

Kenen, P.B., *The International Economy*, 4th ed., Cambridge Univerity Press, 2000.

Krugman, P.R., Obstfeld and M.J. Melitz, *International Economics: Theory and Policy*, 10th ed., Pearson, 2015.

Levi, M.D., *International Finance*, 2nd ed., McGraw-Hill, 1990.

Levich, R.M., *International Financial Markets: Prices and Policies*, McGraw-Hill Irwin, 2001.

Shapiro, A.C., *Foundations of Multinational Financial Management*, 2nd ed., Allyn and Bacon, 1994.

Solnik, B., *International Investment*, 3rd ed., Addison-Wesley, 1996.

일반 참고문헌

국제재무연구회, 『파이낸셜 엔지니어링』, 삼성경제연구소, 1995.

금융기관연구회, 『금융기관론』 제2판, 율곡출판사, 2013.

김인준, 「자본자유화에 관한 사례분석: 개도국과 선진국의 경험」, 대외경제정책연구원, 『정책연구』 93-39, 1993.

김인준 · 이창용 편, 『외환위기 10년, 한국금융의 변화와 전망』, 서울대학교 출판부, 2008.

김정수, 『IMF시대 환위험관리 해법』, 도서출판 두남, 1998.

김홍범, 「한국의 금융감독 체계 : 비판적 검토」, 2001, 한국금융학회 워크샵발표.

———, 『한국 금융감독의 정치경제학』, 지식산업사, 2004.

매일경제신문, 각호.

문우식 · 윤덕룡 · 이영섭, 「아시아위기 및 유로화 출범에 대비한 동아시아 통화, 금융협력」, 한국은행, 『경제분석』 6(2), 2000.

백웅기, 「자본유입의 거시경제적 효과와 대응방향」, 한국개발연구원, 『KDI 정책포럼』 9425, 1994.

산업은행, 『파생상품 이야기』, 2006.

삼성경제연구소, 「금융위기 이후의 글로벌 금융규제」, 『연구보고서』, 2010.

신관호 · 왕윤종 · 이종화, 『동아시아 통화통합의 비용 · 편익분석과 정치경제학적 함의』, 대외경제정책연구원 정책연구 03-01, 2003.

오정근, 『자본자유화와 국제수지: 동아시아의 경험』, 한국은행 금융경제연구소, 1997.

이영섭, 「우리나라 외환시장개입의 장단기 효과 분석」, 『금융학회지』 제2권 제1호, 1997.

장동구, 「파생금융상품 거래확대가 금융시장 및 통화정책에 미치는 영향」, 한국은행 금융경제연구소, 『경제분석』, 제2권 제3호, 1996.

전승철, 「동아시아 지역 통화협력 방안에 관한 최근 논의와 과제」, 한국은행 금융연구원, 『금융경제연구』 제150호, 2003.

주상영, 「금융자본자유화에 따른 금융위기 사례와 정책시사점」, 대외경제정책연구원, 『정책연구』, 1996.

채희율 · 이영섭, 「동아시아 국제지급결제시스템의 필요성, 가능성 및 방안」, 경제학 공동학술대회 발표, 2004. 2.

최생림 · 정태영 · 김동순, 『국제재무관리론』, 법문사, 1995.

최윤재, 『큰손과 좀도둑의 정치경제학』, 나무와 숲, 2002.

하나금융경영연구소, 「글로벌 금융규제의 주요 이슈와 시사점」, 『이슈분석』, 2013.

한국개발연구원, 『경제위기 10년: 평가와 과제』, 2007.

한국금융연구원, 『파생금융상품의 도입과 활용』, 한국금융연구원, 1996.

한국선물학회 편, 『증권금융사전』, 법문사, 1992.

한국은행, 『알기쉬운 경제지표 해설』, 1995.

———, 「유럽통화통합의 전망 및 영향과 대응방향」, 해외사무소(브뤼셀) 조사자료 97-9, 1997.

———, 「IMF 신기준에 의한 개편 국제수지통계 해설」, 1998.

———, 『국제수지』, 1998.

———, 『우리나라의 통화정책』, 2001.

———, 『우리나라의 외환제도와 외환시장』, 2003.

———, 「국제수지통계의 이해와 편제방식 개편 내용」, 『한은금요강좌』, 2011.

———, 「글로벌 금융규제 개혁의 영향과 정책과제」, 『BOK 경제리뷰』, 2012.

한국증권선물거래소, 『증권선물』, 각호.

헤럴드경제, 「매킨지 경쟁력 비교분석」, 2003. 12. 9.

Adler, M. and B. Dumas, "Exposure to Currency Risk : Definition and Measurement," *Financial Management* 13, 1984, pp.41-50.

Akerholm, J., "Financial Deregulation and Economic Imbalances in the Scandinavian Countries," Korea Institute of Finance *Policy Issue Series* 94-7, 1994.

Alexander, S.S., "Effects of a Devaluation : A Symplified Synthesis of Elasticities and Absorption Approaches," *American Economic Review* 49, 1959.

Aliber, R.Z., "Speculation in the Foreign Exchange : The European Experience, 1919~1926," *Yale Economics Essays* 2, 1962.

———, "The Interest Rate Parity Theorem : A Representation," *Journal of Political Economy* 81, 1973, pp.1451-1459.

Almeida, A., C. Goohart and R. Payne, "The Effects of Macroeconomic News on High Frequency Exchange Rate Behavior," *Journal of Financial Quantitative Analysis* 33(3), 1998, pp.383-408.

Almunia, Miguel, Agustin S. Benetrix., Barry Eichengreen, Kevin H. O.Rourke. and Gisela Rua, "From Great Depression to Great Credit Crisis : Similarities, Differences and Lessons," *mimeo*, U.C. Berkeley, 2009.

Artus, J. and J.H. Young, "Fixed versus Flexible Exchange Rates : A Renewal of the Debate," *IMF Staff Papers*, 1979.

Baillie, R.T. and P.C. McMahon, *The Foreign Exchange Market : Theory and Econometric Evidence*, Cambridge University Press, 1989, Ch.3.

Balassa, B., "The Purchasing Power Doctrine : A Reappraisal," *Journal of Political Economy* 72, 1964, pp.584-596.

Bank for International Settlements, *Annual Report*, various issues.

——————————, *Quarterly*, various issues.

——————————, *Central Bank Survey of Foreign Exchange and Derivatives Market Activity*, various issues.

——————————, *International Banking and Financial Market Development*, various issues.

——————————, *Guide to the International Financial Statistics*, 2009.

Bank of England, "The Foreign Exchange Market in London," London: Press Notice, 1995.

Banker, various issues.

Barro, R.J., "Monetary and the Price Level under the Gold Standard," *Economic Journal*, 1981.

Bartov, E. and G.M. Bodnar, "Firm Valuation, Earnings Expectations, and the Exchange Rate Exposure Effect," *Journal of Finance* 49(5), 1994, pp.1755-1785.

Baumol, W.J., "Speculation, Profitability and Stability," *Review of Economics and Statistics*, 1957.

Bergsten, F., "Towards a Tripartite World," *The Economist*, July 13th, 2000.

Bhagwati, J., "Immiserizing Growth: A Geometric Note," *Review of Economic Studies*, 1978.

Bilson, J.F.O., "Rational Expectations and the Exchange Rate," in J.A. Frenkel and H. Johnson (eds.), *The Economics of Exchange Rates*, Addison-Wesley, 1978.

Black, F., and M. Scholes, "The Pricing of Options and Corporate Liabilities," *Journal of Political Economy*, 1973.

Bloomfield, A.I., *Monetary Policy in the International Gold Standard: 1880~1914*, Federal Reserve Bank of New York, 1959.

Bodurtha, J. Jr. and G. Gourtadon, "Efficiency Tests of the Foreign Currency Options Market," *Journal of Finance* 41, 1986, pp.151-162.

Bosner-Neal, C., V.V. Roley and G.H. Sellon, Jr., "Monetary Policy Actions, Intervention, and Exchange Rates: A Reexamination on the Empirical Relationships Using Federal Funds Rate Target Data," *Journal of Business*, 1998, pp.147-177.

Branson, W.H., *Macroeconomic Theory and Policy*, Harper & Row, 1972, Ch.15.

Brecher, R.A. and R.C. Feenstra, "International Trade and Capital Mobility Between Diversified Economies," *Journal of International Economics* 14, May 1983.

Calvo, G., L. Leiderman and C. Reinhart, "The Capital Inflows Problem : Concepts and Issues," *IMF Paper on Policy Analysis and Assessment*, 1993.

Chitu, Livia, Barry Eichengreen and Arnaud Mehl, "When Did the Dollar Overtake Sterling as the Leading International Currency? Evidence from the Bond Markets," *ECB Working Paper* 1433, May 2012.

Chrystal, K.A., "International Money and the Future of the SDR," *Princeton Studies in International Finance* 128, 1978.

――――――, "A Guide to Foreign Exchange Markets," Federal Reserve Bank of St. Louis, *Review*, 1984, pp.5-18.

Chudik, Alexander and Marcel Fratzscher, *Liquidity, Risk and the Global Transmission of the 2007～2008 Financial Crisis and the 2010～2011 Sovereign Debt Crisis*, European Central Bank, 2012.

CIA, *World Factbook*, various issues.

Claessens, Stijn, Jon Frost, Grant Turner and Feng Zhu, "Fintech Credit Markets around the World: Size, Drivers and Policy Issues," *BIS Quarterly Review*, September 2018.

Claessens, Stijn and M. Ayhan Kose, "Financial Crises: Explanations, Types, and Implications," *IMF Working Paper* 13/28, January 2013.

Clarke, R.G. and M.P. Kritzman, *Currency Management : Concepts and Practices*, the Research Foundation of the Institute of Chartered Financial Analysts, 1996.

Collery, A., "International Adjustment, Open Economies and the Quantity Theory of Money," *Princeton Studies in International Finance* 28, 1971.

Cooper, I. and E. Kaplanis, "Home Bias in Equity Portfolios, Inflation Hedging, and International Capital Market Equilibrium," *Review of Financial Studies* 7, 1994, pp.45-60.

Cooper, R.N., "Currency Devaluation in Developing Countries," *Princeton Studies in International Finance* 86, 1971.

――――――, "Economic Interdependence and Coordination of Economic Policies," in R. Jones and P. Kenen (eds.), *Handbook of International Economics*, vol. II, Elsevier Publisher, 1985.

――――――, "The Balance of Payments in Review," *Journal of Political*

Economy, 1966.

——————, "The Gold Standard: Historical Facts and Future Prospects," *Brookings Papers on Economic Activity* 1, 1982.

Corden, M., "Protection and Foreign Investment," *Economic Record* 43, 1967.

Cornell, B., "Spot Rates, Forward Rates and Exchange Market Efficiency," *Journal of Financial Economics*, 1977.

Cox, J.C., S.A. Ross and M. Rubinstein, "Option Pricing: A Simplied Approach," *Journal of Financial Economics* 7, 1979, pp.229-263.

Daiagler, R.T., *Managing Risk Financial Futures: Hedging, Pricing, and Arbitrage*, Probus Publishing Company, 1993.

Dale, R., *The Regulation of International Banking*, Prentice-Hall, 1984.

De Grauwe, P., *The Economics of Monetary Integration*, Oxford University Press, 1997.

Dewatripont, M. and J. Tirole, *The Prudential Regulation of Banks*, MIT Press, 1994.

Dixit, A.K., "Hysteresis, Import Penetration, and Exchange Rate Pass Through," *Quarterly Journal of Economics* 104, pp.205-228.

Dominguez, K.M. and J.A. Frankel, "Does Foreign Exchange Intervention Work?" *Institute for International Economics*, 1993a.

——————————————, "Does Foreign Exchange Intervention Matter? The Portfolio Effect," *American Economic Review*, 1993b.

Dornbusch, R., "Devaluation, Money, and Nontraded Goods," *American Economic Review*, 1973.

——————, "Expectation and Exchange Rate Dynamics," *Journal of Political Economy*, 1976.

——————, *Open Economy Macroeconomics*, Basic Books, 1980.

——————, "Currency Depreciation, Hoarding and Relative Prices," *Brookings Papers on Economic Activity* 1, 1982.

——————, *Dollars, Debts, and Deficits*, Cambridge: The MIT Press, 1986.

Dumas, B. and B. Solnik, "The World Price of Foreign Exchange Risk," *Journal of Finance* 39(5), 1995, pp.445-479.

Economist, "Essay : Financial Crises," April 12, 2014.

————, *Special Report : Another Economic Downturn Is Just a Matter of Time*, October 13, 2018.

————, *Special Report : Banking*, May 2019.

Edison, H.J., "The Effectiveness of Central-Bank Intervention: A Survey of the Literature after 1982," *Special Papers in International Economics*, Princeton University, 1993.

Eichengreen, B., *International Monetary Arrangements for the 21st Century*, Brookings Institution, 1994.

———, *Toward a New International Financial Architecture: A Practical Post-Asia Agenda*, Institute for International Economics, 1999.

Eichengreen, B. and T. Bayoumi, "Is Asia an Optimum Currency Area? Can it become one? Regional, Global and Historical Perspectives on Asian Monetary Relations," in S. Collignon and J. Pisani-Ferry (eds.), *Exchange Rate Policies in Emerging Asian Countries: Domestic and International Aspects*, London: Routledge, 1999.

Eichengreen, B. and R. Hausmann, "Exchange Rates and Financial Fragility," *NBER Working Paper* 7418, 1999.

Einzig, P., *The Euro-Dollar System*, Macmillan, 1964.

Emerson, M., D. Gros, A. Italianer, J. Pisani-Ferry and H. Reichenbach, *One Money One Market: An Evaluation of the Potential Benefits and Costs of Forming an Economic and Monetary Union*, Oxford University Press, 1992.

Ethier, W. and A.I. Bloomfield, "Managing the Managed Float," *Princeton Studies in International Finance*, 1975.

Eun, C.S. and B.G. Resnick, "International Diversification of Investment Portfolio: U.S. and Japanese Perspectives," *Management Science* 40, 1994, pp.140-161.

European Commission, *Economic Crisis in Europe: Causes, Consequences and Responses*, 2009.

———, "Understanding the Economic and Monetary Union," 2017.

Fama, E.F., "Efficient Capital Markets: A Review of Theory and Empirical Work," *Journal of Finance* 25, 1970, pp.383-417.

———, *Foundations of Finance*, New York: Basic Books, 1976.

———, "Forward and Spot Exchange Rates," *Journal of Monetary Economics* 14, 1984, pp.319-328.

Federal Reserve Bank of New York, *Summary Results of the U.S. Foreign Exchange Market Turnover*, April 1992.

Fieleke, N., "What is the Balance of Payments?" Federal Reserve Bank of Boston, *Review*, 1976.

Financial Times, various issues.

Fischer, S., "International Macroeconomic Policy Coordination," in M. Feldstein (ed.), *International Policy Coordination*, University of Chicago Press, 1988.

Fleming, J.M., "Domestic Financial Policies under Fixed and under Floating Exchange Rates," *IMF Staff Papers*, 1962.

Flood, R. and P. Garber, "Collapsing Exchange Rate Regimes : Some Linear Examples," *Journal of International Economics*, 1984, pp.1-13.

Flores, R.G., "The Gains from MERCOSUR : A General Equilibrium, Imperfect Competition Evaluation," *Journal of Policy Modeling* 19(1), 1997, pp.1-18.

Frankel, J.A., "On the Mark : A Theory of Floating Exchange Rates Based on Real Interest Differentials," *American Economic Review* 69, 1979.

――――――, "Quantifying International Capital Mobility in the 1990s," in D. Bernheim and J. Shoven (eds.), *National Saving and Economic Performance*, University of Chicago Press, 1991, pp.227-260.

Frankel, J.A. and K.A. Froot, "Using Survey Data to Test Standard Propositions Regarding Exchange Rate Expectations," *American Economic Review*, 1987.

――――――――――――, "Chartists, Fundamentalists, and Trading in the Foreign Exchange Market," *American Economic Review*, 1990.

Frankel, J.A., G. Galli and A. Givannini (eds.), *Microstructure of Foreign Exchange Markets*, University of Chicago Press, 1995.

Frankel, J.A. and A. MacArthur, "Political vs. Currency Premia in International Real Interest Differentials : A Study of Forwars Rates for 24 Countries," *European Economic Review* 32, 1988, pp.1083-1121.

Frankel, J.A. and A.A. Rose, "Empirical Research on Nominal Exchange Rates," in G. Grossman and K. Rogoff (eds.), *Handbook of International Economics*, vol. III, 1995.

Frenkel, J.A., "A Monetary Approach to the Exchange Rate : Doctrinal Aspects and Empirical Evidence," *Scandinavian Journal of Economics*, 1976.

――――――, "Purchasing Power Parity : Doctrinal Perspective and Evidence from the 1920' s," *Journal of International Economics*, 1978.

———, "The Demand for International Reserves under Pegged and Flexible Exchange Regimes and Aspects of the Economics of Managed Float," in D. Bigman and T. Taya (eds.), *The Functioning of Floating Exchange Rates*, 1980.

Frenkel, J.A. and R.M. Levich, "Covered Interest Arbitrage: Unexpected Profits?" *Journal of Political Economy* 83, 1975, pp.325–338.

Friedman, M., "The Case for Flexible Rates," in M. Friedman (ed.), *Essays in Positive Economics*, University of Chicago Press, 1953.

Froot, K.A. and K. Rogoff, "Perspective on PPP and the Long–run Real Exchange Rate," in G.M. Grossman and K. Rogoff (eds.), *Handbook of International Economics*, vol. III, North–Holland, 1995.

Froot, K.A. and R. Thaler, "Anomalies: Foreign Exchange," *Journal of Economic Perspectives* 4, 1990.

Galitz, L., *Financial Engineering*, Pitman Publishing, 1994.

Garman, M. and S. Kohlhagen, "Foreign Currency Option Values," *Journal of International Money and Finance* 2, 1983, pp.231–238.

Genberg, H., "Purchasing Power Parity under Fixed and Flexible Exchange Rates," *Journal of International Economics*, 1978.

Giersch, H., "On the Desirable Degree of Flexibility of Exchange Rates," *Weltwirtschaftliches Archiv* 109, 1973.

Gilpin, R., *The Political Economy of International Relations*, Princeton University Press, 1987.

Goldfajn, I. and R.O. Valdes, "Capital Flows and the Twin Crises: The Role of Liquidity," *IMF Working Paper*, 1997.

Goldstein, M., G.L. Kaminsky and C.M. Reinhart, *Assessing Financial Vulnerability: An Early Warning System for Emerging Markets*, Institute for International Economics, 2000.

Goodhart, C., "The Foreign Exchange Market: A Random Walk with a Dragging Anchor," *Economica* 55, 1988.

Greenbaum, S.I. and A.V. Thakor, *Comtemporary Financial Intermediation*, Dryden, 1995.

Haberler, G., "The Market for Foreign Exchange and the Stability of the Balance of Payments: A Theoretical Analysis," in R.N. Cooper (ed.), *International Finance*, Penguin, 1969.

Hall, J.C., *Options, Futures, and Other Derivative Securities*, 2nd ed., Prentice–

Hall, 1993.

Hallwood, C.P. and R. MacDonald, *International Money and Finance*, Blackwell, 2000.

Harberger, A.C., "Currency Depreciation, Income and the Balance of Trade," *Journal of Political Economy* 58, 1950.

Helliwell, J., *How Much Do National Borders Matter?* Brookings Institution, 1998.

Helpman, E., "An Exploration in the Theory of Exchange Rate Regimes," *Journal of Political Economy*, 1981.

Hicks, J.R., "An Inaugral Lecture," *Oxford Economic Papers*, 1953.

Hooper, P. and J.E. Morton, "Fluctuations in the Dollar: A Model of Nominal and Real Exchange Rate Determination," *Journal of International Money and Finance* 1, 1982.

Hufbauer, G.C. and F.M. Adler, *Overseas Manufacturing Investment and Balance of Payments, Tax Policy Research Study* 1, Washington D.C.: U.S. Treasury Department, 1968.

Huang, R.D. and R.W. Masulis, "FX Spreads and Dealer Competition Across the 24-hour Trading Day," *Review of Financial Studies* 12(1), 1999, pp.61-93.

Hull, J., *Introduction to Futures and Options Markets*, 2nd ed., Prentice Hall, 1995.

Hume, D., "Of the Balance of Trade," in R.N. Cooper (ed.), *International Finance: Selected Readings*, Penguin, 1969.

Institute of International Finance, "Capital Flows to Emerging Market Economies," January 1998.

International Economy, "Asia and the Dollar," January/February 1999.

International Financial Corportation, *Emerging Markets Factbook*, various issues.

International Monetary Fund, "Determinants and Systematic Consequences of International Capital Flows," *IMF Occasional Paper* 77, 1991.

________________, *World Economic Outlook*, May 1998.

________________, *International Capital Markets*, various issues.

________________, *Global Financial Stability Report*, various issues.

________________, *Classification of Exchange Rate Arrangements and Monetary Policy Frameworks*, various issues.

________________, *Balance of Payments and International Investment*

Position Manual (Sixth Edition : BPM6), 2009.

Isard, P., "How Far Can We Push the Law of One Price?" *American Economic Review*, 1977.

Johnson, H.G., "The Gains from Free Trade with Europe : An Estimate," *Manchester School of Economics and Social Studies* 26, September 1958.

————, "The Case for Flexible Exchange Rates," Ferderal Reserve Bank of St. Louis, *Review*, 1969.

————, "Political Economy Aspects of International Monetary Reform," *Journal of International Economics*, 1972.

————, "The Monetary Approach to the Balance of Payments : A Non-Technical Guide," *Journal of International Economics*, 1977.

Jorion, P., "The Exchange Rate Exposure of U.S. Multinationals," *Journal of Business* 63, 1990, pp.331-345.

Jurgenson, P., *Report of the Working Group on Exchange Market Intervention*, Washington : Treasury Department, 1983.

Kaminsky, G. and C. Reinhart, "The Twin Crises : The Causes of Banking and Balance-of-Payments Problems?" *mimeo,* The Federal Reserve System, 1998.

Kehoe, P. and V. Chari, "Hot Money," *NBER Working Papers* 6007, 1997.

Kemp, M.C., "Speculation, Profitability and Speculation," *Review of Economics and Statistics* 45, 1963.

Kenen, P.B., "The Theory of Optimum Currency Areas : An Ecletic View," in R. Mundell and A. Swoboda (eds.), *Monetary Problems in the International Economy*, University of Chicago Press, 1969.

————, *Economic and Monetary Union in Europe*, Cambridge University Press, 1995.

————, *The International Economy*, 4th ed., Cambridge University Press, 2000.

Kim, I.J. and Y.S. Rhee, "Currency Crises of the Emerging Economies in a Globalized Financial Market," in the Bank of Korea (ed.). *The Implication of Globalization of World Financial Markets*, Seoul, 1998.

————, *Overcoming Financial Crises : The Korean Experience*, SNU Press, 2013.

Kindleberger, C.P., "Measuring Equilibrium in the Balance of Payments," *Journal of Political Economy*, 1969.

Kolb, R.W., *Financial Derivatives*, 2nd ed., Blackwell, 1996.

Kose, M. Ayhan, Eswar Prasad, Kenneth Rogoff and Shang-Jin Wei, "Financial Globalization : A Reappraisal," *IMF Working Paper* 06/189, August 2006.

Kouri, P.J.K., "The Exchange Rate and the Balance of Payments in the Short Run and in the Long Run : A Monetary Approach," *Scandinavian Journal of Economics*, 1976.

Kravis, I. and R. Lipsey, "Toward and Explanation of National Price Levels," *Princeton Studies in International Finance* 52, Princeton University, 1983.

Krueger, A.O., "The Political Economy of a Rent-Seeking Society," *American Economic Review* 64(3), 1974, pp.291-303.

―――――――, *Exchange Rate Determination*, Oxford University Press, 1985.

Krugman, P., "A Model of Balance-of-Payments Crises," *Journal of Money, Credit, and Banking* 11, 1979, pp.311-325.

―――――――, "Target Zones and Exchange Rate Dynamics," *Quarterly Journal of Economics*, 1991.

―――――――, "Currency Crises," *mimeo*, 1998a.

―――――――, "What Happened to Asia?" *mimeo*, 1998b.

―――――――, "The Confidence Game," *the New Republic*, 1998c.

Krugman, P., and J. Rotemberg, "Speculative Attacks on Target Zones," in P. Krugman and M. Miller (eds.), *Target Zones and Currency Bands*, Oxford University Press, 1991.

Laursen, S., and L.A. Metzler, "Flexible Exchange Rates and the Theory of Employment," *Review of Economics and Statistics* 32, 1950.

LeBaron, B., "Technical Trading Rule Profitability and Foreign Exchange Intervention," *Journal of International Economics* 49, 1999, pp.125-143.

Leontief, W., "Domestic Production and Foreign Trade : The American Capital Position Re-examined," *Economia Internationale*, 1954.

Lerner, A.P., *The Economics of Control*, MacMillan, 1946.

Levich, R., "Empirical Studies of Exchange Rates : Price Behavior, Rate Determination and Market Efficiency," in R. Jones and P. Kenen (eds.), *Handbook of International Economics*, vol. II, Elsevier Publisher, 1985.

Little, J.S., *Euro-Dollars : The Money Market Gypsies*, Harper & Row, 1975.

Logue, D. (eds.), *The Eurocurrency Market and the International Monetary System*, American Enterprise Institute, 1976.

Luca, C., *Trading in the Global Currency Markets*, New York Institute of Finance,

2000.

Machlup, F.M., "The Need for Monetary Reserves," *Princeton Studies in International Finance* 5, 1966.

MaCormick, F., "Covered Interest Arbitrage: Unexpected Profits? Comment" *Journal of Political Economy* 87, 1979, pp.411-417.

Magee, S.P., "Contracting and Spurious Deviations from Purchasing Power Parity," in J.A. Frenkel and H.G. Johnson (eds.), *The Economics of Exchange Rates*, Addison-Wesley, 1978.

Mankiw, N.G. and M.D. Shapiro, "Risk and Return: Consumption Beta Versus Market Beta," *Review of Economics and Statistics*, 1986.

Mankiw, N.G. and L.H. Summers, "Do long-term Interest Rates Over-react to Short-term Interest Rates?" *Brookings Papers on Economic Activity* 1, 1984, pp.223-247.

Mark, N.S., "Some Evidence on the International Inequality of Real Interest Rates," *Journal of International Money and Finance* 4, 1985, pp.189-208.

Marston, R.C., "Real Exchange Rates and Productivity Growth in the United States and Japan," in S.W. Arndt and J.D. Richardson (eds.), *Real-Financial Linkage among Open Economies*, MIT Press, 1987, pp.71-96.

Mathieson, D. and L. Rojas-Suarez, "Liberalization of the Capital Account: Experiences and Issues," *IMF Working Paper* 92/46, 1992.

Mayor, W., "Short-Run and Long-Run Equilibrium for a Small Open Economy," *Journal of Political Economy* 82, 1974.

McCormick, F., "A Multiperiod Theory of Forward Exchange," *Journal of International Economics*, 1977.

McDougall, G.D.A., "The Benefits and Costs of Private Investment from Abroad: A Theoretical Approach," *Economic Record* 36, 1960.

Mckinnon, R.I., "Optimum Currency Areas," *American Economic Review* 53, 1963.

――――――, "The Eurocurrency Market," *Princeton Studies in International Finance* 125, 1977.

――――――, *The Rules of the Game: International Money and Exchange Rates*, MIT Press, 1996.

Meade, J., *The Theory of Customs Unions*, North-Holland, 1955.

Meese, R.A., and K. Rogoff, "Empirical Exchange Rate Models of the Seventies: Do They Fit Out of Sample," *Journal of International Economics* 14, 1983.

Merton, R.C., *Continuous-time Finance*, Basil Blackwell, 1990.

Michaely, M., "Relative Prices and Income Absorption Approaches to Devaluation: A Partial Reconciliation," *American Economic Review* 50, 1960.

Mishkin, F.S., "Understanding Financial Crises: A Developing Country Perspective," in K. Bruno and Pleskovic (eds.), *Annual World Bank Conference on Development Economics*, 1996, pp.29-62.

————, "Are Real Interest Rates Equal Across Countries? An Empirical Investigation of International Parity Conditions," *Journal of Finance* 39, 1984, pp.1345-1357.

Modigliani, F. and M. Miller, "The Cost of Capital, Corporation Finance, and the Theory of Investment," *American Economic Review* 48, June 1958, pp.261-297.

Moon, W. and Y. Rhee, "An Evaluation of Spot and Forward Market Intervention Operations during the 1997 Korean Currency Crisis," *mimeo*, 2003.

————, *Asian Monetary Integration: Coping a New Monetary Order after the Global Crisis*, Edward-Elgar, 2012.

Moran, T.H., *Foreign Direct Investment and Development*, Institute for International Economics, 1998.

Mundell, R.A., "International Trade and Factor Mobility," *American Economic Review* 47, 1957.

————, "A Theory of Optimum Currency Areas," *American Economic Review* 51, 1961.

————, "The Appropriate Use of Monetary and Fiscal Policy for Internal and External Stability," *IMF Staff Papers*, 1962.

————, "Capital Mobility and Stabilization Policy under Fixed and Flexible Exchange Rates," *Canadian Journal of Economics*, 1963.

————, *International Economics*, Macmillan, 1968.

Mussa, M., "Macroeconomic Interdependence and the Exchange Rate Regime," in R. Dornbusch and J.A. Frenkel (eds.), *International Economic Policy: Theory and Evidence*, Johns Hopkins University Press, 1979.

————, "A Model of Exchange Rate Dynamics," *Journal of Political Economy*, 1982.

————, "Nominal Exchange Rate Regimes and the Behavior of Real Exchange Rates: Evidence and Implications," in K. Brunner and A. Meltzer (eds.), *Real Business Cycles, Real Exchange Rates and Actual Prices*, Carnegie-

Rochester Conference Series on Public Policy 25, 1986, pp.117–214.

Neal, L. and D. Barbezat, *Economics of European Union and Economies of Europe*, Oxford University Press, 1998.

Neely, C.J., "Technical Analysis and the Profitability of US Foreign Exchange Intervention," Federal Reserve Bank of St. Louis, *Review*, 1998, pp.3–17.

Newman, P., M. Milgate, and J. Eatwell (eds.), *The New Palgrave Dictionary of Money and Finance*, Macmillan, 1992.

Niehans, J., "How to Fill an Empty Shell," *American Economic Review*, 1976.

NYSE, *New York Stock Exchange Factbook*, 1999.

Obstfeld, M., "The Logic of Currency Crises," *NBER Working Paper* 4640, 1994.

————, "The Global Capital: Benefactor or Menace?" *Journal of Economic Perspective* 12 (4), 1998, pp.9–30.

————, "International Macroeconomics: Beyond the Mundell–Fleming Model," *mimeo*, University of California, Berkeley, 2000.

Obstfeld, M. and K. Rogoff, *Foundations of International Macroeconomics*, MIT Press, 1996.

Obstfeld, M. and A.M. Stockman, "Globalization and Capital Markets," *NBER Working Paper* 8846, 2002.

OECD, *Financial Market Trends*, various issues.

Officer, L.H., "The Purchasing–Power Parity: Theory of Exchange Rates," *IMF Staff Papers*, 1964.

Ohlin, B., *Interregional and International Trade*, Harvard University Press, 1933.

Olson, M., *The Logic of Collective Action*, Harvard University Press, 1965.

Palmer, John, "The EU crisis: integration or gradual disintegration?" *Eurozone*, 2011.

Radelet, S. and J. Sachs, "The Onset of the East Asian Crisis," *mimeo*, February 1998.

Reinhart, Carmen and Kenneth Rogoff, *This Time is Different: Eight Centries of Financial Folly*, Princeton University Press, 2009.

Rendleman, R.J. Jr. and B.J. Bartter, "Two–State Option Pricing," *Journal of Finance* 34, 1979, pp.1093–1110.

Rhee, S.G. and R.P. Chang, "Intra–day Arbitrage Opportunities in Foreign Exchange and Eurocurrency Markets," *Journal of Finance* 47, 1992, pp.363–379.

Rhee, Y., "East Asian Monetary Integration: Destined to Fail?" *Social Science*

Japan Journal 7(1), 2004, pp.83–102.

Riehl, H. and R. Rodriguez, *Foreign Exchange and Money Markets*, McGraw–Hill, 1983.

Rodriguez, C.A., "The Role of Trade Flows in Exchange Rate Determination: A Rational Expectations Approach," *Journal of Political Economy*, 1980.

Sachs, J., "Alternative Approaches to Financial Crises in Emerging Markets," *Development Discussion Paper* 568, Harvard University, 1997.

Scammell, W.M., *International Monetary Policy: Bretton Woods and After*, John Wiley & Sons, 1975.

Scarlata, J.G., "Institutional Developments in the Globalization of Securities and Futures Markets," Federal Reserve Bank of St. Louis, *Riview* 74(1), 1992, pp.17–30.

Sercu, P., R. Uppal and C.V. Hulle, "The Exchange Rate in the Presence of Transaction Costs: Implications for Tests of Purchasing Power Parity," *Journal of Finance* 50(4), 1995, pp.1309–1319.

Shafer, J. and B. Loopesko, "Floating Exchange Rates After Ten Years," *Brookings Papers on Economic Activity* 1, 1983.

Shambaugh, Jay C., "The Euro's Three Crises," *Brookings Papers on Economic Activity*, 2012.

Sharpe, W.F., *Investments*, Englewood Cliffs, NJ: Prentice Hall, 1978.

Shiller, R.J., *Irrational Exuberance*, Prince University Press, 2000.

Sohmen, E., "The Theory of Forward Exchange," *Princeton Studies in International Finance* 17, 1966.

————, *Flexible Exchange Rates: Theory and Controversy*, University of Chicago Press, 1969.

Solnik, B., "Why Not Diversify Internationally Rather Than Domestically?" in D. Lessard (ed.), *International Financial Management*, Warren, Gorham & Lamont, 1979.

Stiglitz, J., *Globalization and Its Discontents*, W.W. Norton and Company, 2002.

Stockman, A., "Risk, Information and Forward Exchange Rate," in J.A. Frenkel and H.G. Johnson (eds.), *The Economics of Exchange Rates*, Addison–Wesley, 1978.

————, "A Theory of Exchange Rate Determination," *Journal of Political Economy*, 1980.

Stoker, J., "Intermediation and the Business Cycle under a Specie Standard: The

Role of the Gold Standard in English Financial Crises, 1790～1850," University of Chicago Press, 1994.

Suss, E.C., "A Note on Reserve Use under Alternative Exchange Rate Regimes," *IMF Staff Papers* 23, 1976.

Sweeny, R., "Beating the Foreign Exchange Market," *Journal of Finance*, 1986, pp.163-182.

Swoboda, A.K., "Monetary Approaches to Worldwide Inflation," in L. Krause and L. Salant (eds.), *Worldwide Inflation*, Brookings Institution, 1977.

Tavals, G.S. and Y. Ozeki, "The Japanese Yen as an International Currency," *IMF Working Paper* 91(2), 1991.

Taylor, M.P., "The Economics of Exchange Rates," *Journal of Economic Literature* 33(1), 1995, pp.13-47.

Telser, L.G., "A Theory of Speculation Relating Profitability and Stability," *Review of Economics and Statistics* 41, 1959.

Triffin, R., *Gold and the Dollar Crisis: The Future of Convertibility*, Yale University Press, 1960.

————, *Our International Monetary System: Yesterday, Today and Tomorrow*, Random House, 1968.

Truman, Edwin M., "Asian and European Financial Crises Compared," *Peterson Institute for International Economics Working Paper* 13-9, October 2013.

Tsiang, S.C., "The Theory of Forward Exchanges and Effects of Government Intervention on Forward Exchange Market," *IMF Staff Papers*, 1959.

————, "The Role of Money in Trade Balance Stability: Synthesis of the Elasticity and Absorption Approaches," *American Economic Review* 51, 1961.

Velasco, A., "Financial and Balance-of-Payments Crises," *Journal of Development Economics* 27, 1987, pp.263-283.

von Hagen, J., "Herstatt Crisis," in P. Newman, M. Milgate and J. Eatwell (eds.), *The New Palgrave Dictionary of Money and Finance*, Macmillan, London, 1992.

Wall Street Journal, various issues.

Whiteman, M.V.J., "Global Monetarism and the Monetary Approach to the Balance of Payments," *Brookings Papers on Economic Activity* 3, 1975.

Whitman, M.V.N., "Policies for Internal and External Balance," *Special Papers in International Economics* 9, Princeton University Press, 1970.

Williamson, J., *Estimating Equilibrium Exchange Rates*, Washington: Institute for International Economics, 1994.

———, *Exchange Rate Regimes for Emerging Markets: Reviving the Intermediate Option*, Washington: Institute for International Economics, 2000.

———, "Exchange Rate Economics," *Peterson Institute for International Economics Working Paper* 08-3, February 2008.

World Federation of Exchanges, *Statistics*, various issues.

World Trade Organization, *International Trade Statistics*, various issues.

찾아보기

International **Finance**
fourth edition Index

가

라

마

바

사

아

자

차

기타

지은이에 대하여

김인준

서울대학교 상과대학 2년 수료

미국 Dartmouth College 졸업(경제학학사)

미국 Harvard 대학교 졸업(경제학박사)

미국 Dartmouth College 교환교수

금융발전심의위원회 위원

무역위원회 무역위원

한국은행 금융통화위원회 위원

미국 Institute for International Economics 객원연구원

미국 Harvard 대학교 객원교수

서울대학교 사회과학대학 학장

한국경제학회 회장

현, 서울대학교 경제학부 명예교수

이영섭

서울대학교 경제학과 졸업(경제학학사)

미국 University of California, Berkeley 졸업(경제학박사)

한국개발연구원(KDI) 부연구위원

숙명여자대학교 경제학부 교수

미국 University of California, Berkeley 객원교수

일본 동경대학교 객원교수

금융발전심의위원회 위원

미국 Brookings 연구소 객원연구원

한국국제금융학회 회장

현, 서울대학교 국제대학원 교수

제4판 국제금융론

초　판 1쇄 발행 2004년 8월 20일
제2판 1쇄 발행 2008년 8월 20일
제3판 1쇄 발행 2013년 8월 30일
제4판 1쇄 발행 2019년 7월 25일
제4판 3쇄 발행 2022년 6월 30일

지은이 김인준 · 이영섭
펴낸이 박기남
펴낸곳 **율곡출판사**
08590 서울시 금천구 가산디지털1로 84(에이스하이엔드 8차), 803호
전화 (代) 02) 718-9872/3
팩스 02) 718-9874
home-page www.yulgokbooks.co.kr
e-mail yulgokbook@naver.com
등록 1989.11.10. 제2014-000031호
ISBN 979-11-87897-64-4 93320

정가 38,000원